Breve Comentario	5
A los Lectores de Esta Obra	8

LA DOCTRINA DE DIOS
Capítulo 1	La Palabra de Dios	11
Capítulo 2	La Deidad	23
Capítulo 3	Dios el Padre	34
Capítulo 4	Dios el Hijo	41
Capítulo 5	Dios el Espíritu Santo	67

LA DOCTRINA DEL HOMBRE
Capítulo 6	La Creación	76
Capítulo 7	La Naturaleza Humana	87

LA DOCTRINA DE LA SALVACIÓN
Capítulo 8	El Gran Conflicto	109
Capítulo 9	La Vida, Muerte y Resurrección de Cristo	118
Capítulo 10	La Experiencia de la Salvación	131

LA DOCTRINA DE LA IGLESIA
Capítulo 11	Creciendo en Cristo	147
Capítulo 12	La Iglesia	161
Capítulo 13	El Remanente y su Misión	180
Capítulo 14	La Unidad del Cuerpo de Cristo	200
Capítulo 15	El Bautismo	211
Capítulo 16	La Cena del Señor	225
Capítulo 17	Dones y Ministerios Espirituales	237
Capítulo 18	El Don de Profecía	246

LA DOCTRINA DE LA VIDA CRISTIANA
Capítulo 19	La Ley de Dios	262
Capítulo 20	El Sábado	280

Capítulo 21	La Mayordomía	301
Capítulo 22	La Conducta Cristiana	312
Capítulo 23	El Matrimonio y La Familia	330

LA DOCTRINA DE LOS ACONTECIMIENTOS FINALES

Capítulo 24	El Ministerio de Cristo en el Santuario Celestial	348
Capítulo 25	La Segunda Venida de Cristo	372
Capítulo 26	La Muerte y la Resurrección	389
Capítulo 27	El Milenio y el Fin del Pecado	403
Capítulo 28	La Tierra Nueva	415

Índice General Alfabético 426

Breve Comentario sobre las Creencias Fundamentales de los Adventistas del 7° Día

A través de los años, los Adventistas del Séptimo Día se han mostrado reacios a la formalización de un credo (en el sentido común de la palabra). Sin embargo, de tiempo en tiempo, y con propósitos prácticos, hemos visto necesario recapitular nuestras creencias.

En 1872, la prensa adventista de Battle Creek, ciudad del Estado de Míchigan (EE. UU.), publicó una "sinopsis de nuestra fe", que abarcaba 25 proposiciones. Este documento, ligeramente revisado y ampliado a 28 secciones, apareció en el anuario denominacional (*Yearbook*) de 1889. No se lo incluyó en las ediciones inmediatamente posteriores, pero en 1905 fue insertado nuevamente en el anuario, y continuó apareciendo hasta 1914. En respuesta a una petición de los dirigentes de diversos campos africanos, los cuales pidieron "una declaración que ayudara a los oficiales del gobierno y a otros individuos a comprender mejor nuestra obra", un comité de cuatro personas, el cual incluía al presidente de la Asociación General, preparó una declaración que abarcaba "los principales rasgos" de nuestras creencias en forma abreviada. Esta declaración de 22 creencias fundamentales, publicada por primera vez en el anuario de 1931, permaneció hasta que la sesión de la Asociación General celebrada en 1980 la reemplazó con un resumen similar pero más abarcante, que contenía 27 párrafos, publicado bajo el título: "Creencias Fundamentales de los Adventistas del Séptimo Día". Dichos párrafos, encabezados por el mismo título, aparecen también en el *Manual de la Iglesia*, de cuya edición en español de 1986 se los ha tomado para esta obra.

Pero al publicar el resumen de 1980, la iglesia tomó medidas para asegurar que no se lo tomara como un credo incambiable. El preámbulo a la declaración de las creencias fundamentales dice:

"Los Adventistas del Séptimo Día aceptan la Biblia como su único credo y sostienen ciertas creencias fundamentales como las enseñanzas de la Sagradas

Escrituras. Estas creencias, según lo establecido aquí, constituyen la comprensión y expresión de la iglesia de la enseñanza de la Escritura. Pueden esperarse revisiones de estas declaraciones en una Sesión de la Asociación General cuando la iglesia es guiada por el Espíritu Santo a una comprensión más completa de la verdad de la Biblia o encuentra un lenguaje mejor en el cual expresar las enseñanzas de la Santa Palabra de Dios".

Una expansión y revisión tal ocurrió en el Congreso de la Asociación General de 2005, en St. Louis, Missouri, EE. UU. cuando se aprobó una creencia fundamental adicional, no para añadir material nuevo o desconocido previamente, sino para expresar mejor el entendimiento de la iglesia respecto del poder de Dios para otorgar una vida victoriosa sobre los poderes del mal a los creyentes en Jesucristo (véase el capítulo 11).

Este libro, *Creencias de los Adventistas del Séptimo Día*, se basa en estos cortos resúmenes, los que aparecen al comienzo de cada capítulo. En esta obra presentamos en forma ampliada, amena y práctica, para beneficio de nuestros miembros, amigos y otros individuos interesados, estas convicciones doctrinales y su significado para los cristianos adventistas que deben actuar en la sociedad de hoy. Si bien este libro no constituye una declaración aprobada oficialmente por votación formal—únicamente una sesión plenaria de la Asociación General podría proveer esto—, puede ser considerado como representativo de "la verdad... en Jesús" (Efe. 4:21), que los adventistas de todo el mundo aprecian y proclaman.

Reconocemos y agradecemos la visión del presidente pasado de la Asociación General, Neal C. Wilson, y otros dirigentes de la denominación, quienes originalmente autorizaron y animaron a la Asociación Ministerial a encargarse de la preparación de la primera edición de este libro en 1988, con el propósito de proveer información confiable sobre las creencias de nuestra iglesia. También reconocemos a varios eruditos y técnicos que proveyeron el manuscrito básico para su primera edición: P. G. Damsteegt, Norman Gulley, Laurel Damsteegt, Mary Louise McDowell, David Jarnes, Kenneth Wade, y mi predecesor inmediato en el cargo de secretario de la Asociación Ministerial, W. Floyd Bresee. Un comité selecto de 194 individuos de todas las divisiones mundiales de la iglesia, más un comité editorial más pequeño de líderes, teólogos y pastores supervisaron adicionalmente la preparación de la edición de 1988. También reconocemos y agradecemos la destreza del Dr. John Fowler en la escritura y la redacción de esta segunda edición expandida, particularmente el capítulo adicional (número 11), titulado "Creciendo en Cristo".

Finalmente se debe rendir tributo al Pr. Robert Spangler, secretario anterior de la Asociación Ministerial y director durante muchos años de la revista *Minis-*

try, quien inició el concepto y la financiación de este proyecto. Los sueños pocas veces se tornan realidad. En el caso suyo, sí. Usted lo sostiene en sus manos. Sin su visión, este libro no habría sido concebido. Sin su persistencia, no se habría publicado.

Oramos para que, al ponderar cada una de estas creencias fundamentales, usted vea claramente a Jesús y su plan de abundancia para su vida personal.

James Cress
Secretario de la Asociación Ministerial
Asociación General de los Adventistas del Séptimo Día

A Los Lectores de Esta Obra...

¿Cuál es nuestra creencia acerca de Dios? ¿Quién es él? ¿Qué espera de nosotros? ¿Cómo es él en realidad?

Dios le dijo a Moisés que ningún hombre podría ver su rostro y vivir. Pero Jesús le dijo a Felipe que el que lo había visto a él, había visto al Padre (Juan 14:9). Debido a que Cristo caminó entre nosotros—de hecho, se hizo uno de nosotros—, podemos darnos cuenta de quién es Dios, y cómo es su carácter.

Hemos escrito esta exposición de nuestras creencias principales, para revelar como los adventistas del séptimo día perciben a Dios. Esto es lo que creemos acerca de su amor, bondad, misericordia, gracia, justicia, benevolencia, pureza, santidad y paz. Por medio de Jesucristo, vemos la benevolencia de Dios en el trato con los niños. Vemos como llora junto a la tumba de Lázaro, compartiendo la tristeza de los dolientes. Vemos su amor al oírlo exclamar: "Padre, perdónalos, porque no saben lo que hacen" (Luc. 23:34).

Hemos escrito este libro con el fin de compartir nuestra visión de Cristo, una visión que encuentra su foco en el Calvario, en donde "la misericordia y la verdad se encontraron; la justicia y la paz se besaron" (Sal. 85:10). En el Calvario, donde Aquel que no conoció pecado fue hecho pecado por nosotros, "para que nosotros fuésemos hechos justicia de Dios en él" (2 Cor. 5:21).

Hemos escrito esta obra creyendo que toda doctrina, toda creencia, debe revelar el amor de nuestro Señor. En él hallamos un amor y determinación incondicional sin paralelo en la historia humana. Reconociendo que Aquel que es la encarnación de la verdad es infinito, confesamos humildemente que todavía hay mucho de la verdad que queda por descubrir.

Hemos escrito esta obra conscientes de nuestra deuda para con las ricas verdades bíblicas que hemos recibido de manos de la iglesia cristiana de la historia. Reconocemos la noble línea de testigos —como Wiclef, Hus, Lutero, Tyndale, Calvino, Knox, y Wesley—, cuyos avances en la recepción de nueva luz hicieron avanzar a la iglesia hacia una comprensión más plena del carácter de Dios. Esta comprensión es siempre progresiva. "La senda de los justos es como la luz de la aurora, que va en aumento hasta que el día es perfecto" (Prov. 4:18). Y sin embargo, al ir descubriendo nuevas facetas de la revelación de Dios, veremos que armonizan perfectamente con el testimonio unido de las Escrituras.

Hemos escrito este libro dejándonos guiar por una clara directiva que continuamente nos recuerda que "si escudriñas las Escrituras para vindicar tus propias opiniones, nunca alcanzarás la verdad. Estudia para aprender qué dice el Señor. Y cuando la convicción te posea mientras investigas, si ves que tus opiniones acariciadas no están en armonía con la verdad, no tuerzas la verdad para que cuadre con tu creencia, sino acepta la luz dada. Abre la mente y el corazón, para que puedas contemplar las cosas admirables de la Palabra de Dios" (Elena G. de White, *Palabras de vida del gran Maestro*, [Mountain View, CA: Pacific Press Pub. Assn., 1971], Pág. 84).

No hemos escrito este libro para que sirva como un credo, es decir, una declaración de creencias "asentadas en concreto", teológicamente hablando. Los adventistas tienen un solo credo: "La Biblia, y la Biblia sola".

No hemos escrito este libro con el fin de excitar la imaginación. Esta no es una obra especulativa. En cambio, es una exposición abarcante de lo que creemos, fundada en Cristo y en la Biblia. Y las creencias que aquí se expresan no son el producto de unos momentos de reflexión ocasional; representan más de cien años de oración, estudio, meditación y más oración... En otras palabras, son el producto del crecimiento de los adventistas "en la gracia y el conocimiento de nuestro Señor y Salvador Jesucristo" (2 Ped. 3:18).

Hemos escrito este libro sabiendo que algunos preguntarán si la doctrina es verdaderamente importante en esta época en la cual el mundo lucha por sobrevivir ante la amenaza de la aniquilación nuclear, una época preocupada con el crecimiento explosivo de la tecnología, en la cual los esfuerzos de los cristianos parecieran ser inútiles para alejar los espectros de la pobreza, el hambre, la injusticia y la ignorancia que se ciernen sobre el mundo. Y sin embargo...

Hemos escrito esta obra con la profunda convicción de que todas las doctrinas, cuando se las entiende como es debido, están centradas en Cristo, el Camino, la Verdad, y la Vida, y son extremadamente importantes. Las doctrinas definen el carácter del Dios a quien servimos. Interpretan acontecimientos tanto pasados como presentes, estableciendo un sentido de lugar y propósito en el cosmos. Describen los objetivos que Dios tiene al actuar. Las doctrinas constituyen una guía para los cristianos, proveyendo estabilidad en lo que de otro modo podría no ser otra cosa que experiencias desequilibrantes, inyectando certidumbre en una sociedad que niega lo absoluto. Las doctrinas alimentan el intelecto humano y establecen blancos que inspiran a los cristianos y los motivan a demostrar su preocupación por el prójimo.

Hemos escrito esta obra con el fin de llevar a los creyentes adventistas a establecer una relación más profunda con Cristo por medio del estudio de la Biblia. Conocer a nuestro Salvador y su voluntad tiene importancia vital en esta época de engaño, pluralismo doctrinal y apatía. Esta clase de conocimiento constituye la única salvaguardia del cristiano contra los que, a manera de "lobos rapaces", vendrán hablando cosas perversas con el fin de pervertir la verdad y destruir la fe del pueblo de Dios (véase Hech. 20:29, 30). Especialmente en estos últimos días, y con el fin de evitar el ser "llevados por doquiera de todo viento de doctrina, por estratagema de hombres" (Efe. 4:14), todos debemos adquirir un concepto correcto del carácter, gobierno y propósitos de Dios. Únicamente los que hayan fortificado sus mentes con la verdad de la Escritura podrán resistir en el conflicto final.

Hemos escrito esta obra como una colaboración para los que están interesados en saber por qué creemos lo que creemos. Este estudio, escrito por adventistas, no constituye un intento de presentar una verdad adornada. Ha sido cuidadosamente documentado, y representa una exposición auténtica de las creencias adventistas.

Finalmente, hemos escrito esta obra reconociendo que la doctrina cristocéntrica cumple tres funciones evidentes: Primero, edifica la iglesia; segundo, preserva la verdad; y tercero, comunica el Evangelio en toda su riqueza.

La doctrina verdadera va mucho más allá de ser una mera creencia. Constituye un llamado a la acción. Por medio del Espíritu Santo, las creencias cristianas se convierten en obras de amor. El verdadero conocimiento de Dios, de su Hijo y del Espíritu Santo, es "conocimiento salvador". Ese es el tema de esta obra. –Los editores.

LOS ADVENTISTAS DEL SÉPTIMO DÍA CREEN EN...

1

La Palabra de Dios

Las Sagradas Escrituras, que abarcan el Antiguo y el Nuevo Testamento, constituyen la Palabra de Dios escrita, transmitida por inspiración divina mediante santos hombres de Dios que hablaron y escribieron siendo impulsados por el Espíritu Santo. Por medio de esta Palabra, Dios ha comunicado a los seres humanos el conocimiento necesario para alcanzar la salvación. Las Sagradas Escrituras son la infalible revelación de la voluntad divina. Son la norma del carácter, el criterio para evaluar la experiencia, la revelación autorizada de las doctrinas, y un registro fidedigno de los actos de Dios realizados en el curso de la historia.

NINGÚN LIBRO HA SIDO TAN AMADO, tan odiado, tan reverenciado, tan condenado como la Biblia. Hay quienes han sufrido la muerte por su causa. Otros se han convertido en asesinos creyendo así honrarla. Ha inspirado los hechos más nobles y más grandes del hombre, y ha sido culpada por sus hechos más condenables y degenerados. Se han levantado guerras sobre la Biblia, revoluciones han sido alimentadas en sus páginas, y reinos han caído por sus ideas. Personas de diversos puntos de vista: desde teólogos de la liberación hasta capitalistas; de fascistas a marxistas, de dictadores a libertadores, de pacificadores a militaristas, buscan en sus páginas las palabras con las cuales justificar sus acciones.

La exclusividad de la Biblia no viene de su influencia política, cultural y social inigualable, sino de su origen y de los temas que trata. Es la revelación del único Dios-hombre: el Hijo de Dios, Jesucristo, el Salvador del mundo.

La revelación divina

Mientras a través de toda la historia algunos han dudado de la existencia de Dios, mucho otros han testificado confiadamente que Dios existe y que se ha revelado a sí mismo. ¿En qué formas se ha revelado Dios mismo y qué función cumple la Biblia en su revelación? 4

Revelación general. La vislumbre del carácter de Dios que proveen la historia, la conducta humana, la conciencia y la naturaleza con frecuencia se llama "revelación general" porque está disponible a todos y apela a la razón.

Para millares, "los cielos cuentan la gloria de Dios, y el firmamento anuncia la obra de sus manos" (Sal. 19:1). El sol, la lluvia, las colinas, los arroyos, todos declaran el amor del Creador. "Porque las cosas invisibles de él, su eterno poder y deidad, se hacen claramente visibles desde la creación del mundo, siendo entendidas por medio de las cosas hechas, de modo que no tienen excusa" (Rom. 1:20).

Otros ven la evidencia del cuidado de Dios en las relaciones de amor felices y extraordinarias entre amigos, familiares, esposo y esposa, padres e hijos. "Como aquel a quien consuela su madre, así os consolaré yo a vosotros" (Isa. 66:13). "Como el padre se compadece de los hijos, se compadece Jehová de los que le temen" (Sal. 103:13).

Sin embargo, el mismo sol que testifica del amante Creador puede volver la tierra en un desierto que cause hambre. La misma lluvia puede crear torrentes que ahoguen a familias enteras; la misma montaña puede desmoronarse y luego aplastar. Y las relaciones humanas a menudo envuelven celos, envidia, ira y hasta odio que conduce al asesinato. El mundo que nos rodea da señales mixtas, haciendo tantas preguntas como las que contesta. Revela un conflicto entre el bien y el mal, pero no explica cómo el conflicto comenzó, quién está luchando y por qué, o quién finalmente triunfará.

Revelación especial. El pecado limita la revelación que Dios hace de sí mismo mediante la creación al oscurecer nuestra capacidad de interpretar su testimonio. En su amor nos dio una revelación especial de sí mismo para ayudarnos a obtener respuestas a estas preguntas. Tanto mediante el Antiguo y el Nuevo Testamento Dios se reveló a sí mismo ante nosotros en una forma específica, no dejando lugar a dudas en cuanto a su carácter de amor. Su revelación vino primeramente mediante los profetas; luego la revelación máxima, mediante la persona de Jesucristo (Hebreos 1:1, 2).

La Biblia contiene tanto proposiciones que declaran la verdad acerca de Dios como la revelación misma de él como persona. Ambos aspectos son necesarios.

Necesitamos conocer a Dios mediante Jesucristo (Juan 17:3), "conforme a la verdad que está en Jesús" (Efe. 4:21). Y mediante las Escrituras Dios penetra en nuestras limitaciones mentales, morales y espirituales, comunicándonos su ansiedad por salvarnos.

El enfoque de las Escrituras

La Biblia revela a Dios y expone la humanidad. Expone nuestra dificultad y revela su solución. Nos presenta como perdidos, alejados de Dios, y revela a Jesús como el que nos encuentra y nos trae de vuelta a Dios.

Jesucristo es el foco de la Escritura. El Antiguo Testamento presenta al Hijo de Dios como el Mesías, el Redentor del mundo; el Nuevo Testamento lo revela como Jesucristo, el Salvador. Cada página, ya sea mediante símbolo o realidad, revela alguna fase de su obra y carácter. La muerte de Jesús en la cruz es la revelación máxima del carácter de Dios.

La cruz hace esta última revelación porque une dos extremos: la maldad incomprensible de los seres humanos y el amor inagotable de Dios. ¿Qué podría dar mayor prueba de la pecaminosidad humana? ¿Qué podría revelar mejor el pecado? La cruz revela al Dios que permitió que mataran a su único Hijo. ¡Qué sacrificio! ¿Qué otra revelación de amor mayor que ésta podría haber hecho? Sí, el foco de la Biblia es Jesucristo. Él está colocado al centro del escenario del drama cósmico. Pronto su triunfo en el Calvario culminará en la eliminación del mal. La humanidad y Dios serán reunidos.

El tema del amor de Dios, particularmente como se ha visto en el sacrificio de Cristo en el Calvario, es la mayor verdad del universo, el foco de la Biblia. De modo que todas las verdades bíblicas deben estudiarse en torno a esta perspectiva.

El origen de las Escrituras

La autoridad de la Biblia tanto en asuntos de fe como de conducta, surge de su origen. Los mismos escritores sagrados la consideraban distinta de toda otra literatura. Se refirieron a ella como las "Santas Escrituras" (Rom. 1:2), "Sagradas Escrituras" (2 Tim. 3:15), y "palabras de Dios" (Rom. 3:2; Heb. 5:12).

La individualidad de las Escrituras está basada en su mismo origen. Los escritores de la Biblia declararon que ellos no fueron los originadores de sus mensajes sino que los recibieron de Dios. Fue mediante la revelación divina que ellos pudieron "ver" las verdades que comunicaron (véase Isa. 1:1; Amós 1:1; Miq. 1:1; Hab. 1:1; Jer. 38:21).

Estos escritores señalaron al Espíritu Santo como el Ser que inspiraba a los profetas a comunicar los mensajes al pueblo (Neh. 9:30; Zac. 7:12). David dijo: "El

Espíritu de Jehová ha habló por mí, y su palabra ha estado en mi lengua" (2 Sam. 23:2). Ezequiel escribió: "Entró el Espíritu en mí", "vino sobre mí el Espíritu de Jehová", "me levantó el Espíritu" (Eze. 2:2; 11:5, 24). Y Miqueas testificó: "Mas yo estoy lleno de poder del Espíritu de Jehová" (Miq. 3:8).

El Nuevo Testamento reconoció el papel del Espíritu Santo en la producción del Antiguo Testamento. Jesús dijo que David fue inspirado por el Espíritu Santo (Mar. 12:36). Pablo creyó que el Espíritu Santo habló "por medio del profeta Isaías" (Hech. 28:25). Pedro reveló que el Espíritu Santo guió a todos los profetas, no sólo a unos pocos (1 Ped. 1:10; 2 Ped. 1:21). En algunas ocasiones el escritor se desvanecía completamente y sólo el verdadero Autor, el Espíritu Santo, era reconocido: "Como dice el Espíritu Santo..." "Dando el Espíritu Santo a comprender..." (Heb. 3:7; 9:8).

Los escritores del Nuevo Testamento reconocieron también al Espíritu Santo como la fuente de sus propios mensajes. Pablo explicó: "Pero el Espíritu dice claramente que en los postreros tiempos algunos apostatarán de la fe" (1 Tim. 4:1). Juan habló diciendo haber estado "en el Espíritu en el día del Señor" (Apoc. 1:10). Y Jesús comisionó a sus discípulos mediante el Espíritu Santo (Hechos 1:2; Efe. 3:3-5).

De modo que Dios, en la persona del Espíritu Santo, se ha revelado a sí mismo mediante las Sagradas Escrituras. El las escribió, no con sus manos, sino con otras manos —más o menos cuarenta pares—, en un período de más de 1.500 años. Y por cuanto Dios el Espíritu Santo inspiró a los escritores, Dios entonces es el autor.

La inspiración de las Escrituras

Pablo dice: "Toda la Escritura es inspirada por Dios" (2 Tim. 3:16). La palabra griega *theopneustos*, traducida como "inspiración", literalmente significa "alentada de Dios". "Dios respiró" la palabra en las mentes de los hombres. Ellos a su vez, la expresaron en las palabras que se hallan en las Escrituras. Por lo tanto, la inspiración es el proceso mediante el cual Dios comunica sus verdades eternas.

El proceso de inspiración. La revelación divina fue dada por inspiración de Dios a "santos hombres de Dios" que eran "inspirados por el Espíritu Santo" (2 Pedro 1:21). Estas revelaciones fueron incorporadas en el lenguaje humano con todas sus limitaciones e imperfecciones; sin embargo, permanecieron como el testimonio de Dios. Dios inspiró a los hombres, no las palabras.

¿Eran los profetas tan pasivos como las grabadoras que repiten lo que se ha grabado? En algunas ocasiones se mandó a los escritores a que expresaran las palabras exactas de Dios, pero en la mayoría de los casos Dios los instruyó a que describieran lo mejor que pudieran lo que habían visto y oído. En estos últimos casos, los escritores usaron sus propios estilos y palabras.

Pablo observó que "los espíritus de los profetas están sujetos a los profetas" (1 Cor. 14:32). La inspiración genuina no anula la individualidad ni la razón, integridad o personalidad del profeta.

En cierto modo, la relación entre Moisés y Aarón ilustra la que existe entre el Espíritu Santo y el escritor. Dios dijo a Moisés: "Yo te he constituido dios para Faraón, y tu hermano Aarón será tu profeta" (Éxo. 7:1; 4:15, 16). Moisés informó a Aarón los mensajes de Dios, y Aarón a su vez, los comunicó a Faraón en su propio estilo y vocabulario. De la misma forma los escritores de la Biblia comunicaron los divinos mandatos, pensamientos e ideas, en su propio estilo de expresión. Es porque Dios se comunica en esta forma que el vocabulario de los diversos libros de la Biblia es variado y refleja la educación y cultura de sus escritores.

La Biblia "no es la forma del pensamiento de la expresión de Dios... Con frecuencia los hombres dicen que cierta expresión no parece de Dios. Pero Dios no se ha puesto a sí mismo a prueba en la Biblia por medio de palabra, de lógica, de retórica. Los escritores de la Biblia eran los escribientes de Dios, no su pluma".[1] "La inspiración no obra en las palabras del hombre ni en sus expresiones, sino en el hombre mismo, que está imbuido con pensamientos bajo la influencia del Espíritu Santo. Pero las palabras reciben la impresión de la mente individual. La mente divina es difundida. La mente y voluntad divinas se combinan con la mente y voluntad humanas. De ese modo, las declaraciones del hombre son la palabra de Dios".[2]

En una ocasión Dios mismo habló y escribió las palabras exactas: los Diez Mandamientos. Son composición divina, no humana (Éxo. 20:1-17; 31:18; Deut. 10:4, 5), sin embargo, aún éstos tuvieron que ser expresados dentro de los límites del lenguaje humano.

La Biblia, entonces, es la verdad divina expresada en el idioma humano. Imaginémonos tratando de enseñar física cuántica a un bebé. Esta es la clase de dificultad que Dios enfrenta en sus intentos de comunicar las verdades divinas a la humanidad pecaminosa y limitada. Son nuestras limitaciones lo que restringe lo que él puede comunicarnos.

Existe un paralelo entre el Jesús encarnado y la Biblia: Jesús era Dios y hombre combinado, lo divino y lo humano hecho uno. De modo que la Biblia es lo divino y lo humano combinado. Como se dijo de Cristo, también se puede afirmar de la Biblia que "aquel Verbo fue hecho carne, y habitó entre nosotros" (Juan 1:14). Esta combinación divino-humana hace que la Biblia sea única entre toda la literatura.

La inspiración y los escritores. El Espíritu Santo preparó a ciertas personas para que comunicasen la verdad divina. La Biblia no explica detalladamente cómo calificó a estos individuos, pero de alguna manera formó una unión entre el agente divino y el humano.

Aquellos que tuvieron una parte en la escritura de la Biblia no fueron escogidos porque poseyesen talentos naturales. Tampoco la revelación divina convierte necesariamente a una persona o le asegura una vida eterna. Balaam proclamó un mensaje divino estando bajo la inspiración a la vez que actuaba en contra de los propósitos de Dios (Núm. 22-24). David, que fue usado por el Espíritu Santo, cometió grandes crímenes (ver Sal. 51). Todos los escritores de la Biblia fueron hombres de naturaleza pecaminosa, que necesitaban diariamente de la gracia de Dios (ver Rom. 3:12).

La inspiración que experimentaron los escritores bíblicos fue más que la iluminación o la dirección divina, puesto que todos aquellos que buscan la verdad la reciben. En realidad, los escritores bíblicos a veces escribieron sin entender plenamente el mensaje divino que estaban comunicando (1 Ped. 1:10-12).

Las respuestas de los escritores a los mensajes que portaban no eran todas iguales. Daniel y Juan dijeron sentirse grandemente perplejos en cuanto a sus escritos (Dan. 8:27; Apoc. 5:4), y Pedro indica que otros escritores escudriñaron en busca del significado de sus mensajes o de los de otros (1 Ped. 1:10). A veces estos individuos temían proclamar un mensaje inspirado, y otras veces hasta altercaban con Dios (Hab. 1; Jon. 1:1-3; 4:1-11).

El método y el contenido de la revelación. Frecuentemente el Espíritu Santo comunicaba conocimiento divino mediante visiones y sueños (Núm. 12:6). A veces hablaba audiblemente o al sentido interior de la persona. Dios le habló a Samuel "al oído" (1 Sam. 9:15). Zacarías recibió representaciones simbólicas con explicaciones (Zac. 4). Las visiones del cielo que recibieron Pablo y Juan fueron acompañadas de instrucciones orales (2 Cor. 12:1-4; Apoc. 4, 5). Ezequiel observó eventos que ocurrieron en otro lugar (Eze. 8). Algunos escritores participaron en sus visiones, realizando ciertas funciones como parte de la visión misma (Apoc. 10).

En cuanto al contenido de las revelaciones, a algunos escritores el Espíritu les reveló eventos que aún tendrían que ocurrir (Dan. 2, 7, 8, 12). Otros registraron eventos históricos, ya sea sobre la base de una experiencia personal o seleccionando materiales de registros históricos existentes (Jueces, 1 Samuel, 2 Crónicas, los Evangelios, Hechos).

La inspiración y la historia. La aseveración bíblica de que "toda la Escritura es inspirada por Dios", provechosa y una guía autorizada para regir la vida en lo moral y en lo espiritual (2 Tim. 3:15-16), no deja dudas en cuanto a la dirección divina en el proceso de selección. Ya sea que la información fuera el resultado de la observación personal, del uso de fuentes orales o escritas, o de la revelación directa, le llegó al escritor a través de la dirección del Espíritu Santo. Esto garantiza el hecho de que la Biblia es digna de confianza.

La Biblia revela el plan de Dios en su interacción dinámica con la raza humana, no en una colección de doctrinas abstractas. Su revelación propia se origina en eventos reales que ocurrieron en lugares y épocas definidas. Los sucesos de confianza de la historia son de extremada importancia porque forman un marco para que podamos comprender el carácter de Dios y su propósito para nosotros. Una comprensión exacta nos conduce a la vida eterna, pero una interpretación incorrecta conduce a la confusión y a la muerte.

Dios ordenó a ciertos hombres que escribieran la historia de sus tratos con el pueblo de Israel. Estos relatos históricos, escritos desde un punto de vista diferente de la historia secular, comprenden una parte importante de la Biblia (Núm. 33:1, 2; Jos. 24:25, 26; Eze. 24:2). Nos proporcionan una visión exacta y objetiva de la historia, desde una perspectiva divina. El Espíritu Santo otorgó a los escritores información especial para que ellos pudieran registrar los sucesos en la controversia entre el bien y el mal que demuestran el carácter de Dios y guían a la gente en la búsqueda de su salvación.

Los incidentes históricos son tipos o ejemplos, y están escritos "para amonestarnos a nosotros, a quienes han alcanzado los fines de los siglos" (1 Cor. 10:11). Pablo dice: "Porque las cosas que se escribieron antes, para nuestra enseñanza se escribieron, a fin de que por la paciencia y la consolación de las Escrituras, tengamos esperanza" (Rom. 15:4). La destrucción de Sodoma y Gomorra sirve como ejemplo o advertencia (2 Ped. 2:6; Judas 7). La experiencia de justificación de Abraham es un ejemplo para cada creyente (Romanos 4:1-25; Santiago 2:14-22). Aun las leyes civiles del Antiguo Testamento, llenas de profundo significado espiritual, fueron escritas para nuestro beneficio actual (1 Cor. 9:8, 9).

Lucas menciona que escribió su Evangelio porque deseaba relatar la vida de Jesús "para que conozcas bien la verdad de las cosas en las cuales has sido instruido" (Lucas 1:4). El criterio que usó Juan al seleccionar cuales incidentes de la vida de Jesús incluir en su evangelio fue "para que creáis que Jesús es el Cristo, el Hijo de Dios, y para que creyendo, tengáis vida en su nombre" (Juan 20:31). Dios condujo a los escritores de la Biblia a presentar la historia en una forma que nos guiara hacia la salvación.

Las biografías de los personajes bíblicos proveen otra evidencia de la inspiración divina. Esos registros trazan cuidadosamente tanto las debilidades como la fortaleza de sus caracteres. Cuidadosamente despliegan sus pecados, así como sus victorias.

En ninguna forma se encubre la falta de control propio de Noé o el engaño de Abraham. Se registran fielmente las ocasiones cuando Moisés, Pablo, Santiago y Juan perdieron la paciencia. La Biblia expone los fracasos del rey más sabio de Israel, y las debilidades de los doce patriarcas y de los doce apóstoles. La Escritura no los justifica, ni trata de disminuir su culpabilidad. Los describe a todos tales como fueron y expresa lo que llegaron a ser por la gracia de Dios, o lo que podrían haber logrado por su intermedio. Sin la inspiración divina ningún biógrafo podría escribir un análisis tan perceptivo.

Los escritores de la Biblia consideraban todos los incidentes que contiene como registros históricos verídicos y no como mitos o símbolos. Muchos escépticos contemporáneos rechazan los relatos de Adán y Eva, de Jonás y del Diluvio. Sin embargo, Jesús aceptaba su exactitud histórica y su importancia espiritual (Mat. 12:39-41; 19:4-6; 24:37-39).

La Biblia no enseña inspiración parcial o grados de inspiración. Estas teorías son especulaciones que le quitan su autoridad divina.

La exactitud de las Escrituras. Tal como Jesús "fue hecho carne y habitó entre nosotros" (Juan 1:14), para que pudiéramos comprender la verdad, la Biblia nos fue proporcionada en el lenguaje humano. La inspiración de las Escrituras garantiza su veracidad.

¿Hasta qué punto salvaguardó Dios la transmisión del texto para asegurarse que su mensaje es válido y verdadero? Es claro que, si bien es cierto que los manuscritos antiguos varían, las verdades esenciales han sido preservadas.[3] Es muy posible que los escribas y los traductores de la Biblia hayan cometido pequeños errores. Sin embargo, la evidencia de la arqueología bíblica revela que muchos así llamados errores fueron solamente malentendidos de parte de los estudiosos. Algunas de estas dificultades se levantaron porque la gente estaba leyendo la historia y las costumbres bíblicas desde un punto de vista occidental. Debemos admitir que la capacidad humana de penetrar en las operaciones divinas es limitada.

De modo que las discrepancias que se perciban, no debieran despertar dudas acerca de las Escrituras; a menudo son producto de nuestras percepciones inexactas más bien que errores. ¿Está Dios a prueba cuando hay algún texto o frase que no podemos entender completamente? Quizás nunca podremos explicar cada texto de la Escritura, pero no es necesario. Las profecías que se han cumplido verifican su veracidad.

A pesar de los intentos de destruirla, la exactitud de la Biblia ha sido preservada en forma increíble y hasta milagrosa. La comparación de los rollos del Mar

Muerto con los manuscritos posteriores del Antiguo Testamento demuestra el cuidado con que se ha trasmitido.[4] Confirman la veracidad y confianza de las Escrituras como una revelación infalible de la voluntad de Dios.

La autoridad de las Escrituras

Las Escrituras tienen autoridad divina porque en ellas Dios habla mediante el Espíritu Santo. Por lo tanto, la Biblia es la Palabra de Dios escrita. ¿Dónde está la evidencia de ello y cuales son las implicaciones para nuestras vidas y el conocimiento que perseguimos?

Las afirmaciones de las Escrituras. Los escritores de la Biblia testifican que sus mensajes vienen directamente de Dios. Fue la palabra del Señor la que vino a Jeremías, Ezequiel, Oseas y otros (Jer. 1:1, 2, 9; Eze. 1:3; Ose. 1:1; Joel 1:1; Jon. 1:1). Como mensajeros del Señor (Hag. 1:13; 2 Crón. 36:16), los profetas de Dios fueron instruidos para que hablaran en su nombre, diciendo: "Así dice Jehová" (Eze. 2:4; Isa. 7:7). Sus palabras constituyen sus credenciales y autoridad divinas.

A veces el agente humano que Dios usa queda en el trasfondo. Mateo menciona la autoridad que respaldaba al profeta del Antiguo Testamento que él cita con las palabras: "Todo esto aconteció para que se cumpliese lo dicho por el Señor por medio del profeta" (Mat. 1:22). Se presenta al Señor como el agente directo, la autoridad; el profeta es el agente indirecto.

Pedro clasifica los escritos de Pablo como la Escritura (2 Pedro 3:15, 16). Y Pablo testifica con relación a lo que escribe: "Yo ni lo recibí ni lo aprendí de hombre alguno, sino por revelación de Jesucristo" (Gál. 1:12). Los escritores del Nuevo Testamento aceptaron las palabras de Cristo como la Escritura y dijeron tener la misma autoridad de los escritores del Antiguo Testamento (1 Tim. 5:18; Luc. 10:7).

Jesús y la autoridad de las Escrituras. A través de todo su ministerio, Jesús destacó la autoridad de las Escrituras. Cuando Satanás lo tentaba o luchaba contra sus oponentes, las palabras "escrito está" eran su defensa y su ofensa (Mat. 4:4, 7, 10; Luc. 20:17). "No solo de pan vivirá el hombre —dijo—, sino de toda palabra que sale de la boca de Dios" (Mat. 4:4). Cuando le preguntaron cómo obtener la vida eterna, Jesús contestó: "¿Qué está escrito en la ley? ¿Cómo lees?" (Luc. 10:26).

Jesús colocó la Biblia por sobre todas las tradiciones y opiniones humanas. Amonestó a los judíos por despreciar la autoridad de las Escrituras (Mar. 7:7-9), y los exhortó a que las estudiaran más cuidadosamente, diciendo: "¿Nunca leísteis en las Escrituras?" (Mat. 21:42; Mar. 12:10, 26).

Jesús creía firmemente en la autoridad de la palabra profética y revelaba lo que señalaba hacia el. Refiriéndose a las Escrituras Jesús dijo: "Dan testimonio de mí". "Porque si creyeseis a Moisés, me creeríais a mí, porque de mí escribió él" (Juan 5:39, 46). La afirmación más convincente de Jesús en cuanto a que tenía una misión divina surgió de su cumplimiento de las profecías del Antiguo Testamento (Luc. 24:25-27).

De modo que sin reservas Cristo aceptó las Sagradas Escrituras como la revelación autoritativa de la voluntad de Dios para la raza humana. Consideraba las Escrituras como un cuerpo de verdad, una revelación objetiva, otorgada para sacar a la humanidad de las tinieblas de las tradiciones y mitos a la luz verdadera del conocimiento de la salvación.

El Espíritu Santo y la autoridad de las Escrituras. Durante la vida de Jesús los dirigentes religiosos y la multitud descuidada no descubrieron su verdadera identidad. Algunos pensaban que era un profeta como Juan el Bautista, Elías, o Jeremías, simplemente un hombre. Cuando Pedro confesó que Jesús era "el Hijo del Dios viviente", Jesús señaló que fue la iluminación divina lo que hizo posible esta confesión (Mat. 16:13-17). Pablo enfatiza esta verdad diciendo: "Nadie puede llamar a Jesús Señor, sino por el Espíritu Santo" (1 Cor. 12:3).

Así también sucede en el caso de la Palabra escrita de Dios. Sin la iluminación del Espíritu Santo nuestras mentes nunca podrían comprender correctamente la Biblia, ni tan sólo reconocerla como la autoridad divina.[5] Porque "nadie conoció las cosas de Dios, sino el Espíritu de Dios" (1 Cor. 2:11). "El hombre natural no percibe las cosas que son del Espíritu de Dios, porque para él son locura, y no las puede entender, porque se han de discernir espiritualmente" (1 Cor. 2:14). Por consiguiente "la palabra de la cruz es locura a los que se pierden; pero a los que se salvan, eso es, a nosotros, es poder de Dios" (1 Cor. 1:18).

Únicamente con la ayuda del Espíritu Santo, que discierne "lo profundo de Dios" (1 Cor. 2:10), podemos convencernos de la autoridad que le corresponde a la Biblia en su calidad de revelación de Dios y de su voluntad. Es sólo así como la cruz se convierte en "poder de Dios" (1 Cor. 1:18), y podemos unirnos al testimonio de Pablo: "Y nosotros no hemos recibido el espíritu del mundo, sino el Espíritu que proviene de Dios, para que sepamos lo que Dios nos ha concedido" (1 Cor. 2:12).

Las Sagradas Escrituras y el Espíritu Santo nunca pueden estar separados. El Espíritu Santo es tanto el autor como el revelador de las verdades bíblicas.

La autoridad de las Escrituras en nuestras vidas aumenta o disminuye según sea nuestro concepto de inspiración. Si percibimos la Biblia como una simple colección de testimonios humanos o si la autoridad que le damos en alguna forma depende de cómo conduce nuestros sentimientos y emociones, socavamos su autoridad en nuestras vidas. Pero cuando discernimos la voz de Dios que nos habla mediante los escritores, no importa cuán débiles y humanos hayan sido, la Escritura viene a ser la autoridad absoluta en lo que a doctrina, impugnación, corrección e instrucción en justicia se refiere (2 Tim. 3:16).

Cuánto abarca la autoridad de la Escritura. Con frecuencia las contradicciones entre la Escritura y la ciencia son el resultado de la especulación. Cuando no podemos armonizar la ciencia con la Escritura, es porque tenemos una "comprensión imperfecta de ya sea la ciencia o la revelación... pero cuando se comprenden en forma correcta, están en armonía perfecta".[6]

Toda la sabiduría humana debe estar sujeta a la autoridad de la Escritura. Las verdades bíblicas son la norma por la cual todas las demás ideas deben ser probadas. Al juzgar la Palabra de Dios con normas humanas perecederas es como si tratáramos de medir las estrellas con una vara de medir. La Biblia no debe estar sujeta a las normas humanas. Es superior a toda la sabiduría y literatura humana. Más bien, en vez de juzgar la Biblia, todos seremos juzgados por ella, porque es la norma de carácter y la prueba de toda experiencia y pensamiento.

Finalmente, las Escrituras ejercen autoridad aun sobre los dones que vienen del Espíritu Santo, incluyendo la conducción que provee el don de profecía o la glosolalia (1 Cor. 12; 14:1; Efe. 4:7-16). Los dones del Espíritu no son superiores a la Biblia; lo cierto es que deben probarse por la Biblia, y si no están de acuerdo con ella, deben descartarse: "¡A la ley y al testimonio! Si no dijeren conforme a esto, es porque no les ha amanecido" (Isa. 8:20; compárese con el cap. 18).

La unidad de las Escrituras

La lectura superficial de la Escritura producirá una comprensión superficial de la misma. Cuando así se lee, la Biblia resulta ser un conjunto desorganizado de relatos, sermones e historia. Sin embargo, los que la abren para obtener iluminación del Espíritu de Dios, los que están dispuestos a buscar con paciencia y oración las verdades ocultas, descubren que la Biblia expone una unidad fundamental en lo que enseña acerca de los principios de salvación. La Biblia no es monótona. Más bien, reúne una rica y colorida variedad de testimonios armoniosos de rara y distinguida belleza. Y debido a su variedad de perspectivas, está perfectamente capacitada en forma mejor para enfrentar las necesidades humanas de todas las épocas.

Dios no se ha revelado a sí mismo a la humanidad en una cadena continua de declaraciones, sino poco a poco, a través de generaciones sucesivas. Ya sea mediante Moisés que escribiera desde los campos madianitas, o mediante Pablo desde una prisión romana, sus libros revelan la misma comunicación inspirada por el Espíritu. La comprensión de sus "revelaciones progresivas" contribuye a la comprensión de la Biblia y su unidad.

Las verdades del Antiguo y Nuevo Testamento, a pesar de haber sido escritas a través de muchas generaciones, permanecen inseparables; no se contradicen unas a otras. Los dos Testamentos son uno, tal como Dios es uno. El Antiguo Testamento, mediante profecías y símbolos, revela el evangelio del Salvador que vendría; el Nuevo Testamento, mediante la vida de Jesús, revela al Salvador que vino —la realidad del evangelio. Ambos revelan al mismo Dios. El Antiguo Testamento sirve como fundamento del Nuevo. Provee la clave para abrir el Nuevo mientras que el Nuevo explica los misterios del Antiguo.

Dios bondadosamente nos llama para que le conozcamos mediante su Palabra. En ella podemos encontrar la rica bendición de la seguridad de nuestra salvacion. Podemos descubrir por nosotros mismos que "toda la Escritura es inspirada por Dios, y útil para enseñar, para redargüir, para corregir, para instruir en justicia, a fin de que el hombre de Dios sea perfecto, enteramente preparado para toda buena obra" (2 Tim. 3:16, 17).

Referencias

1. Elena G. de White, *Mensajes selectos*, tomo 1, pág. 24 (Mountain View, CA: Pacific press Pub. Assn., 1966).
2. Ibíd.
3. Véase *Primeros Escritos*, págs. 220, 221 (Mountain View, CA: Pacific Press Pub. Assn., 1962)
4. Siegfried H. Horn, *The Spade Confirms the Book*, [La azada confirma el Libro, ed. rev.] (Washington, D.C.: Review and Herald, 1980).
5. Para el estudio de la posición general adventista acerca de la interpretación bíblica, véase el Informe del Comité Anual de la Asociación General, 12 de Oct., 1986, "Methods of Bible Study" [Métodos para estudiar la Biblia], distribuido por Biblical Research Institute, Asociación General de los Adventistas del Séptimo Día, 6840 Eastern Ave., N. W., Washington, D.C. 20012. *A Symposium on Biblical Hermeneutics*, [Simposio sobre hermeneutica bíblica], ed. G. M. Hyde (Washington, D.C.: Review and Herald, 1974); Gerhard F. Hasel, *Understanding the Living Word of God* [Cómo comprender la Palabra de Dios] (Mountain View, CA: Pacific Press, 1980). Véase también P. Gerard Damsteegt, *"Interpreting the Bible"* [La interpretación de la Biblia] (Publicación preparada por el Comité de Investigaciones Bíblicas de la División del Lejano Oriente, Singapur, mayo de 1986).
6. White, *Patriarcas y profetas* (Mountain View, CA: Pacific Press, 1958), pág. 114.

LOS ADVENTISTAS DEL SÉPTIMO DÍA CREEN EN...

La Deidad

Hay un solo Dios, que es una unidad de tres personas coeternas: Padre, Hijo y Espíritu Santo. Dios es inmortal, todopoderoso, omnisapiente, superior a todos y omnipresente. Es infinito y escapa a la comprensión humana, no obstante lo cual se lo puede conocer mediante su propia revelación que ha efectuado de sí mismo. Es eternamente digno de reverencia, adoración y servicio por parte de toda la creación.

EN EL CALVARIO, CASI TODOS RECHAZARON A JESÚS. Sólo unos pocos reconocieron quién era realmente Jesús; entre ellos, el ladrón moribundo que lo reconoció como Rey y Señor (Luc. 23:42), y el soldado romano que dijo: "Verdaderamente este hombre era Hijo de Dios" (Mar. 15:39).

Al escribir Juan las siguientes palabras: "A lo suyo vino, y los suyos no le recibieron" (Juan 1:11), se refería no sólo a la multitud que se amontonaba al pie de la cruz, ni siquiera a Israel, sino a toda generación que haya vivido. A excepción de un puñado de individuos, toda la humanidad, a semejanza de la bulliciosa multitud reunida en el Calvario, ha rehusado reconocer en Jesús a su Dios y Salvador. Este fracaso, el mas trágico y profundo de la humanidad, demuestra que el conocimiento de Dios que poseen los seres humanos es radicalmente deficiente.

El conocimiento de Dios

Las muchas teorías que procuran explicar a Dios, y los numerosos argumentos en pro y en contra de su existencia, muestran que la sabiduría humana no puede penetrar lo divino. Depender exclusivamente de la sabiduría humana con el fin de aprender acerca de Dios, equivale a usar una lupa en el estudio de las constelaciones. Por esto, para muchos, la sabiduría de Dios es una "sabiduría oculta" (1 Cor. 2:7). Para ellos, Dios es un misterio. Pablo escribió: "La que ninguno de los príncipes de este siglo conoció; porque si la hubieran conocido, nunca habrían crucificado al Señor de gloria" (1 Cor. 2:8).

Uno de los mandamientos más básicos de la Escritura es: "Amarás al Señor tu Dios con todo tu corazón, y con toda tu alma, y con toda tu mente" (Mat. 22:37; véase también Deut. 6:5). No podemos amar a alguien del cual no sabemos nada; por otra parte, no podemos descubrir las cosas profundas de Dios buscándolas por cuenta propia (Job 11:7). ¿Cómo podemos entonces llegar a conocer y amar al Creador?

Se puede conocer a Dios. Dios conoce el dilema que enfrentamos los seres humanos; por eso en su amor y compasión, ha llegado hasta nosotros por medio de la Biblia. En sus páginas se revela que "el cristianismo no es el registro de la búsqueda que los hombres hacen de Dios; es el producto de la revelación que Dios hace de sí mismo y de sus propósitos para con el hombre".[1] Esta autorrevelación está designada para salvar el abismo que existe entre este mundo rebelde y nuestro amante Dios.

La mayor manifestación del amor de Dios llegó hasta nosotros por medio de su suprema revelación, es decir, de Jesucristo, su Hijo. Por medio de Jesús podemos conocer al padre. Como declara Juan: "Sabemos que el Hijo de Dios ha venido, y nos ha dado entendimiento para conocer al que es verdadero" (1 Juan 5:20).

Además, Jesús declaró: "Esta es la vida eterna: que te conozcan a ti, el único Dios verdadero, y a Jesucristo a quien has enviado" (Juan 17:3).

Estas son buenas noticias. Si bien es imposible conocer completamente a Dios, las Escrituras nos permiten obtener un conocimiento práctico de él que basta para permitirnos entrar en una relación salvadora con él.

Cómo conocer a Dios. A diferencia de otros procesos de investigación, el conocimiento de Dios tiene tanto que ver con el corazón como con el cerebro. Abarca todo el ser, no solo el intelecto. Debemos abrirnos a la influencia del Espíritu Santo, y estar dispuestos a cumplir la voluntad de Dios (Juan 7:17; véase Mat. 11:27). Jesús dijo: "Bienaventurados los de limpio corazón, porque ellos verán a Dios" (Mat. 5:8).

Es claro entonces, que los incrédulos no pueden comprender a Dios. Pablo exclamó: "¿Dónde está el sabio? ¿Dónde está el escriba? ¿Dónde está el disputador de este siglo? ¿No ha enloquecido Dios la sabiduría del mundo? Pues ya que en la sabiduría de Dios, el mundo no conoció a Dios mediante la sabiduría, agradó a Dios salvar a los creyentes por la locura de la predicación" (1 Cor. 1:20, 21).

La manera en que aprendemos a conocer a Dios por medio de la Biblia, difiere de todos los otros métodos de adquirir conocimiento. No podemos colocarnos por encima de Dios y tratarlo como un objeto que debe ser analizado y cuantificado. En nuestra búsqueda del conocimiento de Dios, debemos someternos a la autoridad de su autorevelación: la Biblia. Por cuanto la Biblia es su propio intérprete, debemos someternos a los principios y métodos que ella enseña. Sin los indicadores bíblicos no podemos conocer a Dios.

¿Por qué tantos de los contemporáneos de Jesús no lograron captar la revelación que Dios hizo de sí mismo en Jesús? Porque rehusaron aceptar la conducción del Espíritu Santo a través de las Escrituras, interpretaron por su modo en forma equivocada el mensaje de Dios, lo cual los llevó a crucificar al Salvador. Su problema no era intelectual. Fueron sus corazones endurecidos los que oscurecieron sus mentes, y el resultado fue una pérdida eterna.

La existencia de Dios

Hay dos grande fuentes de evidencias relativas a la existencia de Dios: el libro de la naturaleza y la Sagrada Escritura.

Evidencias de la creación. Todos pueden aprender de Dios a través de la naturaleza y la experiencia humana. David escribió: "Los cielos cuentan la gloria de Dios, y el firmamento anuncia la obra de sus manos" (Sal. 19:1). Juan afirma que la revelación de Dios, incluyendo en ella a la naturaleza, alumbra a todos (Juan 1:9). Y Pablo declara: "Las cosas invisibles de él, su eterno poder y deidad, se hacen claramente visibles desde la creación del mundo, siendo entendidas por medio de las cosas hechas" (Rom. 1:20).

La conducta humana también provee evidencias de la existencia de Dios. En el culto ateniense al "dios no conocido", Pablo vio evidencias de una creencia en Dios. Dijo el apóstol: "Al que vosotros adoráis, pues, sin conocerle, es a quien yo os anuncio" (Hech. 17:23). Pablo también dice que la conducta de los no cristianos revela el testimonio de su conciencia, y muestra que la ley de Dios ha sido "escrita en sus corazones" (Rom. 2:14, 15). Esta intuición de que Dios existe se encuentra aun entre los que no tienen acceso a la Biblia. Esta revelación general de Dios ha llevado a la formulación de diversos argumentos clásicos en pro de la existencia de Dios.[2]

Evidencia de la Escritura. La Biblia no procura comprobar la existencia de Dios; simplemente, la da por sentada. Su texto inicial declara: "En el principio creó Dios los cielos y la tierra" (Gén. 1:1). La Biblia describe a Dios como el Creador, Sustentador y Legislador de toda la creación. La revelación de Dios por medio de la creación es tan poderosa que no hay excusa para el ateísmo, el cual surge cuando se suprime la verdad divina o cuando una mente rehúsa reconocer la evidencia de que Dios existe (Sal. 14:1; Rom. 1:18-22, 28).

Hay suficientes evidencias de la existencia de Dios para convencer a cualquiera que procura seriamente descubrir la verdad acerca de él. Y sin embargo, la fe es un requisito previo, por cuanto "sin fe es imposible agradar a Dios; porque es necesario que el que se acerca a Dios crea que le hay, y que es galardonador de los que le buscan" (Heb. 11:6).

La fe en Dios, sin embargo, no es ciega. Está basada en una amplia gama de evidencias que se encuentran tanto en las revelaciones de Dios a través de las Escrituras, como en el mundo de la naturaleza.

El Dios de las Escrituras

La Biblia revela las cualidades esenciales de Dios a través de sus nombres, actividades y atributos.

Los nombres de Dios. En los tiempos bíblicos, los nombres eran importantes, como es aún el caso en el oriente. En esas regiones, se considera que un nombre revela el carácter del que lo lleva, su verdadera naturaleza e identidad. La importancia de los nombres de Dios, que revelan su naturaleza, carácter y cualidades, se revela en el siguiente mandamiento: "No tomarás el nombre de Jehová tu Dios en vano" (Éxo. 20:7). David decía: "Cantaré al nombre de Jehová el Altísimo" (Sal. 7:17). "Santo y temible es su nombre" (Sal. 111:9). "Alaben el nombre de Jehová, porque sólo su nombre es enaltecido" (Sal. 148:13).

Los nombres hebreos *El* y *Elohim* ("Dios") revelan el poder divino de Dios. Lo describen como el Fuerte y Poderoso, el Dios de la creación (Gén. 1:1; Éxo. 20:2; Dan. 9:4). *Elyon* ("Altísimo") y *El Elyon* ("Dios Altísimo") enfocan su posición exaltada (Gén. 14:18-20, Isa. 14:14). *Adonai* ("Señor") presenta a Dios como el Gobernante Todopoderoso (Isa. 6:1; Sal. 35:23). Estos nombres enfatizan el carácter majestuoso y trascendente de Dios.

Otros nombres revelan la disposición que Dios tiene para entrar en una relación con los seres humanos. *Shaddai* ("Todopoderoso") y *El Shaddai* ("Dios Todopoderoso") describen a Dios como la Fuente de bendición y bienestar (Éxo. 6:3; Sal. 91:1). El nombre *Yahweh*,[3] traducido por Jehová o SEÑOR, hace énfasis en la fidelidad y la gracia de Dios relativas al pacto (Éxo. 15:2, 3; Oseas 12:5, 6). En Éxodo 3:14, Yahweh se describe a sí mismo como "Yo soy el que soy", o "Yo seré lo que seré", indicando así su relación inmutable con su pueblo. En otras ocasiones Dios ha provisto una revelación aún más íntima de sí mismo, al presentarse como "Padre" (Deut. 32:6, Isa 63:16; Jer. 31:9; Mal. 2:10), y al llamar a Israel "mi hijo, mi primogénito" (Éxo. 4:22; véase Deut. 32:19).

A excepción del apelativo *Padre,* los nombres de Dios que aparecen en el Nuevo Testamento tienen significados equivalentes a los del Antiguo. En el Nuevo Testamento, Jesús usó el termino *Padre* para llevarnos a una relación estrecha y personal con Dios (Mat. 6:9; Mar. 14:36; véase Rom. 8:15; Gál. 4:6).

Las actividades de Dios. Los escritores bíblicos pasan más tiempo describiendo las actividades de Dios que la esencia de su Ser. Lo presentan como Creador (Gén. 1:1; Sal. 24:1, 2), Sustentador del mundo (Heb. 1:3), y Redentor y Salvador (Deut. 5:6; 2 Cor. 5:19), que lleva sobre sí la responsabilidad del destino final de la humanidad. Hace planes (Isa. 46:11), predicciones (Isa. 46:10), y promesas (Deut. 15:6; 2 Pedro 3:9). Perdona pecados (Éxo. 34:7), y en consecuencia merece nuestra adoración (Apoc. 14:6, 7). Por encima de todo las Escrituras revelan a Dios como Gobernante, "Rey de los siglos, Inmortal, Invisibles,... único y sabio Dios" (1 Tim. 1:17). Sus acciones confirman que es un Dios personal.

Los atributos de Dios. Los escritores sagrados proveen información adicional acerca de la esencia de Dios a través de sus testimonios relativos a los atributos divinos, tanto los que son comunicables como los incomunicables.

Los atributos incomunicables de Dios comprenden aspectos de su naturaleza divina que no se han revelado a los seres creados. Dios tiene existencia propia: "El Padre tiene vida en sí mismo" (Juan 5:26). Es independiente, tanto en su voluntad (Efe. 1:5) como en su poder (Sal. 115:3). Es omnisciente, conociendo todas las cosas (Job 37:16; Sal. 139:1-18; 147:5; 1 Juan 3:20), por cuanto, en su calidad de Alfa y Omega (Apoc. 1:8), conoce el fin desde el principio (Isa. 46:9-11).

Dios es omnipresente (Sal. 139:7-12; Heb. 4:13), por lo cual trasciende toda limitación de espacio. No obstante, se halla enteramente presente en cada parte del espacio. Es eterno (Sal. 90:2; Apoc. 1:8); excede los límites del tiempo, y sin embargo se halla plenamente presente en cada momento del tiempo.

Dios es todopoderoso, omnipotente. El hecho de que para él nada es imposible, nos asegura de que puede cumplir cualquier cosa que se proponga (Dan. 4:17, 25, 35; Mat. 19:26; Apoc. 19:6). Es inmutable —o incambiable— porque es perfecto. Dice: "Yo Jehová no cambio" (Mal. 3:6; véase Sal. 33:11; Sant. 1:17). Por cuanto en cierto sentido estos atributos definen a Dios, son incomunicables.

Los atributos comunicables de Dios fluyen de su amorosa preocupación por la humanidad. Incluyen el amor (Rom. 5:8), la gracia (Rom. 3:24), la misericordia (Sal. 145:9), la paciencia (2 Pedro 3:15), la santidad (Sal. 99:9), la justicia (Esdras 9:15; Juan 17:25; Apoc. 22:12), y la verdad (1 Juan 5:20). Estos dones son inseparables del Dador.

La soberanía de Dios

Las Escrituras establecen claramente la soberanía de Dios: "Él hace según su voluntad... y no hay quien detenga su mano" (Dan. 4:35). "Tú creaste todas las cosas, y por tu voluntad existen y fueron creadas" (Apoc. 4:11). "Todo lo que Jehová quiere, lo hace en los cielos y en la tierra" (Sal. 135:6). Así, Salomón pudo decir: "Como los repartimientos de las aguas, así está el corazón del rey en la mano de Jehová; a todo lo que quiere lo inclina" (Prov. 21:1). Pablo, consciente de la soberanía de Dios: "Otra vez volveré a vosotros, si Dios quiere" (Hech. 18:21; véase Rom. 15:32). Por su parte, Santiago amonesta diciendo: "deberíais decir: si el Señor quiere viviremos y haremos esto o aquello" (Sant. 4:15).

La predestinación y la libertad humana. La Biblia revela que Dios ejerce pleno control sobre el mundo. El Creador "predestinó" a los seres humanos "para que fuesen hechos conforme a la imagen de su Hijo" (Rom. 8:29, 30), con el fin de adoptarlos como sus hijos, y permitirles obtener una herencia (Efe. 1:4, 5, 11, 12). ¿Qué implicaciones tiene para la libertad humana esta soberanía divina?

El verbo *predestinar* significa "determinar de antemano". Algunos suponen que estos pasajes enseñan que Dios elige arbitrariamente a unos para la salvación y a otros para que sean condenados, sin tomar en cuenta sus propias elecciones. Pero al estudiar el contexto de estos pasajes, notamos que Pablo no enseña que Dios excluye a nadie en forma caprichosa.

El sentido de estos textos es *inclusivo.* La Biblia afirma claramente que Dios "quiere que todos los hombres sean salvos y vengan al conocimiento de la verdad" (1 Tim. 2:4). Además, "es paciente para con nosotros, no queriendo que ninguno perezca, sino que todos procedan al arrepentimiento" (2 Ped. 3:9). No existe evidencia alguna de que Dios haya decretado que algunas personas deben perderse; un decreto así negaría el Calvario, en el cual Jesús murió por todos. La expresión *todo aquel* que aparece en el siguiente texto: "Porque de tal manera amó Dios al mundo, que ha dado a su Hijo unigénito, para que todo aquel que en él cree, no se pierda, mas tenga vida eterna" (Juan 3:16), significa que cualquier persona puede ser salva.

"El hecho de que la voluntad libre del hombre es el factor determinante en su destino personal, se hace evidente a partir del hecho de que Dios continuamente presenta los resultados de la obediencia y la desobediencia, y insta al pecador a que escoja la obediencia y la vida" (Deut. 30:19; Jos. 24:15; Isa. 1:16, 20; Apoc. 22:17); y del hecho de que es posible que el creyente, aunque haya sido una vez recipiente de la gracia, caiga y se pierda (1 Cor. 9:27; Gál. 5:4; Heb. 6:4-6; 10:29)...

"Dios puede prever cada elección individual que se hará, pero su conocimiento anticipado no determina cuál será esa elección... La predestinación bíblica consiste en el propósito efectivo de Dios, según el cual todos los que elijan creer en Cristo serán salvos (Juan 1:12; Efe. 1:4-10)".[4]

Entonces, ¿qué significa la Escritura cuando dice que Dios amó a Jacob y aborreció a Esaú (Rom. 9:13), y que endureció el corazón de Faraón (Rom. 9:17, 18; compárese con vers. 15, 16; Éxo. 9:16; 4:21)? El contexto de estos pasajes muestra que la preocupación de Pablo se concentra en el concepto de misión y no de salvacion. La redención está disponible para todos pero Dios elige a ciertas personas para que cumplan tareas especiales. La salvación estaba igualmente disponible para Jacob como para Esaú, pero Dios eligió a Jacob, y no a Esaú, para que estableciera el linaje a través del cual Dios haría llegar el mensaje de salvación a todo el mundo. El Creador ejerce soberanía en su estrategia misionera.

Cuando la Escritura dice que Dios endureció el corazón de Faraón, simplemente le da crédito por hacer lo que él mismo permite, y no implica que lo ha ordenado así. La respuesta negativa al llamado de Dios, de hecho ilustra el respeto que Dios tuvo por la libertad de elección de dicho gobernante.

La presciencia divina y la libertad humana. Algunos creen que Dios se relaciona con los individuos sin saber sus elecciones, hasta que las realizan; que Dios conoce ciertos acontecimientos futuros, como el Segundo Advenimiento, el milenio y la restauración del mundo, pero que no tiene idea de quién se salvará y quién se perderá. Los proponentes de esta posición suponen que la relación dinámica que existe entre Dios y la raza humana estaría amenazada si el Creador supiera todo lo que va a suceder desde la eternidad hasta la eternidad. Algunos sugieren que si Dios supiera el fin desde el principio, podría llegar a sentir aburrimiento.

Pero el hecho de que Dios sepa lo que los individuos harán, no estorba su elección más de lo que el conocimiento que un historiador tiene de lo que la gente hizo en el pasado estorba sus acciones. Tal como una cámara registra una escena sin cambiarla, la presciencia divina contempla el futuro sin alterarlo. El conocimiento anticipado de que disfruta la Deidad nunca viola la libertad del hombre.

La dinámica de la Deidad

¿Existe sólo un Dios? ¿Qué sucede con Cristo, y con el Espíritu Santo?

La unidad de Dios. En contraste con los paganos de las naciones circundantes, Israel creía en la existencia de un solo Dios (Deut. 4:35; 6:4; Isa. 45:5; Zac. 14:9). El Nuevo Testamento coloca el mismo énfasis en la unidad de Dios (Mar. 12:29-32; Juan 17:3; 1 Cor. 8:4-6; Efe. 4:4-6; 1 Tim. 2:5). Este énfasis monoteísta no contradice el concepto cristiano del Dios triuno o Trinidad: Padre, Hijo y Espíritu Santo; más bien, afirma que no existe un panteón de diversas divinidades.

La pluralidad dentro de la Deidad. Si bien el Antiguo Testamento no enseña explícitamente que Dios es triuno, no es menos cierto que se refiere a una pluralidad dentro de la Deidad. En ciertas ocasiones Dios emplea plurales, tales como: "Hagamos al hombre a nuestra imagen" (Gén. 1:26); "He aquí el hombre es como uno de nosotros" (Gén. 3:22); "Ahora, pues, descendamos" (Gén. 11:7). A veces, la expresión "Ángel del Señor" está identificada con Dios. Cuando se le apareció a Moisés, el Ángel del Señor dijo: "Yo soy el Dios de tu padre, Dios de Abraham, Dios de Isaac, y Dios de Jacob" (Éxo. 3:6).

En diversas referencias se hace una distinción entre Dios y su Espíritu. En el relato de la creación, "el Espíritu de Dios se movía sobre la faz de las aguas" (Gén. 1:2). Algunos textos no sólo se refieren al Espíritu, sino que además, incluyen una tercera Persona en la obra de la redención que Dios lleva a cabo: "Ahora me envió [habla el Hijo] Jehová el Señor [el Padre], y su Espíritu [el Espíritu Santo]" (Isa. 48:16); "He aquí mi siervo [habla el Padre]... he puesto sobre él [el Hijo] mi Espíritu; el traerá justicia a las naciones" (Isa. 42:1).

La relación que existe entre las personas de la Deidad. La primera venida de Cristo provee para nosotros una visión mucho más clara del Dios triuno. El Evangelio de Juan revela que la Deidad consiste en Dios el Padre (cap. 3), Dios el Hijo (cap. 4), y Dios el Espíritu Santo (cap. 5), una unidad de tres Personas co-eternas, vinculadas por una relación misteriosa y especialísima.

1. *Una relación de amor*. Cuando Cristo exclamo: "Dios mío, Dios mío, ¿por qué me has desamparado?" (Mar. 15:34), estaba expresando el sufrimiento producido por la separación de su Padre que el pecado había causado. El pecado quebrantó la relación original de la humanidad con Dios (Gén. 3:6-10; Isa. 59:2). En sus últimas horas, Jesús, el Ser que no conoció pecado, se hizo pecado por nosotros. Al tomar nuestro pecado, al ocupar nuestro lugar, experimentó la separación de Dios que nos correspondería experimentar a nosotros, y en consecuencia pereció.

Los pecadores nunca comprenderemos lo que significó para la Deidad la muerte de Jesús. Desde la eternidad el Hijo había estado con su Padre y con el Espíritu. Habían compartido una vida co-eterna, co-existente, en absoluta abnegación y amor mutuos. El hecho de haber podido pasar tanto tiempo juntos, revela el amor perfecto y absoluto que siempre existió en la Deidad. "Dios es amor" (1 Juan 4:8) significa que cada uno vivió de tal manera por los otros, que todos experimentaron perfecto contentamiento y perfecta felicidad.

En 1 Corintios 13 se define el amor. Alguno podría preguntarse cómo se aplicarían dentro de la Deidad las cualidades de longanimidad o paciencia, en vista de que entre sus miembros siempre existió una perfecta relación de amor. La paciencia se necesitó primero al tratar con los ángeles rebeldes, y más tarde con los seres humanos desobedientes.

No hay distancia entre las personas del Dios triuno. Todas son divinas, y sin embargo comparten sus cualidades y poderes divinos. En las organizaciones humanas, la autoridad final descansa sobre una persona: un presidente, rey o primer ministro. En la Deidad, la autoridad final reside en sus tres miembros.

Si bien es cierto que la Deidad no es una en personas, Dios es uno en propósito, mente y carácter. Esta unidad no destruye las distintas personalidades del Padre, el Hijo y el Espíritu Santo. Además, el hecho de que en la Deidad haya personalidades separadas, no destruye la enseñanza monoteísta de la Escritura, según la cual el Padre, el Hijo y el Espíritu Santo son un sólo Dios.

2. *Una relación práctica.* Dentro de la Deidad, existe la economía funcional. Dios no duplica innecesariamente su obra. El orden es la primera ley del cielo, y se manifiesta en formas ordenadas de actuar. Este orden surge de la unión que existe entre los componentes de la Deidad, y sirve para preservar dicha unión. El Padre parece actuar como fuente, el Hijo como mediador, y el Espíritu como actualizador o aplicador.

La encarnación provee una hermosa demostración de la relación que existe en la obra de las tres personas de la Deidad. El Padre dio a su Hijo, Cristo se entregó a sí mismo, y el Espíritu produjo la concepción de Jesús (Juan 3:16; Mat. 1:18, 20). El testimonio que el ángel pronunció ante María, indica con claridad las actividades de las tres Personas en el misterio de Dios hecho hombre. "El Espíritu Santo vendrá sobre ti, y el poder del Altísimo te cubrirá con su sombra; por lo cual también el Santo Ser que nacerá será llamado Hijo de Dios" (Luc. 1:35).

Todos los miembros de la Deidad estaban presentes en el bautismo de Cristo: el Padre, expresando palabras de ánimo y aprobación (Mat. 3:17), Cristo entregándose a sí mismo para ser bautizado como nuestro ejemplo (Mat. 3:13-15), y el Espíritu entregándose a Jesús para impartirle su poder (Luc. 3:21, 22).

Hacia el fin de su vida terrenal, Jesús prometió enviar el Espíritu Santo en calidad de consejero o ayudador (Juan 14:16). Horas más tarde, cuando colgaba de la cruz, Jesús clamó a su Padre: "Dios mío, Dios mío, ¿por qué me has abandonado?" (Mat. 27:46). En esos momentos supremos de la historia de la salvación, el Padre, el Hijo y el Espíritu Santo estuvieron presentes en la escena.

Hoy, el Padre y el Hijo se acercan a nosotros a través del Espíritu Santo. Jesús dijo: "Cuando venga el Consolador, a quien yo os enviaré del Padre, el Espíritu de verdad, el cual procede del Padre, él dará testimonio acerca de mí" (Juan 15:26). El Padre y el Hijo envían el Espíritu para revelar a Cristo ante cada persona. El gran propósito de la Trinidad es llevar a todo corazón el conocimiento de Cristo y la presencia de Dios (Juan 17:3), y hacer que la presencia de Jesús sea una realidad (Mat. 28:20; véase Heb. 13:5). Pedro declara que los creyentes han sido elegidos para salvación, "según la presciencia de Dios Padre en santificación del Espíritu, para obedecer y ser rociados con la sangre de Jesucristo" (1 Ped. 1:2).

La bendición apostólica incluye las tres personas de la Deidad. "La gracia del Señor Jesucristo, el amor de Dios, y la comunión del Espíritu Santo sean con todos vosotros" (2 Cor. 13:14). Cristo encabeza la lista. El punto de contacto entre Dios y la humanidad fue y es siempre a través de Jesucristo, el Dios que se hizo hombre. Si bien los tres miembros de la Trinidad obran unidos para salvarnos, sólo Jesús vivió como hombre, murió como hombre y se convirtió en nuestro Salvador (Juan 6:47; Mat. 1:21; Hech. 4:12). Pero por cuanto "Dios estaba en Cristo reconciliando consigo el mundo" (2 Cor. 5:19), Dios también puede ser designado como nuestro Salvador (véase Tito 3:4), por cuanto nos salvó por medio de Cristo el Salvador (Efe. 5:23; Fil. 3:20; véase Tito 3:6).

En la economía de funciones, los diferentes miembros de la Deidad cumplen distintas tareas en la salvación del hombre. La obra del Espíritu Santo no le añade nada a la calidad del sacrificio que Jesucristo hizo en la cruz. Por medio del Espíritu Santo, la expiación objetiva realizada en la cruz se aplica subjetivamente en la medida en que el Cristo de la expiación es aceptado en el corazón. De este modo, Pablo habla de "Cristo en vosotros, la esperanza de gloria" (Col. 1:27).

Enfoque de la salvación

La iglesia primitiva bautizaba a los creyentes en el nombre del Padre, del Hijo y del Espíritu Santo (Mat. 28:19). Pero por cuanto el amor de Dios y su propósito fueron revelados por medio de Jesucristo, la Biblia lo enfoca a él. Cristo es la esperanza a la que apuntaban los sacrificios y festivales del Antiguo Testamento. Él es quién ocupa el lugar central en los Evangelios. El es las Buenas Nuevas, la Bendita Esperanza que proclamaron los discípulos en sus sermones y sus escritos. El Antiguo Testamento apunta hacia su venida futura; el Nuevo Testamento testifica de su primer advenimiento y mira con esperanza hacia su retorno.

Cristo, el mediador entre Dios y nosotros, nos une de este modo a la Deidad. Jesús es "el camino, y la verdad, y la vida" (Juan 14:6). Las buenas nuevas están centradas en una Persona y no sólo en una práctica. Tienen que ver con una relación, y no sólo con reglamentos, puesto que el cristianismo es Cristo. En él encontramos el corazón, el contenido y el contexto de toda verdad de la vida.

Al mirar a la cruz, contemplamos el corazón de Dios. Sobre ese instrumento de tortura derramó su amor por nosotros. A través de Cristo, el amor de la Deidad llena nuestros dolientes y vacíos corazones. Jesús colgó de ella como el don de Dios y como nuestro sustituto. En el Calvario, Dios descendió al punto más bajo del mundo para encontrarse allí con nosotros; pero a la vez, constituye el lugar más elevado a donde podemos ir. Cuando llegamos al Calvario, hemos ascendido tan alto como podemos en dirección a Dios.

En la cruz, la Trinidad hizo una revelación completa de abnegación. Allí encontramos nuestra más completa revelación de Dios. Cristo se hizo hombre para morir por la raza humana. Valoró más la abnegación que su derecho a la vida. Allí Cristo se convirtió en nuestra "sabiduría, justificación, santificación y redención" (1 Cor 1:30). Cualquier valor o significado que poseamos o que lleguemos a adquirir en el futuro, se deriva de su sacrificio en esa cruz.

El único Dios verdadero es el Dios de la cruz. Cristo reveló ante el universo el infinito amor y el poder salvador de la Deidad; reveló un Dios triuno que estuvo dispuesto a sufrir la agonía de la separación, debido a su amor incondicional por este planeta rebelde. Desde esa cruz, Dios proclama su amorosa invitación a nosotros: Reconciliaos, "y la paz de Dios, que sobrepasa todo entendimiento, guardará vuestros corazones y vuestros pensamientos en Cristo Jesús" (Fil. 4:7).

Referencias

1. Gordon R. Lewis, *Decide for Yourself:* A Theological Workbook [Decida por cuenta propia: Un cuaderno de teología] (Downers Grove, II: Inter- Varsity Press, 1978), pág. 15.
2. Son los argumentos cosmológico, teológico, ontológico, antropológico y religioso. Véase por ejemplo T. H. Jemison, *Christian Beliefs* [Creencias cristianas] (Mountain View, California: Pacific Press, 1959), pág. 72; Richard Rice, *The Reign of God* [El reino de Dios] (Berrien Springs, MI: Andrews University Press, 1985), págs. 53-56. Estos argumentos no prueban la existencia de Dios, pero demuestran que hay una elevada posibilidad de que Dios exista. En última instancia, sin embargo, la creencia en la existencia de Dios se basa en la fe.
3. Yahweh es "una transliteración conjetural" del sagrado nombre de Dios en el Antiguo Testamento (Éxo. 3:14, 15; 6:3). El hebreo original contenía las cuatro consonantes YHWH. Con el tiempo, y por temor de profanar el nombre de Dios, los judíos llegaron a rehusar leer este nombre en voz alta. En vez de ello, dondequiera que aparecían las cuatro consonantes YHWH, las sustituían por la palabra *Adonai*. En el siglo séptimo u octavo de nuestra era, cuando se les añadieron vocales a las palabras hebreas, los masoretas supieron las vocales de *Adonai* agregándolas a las consonantes YHWH. La combinación produjo la palabra *Jehová*, la cual se usa en la versión de Valera. Otras traducciones prefieren la palabra *Yavé* (Biblia de Jerusalén, etc.) o el termino *"Señor"*. (Véase Siegried H. Horn, *Seventh-day Adventist Bible Dictionary*, [Diccionario Bíblico Adventista del Séptimo Día], Don F. Neufeld, editor, ed. Rev., [Washington, D.C.: Review and Herald, 1979], págs. 1192, 1193).
4. "Predestinación", *Enciclopedia adventista del séptimo día*, Don F. Neufeld, Editor, ed. rev., (Washington, D.C.: Review and Herald, 1976), pág. 1144.

LOS ADVENTISTAS DEL SÉPTIMO DÍA CREEN EN...

3

Dios el Padre

Dios, el Padre Eterno, es el Creador, Origen, Sustentador y Soberano de toda la creación. Es justo, santo, misericordioso y clemente, tardo para la ira y abundante en amor y fidelidad. Las cualidades y las facultades del Padre se manifiestan también en el Hijo y el Espíritu Santo.

COMIENZA EL GRAN DÍA DEL JUICIO. Tronos ardientes con ruedas de fuego son colocados en sus lugares. El Anciano de Días ocupa su lugar. De majestuosa apariencia, preside sobre la corte. Su presencia formidable se impone sobre el vasto público que llena el salón de la corte. Delante de él hay una multitud de testigos. El juicio está preparado, los libros se abren, y comienza el examen del registro de las vidas humanas (Dan. 7:9, 10).

El universo entero ha estado esperando este momento. Dios el Padre ejecutará su justicia contra toda maldad. Se pronuncia la sentencia: "Se dio el juicio a los santos del Altísimo; y... recibieron el reino" (Dan. 7:22). Por todo el cielo resuenan gozosas alabanzas y acciones de gracia. El carácter de Dios es percibido en toda su gloria, y su maravilloso nombre es vindicado por todo el universo.

Conceptos acerca del Padre

Con frecuencia se comprende mal a Dios el Padre. Muchos conocen la misión que Cristo vino a cumplir a este mundo a favor de la raza humana, y están al tanto del papel que el Espíritu Santo realiza en el individuo, pero, ¿qué tiene que ver con nosotros el Padre? ¿Está él, en contraste con el Hijo lleno de bondad y el Espíritu, totalmente separado de nuestro mundo? ¿Es acaso el Amo ausente, la Primera Causa inamovible?

O será él, según algunos piensan, el "Dios del Antiguo Testamento", un Dios de venganza, caracterizado por el dicho: "Ojo por ojo y diente por diente" (véase Mat. 5:38; Éxo. 21:24); un Dios exigente, que requiere conducta perfecta, bajo la amenaza de terribles castigos. Un Dios que ofrece un contraste absoluto con la descripción que hace el Nuevo Testamento de un Dios de amor, el cual nos pide que volvamos la otra mejilla y que caminemos la segunda milla (Mat. 5:39-41).

Dios el Padre en el Antiguo Testamento

La unidad del Antiguo y Nuevo Testamento, y su plan común de redención, se revela por el hecho de que el mismo Dios habla y actúa en ambos Testamentos para la salvación de su pueblo. "Dios habiendo hablado muchas veces y de muchas maneras en otro tiempo a los padres por los profetas, en estos postreros días nos ha hablado por el Hijo, a quien constituyó heredero de todo, y por quien asimismo hizo el universo" (Heb. 1:1, 2). Si bien el Antiguo Testamento alude a las Personas de la Deidad, no las distingue entre sí. Pero el Nuevo Testamento deja claro que Cristo —Dios el Hijo— fue el agente activo en la Creación (Juan 1:1-3, 14; Col. 1:16) y que él fue el Dios que sacó a Israel de Egipto (1 Cor. 10:1-4; Éxo. 3:14; Juan 8:58). Lo que el Nuevo Testamento declara acerca del papel que Cristo desempeñó en la Creación y el Éxodo, sugiere que aun el Antiguo Testamento a menudo describe a Dios el Padre por medio del Hijo. "Dios estaba en Cristo reconciliando consigo al mundo" (2 Cor. 5:19). El Antiguo Testamento describe al Padre en los términos siguientes:

Un Dios de misericordia. Ningún pecador ha visto jamás a Dios (Éxo. 33:20). No tenemos ninguna fotografía de su rostro. Dios demostró su carácter por sus hechos de misericordia y por la descripción de sí mismo que proclamó ante Moisés: "¡Jehová! ¡Jehová! Fuerte, misericordioso y piadoso; tardo para la ira, y grande en misericordia y verdad; que guarda misericordia a millares, que perdona la iniquidad, la rebelión y el pecado, y que de ningún modo tendrá por inocente al malvado; que visita la iniquidad de los padres sobre los hijos y sobre los hijos de los hijos, hasta la tercera y cuarta generación" (Éxo. 34:6, 7; véase Heb 10:26, 27). Con todo, la misericordia no perdona ciegamente, sino que se deja guiar por el principio de la justicia. Los que rechazan la misericordia divina, cosechan el castigo de su iniquidad.

En el Sinaí, Dios expresó su deseo de ser el amigo de Israel, y de estar con su pueblo. Por eso le dijo a Moisés: "Y harán un santuario para mí, y habitaré en medio de ellos" (Éxo. 25:8). Por cuanto el santuario era la morada de Dios en la tierra, se convirtió en el punto focal de la experiencia de Israel.

El Dios del pacto. Ansioso de establecer relaciones perdurables, Dios estableció pactos solemnes con personajes como Noé (Gén. 9:1-17) y Abraham (Gén. 12:1-3,

7; 13:14-17; 15:1, 5, 6; 17:1-8; 22:15-18). (véase el capítulo 7). Estos pactos revelan un Dios personal y amoroso, que se interesa en las situaciones por que pasa su pueblo. A Noé le dio la seguridad de que habría estaciones regulares (Gén. 8:22) y de que nunca sucedería otro diluvio mundial (Gén. 9:11); a Abraham le prometió numerosos descendientes (Gén. 15:5-7) y una tierra en la cual pudiera morar (Gén. 15:18; 17:8).

El Dios redentor. En el Éxodo, Dios guió milagrosamente a una nación de esclavos hasta la libertad. Este gran acto redentor constituye el telón de fondo de todo el Antiguo Testamento y provee un ejemplo del anhelo que Dios siente de ser nuestro Redentor. Dios no es una persona distante y desconectada, que no se interesa por nosotros; por el contrario, se halla íntimamente envuelto en nuestros asuntos.

Los Salmos, especialmente, fueron inspirados por la profundidad de la ingerencia amorosa de Dios: "Cuando veo tus cielos, obra de tus dedos, la luna y las estrellas que tú formaste, digo: ¿Qué es el hombre para que tengas de él memoria, y el hijo del hombre para que lo visites?" (Sal. 8:3,4). "Te amo, oh Jehová, fortaleza mía. Jehová, roca mía y castillo mío, y mi libertador; Dios mío, fortaleza mía, en él confiaré; mi escudo, y la fuerza de mi salvación, mi alto refugio" (Sal. 18:1,2). "Porque no menospreció ni abominó la aflicción del afligido, ni de él escondió su rostro" (Sal. 22:24).

Un Dios de refugio. David consideraba a Dios como alguien en quien podemos encontrar refugio, muy a semejanza de las seis ciudades de refugio israelitas, establecidas para socorro de lo fugitivos inocentes. El tema del "refugio" que aparece repetidamente en los salmos, describe tanto a Cristo como al Padre. La Deidad era un refugio para el salmista. "Él me esconderá en su tabernáculo en el día del mal; me ocultará en lo reservado de su morada; sobre una roca me pondrá en alto" (Sal. 27:5). "Dios es nuestro amparo y fortaleza, nuestro pronto auxilio en las tribulaciones" (Sal. 46:1). "Como Jerusalén tiene montes alrededor de ella, así Jehová está alrededor de su pueblo desde ahora y para siempre" (Sal. 125:2).

El salmista expresa el anhelo de gozar más de la presencia de su Dios: "Como el ciervo brama por las corrientes de las aguas, así clama por ti, oh Dios, el alma mía. Mi alma tiene sed de Dios, del Dios vivo" (Sal. 42:1, 2). Por experiencia propia, David testificó diciendo: "Echa sobre Jehová tu carga, y él te sustentará; no dejará para siempre caído al justo" (Sal. 55:22). "Esperad en él en todo tiempo, oh pueblos; derramad delante de él vuestro corazón; Dios es nuestro refugio" (Sal. 62:8), un "Dios misericordioso y clemente, lento para la ira, y grande en misericordia y verdad" (Sal. 86:15).

Un Dios perdonador. Después de haber cometido adulterio y asesinato, David rogó con profundo anhelo: "Ten piedad de mí, oh Dios, conforme a tu misericordia; conforme a la multitud de tus piedades borra mis rebeliones". "No me eches de delante de ti, y no quites de mí tu Santo Espíritu" (Sal. 51:1, 11). Se sintió reconfortado por la seguridad de que Dios es maravillosamente misericordioso. "Porque como la altura de los cielos sobre la tierra, engrandeció su misericordia sobre los que le temen. Cuanto está lejos el oriente del occidente, hizo alejar de nosotros nuestras rebeliones. Como el padre se compadece de los hijos, se compadece Jehová de los que le temen. Porque él conoce nuestra condición; se acuerda de que somos polvo" (Sal. 103:11-14).

Un Dios de bondad. Dios es el que "hace justicia a los agraviados, que da pan a los hambrientos. Jehová liberta a los cautivos; Jehová abre los ojos a los ciegos; Jehová levanta a los caídos; Jehová ama a los justos. Jehová guarda a los extranjeros; al huérfano y a la viuda sostiene" (Sal. 146:7-9). ¡Qué maravilloso es el cuadro de Dios que presentan los Salmos!

Un Dios de fidelidad. A pesar de la grandeza de Dios, Israel pasó la mayor parte del tiempo apartado de él (Lev. 26, Deut. 28). Se describe la actitud de Dios para con Israel, como la de un esposo que ama a su esposa. El libro de Oseas ilustra en forma conmovedora la fidelidad de Dios frente al flagrante rechazo e infidelidad de su pueblo. La persistente disposición de Dios a perdonar, revela su carácter de amor incondicional.

Si bien Dios, en su deseo de corregir la conducta de Israel, le permitió experimentar las calamidades causadas por su infidelidad, de todos modos lo abrazó con su misericordia. Le aseguró: "Mi siervo eres tú; te escogí, y no te deseché. No temas, porque yo estoy contigo; no desmayes porque y soy tu Dios que te esfuerzo; siempre te ayudaré, siempre te sustentaré con la diestra de mi justicia" (Isa. 41:9, 10). A pesar de su infidelidad, Dios le promete con ternura: "Y confesarán su iniquidad, y la iniquidad de sus padres, por su prevaricación con que prevaricaron contra mí... entonces se humillará su corazón incircunciso, y reconocerán su pecado. Entonces yo me acordaré de mi pacto con Jacob, y asimismo de mi pacto con Isaac, y también de mi pacto con Abraham me acordaré" (Lev. 26:40-42; véase Jer. 3:12).

Dios le recuerda a su pueblo su actitud redentora: "Israel, no me olvides. Yo deshice como una nube tus rebeliones, y como niebla tus pecados; vuélvete a mí, porque yo te redimí" (Isa. 44:21, 22). Con razón Dios tiene derecho a decir: "Mirad a mí, y sed salvos todos los términos de la tierra, porque yo soy Dios, y no hay más" (Isa. 45:22).

Un Dios de salvación y de venganza. La descripción que hace el Antiguo Testamento de Dios como un Dios de venganza, debe ser colocada en el contexto de la destrucción de su pueblo fiel por los malvados. A través del tema del "día del Señor", los profetas revelan las acciones de Dios en defensa de su pueblo al fin del tiempo. Es un día de salvacion para su pueblo, pero un día de venganza sobre sus enemigos, los cuales serán destruidos. "Decid a los de corazón apocado: Esforzaos, no temáis; he aquí que vuestro Dios viene con retribución, con pago; Dios mismo vendrá, y os salvará" (Isa. 35:4).

Un Dios paternal. Dirigiéndose a Israel, Moisés se refirió a Dios llamándolo su Padre, que los había redimido: "¿No es ´El tu Padre que te creó?" (Deut. 32:6). Por la redención, Dios adoptó a Israel como su hijo. Isaías escribió: "Ahora pues, Jehová, tú eres nuestro Padre" (Isa. 64:8; véase el cap. 63:16). Por medio de Malaquías, Dios afirmó su paternidad (Mal. 1:6). En otro texto, el mismo profeta relaciona la paternidad de Dios con su papel como Creador: "¿No tenemos todos un mismo Padre? ¿No nos ha creado un mismo Dios?" (Mal. 2:10). Dios es nuestro Padre tanto por la creación como por la redención. ¡Qué verdad más gloriosa!

Dios el Padre en el Nuevo Testamento

El Dios del Antiguo Testamento no difiere del Dios del Nuevo. Dios el Padre está revelado como el originador de todas las cosas, el Padre de todos los verdaderos creyentes, y en un sentido especialísimo, el Padre de Jesucristo.

El Padre de toda la creación. Pablo identifica al Padre, distinguiéndolo de Jesucristo: "Sólo hay un Dios, el Padre, del cual proceden todas las cosas... y un Señor, Jesucristo, por medio del cual son todas las cosas, y nosotros por medio de él" (1 Cor. 8:6; véase Heb. 12:9; Juan 1:17). El apóstol da el siguiente testimonio: "Doblo mis rodillas ante el Padre de nuestro Señor Jesucristo, de quien toma nombre toda familia en los cielos y en la tierra" (Efe. 3:14, 15).

El Padre de todos los creyentes. En los tiempos del Nuevo Testamento, esta relación espiritual entre padre e hijo existe, no entre Dios y la nación de Israel, sino entre Dios y el creyente individual. Jesús provee los parámetros que guían esta relación (Mat. 5:45; 6:6-15), la cual se establece a través de la aceptación que el creyente hace de Jesucristo (Juan 1:12, 13).

A través de la redención que Cristo ha obrado, los creyentes son adoptados como hijos de Dios. El Espíritu Santo facilita esta relación. Cristo vino "para que redimiese a los que estaban bajo la ley, a fin de que recibiésemos la adopción de hijos. Y por cuanto sois hijos, Dios envió a vuestros corazones el Espíritu de su Hijo, el cual clama: ¡Abba, Padre!" (Gál. 4:5, 6; véase Rom. 8:15, 16).

Jesús revela al Padre. Jesús, Dios el Hijo, proveyó la más profunda revelación de Dios el Padre al venir en la carne humana, en calidad de autorrevelación de Dios (Juan 1:1, 14). Juan declara: "A Dios nadie le vio jamás; el unigénito Hijo... él le ha dado a conocer" (Juan 1:18). Jesús dijo: "He descendido del cielo" (Juan 6:38); "el que me ha visto a mí, ha visto al Padre" (Juan 14:9). Conocer a Jesús es conocer al Padre.

La epístola a los Hebreos hace énfasis en la importancia de esta revelación personal: "Dios, habiendo hablado muchas veces y de muchas maneras en otro tiempo a los padres por los profetas, en estos postreros días nos ha hablado por el Hijo a quien constituyó heredero de todo, y por quien asimismo hizo el universo... siendo el resplandor de su gloria, y la imagen misma de su sustancia, y quien sustenta todas las cosas con la palabra de su poder" (Heb. 1:1-3).

1. *Un Dios que da.* Jesús reveló que su Padre es un Dios generoso, que da. Vemos su generosidad en el acto de dar durante la creación, en Belén y en el Calvario.

En la creación, el Padre y el Hijo actuaron juntos. Dios nos dio vida a pesar de saber que hacer eso llevaría a su propio Hijo a la muerte.

En Belén, se entregó a sí mismo al entregar a su Hijo. ¡Qué dolor habrá experimentado el Padre cuando su Hijo entró en nuestro planeta contaminado por el pecado! Imaginemos los sentimientos del Padre al ver a su Hijo cambiar el amor y la adoración de los ángeles por el odio de los pecadores; la gloria y felicidad del cielo por el sendero de la muerte.

Pero es el Calvario lo que provee para nosotros la mayor comprensión del Padre. El Padre, siendo divino, sufrió el dolor de verse separado de su Hijo —en la vida y en la muerte— con mayor intensidad de lo que ningún ser humano jamás podría experimentar. Además, sufrió *con* Cristo en la misma medida. ¡Cómo podríamos pretender que existiera un testimonio mayor acerca del Padre! La cruz revela como ninguna otra cosa puede hacerlo, la verdad acerca del Padre.

2. *Un Dios de amor.* El tema favorito de Jesús era la ternura y el abundante amor de Dios. "Amad a vuestros enemigos —dijo el Salvador—, bendecid a los que os maldicen, haced bien a los que os aborrecen, y orad por los que os ultrajan y os persiguen; para que seáis hijos de vuestro Padre que está en los cielos, que hace salir su sol sobre malos y buenos, y que hace llover sobre justos e injustos" (Mat. 5:44, 45). "Y será vuestro galardón grande, y seréis hijos del Altísimo, porque él es benigno para con los ingratos y malos. Sed, pues, misericordiosos, como también vuestro Padre es misericordioso" (Luc. 6:35, 36).

Al humillarse para lavar los pies del que lo traicionaría (Juan 13:5, 10-14), Jesús reveló la naturaleza amante del Padre. Al contemplar a Cristo alimentando a los hambrientos (Mar. 6:39-44; cap. 8:1-9), sanando a los sordos (Mar. 9:17-29), devolviendo a los mudos el habla (Mar. 7:32-37), abriendo los ojos de los ciegos (Mar. 8:22-26), levantando a los paralíticos (Luc. 5:18-26), curando a los leprosos (Luc. 5:12, 13), resucitando a los muertos (Mar. 5:35-43); Juan 11:1-45), perdonando a los pecadores (Juan 8:3-11), y echando fuera demonios (Mat. 15:22-28; 17:14-21), vemos al Padre mezclándose con los hombres, trayéndoles su vida, libertándolos, concediéndoles esperanza, y llamando su atención a la nueva tierra restaurada que habría de venir. Cristo sabía que la única forma de llevar a los individuos al arrepentimiento era revelarles el precioso amor de su Padre (Rom. 2:4).

Tres de las parábolas de Cristo describen la preocupación amorosa que Dios siente por la humanidad perdida (Luc. 15). La parábola de la oveja perdida enseña que la salvacion viene a nosotros por iniciativa de Dios, y no porque nosotros podamos buscarlo a él. Como un pastor ama a sus ovejas y arriesga su vida cuando una falta, así también en medida cada vez mayor, manifiesta Dios su amor anheloso por todo pecador perdido.

Esta parábola también tiene significado cósmico: La oveja perdida representa nuestro mundo rebelde, un simple átomo en el vasto universo de Dios. El hecho de que Dios haya entregado el costoso don de su Hijo con el fin de restaurar a nuestro planeta al redil, indica que nuestro mundo caído es tan precioso a los ojos de él como el resto de su creación.

La parábola de la moneda perdida destaca el inmenso valor que Dios coloca sobre nosotros los pecadores. Y la parábola del hijo pródigo muestra el amor infinito del Padre que le da la bienvenida al hogar a sus hijos penitentes. Si hay gozo en el cielo por un pecador que se arrepiente (Luc. 15:7), imaginemos el gozo que el universo experimentará cuando nuestro Señor venga por segunda vez.

El Nuevo Testamento hace clara la íntima participación que el Padre tiene en el retorno de su Hijo. Ante la segunda venida, los malvados claman a las montañas y las rocas diciendo: "Caed sobre nosotros, y escondednos del rostro de aquel que esta sentado sobre el trono, y de la ira del Cordero" (Apoc. 6:16). Jesús dijo: "Porque el Hijo del hombre vendrá en la gloria de su Padre con sus ángeles" (Mat. 16:27); "... veréis al Hijo del hombre sentado a la diestra del poder de Dios, y viniendo en las nubes del cielo" (Mat. 26:64).

Con un corazón anhelante, el Padre anticipa la Segunda Venida, cuando los redimidos sean finalmente llevados a su hogar eterno. Entonces se verá que su acto de enviar "a su Hijo unigénito al mundo para que vivamos por él" (1 Juan 4:9) claramente no habrá sido en vano. Únicamente el amor abnegado e insondable puede explicar por qué, aunque éramos enemigos, "fuimos reconciliados con Dios por la muerte de su Hijo" (Rom. 5:10). ¿Cómo podríamos rechazar tal amor, y rehusar reconocerle como nuestro Padre?

LOS ADVENTISTAS DEL SÉPTIMO DÍA CREEN EN...

4

Dios el Hijo

Dios el Hijo Eterno fue encarnado en Jesucristo. Por medio de él fueron creadas todas las cosas; él revela el carácter de Dios, lleva a cabo la salvación de la humanidad y juzga al mundo. Aunque es verdaderamente Dios, sempiterno, también llegó a ser verdaderamente hombre, Jesús el Cristo. Fue concebido por el Espíritu Santo y nació de la virgen María. Vivió y experimentó tentaciones como ser humano, pero ejemplificó perfectamente la justicia y el amor de Dios. Mediante sus milagros manifestó el poder de Dios y estos dieron testimonio de que era el prometido Mesías de Dios. Sufrió y murió voluntariamente en la cruz por nuestros pecados y en nuestro lugar, resucitó de entre los muertos y ascendió al Padre para ministrar en el Santuario celestial en nuestro favor. Volverá otra vez con poder y gloria para liberar definitivamente a su pueblo y restaurar todas las cosas.

EL DESIERTO SE HABÍA CONVERTIDO EN UNA PESADILLA de serpientes. Los reptiles se arrastraban bajo las ollas, se enrollaban en las estacas de las tiendas. Acechaban entre los juguetes de los niños, o se ocultaban en los rollos de la ropa de cama. Sus colmillos se hundían profundamente, inyectando su veneno mortífero en la carne de sus víctimas.

El desierto que una vez había sido el refugio de Israel, se convirtió en su cementerio. Centenares de víctimas yacían agonizantes. Dándose cuenta de su crítica situación, los aterrorizados padres y madres se apresuraron a ir en busca de Moisés, para rogarle que los ayudara. "Y Moisés oró por el pueblo".

¿Cuál fue la respuesta de Dios? Debían hacerse una serpiente y levantarla en alto; todos los que la miraran, vivirían. "Y Moisés hizo una serpiente de bronce, y la puso sobre una asta; y cuando alguna serpiente mordía a alguno, miraba a la serpiente de bronce y vivía" (Núm. 21:7, 9).

La serpiente siempre ha sido el símbolo de Satanás (Gén. 3, Apoc. 12). Representa el pecado. El campamento había caído en las manos de Satanás. ¿El remedio de Dios? No consistió en mirar a un cordero en el altar del santuario, sino a una serpiente de bronce.

¡Extraño símbolo de Cristo! Así como sobre el poste fue levantada la imagen de las serpientes que mordían, también Jesús, hecho "en semejanza de carne de pecado" (Rom. 8:3), había de ser levantado en la cruenta cruz del Calvario (Juan 3:14, 15). Se hizo pecado, tomando sobre sí mismo todos los pecados de todo ser que haya vivido o vivirá: "Al que no conoció pecado, por nosotros lo hizo pecado, para que nosotros fuésemos hechos justicia de Dios en él" (2 Cor. 5:21). Al mirar a Cristo, la humanidad sin esperanza puede hallar vida.

¿Cómo podría traer salvación a la humanidad la encarnación? ¿Qué efecto tuvo sobre el Hijo? ¿Cómo pudo Dios convertirse en un ser humano, y por qué fue necesario?

La encarnación: predicciones y cumplimiento

El plan que Dios desarrolló para rescatar a los que se apartaban de su omnisapiente consejo (Juan 3:16; 1 Juan 4:9) demuestra su amor en forma convincente. En este plan, su Hijo fue "ya destinado desde antes de la fundación del mundo" para que fuese el sacrificio por el pecado, y la esperanza de la raza humana (1 Ped. 1:19, 20). Él nos haría volver a Dios, y proveería liberación del pecado al destruir las obras del diablo (1 Ped. 3:18; Mat. 1:21; 1 Juan 3:8).

El pecado había separado a Adán y a Eva de la fuente de vida, y debiera haber causado su muerte de inmediato. Pero en armonía con el plan establecido antes de la fundación del mundo (Ped. 1:20, 21), el "consejo de paz" (Zac. 6:13), Dios el Hijo se interpuso entre ellos y la justicia divina salvando el abismo, impidiendo así que la muerte actuara sobre ellos. Aun antes de la cruz, entonces, su gracia mantuvo vivos a los pecadores y les aseguró la salvacion. Pero con el fin de restaurarnos completamente como hijos e hijas de Dios, tendría que convertirse en hombre.

Tan pronto como Adán y Eva pecaron, Dios les dio esperanza prometiendo introducir una enemistad sobrenatural entre la serpiente y la mujer, entre su simiente y la de ella. En la misteriosa declaración de Génesis 3:15, la serpiente y su descendencia representa a Satanás y sus seguidores; la mujer y su simiente simboliza al pueblo de Dios y al Salvador del mundo. Esta declaración fue la primera afirmación de que la controversia entre el bien y el mal terminaría en victoria para el Hijo de Dios.

Sin embargo, la victoria sería dolorosa: "Éste [el Salvador] te herirá en la cabeza [a Satanás], y tú [Satanás] le herirás [al Salvador] en el calcañar" (Gén. 3:15). Nadie saldría incólume del conflicto.

Desde ese momento, la humanidad comenzó a esperar la venida del Prometido. En el Antiguo Testamento se desarrolla la búsqueda. Las profecías aseguraban que cuando llegara el Salvador prometido, el mundo tendría evidencias que confirmarían su identidad.

Una dramatización profética de la salvación. Después de la entrada del pecado, Dios instituyó sacrificios de animales para ilustrar la misión del Salvador venidero (véase Gén. 4:4). Este sistema simbólico dramatizaba la manera en que Dios el Hijo habría de eliminar el pecado.

Por causa del pecado —la trasgresión de la ley de Dios—, la raza humana se vio en peligro de muerte (Gén. 2:17; 3:19; 1 Juan 3:4; Rom. 6:23). La ley de Dios demandaba la vida del pecador. Pero en su amor infinito Dios entregó a su Hijo "para que todo aquel que en él cree, no se pierda, mas tenga vida eterna" (Juan 3:16). ¡Cuán incomprensible es este acto de condescendencia! Dios el Hijo eterno pagó por sí mismo en forma vicaria la pena del pecado, con el fin de proveernos perdón y reconciliación con la Deidad.

Posteriormente al éxodo de Israel desde Egipto, los sacrificios empezaron a realizarse en un tabernáculo, como parte de una relación contractual entre Dios y su pueblo. Construido por Moisés según un modelo celestial, el Santuario y sus servicios fueron instituidos para ilustrar el plan de salvación (Éxo. 25:8, 9, 40; Heb. 8:1-5).

Para obtener el perdón, el pecador arrepentido debía llevar un animal para sacrificarlo, el cual no tuviese ninguna imperfección, puesto que representaba el Salvador exento de pecado. El pecador colocaba entonces su mano sobre el animal inocente y confesaba sus pecados (Lev. 1:3, 4). Este acto simbolizaba la transferencia del pecado, desde el pecador culpable a la víctima inocente, revelando así la naturaleza sustitutiva del sacrificio.

Por cuanto "sin derramamiento de sangre no se hace remisión" de los pecados (Heb. 9:22), el pecador mataba a continuación el animal, poniendo en evidencia la naturaleza mortífera del pecado. Sin duda que esta era una forma triste de expresar esperanza, pero por otra parte era la única manera en que el pecador podría expresar fe.

Una vez que se realizaba el ministerio sacerdotal (Lev. 4-7), el pecador recibía el perdón de los pecados por su fe en la muerte sustitutiva del Redentor venidero, la cual los sacrificios de animales simbolizaban (véase Lev. 4:26, 31, 35). El Nuevo Testamento reconoce que Jesucristo, el Hijo de Dios, es "El Cordero de Dios, que quita el pecado del mundo" (Juan 1: 29). A través de "la sangre preciosa de Cristo, como de un cordero sin mancha y sin contaminación" (1 Ped. 1: 29), Cristo obtuvo para la raza humana la redención del castigo eterno del pecado.

Predicciones acerca de un Salvador. Dios prometió que el Salvador —el Mesías, el Ungido— surgiría del linaje de Abraham: "En tu simiente serán benditas todas las naciones de la tierra" (Gén. 22: 18; véase el cap. 12:3).

Isaías predijo que el Salvador vendría como un Hijo varón y que seria tanto humano como divino: "Por que un Niño nos es nacido, Hijo nos es dado y el principado sobre su hombro; y se llamará su nombre Admirable, Consejero, Dios fuerte, Padre eterno, Príncipe de paz" (Isa. 9: 6). Este Redentor ascendería al trono de David y establecería un reino eterno de paz (Isa. 9:7). El lugar de su nacimiento seria Belén (Miq. 5:2).

El nacimiento de esta Persona divino-humana sería sobrenatural. Haciendo referencia a Isaías 7:14, el Nuevo Testamento declara: "He aquí, una virgen concebirá y dará a luz un hijo, y llamarás su nombre Emmanuel, que traducido es: Dios con nosotros" (Mat. 1: 23).

La misión del Salvador se expresa en las siguientes palabras: "El Espíritu de Jehová el Señor esta sobre mí, por que me ungió Jehová; me ha enviado a predicar buenas nuevas a los abatidos, a vender a los quebrantados de corazón, a publicar libertad a los cautivos, y a los presos apertura de la cárcel; a proclamar el año de la buena voluntad de Jehová" (Isa. 61:1, 2; véase Luc. 4:18, 19).

Cosa asombrosa, el Mesías sufriría rechazo. Lo considerarían como "raíz de tierra seca; no hay parecer en él, ni hermosura; le veremos, mas sin atractivo para que le deseemos. Despreciado y desechado entre los hombres, Varón de dolores, experimentado en quebranto... y no lo estimamos" (Isa. 53:2-4).

Uno de sus amigos lo traicionaría (Sal. 41:9) por treinta piezas de plata (Zac. 11:12). Durante su juicio lo escupirían y lo azotarían (Isa. 50:6). Los que lo ejecutasen echarían suertes por sus ropas. (Sal. 22:18). Ninguno de sus huesos habría de ser quebrado (Sal. 34:20), pero su costado seria traspasado (Zac. 12:10). En sus aflicciones, no se resistiría, sino que "como oveja delante de sus trasquiladores, enmudeció, y no abrió su boca" (Isa. 53:7).

El inocente Salvador sufriría inmensamente por los pecadores. "Ciertamente llevó él nuestras enfermedades, y sufrió nuestros dolores.... Herido fue por nuestras rebeliones, molido por nuestros pecados; el castigo de nuestra paz fue sobre él, y por su llaga fuimos nosotros curados... Jehová cargó en él el pecado de todos nosotros... Porque fue cortado de la tierra de los vivientes, y por la rebelión de mi pueblo fue herido" (Isa. 53:4-8).

El Salvador identificado. Únicamente Jesucristo ha cumplido estas profecías. Las Escrituras trazan su genealogía hasta Abraham, llamándolo el Hijo de

Abraham (Mat. 1:1), y Pablo afirma que la promesa hecha al patriarca Abraham y a su simiente se cumplió en Cristo (Gál. 3:16). El título mesiánico "Hijo de David" le fue aplicado profusamente a Cristo (Mat. 21:9). Fue identificado como el Mesías prometido, que ocuparía el trono de David (Hechos 2:29, 30).

El nacimiento de Jesús fue milagroso. La virgen María "se halló que había concebido del Espíritu Santo" (Mat. 1:18-23). Un decreto romano la llevó a Belén, lugar predicho para el nacimiento del Mesías (Luc. 2:4-7).

Uno de los nombres de Jesús era Emanuel o "Dios con nosotros". Este apelativo reflejaba su naturaleza divino-humana e ilustraba la identificación de Dios con la humanidad (Mat. 1:23). Su nombre común, Jesús, enfocaba su misión de salvación: "y llamará su nombre JESUS, porque él salvará a su pueblo de sus pecados" (Mat. 1:21).

Jesús identificó su misión con la del Mesías predicho en Isaías 61:1, 2: "Hoy se ha cumplido esta Escritura delante de vosotros" (Luc. 4:17-21).

Si bien es cierto que Cristo causó un profundo impacto en su pueblo, en general su mensaje fue rechazado (Juan 1:11; Luc. 23:18). Con pocas excepciones, no fue reconocido como el Salvador del mundo. En vez de hallar aceptación, debió afrontar amenazas de muerte (Juan 5:16; 7:19; 11:53).

Hacia el final de los tres años y medio del ministerio de Jesús, Judas Iscariote —un discípulo— lo traicionó (Juan 13:18; 18:2) por treinta piezas de plata (Mat. 26:14, 15). En vez de resistirse, Cristo reprendió a sus discípulos por tratar de defenderlo (Juan 18:4-11).

A pesar de ser inocente de cualquier crimen, menos de 24 horas después que fue arrestado, había sido escupido, azotado, juzgado, condenado a muerte y crucificado (Mat. 26:67; Juan 19:1-16; Luc. 23:14, 15). Los soldados echaron suertes sobre su ropa (Juan 19:23, 24). Durante su crucifixión, ninguno de sus huesos fue quebrado (Juan 19:32, 33, 36), y después que murió, los soldados atravesaron su costado con una lanza (Juan 19:34, 37).

Los seguidores de Cristo reconocieron que su muerte constituía el único sacrificio sustitutivo que pudiera servir para los pecadores. Pablo declaró: "Dios muestra su amor para con nosotros, en que siendo aún pecadores, Cristo murió por nosotros" (Rom. 5:8). "Andad en amor —escribió el apóstol—, como también Cristo nos amó, y se entregó a sí mismo por nosotros, ofrenda y sacrificio a Dios en olor fragante" (Efe. 5:2).

El tiempo de su ministerio y muerte. La Biblia revela que Dios envió a su Hijo al mundo "cuando vino el cumplimiento del tiempo" (Gal. 4:4). Cuando Cristo comenzó su ministerio, proclamó: "El tiempo se ha cumplido" (Mar. 1:15). Estas referencias al tiempo indican que la misión del Salvador procedió en armonía con los exactos planes proféticos.

Más de cinco siglos antes, por medio de Daniel, Dios había predicho el tiempo exacto del comienzo del ministerio de Cristo, así como de su muerte.[1]

Hacia el fin de los 70 años de la cautividad de Israel en Babilonia, Dios le reveló a Daniel que les había asignado a los judíos y a la ciudad de Jerusalén un período de prueba de 70 semanas.

Durante este tiempo, los miembros de la nación judía debían cumplir los propósitos que Dios tenía para ellos, arrepintiéndose y preparándose para la venida del Mesías.

Daniel también expresó que durante este período se iba a "expiar la iniquidad" y "traer la justicia perdurable". Estas actividades mesiánicas indican que el Salvador debía aparecer durante ese período profético (Dan. 9:24).

La profecía de Daniel especificaba que el Mesías había de aparecer "siete semanas, y sesenta y dos semanas", es decir un total de 69 semanas, a partir de "la salida de la orden para restaurar y edificar a Jerusalén" (Dan. 9:25). Después de la semana número 69 se quitaría la vida al Mesías, mas no por sí" (Dan. 9:26). Estas palabras son una referencia a su muerte vicaria. Habría de morir a la mitad de la semana número 70, haciendo "cesar el sacrificio y la ofrenda" (Dan. 9:27).

La clave que permite comprender las profecías cronológicas se encuentra en el principio bíblico según el cual un día de tiempo profético equivale a un año solar literal (Núm. 14:34; Eze. 4:6).[2] Según este principio de día por año, las 70 semanas (o 490 días proféticos), representan entonces 490 años literales.

Daniel declara que este período había de comenzar "desde la salida de la orden para restaurar y edificar a Jerusalén" (Dan. 9:25). Este decreto, que concedía plena autonomía a los judíos, fue proclamado en el año séptimo del rey persa Artajerjes, y se hizo efectivo en el otoño del año 457 a.C. (Esdras 7:8, 12-26; 9:9).[3] Según la profecía, "el Mesías Príncipe" aparecería 483 años (69 semanas proféticas) después de la promulgación del decreto. Si contamos 483 años después del 457 antes de Cristo, llegamos al otoño del año 27 de la era cristiana, cuando Jesús fue bautizado y comenzó su ministerio publico.[4] Al aceptar las fechas de los años 457 a.C. y 27 d.C., Gleason Archer comenta que ésta constituyó "una exactitud asombrosa en el cumplimiento de una profecía tan antigua. Sólo Dios pudo haber predicho la venida de su Hijo con una precisión tan asombrosa que desafía toda explicación racionalista".[5]

En ocasión de su bautismo en el Jordán, Jesús fue ungido por el Espíritu Santo y recibió el reconocimiento de Dios como el "Mesías" (hebreo) o el Cristo (griego); ambos términos significan "el Ungido" (Luc. 3:21, 22; Hech. 10:38; Juan 1:41). La proclamación de Jesús: "El tiempo se ha cumplido" (Mar. 1:15), se refiere al cumplimiento de esta profecía cronológica.

A la mitad de la septuagésima semana, en la primavera del año 31 de nuestra era, exactamente tres años y medio después del bautismo de Cristo, el Mesías causó el fin del sistema de los sacrificios al entregar su propia vida. En el momento de su muerte, el velo del templo se rasgó en dos, "de arriba abajo" (Mat. 27:51), indicando así la abolición de todos los servicios del templo, por decisión divina.

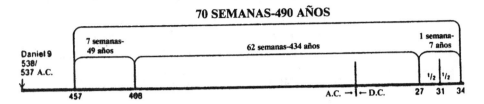

Todas las ofrendas y sacrificios habían apuntado hacia el sacrificio perfectamente suficiente del Mesías. Cuando Jesucristo, el verdadero Cordero de Dios, fue sacrificado en el Calvario como rescate por nuestros pecados (1 Ped. 1:19), el tipo se encontró con el antitipo, y la sombra se fundió en la realidad. Los servicios del santuario terrenal no volverían a ser necesarios.

En el tiempo exacto indicado por la profecía, durante la Fiesta de la Pascua, él murió. Pablo dijo: "Porque nuestra pascua, que es Cristo, ya fue sacrificada por nosotros" (1 Cor. 5:7). Esta profecía asombrosamente exacta presenta una de las evidencias más fuertes de la verdad histórica fundamental de que Jesucristo es el Salvador del mundo, predicho mucho tiempo antes.

La resurrección del Salvador. La Biblia predecía no sólo la muerte del Salvador, sino también su resurrección. David se refirió a la resurrección de Jesús, diciendo "que su alma no fue dejada en el Hades, ni su carne vio corrupción" (Hech. 2:31; véase Sal. 16:10). Si bien es cierto que Cristo había levantado de los muertos a otros (Mar. 5:35-42; Luc. 7:11-17; Juan 11), su propia resurrección demostró el poder que constituía el fundamento de su pretensión de ser Salvador del mundo: "Yo soy la resurrección y la vida; el que cree en mí, aunque esté muerto, vivirá. Y todo aquel que vive y cree en mí, no morirá eternamente" (Juan 11:25, 26).

Después de su resurrección, proclamó "No temas; yo soy el primero y el ultimo; y el que vivo y estuve muerto; mas he aquí que vivo por los siglos de los siglos, amén. Y tengo las llaves de la muerte y del Hades" (Apoc. 1:17, 18).

Las dos naturalezas de Jesucristo

Cuando Juan dijo: "Y aquel Verbo fue hecho carne, y habitó entre nosotros" (Juan 1:14), expresó una profunda verdad. La encarnación de Dios el Hijo es un misterio. A la manifestación de Dios en la carne, la Escritura la llama "el misterio de la piedad" (1 Tim. 3:16).

El Creador de los mundos, aquel en quien se manifestó la plenitud de la Deidad, se convirtió en el Niño impotente del pesebre. Muy superior a cualquiera de los ángeles, igual al Padre en dignidad y gloria, ¡y sin embargo condescendió a revestirse de humanidad! Apenas podemos comenzar a comprender el significado de este sagrado misterio, y aún así, logramos hacerlo únicamente al permitir que el Espíritu Santo nos ilumine. Cuando procuramos comprender la encarnación, es bueno que recordemos que "las cosas secretas pertenecen a Jehová nuestro Dios; mas las reveladas son para nosotros y para nuestros hijos para siempre" (Deut. 29:29).

Jesucristo es verdaderamente Dios. ¿Qué evidencias tenemos de que Jesucristo es divino? ¿Qué dijo acerca de sí mismo? ¿Reconocieron su divinidad sus contemporáneos?

1. *Sus atributos divinos.* Cristo posee atributos divinos. Es omnipotente. Dijo que el Padre le había concedido "toda potestad... en el cielo y en la tierra" (Mat. 28:18; Juan 17:2).

El Salvador es omnisciente. En él, dijo Pablo, "están escondidos todos los tesoros de la sabiduría y del conocimiento" (Col. 2:3).

Jesús estableció su omnipresencia al darnos palabras de seguridad como las siguientes: "He aquí yo estoy con vosotros todos los días, hasta el fin del mundo" (Mat. 28:20); "donde están dos o tres congregados en mi nombre, allí estoy yo en medio de ellos" (Mat. 18:20).

Si bien a la divinidad de Cristo le corresponde en forma natural el atributo de la omnipresencia, en su encarnación el Hijo de Dios se ha limitado voluntariamente en este aspecto. Ha escogido ser omnipresente por medio del ministerio del Espíritu Santo (Juan 14:16-18).

La epístola a los Hebreos da testimonio de su inmutabilidad, al declarar: "Jesucristo es el mismo ayer, y hoy, y por los siglos" (Heb. 13:8).

Su autoexistencia se hizo evidente cuando aseveró tener vida en sí mismo (Juan 5:26), y Juan testificó: "En él estaba la vida, y la vida era la luz de los hombres" (Juan 1:4). El anuncio de Cristo: "Yo soy la resurrección y la vida" (Juan 11:25) afirmaba que en él se encuentra la "vida original, que no proviene ni deriva de otra".[6]

La santidad es parte de su naturaleza. Durante la anunciación, el ángel le dijo a María: "El Espíritu Santo vendrá sobre ti, y el poder del Altísimo te cubrirá con su sombra; por lo cual también el Santo Ser que nacerá, será llamado Hijo de Dios" (Luc. 1:35). Al ver a Jesús, los demonios exclamaron: "¡Ah! ¿Qué tienes con nosotros, Jesús Nazareno?... Sé quién eres, el Santo de Dios" (Mar. 1:24).

Jesús es amor. "En esto hemos conocido el amor —escribió Juan—, en que él puso su vida por nosotros" (1 Juan 3:16).

Jesús es eterno. Isaías lo llamó: "Padre eterno" (Isa. 9:6). Miqueas se refirió a él como aquel cuyas "salidas son desde el principio, desde los días de la eternidad" (Miq. 5:2). Pablo colocó su existencia "antes de todas las cosas" (Col. 1:17), y Juan está de acuerdo con esto: "Este era en el principio con Dios. Todas las cosas por él fueron hechas, y sin él nada de lo que ha sido hecho, fue hecho" (Juan 1:2, 3).[7]

2. *Sus prerrogativas y poderes divinos.* Las obras de Dios se adjudican a Jesús. Se lo identifica tanto como el Creador (Juan 1:3; Col. 1:16) como el Sustentador o Preservador: "Todas las cosas en él subsisten" (Col. 1:17; Heb. 1:3). Puede levantar los muertos con su voz (Juan 5:28, 29) y al fin del tiempo juzgará al mundo (Mat. 25:31, 32). Además, perdonó pecados (Mat. 9:6, Mar. 2:5-7).

3. *Sus nombres divinos.* Los nombres de Cristo revelan su naturaleza divina. Emanuel quiere decir "Dios con nosotros" (Mat. 1:23). No solamente los creyentes, sino también los demonios se dirigían a él como el Hijo de Dios (Mar. 1:1; Mat. 8:29; véase Mar. 5:7). A Jesús se le aplica el mismo nombre sagrado, Jehová o *Yavé*, que el Antiguo Testamento le aplica a Dios. Mateo usó las palabras de Isaías 40:3: "Preparad el camino del Señor", para describir la obra que debía preparar el camino a la misión de Cristo (Mat. 3:3). Y Juan identifica a Jesús como el Señor de los ejércitos que estaba sentado en su trono (Isa. 6:1, 3; Juan 12:41).

4. *Se reconoce su divinidad.* Juan describe a Jesús como el divino Verbo que "fue hecho carne" (Juan 1:1, 14). Tomás reconoció al Cristo resucitado llamándolo "¡Señor mío, y Dios mío! (Juan 20:28). Pablo se refirió a Cristo diciendo que "es Dios sobre todas las cosas, bendito por los siglos" (Rom. 9:5); y el autor de Hebreos se dirige a él como Dios y Señor de la creación (Heb. 1:8, 10).[8]

5. *Su testimonio personal.* El mismo Jesús afirmó su igualdad con Dios. Se identificó a sí mismo como el "YO SOY" (Juan 8:58), el Dios del Antiguo Testamento. Llamaba a Dios "mi Padre", en vez de "nuestro Padre" (Juan 20:17). Y su declaración: "Yo y el Padre uno somos" (Juan 10:30) establece la aseveración de que Cristo era "de una sustancia con el Padre, poseyendo los mismos atributos".[9]

6. *Se presume su igualdad con Dios.* La igualdad de Cristo con Dios el Padre, se da por sentada en la fórmula bautismal (Mat. 28:19), la bendición apostólica completa (2 Cor. 13, 14), su último consejo (Juan 14-16), y la exposición que hace

Pablo de los dones espirituales (1 Cor. 12:4-6). La Escritura describe a Jesús como el resplandor de la gloria de Dios, y "la imagen misma de su sustancia" (Heb. 1:3). Y cuando se le pidió que revelara a Dios el Padre, Jesús replicó: "El que me ha visto a mí, ha visto al Padre" (Juan 14:9).

7. Se lo adora como Dios. En más de una ocasión, sus seguidores lo adoraron, y él se lo permitió (Mat. 28:17, véase Luc. 14:33). "Adórenle todos los ángeles de Dios" (Heb. 1:6). Pablo escribió: "que en el nombre de Jesús se doble toda rodilla... y toda lengua confiese que Jesucristo es el Señor" (Fil. 2:10, 11). Diversas expresiones formales de bendición le adjudican a Cristo la "gloria por los siglos de los siglos" (2 Tim. 4:18; Heb. 13:21; véase 2 Ped. 3:18).

8. Su naturaleza divina es necesaria. Cristo reconcilió a Dios con la humanidad. Los seres humanos necesitaban una revelación perfecta del carácter de Dios con el fin de desarrollar una relación personal con él. Cristo llenó esta necesidad al exhibir la gloria de Dios (Juan 1:14). "A Dios nadie le vio jamás; el unigénito Hijo, que está en el seno del Padre, él le ha dado a conocer" (Juan 1:18; véase cap. 17:6). Jesús dio testimonio, diciendo: "El que me ha visto a mi, ha visto al Padre" (Juan 14:9).

En su completa dependencia del Padre (Juan 5:30), Cristo usó el poder divino para revelar el poder de Dios. Con ese poder divino, se reveló a sí mismo como el amante Salvador enviado por el Padre para sanar, restaurar y perdonar pecados (Luc. 6:19; Juan 2:11; 5:1-15, 36; 11:41-45; 14:11; 8:3-11). Sin embargo, nunca realizó un milagro para ahorrarse las dificultades y sufrimientos personales que otras personas experimentarían si tuvieran que pasar por circunstancias similares.

Jesucristo es uno con Dios el Padre, en su naturaleza, su carácter y sus propósitos.[10] Es verdaderamente Dios.

Jesucristo es verdaderamente hombre. La Biblia testifica que además de su naturaleza divina, Cristo posee una naturaleza humana. La aceptación de esta enseñanza es crucial. Todo aquel que "confiesa que Jesucristo ha venido en carne, es de Dios" y todo aquel que no lo hace "no es de Dios" (1 Juan 4:2, 3). El nacimiento humano de Cristo, su desarrollo, sus características y su testimonio personal, proveen abundantes evidencias de su humanidad.

1. Su nacimiento humano. "Aquel Verbo fue hecho carne, y habitó entre nosotros" (Juan 1:14). La palabra "carne" significa aquí "naturaleza humana", una naturaleza inferior a la naturaleza celestial de Cristo. Con palabras muy claras, Pablo dice: "Dios envió a su Hijo, nacido de mujer" (Gál. 4:4; véase Gén. 3:15).

Cristo tomó "forma de siervo, hecho semejante a los hombres; y estando en la condición de hombre, se humilló a sí mismo" (Fil. 2:7, 8). Esta manifestación de Dios en la naturaleza humana es "el misterio de la piedad" (1 Tim. 3:16).

En la genealogía de Cristo se hace referencia a él como "Hijo de David" y también "Hijo de Abraham" (Mat. 1:1). Según su naturaleza humana, Cristo "era del linaje de David según la carne" (Rom. 1:3, 9:5) y fue el Hijo de María" (Mar. 6:3). Si bien es cierto que, a la manera de todo niño, Cristo nació de una mujer, hubo en ello una gran diferencia, una característica exclusiva. María era virgen, y este Niño fue concebido del Espíritu Santo (Mat. 1:20-23; Luc. 1:31-37). A través de su madre, Cristo obtuvo verdadera humanidad.

2. *Su desarrollo humano.* Jesús estuvo sujeto a las leyes del desarrollo humano. Dice el registro bíblico que "el niño crecía y se fortalecía, y se llenaba de sabiduría" (Luc. 2:40, 52). A los doce años, dio por primera vez evidencia de que comprendía su misión divina (Luc. 2:46-49). Durante todo el periodo de su niñez estuvo sujeto a sus padres (Luc. 2:51).

El camino de la cruz fue uno de crecimiento constante por medio del sufrimiento, el cual jugó un papel importante en el desarrollo de Jesús: "Y aunque era Hijo, por lo que padeció aprendió la obediencia; y habiendo sido perfeccionado, vino a ser autor de eterna salvacion para todos los que le obedecen" (Heb. 5:8, 9; cap. 2:10, 18). Sin embargo, si bien experimentó desarrollo, no pecó.

3. *Fue llamado "Varón", y "Hombre".* Juan el Bautista y Pedro se refieren a Jesús llamándolo "Varón" (Juan 1:30, Hech. 2:22). Pablo habla de "la gracia de un Hombre, Jesucristo" (Rom. 5:15). Jesús es el "Hombre" que trajo "la resurrección de los muertos" (1 Cor. 15:21); el "solo Mediador entre Dios y los hombres, Jesucristo hombre" (1 Tim. 2:5). Al interpelar a sus enemigos, Cristo se refirió a sí mismo como hombre al decir: "Ahora procuráis matarme a mí, hombre que os he hablado la verdad, la cual he oído de Dios" (Juan 8:40).

La designación favorita que Jesús aplicaba a sí mismo, y que usó 77 veces, era "el Hijo del Hombre" (véase Mat. 8:20; 26:2). El título Hijo de Dios enfoca nuestra atención en su relación con los demás miembros de la Deidad. El término Hijo del Hombre, hace énfasis en su solidaridad con la raza humana por medio de su encarnación.

4. *Sus características humanas.* Dios hizo al hombre "poco menor que los ángeles" (Sal. 8:5). En forma similar, la Escritura presenta a Jesús como "aquel que fue hecho un poco menor que los ángeles" (Heb. 2:9). Su naturaleza humana fue creada y no poseía poderes sobrehumanos.

Cristo debía ser verdaderamente humano, esto era parte de su misión. El serlo requería que poseyera las características esenciales de la naturaleza humana. Por eso participó de "carne y sangre" (Heb. 2:14). Cristo fue hecho "en todo semejante a sus hermanos" (Heb. 2:17). Su naturaleza humana poseía las mismas susceptibilidades físicas y mentales del resto de la humanidad: Hambre, sed, cansancio y ansiedad (Mat. 4:2; Juan 19:28; 4:6; véase Mat. 26:21; 8:24).

En su ministerio en favor de sus semejantes, Cristo reveló compasión, santa ira, y tristeza (Mat. 9.36; Mar. 3.5). En ciertas ocasiones se sintió turbado y triste, y aun lloró (Mat. 26:38; Juan 12:27, 11:33, 35; Luc. 19:41). Oró con gemidos y lágrimas, en una ocasión hasta el punto de sudar gotas de sangre (Heb. 5:7; Luc. 22:44). Su vida de oración expresaba su completa dependencia de Dios (Mat. 26:39-44; Mar. 1:35; 6:46; Luc. 5:16; 6:12).

Jesús experimentó la muerte por todos nosotros (Juan 19:30, 34). Cuando resucitó gloriosamente tres días más tarde no lo hizo convertido en un espíritu, sino con un cuerpo (Luc. 24:36-43).

5. *La extensión de su identificación con la naturaleza humana.* La Biblia revela que Cristo es el segundo Adán; vivió "en semejanza de carne de pecado" (Rom. 8:3). ¿Hasta qué punto se identificó con la humanidad caída? Es crucial que se desarrolle una visión correcta de la expresión "semejanza de carne de pecado", la cual describe al ser humano pecador. Ciertos puntos de vista inexactos han traído disensión y enemistades a través de la historia de la iglesia cristiana.

(a). *Cristo adoptó la "semejanza de carne de pecado".* La serpiente que fue levantada en el desierto ayuda a comprender la naturaleza humana de Cristo. Tal como la imagen de bronce hecha a semejanza de las serpientes venenosas fue levantada para salvación del pueblo, así también el Hijo de Dios hecho "en semejanza de pecado" había de convertirse en el Salvador del mundo.

Antes de la encarnación, Jesús era "en forma de Dios" (Fil. 2:6, 7); esto es, la *naturaleza* divina le pertenecía desde el comienzo (Juan 1:1). Al tomar "forma de siervo", puso a un lado sus prerrogativas divinas. Se convirtió en siervo de su Padre (Isa. 42:1), para cumplir su voluntad (Juan 6:38; Mat. 26:39, 42). Revistió su divinidad con la humanidad, fue hecho "en semejanza de carne de pecado", de "naturaleza humana pecaminosa", o de "naturaleza humana caída" (véase Rom. 8:3).[11] Esto de ninguna manera indica que Jesucristo fuese pecador o hubiese participado en actos o pensamientos pecaminosos. Si bien fue hecho en la forma o semejanza de carne de pecado, el Salvador jamás pecó, y su pureza perfecta esta más allá de toda duda.

(b). *Cristo fue el segundo Adán*. La Biblia establece un paralelo entre Adán y Cristo, llamando a Adán el "primer hombre" y a Cristo "el postrer Adán" o "el segundo hombre" (1 Cor. 15:45, 47). Pero Adán tenía ventaja sobre Cristo. Cuando cayó en el pecado, vivía en el paraíso. Poseía una humanidad perfecta, y gozaba del completo vigor de su cuerpo y su mente.

No fue ese el caso de Jesús. Cuando adoptó la naturaleza humana, la raza ya se había deteriorado a través de cuatro mil años de pecado en este planeta que el pecado había maldito. Con el fin de salvar a los que se hallaban en las profundidades de la degradación, Cristo tomó sobre sí una naturaleza humana que, comparada con la naturaleza no caída de Adán, había disminuido dramáticamente en fortaleza física y mental; a pesar de ello, Cristo lo hizo sin pecar.[12]

Cuando Cristo adoptó la naturaleza humana que evidenciaba las consecuencias del pecado, pasó a estar sujeto a las debilidades que todos experimentamos. En su naturaleza humana, estuvo "rodeado de debilidad" (Heb. 5:2; Mat. 8:17; Isa 53:4). El Salvador sentía su debilidad. Por eso debió ofrecer "ruegos y súplicas con gran clamor y lágrimas al que le podía librar de la muerte" (Heb. 5:7), identificándose de este modo con las necesidades y debilidades tan comunes en la humanidad.

Así, "la humanidad de Cristo no fue la de Adán; esto es, la humanidad de Adán antes de su caída. Tampoco fue la humanidad caída, esto es, la humanidad de Adán después de la transgresión, en todos sus aspectos. No era la humanidad original de Adán, porque poseía las debilidades inocentes de los seres caídos. No era la humanidad caída, porque nunca había descendido a la impureza moral. Por lo tanto, era en el sentido más literal nuestra humanidad, pero sin pecado".[13]

(c). *Su experiencia con las tentaciones*. ¿Cómo afectaron a Cristo las tentaciones? ¿Le era fácil o difícil resistirlas? La forma en que Jesús experimentó las tentaciones prueba que era verdaderamente humano.

i. *"Tentado en todo según nuestra semejanza"*. El hecho de que Cristo "fue tentado en todo según nuestra semejanza" (Heb. 4:15), demuestra que participaba de la naturaleza humana. Para Jesús, la tentación y la posibilidad de pecar eran reales. Si no hubiera podido pecar, no habría sido humano ni nos habría servido de ejemplo. Cristo tomó la naturaleza humana con todas las desventajas, incluyendo la posibilidad de ceder a la tentación.

¿Cómo podría Jesús haber sido tentado "en todo", así como somos nosotros?

Es obvio que la expresión "en todo" no significa que se encontró con tentaciones idénticas a las que afrontamos hoy. Nunca se sintió tentado a mirar programas inmorales de televisión, o a ignorar el límite de velocidad en una carretera.

El punto básico que sirve de fundamento para todas las tentaciones, es nuestra decisión de si vamos a rendir nuestra voluntad a Dios o no. En su encuentro con la tentación, Jesús siempre mantuvo su obediencia a Dios. Por medio de su continua dependencia del poder divino, resistió con éxito las más fieras tentaciones, aunque era humano.

La victoria de Cristo sobre la tentación lo capacitó para simpatizar con las debilidades humanas. Nuestra victoria sobre la tentación se logra al mantener nuestra dependencia de él. "No os ha sobrevenido ninguna tentación que no sea humana; pero fiel es Dios, que no os dejará ser tentados más de lo que podéis resistir, sino que dará también juntamente con la tentación la salida, para que podáis soportar" (1 Cor. 10:13).

Debemos reconocer que en última instancia, "el hecho de que Cristo pudiese ser tentado en todas las cosas como nosotros, y sin embargo mantenerse sin pecado, es un misterio que ha sido dejado sin explicación para los mortales".[14]

ii. *"Padeció siendo tentado"*. Cristo padeció mientras estuvo sujeto a la tentación (Heb. 2:18). Fue perfeccionado "por aflicciones" (Heb. 2:10). Por cuanto él mismo debió enfrentar el poder de la tentación, podemos tener la seguridad de que sabe cómo ayudar a cualquiera que es tentado. Fue uno con la humanidad en sufrir las tentaciones a las cuales la naturaleza humana se halla sujeta.

¿Cómo sufrió Cristo bajo la tentación? A pesar de tener la "semejanza de carne de pecado", sus facultades espirituales estaban libres de cualquier efecto o consecuencia del pecado. Por lo tanto, su naturaleza santa era extremadamente sensible. Cualquier contacto con el mal le causaba dolor. Así pues, y debido a que el Salvador sufrió en proporción a la perfección de su santidad, las tentaciones le producían mayores sufrimientos que a cualquier otro ser humano.[15]

¿Cuánto sufrió Cristo? Su experiencia en el desierto de la tentación, el Getsemaní y el Gólgota, revela que resistió al punto de derramar su sangre (véase Heb. 12:4).

Cristo no sólo sufrió más en proporción a su santidad, sino que también debió enfrentar tentaciones más fuertes que las que nos asaltan a los seres humanos. B. F. Wescott nota: "La simpatía con el pecador en sus tribulaciones no depende de haber experimentado el pecado, sino de haber experimentado la fortaleza de la tentación a pecar, la cual únicamente una persona justa puede conocer en toda su intensidad. El que cae, cede antes del último esfuerzo".[16] F. F. Bruce se muestra de acuerdo, al declarar: "Sin embargo, Cristo soportó triunfante toda forma de prueba que el hombre podría experimentar, sin debilitar en lo más mínimo su fe en Dios, ni debilitar en lo más mínimo su obediencia a él. Esta clase de perseverancia atrae sufrimiento más que humano, y no menos".[17]

Cristo debió además enfrentar una poderosa tentación que el hombre jamás ha conocido: La de usar su poder divino en su propio beneficio. E: G. de White declara: "Cristo había recibido honor en las cortes celestiales, y estaba familiarizado con el poder absoluto. Le era tan difícil mantener el nivel de la humanidad, como lo es para los hombres levantarse por encima del bajo nivel de sus naturalezas depravadas, y ser participantes de la naturaleza divina".[18]

(d). *¿Podía pecar Cristo?* Los cristianos difieren en el punto de si Cristo podía o no pecar. Nosotros concordamos con Philip Schaff, que dijo: "Si [Cristo] hubiera estado provisto de impecabilidad *absoluta* desde el comienzo, es decir, si le hubiera sido imposible pecar, no podría ser un verdadero hombre, ni nuestro modelo para imitar: su santidad, en vez de ser su propio acto autoadquirido y mérito inherente, sería un don accidental o externo, y sus tentaciones una apariencia sin realidad".[19] Karl Ullmann añade: "La historia de la tentación, no importa cómo se la pueda explicar, no tendría significado; y la expresión que aparece en la epístola a los Hebreos, 'tentado en todo como nosotros', carecería de significado".[20]

6. *La santidad de la naturaleza humana de Jesucristo.* Es evidente que la naturaleza divina de Jesús era santa. Pero ¿qué podemos decir de su naturaleza humana?

La Biblia describe la humanidad de Jesús, llamándola santa. Su nacimiento fue sobrenatural; fue concebido del Espíritu Santo (Mat. 1:20). Cuando aún no había nacido fue descrito como "el Santo Ser" (Luc. 1:35). Tomó la naturaleza del hombre en su estado caído, llevando las consecuencias del pecado, no su pecaminosidad. Era uno con la raza humana, excepto en el pecado.

Jesús fue "tentado en todo según nuestra semejanza, pero sin pecado", "santo, inocente, sin mancha, apartado de los pecadores" (Heb. 4:15; 7:26). Pablo escribió que Cristo "no conoció pecado" (2 Cor. 5:21). Pedro testificó que Jesús "no hizo pecado, ni se halló engaño en su boca" (1 Ped. 2:22), y lo comparó con "un Cordero sin mancha y sin contaminación" (1 Ped. 1:19; Heb. 9:24). Juan declaró: "No hay pecado en él... él es justo" (1 Juan 3:5-7).

Jesucristo tomó sobre sí mismo nuestra naturaleza con todas sus debilidades, pero se mantuvo libre de la corrupción hereditaria y de la depravación y la práctica del pecado. Ante sus oponentes, proclamó: "¿Quién de vosotros me redarguye de pecado?" (Juan 8:46). Y cuando se acercaba su mayor prueba, declaró: "Viene el príncipe de este mundo, y él nada tiene en mí" (Juan 14:30). Jesús no poseía propensiones ni inclinaciones al mal, ni siquiera pasiones pecaminosas. Ninguna de las tentaciones que lo asaltaban como un alud, pudo quebrantar su inamovible lealtad a Dios.

Jesús nunca hizo confesión de pecado ni ofreció sacrificio. No oró: "Padre, perdóname", sino "Padre, perdónalos" (Luc. 23:34). Procurando siempre cumplir la voluntad de su Padre y no la suya propia. Jesús mantuvo constantemente su dependencia del Padre (véase Juan 5:30).

A diferencia de la humanidad caída, la "naturaleza espiritual" de Jesús es pura y santa, "libre de toda contaminación del pecado".[21] Seria un error pensar que Cristo es "absolutamente humano" como nosotros. Es el segundo Adán, el único Hijo de Dios. Tampoco debiéramos considerarlo como "un hombre con la propensión a pecar". Si bien su naturaleza humana fue tentada en todo lo que la naturaleza humana puede ser tentada, nunca cayó, jamás pecó. Nunca se halló en él ninguna inclinación al mal.[22]

De hecho, Jesús es el mayor y más santo ejemplo de la humanidad. Es santo, y todo lo que hizo demostró perfección. En verdad constituye el ejemplo perfecto de la humanidad sin pecado.

7. *La necesidad de que Cristo tomara la naturaleza humana.* La Biblia expresa diversas razones de por qué Cristo necesitaba tener una naturaleza humana.

(a). *Para ser el sumo sacerdote de la raza humana.* Jesús, como el Mesías, debía ocupar la posición de sumo sacerdote o mediador entre Dios y el hombre (Zac. 6:13; Heb. 4:14-16). Esta función requería poseer naturaleza humana. Cristo cumplió con los requisitos: (1) podía ser "paciente con los ignorantes y extraviados" por cuanto "él también esta rodeado de debilidad" (Heb. 5:2). (2) Es "misericordioso y fiel", porque fue hecho en todas las cosas "semejante a sus hermanos" (Heb. 2:17). (3) "Es poderoso para socorrer a los que son tentados" por cuanto "él mismo padeció siendo tentado" (Heb. 2:18). (4) Cristo simpatiza con nuestras debilidades porque fue tentado en todo según nuestra semejanza, pero sin pecado" (Heb. 4:15).

(b). *Para salvar aún a los más degradados.* Con el fin de alcanzar a los individuos donde ellos están, y rescatar aún a los que ofrecen menos esperanza, se humilló a sí mismo al nivel de un siervo (Fil. 2:7).

(c). *Para dar su vida por los pecados del mundo.* La naturaleza divina de Cristo no puede morir. Para morir, entonces, Cristo debía poseer una naturaleza humana. Se convirtió en hombre y pagó la penalidad del pecado, que es la muerte (Rom. 6:23; 1 Cor. 15:3). Como ser humano, gustó la muerte por todos (Heb. 2:9).

(d). *Para ser nuestro ejemplo.* Con el fin de convertirse en ejemplo de cómo los seres humanos debieran vivir, Cristo tenía que vivir una vida sin pecado como ser humano. En su papel de segundo Adán, expuso el mito de que los seres humanos no pueden obedecer la ley de Dios y obtener victoria sobre el pecado. Demostró que es posible que la humanidad sea fiel a la voluntad de Dios. Allí donde el primer Adán cayó, el segundo Adán obtuvo la victoria sobre el pecado y Satanás, convirtiéndose así en nuestro Salvador y nuestro perfecto ejemplo. En su fortaleza, su victoria puede ser nuestra (Juan 16:33).

Al contemplar al Salvador, los seres humanos "somos transformados de gloria en gloria en la misma imágen" (2 Cor. 3:18). "Corramos con paciencia la carrera... puestos los ojos en Jesús, el autor y consumador de la fe... Considerad a aquel que sufrió tal contradicción de pecadores contra sí mismo, para que vuestro ánimo no se canse hasta desmayar" (Heb. 12:2, 3). En verdad, "Cristo padeció por nosotros, dejándonos ejemplo, para que sigáis sus pisadas" (1 Ped. 2:21; véase Juan 13:15).

La unión de las dos naturalezas

La persona de Jesucristo tiene dos naturalezas: divina y humana. Es el Dios-hombre. Pero notemos que al realizarse la encarnación, fue el eterno Hijo de Dios el que tomó sobre sí la naturaleza humana y no el hombre, Jesús, que adquirió la divinidad. El movimiento es desde Dios hacia el hombre, no del hombre hacia Dios.

En Jesús, esas dos naturalezas se fundieron en una sola persona. Notemos las siguientes evidencias bíblicas:

En Cristo se unen dos naturalezas. En Cristo no se halla presente la pluralidad asociada con el Dios triuno. La Biblia describe a Jesús como una persona, no dos. Diversos textos se refieren a la naturaleza divina y humana; sin embargo, se refieren sólo a una persona. Pablo describió la persona de Jesucristo como el Hijo de Dios [naturaleza divina] que nació de una mujer [naturaleza humana] (Gál. 4:4). De este modo, Jesús, "siendo en forma de Dios, no estimó el ser igual a Dios como cosa a qué aferrarse" [naturaleza divina], "sino que se despojó a sí mismo, tomando forma de siervo, hecho semejante a los hombres" [naturaleza humana] (Fil. 2:6, 7).

La naturaleza doble de Cristo no está compuesta de una influencia o poder divino abstracto conectado con su humanidad. "Y aquel Verbo —dijo Juan— fue hecho carne, y habitó entre nosotros (y vimos su gloria, gloria como del unigénito del Padre), lleno de gracia y de verdad" (Juan 1:14). Pablo escribe que Dios envió "a su Hijo en semejanza de carne de pecado" (Rom. 8:3); "Dios fue manifestado en carne" (1 Tim. 3:16; 1 Juan 4:2).

La mezcla de las dos naturalezas. En ciertas ocasiones, la Biblia describe al Hijo de Dios en términos de su naturaleza humana. El Señor compró su iglesia con su propia sangre (Hech. 20:28; véase Col. 1:13, 14). En otras ocasiones, caracteriza al Hijo del Hombre en términos de su naturaleza divina (véase Juan 3:13; 6:62; Rom. 9:5).

Cuando Cristo entró en el mundo, se le preparó un "cuerpo" (Heb. 10:5). Cuando Cristo tomó sobre sí la humanidad, su divinidad fue revestida de humanidad. Esto no se logró cambiando su humanidad en divinidad o su divinidad en humanidad. Cristo no se despojó de su naturaleza inherente para tomar otra naturaleza, sino que tomó la humanidad sobre sí mismo. De ese modo, la divinidad y la humanidad se combinaron.

En su encarnación, Cristo no dejó de ser Dios, ni se vio reducida su divinidad al nivel de la humanidad. Cada naturaleza mantuvo su nivel. Pablo declara: "En él habita corporalmente toda la plenitud de la Deidad" (Col. 2:9). En la crucifixión, fue su naturaleza humana la que murió, y no su divinidad, pues habría sido imposible que eso sucediera.

La necesidad de la unión de las dos naturalezas. El hecho de comprender la manera en que las dos naturalezas de Cristo se relacionan entre sí, provee una comprensión vital de la misión de Cristo, así como de nuestra misma salvación.

1. *Para reconciliar con Dios a la humanidad.* Únicamente un Salvador divino-humano podía traer salvacion. En la encarnación, Cristo se revistió de hu-

manidad con el fin de impartir su naturaleza divina a los creyentes. Gracias a los méritos de la sangre del Dios-hombre, los creyentes pueden compartir la naturaleza divina (2 Ped. 1:4).

La escalera que vio Jacob en su sueño, la cual simbolizaba a Cristo, nos alcanza dondequiera que estemos. El Salvador tomó la naturaleza humana y venció, para que nosotros pudiésemos vencer, al tomar sobre nosotros su naturaleza. Sus brazos divinos se aferran del trono de Dios, mientras que su humanidad nos abraza a nosotros conectándonos con Dios, uniendo la tierra con el cielo.

La naturaleza divino-humana combinada hace que el sacrificio expiatorio de Cristo sea efectivo. La vida de un ser humano sin pecado, o aun la de un ángel, no podía expiar los pecados de la raza humana. Únicamente el Creador divino-humano podía rescatar a la humanidad.

2. Para velar la divinidad con la humanidad. Cristo veló su divinidad con el ropaje de la humanidad, dejando de lado su gloria y majestad celestial, con el fin de que los pecadores pudiesen existir en su presencia sin ser destruidos. Si bien aún era Dios, no apareció como Dios (Fil. 2:6-8).

3. Para vivir victoriosamente. La humanidad de Cristo nunca podría haber resistido por sí sola los poderosos engaños de Satanás. Logró vencer el pecado debido a que en él habitaba "corporalmente toda la plenitud de la Deidad" (Col. 2:9). Por haber confiado completamente en su Padre (Juan 5:19, 30; cap. 8:28), su "poder divino combinado con la humanidad obtuvo una victoria infinita a favor del hombre".[23]

La experiencia que Cristo adquirió en cuanto a la vida victoriosa no es privilegio exclusivo suyo. No ejerció ningún poder que la humanidad no pueda ejercer. Nosotros también podemos ser "llenos de toda la plenitud de Dios" (Efe. 3:19). Gracias al poder divino de Cristo, podemos tener acceso a todas las cosas que pertenecen a "la vida y a la piedad" (2 Ped. 1:3).

La clave de esta experiencia es la fe en las "preciosas y grandísimas promesas", por medio de las cuales podemos llegar a ser "participantes de la naturaleza divina, habiendo huido de la corrupción que hay en el mundo a causa de la concupiscencia" (2 Ped. 1:3, 4). Cristo nos ofrece el mismo poder por medio del cual él venció, de modo que todos podamos obedecer fielmente y gozar de una vida victoriosa.

Cristo nos hace una consoladora promesa de victoria: "Al que venciere, le daré que se siente conmigo en mi trono, así como yo he vencido, y me he sentado con mi Padre en su trono" (Apoc. 3:21).

Los oficios de Cristo Jesús

Los oficios de profeta, sacerdote y rey eran exclusivos, y requerían en general un servicio de consagración por medio de la unción (1 Rey. 19:16; Éxo. 30:30; 2 Sam. 5:3). El Mesías venidero, el Ungido —según apuntaban las profecías—, debía cumplir estos tres cargos. Cristo realiza su obra como mediador entre Dios y nosotros por medio de su actuación en calidad de Profeta, Sacerdote y Rey. Cristo el Profeta proclama ante nosotros la voluntad de Dios; Cristo el Sacerdote nos representa ante Dios y viceversa, y Cristo el Rey ejerce la benévola autoridad de Dios sobre su pueblo.

Cristo el Profeta. Dios reveló a Moisés el cargo profético de Cristo: "Profeta les levantaré de en medio de sus hermanos, como tú; y pondré mis palabras en su boca, y él les hablará todo lo que yo le mandare" (Deut. 18:18). Los contemporáneos de Cristo reconocieron el cumplimiento de esta predicción (Juan 6:14; 7:40; Hech. 3:22, 23).

Jesús se describió a sí mismo como "profeta" (Luc. 13:33). Proclamó con autoridad profética (Mat. 7:29) los principios del reino de Dios (Mat. 5-7; cap. 22:36-40), y reveló el futuro (Mat. 24:1-51; Luc. 19:41-44).

Antes de su encarnación, Cristo llenó a los escritores bíblicos de su Espíritu, y les dio profecías relativas a sus sufrimientos y las glorias que habrían de venir (1 Ped. 1:11). Después de su ascensión, continuó revelándose a su pueblo. La Escritura especifica que le había de conceder su "testimonio", esto es, "el Espíritu de profecía", a su fiel remanente (Apoc. 12:17; 19:10; véase cap. 18).

Cristo el Sacerdote. El sacerdocio del Mesías fue establecido firmemente por juramento divino: "Juró Jehová, y no se arrepentirá, tu eres sacerdote para siempre según el orden de Melquisedec" (Sal. 110:4). Cristo no era descendiente de Aarón. Como Melquisedec, su derecho al sacerdocio fue establecido por decisión divina (Heb. 5:6, 10; véase cap. 7). Su sacerdocio mediador tenía dos fases: Una terrenal y una celestial.

1. *El sacerdocio terrenal de Cristo.* El oficio del sacerdote junto al altar de los holocaustos simbolizaba el ministerio terrenal de Jesús. El Salvador cumplía perfectamente todos los requisitos necesarios para el oficio de sacerdote. Era verdaderamente hombre, y había sido "llamado por Dios", actuando "en lo que a Dios se refiere" al cumplir la tarea especial de ofrecer "ofrendas y sacrificios por los pecados" (Heb. 5:1, 4, 10).

La tarea del sacerdote consistía en reconciliar con Dios a los penitentes, por medio del sistema de sacrificios, el cual representaba la provisión de una expiación por el pecado (Lev. 1:4; 4:29, 31, 35; 5:10; 16:6; 17:11). De este modo, los sacrificios continuos que ardían sobre el altar de los holocaustos simbolizaban la continua disponibilidad de la expiación.

Esos sacrificios no eran suficientes. No podían perfeccionar al penitente, quitar los pecados ni producir una conciencia limpia (Heb. 10:1-4; 9:9). Eran simplemente una sombra de las cosas mejores que estaban por venir (Heb. 10:1; véase cap. 9:9, 23, 24). El Antiguo Testamento decía que el Mesías mismo había de tomar el lugar de esos sacrificios de animales (Sal. 40:6-8; Heb. 10:5-9). Esos sacrificios, entonces, señalaban a los sufrimientos vicarios y la muerte expiatoria de Cristo el Salvador. Èl, el Cordero de Dios, se convirtió por nosotros en pecado, llegando a ser maldición; su sangre nos limpia de todo pecado (2 Cor. 5:21; Gál. 3:13; 1 Juan 1:7; véase 1 Cor. 15:3).

Así pues, durante su ministerio terrenal, Cristo fue ambas cosas: Sacerdote y Ofrenda. Su muerte en la cruz fue parte de su obra sacerdotal. Después de su sacrificio en el Gólgota, su intercesión sacerdotal se centró en el Santuario celestial.

2. *El sacerdocio celestial de Cristo.* El ministerio sacerdotal que Jesús comenzó en este mundo, se completa en el cielo. La humillación que Cristo sufrió en este mundo como el Siervo sufriente de Dios, lo calificó para ser nuestro Sumo Sacerdote en el cielo (Heb. 2:17, 18; 4:15; 5:2). La profecía revela que el Mesías sería sacerdote en el trono de Dios (Zac. 6:13). Después de su resurrección, el Cristo humillado fue exaltado. Ahora nuestro Sumo Sacerdote se sienta "a la diestra del trono de la majestad en los cielos" ministrando en el santuario celestial" (Heb. 8:1, 2; véase cap 1:3; 9:24).

Cristo comenzó su obra intercesora inmediatamente después de su ascensión. La nube de incienso que asciende en el lugar santo del Templo tipifica los méritos, las oraciones y la justicia de Cristo, que hacen que nuestro culto y nuestras oraciones sean aceptables a Dios. El incienso podía ofrecerse únicamente colocándolo sobre los carbones ardientes tomados del altar de los sacrificios, lo cual revela que existe una íntima conexión entre la intercesión y el sacrificio expiatorio del altar. De este modo, la obra intercesora de Cristo se funda en los méritos de su completo sacrificio expiatorio.

La intercesión de Cristo provee ánimo para su pueblo: Jesús "puede también salvar perpetuamente a los que por él se acercan a Dios, viviendo siempre para interceder por ellos" (Heb. 7:25). Por cuanto Cristo ejerce mediación por su pueblo, todas las acusaciones de Satanás han perdido su base legal (1 Juan 2:1; véase Zac. 3:1). Pablo hace la siguiente pregunta retórica: "¿Quién es el que condenará?" luego ofrece la seguridad de que Cristo mismo se halla a la mano derecha de Dios, intercediendo por nosotros (Rom. 8:34). Afirmando su papel de Mediador, Cristo declaró: "De cierto, de cierto os digo, que todo cuanto pidiérais al Padre en mi nombre, os lo dará" (Juan 16:23).

Cristo el Rey. Dios "estableció en los cielos su trono, y su reino domina sobre todos" (Sal. 103:19). Es de por sí evidente que el Hijo de Dios, en su calidad de miembro de la Deidad, comparte el gobierno divino sobre todo el universo.

Cristo, como el Dios-hombre, ejerce su autoridad real sobre los que le han aceptado como Señor y Salvador: "Tu trono, oh Dios, es eterno y para siempre; cetro de justicia es el cetro de tu reino" (Sal. 45:6; Heb. 1:8, 9).

El reino de Cristo no fue establecido sin lucha, por cuanto "se levantarán los reyes de la tierra, y príncipes consultarán unidos contra Jehová y contra su Ungido [Mesías]" (Sal. 2:2). Pero sus planes nefastos fracasarán. Dios establecerá al Mesías en su trono por decreto divino: "Yo he puesto mi rey sobre Sion, mi santo monte"; además, dice: "Mi Hijo eres tú, yo te he engendrado hoy" (Sal. 2:6, 7; Heb. 1:5). El nombre del Rey que ocuparía el trono de David es "Jehová, justicia nuestra" (Jer. 23:5, 6). Su gobierno es único, por cuanto funciona en el trono celestial tanto en calidad de sacerdote como de rey (Zac. 6:13).

A la virgen María, el ángel Gabriel le anunció que Jesús había de ser ese gobernante mesiánico, diciendo: "Reinará sobre la casa de Jacob para siempre y su reino no tendrá fin" (Luc. 1:33). Se describe su calidad de rey por medio de dos tronos, que simbolizan sus dos reinos. El "trono de la gracia" (Heb. 4:16) representa el reino de la gracia; su "trono de gloria" (Mat. 25:31) representa el reino de la gloria.

1. *El reino de la gracia.* En cuanto el primer ser humano pecó, se instituyó el reino de la gracia. Pasó a existir gracias a la promesa de Dios. Por fe, los hombres podrían llegar a ser ciudadanos en él. Pero no fue establecido plenamente sino hasta la muerte de Cristo. Cuando el Salvador exclamó en la cruz: "Consumado es", se cumplieron los requisitos del plan de redención y se ratificó el nuevo pacto (véase Heb. 9:15-18).

La proclamación que hizo Jesús: "El tiempo se ha cumplido, y el reino de Dios se ha acercado (Mar. 1:15) constituía una referencia directa al reino de gracia que pronto sería establecido por su muerte. Este reino, fundado sobre la obra de redención, y no sobre la Creación, recibe a sus ciudadanos a través de la regeneración, es decir, el nuevo nacimiento. Jesús decretó: "El que no naciere de agua y del Espíritu, no puede entrar en el reino de Dios" (Juan 3:5; véase vers. 3). Comparó su crecimiento al desarrollo fenomenal de una semilla de mostaza, y a los efectos que causa la levadura en la harina (Mar. 4:22-31; Mat. 13: 33).

El reino de la gracia no se manifiesta en apariencias externas, sino por su efecto en el corazón de los creyentes. Este reino, enseñó Jesús, "no vendrá con advertencia, ni dirán: 'Helo aquí, o helo allí; porque he aquí el reino de Dios está entre vosotros" (Luc. 17:20, 21). No es un reino de este mundo, dijo el Salvador, sino un reino de verdad: "Dices que yo soy Rey. Yo para esto he nacido, y para esto he venido al mundo, para dar testimonio a la verdad. Todo aquel que es de la verdad, oye mi voz" (Juan 18:37). Pablo dice que este reino es "justicia, paz y gozo en el Espíritu Santo, al cual han sido trasladados los creyentes" (Rom. 14:17; Col. 1:13).

El establecimiento de este reino fue una experiencia dolorosísima, lo cual confirma que no hay corona sin una cruz. Al fin de su ministerio público, Jesús, el Mesías, El Dios-hombre, entró a Jerusalén como legitimo heredero del trono de David. Sentado en un asno, según la costumbre judía relativa a una procesión real (Zac. 9:9), aceptó el entusiasta y espontáneo despliegue de apoyo que le rindió la multitud. Durante su entrada triunfal en la ciudad real "una multitud, que era muy numerosa, tendía sus mantos en el camino; y otros cortaban ramas de los árboles, y las tendían en el camino. Y la gente... aclamaba, diciendo: "¡Hosana al Hijo de David! ¡Bendito el que viene en el nombre del Señor! (Mat. 21:8, 9), cumpliendo así la profecía de Zacarías. Ahora Cristo se presentó como el Rey mesiánico.

Desgraciadamente se levantó terrible oposición contra su derecho real. La ira satánica contra el inocente Hijo de Dios, alcanzó su culminación. En un período de doce horas, los defensores de la fe, el Sanedrín, lo hicieron arrestar secretamente, lo llevaron a juicio y lo condenaron a muerte.

Durante su juicio, Jesús afirmó públicamente que era el Hijo de Dios, y el Rey de su pueblo (Luc. 23:3; Juan 18:33-37). En respuesta a su afirmación, se burlaron de él vistiéndolo de una ropa real y coronándolo, no con una corona de oro, sino de espinas (Juan 19:2). Su recepción como rey fue una burla sumamente cruel. Los soldados lo golpeaban y lo saludaban burlonamente, diciendo: "¡Salve, Rey de los judíos!" (Juan 19:3). Y cuando el gobernador romano, Pilato, lo presentó ante la nación, diciendo: "¡He aquí vuestro Rey!", su propio pueblo lo rechazó en forma unánime, vociferando: "¡Fuera, fuera, crucifícale!" (Juan 19:14, 15).

A través de la más profunda humillación —su muerte en la cruz— Cristo estableció el reino de la gracia. Poco después, su humillación terminó en exaltación. Cuando ascendió al cielo, fue entronizado como Sacerdote y Rey, compartiendo el trono de su Padre (Sal. 2:7, 8; véase Heb. 1:3-5; Fil. 2:9-11; Efe. 1:20-23). Esta entronización no le concedió ningún poder que no fuera ya suyo en su calidad de divino Hijo de Dios. Pero ahora, en su papel de Mediador divino-humano, su naturaleza humana participó por primera vez de la gloria y el poder celestiales.

2. El reino de gloria. En el Monte de la Transfiguración se representó el reino de gloria. Allí Cristo se presentó en su propia gloria. "Resplandeció su rostro como el sol, y sus vestidos se hicieron blancos como la luz" (Mat. 17:2). Moisés y Elías estaban allí, en representación de los redimidos: Moisés representaba a los que murieron en Cristo y serán resucitados, y Elías a los que serán trasladados al cielo sin experimentar la muerte, en la Segunda Venida.

El reino de gloria será establecido en medio de acontecimientos cataclísmicos cuando vuelva Cristo (Mat. 24:27, 30, 31; 25:31, 32). Después del juicio, cuando la obra mediadora del Hijo del Hombre en el Santuario celestial haya concluido, el "Anciano de Días" —Dios del Padre— le conferirá el "dominio, gloria y reino" (Dan. 7:9, 10, 14). Entonces, "el reino y el dominio y la majestad de los reinos debajo de todo el cielo" será "dado al pueblo de los santos del Altísimo, cuyo reino es reino eterno, y todos los dominios le servirán y obedecerán" (Dan. 7:27).

El reino de la gloria será establecido en este mundo al fin del milenio, cuando la Nueva Jerusalén descenderá del cielo (Apoc. 20, 21). Si aceptamos a Jesucristo como nuestro Salvador, podemos convertirnos hoy en ciudadanos de su reino de gracia, y participar del reino de la gloria cuando venga por segunda vez. Ante nosotros se extiende una vida con posibilidades ilimitadas. La vida que Cristo ofrece no es una existencia llena de fracasos y esperanzas y sueños esparcidos aquí y allá, sino una vida de crecimiento, un viaje lleno de éxitos, en compañía del Salvador. Es una vida que despliega cada vez más el amor genuino, el gozo, la paz, la benignidad, la bondad, la fe, la mansedumbre y el autocontrol (Gál. 5:22, 23), es decir, los frutos de la relación que Jesús ofrece a todo aquel que le ofrece su vida. ¿Quién puede resistir un ofrecimiento así?

Referencias

1. En relación con la profecía de las 70 semanas, véase *70 Weeks, Leviticus, and the Nature of Prophecy*, [Las 70 semanas, Levítico y la naturaleza de la profecía], ed., Frank B. Holbrook (Washington, D:C.: Instituto de Investigación Bíblica, Asociación General de los Adventistas del Séptimo Día, 1986), págs. 3-127.
2. En referencia a los fundamentos bíblicos del principio de día por año, véase William H. Shea, *Selected Studies on Prophetic Interpretation* [Estudios selectos sobre interpretación profética] (Washington, DC: Review and Herald, 1982), págs. 56-93
3. Las fechas del reinado de Artajerjes han sido establecidas firmemente por las fechas de las Olimpiadas, el Canon de Tolomeo, los papiros de Elefantina y las tabletas cuneiformes de Babilonia.
4. Véase también C. Mervyn Maxwell, *God Cares* [Dios se preocupa] (Mountain View, CA: Pacific Press, 1981), tomo 1, págs. 216-218).
5. Gleason L. Archer, *Encylopedia of Bible Difficulties* [Enciclopedia de Dificultades Bíblicas] (Grand Rapids, MI: Zondervan, 1982), pág. 291.

6. White, *El Deseado de todas las gentes* (Mountain View, California: Pacific Press, 1955), pág. 489.
7. El hecho de que la Sagrada Escritura alude a Jesús llamándolo el "unigénito" y el "primogénito", y el que se haga en ella referencia al día en que fue engendrado, no niega su naturaleza divina ni su existencia eterna. El término "unigénito" (Juan 1:14; 1:18; 3:16; 1 Juan 4:9), se deriva de la palabra griega *monogenes*. El uso bíblico de *monogenes* revela que su significado abarca la idea de "único" o "especial", refiriéndose de este modo a una relación especial y no a un acontecimiento cronológico. A Isaac, por ejemplo, se lo llama el "hijo único" de Abraham, aunque no era el único hijo del patriarca, ni siquiera su primogénito (Gén. 16:16; 21:1-21; 25:1-6). Isaac era un hijo especialísimo, único en su género, destinado a convertirse en el sucesor de Abraham. "Cristo Jesús, el Dios preexistente, el divino Verbo, en su encarnación se convirtió en un sentido especialísimo en el Hijo de Dios, razón por la cual se lo designa `monogenes´, el único en su clase, absolutamente sin par en muchos aspectos de su ser y de su vida. Ningún otro hijo de la raza humana se mostró tan maduro, ni gozó de una relación tan inigualable con la Deidad, ni llevó a cabo una obra como la que él realizó. De modo que el término `monogenes´ describe una relación existente entre Dios el Padre y Jesucristo el Hijo como Personas separadas de la Deidad. Esta es una relación que corresponde a la completa personalidad divino-humana de Cristo, en conexión con la economía del plan de salvación" (Comité sobre problemas de traducción bíblica, *Problems in Bible Translations* [Washington, D.C.: Review and Herald, 1954], pág. 202). De igual manera, cuando Cristo es llamado el "primogénito" (Heb. 1:6; Rom. 8:29; Col. 1:15, 18; Apoc. 1:5), el término no se refiere a un momento cronológico. Más bien enfatiza un sentido de importancia o prioridad (véase Heb. 12:23). En la cultura hebrea, el primogénito recibía los privilegios familiares. De este modo, Jesús, como el primogénito entre los hombres, rescató todos los privilegios que el hombre había perdido. Se convirtió en el nuevo Adán, el nuevo "primogénito" o cabeza de la raza humana. La referencia al día en que Jesús fue engendrado se basa en un concepto similar a los del unigénito y el primogénito. Dependiendo de su contexto, la predicción mesiánica: "mi Hijo eres tú; yo te engendré hoy" (Sal. 2:7), se refiere: a la encarnación de Jesús (Heb. 1:6), a su resurrección (Hech. 13:33; véase vers. 30), o a su entronización (Heb. 1:3, 5).
8. En las leyes de la gramática griega se encuentra evidencia adicional. (1) El uso inarticulado de "Señor" (sin estar asociado con un artículo definido). La Septuaginta traduce YHWH con un *kurios* inarticulado. Muy a menudo, cuando se encuentra un *kurios* inarticulado en el Nuevo Testamento, se refiere a Dios (véase Mat. 7:21; 8:2, 6, 25). (2) Un solo artículo modifica dos sustantivos. De este modo, se describe a Cristo como Dios en las frases "nuestro gran Dios y Salvador Jesucristo" (Tito 2:13), "la justicia de nuestro Dios y Salvador Jesucristo (2 Ped. 1:1). (3) Cuando hay dos sustantivos, y el segundo está en el caso genitivo sin un artículo, para cualquiera de los dos sustantivos, la cualidad del uno se le atribuye al otro. Así, del mismo modo como Romanos 1:17, 18 habla de "la justicia de Dios" y "l ira de Dios", así también se describe a Jesús como "Hijo de Dios" (Luc. 1:35).
9. White, "The True Sheep Respond to the Voice of the Shepherd" [Las verdaderas ovejas responden a la voz del Pastor], *Signs of the Times*, 27 de Nov. de 1893, pág. 54.
10. White, *Patriarcas y profetas*, pág. 12.
11. Estas expresiones han sido usadas a menudo en los escritos de diversos autores adventistas del séptimo día para describir la identificación de Jesús con la raza humana, pero nunca implican que haya sido en alguna forma pecaminoso. A través de su historia, la posición oficial de la iglesia ha sido exaltar la absoluta pureza del Señor Jesucristo.
12. Cristo tomó sobre sí "las mismas susceptibilidades, físicas y mentales" de sus contemporáneos (White, "Notes of Travel" [Notas de viaje], *Advent Review and Sabbath Herald*, 10 de febrero de 1885, pág. 81), es decir, una naturaleza humana que había disminuido en "for-

taleza física, en poder mental y en valor moral", eso sí, sin tener ninguna depravación moral, sino totalmente exenta de pecado (White "Tentado en todo tal como nosotros", *Signs*, 3 de Dic. de 1902, pág. 2; White, *El deseado de todas las gentes*, pag. 32).

13. Henry Melvill, en *Sermons by Henry Melvill B. D.* [Sermones por Henry Melvill], ed. C. P. McIlvaine (New York, N. Y.: Stanford & Swords, 1844), pág. 47. Al decir "debilidades inocentes", se refería a cosas como el hambre, el dolor, la tristeza, etc. A este concepto de la naturaleza de Cristo antes y después de la caída, lo llamó "la doctrina ortodoxa" *(Ibíd)*.
14. White, Carta 8, 1895 en *Comentario bíblico adventista*, tomo 5, págs, 1102, 1103; véase además *SDA Bible Commentary*, ed. rev., tomo 7 pág. 426.
15. Véase E. G. de White "En el Getsemaní", *Signs*, 9 de dic. de 1897, pág. 3; White en *SDA Bible Commentary*, ed. rev., pág. 927.
16. Brook F. Wescott, *The Espistle to the Hebrews* [La espitola a los Hebreos] (Grand Rapids, MI: Wm. B. Eerdmans, 1950), pág. 59.
17. F.F. Bruce, *Commentary on the Epistle to the Hebrews* [Comentario sobre la espístola a los Hebreos] (Grand Rapids, MI: Wm. B. Eerdmans, 1972), págs. 85, 86.
18. White, "The Temptation of Christ", *Review and Herald*, 1 de abril de 1875, pag. 3.
19. Philip Schaff, *The Person of Christ* [La persona de Cristo] (New York, NY: George H. Doran, 1913), págs. 35, 36.
20. Kart Ullmann, *An Apologetic View of the Sinless Character of Jesus*, [Una presentación apologética del character sin pecado de Jesús], The Biblical Cabinet; or Hermeneutical Exegetical, and Philological Library (Edinburg, Thomas Clark, 1842), tomo 37, pág. 11.
21. White, "In Gethsemane" [En el Getsemaní], *Signs*, 9 de dic. de 1897, pág. 3; véase también White, *El Deseado de todas las gentes*, pág. 231.
22. White, Carta 8, 1895, en *Comentario bíblico adventista*, tomo 5, págs. 1102, 1103. En la época de Elena G. de White, se usaban las siguientes definiciones de la palabra "propensión": "Propensión", del latín *propensus*, se define como "inclinación natural; sesgo, (*Webster's Collegiate Dictionary*, 3ª ed., [Springfield, MA: G. & C. Merriam Co., 1916]; véase también *Nuttall's Standard Dictionaty of English Language* (Boston, MA: De Wolfe, Fiske & Co., 1886). El *Diccionario Webster* define el término como "la cualidad o estado de ser propenso [inclinarse hacia, en un sentido moral]; inclinación natural; disposición a hacer el bien o el mal; sesgo; dirección, tendencia" (*Webster's Internacional Dictionary of the English Language* [Springfield, MA: G. & C. Merriam & Co. 1890]). Uno de los autores favoritos de Elena G de White, Henry Melvill, escribió: "Pero si bien tomó la humanidad con sus debilidades inocentes, no la tomó con las propensiones pecaminosas. Aquí se interpuso la Deidad. El Espíritu Santo cubrió a la virgen con su sombra, y, permitiendo que de ella se derivara la debilidad, prohibió la maldad; y así causó que fuese generada una humanidad sufriente y capaz de sentir tristeza, pero a pesar de ello, sin mancha ni contaminación; una humanidad con lágrimas pero sin mácula; accesible a la angustia, pero no dispuesta a ofender; aliada en forma estrictísima con la miseria producida, pero infinitamente separada de la causa productora" (Melvill, pág. 47). Véase Tim Poirier, "A Comparison of the Christology of Ellen White and Her Literary Sources" [Una comparación de la cristología de Elena G. de White con sus fuentes literarias], (Manuscrito inédito, Ellen G. White Estate, Inc. Asociación General de los Adventistas del Séptimo Día, Washington, D. C. 20012).
23. White, "Temptation of Christ" [La tentación de Cristo], Review and Herald, 13 de oct. de 1874, pág. [1]; véase White en *SDA Bible Commentary* tomo 7, pág. 904.

LOS ADVENTISTAS DEL SÉPTIMO DÍA CREEN EN...

5

Dios el Espíritu Santo

Dios el Espíritu Santo estuvo activo con el Padre y el Hijo en ocasión de la creación, la encarnación y la redención. Inspiró a los autores de las Escrituras. Infundió poder a la vida de Cristo. Atrae y convence a los seres humanos; y a los que responden, renueva y transforma a imagen de Dios. Enviado por el Padre y el Hijo está siempre con sus hijos, distribuye dones espirituales a la iglesia, la capacita para dar testimonio a favor de Cristo, y en armonía con las Escrituras conduce a toda verdad.

SI BIEN ES CIERTO QUE LA CRUCIFIXIÓN HABÍA confundido, angustiado y aterrado a los seguidores de Jesús, la resurrección, en cambio, llevó el amanecer a sus días. Cuando Cristo quebrantó las ataduras de la muerte, el reino de Dios amaneció en sus corazones.

Ahora, sus almas ardían con un fuego que no se podía apagar. Desaparecieron las diferencias que tan sólo pocas semanas antes habían levantado perversas barreras entre los discípulos. Confesaron sus faltas los unos a los otros y abrieron más completamente sus corazones para recibir a Jesús, su Rey que había ascendido.

La unidad de este rebaño una vez esparcido, creció a medida que pasaban los días en oración. En un día inolvidable, se hallaban alabando a Dios cuando en medio de ellos se oyó un ruido como el rugido de un tornado. Como si el fuego que ardía en sus corazones se estuviese haciendo visible, lenguas de fuego descendieron sobre cada cabeza. Como un fuego consumidor, el Espíritu Santo descendió sobre ellos.

Llenos del Espíritu, los discípulos no pudieron contener su nuevo amor y gozo ardiente en Jesús. En forma pública, y llenos de entusiasmo, comenzaron a proclamar las buenas nuevas de salvación. Atraída por el sonido, una multitud de ciudadanos locales mezclados con peregrinos de muchas naciones se reunió junto al edificio. Llenos de asombro y confusión, escucharon —en su propio lenguaje— poderosos testimonios relativos a las poderosas obras de Dios, expresados por galileos sin educación.

"No comprendo —decían algunos—; ¿Qué significa esto?" Otros procuraban quitarle importancia, diciendo: "Están ebrios". "¡No es así!", exclamó Pedro, haciéndose oír por encima de las voces de la multitud. "Son sólo las nueve de la mañana. Lo que ustedes han oído y visto está sucediendo porque el Cristo resucitado ha sido exaltado a la mano derecha de Dios y ahora nos ha concedido el Espíritu Santo" (véase Hechos 2).

¿Quién es el Espíritu Santo?

La Biblia revela que el Espíritu Santo es una persona, no una fuerza impersonal. Declaraciones como esta: "Ha parecido bien al Espíritu Santo, y a nosotros" (Hech. 15:28), revelan que los primeros creyentes lo consideraban una persona. Cristo también se refirió a él como a una persona distinta. "Él me glorificará —declaró el Salvador—; porque tomará de lo mío, y os lo hará saber" (Juan 16:14). Las Escrituras, al referirse al Dios triuno, describen al Espíritu como una persona (Mat. 28:19; 2 Cor. 13:14).

El Espíritu Santo tiene personalidad. Contiende (Gén. 6:3), enseña (Luc. 12:12), convence (Juan 16:8), dirige los asuntos de la iglesia (Hech. 13:2), ayuda e intercede (Rom. 8:26), inspira (2 Ped. 1:21), y santifica (1 Ped. 1:2). Esas actividades no pueden ser realizadas por un mero poder, una influencia o un atributo de Dios. Solamente una persona puede llevarlas a cabo.

El Espíritu Santo es verdaderamente Dios

La Escritura presenta al Espíritu Santo como Dios. Pedro le dijo a Ananías que, al mentirle al Espíritu Santo, "no has mentido a los hombres, sino a Dios" (Hech. 5:3, 4). Jesús definió el pecado imperdonable como "la blasfemia contra el Espíritu", diciendo: "A cualquiera que dijere alguna palabra contra el Hijo del Hombre, le será perdonado; pero al que hable contra el Espíritu Santo no le será perdonado, ni en este siglo ni en el venidero" (Mat. 12:31, 32). Esto puede ser verdadero si el Espíritu Santo es Dios.

La Escritura asocia los atributos divinos con el Espíritu Santo. El Espíritu es vida. Pablo se refirió a él llamándolo "Espíritu de vida" (Rom. 8:2). Es la verdad. Cristo lo llamó "el Espíritu de verdad" (Juan 16:13). Las expresiones "el amor del Espíritu" (Rom. 15:30) y "Espíritu Santo de Dios" (Efe. 4:30) revelan que el amor y la santidad son parte de su naturaleza.

El Espíritu Santo es omnipotente. Distribuye dones espirituales "repartiendo a cada uno en particular como él quiere" (1 Cor. 12:11). Es omnipresente. Estará con su pueblo "para siempre" (Juan 14:16). Nadie puede escapar de su influencia (Sal. 139:7-10). También es omnisapiente, porque "el Espíritu todo lo escudriña, aun lo profundo de Dios" y "nadie conoció las cosas de Dios, sino el Espíritu de Dios" (1 Cor. 2:10, 11).

Las obras de Dios también están asociadas con el Espíritu Santo. Tanto la creación como la resurrección requirieron su actividad. Eliú declaró: "El espíritu de Dios me hizo, y el soplo del Omnipotente me dio vida" (Job 33:4). Y el salmista afirmó: "Envías tu Espíritu, son creados, y renuevas la faz de la tierra" (Sal. 104:30). Pablo proclamó: "El que levantó de los muertos a Cristo Jesús vivificará también vuestros cuerpos mortales por su Espíritu que mora en vosotros" (Rom. 8:11).

Únicamente un Dios personal y omnipresente —no una influencia impersonal ni un ser creado— podría realizar el milagro de traer al Cristo divino a un individuo, por ejemplo María. En el Pentecostés, el Espíritu hizo que Jesús, el único Dios-hombre, estuviese universalmente presente en la vida de todos los que estuvieran dispuestos a recibirlo.

En la fórmula bautismal, se considera que el Espíritu Santo es igual al Padre y al Hijo (Mat. 28:19); también en la bendición apostólica (2 Cor. 13:14), y en la enumeración de los dones espirituales (1 Cor. 12:4-6).

El Espíritu Santo y la Deidad

Desde la eternidad, Dios el Espíritu Santo vivía en la Deidad como su tercer miembro. El Padre, el Hijo y el Espíritu son igualmente eternos. Aun cuando los tres están en posición de absoluta igualdad, dentro de la Trinidad opera una economía de función (véase el capítulo 2).

La mejor forma de comprender la verdad acerca de Dios el Espíritu Santo, es verla a través de Jesús. Cuando el Espíritu desciende sobre los creyentes, viene como el "Espíritu de Cristo"; no viene por su propia cuenta, trayendo sus propias credenciales. Su actividad en la historia está centrada en la misión salvadora de Cristo. El Espíritu Santo estuvo activamente envuelto en el nacimiento de Cristo (Luc. 1:35), confirmó su ministerio público en ocasión de su bautismo (Mat. 3:16, 17) y puso los beneficios del sacrificio expiatorio de Cristo y su resurrección, al alcance de la humanidad (Rom. 8:11).

En la Deidad, el Espíritu parece ocupar el papel de ejecutor. Cuando el Padre dio a su Hijo al mundo (Juan 3:16), Jesús fue concebido del Espíritu Santo (Mat. 1:18-20). El Espíritu Santo vino para completar el plan, para hacerlo una realidad.

La íntima participación del Espíritu Santo en la obra de la creación se pone en evidencia al notar cómo estuvo presente durante el proceso (Gén. 1:2). El origen y el mantenimiento de la vida dependen de su operación; su partida significa muerte. Dice la Escritura que si Dios "pusiese sobre el hombre su corazón, y recogiese así su Espíritu y su aliento, toda carne perecería juntamente, y el hombre volvería al polvo" (Juan 34:14, 15; véase 33:4). Podemos vislumbrar reflejos de la obra creativa del Espíritu en la obra de regeneración que realiza en todo individuo que abre su vida a Dios. Dios lleva a cabo su obra en los individuos por medio del Espíritu creador. De este modo, tanto en la encarnación como en la creación y la renovación, el Espíritu viene para cumplir las intenciones de Dios.

El Espíritu prometido

Hemos sido destinados para ser morada del Espíritu Santo (véase 1 Cor. 3:16). El pecado de Adán y Eva los separó tanto del Jardín del Edén como del Espíritu que moraba en ellos. Esa separación continúa; la enormidad de la maldad manifestada antes del Diluvio llevó a Dios al punto de declarar: "No contenderá mi espíritu con el hombre para siempre" (Gén. 6:3).

En los tiempos del Antiguo Testamento, el Espíritu equipó a ciertos individuos para que realizaran tareas especiales (Núm. 24:2; Jue. 6:34; 1 Sam. 10:6). En ciertas ocasiones se lo presenta "en" ciertas personas (Éxo. 31:3; Isa. 63:11). Sin duda, los creyentes genuinos siempre han tenido un sentido de su presencia, pero la profecía predijo un derramamiento del Espíritu "sobre toda carne" (Joel 2:28), es decir, una época en la cual una manifestación mayor del Espíritu inauguraría una nueva era.

Mientras el mundo permanecía en las manos del usurpador, el derramamiento de la plenitud del Espíritu debió esperar. Antes que el Espíritu pudiera ser derramado sobre toda carne, Cristo tendría que llevar a cabo su ministerio terrenal y ofrecer el sacrificio de la expiación. Refiriéndose al ministerio de Cristo como un ministerio del Espíritu, Juan el Bautista dijo: "Yo a la verdad os bautizo en agua" pero "el que viene tras mí... os bautizará en Espíritu Santo y fuego" (Mat. 3:11). Pero los Evangelios no muestran que Jesús haya bautizado con el Espíritu Santo. Cuando faltaban sólo unas horas para su muerte, Jesús prometió a sus discípulos: "Yo rogaré al Padre, y os dará otro Consolador, para que esté con vosotros para siempre: el Espíritu de verdad" (Juan 14:16, 17). El bautismo prometido del Espíritu ¿fue recibido en la cruz? Ninguna paloma apareció en ese viernes de la crucifixión; tan sólo oscuridad y relámpagos.

No fue sino hasta después de su resurrección que Jesús sopló el Espíritu sobre sus discípulos (Juan 20:22). El Salvador declaró: "He aquí, yo enviaré la promesa de mi Padre sobre vosotros; pero quedad vosotros en la ciudad de Jerusalén, hasta que seáis investidos de poder desde lo alto" (Luc. 24:49). Este poder se recibiría "cuando haya venido sobre vosotros el Espíritu Santo", transformando a los creyentes en sus testigos hasta lo último de la tierra" (Hech. 1:8).

Juan escribió: "Aún no había venido el Espíritu Santo, porque Jesús no había sido aún glorificado" (Juan 7:39). La aceptación del sacrificio de Cristo por parte del Padre era el prerrequisito para el derramamiento del Espíritu Santo.

La nueva era amaneció sólo cuando nuestro Señor victorioso fue sentado en el trono del cielo. Sólo entonces podría enviar el Espíritu Santo en su plenitud. Pedro dice que después de haber sido "exaltado por la diestra de Dios... ha derramado esto que vosotros véis y oís" (Hech. 2:33) sobre sus discípulos, los cuales anticipando ansiosos este acontecimiento, se habían reunido "unánimes en oración y ruego" (Hech. 1:5, 14). En el Pentecostés, cincuenta días después del Calvario, la nueva era irrumpió en escena con todo el poder de la presencia del Espíritu. "Y de repente vino del cielo un estruendo como de un viento recio que soplaba, el cual llenó toda la casa donde estaban sentados [los discípulos];... y fueron todos llenos del Espíritu Santo" (Hech. 2:2-4).

Ambas misiones, la de Jesús y la del Espíritu Santo, eran totalmente interdependientes. La plenitud del Espíritu Santo no podría ser concedida hasta que Jesús hubiese completado su misión. Y Jesús, por su parte, fue concebido del Espíritu (Mat. 1:8-21), bautizado con el Espíritu (Mar. 1:9, 10), guiado por el Espíritu (Luc. 4:1), realizando sus milagros por medio del Espíritu (Mat. 12:24-32), ofreciéndose a sí mismo en el Calvario por medio del Espíritu (Heb. 9:14, 15) y en un sentido, siendo también resucitado por el Espíritu (Rom. 8:11).

Jesús fue la primera persona que experimentó la plenitud del Espíritu Santo. Es una verdad asombrosa que nuestro Dios está dispuesto a derramar su Espíritu sobre todos los que lo desean anhelantes.

La misión del Espíritu Santo

La noche antes de la muerte de Cristo, las palabras que pronunció acerca de su inminente partida turbaron en gran manera a sus discípulos. Inmediatamente les aseguró que recibirían el Espíritu Santo como su representante personal. No serían dejados huérfanos (Juan 14:18).

El origen de la misión. El Nuevo Testamento revela al Espíritu Santo de una manera especialísima. Lo llama "el Espíritu de su Hijo" (Gál. 4:6), "el Espíritu de Dios" (Rom. 8:9), el "Espíritu de Cristo" (Rom. 8:9; 1 Ped. 1:11), y "Espíritu de Jesucristo" (Fil. 1:19). ¿Quién originó la misión del Espíritu Santo, Jesucristo o Dios el Padre?

Cuando Cristo reveló el origen de la misión del Espíritu Santo a un mundo perdido, mencionó dos fuentes. Primero, se refirió al Padre: "Y yo rogaré al Padre, y os dará otro Consolador" (Juan 14:16, véase también 15:26, "del Padre"). Identificó el bautismo del Espíritu Santo llamándolo "la promesa del Padre" (Hech. 1:4). En segundo lugar, Cristo se refirió a sí mismo: "Si no me fuere, el Consolador no vendría a vosotros; mas si me fuere, os lo enviaré" (Juan 16:7). De este modo, el Espíritu Santo procede tanto del Padre como del Hijo.

Su misión en el mundo. Podemos reconocer el señorío de Cristo únicamente por medio de la influencia del Espíritu Santo. Dice Pablo: "Nadie puede llamar a Jesús Señor, sino por el Espíritu Santo" (1 Cor. 12:3).

Se nos da la seguridad de que, por medio del Espíritu Santo, Cristo "aquella Luz verdadera", "alumbra a todo hombre" (Juan 1:9). Su misión consiste en convencer "al mundo de pecado, de justicia y de juicio" (Juan 16:8).

En primer lugar, el Espíritu Santo nos lleva a una profunda convicción de pecado, especialmente el pecado de no aceptar a Cristo (Juan 16:9). Segundo, el Espíritu insta a todos a que acepten la justicia de Cristo. Tercero, el Espíritu nos amonesta acerca del juicio, una poderosa herramienta, útil para despertar las mentes oscurecidas por el pecado a la necesidad de arrepentirse y convertirse.

Una vez que nos hemos arrepentido, podemos nacer de nuevo por medio del bautismo del agua y del Espíritu Santo (Juan 3:5). Entonces nuestra vida se renueva, por cuanto hemos llegado a ser la morada del Espíritu de Cristo.

Su misión en favor de los creyentes. La mayoría de los textos relativos al Espíritu Santo se refieren a su relación con el pueblo de Dios. Su influencia santificadora lleva a la obediencia (1 Ped. 1:2), pero nadie continúa experimentando su presencia sin cumplir ciertas condiciones. Pedro dijo que Dios ha concedido el Espíritu a los que obedecen continuamente (Hech. 5:32).[1] De este modo, se amonesta a los creyentes a no resistir, entristecer y apagar el Espíritu (Hech. 7:51; Efe. 4:30; 1 Tes 5:19).

¿Qué hace el Espíritu en favor de los creyentes?

1. Ayuda a los creyentes. Al presentar el Espíritu Santo, Cristo lo llamó "otro Consolador [*parakletos*]" (Juan 14:16). Esta palabra griega ha sido traducida de diversas formas, por ejemplo: "Ayudador", "Consolador", "Consejero", y también puede significar "Intercesor", "Mediador", o "Abogado".

Aparte del Espíritu Santo, el único *Parakletos* que menciona la Escritura es Cristo mismo. Él es nuestro Abogado o Intercesor ante el Padre. "Hijitos míos, estas cosas os escribo para que no pequéis; y si alguno hubiese pecado, abogado tenemos para con el Padre, a Jesucristo el justo" (1 Juan 2:1).

Como Intercesor, Mediador y Ayudador, Cristo nos presenta ante Dios y revela a Dios ante nosotros. En forma similar, el Espíritu nos guía a Cristo y manifiesta la gracia de Cristo ante nosotros. Esto explica por qué se llama al Espíritu "Espíritu de gracia" (Heb.10:29). Una de sus mayores contribuciones es la aplicación de la gracia redentora de Cristo a los seres humanos (véase 1 Cor. 15:10; 2 Cor. 9:14; Juan 4:5, 6).

2. Nos trae la verdad de Cristo. Cristo se refirió al Espíritu Santo llamándolo "el Espíritu de verdad" (Juan 14:17; 15:26; 16:13). Sus funciones incluyen hacernos recordar "todo lo que yo os he dicho" (Juan 14:26) y guiarnos "a toda la verdad" (Juan 16:13). Su mensaje testifica de Jesucristo (Juan 15:26). "No hablará por su propia cuenta —declaró Jesús—, sino que hablará todo lo que viere, y os hará saber las cosas que habrán de venir. Él me glorificará; porque tomará de lo mío, y os lo hará saber" (Juan 16:13, 14).

3. Trae la presencia de Cristo. No sólo trae el mensaje acerca de Cristo, sino que nos hace llegar a la presencia misma de Cristo. Jesús dijo: "Os conviene que yo me vaya; porque si no me fuere, el Consolador no vendría a vosotros; mas si me fuere os lo enviaré" (Juan 16:7).

Estorbado por su humanidad, el Hombre Jesucristo no era omnipresente, y por esta razón convenía que se fuera. Por medio del Espíritu podría estar en todo lugar, constantemente. Jesús dijo: "Yo rogaré al Padre, y os dará otro Consolador, para que esté con vosotros para siempre: el Espíritu de verdad". Dio la seguridad de que el Espíritu "mora con vosotros y estará en vosotros. No os dejaré huérfanos; vendré a vosotros" (Juan 14:17, 18). "El Espíritu Santo es el representante de Cristo, pero está despojado de la personalidad de la humanidad, y es independiente de ella".[2]

En la encarnación, el Espíritu Santo trajo la presencia de Cristo a una persona: María. En el Pentecostés, el Espíritu trajo el Cristo victorioso al mundo. Las promesas de Cristo: "No te desampararé, ni te dejaré" (Heb. 13:5) y "he aquí yo estoy con vosotros todos los días, hasta el fin del mundo" (Mat. 28:20), se cumplen por medio del Espíritu. Por esta razón el Nuevo Testamento le adjudica al Espíritu un título que en el Antiguo Testamento nunca aparece: "Espíritu de Jesucristo" (Fil. 1:19).

De la misma manera como por el Espíritu tanto el Padre como el Hijo hacen su hogar en el corazón de los creyentes (Juan 14:23), así también, la única forma en que los creyentes pueden permanecer en Cristo es por medio del Espíritu Santo.

4. Guía la operación de la iglesia. Por cuanto el Espíritu Santo provee la presencia misma de Cristo, es el verdadero Vicario de Cristo en el mundo. En su calidad de centro permanente de autoridad en todo lo que se refiere a la fe y la doctrina, los caminos por los cuales guía a la iglesia están enteramente de acuerdo con la Biblia. "La nota distintiva del protestantismo, sin la cual este tampoco existiría, es el hecho de que el Espíritu Santo es el verdadero Vicario y Sucesor de Cristo aquí en la tierra. La dependencia de organizaciones y dirigentes, o de sabiduría terrenal, significa poner lo humano en lugar de lo divino".[3]

El Espíritu Santo estaba íntimamente involucrado en la administración de la iglesia apostólica. Al seleccionar misioneros, la iglesia obtenía su conducción por medio de la oración y el ayuno (Hech. 13:1-4). Los individuos seleccionados eran conocidos por su disposición a ser guiados por el Espíritu. El libro de los Hechos los describe diciendo que "estaban llenos... del Espíritu Santo" (Hech. 13:52; véase también vers. 9). Sus actividades estaban bajo el control del Espíritu (Hech. 16:6, 7). Pablo recordó a los ancianos de la iglesia que habían sido colocados en su posición por el Espíritu Santo (Hech. 20:28).

El Espíritu Santo jugó un papel importante en la resolución de serias dificultades que amenazaban la unidad de la iglesia. De hecho, la Escritura introduce las decisiones del primer concilio de la iglesia con las palabras: "Ha parecido bien al Espíritu Santo, y a nosotros..." (Hech. 15:28).

5. Equipa a la iglesia con dones especiales. El Espíritu Santo ha concedido dones especiales al pueblo de Dios. En los tiempos del Antiguo Testamento, "el Espíritu de Jehová" descansó "sobre" ciertos individuos, concediéndoles poderes extraordinarios para conducir y librar a Israel (Jue. 3:10; 6:34; 11:29; etc.), así como la capacidad de profetizar (Núm. 11:17, 25, 26; 2 Sam. 23:2). El Espíritu vino sobre Saúl y David cuando fueron ungidos como gobernantes del pueblo de Dios (1 Sam. 10:6, 10; 16:13). En el caso de ciertos individuos, la recepción del Espíritu les concedió capacidades artísticas especiales (Éxo. 28:3; 31:3; 35:30-35).

También en el caso de la iglesia primitiva, fue por medio del Espíritu como Cristo le concedió sus dones. El Espíritu distribuyó esos dones espirituales a los creyentes conforme a su voluntad, beneficiando así a toda la iglesia (Hech. 2:38; 1 Cor. 12:7-11). El Espíritu proveyó el poder especial necesario para proclamar el Evangelio hasta los fines de la tierra (Hech. 1:8; véase el cap. 17).

6. Llena el corazón de los creyentes. La pregunta que les hizo Pablo a los creyentes de Efeso: "¿Recibisteis el Espíritu Santo cuando creísteis? (Hech. 19:2), es crucial para todo creyente.

Al recibir Pablo la respuesta negativa, les impuso sus manos a los discípulos, y recibieron el bautismo del Espíritu Santo (Hech. 19:6).

Este incidente indica que la convicción de pecado que produce el Espíritu Santo, y la obra del Espíritu al llenar la vida, son dos experiencias diferentes.

Jesús reveló la necesidad de ser nacido de agua y del Espíritu (Juan 3:5). Justo antes de su ascensión, mandó que los nuevos creyentes fuesen bautizados "en el nombre del Padre, y del Hijo, y del Espíritu Santo" (Mat. 28:19). En armonía con este mandato, Pedro predicó que "el don del Espíritu Santo" debe ser recibido en el bautismo (Hech. 2:38). Y Pablo confirma la importancia del bautismo del Espíritu Santo (véase el cap. 15) al extender el urgente llamado a que los creyentes sean "llenos del Espíritu" (Efe. 5:18).

La recepción del Espíritu Santo, que nos transforma a la imagen de Dios, comienza con el nuevo nacimiento y continúa la obra de santificación. Dios nos ha salvado según su misericordia "por el lavamiento de la regeneración y por la renovación en el Espíritu Santo, el cual derramó en nosotros abundantemente por Jesucristo nuestro Salvador" (Tito 3:5, 6).

"La ausencia del Espíritu es lo que hace tan impotente el ministerio evangélico. Puede poseerse saber, talento, elocuencia, y todo don natural o adquirido; pero, sin la presencia del Espíritu de Dios, ningún corazón se conmoverá, ningún pecador será ganado para Cristo. Por otro lado, si sus discípulos más pobres y más ignorantes están vinculados con Cristo, y tienen los dones del Espíritu, tendrán un poder que se hará sentir sobre los corazones. Dios hará de ellos conductos para el derramamiento de la influencia más sublime del universo".[4]

El Espíritu es vital. Todos los cambios que Jesucristo efectúa en nosotros vienen por medio del ministerio del Espíritu. Como creyentes, debiéramos estar constantemente conscientes de que sin el Espíritu no podemos lograr nada (Juan 15:5).

Hoy el Espíritu Santo dirige nuestra atención al mayor don de amor que Dios nos ofrece en su Hijo. Ruega que no resistamos sus llamados, sino que aceptemos el único medio por el cual podemos ser reconciliados con nuestro amoroso y misericordioso Padre celestial.

Referencias

1. Véase Arnold V. Wallenkampf, *New by the Spirit* [Nuevo por el Espíritu] (Mountain View, CA: Pacific Press, 1978), págs. 49, 50.
2. White, *El Deseado de todas las gentes*, pág. 622.
3. LeRoy E. Froom, *La venida del Consolador*, (Mountain View, CA: Pacific Press Pub. Assn., 1972), pág. 60.
4. White, *Joyas de los testimonios* (Mountain View, CA: Pacific Press, 1953), tomo 3, pág. 212.

LOS ADVENTISTAS DEL SÉPTIMO DÍA CREEN EN...

6

La Creación

Dios es el Creador de todas las cosas, y ha revelado por medio de las Escrituras un informe auténtico de su actividad creadora. El Señor hizo en seis días "los cielos y la tierra" y todo ser viviente que la puebla, y reposó el séptimo día de la primera semana. De ese modo determinó que el sábado fuera un monumento perpetuo de la finalización de su obra creadora. El primer hombre y la primera mujer fueron hechos a imagen de Dios como corona de la creación; se les dio dominio sobre el mundo y la responsabilidad de tenerlo bajo su cuidado. Cuando el mundo quedó terminado era "bueno en gran manera", porque declaraba la gloria de Dios.

EL RELATO BÍBLICO ES SENCILLO. Ante el mandato creativo de Dios, "los cielos y la tierra, el mar, y todas las cosas que en ellos hay" (Éxo. 20:11) aparecieron en forma instantánea. En sólo seis días, la tierra fue transformada de "desordenada y vacía" hasta llegar a ser un verdeante planeta rebosante de criaturas y plantas completamente desarrolladas. Nuestro mundo estaba adornado de colores claros, puros y brillantes, y de encantadoras formas y fragancias, combinadas con un gusto exquisito. Todo mostraba exactitud en sus detalles y funciones.

Luego, Dios "reposó", deteniéndose para celebrar su obra y gozar de ella. Para siempre, la belleza y majestad de esos seis días sería recordada debido a que él se detuvo. Dediquemos una rápida mirada al comienzo de todo.

"En el principio creó Dios los cielos y la tierra". La tierra estaba envuelta en agua y oscuridad. En el primer día, Dios separó la luz de la oscuridad, llamando a la parte luminosa "día" y a la oscuridad "noche".

En el segundo día, Dios "separó las aguas", haciendo división entre la atmósfera y el agua que estaba sobre la superficie de la tierra, produciendo así condiciones apropiadas para la vida. El tercer día, Dios juntó las aguas en un lugar, estableciendo así la tierra seca y el mar. Luego Dios vistió de verdura las costas, colinas y valles desnudos. "Produjo pues, la tierra hierba verde, hierba que da semilla según su naturaleza, y árbol que da fruto, cuya semilla está en él, según su género" (Gén. 1:12).

El cuarto día, Dios estableció el sol, la luna y las estrellas para que sirvieran "de señales para las estaciones, para días y años". El sol debía gobernar durante el día, y la luna durante la noche (Gén. 1:14-16).

Dios creó a las aves y los peces en el quinto día. Los creó "según su especie" (Gén. 1:21), lo cual indica que sus criaturas habían de reproducirse en forma consecuente según sus propias especies.

El sexto día, Dios hizo las formas superiores de la vida animal. Dijo: "Produzca la tierra seres vivientes según su género, bestias y serpientes y animales de la tierra según su especie" (Gén. 1:24).

Luego, en el acto cumbre de la creación, Dios hizo al hombre "a su imagen, a imagen de Dios lo creó; varón y hembra los creó" (Gén. 1:27). "Y vio Dios todo lo que había hecho, y he aquí que era bueno en gran manera" (Gén. 1:31).

La Palabra creadora de Dios

"Por la palabra de Jehová —escribió el salmista— fueron hechos los cielos, y todo el ejército de ellos por el aliento de su boca" (Sal. 33:6).

¿Cómo actúa esta palabra creadora?

La palabra creadora y la materia preexistente. Las palabras del Génesis: "Y dijo Dios", introducen el mandato dinámico divino responsable de los acontecimientos majestuosos que ocurrieron en los seis días de la creación (Gén. 1:3, 6, 9, 11, 14, 20, 24). Cada orden venía cargada con la energía creadora que transformó este planeta "desordenado y vacío" en un paraíso. "Porque él dijo, y fue hecho; él mandó, y existió" (Sal. 33:9). En verdad, "entendemos haber sido constituido el universo por la palabra de Dios" (Heb. 11:3).

Esta palabra creadora no dependía de la materia preexistente (*ex-nihilo*): "Por la fe entendemos haber sido constituido el universo por la palabra de Dios, de modo que lo que se ve fue hecho de lo que no se veía" (Heb. 11:3). Ocasionalmente Dios usó materia preexistente —Adán y las bestias fueron formados de la tierra, y Eva fue hecha a partir de una costilla de Adán (Gén. 2:7, 19, 22)—; en última instancia, Dios creó también la materia.

El relato de la creación

Se han hecho muchas preguntas acerca del relato de la creación que aparece en Génesis. Las dos narraciones de la creación que aparecen en el primer libro de la Biblia ¿se contradicen la una a la otra, o son consecuentes? ¿Son literales los días de la creación, o representan largos períodos? ¿Fueron creados los cielos —el sol, la luna y aun las estrellas— tan sólo seis mil años atrás?

El relato de la creación. Los dos informes de la creación que aparecen en la Biblia, uno en Génesis 1:1-2:3, y el otro en Génesis 2:4-25, armonizan entre sí.

La primera narración relata en orden cronológico la creación de todas las cosas. La segunda comienza con las palabras: "Estos son los orígenes...", una expresión equivalente a otras que en Génesis introducen la historia de una familia (véase Gén. 5:1; 6:9; 10:1). Esta narración describe el lugar que ocupó el hombre en la creación. No es estrictamente cronológica, pero revela que todo sirvió para preparar el ambiente para el hombre.[1] Provee más detalles que la primera acerca de la creación de Adán y Eva y del ambiente que Dios proveyó en el Jardín del Edén. Además, nos informa acerca de la naturaleza de la humanidad y del gobierno divino. La única manera como estos dos relatos de la creación armonizan con el resto de la Escritura, es si se los acepta como literales e históricos.

Los días de la creación. Los días de la creación bíblica significan períodos literales de 24 horas. La expresión "la tarde y la mañana" (Gén. 1:5, 8, 13, 19, 23, 31), típica de la forma en que el pueblo de Dios del Antiguo Testamento medía el tiempo, especifica días individuales que comenzaban al atardecer, es decir a la puesta del sol (véase Lev. 23:32; Deut. 16:6). No hay justificación para decir que esta expresión significaba un día literal en Levítico, por ejemplo, y miles de millones de años en el Génesis.

La palabra hebrea que se traduce como "día" en Génesis 1 es *Yom*. Cuando la palabra *Yom* va acompañada de un número definido, siempre significa un día literal de 24 horas (por ejemplo en Gén. 7:11; Éxo. 16:1); esto constituye una indicación más de que el relato de la creación habla de días literales de 24 horas.

Los Diez Mandamientos ofrecen otra evidencia de que el relato de la creación del Génesis involucra días literales. En el cuarto mandamiento, Dios dice: "Acuérdate del día de reposo para santificarlo. Seis días trabajarás, y harás toda tu obra; mas el séptimo día es reposo para Jehová tu Dios; no hagas en él obra alguna... porque en seis días hizo Jehová los cielos y la tierra, el mar, y todas las cosas que en ellos hay, y reposó en el séptimo día; por tanto, Jehová bendijo el día de reposo y lo santificó" (Éxo. 20:8-11).

En forma sucinta Dios repite la historia de la creación. Cada día (*Yom*) estuvo lleno de actividad creativa, y luego el sábado constituyó el punto culminante de la semana de la creación. El día sábado de 24 horas, por lo tanto, conmemora una semana literal de creación. El cuarto mandamiento no tendría ningún significado si cada día representara largas épocas.[2]

Los que citan 2 Pedro 3:8: "Para con el Señor un día es como mil años" procurando así probar que los días de la creación no eran días literales de 24 horas, pasan por alto el hecho de que el mismo versículo termina diciendo que "mil años" son "como un día". Los que consideran que los días de la creación representan miles de años, o enormes períodos indefinidos de millones o aun miles de millones de años, niegan la validez de la Palabra de Dios, tal como la serpiente tentó a Eva a que hiciera.

¿Qué son "los cielos"? Algunas personas se sienten confusas, y con cierta razón, por los versículos que dicen que Dios creó "los cielos y la tierra" (Gén. 1:1; véase 2:1; Éxo. 20:11) y que hizo el sol, la luna y las estrellas en el cuarto día de la semana de la creación, hace seis mil años (Gén. 1:14-19).

¿Fueron llamados a la existencia en ese momento todos los cuerpos celestes?

La semana de la creación no incluyó el cielo en el cual Dios ha morado desde la eternidad. Los "cielos" de Génesis 1 y 2 probablemente se refieren a nuestro sistema solar.

En verdad, este mundo, en vez de ser la primera creación de Cristo, lo más probable es que haya sido su última obra. La Biblia describe a los hijos de Dios, probablemente los Adanes de todos los mundos no caídos, reunidos con Dios en algún rincón distante del universo (Job 1:6-12). Hasta este momento, las exploraciones espaciales no han descubierto ningún otro planeta habitado. Aparentemente están situados en la vastedad del espacio, más allá del alcance de nuestro sistema solar contaminado por el pecado, y en cuarentena para prevenir la infección del mal.

El Dios de la creación

¿Qué clase de Dios es nuestro Creador? ¿Se interesa un Personaje infinito como él en nosotros, minúsculos átomos de vida en un distante rincón de su universo? Después de haber creado el mundo, ¿se dedicó Dios a cosas mayores y más interesantes?

Un Dios responsable. El relato bíblico de la creación comienza con Dios y pasa a los seres humanos. Implica que al crear los cielos y la tierra, Dios estaba preparando el ambiente perfecto para la raza humana. Los seres humanos, varón y hembra, constituyeron su gloriosa obra maestra.

El relato revela que Dios es un planificador cuidadoso que se preocupa por el bienestar de su creación. Plantó un jardín para que fuese su hogar especial, y les dio la responsabilidad de cultivarlo. Creó a los seres humanos con el fin de que tuviesen una relación con él. Esta relación no debía ser forzada, antinatural; los creó con libertad de elección y la capacidad de amarle y servirle.

¿Quién fue el Dios creador? En el acto creador, todos los miembros de la Deidad estuvieron involucrados (Gén. 1:2, 26). El agente activo, sin embargo, era el Hijo de Dios, el Cristo preexistente. En el prólogo del relato de la creación, Moisés escribió: "En el principio creó Dios los cielos y la tierra". Al recordar estas palabras, Juan especificó el papel que le tocó desempeñar a Cristo en la creación: "En el principio era el Verbo, y el Verbo era con Dios, y el Verbo era Dios… todas las cosas por él fueron hechas, y sin él nada de lo que ha sido hecho, fue hecho" (Juan 1:1-3). Más adelante, en el mismo pasaje, Juan deja muy en claro acerca de quién está escribiendo: "Y aquel Verbo fue hecho carne, y habitó entre nosotros" (Juan 1:14). Jesús es el Creador, el que por su Palabra trajo la tierra a la existencia (véase también Efe. 3:9; Heb. 1:2).

Un despliegue del amor de Dios. ¡Cuán profundo es el amor divino! Cuando Cristo, con amoroso cuidado se arrodilló junto a Adán, dándole forma a la mano de este primer hombre, debe haber sabido que las manos de los hombres algún día lo maltratarían y por último lo clavarían a la cruz. En un sentido, la creación y la cruz se unen, por cuanto Cristo el Creador fue muerto desde la fundación del mundo (Apoc. 13:8). Su presciencia divina[3] no lo detuvo. Bajo la ominosa nube del Calvario, Cristo sopló en la nariz de Adán el aliento de vida, sabiendo que este acto creador lo privaría a él mismo de su propio aliento de vida. El amor incomprensible es la base de la creación.

El propósito de la creación

El amor provee el motivo de todo lo que Dios hace, por cuanto él mismo es amor (1 Juan 4:8). Nos creó, no sólo para que pudiésemos amarle, sino con el fin de que él también pudiese amarnos. Su amor lo llevó a compartir en la creación uno de los mayores dones que él pudiese conferir: la existencia. ¿Ha indicado entonces la Biblia, con qué propósito existen el universo y sus habitantes?

Para revelar la gloria de Dios. A través de sus obras creadas, Dios revela su gloria: "Los cielos cuentan la gloria de Dios, y el firmamento anuncia la obra de sus manos. Un día emite palabra a otro día, y una noche a otra noche declara sabiduría. No hay lenguaje, ni palabras, ni es oída su voz. Por toda la tierra salió su voz, y hasta el extremo del mundo sus palabras" (Sal. 19:1-4).

¿Qué propósito tiene este despliegue de la gloria de Dios? La naturaleza funciona como testigo de Dios. Es su intención que sus obras creadas atraigan a los individuos hacia él. Pablo declara: "Porque las cosas invisibles de él, su eterno poder y Deidad, se hacen claramente visibles desde la creación del mundo, siendo entendidas por medio de las cosas hechas, de modo que no tienen excusa" (Rom. 1:20).

Al ser nosotros atraídos a Dios por medio de la naturaleza, aprendemos más acerca de sus cualidades, las cuales pueden ser incorporadas en nuestras propias vidas. Y al reflejar el carácter de Dios, le damos gloria, cumpliendo así el propósito para el cual fuimos creados.

Para poblar el mundo. El Creador no deseaba que la tierra fuese un planeta solitario y vacío; debía ser habitado (Isa. 45:8). Cuando el hombre sintió la necesidad de tener compañía, entonces Dios creó a la mujer (Gén. 2:20; 1 Cor. 11:9). Así estableció la institución del matrimonio (Gén. 2:22-25). El Creador no sólo le dio a la primera pareja el dominio sobre este mundo nuevamente creado, sino que también, al pronunciar las palabras: "fructificad y multiplicaos" (Gén. 1:28), les concedió el privilegio de participar en su creación.

El significado de la creación

Los seres humanos han sido tentados a ignorar la doctrina de la creación. "¿A quien le importa cómo Dios creó el mundo?", dicen. "Lo que necesitamos saber es cómo llegar al cielo". Sin embargo, la doctrina de una creación divina forma "el fundamento indispensable de la teología bíblica y cristiana".[4] Buen número de conceptos bíblicos fundamentales se hallan arraigados en la creación divina.[5] De hecho, el conocimiento de cómo Dios creó "los cielos y la tierra", puede en última instancia ayudarnos a encontrar el camino a los nuevos cielos y la nueva tierra a que se refiere Juan el revelador. ¿Cuáles son, entonces, algunas de las implicaciones que tiene la doctrina de la creación?

El antídoto de la idolatría. El hecho de que Dios es Creador, lo distingue de todos los otros dioses (1 Cor. 16:24-27; Sal. 96:5, 6; Isa. 40:18-26; 42:5-9; 44). Debemos adorar al Dios que nos hizo, y no a los dioses que nosotros hemos hecho. Por ser nuestro Creador, Dios merece nuestra lealtad absoluta. Cualquier relación que estorbe esta lealtad es idolatría, y está sujeta al juicio divino. De este modo, nuestra fidelidad al Creador es un asunto de vida o muerte.

El fundamento de la verdadera adoración. Nuestro culto a Dios se basa en el hecho de que él es nuestro Creador, y nosotros sus criaturas (Sal. 95:6). La importancia de este tema está indicada por su inclusión en el llamado que se extiende a los habitantes del mundo justamente antes del retorno de Cristo, instándolos a adorar "a aquel que hizo el cielo y la tierra, el mar y las fuentes de las aguas" (Apoc. 14:7).

El sábado, monumento de la creación. Dios estableció el séptimo día sábado con el fin de que tuviésemos un recordatorio semanal del hecho de que somos criaturas de sus manos. El sábado fue un don de gracia, el cual no expresa lo que nosotros hayamos hecho, sino lo que Dios hizo. El Creador bendijo especialmente este día y lo santificó, para que nunca nos olvidáramos de que la vida incluye, además del trabajo, la comunión con el Creador, el descanso, y la celebración de las maravillosas obras de la creación de Dios (Gén. 2:2, 3). Con el fin de recalcar su importancia, el Creador colocó en el centro de la ley moral, el mandato de recordar este sagrado monumento de su poder creativo, como una señal eterna y un símbolo de la creación (Éxo. 20:8-11; 31:13-17; Eze. 20:20; véase el cap. 20 de esta obra).

El matrimonio, una institución divina. Durante la semana de la creación, Dios estableció el matrimonio como una institución divina. Se proponía que esta unión sagrada entre dos individuos fuese indisoluble: El hombre "se unirá a su mujer", y deben llegar a ser "una sola carne" (Gén. 2:24; véase también Mar 10:9; y el cap. 23 de esta obra).

La base de la verdadera estimación propia. El relato de la creación declara que fuimos hechos a imagen de Dios. La comprensión de este hecho provee un verdadero concepto de cuánto vale el individuo. No deja lugar para sentimientos de inferioridad. De hecho, se nos ha reservado un lugar único en la creación, con el privilegio especial de mantener comunicación constante con el Creador, y la oportunidad de llegar a ser cada vez más parecidos a él.

La base del verdadero compañerismo. La dignidad creadora de Dios establece su paternidad (Mal. 2:10) y revela la hermandad de todos los seres humanos. El es nuestro Padre; nosotros somos sus hijos. No importa el sexo, la raza, la educación o la posición, todos han sido creados a imagen de Dios. Si se comprendiera y aplicara este concepto, eliminaría el racismo, la intolerancia y cualquier otra forma de discriminación.

Mayordomía personal. Por cuanto Dios nos creó, somos su propiedad. Este hecho implica que tenemos la sagrada responsabilidad de ser fieles mayordomos de nuestras facultades físicas, mentales y espirituales. Actuar en forma completamente independiente del Creador constituye la máxima expresión de la ingratitud. (Véase el cap. 21 de esta obra.)

Responsabilidad por el ambiente. En la creación, Dios colocó la primera pareja en un jardín (Gén. 2:8). Ellos debían cultivar la tierra y "señorear" sobre toda la creación animal (Gén. 1:28). Esto indica que tenemos la responsabilidad, divinamente asignada, de preservar la calidad de nuestro ambiente.

La dignidad del trabajo manual. El Creador le dio instrucciones a Adán para que "labrara" y "guardase" el huerto del Edén (Gén. 2:15). El hecho de que Dios mismo le asignara a la humanidad esta ocupación útil en un mundo perfecto, revela la dignidad del trabajo manual.

El valor del universo físico. Después de cada paso de la creación, Dios declaró que lo que había hecho era "bueno" (Gén. 1:10, 12, 17, 21, 25), y cuando terminó su obra creadora, afirmó que el conjunto "era bueno en gran manera" (Gén. 1:31). Así pues, la materia creada no es intrínsecamente mala, sino buena.

El remedio para el pesimismo, la soledad y la falta de significado. El relato de la creación revela que, en vez de llegar a la existencia por evolución ciega, todo fue creado con un propósito. La raza humana fue destinada a gozar de una relación eterna con el Creador. Si comprendemos que fuimos creados con una razón específica, la vida se convierte en algo lleno de riqueza y significado, y se desvanece el doloroso vacío y descontento que tantos expresan, siendo reemplazado por el amor de Dios.

La santidad de la ley de Dios. La ley de Dios existía antes de la caída. En su estado de perfección original, los seres humanos estaban sujetos a ella. Servía para protegerlos contra la autodestrucción, para revelarles los límites de la libertad (Gén. 2:17), y para salvaguardar la felicidad y la paz de los súbditos del reino de Dios (Gén. 3:22-24; véase el cap. 19 de esta obra).

El carácter sagrado de la vida. El Creador de la vida continúa tomando parte activa en la formación de la vida humana, haciendo de este modo que la vida sea sagrada. David alaba a Dios por haberse involucrado en su nacimiento: "Tú formaste mis entrañas; tú me hiciste en el vientre de mi madre. Te alabaré; porque formidables, maravillosas son tus obras... No fue encubierto de ti mi cuerpo, bien que en oculto fui formado, y entretejido en lo más profundo de la tierra. Mi embrión vieron tus ojos, y en tu libro estaban escritas todas aquellas cosas que fueron luego formadas" (Sal. 139:13-16). En Isaías, el Señor se identifica como el "que te formó desde el vientre" (Isa. 44:24). Por cuanto la vida es un don de Dios, debemos respetarla; de hecho, tenemos el deber moral de preservarla.

La obra creadora de Dios continúa

¿Ha terminado Dios su creación? El relato de la creación termina con la siguiente declaración: "Fueron, pues, acabados los cielos y la tierra, y todo el ejército de ellos" (Gén. 2:1). El Nuevo Testamento afirma que la creación de Dios fue completada "desde la fundación del mundo" (Heb. 4:3). ¿Significa esto que la energía creativa de Cristo ya no se halla en actividad? De ninguna manera. La Palabra creadora todavía actúa de diversas maneras.

1. *Cristo y su palabra creadora*. Cuatro mil años después de la creación, un centurión le dirigió a Jesús el siguiente ruego: "Solamente di la palabra, y mi criado sanará" (Mat. 8:8). Tal como había hecho en la creación, Jesús habló, y el siervo fue sanado. A través de todo el ministerio terrenal de Jesús, la misma energía creadora que le concedió vida al cuerpo inerte de Adán, levantó a los muertos y renovó las energías de los afligidos que le pedían ayuda.

2. *La palabra creadora en la actualidad*. Ni este mundo ni el universo funcionan gracias a ningún poder propio, inherente. El Dios que los creó, los preserva y los sostiene. "Él es quien cubre de nubes los cielos, que prepara la lluvia para la tierra, el que hace a los montes producir hierba. Él da a la bestia su mantenimiento, y a los hijos de los cuervos que claman" (Sal. 147:8, 9; véase Job 26:7-14). Él sostiene todas las cosas por su palabra, y "todas las cosas en él subsisten" (Col. 1:17; véase Heb. 1:3).

Dependemos de Dios para la función de cada célula de nuestros cuerpos. Cada respiración, cada latido del corazón, cada pestañada, habla del cuidado de un amante Creador: "Porque en él vivimos, y nos movemos, y somos" (Hech. 17:28).

El poder creador de Dios está involucrado no solamente en la creación, sino también en la redención y restauración. Dios re-crea corazones (Isa. 44:21-28; Sal. 51:10). Pablo afirma: "Porque somos hechura suya, creados en Cristo Jesús para buenas obras" (Efe. 2:10). "Si alguno está en Cristo, nueva criatura es" (2 Cor. 5:17). Dios, que puso en movimiento las innumerables galaxias por todo el universo, usa ese mismo poder para volver a crear a su propia imagen y semejanza al más degradado pecador.

Este poder redentor y restaurador no se limita a la transformación de vidas humanas. El mismo poder que originalmente creó los cielos y la tierra, después del juicio final los renovará, es decir hará de ellos una nueva y magnífica creación, nuevos cielos y nueva tierra (Isa. 65:17-19; Apoc. 21, 22).

La creación y la salvación

En Jesucristo, la creación y la salvación se encuentran. Él creó un universo majestuoso y un mundo perfecto. Tanto los contrastes como los paralelos que existen entre la creación y la salvación son significativos.

La duración de la creación. En la creación Cristo mandó, e instantáneamente se cumplió su voluntad. Antes que vastos períodos de metamorfosis, es su poderosa palabra lo que es responsable de la creación. En seis días creó todas las cosas. Ahora bien, ¿Por qué se necesitaron aún estos seis días? ¿No podría él haber hablado una sola vez, y hecho que todas las cosas existieran en un momento?

Es posible que nuestro Dios se deleitase en el desarrollo paulatino de nuestro planeta en esos seis días. Posiblemente este tiempo "extendido" tiene más que ver con el valor que Dios le asigna a cada cosa creada, o con su deseo de establecer la semana de siete días como un modelo para el ciclo de actividad y reposo destinado para el uso del hombre.

En lo que se refiere a la salvación, sin embargo, Cristo no se limita a efectuarla con un mandato instantáneo. El proceso de salvar a la humanidad se extiende por milenios. Abarca el antiguo y el nuevo pacto, los treinta y tres años y medio del ministerio de Cristo en este mundo, y sus casi 2.000 años posteriores de intercesión celestial. Aquí se presenta un vasto período —según la cronología de la Escritura, unos 6.000 años desde la creación—, a pesar del cual la humanidad todavía no ha sido devuelta al Jardín del Edén.

El contraste entre el tiempo que se requirió para la creación y el necesario para la restauración, demuestra que las actividades de Dios siempre tienen en cuenta los mejores intereses de la raza humana. La brevedad de la creación refleja su gran deseo de producir individuos perfectamente desarrollados que pudiesen gozar de su creación. Demorar la culminación de la creación, haciéndola depender de un proceso de desarrollo gradual a través de prolongados períodos, habría sido contrario al carácter de un Dios amoroso. El tiempo destinado para la restauración revela el amante deseo que Dios siente de salvar a tantas personas como sea posible (2 Ped. 3:9).

La obra creadora de Cristo. En el Edén, Cristo pronunció la Palabra creadora. En Belén, "aquel Verbo fue hecho carne, y habitó entre nosotros" (Juan 1:14); el Creador llegó de este modo a ser parte de su creación. ¡Qué gesto incomprensible de condescendencia! Si bien nadie fue testigo de la creación del mundo que realizó Cristo, muchos vieron con sus propios ojos el poder que devolvió la vista a los ciegos (Juan 9:6, 7), el habla a los mudos (Mat. 9:32, 33), la salud a los leprosos (Mat. 8:2, 3), y la vida a los muertos (Juan 11:14-45).

Cristo vino como el segundo Adán, el nuevo comienzo para la raza humana (Rom. 5). En el Edén, le dio al hombre el árbol de la vida; a su vez, el hombre lo colgó de un árbol en el Calvario. En el paraíso, el hombre se erguía en su plena estatura a imagen de Dios; en el Calvario, el Hombre se dejó colgar a imagen de un criminal. Tanto en el viernes de la creación como en el de la crucifixión, la expresión "consumado es" hablaba de una obra creadora completada (Gén. 2:2; Juan 19:30). La una Cristo la cumplió en calidad de Dios; la otra, como Hombre; una con poder veloz, la otra en sufrimiento humano; una por un tiempo, la otra para toda la eternidad; una sujeta a la caída, la otra obteniendo la victoria sobre Satanás.

Fueron las manos divinas y perfectas de Cristo las que le dieron la vida al primer hombre; y son las manos de Cristo, heridas y ensangrentadas, las que le conceden vida eterna a la humanidad. El hombre no sólo fue creado; debe también ser re-creado. Ambas creaciones son igualmente la obra de Cristo. Ninguna puede originarse en el corazón del hombre por medio de un desarrollo natural.

Por haber sido creados a imagen de Dios, hemos sido llamados a darle gloria. Como el acto culminante de su creación, Dios invita a cada uno de nosotros a entrar en comunión con él, buscando cada día el poder regenerador de Cristo de modo que, para gloria de Dios, podamos reflejar más perfectamente su imagen.

Referencias

1. L. Berkhof, *Systematic Theology* [Teología sistemática], 4a. ed. rev. (Grand Rapids, MI: Wm. B. Eerdmans, 1941), pág. 182.
2. Aun si se considera que cada día de la Creación haya tenido una duración de tan sólo mil años, esto produciría problemas. En un esquema tal, el atardecer del sexto "día" —su primer "día" de vida—, Adán habría tenido mucho más edad que la cantidad total de años de vida que le asigna la Biblia (Gén. 5:5). Véase Jemison, *Christian Beliefs* [Creencias cristianas], págs. 116, 117.
3. Véase el capítulo 4.
4. "Creation" [La creación], *SDA Encyclopedia*, pág. 357.
5. *Ibíd.*; Arthur J. Ferch, "What Creation Means to Me" [Lo que significa para mí la creación], *Adventist Review* [Revista Adventista], 8 de oct. de 1986, págs. 11-13.

LOS ADVENTISTAS DEL SÉPTIMO DÍA CREEN EN...

7

La Naturaleza Humana

El hombre y la mujer fueron hechos a imagen de Dios, con individualidad propia y con la facultad y la libertad de pensar y obrar por su cuenta. Aunque fueron creados como seres libres, cada uno es una unidad indivisible de cuerpo, mente y alma que depende de Dios para la vida, el aliento y todo lo demás. Cuando nuestros primeros padres desobedecieron a Dios, negaron su dependencia de él y cayeron de la elevada posición que ocupaban bajo Dios. La imagen de Dios se desfiguró en ellos y quedaron sujetos a la muerte. Sus descendientes participan de esta naturaleza degradada y de sus consecuencias. Nacen con debilidades y tendencias hacia el mal. Pero Dios, en Cristo, reconcilió al mundo consigo mismo, y por medio de su Espíritu restaura en los mortales penitentes la imagen de su Hacedor. Creados para gloria de Dios, se los invita a amar al Señor y a amarse mutuamente, y a cuidar el ambiente que los rodea.

"ENTONCES DIJO DIOS: HAGAMOS AL HOMBRE a nuestra imagen, conforme a nuestra semejanza". Al realizar la obra culminante de su creación, Dios no recurrió al poder de su palabra. En vez de ello, se inclinó en un gesto de amor para formar a esa nueva criatura a partir del polvo de la tierra.

El escultor más creativo del mundo nunca podría producir un ser tan noble como el que Dios formó. Quizás un Miguel Ángel podría darle forma a un exterior exaltado, pero ¿qué de la anatomía y la fisiología cuidadosamente diseñadas para función y para belleza?

La perfecta escultura yacía completa, con cada cabello, pestaña y uña en su lugar, pero Dios aún no había terminado. Este hombre no estaba destinado a permanecer inmóvil, llenándose de polvo, sino a vivir, a pensar, a crear y a crecer en gloria.

Inclinándose sobre esa magnífica forma, el Creador "sopló en su nariz aliento de vida, y fue el hombre un ser viviente" (Gén. 2:7; véase 1:26). Dios, que conocía la necesidad que el hombre tendría de compañía, le preparó "ayuda idónea". Dios hizo caer sobre Adán un "sueño profundo", y mientras éste dormía, extrajo una de sus costillas y la transformó en una mujer (Gén. 2:18, 21, 22). "Y creó Dios al hombre a su imagen, a imagen de Dios lo creó; varón y hembra los creó". Luego Dios los bendijo, y les dijo: "Fructificad y multiplicaos; llenad la tierra y sojuzgadla, y señoread en los peces del mar, en las aves de los cielos, y en todas las bestias que se mueven sobre la tierra". Adán y Eva recibieron un hogar-jardín más espléndido que la más fina mansión del mundo. Había árboles, viñas, flores, colinas y valles, todo adornado por el mismo Señor. También había en el jardín dos árboles especiales, el árbol de la vida y el árbol del conocimiento del bien y del mal. Dios le concedió a la primera pareja permiso para comer libremente de todo árbol, excepto del árbol del conocimiento del bien y del mal (Gén. 2:8, 9, 17).

Así se cumplió el acontecimiento culminante de la semana de la creación. "Y vio Dios todo lo que había hecho, y he aquí que era bueno en gran manera" (Gén. 1:31).

El origen del hombre

Si bien en nuestros días muchos creen que los seres humanos se originaron a partir de las formas inferiores de vida animal, y que son el resultado de procesos naturales que requirieron miles de millones de años, tal idea no puede armonizar con el registro bíblico. La aceptación del hecho de que los seres humanos han estado sometidos a un proceso de generación es un componente crucial de la posición bíblica acerca de la naturaleza del hombre.[1]

Dios creó al hombre. El origen de la raza humana se encuentra en un concilio divino. Dios dijo: "Hagamos al hombre" (Gén. 1:26). La forma plural del verbo hacer, se refiere a la Deidad trinitaria; Dios el Padre, Dios el Hijo, y Dios el Espíritu Santo (véase el cap. 2 de esta obra). De común acuerdo, entonces, Dios comenzó a crear el primer ser humano (Gén. 1:27).

Creado del polvo de la tierra. Dios formó al hombre del "polvo de la tierra" (Gén. 2:7), usando materia preexistente, pero no otras formas de vida, como animales marinos o terrestres. Hasta que no hubo formado cada órgano y lo hubo colocado en su lugar, no introdujo el "aliento de vida" que hizo del hombre una persona viviente.

Creado según el modelo divino. Dios creó a cada uno de los otros animales: peces, aves, reptiles, insectos, mamíferos, etc., "según su especie" (Gén. 1:21, 24,

25). Cada especie tenía una forma típica, y la capacidad de reproducir su especie específica. El hombre, sin embargo, fue creado según el modelo divino, y no según modelos del reino animal. Dios dijo: "Hagamos al hombre a nuestra imagen, conforme a nuestra semejanza" (Gén. 1:26). Existe una separación muy definida entre los seres humanos y el reino animal. El registro genealógico de Lucas, al describir el origen de la raza humana, expresa esta diferencia con sencillez, pero en forma profunda. "Adán, hijo de Dios" (Luc. 3:38).

La exaltada posición del hombre. La creación del hombre constituyó el cenit de toda la creación. Dios puso al hombre, creado a imagen del Dios soberano, a cargo del planeta Tierra y de toda la vida animal. L. Berkhof declara, refiriéndose a Adán: "Era su deber y privilegio hacer que toda la naturaleza y todos los seres creados que fueron colocados bajo su dominio, estuvieran sometidos a su voluntad y propósito, con el fin de que tanto él como todo su glorioso dominio magnificasen al Todopoderoso Creador y Señor del universo. Gén. 1:28; Sal. 8:4-9".[2]

La unidad de la raza humana. Las genealogías del Génesis demuestran que las generaciones sucesivas después de Adán y Eva descendían sin excepciones de esta primera pareja. En nuestra calidad de seres humanos todos compartimos la misma naturaleza, la cual constituye una unidad genética o genealógica. Pablo declaró: "Y de una sangre ha hecho todo el linaje de los hombres, para que habiten sobre toda la faz de la tierra" (Hech. 17:26).

Además, vemos otras indicaciones de la unidad orgánica de nuestra raza en los asertos bíblicos de que la transgresión de Adán trajo pecado y muerte sobre *todos*, y en la provisión de salvación para *todos* por medio de Cristo (Rom. 5:12, 19; 1 Cor. 15:21, 22).

La unidad de la naturaleza humana

¿Cuáles son las partes características de los seres humanos? ¿Están formados de varios componentes independientes, como un cuerpo, un alma y un espíritu?

El aliento de vida. Dios "formó al hombre del polvo de la tierra, y sopló en su nariz aliento de vida, y fue el hombre un ser viviente" (Gén. 2:7).

Cuando Dios transformó los elementos de la tierra en un ser viviente, "sopló" el "aliento de vida" en los pulmones del cuerpo inerte de Adán. Este aliento de vida es "el soplo del Omnipotente", que da vida (Job 33:4), la chispa vital. Podríamos compararlo con las corrientes eléctricas que, cuando corren a través de diversos componentes eléctricos, transforman un panel gris e inerte de vidrio en una caja, convirtiéndolo en un cambiante cortinado de colores y acción, al encender un televisor a colores. La electricidad produce sonido y movimiento donde antes no había nada.

El hombre es un alma viviente. ¿Qué hizo el aliento de vida? Cuando Dios formó al ser humano a partir de los elementos de la tierra, todos los órganos estaban presentes: el corazón, los pulmones, los riñones, el hígado, el páncreas, el cerebro, etc.; todos perfectos, pero sin vida. Entonces Dios sopló sobre esta materia inerte el aliento de vida, "y fue el hombre un ser viviente".

La ecuación bíblica es bien clara: El polvo de la tierra (los elementos de la tierra) + el aliento de vida = un ser viviente o alma viviente. La unión de los elementos de la tierra con el espíritu de vida produjo un ser viviente o un alma.

Este "aliento de vida" no se limita a la gente. Toda criatura viviente lo posee. La Biblia, por ejemplo, atribuye el aliento de vida tanto a los animales que entraron al arca de Noé como a los que no lo hicieron (Gén. 7:15, 22).

El término hebreo de Génesis 2:7 que se ha traducido como "ser viviente" o "alma viviente", es *nephesh chayyah*. Esta expresión no designa exclusivamente al hombre, ya que también se refiere a los animales marinos, los insectos, los reptiles y las bestias (Gén. 1:20, 24; 2:19).

Nephesh, que se traduce como "ser" o "alma", proviene de *naphahs*, que significa "respirar". Su equivalente griego en el Nuevo Testamento es *psuche*. "Por cuanto la respiración es la más conspicua evidencia de vida, el término *nephesh* básicamente designa al hombre como un ser viviente, una persona".[3] Cuando se lo usa en referencia a los animales, como en el relato de la creación, los describe como criaturas vivientes que Dios creó.

Es importante notar que la Biblia dice que el hombre "fue" —es decir, llegó a ser— un ser viviente. No hay nada en el relato de la creación que indique que el hombre *recibió* un alma, es decir, alguna clase de entidad separada que en la creación se unió con el cuerpo humano.

Una unidad indivisible. La importancia que tiene el relato de la creación para comprender correctamente la naturaleza del hombre no puede sobreestimarse. Al hacer énfasis en la unidad orgánica del hombre, la Escritura lo describe como un todo. ¿Cómo se relacionan entonces con la naturaleza humana el alma y el espíritu?

1. *El significado bíblico de alma*. Como ya hemos mencionado, en el Antiguo Testamento, el término "alma" es una traducción del hebreo *nephesh*. En Génesis 2:7 denota al hombre como un ser viviente después que el aliento de vida entró en un cuerpo físico formado de los elementos de la tierra. "Similarmente, una nueva alma viene a la existencia siempre que nace un niño; cada alma es una

nueva unidad de vida con características especialísimas, diferente y separada de todas las otras unidades similares. Esta cualidad de individualidad en cada ser viviente, que lo hace constituir una entidad única, parece ser la idea que se destaca en el término hebreo *nephesh*. Cuando se lo usa en este sentido, *nephesh* no es una parte de la persona; *es* la persona, y en muchos casos, se lo traduce como `persona´ (véase Gén. 14:21; Núm. 5:6, 7; Deut. 10:22; Lev. 11:43).

"Por otra parte, las expresiones tales como `mi alma´, `tu alma´, `su alma´, etc., son por lo general modismos que reemplazan los pronombres personales yo, tú, él, etc. (véase Gén. 12:13; Lev. 11:43, 44; 19:8; Jos. 23:11; Sal. 3:2; Jer. 37:9, etc.). En más de 100 de 755 instancias en el Antiguo Testamento, la versión inglesa llamada "Versión del Rey Jacob" traduce *nephesh* como vida (Gén. 9:4, 5; 1 Sam. 19:5; Job 2:4, 6; Sal. 31:13; etc.).

"A menudo, *nephesh* se refiere a los deseos, los apetitos, o las pasiones (véase Deut. 23:24; Prov. 23:2; Ecl. 6:6, 7), y a veces se traduce como 'apetito' (Prov. 23:2). Puede referirse al asiento de los afectos (Gén. 34:3; Cant. 1:7; etc.), y ocasionalmente representa la parte volitiva del hombre como cuando se lo hace formar parte de expresiones como "saciarte" o "saciar tu deseo", "como él quisiese", "a su voluntad" (Deut. 23:24; Sal. 105:22; Jer. 34:16). En Números 31:19, el *nephesh* (traducido como persona), está muerto, y en Jueces 16:30 (traducido 'yo'), muere. En Números 5:2 y 9:6 ('muerto') se refiere a un cadáver (compárese con Lev. 19:28; Núm. 9:7, 10).

"El uso de la palabra griega *psuche* en el Nuevo Testamento, es similar al de *nephesh* en el Antiguo Testamento. Se la usa con referencia a la vida animal así como la humana (Apoc. 16:3). En diversos pasajes aparece traducida simplemente como 'vida' (véase Mat. 6:25; 16:25, etc.). En ciertas instancias se la usa simplemente para designar 'gente' (véase Hech. 7:14; 27:37; Rom. 13:1; 1 Ped. 3:20; etc.), y en otras es equivalente al pronombre personal (véase Mat. 12:18; 2 Cor. 12:15, etc). A veces se refiere a las emociones (Mar. 14:34; Luc. 2:35), a la mente (Hech. 14:2; Fil. 1:27), o al corazón (Efe. 6:6)".[4]

La *psuche* no es inmortal, sino que se halla sujeta a la muerte (Apoc. 16:3); puede ser destruida (Mat. 10:28).

La evidencia bíblica indica que a veces *nephesh* y *psuche* se refieren a la persona completa, y en otras ocasiones a un aspecto particular del ser humano, como los afectos, las emociones, los apetitos y los sentimientos. Sin embargo, este uso de ninguna manera muestra que el hombre sea un ser hecho de dos partes separadas y distintas. El cuerpo y el alma existen unidos; unidos forman un todo indivisible. El alma no tiene existencia consciente fuera del cuerpo. No hay texto alguno que indique que el alma sobrevive al cuerpo como una entidad consciente.

2. *El significado bíblico de espíritu.* La palabra hebrea *nephesh*, traducida como 'alma' denota individualidad o personalidad; por su parte, la palabra hebrea del Antiguo Testamento, *ruach*, traducida como 'espíritu', se refiere a la chispa de vida esencial para la existencia humana. Describe la energía divina o principio vital que anima a los seres humanos.

"*Ruach* ocurre 377 veces en el Antiguo Testamento, y su traducción más frecuente es espíritu, viento, o aliento (Gén. 8:1, etc.). se lo usa también para denotar vitalidad (Jue. 15:19), valor (Jos. 2:11), genio o ira (Jue. 8:3), disposición (Isa. 54:6), carácter moral (Eze. 11:19), y el asiento de las emociones (1 Sam. 1:15).

"En el sentido de soplo o aliento, el *ruach* de los hombres es idéntico al *ruach* de los animales (Ecl. 3:19). El *ruach* del hombre abandona el cuerpo al morir (Sal. 146:4) y vuelve a Dios (Ecl. 12:7; compárese con Job 34:14). *Ruach* se usa frecuentemente con referencia al Espíritu de Dios, como en Isa. 63:10. En el Antiguo Testamento, y con respecto al hombre, la palabra *ruach* nunca denota una entidad inteligente capaz de existir separada de un cuerpo físico.

"El equivalente de *ruach* en el Nuevo Testamento es *pneuma*, 'espíritu', derivado de *pneo*, 'soplar', o 'respirar'. Tal como sucede con *ruach*, no hay nada inherente en la palabra *pneuma* que denote una entidad existente consciente fuera del cuerpo; tampoco implican de manera alguna un concepto tal los usos de este término con respecto al hombre que presenta el Nuevo Testamento. En pasajes tales como Romanos 8:15; 1 Corintios 4:21; 2 Timoteo 1:7; 1 Juan 4:6, *pneuma* denota 'temperamento', 'actitud', o 'estado emocional'. Se lo usa también para designar diversos aspectos de la personalidad, como en Gál. 6:1; Rom. 12:11, etc. Como sucede con *ruach*, el *pneuma* se entrega al Señor al morir (Luc. 23:46; Hech. 7:59) . Como *ruach*, *pneuma* se usa también para designar al Espíritu de Dios (1 Cor. 2:11, 14; Efe. 4:30; Heb. 2:4; 1 Ped. 1:12; 2 Ped. 1:21; etc.)".[5]

3. *Unidad de cuerpo, alma y espíritu.* ¿Cuál es la relación entre el cuerpo, el alma y el espíritu? ¿Qué influencia tiene esta relación sobre la unidad del hombre?

(a). *Una doble unión.* Por cuanto la Biblia considera que la naturaleza del hombre es una unidad, no define en forma precisa la relación que existe entre el cuerpo, el alma y el espíritu. En ocasiones, el alma y el espíritu se usan en forma intercambiable. Notemos su paralelismo en la expresión de gozo de María después de la anunciación. "Engrandece mi alma al Señor; y mi espíritu se regocija en Dios mi Salvador" (Luc. 1:46, 47).

En una instancia, Jesús caracteriza al hombre como una combinación de cuerpo y alma (Mat. 10:28), y en otra ocasión Pablo se refiere al cuerpo y al espíritu (1 Cor. 7:34). En la primera cita, *alma* se refiere a las facultades superiores del hombre, presumiblemente la mente, a través de la cual se comunica con Dios. En la siguiente, *espíritu* se refiere a esta facultad más elevada. En ambas instancias, el cuerpo incluye el aspecto físico además de emocional, en la persona.

(b). *Una triple unión.* Hay una excepción a la caracterización general del hombre como una entidad que comprende una unión doble. Pablo, que se refiere a la unión doble de cuerpo y espíritu, también habla en términos de una unión triple. Declara: "Y el mismo Dios de paz os santifique por completo; y todo vuestro ser, espíritu, alma y cuerpo, sea guardado irreprensible para la venida de nuestro Señor Jesucristo" (1 Tes. 5:23). Este pasaje expresa el deseo de Pablo, de que ninguno de estos aspectos de la persona sea excluido del proceso de la santificación.

En esta instancia, el término espíritu puede comprenderse como "el principio superior de inteligencia y pensamiento de que ha sido dotado el hombre, y con el cual Dios puede comunicarse por su Espíritu (véase Rom. 8:16). Es por la renovación de la mente por medio de las actividades del Espíritu Santo como el individuo puede transformarse a la semejanza de Cristo (véase Rom. 12:1, 2).

"Por 'alma'... cuando se la distingue del espíritu, podemos comprender esa parte de la naturaleza del hombre que encuentra expresión a través de los instintos, las emociones y los deseos. Esta parte de nuestra naturaleza también puede ser santificada. Cuando gracias a la obra del Espíritu Santo, la mente es puesta en conformidad con la mente de Dios, y la razón santificada se impone sobre la naturaleza inferior, los impulsos —que de otro modo serían contrarios a Dios— se sujetan a su voluntad".[6]

El cuerpo, que está bajo el control ya sea de la naturaleza superior o de la inferior, es la constitución física: la carne, la sangre y los huesos.

El orden en que Pablo coloca los elementos, primero el espíritu, luego el alma y finalmente el cuerpo, no es una mera coincidencia. Cuando el espíritu está santificado, la mente se halla bajo el control divino. A su vez, la mente santificada tendrá una influencia santificadora sobre el alma, es decir, sobre los deseos, los sentimientos y las emociones. La persona en la cual se lleva a cabo esta santificación no abusará de su cuerpo, y por lo tanto su salud física será excelente. De este modo, el cuerpo se convierte en el instrumento santificado a través del cual el cristiano puede servir a su Señor y Salvador. El llamado que hace Pablo a la santificación se halla claramente fundado en el concepto de la unidad de la naturaleza humana, y revela que la preparación efectiva para la Segunda Venida de Cristo hace necesaria la preparación de toda la persona: espíritu, alma y cuerpo.

(c). *Una unión estrecha e indivisible.* Es claro que cada ser humano es una unidad indivisible. El cuerpo, alma y espíritu funcionan en estrecha cooperación, revelando una relación intensamente interdependiente entre las facultades espirituales, mentales y físicas de una persona. Las deficiencias es un aspecto estorbarán a los otros dos. Una mente o espíritu confuso, impuro y enfermo, tendrá un efecto destructivo sobre la salud física y emocional del individuo. Lo contrario es también la verdad. Una constitución física débil, enferma o sufriente, generalmente afectará en forma negativa nuestra salud emocional y espiritual. El impacto que las facultades tienen unas sobre otras, significa que cada individuo tiene una responsabilidad que Dios mismo le ha asignado, en el sentido de mantener sus facultades en la mejor condición posible. Hacer eso constituye una parte vital del proceso de ser restaurados a la imagen del Creador.

El hombre a imagen de Dios

La pareja de seres vivientes que Dios creó en el sexto día de la creación, fue hecha "a imagen de Dios" (Gén. 1:27). ¿Qué implica el ser creados a imagen de Dios?

Creados a imagen y semejanza de Dios. Con frecuencia se sugiere que las dimensiones humanas morales y espirituales revelan algo acerca de la naturaleza moral y espiritual de Dios. Pero por cuanto la Biblia enseña que el hombre comprende una unidad indivisible de cuerpo, mente y alma, las características físicas del hombre también deben de algún modo reflejar la imagen de Dios. Pero ¿no es Dios un espíritu? ¿Cómo puede un ser espiritual estar asociado con una forma corporal?

Un breve estudio de los ángeles revela que, a semejanza de Dios, ellos también son seres espirituales (Heb. 1:7, 14). Sin embargo, siempre aparecen en forma humana (Gén. 18:1-19:22; Dan. 9:21; Luc. 1:11-38; Hech. 12:5-10). ¿Es posible que un ser espiritual pueda tener un "cuerpo espiritual" con forma y rasgos definidos (véase 1 Cor. 15:44)?

La Biblia indica que algunas personas han visto a Dios, o partes de su persona. Moisés, Aarón, Nadab, Abiú y los 70 ancianos "vieron al Dios de Israel" (Éxo. 24:10). En su encuentro con Moisés en el Sinaí, Dios —si bien rehusó mostrar su rostro—, después de cubrir a Moisés con sus manos, le permitió contemplar sus espaldas (Éxo. 33:20-33). Dios se le apareció a Daniel en una visión de la escena del juicio, mostrándose como el Anciano de Días, sentado en un trono (Dan. 7:9, 10). Pablo describe a Cristo como "la imagen del Dios invisible" (Col. 1:15) y "la imagen misma de su sustancia" (Heb. 1:3). Estos pasajes parecen indicar que Dios es un ser personal y que posee una forma personal. Esto no debe sorprendernos, puesto que el hombre fue creado a imagen de Dios.

El hombre fue creado "un poco menor que los ángeles" (Heb. 2:7), una indicación de que fue dotado de dones mentales y espirituales. Si bien Adán, al ser creado, no poseía experiencia, ni desarrollo del carácter, fue hecho "recto" (Ecl. 7:29), lo cual constituye una referencia a su rectitud moral.[7] Como poseía la imagen moral de Dios, era justo además de santo (véase Efe. 4:24), y era parte de la creación que Dios consideró buena "en gran manera" (Gén. 1.31).

Por cuanto el hombre fue creado a la imagen moral de Dios, se le dio la oportunidad de demostrar su amor y lealtad a su Creador. A semejanza de Dios, tenía la capacidad de escoger, es decir, la libertad de pensar y actuar con referencia a imperativos morales. De este modo, era libre de amar y obedecer o de desconfiar y desobedecer. Dios corrió el riesgo de que el hombre escogiera en forma equivocada, porque únicamente poseyendo la libertad de escoger podría el hombre desarrollar un carácter que exhibiera plenamente el principio del amor que es la esencia de Dios mismo (1 Juan 4:8). Su destino era alcanzar la mayor expresión de la imagen de Dios: Amar a Dios con todo su corazón, alma y mente, y amar a otros como a sí mismo (Mat. 22:36-40).

Creado para establecer relaciones con sus semejantes. Dios dijo: "No es bueno que el hombre esté solo" (Gén. 2:18), y creó a Eva. Así como los tres miembros de la Deidad se hallan unidos en una relación de amor, también nosotros fuimos creados para gozar de la comunión que es posible en la amistad o el matrimonio (Gén. 2:18). Al entrar en esta clase de relaciones, tenemos la oportunidad de vivir por los demás. Ser genuinamente humano significa estar orientado hacia una relación. El desarrollo de este aspecto de la imagen de Dios constituye una parte integral de la armonía y la prosperidad del reino de Dios.

Creados para ser mayordomos del ambiente. Dios dijo: "Hagamos al hombre a nuestra imagen, conforme a nuestra semejanza; y señoree en los peces del mar, en las aves de los cielos, en las bestias, en toda la tierra, y en todo animal que se arrastra sobre la tierra" (Gén. 1:26). En este pasaje, Dios menciona en la misma frase la imagen divina del hombre y su dominio sobre la creación inferior. El hombre fue colocado sobre los órdenes inferiores de la creación en calidad de representante de Dios. El reino animal no puede comprender la soberanía de Dios, pero muchos animales son capaces de amar y servir al hombre.

David se refiere al dominio del hombre en los siguientes términos: "Le hiciste señorear sobre las obras de tus manos; todo lo pusiste debajo de sus pies" (Sal.

8:6-8). La exaltada posición del hombre indicaba la gloria y el honor con los cuales fue coronado (Sal. 8:5). Suya era la responsabilidad de gobernar con bondad el mundo, reflejando el benéfico gobierno de Dios sobre el universo. De este modo, vemos que no somos victimas de las circunstancias, dominados por fuerzas ambientales. Más bien, Dios nos ha comisionado para hacer una contribución positiva al formar el ambiente, usando cada situación en la cual nos vemos colocados como una oportunidad para cumplir la voluntad de Dios.

La aceptación de estos postulados provee la clave para mejorar las relaciones humanas en un mundo en el cual abunda el quebrantamiento. Provee además la solución al problema que representa el consumo egoísta de los recursos naturales del mundo, y la desconsiderada contaminación del aire y el agua que lleva a un deterioro progresivo de la calidad de la vida. La adopción de la perspectiva bíblica acerca de la naturaleza humana provee la única seguridad de un futuro prospero.

Creados para imitar a Dios. Como seres humanos, debemos actuar como Dios porque fuimos hechos para ser como Dios. Si bien es cierto que somos humanos, y no divinos, dentro de nuestro dominio debemos reflejar a nuestro Hacedor en todas las maneras posibles. El cuarto mandamiento destaca esta obligación: Debemos seguir el ejemplo de nuestro Creador, trabajando los primeros seis días de la semana y reposando en el séptimo (Éxo. 20:8-11).

Creados con inmortalidad condicional. En la creación, nuestros primeros padres recibieron la inmortalidad, si bien su disfrute de ella estaba condicionado a su obediencia. Como tenían acceso al árbol de la vida, habían sido destinados a vivir para siempre. La única forma en que podrían poner en peligro su estado de inmortalidad era al transgredir el mandamiento que les prohibía comer del árbol del conocimiento del bien y del mal. La desobediencia los conduciría a la muerte (Gén. 2:17; véase 3:22).

La caída

A pesar de haber sido creados perfectos y a imagen de Dios, y de estar colocados en un ambiente perfecto, Adán y Eva se convirtieron en transgresores. ¿Cómo sucedió una transformación tan radical y terrible?

El origen del pecado. Si Dios creó un mundo perfecto, ¿cómo pudo desarrollarse el pecado?

1. *Dios y el origen del pecado.* Dios el Creador ¿es también el autor del pecado? La Escritura nos dice que por naturaleza Dios es santo (Isa. 6:3) y que no hay

ninguna injusticia en él. "Él es la Roca, cuya obra es perfecta, porque todos sus caminos son rectitud; Dios de verdad, y sin ninguna iniquidad en él" (Deut. 32:4). La Escritura declara: "Lejos esté de Dios la impiedad, y del Omnipotente la iniquidad" (Job 34:10). "Dios no puede ser tentado por el mal, ni él tienta a nadie" (Sant. 1:13); Dios odia el pecado (Sal. 5:4; 11:5). La creación original de Dios era "en gran manera buena" (Gén. 1:31). Lejos de ser el autor del pecado, Dios es "autor de eterna salvacion para todos los que le obedecen" (Heb. 5:9).

2. *El autor del pecado.* Dios podría haber evitado el pecado creando un universo lleno de autómatas que sólo hicieran aquello para lo cual fueron programados. Pero el amor de Dios requería que creara seres que pudiesen responder libremente a su amor; y una respuesta así es posible sólo de parte de seres que tienen libertad de elección.

La decisión de proveer su creación con esta clase de libertad, significaba sin embargo que Dios debía arriesgarse a que algunos seres creados se apartaran de él. Desgraciadamente, Lucifer, un ser de elevada posición en el mundo angélico, se volvió orgulloso (Eze. 28:17; véase 1 Tim. 3:6). Descontento con su posición en el gobierno de Dios (compárese con Judas 6), comenzó a codiciar el lugar que le correspondía a Dios (Isa. 14:12-14). En un intento por obtener control del universo, este ángel caído sembró la semilla del descontento entre sus compañeros, y obtuvo la lealtad de muchos. El conflicto celestial que resultó se terminó cuando Lucifer, conocido ahora como Satanás, el adversario, y sus ángeles fueron expulsados del cielo (Apoc. 12:4, 7-9; véase también el capítulo 8 de esta obra).

3. *El origen del pecado en la raza humana.* Sin dejarse conmover por su expulsión del cielo. Satanás decidió engañar a otros para que se unieran en su rebelión contra el gobierno de Dios. Su atención se dirigió a la recientemente creada raza humana. ¿Cómo podría hacer que Adán y Eva se rebelaran? Vivían en un mundo perfecto, en el cual su Creador había provisto para todas sus necesidades. ¿Cómo podrían ser inducidos a sentirse descontentos y desconfiar del Ser que era la fuente de su felicidad? El relato del primer pecado provee la respuesta.

En su asalto a los primeros seres humanos, Satanás decidió tomarlos desprevenidos. Acercándose a Eva cuando estaba próxima al árbol del conocimiento del bien y del mal, Satanás, disfrazado de serpiente, le hizo preguntas acerca de la prohibición divina de comer del árbol. Cuando Eva afirmó que Dios había dicho que si comían del árbol morirían, Satanás contradijo la prohibición divina diciendo: "No moriréis". Despertó la curiosidad de la mujer, sugiriendo que Dios estaba procurando impedirle gozar de una maravillosa y nueva experiencia: La de ser como Dios (Gén. 3:4, 5). Inmediatamente se arraigó la duda acerca de la

Palabra de Dios. Eva se dejó cegar por las grandes posibilidades que parecía ofrecer la fruta. La tentación comenzó a atacar su mente santificada. La creencia en la Palabra de Dios ahora se transformó en creencia en la palabra de Satanás. De pronto se le ocurrió que "el árbol era bueno para comer, y que era agradable a los ojos, y árbol codiciable para alcanzar la sabiduría". Descontenta con su posición, Eva cedió a la tentación de llegar a ser como Dios. "Y tomó de su fruto, y comió; y dio también a su marido, el cual comió así como ella". (Gén. 3:6).

Por confiar en sus sentidos antes que en la Palabra de Dios, Eva dejó de depender del Creador, cayó de su elevada posición, y se hundió en el pecado. La caída de la raza humana, por lo tanto, por encima de todo se caracterizó por la falta de fe en Dios y su Palabra. Esta incredulidad llevó a la desobediencia, la cual, a su vez, resultó en una relación quebrantada y finalmente, en la separación entre Dios y el hombre.

El impacto del pecado. ¿Cuáles fueron las consecuencias inmediatas y de largo alcance que tuvo el pecado? ¿Cómo afectó a la naturaleza humana? ¿Y cual es la posibilidad de eliminar el pecado y mejorar la naturaleza humana?

1. *Las consecuencias inmediatas.* La primera consecuencia del pecado fue un cambio en la naturaleza humana que afectó las relaciones interpersonales, así como la relación con Dios. La nueva experiencia reveladora y estimulante sólo produjo en Adán y Eva sentimientos de vergüenza (Gén. 3:7). En vez de convertirse en seres iguales a Dios, como Satanás había prometido, se sintieron atemorizados y procuraron esconderse (Gén. 3:8-10).

Cuando Dios interrogó a Adán y Eva acerca de su pecado, en vez de admitir su falta, procuraron transferir su propia culpabilidad. Adán dijo: "La mujer que me diste por compañera me dio del árbol, y yo comí" (Gén. 3:12). Sus palabras implican que Eva y en forma indirecta, Dios, eran responsables de su pecado, mostrando claramente cómo su trasgresión quebrantó su relación con su esposa y su Creador. Eva, a su vez, culpó a la serpiente (Gén. 3:13).

Las nefastas consecuencias que tuvo la trasgresión revelan la seriedad de la falta cometida. Dios maldijo a la serpiente, el instrumento de Satanás, condenándola a arrastrarse sobre su pecho, como un recuerdo perpétuo de la caída (Gén. 3:14). A la mujer, Dios le dijo: "Multiplicaré en gran manera los dolores en tus preñeces; con dolor darás a luz tus hijos; y tu deseo será para tu marido, y él se enseñoreará en ti" (Gén. 3:16). Y por cuanto Adán escuchó a su mujer en vez de a Dios, la tierra fue maldita para aumentar la ansiedad y el esfuerzo de sus trabajos: "Maldita será la tierra por tu causa; con dolor comerás de ella todos los días de tu vida. Espinos y cardos te producirá, y comerás plantas del campo. Con el sudor de tu rostro comerás el pan hasta que vuelvas a la tierra, porque de ella fuiste tomado" (Gén. 3:17-19).

Al reafirmar la naturaleza incambiable de su ley y el hecho de que cualquier transgresión lleva a una muerte inevitable, Dios declaró: "Polvo eres, y al polvo volverás" (Gén. 3:19). Dios ejecutó este veredicto al expulsar de su hogar edénico a los transgresores, interrumpiendo así su comunión directa con Dios (Gén. 3:8), y al impedirles de participar del árbol de la vida, fuente de vida eterna. Así, Adán y Eva pasaron a estar sujetos a la muerte (Gén. 3:22).

El carácter del pecado. Muchos pasajes de la Escritura, incluyendo en forma particular el relato de la caída, dejan en claro que el pecado es un mal moral, lo que sucede cuando un agente moral libre elige violar la voluntad revelada de Dios (Gén. 3:1-6; Rom. 1:18-22).

(a). *La definición del pecado.* Las definiciones bíblicas del pecado incluyen: "El pecado es infracción de la ley" (1 Juan 3:4), una falta en la actuación de cualquiera "que sabe hacer lo bueno y no lo hace" (Sant. 4:17), y "todo lo que no proviene de fe" (Rom. 14:23). Una definición amplia del pecado es: "Cualquier desviación de la voluntad conocida de Dios, ya sea al descuidar lo que ha mandado específicamente, o al hacer lo que ha prohibido específicamente".[8]

El pecado no conoce la neutralidad. Cristo declara: "El que no es conmigo, contra mí es" (Mat. 12:30). El no creer en Jesús es pecado (Juan 16:9). El pecado tiene carácter absoluto porque constituye rebelión contra Dios y su voluntad. Cualquier pecado, pequeño o grande, resulta en el veredicto de "culpable". De este modo, "cualquiera que guardare toda la ley, pero ofendiere en un punto, se hace culpable de todos" (Sant. 2:10).

(b). *El pecado abarca los pensamientos así como las acciones.* Con frecuencia se habla del pecado sólo en términos de actos de transgresión concretos y visibles. Pero Cristo dijo que el sentir ira contra alguien viola el sexto mandamiento del decálogo: "No matarás" (Éxo. 20:13), y que los deseos impuros quebrantan el mandamiento que dice: "No cometerás adulterio" (Éxo. 20:14). El pecado, por lo tanto, abarca no sólo la desobediencia abierta que se traduce en actos, sino también los pensamientos y los deseos.

(c). *El pecado y la culpabilidad.* El pecado produce culpabilidad. Desde la perspectiva bíblica, la culpabilidad implica que él que ha cometido pecado es digno de castigo. Y por cuanto todos somos pecadores, todo el mundo está "bajo el juicio de Dios" (Rom. 3:19).

La culpabilidad, si no se deshace de ella en forma adecuada, destruye las facultades físicas, mentales y espirituales. Y en última instancia, si no se la resuelve, produce muerte, porque "la paga del pecado es muerte" (Rom. 6:23).

El antídoto contra la culpa es el perdón (Mat. 6:12), el cual produce una conciencia limpia y paz mental. Dios está ansioso de conceder su perdón a los pecadores arrepentidos. Lleno de misericordia, Cristo llama a la raza aplastada por el pecado y la culpa, diciéndole:"Venid a mí todos los que estáis trabajados y cargados, y yo os haré descansar" (Mat. 11:28).

(d). *El centro de control del pecado*. El asiento del pecado se halla en lo que la Biblia llama el corazón, y que nosotros conocemos como la mente. Del corazón "mana la vida" (Prov. 4:23). Cristo revela que son los pensamientos de la persona los que contaminan, "porque del corazón salen los malos pensamientos, los homicidios, los adulterios, las fornicaciones, los hurtos, los falsos testimonios, las blasfemias" (Mat. 15:19). El corazón influye sobre la totalidad de la persona: el intelecto, la voluntad, los afectos, las emociones y el cuerpo. Por cuanto "engañoso es el corazón más que todas las cosas, y perverso" (Jer. 17:9), la naturaleza humana puede ser descrita como corrompida, depravada y completamente pecaminosa.

3. *El efecto del pecado sobre la humanidad*. Algunos pueden creer que la sentencia de muerte constituía un castigo demasiado severo por comer la fruta prohibida. Pero sólo podemos medir la seriedad de la transgresión a la luz del efecto que causó el pecado de Adán sobre la raza humana.

El primer hijo de Adán y Eva se convirtió en un asesino. Sus descendientes pronto violaron la sagrada unión del matrimonio cometiendo poligamia, y no pasó mucho tiempo sin que la maldad y la violencia llenaran el mundo (Gén. 4:8, 23; 6:1-5; 11-13). Los llamados divinos al arrepentimiento y la reforma no causaron efecto, y sólo ocho personas fueron salvadas de las aguas del diluvio que destruyó a los impenitentes. La historia de la raza después del Diluvio, con pocas excepciones, constituye un triste relato de los frutos de la pecaminosidad de la naturaleza humana.

(a). *La pecaminosidad universal de la humanidad*. La historia revela que los descendientes de Adán comparten la pecaminosidad de su naturaleza. En oración, David dijo: "No se justificará delante de ti ningún ser humano" (Sal. 143:2; véase 14:3). "No hay hombre que no peque (1 Re. 8:46). Salomón declaró: "¿Quién podrá decir: yo he limpiado mi corazón, limpio estoy de mi pecado?" (Prov. 20:9); "ciertamente no hay hombre justo en la tierra, que haga el bien y nunca peque" (Ecl. 7:20). El Nuevo Testamento es igualmente claro, al decir que "todos pecaron, y están destituidos de la gloria de Dios" (Rom. 3:23), y que "si decimos que no tenemos pecado, nos engañamos a nosotros mismos, y la verdad no está en nosotros" (1 Juan 1:8).

(b). *La pecaminosidad, ¿es heredada o adquirida?* Pablo dijo: "En Adán todos mueren" (1 Cor. 15:22). En otro lugar señala: "Como el pecado entró en el mundo por un hombre, y por el pecado la muerte, así la muerte pasó a todos los hombres, por cuanto todos pecaron" (Rom. 5:12).

La corrupción del corazón humano afecta a toda la persona. Por eso Job exclama: "¿Quién hará limpio a lo inmundo? Nadie" (Job 14:4). David dice: "He aquí, en maldad he sido formado, y en pecado me concibió mi madre" (Sal. 51:5). Pablo, por su parte, declara que "los designios de la carne son enemistad contra Dios; porque no se sujetan a la ley de Dios ni tampoco pueden; y los que viven según la carne no pueden agradar a Dios" (Rom. 8:7, 8). Antes de la conversión, señala el apóstol, los creyentes eran "por naturaleza hijos de ira", tal como el resto de la humanidad (Efe. 2:3).

Si bien cuando niños aprendemos la conducta pecaminosa por imitación, los textos que hemos visto afirman que heredamos nuestra pecaminosidad básica. La pecaminosidad universal de la humanidad es evidencia de que por naturaleza nos inclinamos hacia el mal, y no hacia el bien.

(c). *La erradicación de la conducta pecaminosa.* ¿Cuánto éxito tienen los individuos en sus esfuerzos por quitar el pecado de sus vidas y de la sociedad?

Todo esfuerzo por lograr una vida recta apoyándonos en nuestra propia fortaleza, está condenado al fracaso. Jesús aseguró que todo aquel que ha pecado, "esclavo es del pecado". Tan solo el poder divino puede emanciparnos de esta esclavitud. Cristo nos ha asegurado: "Si el Hijo os libertare, seréis verdaderamente libres" (Juan 8:36). Sólo podréis producir justicia, declaró, "si permanecéis en mí", porque "separados de mí nada podéis hacer" (Juan 15:4, 5).

Aun el mismo apóstol Pablo fracasó en sus intentos de vivir una vida recta por sus propias fuerzas. Al recordar sus esfuerzos, dijo: "Lo que hago, no lo entiendo; pues no hago lo que quiero, sino lo que aborrezco, eso hago". Luego señala el impacto que el pecado tuvo en su vida: "De manera que ya no soy yo quien hace aquello, sino el pecado que mora en mí". A pesar de sus fracasos, admiraba la perfecta norma de Dios diciendo: "Según el hombre interior, me deleito en la ley de Dios; pero veo otra ley en mis miembros, que se rebela contra la ley de mi mente, y que me lleva cautivo a la ley del pecado que está en mis miembros. ¡Miserable de mí! ¿Quién me librará de este cuerpo de muerte?" (Rom. 7:15, 19, 20, 22-24).

Pablo finalmente reconoce que necesita poder divino para vencer. Por medio de Cristo, abandonó la vida según la carne y comenzó una nueva vida según el Espíritu (Rom. 7:25; 8:1).

Esta nueva vida en el Espíritu constituye el don transformador de Dios. Por medio de la gracia divina, nosotros que estábamos "muertos" en nuestros "delitos y pecados", llegamos a ser victoriosos (Efe. 2:1, 3, 8-10). El renacimiento espiritual trasforma de tal modo la vida (Juan 1:13; 3:5), que podemos hablar de una nueva creación: "Las cosas viejas pasaron; he aquí todas son hechas nuevas" (2 Cor. 5:17). Sin embargo, la nueva vida no excluye la posibilidad de pecar (1 Juan 2:1).

4. *La evolución y la caída del hombre.* Desde la creación, Satanás ha confundido a muchos al debilitar su confianza en los relatos bíblicos de los orígenes de la raza humana y la caída de Adán y Eva. Podríamos llamar a la evolución el concepto "natural" de la humanidad, el cual se basa en la suposición de que la caída comenzó por casualidad, y que los seres humanos, a través de un largo proceso evolucionario, emergieron a partir de las formas inferiores de vida. Por un proceso de supervivencia del más apto, habrían evolucionado hasta alcanzar su nivel actual. Como aún no han alcanzado su potencial, continúan evolucionando.

Un numero creciente de cristianos han adoptado la evolución teísta, la cual afirma que Dios usó la evolución para realizar la creación descrita en el Génesis. Los que aceptan la evolución teísta no consideran que los primeros capítulos de Génesis sean literales, sino meras alegorías o mitos.

(a). *El concepto bíblico del hombre y la evolución.* Los cristianos creacionistas están preocupados por el impacto que tiene la teoría de la evolución sobre la fe cristiana. Jaime Orr escribió: "En nuestros días, el cristianismo se ve amenazado, no por ataques aislados a sus doctrinas... sino por una contravisión del mundo, concebida positivamente, la cual pretende estar fundada sobre hechos científicos, hábilmente construida y defendida, pero que en sus ideas fundamentales, ataca la raíz misma del sistema cristiano".[9]

La Biblia rechaza la interpretación mítica o alegórica de Génesis. Los mismos escritores bíblicos interpretan los primeros once capítulos del

Génesis como historia literal. Adán, Eva, la serpiente y Satanás son considerados personajes históricos en el drama de la gran controversia (véase Job 31:33; Ecl. 7:29; Mat. 19:4, 5; Juan 8:44; Rom. 5:12, 18, 19; 2 Cor. 11:3; 1 Tim. 2:14; Apoc. 12:9).

(b). *El Calvario y la evolución*. La evolución, en cualquier forma que se la presente, contradice los fundamentos básicos del cristianismo. Bien lo expresó Leonardo Verdiun al declarar: "En lugar de la historia de una 'caída', aparece la historia de un *ascenso*".[10] El cristianismo y la evolución se hallan diametralmente opuestos. La historia según la cual nuestros primero padres fueron creados a imagen de Dios y experimentaron la caída en el pecado, o es cierta o no lo es. Y si no lo es, entonces ¿para qué ser cristianos?

La contradicción más radical de la evolución la provee el Calvario. Si no hubo caída, ¿por qué necesitaríamos que Dios muriera por nosotros? No sólo la muerte en general, sino específicamente la muerte de Cristo por nosotros proclama que la humanidad está lejos de la perfección. Si fuésemos abandonados a nuestros propios medios, continuaríamos deteriorándonos hasta que la raza humana fuese aniquilada.

Nuestra esperanza se afirma en el Hombre que colgó de la cruz. Su muerte es lo único que abre la posibilidad de una vida mejor y más plena que nunca tenga fin. El Calvario declara que necesitamos un sustituto que nos libere.

(c). *La encarnación y la evolución*. Probablemente, le mejor respuesta al conflicto entre la creación y la evolución se obtiene al mirar la creación de la humanidad desde la perspectiva de la encarnación. Al introducir en la historia a Cristo, el segundo Adán, Dios obró en forma creativa. Si Dios pudo realizar ese milagro supremo, no cabe duda alguna acerca de su capacidad de formar al primer Adán.

(d). *¿Ha llegado el hombre a su madurez?* Con frecuencia los evolucionistas han señalado los considerables avances científicos que han sucedido en los últimos siglos, como evidencia de que el hombre parece ser el árbitro de su propio destino. Si la ciencia suple sus necesidades, con el tiempo resolverá todos los problemas del mundo.

Sin embargo, el papel mesiánico de la tecnología es recibido con creciente escepticismo, porque la tecnología ha llevado a nuestro planeta al borde de la aniquilación. La humanidad ha fracasado miserablemente en su empeño de subyugar y controlar el corazón pecaminoso. En consecuencia, lo único que ha logrado hacer el progreso científico, ha sido transformar el mundo en un lugar cada vez más peligroso.

A medida que avanza el tiempo, las filosofías del nihilismo y la desesperanza parecen cada vez más válidas. La frase de Alejandro Pope: "La esperanza surge, eterna, en el pecho humano", suena hueco en nuestros días. Job comprende mejor la realidad, al decir: "Mis días... se me cierran sin esperanza" (Job 7:6). El mundo del hombre está rápidamente perdiendo sus fuerzas. Alguien tenía que venir desde mas allá de la historia humana, invadirlo, y colocar en el una nueva realidad.

Rayos de esperanza. ¿Cuán grande es la depravación de la humanidad? En la cruz, los seres humanos asesinaron a su Creador, cometiendo así el parricidio culminante. Pero Dios no ha dejado a la humanidad sin esperanza.

David contempló la posición de la humanidad en la creación. Primeramente, impresionado con la vastedad del universo, pensó que el hombre era insignificante. Posteriormente se fue dando cuenta de la verdadera posición de la humanidad. Refiriéndose a la relación actual del hombre con Dios, dijo: "Le has hecho poco menor que los ángeles, y lo coronaste de gloria y de honra. Le hiciste señorear sobre las obras de tus manos" (Sal. 8:5, 6; compárese con Heb. 2:7).

A pesar de la caída, aún subsiste un sentido de la dignidad humana. Aunque la semejanza divina se dañó, no fue completamente borrada. A pesar de que el hombre es un ser caído, corrompido y pecaminoso, todavía representa a Dios en el mundo. Su naturaleza es menos que divina, y sin embargo ocupa una posición dignificada en su calidad de cuidador de la creación terrenal de Dios. Cuando David se dio cuenta de esto, respondió con alabanzas y agradecimientos: "¡Oh Jehová, Señor nuestro, cuán grande es tu nombre en toda la tierra!" (Sal. 8:9).

El pacto de la gracia

Por la transgresión, la primera pareja se volvió pecaminosa. Ahora que no tenían poder para resistir a Satanás, ¿podrían alguna vez volver a ser libres, o serían dejados para que perecieran? ¿Habría alguna esperanza?

El pacto después de la caída. Antes que Dios pronunciara el castigo sobre los pecados de la pareja caída, les impartió esperanza introduciendo el pacto de la gracia. Declaró: "Y pondré enemistad entre ti [Satanás] y la mujer, y entre tu simiente y la simiente suya; ésta te herirá en la cabeza, y tú le herirás en el calcañar" (Gén. 3:15).

El mensaje de Dios produjo ánimo, porque anunciaba que, si bien Satanás había hecho caer bajo sus encantamientos a la humanidad, por último sería derrotado. El pacto fue hecho entre Dios y la humanidad. Primero, Dios prometió concedernos por medio de su gracia, una defensa contra el pecado. Haría nacer el odio entre la serpiente y la mujer; entre los seguidores de Satanás y el pueblo de Dios. Esto interrumpiría la relación entre el hombre y Satanás, y abriría el camino para renovar la relación con Dios.

A través de los siglos, continuaría la guerra entre la iglesia de Dios y Satanás. El conflicto alcanzaría su culminación en la muerte de Jesucristo, la personificación predicha de la Simiente de la mujer. En el Calvario, Satanás fue derrotado. A pesar de que la Simiente de la mujer fue herida, logró derrotar al autor del mal.

Todos los que acepten el ofrecimiento de la gracia de Dios experimentarán enemistad contra el pecado, lo cual les permitirá ganar la victoria en la batalla contra Satanás. Por fe compartirán el triunfo del Salvador en el Calvario.

El pacto establecido antes de la creación. El pacto de la gracia no se desarrolló después de la caída. Las Escrituras señalan que aun antes de la creación, los miembros de la Deidad habían pactado entre ellos rescatar la raza si ésta caía en el pecado. Pablo dice que Dios "nos escogió en él [Cristo] antes de la fundación del mundo, para que fuésemos santos y sin mancha delante de él, en amor, habiéndonos predestinado para ser adoptados hijos suyos por medio de Jesucristo, según el puro afecto de su voluntad, para alabanza de la gloria de su gracia" (Efe. 1:4-6; compárese con 2 Tim. 1:9). Pedro se refirió al sacrificio expiatorio de Cristo, diciendo "Cristo... ya destinado desde antes de la fundación del mundo" (1 Ped. 1:19, 20).

El pacto se basaba en un fundamento inconmovible: la promesa y juramento de Dios mismo (Heb. 6:18). Jesucristo sería el fiador del pacto (Heb. 7:22). Un fiador es alguien que se compromete a asumir alguna deuda y obligación en el caso de que el deudor deje de pagar. El hecho de que Cristo fuese el fiador, significaba que si la raza humana caía en pecado, él llevaría su castigo. Pagaría el precio de su redención; haría la expiación por sus pecados y cumpliría las demandas de la ley de Dios, pisoteada por los seres humanos. Ningún hombre o ángel podía asumir esa responsabilidad. Sólo Cristo el Creador, la Cabeza representativa de la raza, podría cargar con esa responsabilidad (Rom. 5:12-21; 1 Cor. 15:22).

El Hijo de Dios es no sólo el fiador del pacto; también es su mediador o ejecutor. La descripción que hizo de su misión como Hijo del Hombre encarnado, revela este aspecto de su papel. Dijo: "He descendido del cielo, no para hacer mi voluntad, sino la voluntad del que me envió" (Juan 6:38, compárese con 5:30, 43).

La voluntad del Padre es "que todo aquel que ve al Hijo, y cree en él, tenga vida eterna" (Juan 6:40). "Y ésta es la vida eterna —proclamó el Señor—: que te conozcan a ti, el único Dios verdadero, y a Jesucristo, a quien has enviado" (Juan 17:3). Al final de su misión, testificó acerca de su obediencia a la comisión del Padre, diciendo: "Yo te he glorificado en la tierra; he acabado la obra que me diste que hiciese" (Juan 17:4).

En la cruz, Jesús cumplió su promesa de ser el fiador de la humanidad en el pacto. Su exclamación: "Consumado es" (Juan 19:30), marcó el cumplimiento de su misión. Con su propia vida había pagado la pena que requería la ley de Dios quebrantada, garantizando la salvación de los seres humanos arrepentidos. En ese momento, la sangre de Cristo ratificó el pacto de la gracia. Por fe en su sangre expiatoria, los pecadores arrepentidos serían adoptados como hijos e hijas de Dios, convirtiéndose así en herederos de la vida eterna.

Este pacto de gracia demuestra el infinito amor que Dios siente por la humanidad. Establecido antes de la creación, el pacto fue revelado después de la caída. En ese momento, en un sentido especial, Dios y la humanidad se convirtieron en socios.

La renovación del pacto. Desgraciadamente, la humanidad rechazó este magnífico pacto de gracia tanto antes del Diluvio como después (Gén. 6:1-8; 11:1-9). Cuando Dios ofreció nuevamente el pacto, lo hizo por medio de Abraham. Nuevamente afirmó la promesa de la redención: "En tu simiente serán benditas todas las naciones de la tierra, por cuanto obedeciste a mi voz" (Gén. 22:18; 12:3; 18:18).

Las Escrituras destacan en forma especial la fidelidad de Abraham a las condiciones del pacto. Abraham creyó a Dios, y le fue contado por justicia" (Gén. 15:6). El hecho de que la participación de Abraham en las bendiciones del pacto, si bien estaba fundada en la gracia de Dios, también dependía de su obediencia, revela que el pacto afirma la autoridad de la ley de Dios (Gén. 17:1; 26:5).

La fe de Abraham era de tal calidad que se le concedió el titulo de "padre de todos los creyentes" (Rom. 4:11). El es el modelo que Dios nos ha dejado para que comprendamos la justicia por la fe que se revela en obediencia (Rom. 4:2, 3; Sant. 2:23, 24). El pacto de la gracia no dispensa automáticamente sus bendiciones sobre los descendientes naturales de Abraham, sino únicamente sobre los que siguen el ejemplo de fe del patriarca: "Los que son de fe, estos son hijos de Abraham" (Gál. 3:7). Cualquier persona en el mundo puede experimentar las promesas del pacto de salvacion si cumple la condición: "Si vosotros sois de Cristo, ciertamente linaje de Abraham sois y herederos según la promesa" (Gál. 3:29). Respecto de Dios, el pacto sinaítico (conocido como el primer pacto) fue una renovación del pacto abrahámico de la gracia (Heb. 9:1). Pero Israel lo pervirtió y lo tornó un pacto de obras (Gál. 4:22-31).

El nuevo pacto. Otros pasajes bíblicos posteriores hablan de un pacto nuevo o mejor.[11] Pero lo hacen no porque el pacto eterno hubiese sido cambiado, sino porque (1) por causa de la infidelidad de Israel, el pacto eterno de Dios se había pervertido en un sistema de obras; (2) estaba asociado con una nueva revelación del amor de Dios en la encarnación, vida, muerte, resurrección y mediación de Jesucristo (véase Heb. 8:6-13); y (3) no fue sino hasta la cruz cuando fue ratificado por la sangre de Cristo (Dan. 9:27; Luc. 22:20; Rom. 15:8; Heb. 9:11-22).[12]

Lo que ofrece este pacto a los que lo aceptan, es inconmensurable. Por medio de la gracia de Dios, les ofrece el perdón de sus pecados. Ofrece la obra del Espíritu Santo, quien se compromete a escribir los Diez Mandamientos en el corazón y restaurar en los pecadores arrepentidos la imagen de su Hacedor (Jer. 31:33). La experiencia del nuevo pacto y el nuevo nacimiento trae a nuestra vida la justicia de Cristo y la experiencia de la justificación por la fe.

La renovación del corazón que produce, transforma a los individuos de modo que en ellos se manifiestan los frutos del Espíritu: "Amor, gozo, paz, paciencia, benignidad, bondad, fe, mansedumbre, templanza" (Gál. 5:22, 23). Por medio del poder de la gracia salvadora de Cristo, pueden caminar como Cristo caminó, gozando cada día de las cosas que le agradan a Dios (Juan 8:29). La única esperanza de la humanidad caída consiste en aceptar la invitación que Dios hace a entrar en su pacto de gracia. Por fe en Jesucristo, podemos experimentar esta relación que asegura nuestra adopción como hijos de Dios y herederos con Cristo de su reino celestial.

Referencias

1. La doctrina del hombre por mucho tiempo ha sido un término teológico que se usa para discurrir acerca de los componentes de la familia humana. En esta presentación, el término "hombre" no significa necesariamente un varón, excluyendo a la mujer, sino que ha sido usado para facilitar la discusión y la continuidad con la tradición y la semántica teológica.
2. Berkhof, *Systematic Theology* [Teología sistemática], pag. 183.
3. "Soul", [Alma], *SDA Encyclopedia*, ed. rev. pag. 1361
4. "Soul" [Alma], *SDA Bible Dictionary*, ed. rev. pag. 1061
5. *Id.* pág. 1064
6. *SDA Bible Commentary*, ed. rev., tomo 7, Pág. 257.
7. *Comentario bíblico adventista*, tomo 3, Pág. 1107.
8. "Sin" [Pecado], *SDA Bible Dictionary*, ed. rev., pág. 1042.
9. James Orr, *God's Image in Man* [La imagen de Dios en el hombre] (Grand Rapids, MI: Wm. B. Eerdmans, 1948), págs 3, 4.
10. Leonard Verduin, *Somewhat Less than God: The Biblical View of Man* [Un poco menos que

Dios: El punto de vista bíblico acerca del hombre], (Grand Rapids, MI: Wm. B. Eerdmans, 1970), pág. 69.
11. El Nuevo Testamento asocia la experiencia de Israel en el Sinaí con el antiguo pacto (Gál. 4:24, 25). En el Sinaí, Dios renueva su pacto eterno de gracia a su pueblo que había sido liberado (1 Cron. 16:14-17; Sal. 105:8-11; Gál. 3:15-17). Dios les promete: "Si diéreis oído a mi voz, y guardáreis mi pacto, vosotros seréis mi especial tesoro sobre todos los pueblos; porque mía es toda la tierra. Y vosotros me seréis un reino de sacerdotes, y gente santa" (Éxo. 19:5, 6; compárese con Génesis 17:7, 9, 19). El pacto estaba basado en la justicia que es por la fe (Rom. 10:6-8; Deut. 30:11-14) y la ley sería escrita en sus corazones (Deut. 6:4-6; 30:14).

El pacto de gracia puede ser motivo de perversión de parte de los creyentes, convirtiéndolo en un sistema de salvación por las obras. Pablo usó el fracaso que Abraham experimentó siglos antes, en su esfuerzo por confiar en Dios, al depender de sus propias obras para resolver sus problemas, trasformándolo en una ilustración del antiguo pacto (Gén. 16; 12:10-20; 20; Gál. 24:22-25). De hecho, la experiencia de procurar la justicia por obras humanas ha existido desde que entró el pecado en este mundo, quebrantándose así el pacto eterno (Oseas 6:7).

A través de la historia de Israel, la mayoría procuró vivir bajo el antiguo pacto "ignorando la justicia de Dios, y procurando establecer la suya propia" "por obras de la ley" (Rom. 9:30-10:4). Vivían conforme a la letra y no conforme al Espíritu (2 Cor. 3:6). Procurando justificarse a sí mismos por la ley (Gál. 5:4), vivían bajo la condenación de la ley en cautividad, no en libertad (Gál. 4:21-23). Así pervirtieron el pacto del Sinaí.

El libro de Hebreos aplica el primer pacto —el antiguo— a la historia de Israel desde el Sinaí, y revela su naturaleza temporal. Demuestra que el sacerdocio levítico estaba destinado a ser temporal, cumpliendo una función simbólica hasta que llegara la realidad en Cristo (Heb. 9; 10). Tristemente, muchos no lograron ver que en sí mismas las ceremonias no tenían valor alguno (Heb. 10:1). La adherencia a este sistema de "sombras" después que el tipo se había encontrado con su antitipo, la sombra con la realidad, distorsionaba la verdadera misión de Cristo. Esto explica el fuerte lenguaje usado para hacer énfasis en la superioridad del pacto mejor o nuevo sobre el del Sinaí.

El antiguo pacto, por lo tanto puede ser descrito en términos negativos y positivos. En lo negativo, se refiere a la respuesta imperfecta del pueblo al pacto eterno de Dios. En lo positivo significa el ministerio terrenal temporal que Dios designó para enfrentar la emergencia creada por este fracaso humano. Véase también White, *Patriarcas y profetas*, págs. 378-390; White, "Our Work" [Nuestra obra], *Review and Herald*, 23 de junio de 1904, pág. 8; White "A Holy Purpose to Restore Jerusalem" [Un propósito santo para restaurar Jerusalén], *Southern Watchman*, 1 marzo de 1904, pág. 142; Hasel, *Covenant in Blood* [Pacto en sangre], (Mountain View, Ca: Pacific Press, 1982); compárese con Wallenkampf, *Salvation Comes From the Lord* [La salvación viene del Señor], (Washington, D.C.: Review and Herald, 1983), págs. 84-90.
12. Véase Hasel, *Covenant in Blood* [Pacto en sangre].

LOS ADVENTISTAS DEL SÉPTIMO DÍA CREEN EN...

8

El Gran Conflicto

La humanidad entera se encuentra envuelta en un conflicto de proporciones extraordinarias entre Cristo y Satanás en torno al carácter de Dios, a su ley y a su soberanía sobre el universo. Este conflicto se originó en el cielo cuando un ser creado, dotado de libre albedrío, se exaltó a sí mismo y se convirtió en Satanás, el adversario de Dios, e instigó a rebelarse a una porción de los ángeles. Introdujo el espíritu de rebelión en este mundo cuando indujo a pecar a Adán y a Eva. El pecado de los seres humanos produjo como resultado la desfiguración de la imagen de Dios en la humanidad, el trastorno del mundo creado y posteriormente su completa devastación en ocasión del diluvio universal. Observado por toda la creación, este mundo se convirtió en el campo de batalla del conflicto universal, a cuyo término el Dios de amor quedará finalmente vindicado. Para ayudar a su pueblo en este conflicto, Cristo envía al Espíritu Santo y a los ángeles leales para que lo guíen, lo protejan y lo sustenten en el camino de la salvación.

LA ESCRITURA DESCRIBE UNA BATALLA CÓSMICA entre el bien y el mal, Dios y Satanás. Comprender esta controversia, que ha involucrado el universo entero, nos ayuda a responder la pregunta: ¿Por qué vino Jesús a este mundo?

Una visión cósmica del conflicto

Misterio de misterios, el conflicto entre el bien y el mal comenzó en el cielo. ¿Cómo pudo el pecado originarse en un ambiente perfecto?

Los ángeles, que son seres de un orden más elevado que los humanos (Sal. 8:5), fueron creados para gozar de íntima comunión con Dios (Apoc. 1:1; 3:5;

5:11). Poseen poder superior, y son obedientes a la Palabra de Dios (Sal. 103:20); funcionan como siervos o "espíritus ministradores" (Heb. 1:14). Se mantienen por lo general invisibles, pero ocasionalmente aparecen en forma humana (Gén. 18, 19; Heb. 13:2). Fue uno de estos seres angélicos el que introdujo el pecado en el universo.

El origen de la controversia. Usando a los reyes de Tiro y Babilonia como descripciones figuradas de Lucifer, la Escritura ilumina cómo empezó esta controversia cósmica: Lucifer, el "hijo de la mañana", el querubín cubridor, residía en la presencia de Dios (Isa. 14:12; Eze. 28:14).[1] La Escritura dice: "Tú eras el sello de la perfección, lleno de sabiduría, y acabado de hermosura... perfecto eras en todos tus caminos desde el día que fuiste creado, hasta que se halló en ti maldad" (Eze. 28:12, 15).

Si bien la aparición del pecado es inexplicable e injustificable, se puede trazar su origen hasta el orgullo de Lucifer: "Se enalteció tu corazón a causa de tu hermosura, corrompiste tu sabiduría a causa de tu esplendor" (Eze. 28:17). Lucifer rehusó conformarse con la exaltada posición que su Creador le había concedido. En su egoísmo, codició la igualdad con Dios mismo: "Tú... decías en tu corazón: subiré al cielo; en lo alto, junto a las estrellas de Dios, levantaré mi trono... y seré semejante al Altísimo" (Isa. 14:12-14). Pero aunque Lucifer codiciaba la posición de Dios, no deseaba poseer su carácter. Procuró alcanzar la autoridad de Dios, pero no su amor. La rebelión de Lucifer contra el gobierno de Dios fue el primer paso en su proceso de transformarse en Satanás, "el adversario".

Las acciones solapadas de Lucifer cegaron a muchos ángeles, impidiéndoles discernir el amor de Dios. El resultante descontento y deslealtad al gobierno de Dios, continuaron creciendo hasta que la tercera parte de la hueste angélica se le unió en la rebelión (Apoc. 12:4). La paz del reino de Dios fue quebrantada, y "hubo una gran batalla en el cielo" (Apoc. 12:7). Como resultado del conflicto celestial, Satanás, al cual se lo caracteriza como el gran dragón, la serpiente antigua y el diablo, "fue arrojado a la tierra, y sus ángeles fueron arrojados con él" (Apoc. 12:9).

¿Cómo se vieron implicados los seres humanos? Después que Satanás fue expulsado del cielo, se dedicó a extender su rebelión a nuestro mundo. Disfrazado a manera de serpiente que hablaba, y usando los mismos argumentos que lo habían llevado a su propia caída, logró socavar la confianza que Adán y Eva tenían en su Creador (Gén. 3:5). Satanás despertó en Eva el descontento en relación con la posición que se le había asignado. Infatuada por la posibilidad de ser igual a Dios, creó en la palabra del tentador, y dudó de la Palabra divina.

Comió del fruto prohibido, desobedeciendo así el mandato de Dios, y luego influyó en su esposo para que éste hiciera lo mismo. Al creer en la palabra de la serpiente por encima de la de su Creador, traicionaron la confianza y lealtad que los unía a Dios. Trágicamente, las semillas de la controversia que había comenzado en el cielo germinaron en el planeta Tierra (véase Gén. 3).

Al seducir a nuestros primeros padres y hacerlos pecar, Satanás ingeniosamente les arrebató su dominio sobre el mundo. Afirmando ahora ser el "príncipe de este mundo", Satanás desafió a Dios, desconociendo su autoridad, y amenazó así la paz de todo el universo, desde su nuevo centro de operaciones, el planeta Tierra.

El impacto sobre la raza humana. Los efectos de la controversia entre Cristo y Satanás pronto se hicieron evidentes, cuando el pecado comenzó a distorsionar la imagen de Dios en la humanidad. A pesar de que Dios ofreció su pacto de gracia a la raza humana a través de Adán y Eva (Gén. 3:15, véase el capítulo 7), su primer hijo, Caín, asesinó a su hermano (Gén. 4:8). La maldad continuó multiplicándose hasta que, lleno de tristeza, Dios vio que "todo designio de los pensamientos del corazón de ellos era de continuo solamente el mal" (Gén. 6:5).

Dios usó un gran diluvio para limpiar el mundo de sus habitante impíos y proveer un nuevo comienzo para la raza humana (Gén. 7:17-20). Pero antes de mucho, los descendientes del fiel Noé se apartaron del pacto de Dios. Si bien el Creador había prometido que nunca volvería a destruir todo el mundo por medio del agua, la generación posterior al diluvio erigió la torre de Babel como un monumento concreto de su desconfianza en Dios, procurando así llegar al cielo y tener de este modo una forma de escapar las consecuencias de algún diluvio futuro. Esta vez Dios puso fin a los rebeldes propósitos de los hombres al confundir su lenguaje universal (Gén. 9:1, 11; 11).

Un tiempo después, cuando el mundo se hallaba sumido en la apostasía casi completa, Dios extendió su pacto a Abraham. Por medio de é, Dios se proponía bendecir a todas las naciones del mundo (Gén. 12:1-3; 22:15-18). Sin embargo, las generaciones sucesivas de los descendientes de Abraham fueron infieles al misericordioso pacto divino. Esclavizados por el pecado, colaboraron con Satanás ayudándole a lograr su objetivo en la gran controversia al crucificar a Jesucristo, el Autor y Fiador del pacto.

El mundo, teatro del universo. El relato que aparece en el libro de Job referente a una convocación cósmica que envolvía representantes de diversas partes del universo, nos permite comprender mejor la gran controversia. El relato comienza diciendo: "Un día vinieron a presentarse delante de Jehová los hijos de

Dios, entre los cuales vino también Satanás. Y dijo Jehová a Satanás: ¿De dónde vienes? Respondiendo Satanás a Jehová, dijo: de rodear la tierra y de andar por ella" (Job 1:6, 7; véase también 2:1-7).

Entonces el Señor dijo algo así como: "Satanás, mira a Job. Él obedece fielmente mi ley. ¡Es perfecto!" (véase Job 1:8).

Cuando Satanás argumentó: "Sí, pero es perfecto sólo porque le conviene servirte. ¿Acaso no le proteges?", Cristo respondió permitiendo que Satanás probara a Job de cualquier forma, excepto quitándole la vida (véase Job 1:9-2:7).

La perspectiva cósmica que ofrece el libro de Job provee una poderosa confirmación de la gran controversia entre Cristo y Satanás. Este planeta es el escenario en el cual se desarrolla este dramático conflicto entre el bien y el mal. Según declara la Escritura, "hemos llegado a ser espectáculo al mundo, a los ángeles y a los hombres" (1 Cor. 4:9).

El pecado cortó la relación que existía entre Dios y el hombre, y "todo lo que no proviene de fe, es pecado" (Rom. 14:23). El quebrantamiento de los mandamientos o leyes de Dios, es el resultado inmediato de una falta de fe, la evidencia de una relación interrumpida. A su vez, y por medio del plan de salvación, Dios procura restaurar en los seres humanos la confianza en el Creador, que lleva a una relación de amor manifestada por la obediencia. Tal como lo señaló Cristo, el amor lleva a la obediencia (Juan 14:15).

En nuestra era de iniquidad, los conceptos absolutos han sido neutralizados, la deshonestidad recibe alabanzas, la prevaricación es un estilo de vida, se exalta el adulterio, y los acuerdos, tanto internacionales como personales, se ven pisoteados. Es nuestro privilegio mirar más allá de nuestro mundo sin esperanza, y ver al Dios amante y omnipotente. Esta visión abarcarte nos revela la importancia de la expiación que obró nuestro Salvador, la cual esta llevando a su fin esta controversia universal.

El tema central

En esta lucha a vida o muerte, ¿cuál es el tema central?

El gobierno y la ley de Dios. La ley moral de Dios es tan esencial para la existencia de su universo como lo son las leyes físicas que le dieron origen y lo mantienen funcionando. El pecado es "la transgresión de la ley" (1 Juan 3:4), o "ilegalidad", como lo indica la palabra griega *anomia*. La ilegalidad brota del rechazo de Dios y su gobierno.

En vez de aceptar la responsabilidad por la ilegalidad que reina en el mundo, Satanás le echa la culpa a Dios. Afirma que la ley de Dios, que según él es arbitraria, estorba la libertad individual. Además —afirma Satanás—, por cuanto es imposible obedecerla, sus efectos son contrarios a los mejores intereses de los seres creados. Por medio de sus constantes e insidiosos intentos de socavar la ley, Satanás procura echar por tierra el gobierno de Dios y aun derrocar a Dios mismo.

Cristo y la obediencia. Las tentaciones que Cristo debió afrontar durante su ministerio terrenal revelaron cuán seria es la controversia acerca de la obediencia y la entrega a la voluntad de Dios. Al enfrentar esas tentaciones, lo cual lo preparó "para venir a ser misericordioso y fiel sumo sacerdote" (Heb. 2:17), entró en combate singular con un enemigo mortal. En el desierto, después que Cristo había ayunado 40 días, Satanás lo tentó a transformar las piedras en pan para probar así que en verdad era el Hijo de Dios (Mat. 4:3). Así como Satanás había tentado a Eva haciéndola dudar de la Palabra de Dios en el Edén, también procuró ahora hacer que Cristo dudara de la validez de lo que Dios había dicho en ocasión de su bautismo: "Este es mi Hijo amado, en quien tengo complacencia" (Mat. 3:17). Si Cristo hubiera tomado el asunto en sus propias manos, creando pan a partir de las piedras, para probar así su naturaleza divina, habría revelado, a imitación de Eva, falta de confianza en Dios. Su misión habría terminado en el fracaso.

Pero la mayor prioridad de Cristo consistía en vivir por la Palabra de su Padre. A pesar de su gran necesidad de alimento, respondió a la tentación de Satanás diciendo: "No sólo de pan vivirá el hombre, sino de toda palabra que sale de la boca de Dios (Mat. 4:4).

En otro intento de causar la derrota de Cristo, Satanás le dio una vista panorámica del mundo, prometiendo: "Todo esto te daré, si postrado me adorares" (Mat. 4:9). Implicó que al hacer eso, Cristo podría rescatar el mundo y completar su misión sin tener que pasar por la agonía del Calvario. Sin un momento de duda, y en absoluta lealtad a Dios, Jesús ordenó: "Vete, Satanás". Luego, usando la Escritura, el arma más efectiva en la gran controversia, declaró: "Al Señor tu Dios adorarás, y a él sólo servirás" (Mat. 4:10). Sus palabras terminaron la confrontación. Al mantener su dependencia absoluta del Padre, Cristo derrotó a Satanás.

Confrontación en el Calvario. Esta controversia cósmica adquiere su enfoque más claro en el Calvario. Satanás intensificó sus esfuerzos por hacer abortar la misión de Jesús a medida que se acercaba el tiempo de su culminación. Satanás tuvo especial éxito en usar a los dirigentes religiosos de ese tiempo, cuyos celos de la popularidad de Cristo causaron tanta dificultad que el Salvador se vio obligado a terminar su ministerio público (Juan 12:45-54). Por la traición de uno de sus discípulos y por testimonio de perjuros, Jesús fue arrestado, enjuiciado, y condenado a muerte (Mat. 26:63, 64; Juan 19:7). Guardando absoluta obediencia a la voluntad de su Padre, Jesús se mantuvo fiel hasta la muerte.

Los beneficios que se derivan tanto de la vida como de la muerte de Cristo alcanzan mas allá del mundo limitado de la raza humana. Al referirse a la cruz, Cristo declaró: "Ahora el príncipe de este mundo será echado fuera" (Juan 12:31).

La controversia cósmica llegó a su punto culminante en la cruz. El amor y la fidelidad obediente de Cristo que se demostraron allí, a pesar de la crueldad de Satanás, destruyeron la base de la posición de Satanás, asegurando así su eventual caída definitiva.

Controversia acerca de la Verdad como es en Jesús

En nuestros días, la gran controversia se libra con furia en torno a Cristo y las Escrituras. Se han desarrollado formas de interpretación bíblica que dejan poco o ningún lugar para la revelación divina.[2] Se trata a la Escritura como si fuera igual a cualquier otro documento antiguo, y se la analiza con la misma metodología crítica. Un número creciente de cristianos, incluso teólogos, ya no consideran que las Escrituras son la Palabra de Dios, la revelación infalible de su voluntad. En consecuencia, han llegado a dudar de la validez de la posición bíblica con respecto a la persona de Jesucristo; su naturaleza, su nacimiento virginal, sus milagros y su resurrección son ampliamente debatidos.[3]

La pregunta más crucial. Cuando Cristo preguntó: "¿Quién dicen los hombres que es el Hijo del hombre?", los discípulos replicaron: "Unos, Juan el Bautista; otros, Elías; y otros, Jeremías o alguno de los profetas" (Mat. 16:13, 14). En otras palabras, la mayoría de sus contemporáneos lo consideraban un simple hombre. La Escritura continúa el relato: Jesús les preguntó a sus doce discípulos: "Y vosotros, ¿quién decís que soy yo?"

Respondiendo Simón Pedro, dijo: "Tú eres el Cristo, el Hijo del Dios viviente."

Entonces le respondió Jesús: "Bienaventurado eres, Simón, hijo de Jonás, porque no te lo reveló carne ni sangre, sino mi Padre que está en los cielos" (Mat. 16:15-17).

En nuestros días, cada uno de nosotros debemos responder la misma pregunta que Cristo les hizo a sus discípulos. Nuestra respuesta a este interrogante fundamental depende de la fe que tengamos en el testimonio de la Palabra de Dios.

El centro de las doctrinas bíblicas. Cristo es el foco de las Escrituras. Dios nos invita a comprender la verdad como es en Jesús (Efe. 4:21), porque él es la verdad (Juan 14:5). Una de las estrategias que Satanás usa en el conflicto cósmico, consiste en convencer a los seres humanos de que pueden comprender la verdad aparte de Jesús. Con este fin, se han propuesto diversos centros de verdad, ya sea individualmente o en combinación: (1) El hombre, (2) la naturaleza o el universo observable, (3) las Escrituras, y (4) la iglesia.

Si bien es cierto que todos ellos tienen una parte en la revelación de la verdad, la Escritura presenta a Cristo como el Creador de cada uno de los elementos mencionados, trascendiéndolos a todos. Su único verdadero significado se descubre en el Ser que los originó. El divorciar de Cristo las doctrinas lleva a comprender erróneamente "el camino, y la verdad, y la vida" (Juan 14:6). El acto de sugerir elementos de verdad separados de Cristo, está de acuerdo tanto con la naturaleza como con el propósito del anticristo. (En el griego original, *anticristo* puede significar no sólo "contra" Cristo, sino también "en el lugar de" Cristo.) Al colocar un centro diferente de Cristo en las doctrinas de la iglesia, Satanás logra su objetivo de desviar nuestra atención de Aquel que es la única esperanza de la humanidad.

La función de la teología cristiana. La visión cósmica revela el intento que hace Satanás de quitar a Cristo de su legítimo lugar, tanto en el universo como en la verdad. La teología, que por definición es un estudio de Dios y de su relación con sus criaturas, debe desarrollar todas sus doctrinas a la luz de Cristo. El mandato de la teología cristiana es inspirar confianza en la autoridad de la Palabra de Dios y quitar de la verdad cualquier otro centro que sugiera, reemplazándolo por Cristo. Cuando hace esto, la verdadera teología cristiana le hace un gran servicio a la iglesia, porque señala la raíz de la controversia cósmica, exponiéndola, y resolviéndola con el único argumento incontrovertible: Cristo como se halla revelado en las Escrituras. Desde esta perspectiva, Dios puede usar la teología como un instrumento efectivo para ayudar a la humanidad a oponerse a los esfuerzos de Satanás en el mundo.

El significado de la doctrina

La doctrina de la gran controversia revela la batalla formidable que afecta a cada persona que nace en el mundo; de hecho, el conflicto abarca hasta los últimos rincones del universo. La Escritura dice: "Porque no tenemos lucha contra sangre y carne, sino contra principados, contra potestades, contra los gobernadores de las tinieblas de este siglo, contra huestes espirituales de maldad en las regiones celestes" (Efe. 6:12).

La doctrina produce un estado de constante vigilancia. La comprensión de esta doctrina nos convence de que es necesario combatir el mal. El éxito es posible únicamente por la dependencia de Jesucristo, el Capitán de las huestes, el que es "fuerte y valiente, Jehová el poderoso en batalla" (Sal. 24:8). Como expresara Pablo, el hecho de aceptar la estrategia de Cristo requiere aceptar "toda la armadura de Dios, para que podáis resistir en el día malo, y habiendo acabado todo, estar firmes. Estad, pues, firmes, ceñidos vuestros lomos con la verdad, y vestidos con la coraza de justicia, y calzados los pies con el apresto del evangelio de la paz. Sobre todo, tomad el escudo de la fe, con que podáis apagar todos los dardos de fuego maligno. Y tomad el yelmo de la salvación, y la espada del Espíritu, que es la Palabra de Dios; orando en todo tiempo con toda oración y súplica en el Espíritu, y velando en ello con toda perseverancia y súplica por todos los santos" (Efe. 6:13-18). Para los verdaderos cristianos significa un exaltado privilegio vivir una vida que se caracterice por la paciencia y la fidelidad, y por estar en todo tiempo aparejados para el conflicto (Apoc. 14:2), manifestando nuestra constante dependencia de Aquel que nos ha hecho "más que vencedores" (Rom. 8:37).

Explica el misterio del sufrimiento. El mal no se originó con Dios. Aquel del cual se dijo: "Has amado la justicia, y aborrecido la maldad" (Heb. 1:9) no puede ser culpado por la miseria del mundo. Satanás, el ángel caído, es responsable de la crueldad y el sufrimiento. Podemos comprender mejor los asaltos, los asesinatos y los funerales —por crímenes o accidentes—, por angustiosos que sean, si los analizamos a la luz de la gran controversia.

La cruz testifica tanto de lo destructivo que es el pecado como de las profundidades que alcanza el amor de Dios por los pecadores. De este modo, el tema de la gran controversia nos enseña a odiar el pecado y amar al pecador.

Despliega la amorosa preocupación actual de Cristo por el mundo. Cuando Cristo volvió al cielo, no dejó a su pueblo huérfano. Con gran compasión, nos proveyó con todas las ayudas posibles en la batalla contra el mal. Comisionó al Espíritu Santo para que reemplazara a Cristo y fuese nuestro constante compañero hasta que el Salvador volviera (Juan 14:16; compárese con Mat. 28:20). También fueron comisionados los ángeles para que estuviesen envueltos en su obra salvadora (Heb. 1:14). Nuestra victoria está asegurada. Podemos tener esperanza y valor al enfrentar el futuro, porque nuestro Señor lo controla todo. Nuestros labios pueden expresar alabanzas por su obra salvadora.

Revela el significado cósmico de la cruz. En el ministerio y la muerte de Cristo había mucho más involucrado que la mera salvación de la humanidad. Vino no sólo para entregar su vida por la remisión de nuestros pecados, sino también para vindicar el carácter, la ley y el gobierno de su Padre, contra lo cual Satanás había dirigido sus falsas acusaciones.

La vida de Cristo vindicó la justicia de Dios y su bondad, demostrando además que la ley y el gobierno divinos eran justos. Cristo reveló que los ataques satánicos contra Dios no tenían base alguna, y demostró que por medio de una dependencia completa del poder y la gracia de Dios, los creyentes arrepentidos pueden elevarse por encima de las dificultades y frustraciones de las tentaciones cotidianas, y vivir una vida victoriosa sobre el pecado.

Referencias

1. "Lucifer" viene del latín, *Lucifer* que significa "portador de luz". La frase "hijo de la mañana" era una expresión común que significaba "estrella matutina", es decir Venus. "Una rendición literal de la expresión literal hebrea que se traduce por 'Lucifer, hijo de la mañana', sería 'el que brilla, hijo de la aurora'. La aplicación figurada del brillante planeta Venus, la más gloriosa de todas la luminarias celestiales, a Satanás antes de su caída... es muy apropiada como ilustración gráfica del nivel elevado del cual Lucifer cayó" ("Lucifer", *SDA Bible Dictionary* [Diccionario bíblico adventista], ed. rev., pag. 683).
2. Véase, Junta de la Asociación General, "Methods of Bible Study", [Métodos de estudios de la Biblia], 1986; Hasel, *Biblical Interpretation Today* [La interpretación bíblica en nuestros días], (Washington, D.C.: Biblical Research Institute of the General Conference of Seventh-day Adventists, 1985).
3. Véase por ejemplo K. Runia, *The Present-day Christological Debate* [El debate cristológico dc hoy], (Downers Grove, IL: Inter-Varsity Press, 1984); G. C. Berkouwer, *The Person of Christ* [La persona de Cristo] (Grand Rapids, MI: Wm. B. Eerdmans, 1954), págs. 14-56.

LOS ADVENTISTAS DEL SÉPTIMO DÍA CREEN EN...

9

La Vida, Muerte y Resurrección de Cristo

Mediante la vida de Cristo, de perfecta obediencia a la voluntad de Dios, y sus sufrimientos, su muerte y su resurrección, Dios proveyó el único medio válido para expiar el pecado de la humanidad, de manera que los que por fe acepten esta expiación puedan tener acceso a la vida eterna, y toda la creación pueda comprender mejor el infinito y santo amor del Creador. Esta expiación perfecta vindica la justicia de la ley de Dios y la benignidad de su carácter, porque condena nuestro pecado y al mismo tiempo hace provisión para nuestro perdón. La muerte de Cristo es vicaria y expiatoria, reconciliadora y transformadora. La resurrección de Cristo proclama el triunfo de Dios sobre las fuerzas del mal, y a los que aceptan la expiación les asegura la victoria final sobre el pecado y la muerte. Declara el señorío de Jesucristo, ante quien se doblará toda rodilla en el cielo y en la tierra.

UNA PUERTA ABIERTA CONDUCE AL CENTRO del universo, el cielo. Una voz resuena diciendo: "¡Ven y ve lo que está sucediendo aquí!" En el Espíritu, el apóstol Juan contempla la sala del trono de Dios.

Un deslumbrante arco iris semejante a la esmeralda circunda el trono central, y desde él surgen relámpagos, truenos y voces. Un grupo de dignatarios —vestidos de vestiduras blancas y luciendo en sus cabezas doradas coronas— están sentados en tronos menores. Llenan los aires los ecos de una doxología, y los ancianos se postran en adoración, echando sus coronas de oro delante del trono.

Un ángel que tiene en su mano un pergamino sellado con siete sellos, exclama: "¿Quién es digno de abrir el libro y desatar sus sellos? (Apoc. 5:2). Muy preocupado, Juan ve que no hay nadie en el cielo ni en la tierra digno de abrir el libro.

Su preocupación se convierte en llanto, hasta que uno de los ancianos lo consuela diciendo: "No llores. He aquí que el León de la tribu de Judá, la raíz de David, ha vencido para abrir el libro y desatar sus siete sellos" (Apoc. 5:5).

Juan dirige nuevamente su vista al majestuoso trono, y ve allí a un Cordero que había sido muerto pero que ahora esta vivo y lleno del poder del Espíritu. Cuando ese humilde Cordero toma el rollo, los seres vivientes y los ancianos entonan un nuevo cántico: "Digno eres de tomar el libro y de abrir sus sellos; porque tú fuiste inmolado, y con tu sangre nos has redimido para Dios, de todo linaje y lengua y pueblo y nación; y nos has hecho para nuestro Dios reyes y sacerdotes, y reinaremos sobre la tierra" (Apoc. 5:9, 10). Todo ser creado, tanto en el cielo como en la tierra, une sus voces en el cántico: "Al que está sentado en el trono, y al Cordero, sea la alabanza, la honra, la gloria y el poder, por los siglos de los siglos" (Apoc. 5:13).

¿Por qué es tan importante este rollo? Porque registra el rescate de la raza humana de su esclavitud a Satanás y describe la victoria final de Dios sobre el pecado. Revela una salvación tan perfecta, que los cautivos del pecado pueden ser libertados de su prisión simplemente por su propia elección. Mucho antes de su nacimiento en Belén, el Cordero exclamó: "He aquí, vengo, en el rollo del libro está escrito de mí; el hacer tu voluntad, Dios mío, me ha agradado, y tu ley está en medio de mi corazón" (Sal. 40:7, 8; compárese con Heb. 10:7). Lo que efectuó la redención de la humanidad fue la venida del Cordero, muerto desde la fundación del mundo (Apoc. 13:8).

La gracia salvadora de Dios

Las Escrituras revelan un Dios que tiene una preocupación avasalladora por la salvacion de la humanidad. Los miembros de la Deidad están aliados en la obra de restaurar en los seres humanos la unión con su Creador. Jesús destacó el amor salvador de Dios, diciendo: "Porque de tal manera amó Dios al mundo, que ha dado a su Hijo unigénito, para que todo aquel que en él cree, no se pierda, mas tenga vida eterna" (Juan 3:16).

Las Escrituras declaran que "Dios es amor" (1 Juan 4:8). Procura alcanzar a la humanidad "con amor eterno" (Jer. 31:3). El Dios que extiende la invitación a ser salvos es todopoderoso, pero su amor requiere que permita a cada persona la libertad de elección en su respuesta (Apoc. 3:20, 21). La coerción, método que es contrario a su carácter, no puede tener parte alguna en su estrategia.

La iniciativa divina. Cuando Adán y Eva pecaron, Dios tomó la iniciativa al ir en su busca. Los miembros de la pareja culpable, al oír el sonido de la voz de su Creador, no corrieron gozosos a encontrarse con él como lo habían hecho antes.

En vez de ello, se ocultaron. Pero Dios no los abandonó. Con persistencia divina continuó llamando: "¿Dónde están?"

Con profunda pena, Dios describió las consecuencias de su desobediencia, el dolor, las dificultades con que se encontrarían. Sin embargo, aun frente a su situación absolutamente desesperada, reveló un plan maravilloso que prometía obtener la victoria final sobre el pecado y la muerte (Gén. 3:15).

¿Gracia o justicia? Más tarde, posteriormente a la apostasía de Israel en el Sinaí, el Señor reveló a Moisés su carácter benevolente pero justo, proclamando: "¡Jehová! ¡Jehová! Fuerte, misericordioso y piadoso; tardo para la ira, y grande en misericordia y verdad; que guarda misericordia a millares, que perdona la iniquidad, la rebelión y el pecado, y que de ningún modo tendrá por inocente al malvado; que visita la iniquidad de los padres sobre los hijos y sobre los hijos de los hijos, hasta la tercera y cuarta generación" (Éxo. 34:6, 7).

El carácter de Dios revela una unión especialísima de gracia y justicia, de la voluntad de perdonar, la indisposición a considerar inocente al malvado. Sólo en la persona de Cristo podemos comprender cómo estas cualidades de carácter pueden reconciliarse entre sí.

¿Perdonar o castigar? Durante los tiempos de apostasía en Israel, Dios a menudo rogaba fervorosamente a su pueblo que reconocieran su iniquidad y se volvieran a él (Jer. 3:12-14). Pero ellos rechazaron sus amorosas invitaciones (Jer. 5:3). Una actitud recalcitrante, que se burla del perdón, hace que el castigo sea inevitable (Sal. 7:12).

Si bien es cierto que Dios es misericordioso, no puede perdonar a los que se aferran al pecado (Jer. 5:7). El perdón tiene un propósito. Dios desea transformar a los pecadores en santos: "Deje el impío su camino, y el hombre inicuo sus pensamientos, y vuélvase a Jehová, el cual tendrá de él misericordia, y al Dios nuestro, el cual será amplio en perdonar" (Isa. 55:7). Su mensaje de salvación resuena claramente por todo el mundo: "Mirad a mí, y sed salvos, todos los términos de la tierra, porque yo soy Dios, y no hay más" (Isa. 45:22).

La ira de Dios contra el pecado. La transgresión original creó en la mente humana una disposición de enemistad contra Dios (Col. 1:21). En consecuencia, merecemos el desagrado de Dios, el cual es "fuego consumidor" para el pecado (Heb. 12:29; compárese con Hab. 1:13). La solemne verdad es que "todos pecaron y están destituidos de la gloria de Dios" (Rom. 3:23), todos somos "por naturaleza hijos de ira" (Efe. 2:3; compárese con 5:6) y nos hallamos bajo el imperio de la muerte "porque la paga del pecado es muerte" (Rom. 6:23).

A la reacción de Dios ante el pecado y la injusticia, la Escritura la llama ira divina (Rom. 1:18). El rechazo deliberado de la voluntad revelada de Dios —su Ley— provoca su santa ira (2 Re. 17:16-18; 2 Crón. 36:16). G. E. Ladd escribió: "Los seres humanos son éticamente pecaminosos; y cuando Dios cuenta sus transgresiones contra ellos, debe considerarlos como pecadores, como enemigos, como los objetos de la ira divina; porque es una necesidad ética y religiosa que la santidad de Dios se manifieste en ira contra el pecado".[1] Y sin embargo, al mismo tiempo, Dios anhela salvar el mundo rebelde. Es cierto que odia todo pecado, pero también siente preocupación amorosa por cada pecador.

La respuesta humana. La relación de Dios con Israel culminó en el ministerio de Jesucristo, quien proveyó la comprensión mas clara de "las abundantes riquezas" de la gracia divina (Efe. 2:7). Juan declaró: "Y vimos su gloria, gloria como del unigénito del Padre, lleno de gracia y de verdad" (Juan 1:14). "Cristo Jesús", escribió Pablo, "nos ha sido hecho por Dios sabiduría, justificación, y redención; para que, como está escrito: el que se gloría, gloríese en el Señor" (1 Cor. 1:30, 31). Por lo tanto, ¿quién podría despreciar "las riquezas de su benignidad, paciencia y longanimidad"? Con razón Pablo declara que lo que lleva al arrepentimiento es "su benignidad" (Rom. 2:4).

Aun la misma respuesta humana a la oferta divina de salvación no se origina en los seres humanos, sino en Dios. Nuestra fe es tan sólo un don de Dios (Rom. 12:3); también lo es nuestro arrepentimiento (Hech. 5:31). Nuestro amor surge en respuesta al amor de Dios (1 Juan 4:19). No podemos salvarnos a nosotros mismos de Satanás, el pecado, el sufrimiento y la muerte. Nuestra propia justicia es como trapos inmundos (Isa. 64:6). "Pero Dios, que es rico en misericordia, por su gran amor con que nos amó, aun estando nosotros muertos en pecados, nos dio vida juntamente con Cristo... porque por gracia sois salvos por medio de la fe; y esto no de vosotros, pues es don de Dios; no por obras, para que nadie se gloríe" (Efe. 2:4, 5, 8, 9).

Cristo y el ministerio de la reconciliación

Las buenas nuevas son "que Dios estaba en Cristo reconciliando consigo al mundo" (2 Cor. 5:19). Su acto de reconciliación restaura la relación entre Dios y la raza humana. El texto señala que este proceso reconcilia a los pecadores con Dios, y no a Dios con los pecadores. La clave para llevar a los pecadores de vuelta a Dios es Jesucristo. El plan de reconciliación que Dios ha establecido es una maravilla de condescendencia divina. Dios tenía todo el derecho a dejar que la humanidad pereciera.

Como ya hemos notado, fue Dios quien tomó la iniciativa para restaurar la relación quebrantada. "Siendo enemigos —dijo Pablo—, fuimos reconciliados con Dios por la muerte de su Hijo" (Rom. 5:10). En consecuencia, "también nos gloriamos en Dios por el Señor nuestro Jesucristo, por quien hemos recibido ahora la reconciliación" (Rom. 5:11).

El proceso de reconciliación ha sido asociado con el término *expiación*. "El término griego refleja la idea fundamental de restablecer la armonía en una relación, de modo que cuando hubo una separación, ésta pueda ser eliminada por el proceso de cubrir el problema, producir la reconciliación".[2]

Muchos cristianos limitan la idea de la reconciliación, asociándola exclusivamente con la expiación, es decir con los efectos redentores de la encarnación, los sufrimientos y la muerte de Cristo. Sin embargo, en los servicios del Santuario, la expiación no sólo implicaba la muerte del cordero del sacrificio, sino que incluía también la ministración sacerdotal de su sangre derramada en el santuario mismo (véase Lev. 4:20, 26, 35; 16:15-18, 32, 33). En armonía con el uso bíblico entonces, la expiación puede referirse tanto a la muerte de Cristo como a su ministerio intercesor en el santuario celestial. Allí, como Sumo Sacerdote, aplica los beneficios de su completo y perfecto sacrificio expiatorio para logar la reconciliación de los seres humanos con Dios.[3]

Vicente Taylor también observó que la doctrina de la expiación tiene dos aspectos: "(a) La obra salvadora de Cristo, y (b) la apropiación de su obra por fe, tanto individual como en lo comunal. Estos dos aspectos *unidos* constituyen la Expiación". Gracias a esta forma de comprender la doctrina, concluyó que "la expiación se cumple tanto *por nosotros* como *en nosotros*".[4] Este capítulo enfoca la expiación en su relación con la muerte de Cristo. La expiación asociada con su ministerio como Sumo Sacerdote, será presentada más adelante (véase el capítulo 24).

El sacrificio expiatorio de Cristo

El sacrificio expiatorio de Cristo en el Calvario marcó el punto de retorno en la relación entre Dios y la humanidad. A pesar de que hay un registro de los pecados de la gente, como resultado de la reconciliación, Dios no les imputa sus pecados (2 Cor. 5:19). Esto no significa que Dios deja de lado el castigo, o que el pecado ya no despierta su ira. Más bien significa que Dios ha encontrado una forma de conceder el perdón a los pecadores arrepentidos, sin dejar por eso de exaltar la justicia de su eterna ley.

La muerte de Cristo es necesaria. Para que un Dios de amor mantenga su justicia y corrección moral, la muerte expiatoria de Jesucristo llegó a ser "una necesidad moral y legal". La justicia de Dios "requiere que el pecado sea llevado a juicio. Dios, por lo tanto, debe ejecutar juicio sobre el pecado y de este modo sobre el pecador. En esa ejecución, el Hijo de Dios tomó nuestro lugar, el lugar del pecador, en armonía con la voluntad de Dios. La expiación era necesaria, porque el hombre se hallaba bajo la justa ira de Dios. He aquí el corazón del evangelio del perdón de los pecados, y el misterio de la cruz de Cristo: la perfecta justicia de Cristo satisfizo adecuadamente la justicia divina, y Dios está dispuesto a aceptar el autosacrificio de Cristo en lugar de la muerte del hombre".[5]

Los pecadores que no están dispuestos a aceptar la sangre de Cristo no reciben el perdón de sus pecados, y quedan sujetos a la ira de Dios. Juan dijo: "El que cree en el Hijo tiene vida eterna; pero el que rehúsa creer en el Hijo no verá la vida, sino que la ira de Dios está sobre él" (Juan 3:36).

En consecuencia, la cruz es una demostración tanto de la misericordia de Dios como de su justicia. "Cristo Jesús, a quien Dios puso como propiciación por medio de la fe en su sangre, para manifestar su justicia, a causa de haber pasado por alto, en su paciencia, los pecados pasados, con la mira de manifestar en este tiempo su justicia, a fin de que él sea el justo, y el que justifica al que es de la fe de Jesús" (Rom. 3:25, 26).

¿Qué logra realizar el sacrificio expiatorio? Fue el mismo Padre el que presentó a su Hijo "como propiciación" (Rom. 3:25; el griego *hilasterion*), "una propiciación" o expiación. El uso que el Nuevo Testamento hace del término *hilasterion* no tiene nada que ver con la noción pagana de "aplacar un dios airado" o "apaciguar a un dios vengativo, arbitrario y caprichoso".[6] El texto revela que "Dios, en su voluntad misericordiosa, presentó a Cristo como la propiciación de su santa ira sobre la culpabilidad humana, porque aceptó a Cristo como el representante del hombre y el sustituto divino para recibir su juicio sobre el pecado".[7]

Desde esta perspectiva se puede comprender la descripción que hace Pablo de la muerte de Cristo como ofrenda y sacrificio a Dios en olor fragante" (Efe. 5:2; compárese con Gén. 8:21; Éxo. 29:18; Lev. 1:9). "El sacrificio propio de Cristo *complace* a Dios porque esta ofrenda de sacrificio quitó la barrera que existía entre Dios y el hombre pecador, por cuanto Cristo cargó plenamente la ira de Dios contra el pecado del hombre. A través de Cristo, la ira de Dios no se vuelve amor, sino que es desviada del hombre y llevada por sí mismo".[8]

Romanos 3:25 también revela que por medio del sacrificio de Cristo, el pecado es expiado o juzgado. La expiación señala lo que hace la sangre expiatoria a favor del pecador arrepentido. Este experimenta el perdón, el retiro de su culpabilidad personal, y la limpieza del pecado.[9]

Cristo, el portador vicario del pecado. Las Escrituras presentan a Cristo como el que lleva el pecado de la raza humana. En profundo lenguaje profético, Isaías declaró que "él herido fue por nuestras rebeliones, molido por nuestros pecados...

Jehová cargó en él el pecado de todos nosotros... Jehová quiso quebrantarlo, sujetándole a padecimiento. Cuando haya puesto su vida en expiación por el pecado... verá el fruto de la aflicción de su alma, y quedará satisfecho; por su conocimiento justificará mi siervo justo a muchos, y llevará las iniquidades de ellos" (Isa. 53:5, 6, 10, 11; compárese con Gál. 1:4). Pablo tenía en mente esta profecía al decir: "Cristo murió por nuestros pecados, conforme a las Escrituras" (1 Cor. 15:3).

Estos textos apuntan a un concepto importante en el plan de salvación: los pecados y la culpabilidad que nos han contaminado[10] pueden ser transferidos al Portador de nuestros pecados, haciéndonos así ser limpios (Sal. 51:10). Las ceremonias de los sacrificios del santuario del Antiguo Testamento revelaban este papel de Cristo. Allí, la transferencia del pecado desde el pecador arrepentido al cordero inocente, simbolizaba su transferencia a Cristo, el Portador de nuestros pecados (véase el capítulo 4).

¿Cuál es el papel de la sangre? La sangre jugaba un papel central en los sacrificios expiatorios del servicio del santuario. Dios hizo provisión para la expiación cuando declaró: "La vida de la carne en la sangre está, y yo os la he dado para hacer expiación sobre el altar por vuestras almas" (Lev. 17:11). Después de la muerte del animal, el sacerdote necesitaba aplicar la sangre de éste antes que se concediera el perdón.

El Nuevo Testamento revela que las ceremonias que prescribía el Antiguo Testamento para obtener el perdón, la purificación y la reconciliación por medio de la sangre sustitutiva, fueron cumplidas en la sangre expiatoria que Cristo derramó en su sacrificio en el Calvario. En contraste con las maneras antiguas de proceder, el Nuevo Testamento dice: "¿Cuánto más la sangre de Cristo, el cual mediante el Espíritu eterno se ofreció a sí mismo sin mancha a Dios, limpiará vuestras conciencias de obras muertas para que sirváis al Dios vivo?" (Heb. 9:14). El derramamiento de la sangre de Cristo cumplió tanto la propiciación como la expiación (Rom. 3:25). Juan declaró que Dios, a causa de su amor, "envió a su Hijo en propiciación (*hilasmos*) por nuestros pecados" (1 Juan 4:10; en ciertas versiones, "expiación"; "un sacrificio expiatorio").

En resumen, "el acto objetivo de reconciliación que realizó Dios, ha sido logrado por medio de la sangre propiciadora y expiadora (el sacrificio propio) de Cristo Jesús, su Hijo. De este modo, Dios 'es tanto el Proveedor como el Receptor de la reconciliación".[10]

Cristo el Rescate

Cuando los seres humanos pasaron a estar bajo el dominio del pecado, llegaron a estar sujetos a la condenación y la maldición de la ley de Dios (Rom. 6:4;

Gál. 3:10-13). Por ser esclavos del pecado (Rom. 6:17), y estar sujetos a la muerte, no tenían escape. "Ninguno de ellos podrá en manera alguna redimir al hermano, ni dar a Dios su rescate" (Sal. 49:7). Sólo Dios está investido de poder para redimir. "De la mano del Seol los redimiré, los libraré de la muerte" (Ose. 13:14).

¿Cómo los redimió Dios? Por medio de Jesús, el cual testificó que "el Hijo del Hombre no vino para ser servido, sino para servir, y para dar su vida en rescate por muchos" (Mat. 20:28; véase 1 Tim. 2:6); Dios "ganó" a la iglesia "por su propia sangre" (Hech. 20:28). En Cristo "tenemos redención por su sangre, el perdón de pecados" (Efe. 1:7; compárese con Rom. 3:24). Su muerte había de "redimirnos de toda iniquidad y purificar para sí un pueblo propio, celoso de buenas obras" (Tito 2:14).

¿Qué logró el rescate? La muerte de Cristo ratificó el derecho de propiedad que Dios tiene sobre la humanidad. Pablo declaró: "¿O ignoráis... que no sois vuestros? Porque habéis sido comprados por precio" (1 Cor. 6:19, 20; véase también 1 Cor. 7:23).

Por medio de su muerte, Cristo quebrantó el dominio del pecado, terminó con la cautividad espiritual, quitó la condenación y la maldición de la ley, e hizo que la vida eterna estuviese disponible para todos los pecadores arrepentidos. Pedro se dirige a los creyentes, para recordarles "que fuisteis rescatados de vuestra vana manera de vivir, la cual recibisteis de vuestros padres" (1 Ped. 1:18). Pablo escribió que los que fueron librados de la esclavitud del pecado, y de su fruto mortífero, se hallan ahora ocupados en el servicio de Dios, teniendo "por vuestro fruto la santificación, y como fin, la vida eterna" (Rom. 6:22).

Ignorar o negar el principio del rescate, sería "perder el corazón mismo del Evangelio de gracia, y negar el motivo más profundo de nuestra gratitud para con el Cordero de Dios.[11] Este principio es central a las doxologías que se entonan en el salón del trono celestial: "Tú fuiste inmolado, y con tu sangre nos has redimido para Dios, de todo linaje y lengua y pueblo y nación; y nos has hecho para nuestro Dios reyes y sacerdotes, y reinaremos sobre la tierra (Apoc. 5:9, 10).

Cristo, el Representante de la humanidad

Tanto Adán como Cristo, "el postrer Adán" o "el segundo hombre" (1 Cor. 15:45, 47), representan a toda la humanidad. Por una parte, el nacimiento natural coloca sobre todo individuo la carga de los resultados de la transgresión de Adán; por otra parte, todo aquel que experimenta el nacimiento espiritual, recibe los beneficios de la vida y sacrificio perfectos de Cristo. "Porque así como en Adán todos mueren, también en Cristo todos serán vivificados" (1 Cor. 15:22).

La rebelión de Adán trajo el pecado, la condenación y la muerte para todos sus descendientes. Cristo invirtió esa tendencia descendiente. En su gran amor, se sujetó a sí mismo al juicio divino sobre el pecado, y se convirtió en el representante de la humanidad. Su muerte vicaria proveyó la liberación de la penalidad del pecado, y el don de la vida eterna para los pecadores arrepentidos (2 Cor. 5:21; Rom. 6:23; 1 Ped. 3:18).

La Escritura enseña con claridad la naturaleza universal de la muerte vicaria de Cristo. "Por la gracia de Dios", gustó "la muerte por todos" (Heb. 2:9). Como Adán, todos pecaron (Rom. 5:12), y por lo tanto, todos experimentan la muerte, es decir, la primera muerte. La muerte que Cristo gustó por todos fue la segunda muerte, la plena maldición de la muerte (Apoc. 20:6; véase el cap. 27 de esta obra).

La vida y la salvacion de Cristo

"Porque si siendo enemigos, fuimos reconciliados con Dios por la muerte de su Hijo, mucho más, estando reconciliados, seremos salvos por su vida" (Rom. 5:10). Para salvar el abismo excavado por el pecado, se requirió no sólo la muerte de Cristo, sino también su vida. Ambas son necesarias y contribuyen a nuestra salvación.

¿Qué puede hacer por nosotros la perfecta vida de Cristo? Jesús vivió una vida pura, santa y amante, confiando completamente en Dios. Esta vida preciosa la comparte con los pecadores arrepentidos, en calidad de regalo. Su perfecto carácter es descrito como un vestido de bodas (Mat. 22:11) o un manto de justicia (Isa. 61:10) que nos concede para cubrir los trapos inmundos que simbolizan los intentos humanos de producir justicia (Isa. 64:6).

A pesar de nuestra corrupción humana, cuando nos sometemos a Cristo, nuestro corazón se une con su corazón, nuestra voluntad se sumerge en la suya, nuestra mente llega a ser una con su mente, nuestros pensamientos son puestos en cautividad a él, vivimos su vida. Estamos cubiertos con su vestidura de justicia. Cuando Dios mira al pecador creyente y penitente, no ve la desnudez o deformidad del pecado, sino el manto de justicia formado por la perfecta obediencia de Cristo a la ley.[12] Nadie puede ser verdaderamente justo a menos que esté cubierto por este manto.

En la parábola del vestido de bodas, el huésped que llegó vestido con su propio traje, no fue echado afuera por no haber creído. Él había aceptado la invitación al banquete (Mat. 22:10). Pero su asistencia no era suficiente. Necesitaba el vestido de bodas. En forma similar, no basta con creer en la cruz. Para estar presentables delante del Rey, necesitamos poseer además la perfecta vida de Cristo, su carácter inmaculado.

Como pecadores, no sólo necesitamos que se cancele nuestra deuda; además, necesitamos que se restaure nuestra cuenta en el banco. No sólo necesitamos que se nos suelte de la prisión; además necesitamos ser adoptados en la familia del Rey. El ministerio mediador del Cristo resucitado tiene el doble objetivo de perdonar y vestir, esto es, la aplicación de su vida y muerte a nuestra vida y nuestra situación delante de Dios. La exclamación "consumado es" que se oyó en el Calvario, marcó la culminación de una vida perfecta y un sacrificio perfecto. Los pecadores necesitamos ambas cosas.

La inspiración que provee la vida de Cristo. La vida de Cristo en el mundo le proveyó a la humanidad un modelo de cómo vivir. Pedro, por ejemplo, recomienda como dechado para nosotros, la manera como Jesús reaccionó ante los insultos personales (1 Ped. 2:21-23). El que fue hecho semejante a nosotros, y tentado en todo como nosotros, demostró que los que dependen del poder de Dios no necesitan continuar en pecado. La vida de Cristo provee la seguridad de que podemos vivir victoriosamente. Pablo testificó, diciendo: "Todo lo puedo en Cristo que me fortalece" (Fil. 4:13).

La resurrección y la salvación de Cristo

"Si Cristo no resucitó —dijo Pablo—, vana es entonces nuestra predicación, vana es también nuestra fe... aun estáis en vuestros pecados" (1 Cor. 15:14, 17). Jesucristo fue resucitado físicamente (Luc. 24:36-43), ascendió al cielo como el Dios-hombre, y comenzó su obra intercesora crucial como Mediador a la mano derecha de Dios el Padre (Heb. 8:1, 2; véase el cap. 4 de esta obra).

La resurrección de Cristo le dio un significado a la cruz que los acongojados discípulos no podían distinguir el viernes de la crucifixión. Su resurrección transformó a esos hombre en una fuerza poderosa que cambió la historia. La resurrección —siempre unida a la crucifixión— se convirtió en un punto central de su misión. Proclamaron al Cristo crucificado pero viviente, que había triunfado sobre las fuerzas del mal. Ese fue el fundamento del poder que acompañó al mensaje apostólico.

"La resurrección de Cristo —escribe Philip Schaff— es enfáticamente un punto de prueba del cual depende la verdad o falsedad de la religión cristiana. Es el mayor milagro o el mayor engaño que registra la historia.[13] Wilbur M. Smith comentó: "La resurrección de Cristo es la ciudadela de la fe cristiana. Esta es la doctrina que trastornó el mundo en el primer siglo y que exaltó al cristianismo a un nivel preeminente por encima del judaísmo y de las religiones paganas del mundo mediterráneo. Si se deja esto de lado, habría que hacer lo mismo con todo lo demás que es vital y único en el Evangelio del Señor Jesucristo: 'Si Cristo no resucitó, vuestra fe es vana' (1 Cor. 15:17)".[14]

El ministerio actual de Cristo está arraigado en su muerte y resurrección. Si bien es cierto que el sacrificio expiatorio realizado en el Calvario fue suficiente y completo, sin la resurrección no tendríamos la seguridad de que Cristo completó con éxito su divina misión en el mundo. El hecho de que Cristo ha resucitado, confirma la realidad de la vida más allá del sepulcro, y demuestra que la promesa que Dios hace de concedernos vida eterna en Cristo es verdadera.

Los resultados del ministerio salvífico de Cristo

El ministerio expiatorio de Cristo afecta no sólo a la raza humana, sino a todo el universo.

Reconciliación en todo el universo. Pablo revela la magnitud de la salvación de Cristo en la iglesia y por medio de ella. La intención divina es que "la multiforme sabiduría de Dios sea ahora dada a conocer por medio de la iglesia a los principados y potestades en los lugares celestiales" (Efe. 3:10). Asevera además que agradó al Padre, por medio de Cristo, "reconciliar consigo todas las cosas, así las que están en la tierra como las que están en los cielos, haciendo la paz mediante la sangre de su cruz" (Col. 1:20). Pablo reveló los resultados asombrosos de esta reconciliación: "Para que en el nombre de Jesús se doble toda rodilla de los que están en los cielos, y debajo de la tierra; y toda lengua confiese que Jesucristo es el Señor, para gloria de Dios Padre" (Fil. 2:10, 11).

La vindicación de la ley de Dios. El perfecto sacrificio expiatorio de Cristo exaltó la justicia y la bondad de la santa ley de Dios, así como su carácter bondadoso. La muerte y el rescate de Cristo satisfizo las demandas de la ley (que el pecado necesitaba ser castigado), justificando al mismo tiempo a los pecadores arrepentidos por medio de su gracia y misericordia. Pablo dijo: "Dios, enviando a su Hijo... condenó al pecado en la carne; para que la justicia de la ley se cumpliese en nosotros, que no andamos conforme a la carne, sino conforme al Espíritu" (Rom. 8:3, 4).

Justificación. La reconciliación se hace efectiva sólo cuando se acepta el perdón. El hijo pródigo fue reconciliado con su padre cuando aceptó su amor y su perdón.

"Los que aceptan por fe que Dios ha reconciliado el mundo a sí mismo en Cristo, y que se someten a él, recibirán de Dios el don invalorable de la *justificación* con su fruto inmediato de paz con Dios (Rom. 5:1). Los creyentes justificados ya no son el objeto de la ira de Dios; por el contrario, se han convertido en los objetos del favor divino. Teniendo acceso sin restricciones al trono de Dios por medio de Cristo, reciben el poder del Espíritu Santo para quebrantar todas las barreras o muros divisorios de hostilidad entre los hombres, simbolizados por la hostilidad que existe entre los judíos y los gentiles (véase Efe. 2:14-16)".[15]

La futilidad de la salvacion por obras. El ministerio divino de reconciliación revela la futilidad de los esfuerzos humanos por obtener salvación a través de las obras de la ley. La comprensión de la gracia divina lleva a nuestra aceptación de la justicia disponible para nosotros por fe en Cristo. La gratitud de los que han experimentado el perdón hace que la obediencia sea un gozo; las obras, entonces, no son la base de la salvación, sino su fruto.[16]

Una nueva relación con Dios. El hecho de experimentar la gracia de Dios, que nos ofrece como un don gratuito la vida perfecta de obediencia de Cristo, así como su justicia y su muerte expiatoria, nos lleva a establecer una relación más profunda con Dios. Surgen la gratitud, la alabanza y el gozo, la obediencia se convierte en una delicia, el estudio de su Palabra en un deleite, y la mente llega a ser la morada del Espíritu Santo. Se establece así una nueva relación entre Dios y el pecador arrepentido. Es un compañerismo basado en el amor y la admiración, antes que en el temor y la obligación moral (Véase Juan 15:1-10).

Mientras más comprendamos la gracia de Dios a la luz de la cruz, menos inclinados nos sentiremos a la justicia propia, y más nos daremos cuenta de cuán bendecidos somos. El poder del mismo Espíritu Santo que operaba en Cristo cuando se levantó de los muertos transformará nuestras vidas. En vez de experimentar fracasos, viviremos una victoria cotidiana sobre el pecado.

Motivación para el servicio misionero. El amor asombroso que se revela en el ministerio divino de reconciliación por medio de Jesucristo, nos impulsa a compartir el evangelio con los demás. Si lo hemos experimentado en nuestro propio ser, no podremos ocultar el hecho de que Dios no les cuenta su pecado a los que aceptan el sacrificio de Cristo por los pecados. Extenderemos a nuestro prójimo la conmovedora invitación del Evangelio: "Reconciliáos con Dios. Al que no conoció pecado, por nosotros lo hizo pecado, para que nosotros fuésemos hechos justicia de Dios en él" (2 Cor. 5:20, 21).

Referencias

1. George E. Ladd, *A Theology of the New Testament* [Una teología del Nuevo Testamento],

(Grand Rapad, MI: Wm. B. Eerdmans, 1974), pág. 453.
2. "Expiación", *Diccionario bíblico adventista del séptimo día*, (Buenos Aires: Asociación Casa Editora Sudamericana, 1995), págs. 429.
3. Para un tratamiento más completo de este concepto biblico, vease SDA *Answer Questions on Doctrine* [Los adventistas responden preguntas acerca de doctrinas] (Washington D. C., Review and Herald, 1957), págs. 341-355.
4. Vicente Taylor, *The Cross of Christ* [La cruz de Cristo] (Londres: McMillan, 1956), págs. 88, 89.
5. Hans K. LaRondelle, *Christ Our Salvation* [Cristo, nuestra salvación], (Mountain View, California: Pacific Press, 1980), págs. 25, 26.
6. Raúl Dederen, "Atoning Aspects in Christ's Death", [Aspectos expiatorios de la muerte de Cristo] en *The Sanctuary and the Atonement*, [El santuario y la expiacion], eds. Arnold V. Wallenkampf y W. Richard Lesher, (Washington, D.C.: Instituto de Investigación Bíblica de la Asociación General de los Adventistas del Séptimo Día, 1981), pág. 295. Añade el autor: "Entre los paganos, se consideraba que la propiciación era una actividad por la cual el adorador lograba por sí mismo proveer lo que indujese un cambio de actitud en la deidad. Simplemente, le ofrecía soborno a su dios para que le fuera favorable. En las Escrituras, se presenta la expiación —propiciación como algo que surge del amor de Dios" (*Id.*, pág. 317).
7. LaRondelle, pág. 26.
8. *Id.*, págs. 26, 27.
9. Dederen, pág. 295.
10. LaRondelle, pag. 28. La cita en esta referencia proviene de H. G. Link y C. Brown, "Reconciliation", *The New Internacional Dictionary of New Testament Theology* [El nuevo diccionario internacional de teología del Nuevo Testamento] (Grands Rapids, MI: Zondervan, 1978), tomo 3, pág. 162.
11. LaRondelle, pág. 30.
12. Véase E. G. de White, *Palabras de vida del gran Maestro*, (Washington, D.C.: Review and Herald, 1941), pág. 253.
13. Philip Schaff, *History of the Christian Church* [Historia de la iglesia cristiana] (Gran Rapids, MI: Wm. B. Eerdmans, 1962), tomo 1, pág. 173.
14. Wilbur M. Smith, "Twentieth-Century Scientists and the Resurrection of Christ" [Científicos del siglo XX y la resurrección de Cristo] *Christianity Today*, 15 de abril de 1957, pág. 22. Para argumentos adicionales en favor de la historicidad de la resurrección, véase Josh McDowell, *Evidence that Demands a Verdict* [Evidencia que requiere un veredicto], (*Campus Crusade for Christ*, 1972), pags. 185-274.
15. LaRondelle, págs. 32, 33.
16. Vease Hyde, "What Christ's Life Means to Me" [Lo que significa para mí la vida de Cristo], *Adventist Review*, 6 de nov. 1986, pág. 19.

LOS ADVENTISTAS DEL SÉPTIMO DÍA CREEN EN...

10

La Experiencia de la Salvación

Con amor y misericordia infinitos Dios hizo que Cristo, que no conoció pecado, fuera hecho pecado por nosotros, para que nosotros pudiésemos ser hechos justicia de Dios en él. Guiados por el Espíritu Santo, experimentamos nuestra necesidad, reconocemos nuestra pecaminosidad, nos arrepentimos de nuestras transgresiones, y ejercemos fe en Jesús como Señor y Cristo, como sustituto y ejemplo. Esta fe que recibe salvación nos llega por medio del poder divino de la Palabra y es un don de la gracia de Dios. Mediante Cristo somos justificados, adoptados como hijos e hijas de Dios y librados del señorío del pecado. Por medio del Espíritu nacemos de nuevo y somos santificados; el Espíritu renueva nuestra mente, graba la ley de amor de Dios en nuestros corazones y nos da poder para vivir una vida santa. Al permanecer en él somos participantes de la naturaleza divina y tenemos la seguridad de la salvación ahora y en ocasión del juicio.

HACE SIGLOS, EL PASTOR DE HERMAS soñó con una anciana arrugada que había vivido mucho tiempo. En su sueño, a medida que pasaba el tiempo, la anciana comenzó a cambiar: Si bien su cuerpo todavía estaba envejecido y su cabello blanco, su rostro comenzó a parecer más joven. Eventualmente, fue restaurada a su juventud.

El sabio británico T. F. Torrance, comparaba a esa anciana con la iglesia.[1] Los cristianos no pueden mantenerse estáticos. Si el Espíritu de Cristo reina en nuestro interior (Rom. 8:9), nos mantenemos en un proceso de cambio dinámico.

Pablo dijo: "Cristo amó a la iglesia, y se entregó a sí mismo por ella, para santificarla, habiéndola purificado en el lavamiento del agua por la Palabra, a fin de presentársela a sí mismo, una iglesia gloriosa, que no tuviese mancha ni arruga ni cosa semejante, sino que fuese santa y sin mancha" (Efe. 5:25-27). El blanco de la iglesia es obtener esa limpieza. Por lo tanto, los creyentes que forman parte de la iglesia pueden testificar que "aunque este nuestro hombre exterior se va desgastando, el interior no obstante se renueva de día en día" (2 Cor. 4:16). "Por tanto, nosotros todos, mirando a cara descubierta como en un espejo la gloria del Señor, somos transformados de gloria en la misma imagen, como por el Espíritu del Señor" (2 Cor. 3:18). Esta transformación constituye la culminación del Pentecostés interior.

A través de toda la Escritura, las descripciones de la experiencia del creyente —la salvación, justificación, santificación, purificación y redención—, se presentan como (1) ya cumplidas, (2) en proceso de verse cumplidas en la actualidad, y (3) por realizarse en el futuro. La comprensión de estas tres perspectivas nos ayuda a resolver las aparentes tensiones en el énfasis relativo que se coloca sobre la justificación y la santificación. Este capítulo, por lo tanto, se ha dividido en tres secciones principales, que tratan de la salvación en el pasado, el presente y el futuro del creyente.

La experiencia de la salvación y el pasado

No basta con obtener un conocimiento factual acerca de Dios, y de su amor y benevolencia. Es contraproducente procurar desarrollar el bien en uno mismo aparte de Cristo. La experiencia de salvación que alcanza las profundidades del alma viene sólo de Dios. Refiriéndose a esta experiencia, Cristo declaró: "El que no naciere de nuevo, no puede ver el reino de Dios… el que no naciere de agua y del Espíritu, no puede entrar en el reino de Dios" (Juan 3:3, 5).

Únicamente por medio de Jesucristo puede un individuo experimentar la salvación: "Porque no hay otro nombre bajo el cielo, dado a los hombres, en que podamos ser salvos" (Hech. 4:12). Jesús dijo: "Yo soy el camino, y la verdad, y la vida; nadie viene al Padre, sino por mí" (Juan 14:6).

La experiencia de la salvación implica arrepentimiento, confesión, perdón, justificación y santificación.

El arrepentimiento. Poco antes de su crucifixión, Jesús les prometió a sus discípulos el Espíritu Santo, el cual revelaría al Salvador al convencer "al mundo de pecado, de justicia y de juicio" (Juan 16:8). Cuando en el Pentecostés el Espíritu Santo convenció al pueblo de su necesidad de un Salvador, y los oyentes preguntaron cómo deberían reaccionar, Pedro replicó, "arrepentíos" (Hech. 2:37, 38; compárese con 3:19).

1. ¿Qué es el arrepentimiento? La palabra *arrepentimiento* es una traducción del hebreo *nacham*, "sentir pesar", "arrepentirse". El equivalente griego, *metanoeo*, significa "cambiar de parecer", "sentir remordimiento", "arrepentirse". El arrepentimiento genuino produce un cambio radical en nuestra actitud hacia Dios y el pecado. El Espíritu de Dios convence de la gravedad del pecado a los que lo reciben, y produce en ellos un sentido de la justicia de Dios y de su propia condición perdida. Experimentan pesar y culpabilidad. Reconociendo la verdad que "el que encubre sus pecados no prosperará; mas el que los confiesa y se aparta alcanzará misericordia" (Prov. 28:13), confiesan pecados específicos. Ejercitando en forma decidida sus voluntades, se entregan enteramente al Salvador y renuncian a su conducta pecaminosa. De este modo, el arrepentimiento alcanza su punto culminante en la conversión, que constituye el acto por el cual el pecador se vuelve hacia Dios (del griego *epistrophe*, "volverse en dirección a", compárese con Hech. 15:3).[2]

El arrepentimiento de sus pecados de adulterio y asesinato que experimentó David, vívidamente ejemplifica la manera como esta experiencia prepara el camino para obtener la victoria sobre el pecado. Bajo la convicción del Espíritu Santo, despreció su pecado y se lamentó de él, rogando que se le concediera pureza: "Reconozco mis rebeliones, y mi pecado está siempre delante de mí. Contra ti, contra ti solo he pecado, y he hecho lo malo delante de tus ojos". "Ten piedad de mí, oh Dios, conforme a tu misericordia; conforme a la multitud de tus piedades borra mis rebeliones". "Crea en mí, oh Dios, un corazón limpio, y renueva un espíritu recto dentro de mí" (Sal. 51:3, 1, 10). La experiencia posterior de David demuestra que la misericordia de Dios no sólo provee el perdón del pecado, sino que rescata de sus garras al pecador.

Si bien es cierto que el arrepentimiento precede al perdón, el pecador no puede por su arrepentimiento hacerse digno de obtener la bendición de Dios. De hecho, el pecador ni siquiera puede producir en sí mismo el arrepentimiento, porque es el don de Dios (Hech. 5:31; compárese con Rom. 2:4). El Espíritu Santo atrae al pecador a Cristo con el fin de que pueda hallar arrepentimiento, ese profundo pesar por el pecado.

2. La motivación del arrepentimiento. Cristo dijo: "Y yo, si fuere levantado de la tierra, a todos atraeré a mí mismo" (Juan 12:32). Nuestro corazón se reblandece y subyuga cuando nos damos cuenta de que la muerte de Cristo nos justifica y nos libra de la pena de muerte. Imaginémonos los sentimientos de un prisionero que espera su ejecución, al ver que repentinamente se le entrega un documento en el cual se lo perdona.

En Cristo, el pecador arrepentido no sólo recibe el perdón sino que se lo declara inocente. No merece un tratamiento tal, y no puede esperar ganarlo. Según señala Pablo, Cristo murió para efectuar nuestra justificación mientras aun éramos débiles, pecaminosos, impíos y enemigos de Dios (Rom. 5:6-10). Nada puede conmover las profundidades del alma al punto que pueda lograrlo la comprensión del amor perdonador de Cristo. Cuando los pecadores contemplan este amor divino insondable, que se exhibió en la cruz, reciben la más poderosa motivación al arrepentimiento que existe. Esta es la bondad de Dios que nos guía al arrepentimiento (Rom. 2:4).

La justificación. Dios, en su infinito amor y misericordia, "al que no conoció pecado [Cristo], por nosotros lo hizo pecado, para que nosotros fuésemos hechos justicia de Dios en él" (2 Cor. 5:21). Por medio de la fe en Jesús, el corazón se llena de su Espíritu. Por medio de esa misma fe, que es un don de la gracia de Dios (Rom. 12:3; Efe. 2:8), los pecadores arrepentidos reciben la justificación (Rom. 3:28).

El término "justificación" es una traducción del griego *dikaioma*, que significa "requisito recto, acta", "reglamentación", "sentencia judicial", "acto de justicia", y *dikaiosis*, que significa "justificación", "vindicación", "absolución". El verbo *dikaioo*, que está relacionado, y que significa "ser pronunciado recto y tratado como tal", "ser absuelto", "ser justificado", "recibir la libertad, ser hecho puro", "justificar", "vindicar", "hacer justicia", provee comprensión adicional del significado del término.[3]

En general, el término *justificación*, en su uso teológico es "el acto divino por el cual Dios declara justo a un pecador penitente, o lo considera justo. La justificación es lo opuesto de la condenación (Rom. 5:16)".[4] La base de esta justificación no es nuestra obediencia sino la de Cristo, por cuanto "por la justicia de uno vino a todos los hombres la justificación de vida... por la obediencia de uno, los muchos serán constituidos justos" (Rom. 5:18, 19). El Salvador concede esta obediencia a los creyentes que son "justificados gratuitamente por su gracia" (Rom. 3:24). "Nos salvó, no por obras de justicia que nosotros hubiéramos hecho, sino por su misericordia" (Tito 3:5).

1. El papel de la fe y las obras. Muchos creen erróneamente que su posición delante de Dios depende de sus obras buenas o malas. Pablo, al tratar el tema de cómo se justifican los individuos delante de Dios, declaró en forma inequívoca que estimaba "todas las cosas como pérdida... para ganar a Cristo, y ser hallado en él, no teniendo mi propia justicia... sino la que es por la fe de Cristo, la justicia que es de Dios por la fe" (Fil. 3:8, 9). Señaló a Abraham, el cual "creyó... a Dios, y le fue contado por justicia" (Rom. 4:3, Gén. 15:6). Fue justificado antes de someterse a circuncisión, y no por causa de ella (Rom. 4:9, 10).

¿Qué clase de fe tenía Abraham? Las Escrituras revelan que "por la fe Abraham, siendo llamado, obedeció" cuando Dios lo llamó, dejando su tierra natal y viajando "sin saber a dónde iba" (Heb. 11:8-10; compárese con Gén. 12:4; 13:18). Su fe viva y genuina en Dios se demostró por su obediencia. El patriarca fue justificado en base a esta fe dinámica.

El apóstol Santiago nos amonesta contra otra comprensión incorrecta de la justificación por la fe, según la cual uno puede ser justificado por fe sin manifestar las correspondientes obras. Como Pablo, Santiago ilustró el concepto recurriendo a la experiencia de Abraham. El acto de Abraham al ofrecer a su hijo Isaac (Sant. 2:21) demostró su fe. Pregunta el apóstol: ¿No ves que la fe actuó juntamente con sus obras, y que la fe se perfeccionó por las obras?" (Sant. 2:22). "La fe, si no tiene obras, es muerta en sí misma" (Sant. 2:17).

La experiencia de Abraham reveló que las obras constituyen la evidencia de una verdadera relación con Dios. La fe que lleva a la justificación es, por lo tanto, una fe viva que obra (Sant. 2:24).

Pablo y Santiago están de acuerdo en lo que constituye la justificación por la fe. Pablo revela la falacia de obtener justificación por obras, mientras que Santiago enfoca el concepto igualmente peligroso de pretender que somos justificados sin mostrar las obras correspondientes. Ni las obras ni una fe muerta pueden conducirnos a la justificación. Esta puede cumplirse únicamente por una fe genuina que obra por amor (Gal. 5:6) y purifica el alma.

2. La experiencia de la justificación. Por medio de la justificación por la fe en Cristo, su justicia nos es imputada. Pasamos a estar bien con Dios gracias a Cristo nuestro Sustituto. Dios, dijo Pablo, "al que no conoció pecado, por nosotros lo hizo pecado, para que nosotros fuésemos hechos justicia de Dios en él" (2 Cor. 5:21). Como pecadores arrepentidos, experimentamos un perdón pleno, completo. ¡Estamos reconciliados con Dios!

La visión que tuvo Zacarías acerca de Josué, el sumo sacerdote, provee una hermosa ilustración de la justificación. Josué se halla delante del ángel del Señor, cubierto con vestiduras sucias, que representan la contaminación del pecado. Por su condición, Satanás exige su condenación. Las acusaciones de Satanás son correctas; Josué no merece ser hallado inocente. Pero Dios, en su misericordia divina, reprende a Satanás, diciendo: "¿No es éste un tizón arrebatado del incendio?" (Zac. 3:2). ¿No es éste mi posesión preciosa, que yo he preservado en forma especial?

El Señor ordena de inmediato que se le quiten las vestiduras sucias, y declara: "Mira que he quitado de ti tu pecado, y te he hecho vestir de ropas de gala" (Zac. 3:4). Nuestro Dios amante y misericordioso echa a un lado las acusaciones de Satanás y justifica al tembloroso pecador, cubriéndolo con el manto de la justicia de Cristo. Así como las vestiduras viles de Josué representaban el pecado, las nuevas vestiduras representan la nueva experiencia del creyente en Cristo. En el proceso de la justificación, los pecados que han sido confesados y perdonados se transfieren al puro y santo Hijo de Dios, el Cordero portador del pecado. "El creyente arrepentido y carente de méritos, sin embargo, es vestido con la justicia imputada de Cristo. Este intercambio de vestiduras, esta transacción divina y salvadora, es la doctrina bíblica de la justificación".[5] El creyente justificado ha experimentado el perdón y ha sido purificado de sus pecados.

Los resultados. ¿Cuáles son los resultados del arrepentimiento y la justificación?

1. La santificación. La palabra "santificación" es una traducción del griego *hagiasmos*, que significa "santidad", "consagración", "santificación", derivado de *hagiazo*, "hacer santo", "consagrar", "santificar", "colocar aparte". El equivalente en hebreo es *qadash*, "apartar del uso común".[6]

El verdadero arrepentimiento y justificación conducen a la santificación. La justificación y la santificación se hallan estrechamente relacionadas,[7] distintas pero nunca separadas. Designan dos aspectos de la salvación: La justificación es lo que Dios hace *por nosotros*, mientras que la santificación es lo que Dios hace *en nosotros*.

Ni la justificación ni la santificación son el resultado de obras meritorias. Ambas se deben únicamente a la gracia y justicia de Cristo. "La justicia por la cual somos justificados es imputada; la justicia por la cual somos santificados es impartida. La primera es nuestro título al cielo; la segunda es nuestra idoneidad para el cielo".[8]

Las tres frases de la santificación que presenta la Biblia son: (1) Un acto cumplido en el pasado del creyente; (2) un proceso en la experiencia presente del creyente; (3) y el resultado final que el creyente experimentará cuando Cristo vuelva.

Con referencia al pasado del pecador, en el momento de la justificación, el creyente es también santificado "en el nombre del Señor Jesús, y por el Espíritu de nuestro Dios" (1 Cor. 6:11). El individuo se convierte en un "santo". En ese punto, el nuevo creyente es redimido, y pasa a pertenecer completamente a Dios.

Como resultado del llamado de Dios (Rom. 1:7), los creyentes son llamados "santos", por cuanto ahora están "en Cristo" (Fil. 1:1; véase también Juan 15:1-7), no por haber logrado un estado de impecabilidad. La salvación es una experiencia presente. "Nos salvó —dice Pablo—... por su misericordia, por el lavamiento de la regeneración y por la renovación en el Espíritu Santo" (Tito 3:5), apartándonos y consagrándonos para un propósito santo y para caminar con Cristo.

2. La adopción en la familia de Dios. Al mismo tiempo, los nuevos creyentes han recibido el "espíritu de adopción". Dios los ha adoptado como sus hijos, lo cual significa que los creyentes son hijos e hijas del Rey celestial. Nos ha transformado en "herederos de Dios y coherederos con Cristo" (Rom. 8:15-17). ¡Qué privilegio, qué honor y gozo!

3. La seguridad de la salvación. La justificación trae aparejada la seguridad de que el creyente ha sido aceptado. Trae el gozo de ver cómo nuestra unión con Dios se restaura *ahora*. No importa cuán pecaminosa haya sido nuestra vida pasada, Dios perdona todos nuestros pecados y ya no nos hallamos bajo la condenación y maldición de la ley. La redención se ha vuelto una realidad: "En el Amado... tenemos redención por su sangre, el perdón de pecados según las riquezas de su gracia" (Efe. 1:6, 7).

4. El comienzo de una vida nueva y victoriosa. El darnos cuenta de que la sangre del Salvador cubre nuestro pasado pecaminoso, trae salud al cuerpo, el alma y la mente. Podemos entonces abandonar nuestros sentimientos de culpabilidad, por cuanto en Cristo todo es perdonado, todo llega a ser nuevo. Al impartirnos diariamente su gracia, Cristo comienza a transformarnos a la imagen de Dios.

A medida que crece nuestra fe en él, progresa también nuestro sanamiento y transformación, y recibimos de Cristo victorias crecientes sobre los poderes de las tinieblas. El hecho de que el Salvador venció al mundo, garantiza nuestra liberación de la esclavitud del pecado (Juan 16:33).

5. El don de la vida eterna. Nuestra nueva relación con Cristo trae consigo el don de la vida eterna. Juan afirmó: "El que tiene al Hijo, tiene la vida; el que no tiene al Hijo de Dios no tiene la vida" (1 Juan 5:12). Ya se ha solucionado el problema que significaba nuestro pasado pecaminoso; por medio del Espíritu que mora en nosotros, ahora podemos gozar de las bendiciones de la salvación.

La experiencia de la salvación y el presente

A través de la sangre de Cristo, que trae purificación, justificación y santificación, el creyente se convierte en "nueva criatura... las cosas viejas pasaron; he aquí todas son hechas nuevas" (2 Cor. 5:17).

Un llamado a una vida de santificación. La salvación incluye el vivir una vida santificada sobre la base de lo que Cristo cumplió en el Calvario. Pablo apeló a los creyentes para que vivieran una vida consagrada a la santidad ética y la conducta moral. (1 Tes. 4:7). Con el fin de capacitarlos para experimentar la santificación, Dios concede a los creyentes el "Espíritu de santidad" (Rom. 1:4). "Que [Dios] os dé —dijo Pablo—, conforme a las riquezas de su gloria, el ser fortalecidos con poder en el hombre interior por su Espíritu; para que habite Cristo por la fe en vuestros corazones" (Efe. 3:16, 17).

Por haber llegado a ser una nueva creación, los creyentes tienen nuevas responsabilidades. Dice Pablo: "Así como para iniquidad presentasteis vuestros miembros para servir a la inmundicia y a la iniquidad, así ahora para santificación presentad vuestros miembros para servir a la justicia" (Rom. 6:19). Ahora los creyentes deben vivir "por el Espíritu" (Gál. 5:25).

Los creyentes llenos del Espíritu "no andan conforme a la carne, sino conforme al Espíritu" (Rom. 8:1; véase 8:4). Son transformados, puesto que "el ocuparse de la carne es muerte, pero el ocuparse del Espíritu es vida y paz" (Rom. 8:6). Al recibir el Espíritu Santo, los creyentes ya no viven "según la carne, sino según el Espíritu" (Rom. 8:9).

El propósito más elevado de la vida llena del Espíritu es agradar a Dios (1 Tes. 4:1). Pablo declara que la voluntad de Dios es nuestra santificación. Por lo tanto, debemos abstenernos "de fornicación" y recibir el consejo "que ninguno agravie ni engañe en nada a su hermano... pues no nos ha llamado Dios a inmundicia, sino a santificación" (1 Tes. 4:3, 6, 7).

El cambio interior. En ocasión de la segunda venida de Cristo, seremos transformados físicamente. Este cuerpo mortal corruptible se revestirá de inmortalidad (1 Cor. 15:51-54). Sin embargo, nuestros caracteres deben ser transformados en preparación para la segunda venida.

La transformación del carácter implica los aspectos mentales y espirituales de la imagen dañada de Dios, esa "naturaleza interior" que debe ser renovada diariamente (2 Cor. 4:16; compárese con Rom. 12:2). Así, como la anciana del relato del Pastor de Hermas, la iglesia está rejuveneciéndose interiormente; cada cristiano completamente entregado está siendo cambiado cada día de gloria en gloria, hasta que, en la segunda venida, se complete su transformación a la imagen de Dios.

1. La participación de Cristo y el Espíritu Santo. Únicamente el Creador puede cumplir la obra creativa de transformar nuestras vidas (1 Tes. 5:23). Sin embargo, no lo hace sin nuestra participación. Debemos colocarnos en el canal de la obra del Espíritu, lo cual podemos realizar contemplando a Cristo. A medida que meditamos en la vida de Cristo, el Espíritu Santo restaura las facultades físicas, mentales y espirituales (véase Tito 3:5). La obra del Espíritu Santo abarca, entonces, no sólo la revelación de Cristo, sino el proceso de restaurarnos a su imagen (véase Rom. 8:1-10).

Dios desea vivir en el corazón de sus hijos. El apóstol Juan dice: "El que guarda sus mandamientos, permanece en Dios, y Dios en él" (1 Juan 3:24; 4:12; véase

2 Cor. 6:16). Es esta realidad lo que le permitió al apóstol Pablo decir: "Ya no vivo yo, mas vive Cristo en mí" (Gál. 2:20; compárese con Juan 14:23). La presencia interior del Creador, revive diariamente a los creyentes en lo interior (2 Cor. 4:16), renovando sus mentes (Rom. 12:2; véase también Fil. 2:5).

2. Participamos de la naturaleza divina. Las "preciosas y grandísimas promesas" de Cristo, lo comprometen a concedernos su divino poder para completar la transformación de nuestro carácter (2 Ped. 1:4). Este acceso al poder divino nos permite añadir con toda diligencia "a vuestra fe virtud; a la virtud, conocimiento; al conocimiento, dominio propio; al dominio propio, paciencia; a la paciencia, piedad; a la piedad, afecto fraternal; y al afecto fraternal, amor" (2 Ped. 1:5-7). "Porque si estas cosas están en vosotros, y abundan —agrega el apóstol—, no os dejarán estar ociosos ni sin fruto en cuanto al conocimiento de nuestro Señor Jesucristo. Pero el que no tiene estas cosas tiene la vista muy corta; es ciego" (2 Ped. 1:8, 9).

(a). Sólo por medio de Cristo. Lo que transforma a los seres humanos a la imagen de su Creador es el acto de revestirse, o participar, del Señor Jesucristo (Rom. 13:14; Heb. 3:14), la "renovación del Espíritu Santo" (Tito 3:5). Es el perfeccionamiento del amor de Dios en nosotros (1 Juan 4:12). He aquí el misterio similar al de la encarnación del Hijo de Dios. Así como el Espíritu Santo hizo posible que el Cristo divino participara de la naturaleza humana, de la misma forma ese Espíritu hace posible que nosotros participemos de los rasgos divinos de carácter. Esta apropiación de la naturaleza divina renueva al ser interior, haciendo que nos parezcamos a Cristo, si bien en un nivel diferente: Cristo se hizo humano; los creyentes, por su parte, no pasan a ser divinos. En vez de ello, desarrollan un carácter semejante al de Dios.

(b). Un proceso dinámico. La santificación es progresiva. Por medio de la oración y el estudio de la Palabra, crecemos constantemente en comunión con Dios.

No basta con el mero desarrollo de la comprensión intelectual del plan de salvación. "Si no coméis la carne del Hijo del hombre, y bebéis su sangre, no tenéis vida en vosotros —reveló Jesús—. El que come mi carne y bebe mi sangre, tiene vida eterna; y yo le resucitaré en el día postrero. Porque mi carne es verdadera comida, y mi sangre es verdadera bebida. El que come mi carne y bebe mi sangre, en mí permanece, y yo en él" (Juan 6:53-56).

Esta imagen presenta vívidamente el hecho de que los creyentes deben asimilar las palabras de Cristo. Jesús dijo: "Las palabras que yo os he hablado son espíritu y son vida" (Juan 6:63; véase también Mateo 4:4).

El carácter se compone de lo que la mente "come y bebe". Cuando digerimos el Pan de Vida, somos transformados a la semejanza de Cristo.

3. *Las dos transformaciones.* En 1517, el mismo año que Lutero clavó sus 95 tesis en la puerta de la iglesia-castillo de Wittenberg, Alemania, Rafael comenzó a pintar en Roma su famoso cuadro de la transfiguración. Esos dos sucesos tenían algo en común. El acto de Lutero marcó el nacimiento del protestantismo, y el cuadro de Rafael, si bien en forma no intencional, simbolizaba el espíritu de la reforma.

El cuadro muestra a Cristo de pie en la montaña, y al endemoniado en el valle, mirando hacia Cristo con una expresión de esperanza en el rostro (véase Mar. 9:2-29). Los dos grupos de discípulos —uno en la montaña y el otro en el valle— representan dos clases de cristianos.

Los discípulos que estaban en la montaña deseaban permanecer con Cristo, aparentemente sin sentir preocupación por las necesidades de los habitantes del valle. A través de los siglos, muchos han construido refugios en las "montañas", muy alejados de las necesidades del mundo. Su experiencia consiste en oraciones sin obras.

Por otra parte, los discípulos que estaban en el valle trabajaron sin orar, y sus esfuerzos por echar fuera el demonio fracasaron. Hay multitudes que se han visto aprisionadas, ya sea en la trampa de trabajar a favor de otros careciendo de poder, o en la de orar mucho sin trabajar por los demás. Estas dos clases de cristianos necesitan que se restaure en ellos la imagen de Dios.

(a). La verdadera transformación. Dios espera reproducir su imagen en los seres caídos, transformando sus voluntades, mentes, deseos, y caracteres. El Espíritu Santo produce en los creyentes un cambio decidido en su punto de vista. Sus frutos, "amor, gozo, paz, paciencia, benignidad, bondad, fe, mansedumbre, templanza" (Gál. 5:22, 23), ahora constituyen su estilo de vida, aunque continúan siendo mortales corruptibles hasta la venida de Cristo.

Si no resistimos al Salvador, él "se identificará de tal manera con nuestros pensamientos y fines, amoldará de tal manera nuestro corazón y mente en conformidad con su voluntad, que cuando le obedezcamos estaremos tan sólo ejecutando nuestros propios impulsos. La voluntad, refinada y santificada, hallará su más alto deleite en servirle".[9]

(b). Los dos destinos. La transfiguración de Cristo revela otro contraste notable. Cristo se transfiguró, pero, en cierto sentido, lo mismo se puede decir del muchacho en el valle. El joven se había transfigurado en una imagen demoníaca (véase Mar. 9:1-29). Aquí vemos iluminarse dos planes opuestos: el plan divino de restaurarnos, y el de Satanás para arruinarnos. La Escritura afirma que Dios "es poderoso para guardaros sin caída" (Judas 24). Satanás, por su parte, hace todo lo posible por mantenernos en un estado caído.

La vida implica constantes cambios. No hay terreno neutral. Estamos siendo, ya sea ennoblecidos o degradados. Somos "esclavos del pecado" o "siervos de la justicia" (Rom. 6:17, 18). El que ocupa nuestras mentes nos ocupa a nosotros. Si por medio del Espíritu Santo Cristo ocupa nuestras mentes, llegaremos a ser individuos semejantes a Cristo; una vida llena del Espíritu lleva "cautivo todo pensamiento a la obediencia a Cristo" (2 Cor. 10:5). Pero si estamos sin Cristo, eso nos separa de la fuente de vida y en cambio hace que nuestra destrucción final sea inevitable.

La perfección de Cristo. ¿En qué consiste la perfección bíblica? ¿Cómo puede recibírsela?

1. La perfección bíblica. Las palabras, "perfecto" y "perfección" son traducciones del hebreo *tam* o *tamim*, que significa "completo", "recto", "pacífico", "íntegro", "saludable", o "intachable". En general, el término griego *teleios* significa "completo", "perfecto", "completamente desarrollado", "maduro", "plenamente desarrollado", o "que ha logrado su propósito".[10]

En el Antiguo Testamento, cuando la palabra se usa con referencia a seres humanos, tiene un sentido relativo. A Noé, Abraham y Job se los describe como perfectos o intachables (Gén. 6:9; 17:1; 22:18; Job 1:1, 8), a pesar de que todos ellos tenían imperfecciones (Gén. 9:21; 20; Job 40:2-5).

En el Nuevo Testamento, la palabra *perfecto* a menudo describe a individuos maduros que vivieron de acuerdo con toda la luz de que disponían, y lograron desarrollar al máximo el potencial de sus poderes espirituales, mentales y físicos (véase 1 Cor. 14:20; Fil. 3:15; Heb. 5:14). Los creyentes deben ser perfectos en su esfera limitada, declaró Cristo, así como Dios es perfecto en su esfera infinita y absoluta (véase Mat. 5:48). A la vista de Dios, un individuo perfecto es aquel cuyo corazón y vida se han rendido completamente a la adoración y el servicio de Dios, creciendo constantemente en el conocimiento de lo divino, y que, por la gracia de Dios, vive en armonía con toda la luz que ha recibido, regocijándose al mismo tiempo en una vida de victoria (véase Col. 4:12; Sant. 3:2).

2. La perfección completa en Cristo. ¿Cómo podemos llegar a ser perfectos? El Espíritu Santo nos trae la perfección de Cristo. Por fe, el carácter perfecto de Cristo llega a ser nuestro. Nadie podrá jamás pretender que posee esa perfección en forma independiente, como si fuese su posesión innata, o como si tuviese derecho a ella. La perfección es un don de Dios.

Aparte de Cristo, los seres humanos no pueden obtener justicia. "El que permanece en mí, y yo en él, éste lleva mucho fruto —dijo Jesús—; porque separados de mi nada podéis hacer" (Juan 15:5). Cristo es el que "nos ha sido hecho por Dios sabiduría, justificación, santificación, y redención" (1 Cor. 1:30).

En Cristo, estas cualidades constituyen nuestra perfección. Él completó de una vez por todas nuestra santificación y redención. Nadie puede añadir a lo que nuestro Salvador ha hecho. Nuestro vestido de bodas, o manto de justicia, fue tejido por la vida de Cristo, su muerte y resurrección. El Espíritu Santo toma el producto terminado y lo reproduce en la vida del cristiano. De este modo, podemos ser "llenos de toda la plenitud de Dios" (Efe. 3:19).

3. Avancemos hacia la perfección. ¿Qué papel nos toca desempeñar a nosotros en calidad de creyentes? Por medio de Cristo que mora en nosotros, crecemos hacia la madurez espiritual. Por medio de los dones que Dios ha concedido a su iglesia, podemos desarrollarnos "hasta que todos lleguemos a la unidad de la fe... a un varón perfecto, a la medida de la estatura de la plenitud de Cristo" (Efe. 4:13). Necesitamos crecer más allá de la experiencia provista por nuestra niñez espiritual (Efe. 4:14), y de las verdades básicas de la experiencia cristiana, avanzando hasta participar del "alimento sólido", preparado para los creyentes maduros (Heb. 5:14). "Por tanto —dice Pablo—, dejando ya los rudimentos de la doctrina de Cristo, vamos adelante a la perfección" (Heb. 6:1). "Esto pido en oración —dice el apóstol—, que vuestro amor abunde aún más y más en ciencia y en todo conocimiento, para que aprobéis lo mejor, a fin de que seáis sinceros e irreprensibles para el día de Cristo, llenos de frutos de justicia que son por medio de Jesucristo, para gloria y alabanza de Dios" (Fil. 1:9-11).

La vida santificada no se halla exenta de severas dificultades y obstáculos. Pablo amonesta a los creyentes, diciéndoles: "Amados míos... ocupaos en vuestra salvación con temor y temblor". Pero en seguida añade las siguientes palabras animadoras: "Porque Dios es el que en vosotros produce así el querer como el hacer, por su buena voluntad" (Fil. 2:12, 13).

"Exhortaos los unos a los otros cada día" aconseja el apóstol, "para que ninguno de vosotros se endurezca por el engaño del pecado. Porque somos hechos participantes de Cristo, con tal que retengamos firme hasta el fin nuestra confianza del principio" (Heb. 3:13, 14; compárese con Mat. 24:13).

Pero, advierte la Escritura, "si pecáremos voluntariamente después de haber recibido el conocimiento de la verdad, ya no queda más sacrificio por los pecados, sino una horrenda expectación de juicio" (Heb. 10:26, 27).

Estas exhortaciones hacen evidente que los cristianos "necesitan más que una justificación o santificación puramente legal. Necesitan santidad de carácter, si bien la salvación siempre es por fe. El título al cielo descansa exclusivamente en la justicia de Cristo. Además de la justificación, el plan divino de salvación provee, por medio de dicho título, y por el hecho de que Cristo mora en el corazón, la *idoneidad* para el cielo. Esta idoneidad debe ser revelada en el carácter moral del hombre como evidencia de que la salvación 'ha sucedido' ".[11]

¿Qué significa esto en términos humanos? La oración continua es indispensable si hemos de vivir una vida santificada que sea perfecta en cada etapa de su desarrollo. "Por lo cual también nosotros... no cesamos de orar por vosotros,... para que andéis como es digno del Señor, agradándole en todo, y llevando fruto en toda buena obra y creciendo en el conocimiento de Dios" (Col. 1:9, 10).

La justificación diaria. Todos los creyentes que viven una vida santificada y llena del Espíritu (poseídos por Cristo), tienen una necesidad continua de recibir diariamente la justificación (otorgada por Cristo). La necesitamos a causa de nuestras transgresiones conscientes y de los errores que podamos cometer sin darnos cuenta. Conociendo la pecaminosidad del corazón humano, David rogó el perdón de sus errores ocultos (véase Sal. 19:12; Jeremías 17:9). Refiriéndose específicamente a los pecados de los creyentes, Dios nos asegura que "si alguno hubiere pecado, abogado tenemos para con el Padre, a Jesucristo el justo" (1 Juan 2:1).

La experiencia de la salvación y el futuro

Nuestra salvación se cumple en forma final y completa al ser glorificados en la resurrección, o trasladados al cielo. Por medio de la glorificación, Dios comparte con los redimidos su propia gloria radiante. Esa es la esperanza que todos nosotros anticipamos, en nuestra calidad de hijos de Dios. Dice Pablo: "Nos gloriamos en la esperanza de la gloria de Dios" (Rom. 5:2).

Es en ocasión de la segunda venida cuando Cristo aparece "para salvar a los que le esperan" (Heb. 9:28).

Glorificación y santificación. La encarnación de Cristo en nuestros corazones es una de las condiciones para la salvación futura, es decir la glorificación de nuestros cuerpos mortales. "Cristo en vosotros —dice Pablo—, es la esperanza de gloria" (Col. 1:27). Y en otro lugar, explica: "Si el Espíritu de aquel que levantó de los muertos a Jesús mora en vosotros, el que levantó de los muertos a Cristo

Jesús vivificará también vuestros cuerpos mortales por su Espíritu que mora en vosotros" (Rom. 8:11). Pablo afirma que Dios nos ha "escogido desde el principio para salvación, mediante la santificación por el Espíritu y la fe en la verdad... para alcanzar la gloria de nuestro Señor Jesucristo" (2 Tes. 2:13, 14).

En Cristo, ya estamos en el salón del trono celestial (Col. 3:1-4). Los que son "partícipes del Espíritu Santo", ya "gustaron... los poderes del siglo venidero" (Heb. 6:4, 5). Al contemplar la gloria del Señor y fijar nuestros ojos en la belleza irresistible del carácter de Cristo, "somos transformados de gloria en gloria en la misma imagen [de Cristo]" (2 Cor. 3:18) y vamos siendo preparados para la transformación que experimentaremos en la segunda venida.

Nuestra redención y adopción final como hijos de Dios sucede en el futuro. Pablo dice: "Porque el anhelo ardiente de la creación es el aguardar la manifestación de los hijos de Dios", y añade que "nosotros también gemimos dentro de nosotros mismos, esperando la adopción, la redención de nuestro cuerpo" (Rom. 8:19, 23; compárese con Efe. 4:30).

Este acontecimiento culminante sucede en "los tiempos de la restauración de todas las cosas" (Hechos 3:21). Cristo lo llama "la regeneración" (Mat. 19:28). Entonces "la creación misma será libertada de la esclavitud de corrupción, a la libertad gloriosa de los hijos de Dios" (Rom. 8:21).

La posición bíblica según la cual, en un sentido, la adopción y la redención —o salvación— ya se han cumplido, pero en otro sentido todavía no, tiende a confundir a algunos. La respuesta la provee el estudio del panorama completo que abarca la obra de Cristo como Salvador. "Pablo relacionaba nuestra *salvación presente* con la *primera* venida de Cristo. En la cruz histórica, en la resurrección y en el ministerio celestial de Jesucristo, nuestra justificación y santificación fueron aseguradas de una vez y para siempre. Sin embargo, Pablo relaciona nuestra *salvación futura*, la glorificación de nuestros *cuerpos*, con el *segundo* advenimiento de Cristo.

"Por esta razón Pablo puede decir en forma simultánea: 'somos salvos', en vista de la cruz y resurrección de Cristo en el pasado; y: 'todavía no somos salvos', en vista del futuro retorno de Cristo para la redención de nuestros cuerpos".[12]

Hacer énfasis en nuestra salvación presente excluyendo al mismo tiempo nuestra salvación futura, produce una comprensión incorrecta y desafortunada de la salvación completa de Cristo.

La glorificación y la perfección. Algunos creen incorrectamente que la perfección máxima que la glorificación producirá, ya está disponible para los seres humanos. Pero Pablo, ese consagrado hombre de Dios, escribió refiriéndose a sí mismo, cerca del fin de su vida: "No que lo haya alcanzado ya, ni que ya sea perfecto; sino que prosigo, por ver si logro asir aquello para lo cual fui también asido por Cristo Jesús. Hermanos, yo mismo no pretendo haberlo ya alcanzado; pero una cosa hago: olvidando ciertamente lo que queda atrás, y extendiéndome a lo que está adelante, prosigo a la meta, al premio del supremo llamamiento de Dios en Cristo Jesús" (Fil. 3:12-14).

La santificación es un proceso que dura toda la vida. La perfección actual es nuestra sólo en Cristo, pero la transformación ulterior y abarcante de nuestras vidas conforme a la imagen de Dios, sucederá en ocasión de la segunda venida. Pablo nos amonesta, diciendo: "Así que, el que piensa estar firme, mire que no caiga" (1 Cor. 10:12). La historia de Israel y las vidas de David, Salomón y Pedro, constituyen serias amonestaciones para todos. "Mientras dure la vida es preciso resguardar los afectos y las pasiones con un propósito firme. Hay corrupción interna; hay tentaciones externas; y siempre que deba avanzar la obra de Dios, Satanás hará planes para disponer las circunstancias de modo que la tentación sobrevenga con poder aplastante sobre el alma. No podemos estar seguros ni un momento a menos que dependamos de Dios y nuestra vida esté oculta con Cristo en Dios".[13]

Nuestra transformación final sucede cuando recibamos la incorruptibilidad y la inmortalidad, cuando el Espíritu Santo restaure completamente la creación original.

La base de nuestra aceptación ante Dios

Ni los rasgos de un carácter semejante al de Cristo ni la conducta impecable deben constituir la base de nuestra aceptación ante Dios. La justicia salvadora viene del único Hombre recto, Jesús, y es el Espíritu Santo el que la trae hasta nosotros. No podemos contribuir absolutamente nada al don de la justicia de Cristo; sólo podemos recibirlo. Fuera de Cristo, no hay nadie más que sea justo (Rom. 3:10); la justicia humana independiente de él es sólo trapos inmundos (Isa. 64:6; véase también Dan. 9: 7, 9, 11, 20; 1 Cor. 1:30).[14]

Aun lo que hacemos en respuesta al amor Salvador de Cristo no puede formar la base de nuestra aceptación ante Dios. Esa aceptación se identifica con al obra de Cristo. Al traer a Cristo hasta nosotros, el Espíritu Santo nos concede esa aceptación.

Dicha aceptación, ¿se basa en la justicia imputada de Cristo, en su justificación santificadora, o en ambas? Juan Calvino señaló que así como "Cristo no puede ser dividido en partes, del mismo modo las dos cosas, justificación y santificación, las cuales percibimos que están unidas en él, son inseparables".[15] El ministerio de Cristo debe ser visto en su totalidad. Esto hace que sea de primordial importancia evitar especulaciones acerca de estos dos términos, al "tratar de definir minuciosamente los detalles que distinguen a la justificación de la santificación... ¿Por qué tratar de ser más minuciosos que la Inspiración en la cuestión vital de la justificación por la fe?"[16]

Tal como el sol tiene luz y calor, ambos inseparables y sin embargo con funciones únicas, así también Cristo debe convertirse para nosotros en justificación tanto como santificación (1 Cor. 1:30). No sólo nos hallamos plenamente justificados sino también completamente santificados en él.

El Espíritu Santo trae a nuestro interior el "consumado es" del Calvario, y aplica a nosotros la única experiencia de aceptación de la humanidad por parte de Dios. El "consumado es" de la cruz invalida cualquier intento humano de lograr aceptación. Al traer a nuestro interior al Crucificado, el Espíritu nos concede la única base de nuestra esperanza de aceptación ante Dios, proveyendo así el único título genuino de idoneidad para la salvación disponible para nosotros.

Referencias

1. T. F. Torrance, "Royal Priesthood", [Real Sacerdocio], *Scottish Journal of Theology Occasional Papers*, No. 3 (Edinburgh: Oliver and Boyd, 1963), pág. 48.
2. Véanse los artículos "Conversion" y "Repent, Repentance", *SDA Bible Dictionary*, [Diccionario bíblico adventista], ed. revisada, págs. 235, 933.
3. W. E. Vine, *An Expository Dictionary of the New Testament Words* [Diccionario expositivo de las palabras del Nuevo Testamento], (Old Tappan, NJ: Fleming H. Revell, 1966), págs. 284-286; William F. Arndt y F. Wilbur Gingrich, *A Greek English Lexicon of the New Testament and Other Early Christian Literature* (Chicago, IL: University of Chicago Press, 1973), pág. 196.
4. "Justification", *SDA Bible Dictionary*, ed. rev., pág. 635.
5. LaRondelle, pág. 47.
6. "Sanctification", *SDA Bible Dictionary*, ed. rev., pág. 979.
7. *Ibid.*
8. White, *Mensajes para los jóvenes* (Casa Editora Sudamericana, 1941), pág. 32.
9. White, *El deseado de todas las gentes*, pág. 621.
10. "Perfect, Perfection", *SDA Bible Dictionary*, ed. rev., pág. 864.
11. LaRondelle, pág. 77.
12. *Id.*, pág. 89.
13. White en *Comentario bíblico adventista*, tomo 2, pág. 1026.
14. Refiriéndose a Cristo, nuestro Sumo Sacerdote, Elena de White declaró: "Los servicios religiosos, las oraciones, la alabanza, la confesión arrepentida del pecado ascienden desde los verdaderos creyentes como incienso ante el santuario celestial, pero al pasar por los canales corruptos de la humanidad, se contaminan de tal manera que, a menos que sean purificados por sangre, nunca pueden ser de valor ante Dios. No ascienden en pureza inmaculada, y a menos que el Intercesor, que está a la diestra de Dios, presente y purifique todo por su justicia, no son aceptables ante Dios. Todo el incienso de los tabernáculos terrenales debe ser humedecido con las purificadoras gotas de la sangre de Cristo" (*Mensajes selectos*, tomo 1, pág. 404).
15. Juan Calvino, *Institutes of the Christian Religion* [Institutos de la Religión Cristiana] (Grand Rapids, Associated Publisher and Authors, Inc.), III, 11, 6.
16. White en *Fe y obras* (Casa Editora Sudamericana, 1984), pág. 11.

LOS ADVENTISTAS DEL SÉPTIMO DÍA CREEN EN...

11

Creciendo en Cristo

Jesús triunfó sobre las fuerzas del mal por su muerte en la cruz. Aquel que subyugó los espíritus demoníacos durante su ministerio terrenal, quebrantó su poder y aseguró su destrucción definitiva. La victoria de Jesús nos da la victoria sobre las fuerzas malignas que todavía buscan controlarnos y nos permite andar con él en paz, gozo y la certeza de su amor. El Espíritu Santo ahora mora dentro de nosotros y nos da poder. Al estar continuamente comprometidos con Jesús como nuestro Salvador y Señor, somos librados de la carga de nuestras acciones pasadas. Ya no vivimos en la oscuridad, el temor a los poderes malignos, la ignorancia ni la falta de sentido de nuestra antigua manera de vivir. En esta nueva libertad en Jesús, somos invitados a desarrollarnos en semejanza a su carácter, en comunión diaria con él por medio de la oración, alimentándonos con su Palabra, meditando en ella y en su providencia, cantando alabanzas a él, reuniéndonos para adorar y participando en la misión de la iglesia. Al darnos en servicio amante a aquellos que nos rodean y al testificar de la salvación, la presencia constante de Jesús por medio del Espíritu transforma cada momento y cada tarea en una experiencia espiritual. (Sal. 1:1, 2; 23:4; 77:11, 12; Col. 1:13, 14; 2:6, 14, 15; Luc. 10:17-20; Efe. 5:19, 20; 6:12-18; 1 Tes. 5:23; 2 Ped. 2:9; 3:18; 2 Cor. 3:17, 18; Fil. 3:7-14; 1 Tes. 5:16-18; Mat. 20:25-28; Juan 20:21; Gál. 5:22-25; Rom. 8:38, 39; 1 Juan 4:4; Heb. 10:25).

EL NACIMIENTO ES UN MOMENTO DE GOZO. Una semilla germina, y la apariencia de aquellas primeras hojas traen felicidad al jardinero. Nace un bebé, y su primer quejido anuncia al mundo que he aquí una nueva vida que exige su lugar. La madre olvida todo su dolor y se une al resto de la familia en gozo y celebración. Una nación nace para ser libre, y un pueblo entero inunda las calles y llena las plazas citadinas, agitando símbolos de su nuevo gozo. Pero imagine lo siguiente: Las dos hojitas no se convierten en cuatro, sino que permanecen igual o se desvanecen; un año después el pequeño bebé no sonríe ni ha podido dar sus primeros pasos, sino que su desarrollo ha quedado congelado en el nivel en que vino al mundo; la nación recién liberada poco después se derrumba y se torna en una prisión de temores, torturas y cautiverio.

El gozo del jardinero, el éxtasis de la madre y la promesa de un futuro lleno de libertad se tornan en desánimo, penas y luto. El crecimiento —el crecimiento continuo, constante, madurador y fructífero— es parte esencial de la vida. Sin él, el nacimiento no tiene significado, propósito ni destino.

Crecer es una ecuación inseperable de la vida, tanto física como espiritual. El crecimiento físico exige nutrición, ambiente, apoyo, ejercicio, educación y entrenamiento apropiados, y una vida llena de propósito. Pero el asunto en cuestión aquí es el crecimiento espiritual. ¿Cómo crecemos en Cristo y maduramos como cristianos? ¿Cuáles son las señales del crecimiento espiritual?

La vida comienza con la muerte

Quizá el principio más básico y único a la vida cristiana es que comienza con la muerte; de hecho, con dos muertes. En primer lugar, la muerte de Cristo en la cruz hace posible nuestra nueva vida: libre del dominio de Satanás (Col. 1:13, 14), libre de la condenación del pecado (Rom. 8:1), libre de la muerte que es el castigo del pecado (Rom. 6:23), y trae reconciliación con Dios y los humanos. En segundo lugar, la muerte del yo hace posible que tomemos la vida que Cristo ofrece. En tercer lugar, como resultado de lo anterior, caminamos en novedad de vida.

La muerte de Cristo. La cruz se encuentra en el centro del plan divino de salvación. Sin ella, Satanás y sus fuerzas demoniacas no serían vencidas, el problema del pecado no habría sido resuelto, y la muerte no habría sido aplastada. El apóstol nos dice: "La sangre de Jesucristo su Hijo nos limpia de todo pecado" (1 Juan 1:7). "Porque de tal manera amó Dios al mundo", dice el pasaje más conocido de la Biblia. Si el amor de Dios concibió y dio origen al plan de salvación, la ejecución del plan se explica en la segunda parte del pasaje: "que ha dado a su Hijo unigénito". Lo extraordinario del don de Dios no es que dio a su Hijo, sino que lo dio para morir por nuestros pecados. Sin la cruz no habría perdón de pecados, ni vida eterna, ni victoria sobre Satanás.

A través de su muerte en la cruz, Cristo triunfó sobre Satanás. Desde las fieras tentaciones en el desierto hasta la agonía en el Getsemaní, Satanás dirigió ataques contra el Hijo de Dios: para debilitar su voluntad, para hacer que su misión fracasara, para hacerlo desconfiar de su Padre, y para presionarlo a desviarse del camino de apurar la copa amarga del pecado de la humanidad por medio de un sacrificio vicario. La cruz fue el asalto final. Allí, "Satanás, con ángeles suyos en forma humana, estaba presente",[1] para llevar a cabo la gran guerra contra Dios hasta el fin, con la esperanza de que Cristo descendiera de la cruz en ese momento y dejara de cumplir el propósito redentor de Dios de ofrecer a su Hijo como un sacrificio por el pecado (Juan 3:16). Pero Cristo, al entregar su vida en la cruz, destruyó el poder de Satanás, despojó "a los principados y a las potestades, [y] los exhibió públicamente, triunfando sobre ellos en la cruz" (Col. 2:15). Sobre la cruz, "la batalla había sido ganada. Su diestra y su brazo santo le había conquistado la victoria. Como Vencedor, plantó su estandarte en las alturas eternas... Todo el cielo se asoció al triunfo de Cristo. Satanás, derrotado, sabía que había perdido su reino".[2]

La descripción gráfica del apóstol en Colosenses es digna de notarse. En primer lugar, Cristo despojó a los principados y potestades. El término griego sugiere que los dejó "sin nada". Gracias a la cruz, Satanás ha sido despojado de todo su poder demoníaco sobre el pueblo de Dios, siempre y cuando éste coloque su confianza en Aquel que ganó tal victoria sobre la cruz. En segundo lugar, la cruz hizo de Satanás y sus colaboradores un espectáculo público ante el universo. Aquel que una vez se ufanaba de que iba a ser "como el Altísimo" (Isa. 14:14) ahora ha sido hecho un espectáculo cósmico de vergüenza y derrota. El mal ya no ejerce poder sobre los creyentes, los que han pasado del reino de las tinieblas al reino de la luz (Col. 1:13). En tercer lugar, la cruz ha asegurado la victoria final, escatológica, sobre Satanás, el pecado y la muerte.

Por lo tanto, la cruz de Cristo se ha transformado en un instrumento de la victoria de Dios sobre el mal:

- Un medio por el cual se hace posible el perdón de los pecados (Col. 2:13).
- Una exhibición cósmica de la reconciliación universal (2 Cor. 5:19).
- La certeza de la posibilidad presente de una vida victoriosa y el crecimiento en Cristo, de manera que el pecado no reine sobre nuestra mente o cuerpo (Rom. 6:12), y de nuestra condición como hijos e hijas de Dios (Rom. 8:14).
- Una certeza escatológica de que este mundo de maldad, el otrora usurpado dominio de Satanás, será purificado de la presencia y el poder del pecado (Apoc. 21:1)

A cada paso en esta escalera de la redención y la victoria, vemos el cumplimiento de la profecía de Cristo mismo, "Yo veía a Satanás caer del cielo como un rayo" (Luc. 10:18).

Cristo sobre la cruz es el acto redentor de Dios para el problema del pecado. Para que no olvidemos este hecho, Jesús afirmó que su sangre sería "derramada para remisión de los pecados" (Mat. 26:28). Ese derramamiento de sangre es crucial para la experiencia y la apreciación de la salvación. En un sentido, se refiere al pecado. El pecado es real. El pecado es costoso. La fuerza del pecado es tan inmensa y mortífera que el perdón de los pecados y la libertad de su poder y culpa son imposibles sin la sangre preciosa de Cristo (1 Ped. 1:19). Esta verdad sobre el pecado debe decirse vez tras vez, porque vivimos en un mundo que niega la realidad del pecado o es indiferente al tema. Pero en la cruz confrontamos la naturaleza diabólica del pecado, que sólo puede ser limpiada por la sangre "derramada para remisión de los pecados" (Mat. 26:28).

Nunca olvidemos ni seamos indiferentes al hecho de que Jesús murió por nuestros pecados, y que sin su muerte, no habría perdón. Nuestros pecados fueron lo que llevó a Jesús a la cruz. Según declara Pablo: "Porque Cristo, cuando aún éramos débiles, a su tiempo murió por los impíos... Dios muestra su amor para con nosotros, en que siendo aún pecadores, Cristo murió por nosotros" (Rom. 5:6, 8). Elena G. de White dice: "Los pecados de los hombres descansaban pesadamente sobre Cristo, y el sentimiento de la ira de Dios contra el pecado abrumaba su vida".[3] No podemos dejar de afirmar y proclamar la naturaleza sacrificial y sustitutiva de la muerte de Jesús, de "una vez y para siempre" (ver Rom. 6:10; Heb. 7:27; 10:10).

No somos salvos por Cristo el hombre bueno, Cristo el hombre–Dios, Cristo el gran Maestro, o por Cristo el Ejemplo impecable. Somos salvos por el Cristo de la cruz: "Cristo fue tratado como nosotros merecemos a fin de que nosotros pudiésemos ser tratados como él merece. Fue condenado por nuestros pecados, en los cuales no había participado, a fin de que nosotros pudiésemos ser justificados por su justicia, en la cual no habíamos participado. Él sufrió la muerte nuestra, a fin de que pudiésemos recibir la vida suya. 'Por su llaga fuimos nosotros curados'".[4]

La sangre de Jesús, garantiza entonces el perdón de los pecados y lanza la semilla de la novedad del crecimiento. Uno de los primeros aspectos de esta novedad y crecimiento en la vida cristiana es la reconciliación. La cruz es el instrumento de Dios para efectuar la reconciliación del ser humano con él. "Dios estaba en Cristo —dice el apóstol Pablo— reconciliando consigo al mundo" (2 Cor. 5:19). Debido a lo que él hizo en la cruz, somos capaces de permanecer ante Dios sin pecado y sin temor. Aquello que nos separaba de Dios ha sido quitado. "Cuanto está lejos el oriente del occidente, hizo alejar de nosotros nuestras rebeliones" (Sal. 103:12). El Hombre en la cruz ha abierto un nuevo camino a la misma presencia de Dios. "Consumado es" anunció en la cruz, y entonces animó a sus seguidores que entraran en una comunión permanente con Dios.

La reconciliación con Dios inmediatamente nos aboca a la segunda fase del proceso de crecimiento redentivo: la reconciliación con otros seres humanos. Uno de los aspectos más hermosos de la cruz es la variedad de personas que se reunió a su alrededor. No todos eran admiradores de Jesús. No todos eran santos. Pero observe quiénes eran. Había egipcios orgullosos de su habilidad comercial; había romanos que se ufanaban de su civilización y cultura; griegos que se especializaban en los estudios; judíos que se consideraban el pueblo escogido de Dios; fariseos que pensaban que eran los escogidos dentro de los escogidos; los saduceos que se creían puros en la doctrina; esclavos que buscaban libertad; hombres libres que disfrutaban del lujo del ocio; hombres, mujeres y niños.

Pero la cruz no hizo distinción entre todos estos. Los juzgó a todos como pecadores; les ofreció a todos el camino divino de la reconciliación. Al pie de la cruz la tierra es plana. Todos se acercan, y nada divide ya a la humanidad. Se lanza una nueva hermandad. Comienza una nueva comunión. El oriente se une al occidente, el norte se allega al sur, el blanco estrecha la mano del negro, el rico salta la barrera para tomar las manos del pobre. La cruz los vincula a todos con la fuente de la sangre, para probar la dulzura de la vida, para compartir la experiencia de la gracia y para proclamar al mundo la emergencia de una nueva vida, una nueva familia (Efe. 2:14-16). Así la cruz inició la victoria sobre Satanás y el pecado, y consecuentemente trajo nueva vida en Cristo.

La muerte al yo. Un segundo aspecto importante de la novedad y el crecimiento cristianos es la muerte al viejo hombre. Usted no puede leer el Nuevo Testamento sin enfrentar este aspecto fundamental de la nueva vida del cristiano. Lea Gálatas 2:20, 21: "Con Cristo estoy juntamente crucificado, y ya no vivo yo, mas vive Cristo en mí; y lo que ahora vivo en la carne, lo vivo en la fe del Hijo de Dios, el cual me amó y se entregó a sí mismo por mí". O lea Romanos 6:6-11: "Nuestro viejo hombre fue crucificado juntamente con él, para que el cuerpo del pecado sea destruido, a fin de que no sirvamos más al pecado... También vosotros consideraos muertos al pecado, pero vivos para Dios en Cristo Jesús, Señor nuestro". O lea la enunciación que Jesús hizo acerca de los principios de la nueva vida: "Si el grano de trigo no cae en la tierra y muere, queda solo; pero si muere, lleva mucho fruto" (Juan 12:24).

La vida cristiana, entonces, no comienza con el nacimiento. Comienza con la muerte. No hay comienzo alguno hasta que el yo muera, hasta que el yo es crucificado. Debe haber una extirpación radical y deliberada del yo. "De modo que si alguno está en Cristo, nueva criatura es; las cosas viejas pasaron; he aquí todas son hechas nuevas" (2 Cor. 5:17). "La vida del cristiano no es una modificación o mejora de la antigua, sino una transformación de la naturaleza. Se produce una muerte al yo y al pecado, y una vida enteramente nueva. Este cambio puede ser efectuado únicamente por la obra eficaz del Espíritu Santo".[5] El apóstol subraya tanto la muerte al pecado como la resurrección a una nueva vida por medio de la experiencia del bautismo: "¿O no sabéis que todos los que hemos sido bautizados en Cristo Jesús, hemos sido bautizados en su muerte? Porque somos sepultados juntamente con él para muerte por el bautismo, a fin de que como Cristo resucitó de los muertos por la gloria del Padre, así también nosotros andemos en vida nueva" (Rom. 6:3, 4). El bautismo de esta manera abre simbólicamente la puerta a la nueva vida y nos invita a crecer en Cristo.

Algo le ocurre a una persona que acepta a Jesús como su Salvador y Señor. Simón el vacilante se torna en Pedro el valiente. Saulo el perseguidor se convierte en Pablo el proclamador. Tomás el dudoso se convierte en el misionero a nuevas tierras. La cobardía cede su lugar a la valentía. La incredulidad cede a la antorcha de la fe. Los celos son ahogados por el amor. El interés propio se desvanece ante la preocupación por el prójimo. El pecado no halla lugar en el corazón. El yo queda crucificado. Por eso Pablo escribió: "Habiéndoos despojado del viejo hombre con sus hechos, y revestido del nuevo, el cual conforme a la imagen del que lo creó se va renovando hasta el conocimiento pleno" (Col. 3:9, 10).

Jesús insistió: "Si alguno quiere venir en pos de mí, niéguese a sí mismo, y tome su cruz, y sígame" (Mat. 16:24; compárese con Lucas 9:23). En la vida cristiana, la muerte al yo no es una opción sino una necesidad. La cruz y sus atributos —tanto los inmediatos como los finales— deben confrontar el discipulado cristiano y exigir una respuesta absoluta. El poderoso comentario de Dietrich Bonhoeffer es digno de notarse: "Si nuestro cristianismo ha dejado de considerar seriamente el discipulado, si hemos diluido el evangelio hasta convertirlo en una elevación emocional que no hace demandas costosas y que no distingue entre la existencia natural y la cristiana, entonces hemos de considerar la cruz como una calamidad ordinaria de todos los días, como si fuese una de las pruebas y tribulaciones de la vida… Cuando Cristo llama a un hombre, le pide que venga y muera… es siempre la misma muerte: la muerte en Jesucristo, la muerte del viejo hombre cuando se lo llama".[6]

Por lo tanto, el llamamiento a la vida cristiana es un llamado a la cruz, a negar continuamente al yo su deseo persistente de ser su propio salvador, y adherirse totalmente al Hombre de la cruz, para que nuestra "fe no esté fundada en la sabiduría de los hombres, sino en el poder de Dios" (1 Cor. 2:5).

Vivir una nueva vida. Un tercer aspecto del crecimiento en Cristo es vivir la nueva vida. Uno de los grandes malentendidos de la vida cristiana es que la salvación es un don gratuito de la gracia de Dios, y que eso es todo. No es así. Sí, es verdad que en Cristo "tenemos redención por su sangre, el perdón de pecados según las riquezas de su gracia" (Efe. 1:7). También es cierto que "por gracia sois salvos por medio de la fe; y esto no de vosotros, pues es don de Dios; no por obras, para que nadie se gloríe" (Efe. 2:8, 9).

Sí, la gracia es gratuita. Pero la gracia costó la vida del Hijo de Dios. La gracia gratuita no equivale a gracia barata. Podemos citar nuevamente a Bonhoeffer: "La gracia barata es la predicación del perdón sin requerir arrepentimiento, bautismo sin disciplina eclesiástica, comunión sin confesión, absolución sin confesión personal. La gracia barata es gracia sin discipulado, gracia sin la cruz, gracia sin Jesucristo, vivo y encarnado [en nosotros]".[7]

La gracia barata no guarda relación alguna con el llamamiento de Jesús. Cuando Jesús llama a una persona, le ofrece una cruz que debe cargar. Ser un discípulo es ser un seguidor, y ser un seguidor de Jesús no es un truco barato. Pablo les escribió a los corintios enérgicamente sobre las obligaciones de la gracia. En primer lugar, habla de su propia experiencia: "Por la gracia de Dios soy lo que soy; y su gracia no ha sido en vano para conmigo, antes he trabajado más que todos ellos; pero no yo, sino la gracia de Dios conmigo" (1 Cor. 15:10). De esta manera Pablo reconoce la supremacía de la gracia de Dios en su vida. E inmediatamente añade que esta gracia no le fue dada en vano. La frase griega *eis kenon* literalmente significa "para algo vacío". En otras palabras, Pablo no recibió la gracia para vivir una vida vana y vacía, sino una vida llena del fruto del Espíritu, y no por sus propias fuerzas, sino por el poder de la gracia que moraba en él. De manera similar, le ruega a los creyentes que no reciban "en vano la gracia de Dios" (2 Cor. 6:1).

La gracia de Dios no ha venido para redimirnos de un tipo de vacío para colocarnos en otro tipo de vacío. La gracia de Dios es su actividad para reconciliarnos consigo mismo, para hacernos parte de la familia de Dios. Cuando entramos a esta familia, vivimos como esta familia y llevamos los frutos del amor de Dios a través del poder de su gracia maravillosa.

Crecer en Cristo, por lo tanto, equivale a crecer en madurez de manera que día tras día reflejamos la voluntad de Cristo y caminamos los caminos de Cristo. Entonces surge la pregunta: ¿Cuáles son las señales de esta vida madura y de un crecimiento constante? Aunque podríamos enumerar otras más, ofrecemos siete a su consideración.

Señales del crecimiento en Cristo

1. Una vida del Espíritu. Jesús le dijo a Nicodemo, "el que no naciere de agua y del Espíritu, no puede entrar en el reino de Dios" (Juan 3:5). Sin el poder regenerador del Espíritu Santo, la vida cristiana ni siquiera puede comenzar. Él es el Espíritu de verdad (Juan 14:17). Él nos guía a toda verdad (Juan 16:13) y nos hace entender la voluntad de Dios según se ha revelado en las Escrituras. Él trae una convicción de pecado, de justicia y de juicio (Juan 16:7, 8), sin la cual no podemos percibir las consecuencias presentes y eternas de nuestras acciones y la vida que llevamos. Es el poder transformador y la presencia del Espíritu en nuestra vida que nos hace hijos e hijas de Dios (Rom. 8:14). Es a través del Espíritu que Cristo "mora en nosotros" (1 Juan 3:24). Con la morada interna del Espíritu viene una nueva vida, nueva en el sentido de que rechaza la antigua manera de pensar, actuar y relacionarnos que era contraria a la voluntad de Dios; nueva también en que hace de nosotros una nueva creación, reconciliada y redimida, libre del pecado para crecer en justicia (Rom. 8:1-16) y para reflejar la imagen de Jesús "de gloria en gloria" (2 Cor. 3:17, 18). "Cuando el Espíritu de Dios se posesiona del corazón, transforma la vida. Los pensamientos pecaminosos son puestos a un lado, las malas acciones son abandonadas; el amor, la humildad y la paz reemplazan a la ira, la envidia y las contenciones. La alegría reemplaza a la tristeza, y el rostro refleja la luz del cielo. Nadie ve la mano que alza la carga, ni contempla la luz que desciende de los atrios celestiales. La bendición viene cuando por la fe el alma se entrega a Dios. Entonces ese poder que ningún ojo humano puede ver, crea un nuevo ser a la imagen de Dios".[8]

El Espíritu nos hace "herederos de Dios y coherederos con Cristo, si es que padecemos juntamente con él, para que juntamente con él seamos glorificados" (Rom. 8:17). La vida del Espíritu es por lo tanto un llamado a la acción espiritual: A rechazar el viejo orden del pecado y a ser partícipes de los sufrimientos de Cristo en la vida presente para poder participar con él de la gloria futura. La espiritualidad cristiana por lo tanto no es un escape a un mundo de fantasía y misticismo. Es un llamamiento a sufrir, compartir, testificar, adorar y vivir la vida de Cristo en este mundo, en nuestras comunidades y nuestro hogar. Esto lo hace posible únicamente la presencia interna del Espíritu. La oración de Jesús estipula que aunque estamos en el mundo, no debemos ser del mundo (Juan 17:15). Debemos vivir en el mundo, es el lugar donde habitamos y el escenario de nuestra misión. Pero no pertenecemos al mundo, porque nuestra ciudadanía y esperanza están en el mundo venidero (Fil. 3:20).

Pablo describe esta vida habilitada por el Espíritu como una vida que crece y madura. Tal madurez rechazará las obras de la carne: "adulterio, fornicación, inmundicia, lascivia, idolatría, hechicerías, enemistades, pleitos, celos, iras, contiendas, disensiones, herejías, envidias, homicidios, borracheras, orgías, y cosas semejantes a estas" (Gál. 5:19-21). En contraste aceptará y producirá el fruto del Espíritu: "amor, gozo, paz, paciencia, benignidad, bondad, fe, mansedumbre, templanza" (Gál. 5:22, 23).

2. Una vida de amor y unidad. La vida cristiana es una vida de unidad, una vida reconciliada con Dios, por una parte, y reconciliada con otros seres humanos, por la otra. La reconciliación es la sanidad de una brecha en las relaciones, y la causa primaria de esta brecha es el pecado. El pecado nos ha separado de Dios (Isa. 59:2) y ha resquebrajado la humanidad en una multitud de facciones; según raza, etnia, género, nacionalidad, color, casta, etc. El evangelio de Jesús trata con este problema del pecado y todos los factores divisivos asociados con éste, y crea un nuevo orden de unidad y reconciliación. Por eso Pablo pudo decir, Dios "nos reconcilió consigo mismo por Cristo" (2 Cor. 5:18). A raíz de esta reconciliación nace una nueva comunidad: una comunidad redimida marcada por la unidad vertical con Dios y la unidad horizontal con otros seres humanos. De hecho, esta vida de amor y unidad es la esencia del evangelio. ¿No dijo Jesús tal cosa en su oración sumo sacerdotal, "que todos sean uno; como tú, oh Padre, en mí, y yo en ti, que también ellos sean uno en nosotros; para que el mundo crea que tú me enviaste" (Juan 17:21)? La entera misión redentiva de Jesús y el poder de su evangelio claman por vindicación en el amor y una unidad que debe ligar a los miembros de la comunidad redimida. No hay crecimiento cristiano sin tal amor y unidad. Y donde prevalecen esta unidad y este amor, todas las paredes divisivas entre los pueblos se derrumbarán. Las barreras de raza, origen nacional, género, casta, color y otros factores divisivos quedan abolidos en la vida de la persona que ha experimentado la nueva creación, una nueva humanidad (Efe. 2:11-16). Según la persona crece y madura, la gloriosa verdad de la reconciliación, el amor y la unidad brilla cada vez más en las expresiones personales y corporativas de la vida cristiana.

El factor del amor en el crecimiento cristiano es único al evangelio. Jesús lo llamó el nuevo mandamiento (Juan 13:34), pero la novedad no se refiere al amor sino al objeto del amor. Las personas aman, pero aman a aquello que se deja amar, aman a los suyos. Pero Jesús introdujo un nuevo factor: "Como yo os he amado, que también os améis unos a otros". En otras palabras, nuestro amor debe ser tan universal, tan sacrificial y tan completo como el amor de Jesús. El nuevo amor no erige barreras; es inclusivo; ama incluso al enemigo. De ese tipo de amor "depende toda la ley y los profetas" (Mat. 22:37-40).

El mandato de amar a nuestro prójimo no deja lugar a modificaciones. No elegimos a quien hemos de amar; se nos llama a amar a todos. Como hijos de un mismo Padre, se espera que nos amemos los unos a los otros. En la parábola del Buen Samaritano, Cristo ha mostrado que "nuestro prójimo no es meramente quien pertenece a la misma iglesia o fe que nosotros. No tiene que ver con distinción de raza, color o clase. Nuestro prójimo es toda persona que necesita nuestra ayuda. Nuestro prójimo es toda alma que está herida y magullada por el adversario. Nuestro prójimo es todo aquel que pertenece a Dios".[9]

El verdadero amor al prójimo penetra el color de la piel y confronta la humanidad de la persona; se niega a refugiarse bajo una casta, sino que contribuye al enriquecimiento del alma; rescata la dignidad de la persona de los prejuicios de la deshumanización; libra el destino humano del holocausto filosófico de las cosas. En efecto, el amor genuino ve en cada rostro la imagen de Dios, ya sea potencial, latente o real. Un cristiano maduro en crecimiento poseerá ese tipo de amor, que en realidad constituye la esencia de toda unidad cristiana.

3. Una vida de estudio. El alimento es un elemento esencial para el crecimiento físico. La función de cualquier organismo vivo requiere una nutrición adecuada y constante. Así también es en la vida espiritual. ¿Pero dónde encontramos el alimento espiritual? Principalmente, de dos fuentes: la comunión constante con Dios mediante el estudio de su Palabra y en el cultivo de una vida de oración. En ninguna parte es tan claramente expresada la importancia de la Palabra de Dios para la vida espiritual como en las mismas palabras de Jesús: "No sólo de pan vivirá el hombre, sino de toda palabra que sale de la boca de Dios" (Mat. 4:4). Jesús nos da un ejemplo perfecto de cómo usó la Palabra cuando enfrentó a Satanás: "Jesús hizo frente a Satanás con las palabras de la Escritura. 'Escrito está', dijo. En toda tentación, el arma empleada en su lucha era la Palabra de Dios. Satanás exigía de Cristo un milagro como señal de su divinidad. Pero aquello que es mayor que todos los milagros, una firme confianza en un 'así dice Jehová', era una señal que no podía ser controvertida. Mientras Cristo se mantuviese en esa posición, el tentador no podría obtener ventaja alguna".[10]

Sucede lo mismo con nosotros. El salmista dice: "En mi corazón he guardado tus dichos, para no pecar contra ti" (Sal. 119:12). Añada a esto la promesa provista por el apóstol: "Porque la palabra de Dios es viva y eficaz, y más cortante que toda espada de dos filos; y penetra hasta partir el alma y el espíritu, las coyunturas y los tuétanos, y discierne los pensamientos y las intenciones del corazón" (Heb. 4:12). Cuando el cristiano utiliza esta afilada espada de dos filos del Espíritu para repudiar los ataques de Satanás, se encuentra en el bando vencedor. El creyente es habilitado para penetrar y cortar a través de cada obstáculo a su desarrollo espiritual, para discernir entre el bien y el mal de manera que pueda escoger consistentemente lo correcto, y para distinguir entre la voz de Dios y los susurros del diablo. Por eso es que la Palabra de Dios es una herramienta irremplazable para el crecimiento espiritual.

Pablo escribió que "toda la Escritura es inspirada por Dios, y útil para enseñar, para redargüir, para corregir, para instruir en justicia, a fin de que el hombre de Dios sea perfecto, enteramente preparado para toda buena obra" (2 Tim. 3:16, 17). ¿Desea usted crecer en la comprensión de la verdad y la doctrina? ¿Desea saber cómo mantener su alma enfilada hacia Dios? ¿Desea saber lo que Dios tiene en mente para usted hoy, mañana y el día siguiente? Eche mano a su Biblia. Estúdiela diariamente. Acérquese a ella en oración. No hay una manera mejor de conocer la voluntad de Dios y buscar sus caminos.

4. *Una vida de oración*. Dios nos habla a través de su Palabra. Conocer su voluntad es parte del crecimiento espiritual, parte de la comunicación con él. La oración es otro aspecto de la comunión con Dios y del proceso de crecer en él. Si la Palabra de Dios es el pan que nutre nuestra alma, la oración es el aliento que la conserva viva. La oración es hablar con Dios, escuchar su voz, arrodillarse arrepentido y levantarse fortalecido por el poder divino. Esto no demanda nada de nosotros mismos, excepto que neguemos nuestro yo, descansemos en su fortaleza y esperemos en él. De ese descanso fluye el poder con el que podemos caminar con Cristo y pelear la batalla espiritual. La oración del Getsemaní aseguró la victoria de la cruz.

Pablo considera la oración como algo tan importante en la vida y en el crecimiento cristianos que menciona seis principios fundamentales: Orad sin cesar; orad con las súplicas del Espíritu; orad en el espíritu; orad con vigilancia; orad con perseverancia y orad por todos los santos (ver Efe. 6:18). Como el fariseo (Luc. 18:11), a menudo somos tentados a orar para mostrarnos en público, egoístamente, o simplemente como rutina. La oración efectiva es abnegada, llena del Espíritu, intercesora, ruega por las necesidades de los otros, a la vez que ruega también por el cumplimiento de la voluntad de Dios sobre la tierra. La oración es una perpetua comunión con Dios; es el oxígeno del alma, sin el cual el alma se atrofia y se muere. Elena de White dice que "la oración es uno de los deberes más esenciales. Sin ella, no puedes observar una conducta cristiana. Eleva, fortalece y ennoblece; es el alma en conversación con Dios".[11]

5. *Una vida que tiene frutos*. Jesús dijo: "Por sus frutos los conoceréis" (Mat. 7:20). Tener frutos es un aspecto importante del crecimiento cristiano. La salvación por la gracia a menudo es mal interpretada, negando la obediencia y el hecho de llevar frutos. Nada puede estar más lejos de la verdad bíblica. Sí, somos salvos libremente por la fe en lo que Dios, por gracia, hizo a través de Cristo, y no tenemos nada de qué jactarnos (Efe. 2:7,8; Juan 3:16). Pero no somos salvos para hacer lo que se nos antoje; somos salvos para vivir de acuerdo a la voluntad de Dios. No hay nada de legalista, y por lo tanto innecesario, en el hecho de obedecer la ley de Dios, pues la obediencia es la consecuencia natural de la liberación del pecado por la gracia del Señor. Pues, "así también la fe, si no tiene obras, es muerta en sí misma" (Sant. 2:17).

Consideremos la aseveración y el deseo expresados por Jesús en Juan 14 y 15. La aseveración es su relación con el Padre, y el deseo es para una relación de sus discípulos con él. Primeramente, Jesús afirma: "Yo he guardado los mandamientos de mi Padre, y permanezco en su amor" (Juan 15:10). La obediencia de Jesús al Padre no es el resultado de un cumplimiento legalista, sino el fruto de haber permanecido en el amor del Padre. La relación íntima entre el Padre y el Hijo está basada en el amor y sólo en el amor, y este amor llevó al Hijo a aceptar la voluntad del Padre y a probar el amargo sorbo del Getsemaní y del Calvario.

Jesús usa la relación de amor de Padre-Hijo como una ilustración de la clase de relación que sus discípulos deberían tener con él. Así como la relación de Jesús con el Padre precede su obediencia al Padre, así también, la relación de los discípulos con Jesús debería preceder toda obediencia de aquéllos a él. "Si me amáis, guardad mis mandamientos" (Juan 14:15). "Para que el mundo conozca que amo al Padre, y como el Padre me mandó, así hago" (vers. 31).

Notemos el deseo que Jesús tiene para sus discípulos. Él hace lo que le mandó su Padre, para que el mundo conozca la relación de amor que tiene con él. La relación amorosa precede al hecho de hacer la voluntad del Padre. Jesús ama al Padre, y por lo tanto desea hacer su voluntad. Del mismo modo, Jesús pone el amor como el fundamento de su relación con sus propios discípulos. Él dijo: "Permaneced en mí, y yo en vosotros. Como el pámpano no puede llevar fruto por sí mismo, si no permanece en la vid, así tampoco vosotros, sino permanecéis en mí" (Juan 15:4). Llevar frutos, obedecer, y vivir de acuerdo con la voluntad de Dios son señales esenciales del crecimiento espiritual. La falta de frutos indica la falta de permanecer en Cristo.

6. Una vida de guerra espiritual. El discipulado cristiano no es un viaje fácil. Estamos en medio de una guerra real y peligrosa. Como dice Pablo: "Porque no tenemos lucha contra sangre y carne, sino contra principados, contra potestades, contra los gobernadores de las tinieblas de este siglo, contra huestes espirituales de maldad en las regiones celestes. Por tanto, tomad toda la armadura de Dios, para que podáis resistir en el día malo, y habiendo acabado todo, estar firmes" (Efesios 6:12, 13).

En esta guerra, las fuerzas sobrenaturales están alineadas contra nosotros. Así como los ángeles del Señor están ocupados en el ministerio de servir a los seguidores de Cristo, liberarlos del mal y guiarlos en el crecimiento espiritual (Sal. 34:7; 91:11, 12; Hech. 5:19, 20; Heb.1:14; 12:22), así también los ángeles caídos conspiran incansablemente para desviarnos de las demandas del discipulado. La Biblia afirma que Satanás y sus ángeles están enfurecidos contra los seguidores de Jesús (Apoc. 12:17). Y el propio diablo se mueve como "león rugiente, buscando a quién devorar" (1 Ped. 5:8, 9). El camino del crecimiento espiritual está lleno de las trampas del diablo, y es aquí que nuestra guerra espiritual adquiere toda su ferocidad. Por eso, Pablo usa algunas palabras muy fuertes: "Tomad la armadura", "Resistid", "Estad firmes" (Efe. 6:12-14).

"La vida cristiana es una batalla y una marcha. En esta guerra no hay descanso; el esfuerzo ha de ser continuo y perseverante. Sólo mediante un esfuerzo incansable podemos asegurarnos la victoria contra las tentaciones de Satanás. Debemos procurar la integridad cristiana con energía irresistible, y conservarla con propósito firme y resuelto.

"Nadie llegará a las alturas sin esfuerzo perseverante en su propio beneficio. Todos deben empeñarse por sí mismos en esta guerra; nadie puede pelear por nosotros. Somos individualmente responsables del desenlace del combate".[12]

Sin embargo, Dios no nos deja solos en esta guerra. Nos hizo victoriosos en y a través de Jesucristo (1 Cor. 15:57). Nos ha dado una sólida armadura para enfrentar al enemigo. Pablo describe esta armadura como el cinturón de la verdad, la coraza de la justicia, el calzado del evangelio de la paz, el escudo de la fe, el yelmo de la salvación, la espada del Espíritu y el poder incontrovertible de la oración (Efe. 6:13-18). Vestidos con tal armadura, dependiendo completamente del poder infalible del Espíritu, no podemos sino crecer en valor espiritual y triunfar en la guerra en la cual estamos inmersos.,

7. Una vida de adoración, testificación y esperanza. El crecimiento cristiano no ocurre en un vacío. Ocurre por un lado dentro de la comunidad de los redimidos, y por otro, como testimonio a la comunidad que necesita ser redimida. Observe la comunidad apostólica. Poco después de la ascensión de Cristo y acompañada por el poder del Espíritu Santo, la iglesia primitiva tanto individual como corporativamente manifestó su crecimiento y madurez en la adoración, la comunión, el estudio y la testificación (Hech. 2:42-47; 5:41, 42; 6:7). Sin la adoración corporativa, perdemos la identidad y el escenario de nuestra comunión, y es en esta comunión y la relación interpersonal con otros que maduramos y crecemos. He aquí el consejo del apóstol: "Y considerémonos unos a otros para estimularnos al amor y a las buenas obras; no dejando de congregarnos, como algunos tienen por costumbre, sino exhortándonos; y tanto más, cuanto veis que aquel día se acerca" (Heb. 10:24, 25).

Mientras más crecemos en la adoración, el estudio y la comunión, más nos sentimos impulsados a servir y testificar. El crecimiento cristiano demanda crecimiento en el servicio (Mat. 20:25-28) y un crecimiento en la testificación. "Como me envió el Padre —dijo Jesús—, así también yo os envío" (Juan 20:21). La vida cristiana nunca debiera girar alrededor del yo, sino que debe ser derramada en servicio y testificación a otros. La gran comisión de Mateo 28 encarga al cristiano que tenga la madurez suficiente como para llevar el evangelio del perdón al mundo que lo rodea para que todos conozcan la gracia redentora de Dios. La señal de la vida del Espíritu y el crecimiento cristiano es una vida de testificación que se expande continuamente: a Jerusalén, Judea, Samaria y hasta los confines más lejanos de la tierra (Hech. 1:8).

Vivimos, adoramos, comulgamos y testificamos en el presente, y para el cristiano el presente anticipa el futuro. "Prosigo a la meta —dice Pablo—, al premio del supremo llamamiento de Dios en Cristo Jesús" (Fil. 3:14). El apóstol nos dice que vivamos una vida santa, de manera que "todo vuestro ser, espíritu, alma y cuerpo, sea guardado irreprensible para la venida de nuestro Señor Jesucristo" (1 Tes. 5:23). Crecer en Cristo es por lo tanto un desarrollo de la anticipación, de la esperanza, de la consumación final de la experiencia redentiva en el Reino venidero. "Para el alma humilde y creyente, la casa de Dios en la tierra es la puerta del cielo. El canto de alabanza, la oración, las palabras pronunciadas por los representantes de Cristo, son los agentes designados por Dios para preparar un pueblo para la iglesia celestial, para aquel culto más sublime, en el que no podrá entrar nada que corrompa".[13]

Referencias

1. Elena G. de White, *El Deseado de todas las gentes*, p. 696.
2. *Ibíd.*, p. 706.
3. *Ibíd.*, p. 638.
4. *Ibíd.*, pp. 16, 17.
5. *Ibíd.*, p. 143.
6. Dietrich Bonhoeffer, *The Cost of Discipleship* [El costo del discipulado], (Nueva York: The MacMillan Company, 1959), pp. 78, 79.
7. *Ibíd.*, p. 47.
8. Elena G. de White, *El Deseado de todas las gentes*, p. 144.
9. *Ibíd.*, p. 464.
10. *Ibíd.*, p. 95.
11. White, *Testimonios para la Iglesia*, t. 2, p. 280.
12. White, *El ministerio de curación*, p. 359.
13. White, *Joyas de los testimonios*, t. 2, p. 193.

LOS ADVENTISTAS DEL SÉPTIMO DÍA CREEN EN...

12

La Iglesia

La iglesia es la comunidad de creyentes que confiesa que Jesucristo es el Señor y Salvador. Como continuadores del pueblo de Dios del Antiguo Testamento, se nos invita a salir del mundo; y nos reunimos para adorar y estar en comunión unos con otros, para recibir instrucción en la Palabra, celebrar la Cena del Señor, para servir a toda la humanidad y proclamar el Evangelio en todo el mundo. La iglesia deriva su autoridad de Cristo, que es el Verbo encarnado, y de las Escrituras que son la Palabra escrita. La iglesia es la familia de Dios; somos adoptados por él como hijos y vivimos sobre la base del nuevo pacto. La iglesia es el cuerpo de Cristo, una comunidad de fe de la cual Cristo mismo es la cabeza. La iglesia es la esposa por la cual Cristo murió para poder santificarla y purificarla. Cuando regrese en triunfo, se la presentará como una iglesia gloriosa, es a saber, los fieles de todas las edades, adquiridos por su sangre, sin mancha ni arruga, santos e inmaculados.

LLENO DE IRA, EL ANCIANO GOLPEA con fuerza la roca con el bastón que tiene en su mano. Repite el golpe y exclama: "¡Oíd ahora, rebeldes! ¿Os hemos de hacer salir aguas de esta peña?" (Núm. 20:10).

De la roca brota una corriente de agua que satisface la necesidad de Israel. Pero al tomar para sí mismo el crédito por el don del agua, en vez de dirigirlo a la roca, Moisés pecó. Y por ese pecado no habría de entrar a la Tierra Prometida (véase Núm. 20:7-12).

Esa Roca era Cristo, el Fundamento sobre el cual Dios estableció a su pueblo, tanto en lo individual como en el sentido colectivo. A través de toda la Escritura, se halla entretejida esta imagen.

En el último sermón que Moisés predicó a Israel, el patriarca —posiblemente recordando este incidente— usó la metáfora de la roca para simbolizar la estabilidad y confiabilidad de Dios:

"Porque el nombre de Jehová proclamaré.
Engrandeced a nuestro Dios.
Él es la roca, cuya obra es perfecta,
Porque todos sus caminos son rectitud;
Dios de verdad y sin ninguna iniquidad
en él" (Deut. 32:3, 4).

Siglos más tarde, David se hizo eco del mismo tema, presentando al Salvador como la roca:

"En Dios está mi salvación y mi gloria;
En Dios está mi roca fuerte, y mi refugio" (Sal. 62:7).

Isaías usó la misma imagen para referirse al Mesías venidero. "Por fundamento una piedra, piedra probada, angular, preciosa, de cimiento estable" (Isa. 28:16).

Pedro testifica en cuanto a que Cristo cumplió esta predicción, no como una piedra común, sino "piedra viva, desechada ciertamente por los hombres, mas para Dios escogida y preciosa" (1 Ped. 2:4). Pablo identificó al Salvador como el único fundamento seguro, diciendo: "Porque nadie puede poner otro fundamento que el que está puesto, el cual es Jesucristo" (1 Cor. 3:11). Refiriéndose a la roca que Moisés golpeó, dijo: "Y todos bebieron la misma bebida espiritual; porque bebían de la roca espiritual que los seguía, y la roca era Cristo" (1 Cor. 10:4).

El mismo Jesús usó la imagen en forma directa, al declarar: "Sobre esta roca edificaré mi iglesia; y las puertas del Hades no prevalecerán contra ella" (Mat. 16:18). El Salvador estableció la iglesia cristiana fundándola sobre sí mismo, la Roca viviente. Su propio cuerpo sería sacrificado por los pecados del mundo; la Roca sería herida. Nada puede prevalecer contra una iglesia construida sobre el sólido fundamento que él provee. De esa Roca, fluirían las aguas sanadoras que apagarían la sed de las naciones sedientas (véase Eze. 47:1-12; Juan 7:37, 38; Apoc. 22:1-5).

¡Cuan débil y necesitada era la iglesia cuando Cristo hizo esa declaración! Consistía en unos cuantos discípulos cansados, ambiciosos y llenos de duda, un puñado de mujeres, y la variable multitud que se desvaneció cuando la Roca fue golpeada. Sin embargo, la iglesia fue edificada, no sobre un fundamento de ingenio frágil y sabiduría humana, sino sobre la Roca de los siglos. El tiempo demostraría que nada sería capaz de destruir la iglesia ni impedirle cumplir su misión de glorificar a Dios y llevar a los seres humanos a los pies del Salvador (véase Hech. 4:12, 13, 20-33).

Significado bíblico del término "iglesia"

En las Escrituras, la palabra *iglesia*[1] es una traducción del término griego *ekklesia*, que significa un llamado a reunión. Esta expresión se usaba comúnmente para designar cualquier asamblea reunida como resultado de un llamado o proclamación.

La Septuaginta, la versión griega del Antiguo Testamento hebreo que era popular en el tiempo de Jesús, usaba *ekklesia* como traducción del hebreo *qahal*, que significaba "reunión", "asamblea" o "congregación" (Deut. 9:10; 18:16; 1 Sam. 17:47; 1 Re. 8:14; 1 Crón. 13:2).[2]

Este uso se amplió en el Nuevo Testamento. Nótese cómo se usa el término *iglesia*: (1) Creyentes reunidos para adorar en un lugar específico (1 Cor. 11:18; 14:19, 28); (2) creyentes que vivían en cierta localidad (1 Cor. 16:1; Gál. 1:2; 1 Tes. 2:14); (3) un grupo de creyentes en el hogar de un individuo (1 Cor. 16:19; Col. 4:15; Filemón 2); (4) un grupo de congregaciones en una zona geográfica específica (Hech. 9:31);[3] (5) todo el cuerpo de creyentes esparcidos por el mundo (Mat. 16:18; 1 Cor. 10:32; 12:28; véase Efe. 4:11-16); (6) toda la creación fiel en el cielo y en la tierra (Efe. 1:20-22; compárese con Fil. 2:9-11).

La naturaleza de la iglesia

La Biblia describe a la iglesia como una institución divina, llamándola "la iglesia del Señor" (Hech. 20:28) y "la iglesia de Dios" (1 Cor. 1:2). Jesús invistió a la iglesia con autoridad divina (Mat. 18:17, 18). Podemos comprender la naturaleza de la iglesia cristiana al explorar sus raíces provenientes del Antiguo Testamento y las diversas metáforas que el Nuevo Testamento usa para referirse a ella.

Las raíces de la iglesia cristiana. El Antiguo Testamento describe a la iglesia como una congregación organizada del pueblo de Dios. Desde los primeros tiempos, las familias temerosas de Dios conectadas con el linaje de Adán, Set, Noé, Sem y Abraham, eran los guardianes de su verdad. Esos hogares, en los cuales el padre funcionaba como el sacerdote, pueden ser considerados como la iglesia en miniatura. Al patriarca Abraham, Dios le concedió las ricas promesas a través de las cuales ese hogar entregado a Dios gradualmente se convirtió en una nación. La misión de Israel era simplemente una extensión de la que se le había encomendado a Abraham: ser una bendición para todas las naciones (Gén. 12:1-3), proclamando el amor de Dios por el mundo.

La nación que Dios sacó de Egipto fue llamada "la congregación en el desierto" (Hech. 7:38). Sus miembros eran considerados "un reino de sacerdotes, y gente santa" (Exo. 19:6), el "pueblo santo" de Dios (Deut. 28:9; compárese con Lev. 26:12), su iglesia.

Dios los colocó en Palestina, el centro de las grandes civilizaciones del mundo. En Palestina se encuentran tres grandes continentes: Europa, Asia y África. Allí, los judíos habían de estar al servicio de las otras naciones, y extender a otros la invitación de unirse a ellos para integrar el pueblo de Dios. En resumen, Dios los llamó a salir con el fin de llamar a las naciones a entrar (Isa. 56:7). Deseaba establecer, por medio de Israel, la mayor iglesia del mundo, una iglesia a la cual asistieran los representantes de todas las naciones del mundo para adorar, aprender acerca del Dios verdadero y volver a su propio pueblo con el mensaje de salvación.

A pesar del continuo cuidado de Dios por su pueblo, Israel se involucró en la idolatría, el aislamiento, el nacionalismo, el orgullo y la exaltación propia. El pueblo de Dios no cumplió su misión.

En Jesús, Israel llegó a una encrucijada. El pueblo de Dios esperaba la llegada de un Mesías que libertara la nación, pero no un Mesías que los liberara de sí mismos. En la cruz, la bancarrota espiritual de Israel se hizo evidente. Al crucificar a Cristo, demostraron por sus obras externas, su corrupción interior. Cuando exclamaron: "No tenemos más rey que César" (Juan 19:15), lo que hicieron fue negarse a permitir que Dios gobernara sobre ellos.

En la cruz, dos misiones opuestas llegaron a su culminación: la primera, la de una iglesia desviada, tan centrada en sí misma que estuvo ciega a la presencia del mismo Ser que le había concedido existencia; la segunda, la de Cristo, tan centrado en su amor por los demás, que pereció en lugar de ellos, para concederles vida eterna.

La cruz señaló el fin de la misión de Israel; la resurrección de Cristo, por su parte, inauguró la iglesia cristiana y su misión: la proclamación del Evangelio de salvación por medio de la sangre de Cristo. Cuando los judíos perdieron su misión, se convirtieron en una nación más como el resto, y dejaron de constituir la iglesia de Dios. En su lugar, Dios estableció una nueva nación, una iglesia, la cual continuara su misión ante el mundo (Mat. 21:41, 43).

La iglesia del Nuevo Testamento, íntimamente vinculada con la comunidad de la fe del antiguo Israel,[4] está formada tanto por judíos convertidos como por gentiles que creen en Jesucristo. De este modo, el verdadero Israel está formado por todos los que por fe aceptan a Cristo (véase Gál. 3:26-29). Pablo ilustra la nueva relación orgánica de esos pueblos distintos simbolizándolos por dos árboles: un olivo bueno y cultivado, y un olivo silvestre, los cuales representan, respectivamente, a Israel y a los gentiles. Los judíos que no aceptan a Cristo dejan de ser los hijos de

Dios (Rom. 9:6-8), y están representados por ramas cortadas del buen árbol, mientras que los judíos que recibieron a Cristo permanecen unidos al tronco.

Pablo expresa que los gentiles que aceptan a Cristo son ramas del olivo silvestre que han sido injertadas en el buen árbol (Rom. 11:17-25). Instruye a esos nuevos cristianos gentiles a respetar la herencia divina de los instrumentos escogidos de Dios: "Si la raíz es santa, también lo son las ramas. Pues si algunas de las ramas fueron desgajadas, y tú, siendo olivo silvestre, has sido injertado en lugar de ellas, y has sido hecho participante de la raíz y de la rica savia del olivo, no te jactes contra las ramas; y si te jactas, sabes que no sustentas tú a la raíz, sino la raíz a ti"(Rom. 11:16-18).

La iglesia del Nuevo Testamento difiere en forma significativa de su contraparte del Antiguo Testamento. La iglesia apostólica llegó a ser una organización independiente separada de la nación de Israel. Los límites nacionales fueron descartados, dándole a la iglesia un carácter universal. En vez de ser una iglesia nacional, se convirtió en una iglesia misionera, la cual existe para cumplir el plan original de Dios, reformulado en el mandato divino de su fundador, Jesucristo: "Haced discípulos a todas las naciones" (Mat. 28:19).

Descripciones metafóricas de la iglesia. Las descripciones metafóricas de la iglesia del Nuevo Testamento iluminan la naturaleza de la iglesia.

1. *La iglesia como un cuerpo.* La metáfora del cuerpo hace énfasis en la unidad de la iglesia y la relación funcional que cada miembro mantiene con el todo. La cruz reconcilia a todos los creyentes con Dios "en un solo cuerpo" (Efe. 2:16). Por el Espíritu Santo, son "todos bautizados en un solo cuerpo" (1 Cor. 12:13), la iglesia. La iglesia no es otra cosa que el cuerpo de Cristo (Efe. 1:23). Es el organismo a través del cual el Salvador imparte su plenitud. Los creyentes son los miembros de su cuerpo (Efe. 5:30). En consecuencia, le concede a cada creyente vida espiritual por medio de su poder y su gracia. Cristo es "la cabeza del cuerpo" (Col. 1:18), la "cabeza de la iglesia" (Efe. 5:23).

En su amor, Dios le ha concedido a cada miembro de su cuerpo eclesiástico por lo menos un don espiritual que le permite a dicho miembro cumplir una función vital. De la misma forma como la función de cada órgano es vital para el cuerpo humano, el éxito de la iglesia en completar su misión depende de que cada uno de los dones espirituales concedidos a sus miembros funcione como es debido. ¿De que sirve un cuerpo sin el corazón, o cuánto menos eficiente es si se halla desprovisto de ojos, o le falta una pierna? Si los miembros retiran sus dones, la iglesia estará muerta, ciega, o por lo menos impedida. Sin embargo, esos dones especiales que Dios asigna, no son un fin en sí mismos (véase el capítulo 17 de esta obra).

2. *La iglesia como templo.* La iglesia es "edificio de Dios", "templo de Dios" en el cual mora el Espíritu Santo. Jesucristo es su fundamento y la "principal piedra del ángulo" (1 Cor. 3:9-16; Efe. 2:20). Este templo no es una estructura muerta; despliega crecimiento dinámico. Así como Cristo es la "piedra viva", dice Pedro, de la misma forma los creyentes son "piedra vivas" que sirven para edificar la "casa espiritual" (1 Ped. 2:4-6).

El edificio todavía no esta completo. Constantemente se añaden nuevas piedras vivas al templo que esta siendo edificado "para morada de Dios en el Espíritu" (Efe. 2:22). Pablo insta a los creyentes a que usen los mejores materiales de construcción en este templo, con el fin de que soporte la prueba del fuego en el Día del Juicio (1 Cor. 3:12-15).

La metáfora del templo hace énfasis en la santidad, tanto de la congregación local como de la iglesia en general. El templo de Dios es santo, dijo Pablo. "Si alguno destruyere el templo de Dios, Dios le destruirá a él" (1 Cor. 3:17). Las alianzas estrechas con los no creyentes son contrarias al carácter santo de la iglesia, hizo notar Pablo, y por lo tanto deben evitarse, "porque ¿qué compañerismo tiene la justicia con la injusticia?... ¿y que acuerdo hay entre el templo de Dios y los ídolos?" (2 Cor. 6:14, 16). (Este consejo se aplica tanto a la relación de negocio como al matrimonio.) A la iglesia debe respetársela en sumo grado, porque es el objeto sobre el cual Dios derrama su interés supremo.

3. *La iglesia como la novia.* Se representa la iglesia como una novia, y al Señor como el novio. Cristo promete solemnemente: "Te desposaré conmigo para siempre; te desposaré conmigo en justicia, juicio, benignidad y misericordia" (Ose. 2:19). En confirmación de esta idea, dice en otro lugar: "Yo soy vuestro esposo" (Jer. 3:14).

Pablo usa la misma imagen: "Os he desposado... como una virgen pura a Cristo" (2 Cor. 11:2). El amor que Cristo siente por su iglesia es tan profundo y duradero que él "se entregó a sí mismo por ella" (Efe. 5:25). El Salvador hizo este sacrificio con el fin de "santificarla, habiéndola purificado en el lavamiento del agua por la palabra" (Efe. 5:26).

Por medio de la influencia santificadora de la verdad que contiene la Palabra de Dios (Juan 17:17) y la purificación que provee el bautismo, Cristo puede purificar a los miembros de la iglesia, quitándoles sus vestiduras sucias y revistiéndolos con el manto de justicia perfecta. Así puede preparar a la iglesia para que sea su novia, "una iglesia gloriosa, que no tuviese mancha ni arruga ni cosa semejante, sino que fuese santa y sin mancha" (Efe. 5:27). La gloria plena y el esplendor de la iglesia no serán vistos sino hasta cuando vuelva Cristo.

4. *La iglesia como la "Jerusalén de arriba"*. Las Escrituras llaman Sion a la ciudad de Jerusalén. Allí Dios mora con su pueblo (Sal. 9:11); de Sion sale la salvación (Sal. 14:7; 53:6). Esa ciudad debía llegar a ser "el gozo de toda la tierra" (Sal. 48:2).

El Nuevo Testamento describe a la iglesia como la "Jerusalén de arriba", la contraparte espiritual de la Jerusalén terrenal (Gál. 4:26). Los ciudadanos de esta Jerusalén tienen su ciudadanía "en los cielos" (Fil. 3:20). Son los "hijos de la promesa", los que han "nacido según el Espíritu", y que gozan de la libertad por medio de la cual Cristo los ha hecho libres (Gál. 4:28, 29; 5:1). Los ciudadanos de esta ciudad ya no están atados a los esfuerzos de obtener justificación "por la ley" (Gál. 4:22, 26, 31; 5:4); "por el Espíritu" aguardan anhelantes "por fe la esperanza de la justicia". Se dan cuenta de que en Cristo Jesús, lo que los hace ciudadanos es únicamente "la fe que obra por el amor" (Gál. 5:5, 6).

Los que forman parte de esta gloriosa compañía, se han acercado "al monte de Sion, a la ciudad del Dios vivo, Jerusalén la celestial, a la compañía de mucho millares de ángeles, a la congregación de los primogénitos que están inscritos en los cielos" (Heb. 12:22, 23).

5. *La iglesia como familia*. En la Escritura, se considera que la iglesia del cielo y de la tierra constituye una familia (Efe. 3:15). Se usan dos metáforas para describir cómo los individuos se unen a esta familia: La adopción (Rom. 8:14-16; Efe. 1:4-6) y el nuevo nacimiento (Juan 3:8). Por fe en Cristo, los recién bautizados ya no son esclavos, sino hijos del Padre celestial (Gál 3:26-4:7), los cuales viven en base al nuevo pacto. Ahora forman parte "de la familia de Dios" (Efe. 2:19), "la familia de la fe" (Gál. 6:10).

Los miembros de la familia de Dios se refieren a él llamándolo "Padre" (Gál. 4:6) y se relacionan unos con otros en calidad de hermanos y hermanas (Sant. 2:15; 1 Cor. 8:11; Rom. 16:1). Por haber llevado a muchos a integrar la familia de la iglesia, Pablo se considera a sí mismo como un padre espiritual. Dice el apóstol: "En Cristo Jesús yo os engendré por medio del evangelio" (1 Cor. 4:15). Se refiere a los que convirtió, llamándolos "hijos míos amados" (1 Cor. 4:14; compárese con Efe. 5:1).

Una característica especial de la iglesia como familia, es la comunión. La comunión cristiana (*koinonia* en griego) no es sólo sociabilidad, sino "comunión en el evangelio" (Fil. 1:5). Abarca la comunión genuina con Dios el Padre, su Hijo, y el Espíritu Santo (1 Juan 1:3; 1 Cor. 1:9; 2 Cor. 13:14); además, incluye la comunión con los creyentes (1 Juan 1:3, 7). De este modo, los miembros le extienden "la diestra en señal de compañerismo" (Gál. 2:9) a todo aquel que pasa a ser parte de la familia.

La metáfora de la familia revela una iglesia tierna "en la cual la gente se siente amada, respetada y reconocida como individuos con una identidad clara. Un lugar cuyos miembros reconocen que se necesitan los unos a los otros, donde se pueden desarrollar los talentos y donde la gente puede crecer y sentirse realizada".[5] También implica responsabilidad, respeto por los padres espirituales, y preocupación por los hermanos y hermanas espirituales. Finalmente significa que cada miembro siente hacia todos los demás miembros ese amor que engendra una lealtad profunda que fundamenta y fortalece.

El ser miembros de una familia eclesiástica les permite a diversos individuos, cuya naturaleza y disposición muestran grandes variaciones, gozar de la compañía mutua y apoyarse unos a otros. Los miembros de la familia de la iglesia aprenden a vivir en unidad sin perder por ello su individualidad.

6. *La iglesia como columna y baluarte de la verdad.* La iglesia del Dios viviente es la "columna y baluarte de la verdad" (1 Tim. 3:15). Es la depositaria de la verdad y la ciudadela que la protege de los ataques de sus enemigos. La verdad, sin embargo, es dinámica, no estática. Si algún miembro pretende tener nueva luz —una nueva doctrina o nueva interpretación de las Escrituras—, los que tienen experiencia deben probar la nueva enseñanza aplicándole la regla de las Escrituras (véase Isa. 8:20). Si la nueva luz se ajusta a esta regla, entonces la iglesia debe aceptarla; si no, debe rechazarla. Todos los miembros deben ceder ante el veredicto que se basa en la Biblia, porque "en la multitud de consejeros hay seguridad" (Prov. 11:14).

Al esparcir la verdad, es decir, al dar testimonio, la iglesia llega a ser "la luz del mundo", "una ciudad asentada sobre un monte" que "no se puede esconder", y "sal de la tierra" (Mat. 5:13-15).

7. *La iglesia como un ejército, militante y triunfante.* La iglesia en el mundo es como un ejército empeñado en la batalla. Se la llama a luchar contra la oscuridad espiritual: "Porque no tenemos lucha contra sangre y carne, sino contra principados, contra potestades, contra los gobernadores de las tinieblas de este siglo, contra huestes espirituales de maldad en las regiones celestes" (Efe. 6:12). Los cristianos deben tomar "toda la armadura de Dios", para que puedan "resistir en el día malo, y habiendo acabado todo, estar firmes" (Efe. 6:13).

A través de los siglos, la iglesia ha tenido que luchar contra el enemigo, tanto dentro de ella como fuera (véase Hech. 20:29, 30; 1 Tim. 4:1). Ha progresado en forma notable y obtenido victorias, pero no es todavía la iglesia triunfante. Desgraciadamente, todavía adolece de grandes defectos. Por medio de otra metáfora, Jesús explicó las imperfecciones que se hallan en la iglesia: "El reino de los cielos es semejante a un hombre que sembró buena semilla en su campo; pero mientras dormían los hombres, vino su enemigo y sembró cizaña entre el trigo, y se fue" (Mat. 13:24, 25). Cuando los siervos quisieron arrancar las malezas, el hacendado les dijo: "No, no sea que al arrancar la cizaña, arranquéis con ella el trigo. Dejad crecer juntamente lo uno y lo otro hasta la siega" (Mat. 13:29, 30). Tanto el trigo como la cizaña prosperaron en el campo. Por una parte, Dios trae a la iglesia a los conversos. Satanás, por su parte, trae a los inconversos. Estos dos grupos influyen sobre todo el cuerpo, uno para purificación y el otro para corrupción. El conflicto entre ellos —dentro de la iglesia— continuará hasta el tiempo de la cosecha.

La guerra externa de la iglesia tampoco se ha terminado. En el futuro le esperan tribulaciones y conflictos. Sabiendo que le queda poco tiempo, Satanás está airado contra la iglesia de Dios (Apoc. 12:12, 17), y causará contra ella un "tiempo de angustia, cual nunca fue desde que hubo gente hasta entonces". Pero Cristo intervendrá a favor de su pueblo fiel, los cuales serán libertados, "todos los que se hallen escritos en el libro" (Dan. 12:1). Jesús dejó la reconfortante seguridad de que "el que persevere hasta el fin, éste será salvo" (Mat. 24:13).

Cuando Cristo vuelva, surgirá la iglesia triunfante. Entonces podrá "presentársela a sí mismo, una iglesia gloriosa", los fieles de todas las edades, comprados con su sangre, sin "mancha, ni arruga ni cosa semejante" (Efe. 5:27).

La iglesia visible e invisible. Los términos *visible* e *invisible* se han usado para distinguir dos aspectos de la iglesia en el mundo. Las metáforas que hemos presentado se aplican particularmente a la iglesia visible.

1. *La iglesia visible.* La iglesia visible es el pueblo de Dios organizado para el servicio. Cumple la gran comisión dada por Cristo de llevar el Evangelio a todo el mundo (Mat. 28:18-20), y preparar un pueblo para su glorioso retorno (1 Tes. 5:23; Efe. 5:27).

Como el testigo de Cristo escogido especialmente por el Maestro, ilumina el mundo y ejerce un ministerio semejante al suyo, predicando el Evangelio a los pobres, sanando a los quebrantados de corazón, proclamando libertad a los cautivos y apertura de los ojos a los ciegos, dejando en libertad a los oprimidos y predicando el año aceptable del Señor (Luc. 4:18, 19).

2. *La iglesia invisible.* La iglesia invisible, llamada también la iglesia universal, está compuesta de todos los hijos de Dios que hay en el mundo. Incluye los creyentes que componen la iglesia visible, y muchos que, a pesar de no pertenecer a una organización religiosa, han seguido toda la luz que Cristo les ha concedido (Juan 1:9). Este último grupo incluye a los que nunca tuvieron la oportunidad de aprender la verdad

acerca de Jesucristo, pero que han respondido positivamente al Espíritu Santo, de modo que "hacen por naturaleza lo que es de la ley" de Dios (Rom. 2:14).

La existencia de la iglesia invisible revela que la adoración a Dios es espiritual en el más elevado sentido del término. "La hora viene, y ahora es —dijo Jesús—, cuando los verdaderos adoradores adorarán al Padre en espíritu y en verdad; porque también el Padre tales adoradores busca que le adoren" (Juan 4:23). Por cuanto la naturaleza de la verdadera adoración es espiritual, los seres humanos no pueden calcular con precisión quién es y quién no es parte de la iglesia de Dios.

Por medio del Espíritu Santo, Dios lleva a su pueblo perteneciente a la iglesia invisible a la unión con su iglesia visible. "También tengo otras ovejas que no son de este redil, aquellas también debo traer y oirán mi voz; y habrá un rebaño, y un pastor" (Juan 10:16). Únicamente en la iglesia visible pueden experimentar plenamente la verdad de Dios, así como su amor y su compañía, porque el Padre le ha concedido a la iglesia visible los dones espirituales que edifican a sus miembros en forma colectiva e individual (Efe. 4:4-16). Cuando Pablo se convirtió, Dios lo puso en contacto con su iglesia visible, y luego lo designó para dirigir la expansión misionera de su iglesia (Hech. 9:10-22). De la misma forma, procura en nuestros días llevar a su pueblo a que forme parte de su iglesia visible, caracterizada por la lealtad a los mandamientos de Dios y la posesión de la fe en Jesús, con el fin de que cada uno participe en la obra de terminar su misión en el mundo (Apoc. 14:12; 18:4; Mat. 24:14; véase el capítulo 13 de esta obra).

Además, se ha considerado que el concepto de la iglesia invisible incluye la iglesia unida en el cielo y en la tierra (Efe. 1:22, 23), y la iglesia oculta durante épocas de persecución (Apoc. 12:6, 14).

La organización de la iglesia

El mandato de Cristo, según el cual el Evangelio debe ser llevado a todo el mundo, implica también la tierna enseñanza y protección de los que ya han aceptado las buenas nuevas de salvación. Los nuevos miembros deben ser establecidos en la fe, y se les debe enseñar a usar los talento y dones que Dios les dio, en beneficio de la misión de la iglesia. Por cuanto "Dios no es Dios de confusión, sino de paz" y desea que todas las cosas sean hechas "decentemente y con orden" (1 Cor. 14:33, 40), la iglesia debe poseer una organización sencilla pero efectiva.

La naturaleza de la organización. Consideremos lo que se refiere a la feligresía de la iglesia y su organización.

1. *Feligresía de la iglesia.* Cuando los nuevos conversos han cumplido ciertos requisitos, se convierten en miembros de la comunidad de fe del nuevo pacto. La

feligresía implica la aceptación de nuevas relaciones con el prójimo, el Estado y Dios.

(a). *Requisitos de feligresía.* Los individuos que desean llegar a ser miembros de la iglesia de Jesucristo, deben aceptarlo como Señor y Salvador, arrepentirse de sus pecados, y ser bautizados (Hech. 2:36-41; compárese con 4:10-12). Deben haber experimentado el nuevo nacimiento y aceptado la comisión que Cristo dejó, de enseñar a otros que observen todas las cosas que él ha mandado (véase Mat. 28:20).

(b). *Igualdad y servicio.* En armonía con la declaración que Cristo hizo, según la cual "todos vosotros sois hermanos" y "el que es el mayor de vosotros, sea vuestro siervo" (Mat. 23:8, 11), los miembros se comprometen a relacionarse unos con otros sobre una base de igualdad. A la vez, deben darse cuenta de que seguir el ejemplo de Cristo significa que han de ministrar a las necesidades de otros, llevándolos al Maestro.

(c). *El sacerdocio de todos los creyentes.* Al comenzar el ministerio de Cristo en el Santuario celestial, la eficacia del sacerdocio levítico se terminó. Ahora la iglesia ha llegado a ser un "sacerdocio santo" (1 Ped. 2:5). Luego agrega el apóstol: "Mas vosotros sois linaje escogido, real sacerdocio, nación santa, pueblo adquirido por Dios, para que anuncies las virtudes de aquel que os llamó de las tinieblas a su luz admirable" (1 Ped. 2:9).

Este nuevo orden, el sacerdocio de todos los creyentes, no autoriza a cada individuo para que piense, crea y enseñe lo que le parezca, sin sentirse responsable ante el cuerpo de la iglesia. Significa que cada miembro de iglesia tiene la responsabilidad de ministrar a otros en el nombre de Dios, y puede comunicarse directamente con el Padre sin ningún intermediario humano. Enfatiza la interdependencia de los miembros de la iglesia, así como su independencia. Este sacerdocio no hace distinciones de rango entre los ministros y los laicos, si bien deja lugar para una diferencia en función entre ambos grupos.

(d). *Lealtad a Dios y al Estado.* La Biblia reconoce la mano de Dios en el establecimiento de los gobiernos y requiere de los creyentes que respeten y obedezcan a las autoridades civiles. El que posee la autoridad civil es "servidor de Dios, vengador para castigar al que hace lo malo". Por lo tanto, los miembros de iglesia pagan "al que tributo, tributo; al que impuesto, impuesto; al que respeto, respeto; al que honra, honra" (Rom. 13:4, 7).

En sus actitudes frente al Estado, los miembros se deben dejar llevar por el principio de Cristo: "Dad, pues, a César lo que es de César, y a Dios lo que es de Dios" (Mat. 22:21). Pero si el Estado contradijera un mandato divino, su lealtad fundamental se dirige a Dios. Dijeron los apóstoles: "Es necesario obedecer a Dios antes que a los hombres" (Hech. 5:29).

2. La principal función de la organización eclesiástica. La iglesia fue organizada para cumplir el plan que Dios tenía de llenar este planeta con el conocimiento de su gloria. Únicamente la iglesia visible puede proveer la mayor parte de las funciones vitales para cumplir este propósito.

(a). *Adoración y exhortación.* A través de la historia, la iglesia ha sido la agencia que Dios ha empleado para reunir a los creyentes y enseñarles a adorar al Creador en el día sábado. Cristo y sus apóstoles siguieron esta práctica de culto, y las Escrituras amonestan a los creyentes de hoy en los términos siguientes: "Considerémonos unos a otros... No dejando de congregarnos, como algunos tienen por costumbre, sino exhortándonos; y tanto más, cuando véis que aquel día se acerca" (Heb. 10:25; compárese con 3:13). El culto de la congregación provee refrigerio, ánimo y gozo para el adorador.

(b). *La comunión cristiana.* Por medio de la iglesia, las necesidades más profundas de sus miembros en relación con la comunión se ven completamente satisfechas. La "comunión en el evangelio" (Fil. 1:5) trasciende todas las demás relaciones, por cuanto provee una relación íntima con Dios, así como con los demás que comparten nuestra fe (1 Juan 1:3, 6, 7).

(c). *La instrucción en las Escrituras.* Cristo le dio a la iglesia "las llaves del reino de los cielos" (Mat. 16:19). Esas llaves son las palabras de Cristo, todas las palabras de la Biblia. Más específicamente, incluyen "la llave de la ciencia" referente a la manera de entrar en el reino (Luc. 11:52). Las palabras de Jesús son espíritu y vida para todos los que las reciben (Juan 6:63). Traen vida eterna (Juan 6:68).[6]

Cuando la iglesia proclama las verdades bíblicas, estas llaves de la salvación tienen poder para atar y desatar, para abrir y cerrar el cielo, porque declaran las condiciones por cuyo cumplimiento los individuos son recibidos o rechazados, salvados o perdidos. De este modo, la proclamación evangélica de la iglesia exuda "olor de vida para vida" o el "olor de muerte para muerte" (2 Cor. 2:16).

Jesús conocía la importancia de vivir "de toda palabra que sale de la boca de Dios" (Mat. 4:4). Únicamente haciendo eso puede la iglesia cumplir el mandato dado por Cristo de enseñar a todas las naciones "que guarden todas las cosas que os he mandado" (Mat. 28:20).

(d). *La administración de las ordenanzas divinas.* La iglesia es el instrumento de Dios para la administración de la ordenanza de bautismo, el rito de entrada a la iglesia (véase el capítulo 15 de esta obra), y las ordenanzas del lavamiento de los pies y la Cena del Señor (véase el capítulo 16 de esta obra).

(e). *La proclamación mundial del Evangelio.* La iglesia está organizada para el servicio misionero, con el fin de cumplir la obra que Israel no realizó. Conforme a lo que revela la vida del Maestro, el mayor servicio que la iglesia provee para el mundo radica en su entrega absoluta a la tarea de completar la predicación del Evangelio para "testimonio a todas las naciones" (Mat. 24:14), habilitada para ello por el bautismo del Espíritu Santo.

Esta misión incluye la proclamación de un mensaje de preparación para el retorno de Cristo, el cual está dirigido tanto a la iglesia (1 Cor. 1:7, 8; 2 Ped. 3:14; Apoc. 3:14-22; 14:5) como al resto de la humanidad (Apoc. 14:6-12; 18:4).

El gobierno de la iglesia

Después de la ascensión de Jesús, la conducción de la iglesia descansó en las manos de los apóstoles. Su primer acto de organización, en consejo con los demás creyentes, fue elegir otro apóstol para que tomase el lugar de Judas (Hech. 1:15-26).

A medida que la iglesia crecía, los apóstoles se fueron dando cuenta de que era imposible predicar el Evangelio y al mismo tiempo cuidar de los asuntos temporales de la iglesia. Por esto, delegaron los asuntos prácticos de la iglesia en las manos de siete hombres que la iglesia señaló. Si bien se hizo distinción entre "el ministerio de la palabra" y el acto de "servir a las mesas" (Hech. 6:1-4), no se hizo ningún esfuerzo por separar a los ministros y los laicos en la tarea de cumplir la misión de la iglesia. De hecho, dos de los siete, Esteban y Felipe, se destacaban por su efectividad en la predicación y el evangelismo (Hech. 7, 8).

La expansión de la iglesia en Asia y Europa requirió medidas adicionales de organización. Al establecerse numerosas iglesias nuevas, se "constituyeron ancianos en cada iglesia" (Hech. 14:23) con el fin de asegurar una dirección estable.

Cuando se desarrolló una crisis de importancia, se les permitió a las partes involucradas que presentaran sus posiciones respectivas ante un concilio general formado por los apóstoles y ancianos representantes de la iglesia. Se consideraba que las decisiones de este concilio debían ser aceptadas por todos los sectores de la iglesia y ser consideradas como la voz de Dios (Hech. 15:1-29). Este incidente ilustra el hecho de que cuando se trata de asuntos que afectan a la iglesia en su totalidad, se necesita obtener consejo y ejercer autoridad en un nivel mucho más amplio que el de la iglesia local. En este caso, la decisión del concilio surgió a partir del consenso desarrollado por los representantes de todos los grupos involucrados (Hech. 15:22, 25).

El Nuevo Testamento deja en claro que a medida que surgió la necesidad, Dios guio a los dirigentes de su obra. Con su dirección y en consulta con la iglesia, formaron un gobierno eclesiástico que, si se lo aplica hoy, ayudará a salvaguardar la iglesia de la apostasía, y le permitirá cumplir su gran comisión.

Principios bíblicos de gobierno eclesiástico

1. *Cristo es la cabeza de la iglesia.* El dominio de Cristo sobre la iglesia se basa primariamente en su obra mediadora. Desde su victoria sobre Satanás en la cruz, Cristo recibió "toda potestad... en el cielo y en la tierra" (Mat. 28:18). Dios "sometió todas las cosas bajo sus pies, y lo dio por cabeza sobre todas las cosas a la iglesia" (Efe. 1:22; compárese con Fil. 2:10, 11). Por lo tanto, Jesús es "Señor de señores y Rey de reyes" (Apoc. 17:14).

Cristo es también la cabeza de la iglesia, porque la iglesia es su cuerpo (Efe. 1:23; Col. 1:18). Los creyentes son "miembros de su cuerpo, de su carne y de sus huesos" (Efe. 5:30). Deben mantener una conexión íntima con él, porque de él la iglesia "nutriéndose por las coyunturas y ligamentos, crece con el crecimiento que da Dios" (Col. 2:19).

2. *Cristo es la fuente de toda la autoridad de la iglesia.* Cristo demuestra su autoridad (a) en el establecimiento de la iglesia cristiana (Mat. 16:18), (b) en la institución de las ordenanzas que la iglesia debe administrar (Mat. 26:26-30; 28:19, 20; 1 Cor. 11:23-29; Juan 13:1-17), (c) en que invistió a la iglesia con autoridad divina para actuar en su nombre (Mat. 16:19; 18:15-18; Juan 20:21-23), (d) al enviar el Espíritu Santo para guiar a su iglesia bajo su autoridad (Juan 15:26; 16:13-15), (e) al establecer dentro de la iglesia la operación de dones especiales de modo que diversos individuos pudiesen funcionar como apóstoles, profetas, evangelistas, pastores y maestros, con el fin de preparar a sus miembros para el servicio y "para la edificación del cuerpo de Cristo" hasta que todos experimenten la unidad en la fe y reflejen "la plenitud de Cristo" (Efe. 4:7-13).

3. *Las Escrituras poseen la autoridad de Cristo.* Si bien es cierto que Cristo guía a su iglesia por medio del Espíritu Santo, igualmente cierto es que la Palabra de Dios constituye la única regla por la cual la iglesia se guía en sus actividades. Todos sus miembros deben obedecer la Palabra, porque es ley en el sentido más absoluto. Todas las tradiciones humanas, costumbres y prácticas culturales están sujetas a la autoridad de las Escrituras (2 Tim. 3:15-17).

4. *La autoridad de Cristo y los cargos de la iglesia.* Cristo ejerce su autoridad a través de su iglesia y sus siervos especialmente elegidos, pero nunca transfiere su poder. Nadie tiene el derecho de ejercer ninguna autoridad independiente, aparte de Cristo y su Palabra.

Las congregaciones adventistas del séptimo día eligen sus oficiales. Pero si bien dichos oficiales funcionan como representantes del pueblo, su autoridad viene de Cristo. Su elección simplemente confirma el llamado que recibieron de Cristo. El deber primordial de los oficiales elegidos consiste en asegurarse de que se aplican las instrucciones bíblicas para el culto, la doctrina, la disciplina y la proclamación del Evangelio. Por cuanto la iglesia es el cuerpo de Cristo, deben buscar su consejo en lo que se refiere a sus decisiones y acciones.

Los oficiales de la iglesia del Nuevo Testamento. El Nuevo Testamento menciona dos cargos eclesiásticos: los de anciano y de diácono. La importancia de estos cargos se ve subrayada por los elevados requerimientos morales y espirituales que se establecen para los que aspiran a llenarlos. La iglesia reconoció el carácter sagrado del llamado a la dirección, por medio de la ordenación, expresada en la imposición de las manos (Hech. 6:6; 13:2, 3; 1 Tim. 4:14; 5:22).

1. *Los ancianos*

(a). *¿Qué es un anciano?* Los "ancianos" (del griego, *presbuteros*) u "obispos" (*episkopos*) eran los oficiales más importantes de la iglesia. El término *anciano* significa una persona mayor, lo cual implica dignidad y respeto. Su posición era similar a la del que supervisaba la sinagoga. El término *obispo* significa "supervisor". Pablo usa estos términos en forma intercambiable, igualando a los *ancianos* con los *supervisores* u *obispos* (Hech. 20:17, 28; Tito 1:5, 7).

Los que ocupaban esta posición, supervisaban las iglesias recientemente formadas. La palabra *anciano* se refiere al nivel o rango del cargo, mientras que *obispo* denota el deber o responsabilidad propios del oficio: "supervisor".[7] Por cuanto los apóstoles también se designaban a sí mismos como ancianos (1 Ped. 5:1; 2 Juan 1; 3 Juan 1), es evidente que había tanto ancianos locales como ancianos itinerantes. Pero ambas clases funcionaban como pastores de las congregaciones.

(b). *Las calificaciones.* El individuo que deseaba ocupar el cargo de anciano debía ser "irreprensible, marido de una sola mujer, sobrio, prudente, decoroso, hospedador, apto para enseñar; no dado al vino, no pendenciero, no codicioso de ganancias deshonestas, sino amable, apacible, no avaro; que gobierne bien su casa, que tenga a sus hijos en sujeción con toda honestidad (pues el que no sabe gobernar su propia casa, ¿cómo cuidará de la iglesia de Dios?); no un neófito, no sea que envaneciéndose caiga en la condenación del diablo. También es necesario que tenga un buen testimonio de los de afuera, para que no caiga en descrédito y en lazo del diablo" (1 Tim. 3:1-7; comparese con Tito 1:5-9).

Antes de ser elegido para el cargo, el candidato debía haber demostrado en su propio hogar su capacidad de dirigente. "Debiera considerarse la familia del individuo sugerido para el cargo. ¿Le están sujetos? ¿Puede el varón gobernar su propio hogar con honor? ¿Qué carácter tienen sus hijos? ¿Honrarán la influencia del padre? Si no tiene tacto, sabiduría o el poder de la piedad en su hogar, en el manejo de su propia familia, es seguro concluir que allí se verá la misma supervisión no santificada".[8] El candidato, si es casado, debe demostrar en el círculo de su propio hogar la capacidad de dirigir, antes de que le sean confiadas las responsabilidades mayores de la dirección de "la casa de Dios" (1 Tim. 3:15).

A causa de la importancia del cargo, Pablo aconseja: "No impongas con ligereza las manos a ninguno" (1 Tim. 5:22).

(c). *La responsabilidad y autoridad del anciano.* Antes que nada, un anciano es un dirigente espiritual. Se lo elige "para apacentar la iglesia del Señor" (Hech. 20:28). Sus responsabilidades incluyen apoyar a los miembros débiles (Hech. 20:35), amonestar a los desviados (1 Tes. 5:12), y mantenerse alerta para distinguir cualquier enseñanza que pudiera crear divisiones (Hech. 20:29-31). Los ancianos deben ser modelo del estilo de vida cristiano (Heb. 13:7; 1 Ped. 5:3) y dar ejemplo de liberalidad (Hech. 20:35).

(d). *La actitud hacia los ancianos.* En gran medida, la dirección efectiva de la iglesia depende de la lealtad de los miembros. Pablo anima a los creyentes a respetar a sus dirigentes y a tenerlos "en mucha estima y amor por causa de su obra" (1 Tes. 5:13). "Los ancianos que gobiernan bien —agrega el apóstol—, sean tenidos por dignos de doble honor, mayormente los que trabajan en predicar y enseñar" (1 Tim. 5:17).

La Escritura deja en claro la necesidad de respetar a los dirigentes de la iglesia: "Obedeced a vuestros pastores, y sujetaos a ellos; porque ellos velan por vuestras almas, como quienes han de dar cuenta" (Heb. 13:17; compárese con 1 Ped. 5:5). Cuando los miembros hacen que a los dirigentes les resulte difícil cumplir sus responsabilidades asignadas por Dios, ambos sufrirán y dejarán de gozar la alegría de la prosperidad de Dios.

Se anima a los creyentes a que observen la conducta cristiana de los dirigentes. "Acordaos de vuestros pastores... considerad cual haya sido el resultado de su conducta, e imitad su fe" (Heb. 13:7). No deben prestar atención a los chismes. Pablo amonesta: "Contra un anciano no admitas acusación sino con dos o tres testigos" (1 Tim. 5:19).

2. *Los diáconos y diaconisas*. El nombre *diácono* viene del griego *diakonos*, que significa "siervo" o "ayudador". El oficio de diácono se instituyó para permitir que los apóstoles se entregaran completamente a persistir "en la oración y en el ministerio de la palabra" (Hech. 6:4). Los diáconos no debían limitarse a cuidar de los asuntos temporales de la iglesia; además debían estar activamente comprometidos en la obra evangelizadora (Hech. 6:8; 8:5-13, 26-40).

La forma femenina del término aparece en Romanos 16:1.[9] "La palabra y su uso en este texto sugiere que el oficio de diaconisa probablemente ya se hallaba establecido en la iglesia en la época en que Pablo escribió el libro de Romanos".[10]

Como los ancianos, los diáconos también debían ser elegidos por la iglesia en base a sus cualidades morales y espirituales (1 Tim. 3:8-13).

***La disciplina de la iglesia*.** Cristo le concedió a la iglesia la autoridad de disciplinar a sus miembros, y proveyó los principios adecuados para realizar la tarea. Espera que la iglesia implemente dichos principios siempre que sea necesario, con el fin de mantener su elevada vocación de ser un "sacerdocio santo" y "nación santa" (véase Mateo 18:15-18; 1 Ped. 2:5, 9). Junto con esto, la iglesia debía también procurar impresionar el ánimo de los miembros errantes con la necesidad de enmendar sus caminos. Cristo alaba a la iglesia de Efeso, diciendo: "Yo conozco tu obras... que no puedes soportar a los malos" (Apoc. 2:2), y reprende a las iglesias de Pérgamo y Tiatira por tolerar las herejías y la inmoralidad (Apoc. 2:14, 15, 20). Notemos el siguiente consejo bíblico relativo a la disciplina:

1. *Las ofensas privadas*. Cuando un miembro ofende a otro (Mat. 18:15-17), Cristo aconseja que la persona ofendida se acerque al ofensor —oveja que se desvió del camino— y lo persuada a cambiar de conducta. Si no logra su objetivo, debería probar por segunda vez, acompañado de uno o dos testigos neutrales. Si este intento falla, el asunto debiera ser llevado ante la iglesia en pleno.

Si el miembro errante rechaza la sabiduría y autoridad de la iglesia de Cristo, se separa de su comunión por iniciativa propia. Al desfraternizar a la persona culpable, la iglesia simplemente confirma su condición. Si bajo la conducción del Espíritu Santo la iglesia ha seguido cuidadosamente el consejo bíblico, sus decisiones son reconocidas en el cielo. Dijo Cristo: "Todo lo que atéis en la tierra, será atado en el cielo; y todo lo que desatéis en a tierra, será desatado en el cielo" (Mat. 18:18).

2. *Las ofensas públicas.* Si bien es cierto que "todos pecaron, y están destituidos de la gloria de Dios" (Rom. 3:23), las ofensas flagrantes y rebeldes que arrojan reproche sobre la iglesia deberían ser enfrentadas inmediatamente, desfraternizando al ofensor.

La desfraternización quita el mal —que de otro modo actuaría como levadura—, restaurando la pureza de la iglesia, y actúa como un remedio redentor para el ofensor. Al saber de cierto caso de inmoralidad sexual que había ocurrido en la iglesia de Corinto, Pablo instó a la acción inmediata. "En el nombre de nuestro Señor Jesucristo, reuníos vosotros y mi espíritu, con el poder de nuestro Señor Jesucristo, el tal sea entregado a Satanás para destrucción de la carne, a fin de que el espíritu sea salvo en el día del Señor Jesús... Limpiaos, pues, de la vieja levadura, para que seáis nueva masa" (1 Cor. 5:4, 5, 7). "No os juntéis con ninguno que llamándose hermano, fuere fornicario, o avaro, o idólatra, o maldiciente, o borracho, o ladrón; con el tal ni aun comáis... Quitad, pues, a ese perverso de entre vosotros" (1 Cor. 5:11, 13).

3. *El trato con los individuos que causan división.* Un miembro que causa "divisiones y tropiezos" (Rom. 16:17), "que ande desordenadamente" y que rehuse obedecer el consejo bíblico debiera ser evitado, "para que se avergüence" de su actitud. "Mas no lo tengáis por enemigo —dice el apóstol—, sino amonestadle como a hermano" (2 Tes. 3:6, 14, 15). Si el "hombre que cause divisiones" se niega a escuchar "una y otra amonestación" de la iglesia, debe ser desechado, "sabiendo que el tal se ha pervertido, y peca y está condenado por su propio juicio" (Tito 3:10, 11).

4. *La restauración de los ofensores.* Los miembros de la iglesia no deben despreciar, aislar ni descuidar al desfraternizado. Más bien, debieran procurar restaurar su relación con Cristo a través del arrepentimiento y el nuevo nacimiento. Los individuos que han sido desfraternizados pueden ser restaurados a la comunión de la iglesia cuando revelan suficientes evidencias de un arrepentimiento genuino (2 Cor. 2:6-10).

Es precisamente y en forma especial por medio del acto de restaurar pecadores a la comunión de la iglesia, cómo se revelan el poder, la gloria y la gracia de Dios.

Nuestro Salvador anhela librar a los cautivos del pecado, transfiriéndolos del reino de las tinieblas al reino de la luz. La iglesia de Dios, el teatro del universo, despliega el poder del sacrificio redentor de Cristo en las vidas de hombres y mujeres.

En nuestros días, Cristo, obrando por medio de su iglesia, invita a todos a que formen parte de su familia. "He aquí —dice el Señor—, yo estoy a la puerta y llamo; si alguno oye mi voz y abre la puerta, entraré a él, y cenaré con él, y él conmigo" (Apoc. 3:20).

Referencias

1. Refiriéndose al origen del término *iglesia*, Berkhof escribió: "Los nombres iglesia, *kerk* y *kirche* no se derivan de la palabra *ekklesia*, sino del término *kuriake* que significa 'perteneciente al Señor'. Dichos términos hacen énfasis sobre el hecho de que la Iglesia es la propiedad de Dios. El nombre *kuriakon* o *he kuriake* designa en primer término el lugar donde la iglesia se reunía. Se consideraba que dicho lugar pertenecía al Señor, y por lo tanto se lo llamaba *to kuriakon*" (*Systematic Theology*, [Teología sistemática], pág. 557).
2. "Church, Nature of", *SDA Encyclopedia*, ed. rev., pág. 302; "Church", *SDA Bible Dictionary* [Diccionario bíblico adventista], ed. rev., pág. 224.
3. Según las traducciones modernas que aceptan la rendición en singular que hace Tisschendorf, basadas en los códices Sinaítico, Alejandrino, Vaticano, y el Ephraemi Rescriptus.
4. A excepción de las enseñanzas relativas a Jesús, las creencias de la iglesia primitiva eran muy similares a las del judaísmo. Tanto los cristianos judíos como gentiles continuaban adorando en las sinagogas el día sábado, escuchando las explicaciones del Antiguo Testamento (Hech. 13:42-44; 15:13, 14, 21). El desgarramiento del velo del templo significaba que los ritos se habían encontrado con su cumplimiento antitípico. El libro de Hebreos procura desviar la mente de los cristianos de los *tipos* a la realidad en que estos se fundamentaban: la muerte expiatoria de Jesús, su sacerdocio celestial y su gracia salvadora. La era del Nuevo Testamento constituyó un tiempo de transición, y si bien es cierto que los apóstoles ocasionalmente participaron en los rituales del Antiguo Testamento, la decisión del primer concilio de Jerusalén demuestra que no les adjudicaban ningún valor redentor.
5. Charles E. Bradford, "What the Church Means to Me" [Lo que significa la iglesia para mí], *Adventist Review* [La revista adventista], 20 de nov. de 1986, pág. 15.
6. Véase *SDA Bible Commentary*, ed. rev., tomo 5 pág. 432.
7. *Id*. tomo 6, págs. 26, 38.
8. White *Testimonies*, tomo 5, pág. 618.
9. *Diakonos* puede ser masculino o femenino; por lo tanto, el género en este caso se determina por el contexto. Por cuanto Phoebe que es "nuestra hermana" es también una *diakonos*, esta palabra debe ser femenina aunque se la deletrea como un sustantivo masculino.
10. "Deaconess" [diaconisa], *SDA Bible Dictionary*, ed. rev., pág. 277. En los tiempos del Antiguo Testamento, el término *diakonos* poseía amplio significado. "Todavía se lo usaba para describir a todos los que servían a la iglesia en cualquier capacidad. Aun cuando Pablo era apóstol, se aplicó el término a sí mismo (véase 1 Cor. 3:5; 2 Cor. 3:6, 6:4; 11:23; Efe. 3:7; Col. 1:23) y a Timoteo... (véase 1 Tim. 4:6), llamándose *diakonoi* (plural de *diakonos*)". (*SDA Bible Commentary*, ed. rev., tomo 7, pág. 300). En estos pasajes se lo ha traducido como "ministros" o "servidores" en vez de "diáconos".

LOS ADVENTISTAS DEL SÉPTIMO DÍA CREEN EN...

13

El Remanente y su Misión

La iglesia universal está compuesta por todos los que creen verdaderamente en Cristo, pero en los últimos días, una época de apostasía generalizada, se ha llamado a un remanente para que guarde los mandamientos de Dios y la fe de Jesús. Este remanente anuncia la hora del juicio, proclama salvación por medio de Cristo y anuncia la proximidad de su segunda venida. Esta proclamación está simbolizada por los tres ángeles de Apocalipsis 14; coincide con la hora del juicio en el cielo y da como resultado una obra de arrepentimiento y reforma en la tierra. Todo creyente es llamado a participar personalmente en este testimonio mundial.

EL GIGANTESCO DRAGÓN ROJO SE AGAZAPA, listo para saltar. Ya ha provocado la caída de un tercio de los ángeles del cielo (Apoc. 12:4, 7-9). Ahora, si puede lograr su propósito de devorar al niño que está por nacer, habrá ganado la guerra.

La mujer que se halla delante de él está vestida del sol, tiene la luna bajo sus pies y lleva una corona de doce estrellas. El hijo varón que ella da a luz, está destinado a regir "con vara de hierro a todas las naciones".

El dragón lanza su ataque, pero sus esfuerzos por matar al niño son vanos. En cambio, "fue arrebatado para Dios y para su trono". Enfurecido, el dragón torna su ira contra la madre, a la cual se le conceden milagrosamente alas, que le permiten huir a un lugar remoto especialmente preparado por Dios, quien la sustenta allí por un tiempo, y tiempos, y la mitad de un tiempo, es decir, tres años y medio o 1.260 días proféticos (Apoc. 12:1-6, 13, 14).

En la profecía bíblica, una mujer pura representa a la iglesia fiel de Dios.[1] Una mujer representada como fornicaria o adúltera, representa al pueblo de Dios que ha apostatado (Eze. 16; Isa. 57:8; Jer. 31:4, 5; Ose. 1-3; Apoc. 17:1-5).

El dragón, "la serpiente antigua, que se llama diablo y Satanás", esperaba la oportunidad de devorar al Niño varón, el Mesías largamente esperado, Jesucristo. Satanás, en su guerra contra Jesús, usó como su instrumento al Imperio Romano. Nada, ni siquiera la muerte en la cruz, pudo desviar a Jesús de su misión como Salvador de la humanidad.

En la cruz, Cristo derrotó a Satanás. Refiriéndose a la crucifixión, Cristo dijo: "Ahora es el juicio de este mundo; ahora el príncipe de este mundo será echado fuera" (Juan 12:31). El Apocalipsis describe el himno de victoria que resuena en el cielo: "Ahora ha venido la salvación, el poder, y el reino de nuestro Dios, y la autoridad de su Cristo; porque ha sido lanzado fuera el acusador de nuestros hermanos, el que los acusaba delante de nuestro Dios día y noche... por lo cual alegraos, cielos, y los que moráis en ellos" (Apoc. 12:10-12). La expulsión de Satanás del cielo restringió su actividad. Ya no podría el diablo acusar al pueblo de Dios ante los seres celestiales.

Pero mientras que el cielo se goza, la tierra debe estar alerta: "¡Ay de los moradores de la tierra y del mar! Porque el diablo ha descendido a vosotros con gran ira, sabiendo que tiene poco tiempo" (Apoc. 12:12).

Para desahogar su ira, Satanás comenzó a perseguir a la mujer —la iglesia— (Apoc. 12:13), la cual a pesar de su gran sufrimiento, de todos modos sobrevivió. Las zonas escasamente pobladas del mundo —"el desierto"— proveyeron refugio para los fieles de Dios durante los 1.260 días proféticos o años literales (Apoc. 12:14-16; véase en el capítulo 4 lo referente al principio de día por año).[2]

Al fin de esta experiencia en el desierto, el pueblo de Dios emerge en respuesta a las señales del pronto retorno de Cristo. Juan identifica este grupo fiel como "el resto... los que guardan los mandamientos de Dios y tienen el testimonio de Jesucristo" (Apoc. 12:17). El diablo odia a este grupo con especial saña.

¿Cuándo y dónde sucedió esta persecución? ¿Qué le dio origen? ¿Cuándo comenzó a aparecer el remanente? ¿Cuál es su misión? La respuesta a estas preguntas requiere un repaso, tanto de la Escritura como de la historia.

La Gran Apostasía

La persecución de la iglesia fue provocada en primer lugar por la Roma pagana, y luego por una gran apostasía dentro de sus propias filas. Esta apostasía no vino por sorpresa, puesto que Juan, Pablo y el mismo Señor Jesús lo predijeron.

Durante su último discurso formal, Jesús amonestó a sus discípulos acerca del engaño venidero. "Mirad que nadie os engañe —les advirtió— ... porque se levantarán falsos cristos, y falsos profetas, y harán grandes señales y prodigios, de tal manera que engañarán, si fuere posible, aun a los escogidos" (Mat. 24:4, 24). Sus seguidores experimentarían un período de "gran tribulación", pero sobrevivirían (Mat. 24:21, 22). Señales impresionantes de la naturaleza marcarían el fin de esta persecución y revelarían la cercanía del retorno de Cristo (Mat. 24:29, 32, 33).

Por su parte, el apóstol Pablo advirtió lo siguiente: "Después de mi partida entrarán en medio de vosotros lobos rapaces, que no perdonarán al rebaño. Y de vosotros mismos se levantarán hombres que hablen cosas perversas para arrastrar tras sí a los discípulos" (Hech. 20:29, 30). Esos "lobos" llevarían a la iglesia a "la apostasía".

Esa apostasía debía ocurrir antes del retorno de Cristo, dijo Pablo. Era algo tan cierto, que el hecho de que todavía no había sucedido, era una señal segura de que la venida de Cristo no era todavía inminente. "Nadie os engañe en ninguna manera —dijo el apóstol—; porque no vendrá sin que antes venga la apostasía, y se manifieste el hombre de pecado, el hijo de perdición, el cual se opone y se levanta contra todo lo que se llama Dios o es objeto de culto; tanto que se sienta en el templo de Dios como Dios, haciéndose pasar por Dios" (2 Tes. 2:3, 4).

Durante la época de Pablo esta apostasía ya se hallaba obrando en forma limitada. Su método de operación era satánico, "con gran poder y señales y prodigios mentirosos, y con todo engaño de iniquidad" (2 Tes. 2:9, 10). Antes del fin del primer siglo, el apóstol Juan declaró que "muchos falsos profetas han salido por el mundo". En verdad, dijo, "el espíritu del anticristo... ahora ya está en el mundo" (1 Juan 4:1, 3).

¿Cómo surgió este sistema de apostasía?

El surgimiento del "hombre de pecado". "Al dejar la iglesia su "primer amor" (Apoc. 2:4), abandonó su pureza doctrinal, sus elevadas normas de conducta personal, y el invisible vínculo de unidad que proveía el Espíritu Santo. En el culto, el formalismo reemplazó a la sencillez. La popularidad y el poder personal pasaron a determinar con creciente influencia la elección de dirigentes, los cuales primero asumieron autoridad cada vez mayor dentro de la iglesia local, y luego procuraron extenderla sobre las iglesias vecinas.

"La administración de la iglesia local bajo la dirección del Espíritu Santo finalmente dio paso al autoritarismo eclesiástico en poder de un solo magistrado, el obispo, a quien cada miembro de iglesia estaba personalmente sujeto, y únicamente por cuyo intermedio el creyente tenía acceso a la salvación. Desde entonces los dirigentes sólo pensaron en gobernar la iglesia en vez de servirla, y el "mayor" ya no era aquel que se consideraba "siervo de todos". De ese modo, gradualmente se formó el concepto de una jerarquía sacerdotal que se interpuso entre el cristiano como individuo y su Señor".[3]

A medida que se erosionaba la importancia del individuo y de la iglesia local, el obispo de Roma surgió como el poder supremo de la cristiandad. Con el apoyo del emperador, este obispo o papa[4] fue reconocido como la cabeza visible de la iglesia universal, y pasó a estar investido de suprema autoridad sobre todos los dirigentes de su iglesia en el mundo.

Bajo la conducción del papado,[5] la iglesia cristiana se hundió cada vez más en la apostasía. La popularidad creciente de la iglesia aceleró su descenso. Las normas rebajadas hicieron que los inconversos se sintieran confortables en la iglesia. Multitud de individuos que comprendían muy poco del verdadero cristianismo se unieron a la iglesia sólo de nombre, llevando consigo sus doctrinas paganas, sus imágenes, sus modalidades de culto, celebraciones y fiestas.

Esas transigencias entre el paganismo y el cristianismo llevaron a la formación del "hombre de pecado", un sistema gigantesco de religión falsa, una mezcla de verdad y error. La profecía de 2 Tesalonicenses 2 no condena a los individuos, sino que expone el sistema religioso responsable de la gran apostasía. Dentro de este sistema, sin embargo, hay muchos creyentes que pertenecen a la iglesia universal de Dios, porque viven según toda la luz que tienen.

La iglesia sufriente. Junto con el descenso de la espiritualidad, la iglesia de Roma desarrolló un perfil más secular, con vínculos más estrechos al gobierno imperial. La iglesia y el Estado se unieron en una alianza profana.

En su obra clásica titulada *La ciudad de Dios*, Agustín, uno de los padres más influyentes de la Iglesia, estableció el ideal católico de una Iglesia universal en control de un Estado universal. El pensamiento de Agustín estableció el fundamento de la teología medieval del papado.

En el año 533 D.C., en una carta incorporada en el código de Justiniano, el emperador Justiniano declaró que el obispo de Roma era la cabeza de todas las iglesias.[6] También reconoció la influencia del Papa en la eliminación de los herejes.[7]

Cuando Belisario, general de Justiniano, liberó a Roma en el año 538 D.C., el obispo de Roma se vio libre del control de los ostrogodos, cuyo arrianismo había resultado en la restricción de la Iglesia Católica en desarrollo. Ahora el obispo podría ejercer las prerrogativas que le había concedido el decreto de Justiniano, en el año 533 D.C.; ahora podría aumentar la autoridad de la "Santa Sede". Así comenzaron los 1.260 años de persecución que había predicho la profecía bíblica (Dan. 7:25; Apoc. 12:6, 14; 13:5-7).

Trágicamente, la Iglesia, asistida por el Estado, procuró imponer sus decretos y enseñanzas sobre todos los cristianos. Muchos abandonaron sus creencias por temor a la persecución, mientras que los que decidieron permanecer fieles a las enseñanzas bíblicas experimentaron severa persecución. El mundo cristiano se convirtió en un campo de batalla. ¡Muchos fueron aprisionados o ejecutados en el nombre de Dios! Durante los 1.260 años de persecución, millones de fieles creyentes experimentaron grandes sufrimientos y muchos debieron sellar con la muerte su lealtad a Cristo.[8]

Cada gota de sangre derramada pasó a ser una mancha en el nombre de Dios y Jesucristo. Nada ha dañado más la causa del cristianismo que esta despiadada persecución. La visión terriblemente distorsionada del carácter de Dios que proveen estas acciones de la iglesia, y las doctrinas del purgatorio y tormento eterno, llevaron a muchos a rechazar por completo el cristianismo.

Mucho antes de la Reforma, diversas voces dentro de la Iglesia Católica protestaron contra el despiadado asesinato de sus oponentes, sus pretensiones arrogantes y corrupción desmoralizadora. La negativa de la iglesia a reformarse provocó el nacimiento de la Reforma protestante del siglo XVI. El éxito de este movimiento le asestó un fuerte golpe a la autoridad y el prestigio de la iglesia de Roma. Por medio de la Contrarreforma, el papado se dedicó a una sangrienta lucha para aplastar la Reforma, pero gradualmente perdió la batalla contra las fuerzas que luchaban a favor de la libertad civil y religiosa.

Finalmente, en 1798, 1.260 años después del año 538 D.C., la Iglesia Católica Romana recibió una herida mortal (véase Apoc. 13:3).[9] Las victorias espectaculares de los ejércitos de Napoleón en Italia, colocaron al Papa a la merced del gobierno revolucionario francés, el cual consideraba que la religión romana era el enemigo irreconocible de la República. El gobierno francés ordenó a Napoleón que tomara preso al Papa. Bajo sus órdenes, el general Berthier entró en Roma y proclamó el fin del poder político del papado. Tomando cautivo al Papa, Berthier lo llevó consigo a Francia, en donde murió en el exilio.[10]

El derrocamiento del papado fue el acontecimiento culminante de una larga serie asociada con su declinación progresiva. Este suceso marca el fin del período profético de los 1.260 años. Muchos protestantes lo interpretaron como el cumplimiento de la profecía.[11]

La Reforma

Entre los principales factores que causaron el clamor del pueblo por reformas dentro de la iglesia establecida, se hallan las doctrinas sin base bíblica cuyo fundamento es la tradición, la persecución enconada de los disidentes, la corrupción y la decadencia espiritual manifestada en gran número de los miembros del clero.

Puntos doctrinales. Se ofrecen a continuación algunos ejemplos de las doctrinas extrabíblicas que ayudaron a impulsar la Reforma protestante, y que todavía separan a los protestantes y los católicos.

1. *La cabeza de la iglesia en el mundo es el vicario de Cristo.* Esta doctrina pretende que únicamente el obispo de Roma es el vicario o representante de Cristo en el mundo, y la cabeza visible de la iglesia. En contraste con la visión bíblica del liderazgo eclesiástico (véase el capítulo 12 de esta obra), esa doctrina se basaba en la suposición de que Cristo nombró a Pedro como la cabeza visible de la iglesia, y el Papa es el sucesor de Pedro.[12]

2. *La infalibilidad de la iglesia y su cabeza.* La doctrina que realizó la mayor contribución al prestigio y a la influencia de la iglesia de Roma fue la de su infalibilidad. La iglesia pretendía que nunca había errado, y que jamás erraría. Basaba esta enseñanza en el razonamiento siguiente, que carece completamente de base bíblica: Por cuanto la iglesia es divina, uno de sus atributos inherentes es la infalibilidad. Además, por cuanto Dios, a través de esta iglesia divina se proponía guiar al cielo a todos los individuos de buena voluntad, la iglesia debe ser infalible en su enseñanza de la fe y la moral.[13] Cristo, por lo tanto, la preservará de todo error a través del poder del Espíritu Santo.

El corolario lógico, que niega la corrupción básica de los seres humanos (véase el capítulo 7 de esta obra), es que el dirigente de la iglesia también debe ser infalible.[14] En concordancia con esto, la enseñanza católica afirma que su líder posee prerrogativas divinas.[15]

3. *El oscurecimiento del ministerio mediador de Cristo como Sumo Sacerdote.* A medida que aumentaba la influencia de la iglesia de Roma, la atención de los creyentes fue siendo desviada de la obra mediadora continua de Cristo como Sumo Sacerdote en el cielo, el antitipo de los sacrificios diarios continuos de los servicios del santuario del Antiguo Testamento (véanse los capítulos 4 y 24 de esta obra), a un sacerdocio terrenal cuyo líder estaba en Roma. En vez de confiar en Cristo para obtener el perdón de los pecados y la salvación eterna (véanse los capítulos 9 y 10 de esta obra), los creyentes colocaron su fe en los papas, los sacerdotes y los prelados. Contradiciendo la enseñanza del Nuevo Testamento referente al sacerdocio de todos los creyentes, el ministerio de absolución del clero llegó a presentarse como algo vital para la salvación.

El ministerio sacerdotal de Cristo en el cielo, donde constantemente aplica los beneficios de su sacrificio expiatorio a favor de los creyentes arrepentidos, se vio efectivamente negado cuando la iglesia sustituyó la misa por la Cena del Señor. A diferencia de la Santa Cena —un servicio que Jesús instituyó con el fin de conmemorar su muerte y anunciar su reino venidero (véase el capítulo 16 de esta obra)—, la Iglesia Católica pretende que la misa constituye el sacrificio incruento de Cristo, realizado por un sacerdote humano. Por cuanto Cristo es ofrecido nuevamente, como lo fue en el Calvario, se consideraba que la misa traía gracia especial a los creyentes y a los muertos.[16]

Ignorantes de las Escrituras y conociendo únicamente la misa conducida por un sacerdote humano, multitudes perdieron la bendición del acceso directo a nuestro mediador, Jesucristo. De este modo, se borró de la conciencia humana la promesa e invitación divinas: "Acerquémonos, pues, confiadamente al trono de la gracia, para alcanzar misericordia y hallar gracia para el oportuno socorro" (Heb. 4:16).

4. *La naturaleza meritoria de las buenas obras.* La idea que prevaleció, según la cual una persona podía obtener el mérito vital haciendo buenas obras, y que la fe no podía salvar, contradecía la enseñanza del Nuevo Testamento (véanse los capítulos 9 y 10 de esta obra). La Iglesia Católica pasó a enseñar que las buenas obras que constituyen el resultado de la gracia infusa en el corazón del pecador eran meritorias, lo que significaba que le daban a un individuo el justo derecho de exigir la salvación. De hecho, era posible acumular más obras buenas de las que eran necesarias para la salvación —como en el caso de los santos—, y de este modo, acumular méritos adicionales. Este extra mérito podía ser usado para el beneficio de otros. Por cuanto la iglesia sostenía que los pecadores eran justificados en base a la justicia infusa en sus corazones, las buenas obras llegaron a ocupar una posición importante en la justificación del individuo.

Las obras meritorias también pasaron a ocupar un papel importante en la doctrina del purgatorio, la cual asevera que los que no están perfectamente puros deben pasar por un castigo temporal purificador en el purgatorio, por sus pecados, antes que puedan entrar a gozar del cielo. Por sus oraciones y buenas obras, los creyentes vivos pueden acortar la duración y la intensidad de los sufrimientos de los que van a parar al purgatorio.

5. *La doctrina de las penitencias e indulgencias.* La penitencia es el sacramento por el cual los cristianos pueden obtener perdón por los pecados cometidos después del bautismo. Este perdón de pecados se logra por intermedio de la absolución de un sacerdote, pero antes que pueda ser obtenido, los cristianos deben examinar sus conciencias, arrepentirse de sus pecados, y resolver que nunca más ofenderán a Dios. Entonces deben confesar sus pecados ante el sacerdote y cumplir la penitencia asignada por él.

Sin embargo, la penitencia no libraba completamente a los pecadores. Todavía necesitaban sufrir el castigo temporal, ya sea en esta vida o en el purgatorio. Para eliminar dicho castigo, la iglesia instituyó las indulgencias, las cuales proveían la remisión del castigo temporal que aun se debía a causa del pecado después de la absolución de la culpa. Las indulgencias, que podían beneficiar tanto a los vivos como a los que se hallaban en el purgatorio, se concedían con la condición de hacer penitencia y realizar las buenas obras prescritas, a menudo en forma de pagos de dinero a la iglesia.

Lo que hacía posibles las indulgencias eran los méritos extra de los mártires, de los santos, de los apóstoles, y especialmente de Jesucristo y de María. Sus méritos eran depositados en un "tesoro de méritos", y eran transferibles a los creyentes cuyas cuentas eran deficientes. El Papa, como el pretendido sucesor de Pedro, controlaba las llaves de este tesoro, y podía librar del castigo temporal a los creyentes, asignándoles crédito del tesoro.[17]

6. *La autoridad máxima reside en la Iglesia.* A través de los siglos, la iglesia establecida adoptó muchas creencias, días de fiesta y símbolos paganos. Cuando diversas voces se levantaron clamando contra estas abominaciones, la iglesia de Roma asumió el único derecho de interpretar la Biblia. La iglesia, y no la Biblia, pasó a ser la autoridad final (véase el capítulo 1 de esta obra). La iglesia argüía que existen dos fuentes de autoridad divina: (1) Las Escrituras sagradas y (2) la tradición católica, la cual consiste en los escritos de los padres de la iglesia, los decretos de los concilios eclesiásticos, los credos aprobados, y las ceremonias de la iglesia. Cuandoquiera que las doctrinas de la iglesia se hallaban apoyadas por la tradición pero no por la Escritura, la tradición tomaba precedencia. Los creyentes comunes no tenían autoridad para interpretar las doctrinas que Dios había revelado en la Escritura. Dicha autoridad residía únicamente en la Iglesia Católica.[18]

El amanecer de un nuevo día. En el siglo XIV, Juan Wiclef llamó a una reforma de la iglesia, no sólo en Inglaterra sino también en toda la cristiandad. Durante una época en la cual existían pocos ejemplares de la Biblia, proveyó la primera traducción del texto completo de las Escrituras al inglés. Sus enseñanzas de salvación únicamente por fe en Cristo, y de que sólo las Escrituras eran infalibles, establecieron el fundamento de la Reforma protestante. En su papel de estrella matutina de la Reforma, procuró librar a la iglesia de Cristo de las cadenas del paganismo que la ataban a la ignorancia. Inauguró un movimiento que lograría libertar las mentes individuales y aun naciones enteras de las garras del error religioso. Los escritos de Wiclef tocaron el alma de Huss, Jerónimo, Lutero, y muchos otros.

Martín Lutero —fogoso, impulsivo, inflexible— fue probablemente la personalidad más poderosa de la Reforma. Más que ningún otro hombre, guió al pueblo de vuelta a las Escrituras y a la gran verdad evangélica de la justificación por la fe, mientras predicaba contra la salvación por las obras.

Declarando que los creyentes no debían aceptar ninguna autoridad fuera de las Escrituras, Lutero dirigió las miradas de la gente hacia arriba, separándolas de obras humanas, sacerdotes y penitencias, y apuntando a Cristo como su único Mediador y Salvador. Era imposible, afirmaba, disminuir la culpabilidad del pecado por obras humanas, o evitar su castigo. Únicamente el arrepentimiento ante Dios y la fe en Cristo pueden salvar a los pecadores. Por cuanto su gracia constituye un regalo, libremente ofrecido, no se la puede comprar. Los seres humanos, por lo tanto, pueden tener esperanza, no debido a las indulgencias, sino por causa de la sangre derramada del Redentor crucificado.

Como una expedición arqueológica que descubre tesoros enterrados bajo los desechos acumulados de los siglos, la Reforma desenterró verdades largamente olvidadas. Se redescubrió la justificación por la fe, el gran principio del evangelio, así como un nuevo aprecio por el sacrificio expiatorio de Jesucristo, realizado una vez para siempre, y su sacerdocio mediador perfectamente suficiente. Muchas enseñanzas que no eran bíblicas, como las oraciones por los muertos, la veneración de los santos y las reliquias, la celebración de la misa, la adoración de María, el purgatorio, las penitencias, el agua bendita, el celibato de los sacerdotes, el rosario, la Inquisición, la transubstanciación, la extrema unción y la dependencia de la tradición, fueron repudiadas y abandonadas.

Los reformadores protestantes se hallaban casi unánimes en la identificación del sistema papal como el "hombre de pecado", el "misterio de iniquidad", y el "cuerno pequeño" de Daniel, la entidad que había de perseguir al verdadero pueblo de Dios durante los 1.260 años de Apocalipsis 12:6, 14 y 13:5, antes de la segunda venida de Cristo.[19]

La doctrina de la Biblia y la Biblia sola como la norma de fe y conducta moral, se convirtió en un punto básico del protestantismo. Los reformadores consideraban que todas las tradiciones humanas estaban sujetas a la autoridad final y mayor de las Escrituras. En asuntos de fe religiosa, ninguna autoridad —Papa, concilios, padres de la iglesia, reyes o sabios— podía gobernar la conciencia. De hecho, el mundo cristiano comenzaba a despertar de su sueño, y eventualmente, la libertad religiosa fue proclamada en muchas tierras.

La Reforma se Estanca

La reforma de la iglesia cristiana no debía haber terminado en el siglo XVI. Los reformadores habían logrado grandes avances, pero no habían vuelto a descubrir toda la luz que se había perdido durante la apostasía. Habían sacado a la cristiandad de las profundas tinieblas, pero todavía permanecían en las sombras. Mientras que, por una parte, lograron quebrantar la mano de hierro de la iglesia medieval, darle la Biblia al mundo y restaurar el evangelio básico, no descubrieron otras verdades importantes. El bautismo por inmersión, la inmortalidad como un don concedido por Cristo en la resurrección de los justos, el séptimo día como día de reposo bíblico, y otras verdades (véase los capítulos 7, 15, 20 y 26 de esta obra) todavía se hallaban ocultas en las sombras.

Pero en vez de hacer avanzar la Reforma, sus sucesores se dedicaron a consolidar sus logros. En vez de enfocar su atención en las Escrituras, la dirigieron a las palabras y opiniones de los reformadores. Unos pocos descubrieron nuevas verdades, pero la mayoría se negaron a avanzar más allá de lo que habían creído los primeros reformadores. En consecuencia, la fe protestante degeneró hasta caer en el formalismo y el escolasticismo, y ciertos errores que debían haber sido abandonados fueron incorporados. La llama de la Reforma gradualmente se fue apagando, y las iglesias protestantes llegaron a ser frías, formalistas y necesitadas de reforma.

La época posterior a la Reforma fue de gran actividad teológica, pero en ella se logró muy poco progreso espiritual. Federico W. Farrar escribió que en este período la libertad se transformó en servidumbre; los principios universales en elementos desprovistos de solidez; la verdad en dogmatismo; la independencia en tradición; la religión en sistema. La reverencia viviente por las Escrituras fue reemplazada por una teoría muerta de inspiración. La ortodoxia genial le cedió el paso a la férrea uniformidad, y el pensamiento viviente a una dialéctica de controversia".[20] Y a pesar de que la "Reforma había quebrantado el cetro de plomo del antiguo escolastisicimo", las iglesias protestantes introdujeron "un nuevo escolasticismo cuya vara era de hierro".[21] Roberto M. Grant llamó a este nuevo escolasticismo algo "tan rígido como cualquier construcción teológica medieval".[22] Los protestantes "prácticamente se vieron atados por los límites de sus confesiones del momento".[23]

Brotaron las controversias. "Nunca hubo una época en la cual los seres humanos estuviesen tan ocupados en descubrir los errores unos de otros, o en la cual se llamasen unos a otros usando tantos términos de oprobio".[24] De este modo, las buenas nuevas se convirtieron en una guerra de palabras. "La Escritura ya no hablaba al corazón sino al intelecto crítico".[25] Los dogmas eran ortodoxos, pero la espiritualidad se extinguió. La teología triunfó, pero el amor fue apagado".[26]

El Remanente

A pesar de la apostasía y tribulación de los 1.260 años, algunos creyentes continuaron reflejando la fuerza de la iglesia apostólica. Cuando se terminaron los 1.260 años de opresión en 1798, el dragón no había logrado la eliminación completa del pueblo fiel de Dios. Contra ese residuo, Satanás continúo dirigiendo sus esfuerzos destructivos. Dijo el vidente: "Entonces el dragón se llenó de ira contra la mujer; y se fue a hacer guerra contra el resto de la descendencia de ella, los que guardan los mandamientos de Dios y tienen el testimonio de Jesucristo" (Apoc. 12:17).

¿Qué es el remanente? En la descripción que hace Juan de la batalla entre el dragón y los descendientes de la mujer, usa la expresión "el resto de la descendencia de ella" (Apoc. 12:17). Esta expresión significa "el residuo" o remanente (Apoc. 12:17, VM). La Biblia describe al remanente como un pequeño grupo del pueblo de Dios que, a través de calamidades, guerras y apostasía, permanecen leales a Dios. Este remanente fiel proveyó los vástagos que Dios usó para propagar su iglesia visible en el mundo (2 Crón. 30:6; Esd. 9:14, 15; Isa. 10:20-22; Jer. 42:2; Eze. 6:8; 14:22).

Dios comisionó al remanente para que declarase su gloria y guiara a su pueblo esparcido por todo el mundo a su "santo monte de Jerusalén", el "monte de Sión" (Isa. 37:31, 32; 66:20; compárese con Apoc. 14:1). De los que así lleguen a unirse, la Escritura declara: "Estos son los que siguen al Cordero por dondequiera que va" (Apoc. 14:4).

Apoc. 12:17 contiene una descripción del último remanente en el linaje de creyentes leales que Dios ha escogido, sus fieles testigos en los últimos días anteriores a la segunda venida de Cristo. ¿Cuáles son las características del remanente?

Las características del remanente. Es difícil equivocarse con respecto al remanente que exista en el tiempo del fin. Juan describe a este grupo en términos específicos. Aparecen después de los 1.260 años de persecución, y se componen de "los que guardan los mandamientos de Dios y tienen el testimonio de Jesucristo" (Apoc. 12:17).

Tienen la responsabilidad de proclamar, justo antes de la segunda venida de Cristo, la última amonestación que Dios envía al mundo, es decir, los mensajes de los tres ángeles de Apocalipsis 14 (Apoc. 14:6-12). Estos mensajes contienen en sí mismos una descripción del remanente. Son "los que guardan los mandamientos de Dios y la fe de Jesús" (Apoc. 14:12). Consideremos cada una de estas características.

1. *La fe de Jesús.* El pueblo remanente de Dios se caracteriza por una fe similar a la que poseía Jesús. Refleja la misma confianza inquebrantable que tenía el Salvador en Dios y la autoridad de la Escritura. Cree que Jesucristo es el Mesías de la profecía, el Hijo de Dios, que vino como el Salvador del mundo. Su fe abarca todas las verdades de la Biblia, las que Cristo creyó y enseñó.

El remanente de Dios, entonces, proclamará el Evangelio eterno de salvación por fe en Cristo. Amonestará al mundo, diciendo que la hora del juicio de Dios ha llegado, y preparará a otros para que se encuentren con su Señor próximo a venir. Estará empeñado en una misión mundial destinada a completar el testimonio divino ante la humanidad (Apoc. 14:6, 7; 10:11; Mat. 24:14).

2. *Los mandamientos de Dios.* La fe genuina en Jesús compromete al remanente a seguir su ejemplo. "El que dice que permanece en él —dice Juan—, debe andar como él anduvo" (1 Juan 2:6). Por cuanto Jesús guardó los mandamientos de su Padre, ellos también obedecen los mandamientos de Dios (Juan 15:10).

Especialmente por cuanto son el remanente, sus acciones deben estar en armonía con su profesión; de otro modo, ésta carece de valor. Jesús dijo: "No todo el que me dice: Señor, Señor, entrará en el reino de los cielos, sino el que hace la voluntad de mi Padre que está en los cielos" (Mat. 7:21). Gracias al poder que Cristo les concede, obedecen los requerimientos divinos, incluyendo los Diez Mandamientos, la invariable ley moral de Dios (Éxo. 20:1-17; Mat. 5:17-19; 19:17; Fil. 4:13).

3. *El testimonio de Jesús.* Juan define "el testimonio de Jesús" como "el espíritu de profecía" (Apoc. 19:10). El remanente estará guiado por el testimonio de Jesús comunicado por medio del don de profecía.

Este don del Espíritu había de funcionar continuamente a través de toda la historia de la iglesia, "hasta que todos lleguemos a la unidad de la fe y del conocimiento del Hijo de Dios, a un varón perfecto, a la medida de la estatura de la plenitud de Cristo" (Efe. 4:13). Es, por lo tanto, una de las principales características del remanente.

Esta conducción profética hace que el remanente sea un pueblo profético que proclama un mensaje profético. Comprenden la profecía y la enseñan. La revelación de la verdad que llega al conocimiento del remanente, les ayuda a cumplir su importante misión de preparar al mundo para el retorno de Cristo (véase el capítulo 18 de esta obra).

El surgimiento del remanente de los últimos días. La Biblia indica que el remanente aparece en la escena mundial después del tiempo de la gran persecución (Apoc. 12:14-17). Los acontecimientos de la revolución francesa, que conmovieron al mundo, y que llevaron a la cautividad del Papa al fin del período de 1.260 años (1798), y el cumplimiento de las tres grandes señales cósmicas —en las cuales la tierra, el sol, la luna y las estrellas testificaron acerca de la proximidad del retorno de Cristo (véase el capítulo 25 de esta obra)—, condujeron a un reavivamiento importante en el estudio de la profecía. Surgió una expectativa ampliamente difundida acerca del inminente regreso de Jesús. Por todo el mundo, muchos cristianos reconocieron que había llegado el tiempo del fin" (Dan. 12:4).[27] El cumplimiento de las profecías bíblicas durante la segunda mitad del siglo XVIII y la primera mitad del XIX, produjo un poderoso movimiento interconfesional centrado en la esperanza del Segundo Advenimiento. En cada iglesia, se podían hallar creyentes en el inminente regreso de Cristo, orando, trabajando y anticipando la culminación de la historia.

La esperanza adventista produjo un profundo espíritu de unidad entre sus adherentes, y muchos se unieron para amonestar al mundo acerca del pronto regreso de Cristo. El movimiento adventista constituyó un fenómeno verdaderamente bíblico e interconfesional, centrado en la Palabra de Dios y en la esperanza del advenimiento.

Mientras más estudiaban la Biblia, los creyentes se sentían más convencidos de que Dios estaba llamando a un remanente para que continuara la reforma de la iglesia cristiana que se había detenido. Ellos mismos habían experimentado la ausencia del verdadero espíritu de la reforma en sus respectivas iglesias, y la falta de interés en el estudio del tema de la Segunda Venida y la preparación correspondiente. Su estudio de la Biblia revelaba que las pruebas y chascos a través de los cuales Dios los había dirigido, constituían una experiencia purificadora profundamente espiritual, que los unió para formar el remanente de Dios. Dios los había comisionado para continuar la reforma que había traído tanto gozo y poder a la iglesia. Con gratitud y humildad aceptaron su misión, comprendiendo que la comisión de Dios no les había sido dada a causa de alguna superioridad inherente, y que únicamente por medio del poder y la misericordia de Cristo podrían esperar tener éxito.

La Misión del Remanente

Las profecías del libro del Apocalipsis bosquejan con claridad la misión del remanente. Los mensajes de los tres ángeles de Apocalipsis 14:6-12 revelan la proclamación del remanente que producirá la restauración completa y final de la verdad evangélica.[28] Estos tres mensajes constituyen las respuestas de Dios ante el avasallador engaño satánico que arrastra al mundo poco antes del regreso de Cristo (Apoc. 13:3, 8, 14-16). En seguida después del último llamado de Dios al mundo, Cristo vuelve para recoger la cosecha (Apoc. 14:14-20).

El mensaje del primer ángel. "Vi volar por en medio del cielo a otro ángel, que tenía el evangelio eterno para predicarlo a los moradores de la tierra, a toda nación, tribu, lengua y pueblo, diciendo a gran voz: Temed a Dios y dadle gloria, porque la hora de su juicio ha llegado; y adorad aquel que hizo el cielo y la tierra, el mar y las fuentes de las aguas" (Apoc. 14:6, 7).

El primer ángel simboliza el remanente de Dios que lleva el evangelio eterno a todo el mundo. Este evangelio es el mismo mensaje de buenas nuevas del infinito amor de Dios que los antiguos profetas y apóstoles proclamaron (Heb. 4:2). El remanente no presenta un evangelio diferente; por el contrario, en vista del juicio, reafirman ese evangelio eterno según el cual los pecadores pueden ser justificados por fe y recibir así la justicia de Cristo.

Este mensaje llama al mundo al arrepentimiento. Requiere de todos que "teman" o reverencien a Dios, y que le den a él la "gloria" u honor. Fuimos creados con este propósito y podemos honrar o glorificar a Dios en nuestras palabras y acciones: "En esto es glorificado mi Padre, en que llevéis mucho fruto" (Juan 15:8).

Juan predice que el movimiento que ha de preparar el mundo para el regreso de Cristo pondrá renovado énfasis en la preocupación que la Biblia expresa de glorificar a Dios. Como nunca antes, presentará el llamado que hace el Nuevo Testamento a la sagrada mayordomía de nuestras vidas: "Vuestro cuerpo es templo del Espíritu Santo". No tenemos derecho exclusivo a nuestros poderes físicos, morales y espirituales; Cristo los compró con su sangre en el Calvario. "Glorificad, pues, a Dios en vuestro cuerpo y en vuestro espíritu, los cuales son de Dios" (1 Cor. 6:19, 20). "Si, pues, coméis o bebéis, o hacéis otra cosa, haced lo todo para la gloria de Dios" (1 Cor. 10:31).

El hecho de que ha llegado "la hora de su juicio" le añade urgencia al llamado al arrepentimiento (véase el capítulo 24 de esta obra). En Apocalipsis 14:7, la palabra *juicio* es la traducción del término griego *krisis*, el acto de juzgar, no la sentencia del juicio (*krima*). Se refiere a todo el proceso de juicio, incluyendo el emplazamiento de los acusados ante el divino tribunal, la investigación de los registros de la vida, el veredicto de culpabilidad o inocencia, y el otorgamiento de la vida eterna o la sentencia de muerte (véase Mat. 16:27; Rom. 6:23; Apoc. 22:12). El mensaje de la hora del juicio proclama también el juicio de Dios sobre toda apostasía (Dan. 7:9-11; Apoc. 17, 18).

El mensaje de la hora del juicio apunta en forma especial al momento cuando, en cumplimiento de la última fase de su ministerio como Sumo Sacerdote en el Santuario celestial, Cristo entró en su obra de juicio (véase el capítulo 24 de esta obra).

Este mensaje también llama a todos a que adoren al Creador. El llamado de Dios a la adoración debe ser visto en contraste con el requerimiento de adorar a la bestia y a su imagen (Apoc. 13:3, 8, 15). Pronto todos deberán escoger entre el verdadero y el falso culto, es decir entre la adoración a Dios según sus términos (justificación por la fe) o en nuestros términos (justificación por las obras). Al mandarnos adorar "a aquel que hizo el cielo y la tierra, el mar y las fuentes de las aguas" (Apoc. 14:7; compárese con Éxo. 20:11), este mensaje exige que se le preste atención al cuarto mandamiento del Decálogo. Lleva al pueblo a entrar en una experiencia de verdadero culto al Creador, una experiencia que incluye honrar su monumento a la creación, el séptimo día sábado del Señor, que instituyó al fin de la creación y que afirmó en los Diez Mandamientos (véase el capítulo 20 de esta obra). Por lo tanto, el mensaje del primer ángel requiere la restauración del verdadero culto, presentando ante el mundo a Cristo el Creador y Señor del sábado bíblico. Ésta es la señal de la creación de Dios, una señal que la vasta mayoría de sus seres creados han descuidado.

En forma providencial, la proclamación de este mensaje que llama la atención del mundo al Dios creador, comenzó en el momento de la historia cuando la filosofía evolucionista recibió un fuerte apoyo a través de la publicación de la obra *El origen de las especies* de Carlos Darwin (1859). La predicación del mensaje del primer ángel construye el mayor baluarte contra el progreso de la teoría de la evolución.

Finalmente, este llamado implica la restauración del honor de la santa Ley de Dios, la cual ha sido pisoteada por el "hombre de pecado" (2 Tes. 2:3). Únicamente si se restaura el verdadero culto y los creyentes viven de acuerdo con los principios del reino de Dios, puede el Creador ser glorificado.

El mensaje del segundo ángel. "Ha caído, ha caído Babilonia, la gran ciudad, porque ha hecho beber a todas las naciones del vino del furor de su fornicación" (Apoc. 14:8).

Desde muy temprano en la historia, la ciudad de Babilonia ha simbolizado el desafío a Dios. Su torre fue un monumento a la apostasía y un centro de rebelión (Gén. 11:1-9). Lucifer (Satanás) era su rey invisible (Isa. 14:4, 12-14) y se hace evidente que deseaba hacer de Babilonia la agencia de su plan maestro para controlar a la raza humana. A través de la Biblia, el conflicto entre la ciudad de Dios, Jerusalén, y la ciudad de Satanás, Babilonia, ilustra el conflicto entre el bien y el mal.

Durante los primeros siglos de la era cristiana, cuando los romanos oprimían tanto a judíos como a cristianos, la literatura judía y cristiana se refería a la ciudad de Roma como *Babilonia*.[29] Muchos creen que Pedro usó *Babilonia* como un seudónimo de Roma (1 Ped. 5:13). Por causa de su apostasía y persecución, la mayoría de los protestantes de la época de la Reforma y los tiempos posteriores a ella, se referían a la iglesia de Roma como la Babilonia espiritual (Apoc. 17), la enemiga del pueblo de Dios.[30]

En el Apocalipsis, el término *Babilonia* se refiere a la mujer malvada, la madre de las prostitutas, y a sus hijas impuras (Apoc. 17:5). Simboliza todas las organizaciones religiosas apóstatas y sus dirigentes, si bien se refiere especialmente a la gran alianza religiosa apostata entre la bestia y su imagen que producirá la crisis final que se describe en Apocalipsis 13:15-17.

El mensaje del segundo ángel establece la naturaleza universal de la apostasía babilónica y su poder coercitivo, diciendo que "ha hecho beber a todas las naciones del vino del furor de su fornicación". El "vino" de Babilonia representa sus enseñanzas heréticas. Babilonia ejercerá presión sobre los poderes del Estado para que hagan cumplir universalmente sus falsas enseñanzas y decretos religiosos.

La "fornicación" que se menciona representa la relación ilícita entre Babilonia y las naciones, entre la iglesia apóstata y los poderes civiles. Se supone que la iglesia está casada con su Señor; al buscar en vez de ello el apoyo del Estado, deja a su Esposo y comete fornicación espiritual (véase Eze. 16:15; Sant. 4:4).

Esta relación ilícita desemboca en tragedia. Juan ve a los habitantes del mundo "ebrios" de falsas enseñanzas, y la misma Babilonia "ebria de la sangre de los santos y de la sangre de los mártires de Jesús", que han rehusado aceptar sus doctrinas sin fundamento bíblico y que se niegan a someterse a su autoridad (Apoc. 17:2, 6).

Babilonia cae porque rechaza el mensaje del primer ángel, es decir, el evangelio de la justificación por fe en el Creador. Así como en los primeros siglos de la era cristiana la iglesia de Roma apostató, muchos protestantes de hoy se han apartado de las grandes verdades bíblicas de la Reforma. Esta profecía de la caída de Babilonia encuentra su cumplimiento especial en el apartamiento del protestantismo en general de la pureza y sencillez del evangelio eterno de la justificación por la fe, que en el pasado motivó tan poderosamente la Reforma.

El mensaje del segundo ángel adquiere pertinencia creciente a medida que el fin se acerca. Se cumplirá con toda su plenitud cuando suceda la alianza de las diversas organizaciones religiosas que hayan rechazado el mensaje del primer ángel. El mensaje de la caída de Babilonia se repite en Apocalipsis 18:2-4, pasaje en el cual se anuncia la caída completa y definitiva de Babilonia, y en el que se extiende un llamado a los hijos de Dios que todavía integran los diversos cuerpos religiosos que comprenden a Babilonia, para que se separen de ella. Dice el ángel: "Salid de ella, pueblo mío, para que no seáis partícipes de sus pecados, ni recibáis parte de sus plagas" (Apoc. 18:4).[31]

El mensaje del tercer ángel. "Si alguno adora a la bestia y a su imagen, y recibe la marca en su frente o en su mano, él también beberá del vino de la ira de

Dios, que ha sido vaciado puro en el cáliz de su ira, y será atormentado con fuego y azufre delante de los santos ángeles y del Cordero; y el humo de su tormento sube por los siglos de los siglos. Y no tienen reposo ni de día ni de noche los que adoran a la bestia y a su imagen, ni nadie que reciba la marca de su nombre. Aquí está la paciencia de los santos, los que guardan los mandamientos de Dios y la fe de Jesús" (Apoc. 14:9-12).

El mensaje del primer ángel proclama el evangelio eterno y demanda la restauración del verdadero culto a Dios como Creador, porque la hora del juicio ha llegado. El segundo ángel advierte contra todas las formas de adoración que se originan en los conceptos humanos. Finalmente, el tercer ángel proclama la amonestación más solemne de Dios contra el acto de adorar a la bestia y a su imagen, lo cual harán inevitablemente todos los que rechacen el evangelio de la justificación por la fe.

La bestia que aparece en Apocalipsis 13:1-10 es la unión entre la iglesia y el Estado que dominó al mundo cristiano durante muchos siglos y fue descrita por Pablo como "el hombre de pecado" (2 Tes. 2:2-4) y por Daniel como el "cuerno pequeño" (Dan 7:8, 20-25; 8:9-12). La imagen de la bestia representa esa forma de religión apóstata que se desarrollará cuando las iglesias, habiendo perdido el verdadero espíritu de la Reforma, se unan con el Estado para imponer sus enseñanzas sobre los demás. Al unir la iglesia y el Estado habrán llegado a ser una perfecta imagen de la bestia, es decir de la iglesia apóstata que persiguió a los santos durante 1.260 años. De aquí el nombre *imagen de la bestia*.

El mensaje del tercer ángel proclama la más solemne y terrible advertencia de la Biblia. Revela que aquellos que se sometan a la autoridad humana en la crisis final de la tierra, adorarán a la bestia y a su imagen en lugar de a Dios. Durante este conflicto final se desarrollarán dos clases definidas. Una clase apoyará un evangelio de hechura humana y adorará a la bestia y a su imagen, atrayendo sobre sí mismos el más grave juicio. La otra clase, en marcado contraste, vivirá el evangelio verdadero y guardarán "los mandamientos de Dios y la fe de Jesús" (Apoc. 14:9, 12). El asunto final de discusión implica la adoración verdadera o falsa, el evangelio verdadero o falso. Cuando este punto se presente claramente delante del mundo, aquellos que rechacen el memorial de la creación divina —el sábado bíblico—, eligiendo adorar y dar honor al domingo, conociendo claramente que no es el día de adoración dado por Dios, recibirán la "marca de la bestia". Ésta es una marca que indica rebelión; la bestia pretende que su cambio del día de adoración muestra su autoridad incluso sobre la ley de Dios.[32]

El tercer mensaje dirige la atención del mundo a la consecuencia de rehusar aceptar el evangelio eterno y el mensaje divino de la restauración del verdadero culto. Describe con vividez el resultado final que tendrá la elección de la gente en lo que se refiere a la adoración. Esta elección no es fácil, por cuanto no importa lo que escojamos, igualmente sufriremos. Los que obedezcan a Dios experimentarán la ira del dragón (Apoc. 12:17) y eventualmente se los amenazará de muerte (Apoc. 13:15), mientras que los que eligen adorar a la bestia y a su imagen verán caer sobre ellos las siete últimas plagas, y finalmente serán echados en "el lago de fuego" (Apoc. 15, 16; 20:14, 15).

Pero si bien ambas elecciones implican sufrimiento, sus resultados son diferentes. Los que adoran al Creador serán librados de la ira mortífera del dragón, y estarán junto al Cordero en el monte de Sión (Apoc. 14:1; 7:2, 4). Los adoradores de la bestia y de su imagen, por su parte, reciben el pleno impacto de la ira de Dios, y perecen en presencia de los santos ángeles y del Cordero (Apoc. 14:9, 10; 20:14).

Todos tendremos que elegir a quién adoraremos. Nuestra elección de la justificación por la fe se revelará en nuestra participación de una forma de adoración que Dios ha aprobado, o nuestra elección de justicia por obras se revelará en nuestra participación en una forma de culto que Dios ha prohibido, pero que la bestia y su imagen mandan obedecer, un culto de origen humano. Dios no puede aceptar esta última forma de adoración, porque le da prioridad a los mandamientos de seres humanos y no a los de Dios. Procura la justificación por medio de las obras del hombre y no por la fe que es el resultado de una entrega total a Dios, reconociéndolo como Creador, Redentor y Recreador. En este sentido, entonces, el mensaje del tercer ángel es el mensaje de justificación por la fe.

Dios tiene hijos en todas las iglesias, pero a través de la iglesia remanente proclama un mensaje destinado a restaurar su verdadero culto, al llamar a su pueblo a salir de la apostasía y prepararse para el regreso de Cristo. Reconociendo que hay muchos entre el pueblo de Dios que todavía no se han unido a ellos, los miembros del remanente perciben sus graves defectos y debilidades, mientras procuran cumplir su solemne misión. Se dan cuenta de que únicamente por la gracia de Dios podrán lograr cumplir su trascendental responsabilidad.

A la luz de la pronta venida de Cristo y la necesidad de prepararse para encontrarse con él, el urgente y compasivo llamado de Dios resuena en el corazón de cada uno de nosotros: "Salid de ella pueblo mío, para que no seáis partícipes de sus pecados, ni recibáis parte de sus plagas. Porque sus pecados han llegado hasta el cielo, y Dios se ha acordado de sus maldades" (Apoc. 18:4, 5).

Referencias

1. El brillo enceguecedor del sol que rodea a la mujer pura (Apoc. 12:1) representa, según diversos comentadores, la luz del evangelio del Nuevo Testamento, que ungió a la iglesia primiti-

va con su poder. La luna, que refleja la luz del sol, simboliza en forma adecuada el reflejo que provee el Antiguo Testamento de la luz del evangelio a través de las predicciones y los ritos que apuntaban hacia el futuro, a la cruz y al Mesías venidero. La corona de doce estrellas representa las raíces de la iglesia que surge en el Antiguo Testamento con los padres de las doce tribus, y se extiende en el Nuevo Testamento por medio de los doce apóstoles.
2. El uso del principio de día por año para calcular el tiempo profético se mencionó antes en referencia a la profecía mesiánica de Daniel 9. Véase el capítulo 4 de esta obra.
3. *Comentario bíblico adventista*, tomo 4, págs. 861, 862.
4. El término *Papa* viene literalmente del latín bajo *papa*, griego bajo *papas*, "padre", "obispo"; griego pappas, "padre"; el Papa es "el obispo de Roma, la cabeza de la Iglesia Católica romana". (*Webster's New Universal Unabridged Dictionary*, 2ª. ed. [Nueva York, NY: Simon & Schuster, 1979]).
5. El papado puede definirse como el sistema de gobierno eclesiástico en el cual la autoridad suprema recae sobre el Papa.
6. Carta, Justiniano al Papa Juan, citado en Carta, Papa Juan a Justiniano, en el *Codex Justinianus* (Código de Justiniano), Libro 1, título 1, 8 *Corpus Juris Civilis*, compilador, Pablo Krueger, duodécima ed. (Berlín: Weidmannsche Verlaglsbuchhandlung, 1959, tomo 2, pág. 11, en *The Civil Law* [La ley civil], S. P. Scott, editor y traductor, (Cincinnati, OH: Central Trust Comp.,1932), tomo 12, págs. 11-13. Compárese con *Justiniani Novellae* (Las nuevas constituciones de Justiniano), Nueva Constitución, #131, cap. 2, *Corpus Juris Civilis*, compiladores Rodolfo Schoell y Guillermo Kroll, 7ª ed., tomo 3, pág. 665, en Civil Law, [Ley civil], tomo 17, pág. 125. Véase también Don Neufeld y Julia Neuffer, editores, *Seventh-Day Adventist Bible Student's Source Book* [El libro de referencia para el estudiante adventista del séptimo día de la Biblia]. (Washington, D. C.: Review and Herald, 1962), págs. 684, 685.
7. Carta, Justiniano al arzobispo Epifanio de Constantinopla, 26 de marzo del año 533, en *Codex Justinianus*, libro I, título 1, 7, *Corpus Juris Civilis*, ed. de Krueger, tomo 2, pág. 8, según se cita en *Source Book*, pág. 685.
8. Véase por ejemplo "Persecution", [Persecución], *Encyclopaedia of Religión and Ethics* [Enciclopedia de religión y ética], James Hastings, ed., (Nueva York, NY: Charles Scribner's Sons, 1917), tomo 9, págs. 749-757; John Dowling, *The History of Romanism: From The Earliest Corruptions of Christianity to the Present Time*, [La historia del romanismo: de las primeras corrupciones del cristianismo hasta el tiempo presente], 10ª. ed. (Nueva York, NY: Edward Walker, 1846), págs. 237-616.
9. Este golpe causó serios daños al prestigio del papado, pero no terminó con su influencia. Apoc. 13:3 menciona que "la herida de muerte" sería sanada, lo que indica un reavivamiento de la influencia papal. En los últimos días llega a convertirse en la más poderosa influencia religiosa en el mundo.
10. Jorge Trevor, *Rome: From the Fall of the Western Empire* [Roma: De la Caída del Imperio Occidental] (Londres: The Religious Tract Society, 1868), págs. 439, 440; John Adolphus, *The History of France From the Year 1790 to the Peace Concluded at Amiens in 1802* [Historia de Francia desde el año 1790 a la paz de Amiens en 1802], (Londres: George Kearsey, 1803), tomo 2, págs. 364-369. Véase también el *Source Book*, págs. 701, 702.
11. Leroy E. Froom, *The Prophetic Faith of Our Fathers* [La fe profética de nuestros padres] (Washington, D. C.: Review and Herald), 1948, tomo 2, págs. 765-782.
12. Peter Geiermann, *The Convert's Catechism of Catholic Doctrine* [El catecismo de la doctrina catolica para el converso] (San Luis, MO: B. Herder Book Co., 1957), págs. 27, 28.
13. Id, pág. 27.
14. Más tarde, la doctrina de la infabilidad papal se basó en la suposición de que (1) "la infatibilidad como un atributo de una iglesia divina se encuentra necesariamente en su plenitud en

la cabeza"; (2) Pedro era infalible en su enseñanza de fe y moral, y (3) el Papa heredó de Pedro los atributos de la iglesia divina. Se concluía que cuando el Papa hablaba *ex-cathedra*, "es un maestro infalible en asuntos de fe y moral" (Geiermann, pág. 29). *Ex-cathedra* en latín significa literalmente "desde la silla". En lo que respecta al Papa, se refiere a sus pronunciamientos oficiales dirigidos a la Iglesia Católica.

15. Para diversas afirmaciones con respecto al papado, véase por ejemplo: Lucius Ferraris, "Papa", art. 2, en *Prompta Bibliotheca* (Venecia; Gaspar Storti, 1772), tomo 6, págs. 25-29, citadas en el *Source Book*, pág 680. En cuanto a las pretensiones del papado mismo, véase por ejemplo: Papa León XIII, Encíclica, 10 de enero de 1890 y 20 de junio de 1894 en *The Great Encyclical Letters of Pope Leo XIII* [Las grandes cartas encíclicas del Papa León XIII], (Nueva York, NY: Benziger Brothers, 1903), págs. 193, 304. Véase también *Source Book*, págs. 614.
16. *Catechism of the Council of Trent for Parish Priests*, (Catecismo del Concilio de Trento para párrocos], trad. de John A. McHugh y Charles J. Callan (Nueva York, NY: Jose F. Wagner, Inc., 1958 reimpresión), págs. 258, 259. Véase también *Source Book*, pág. 614.
17. *SDA Bible Commentary*, tomo 7, págs. 47, 48.
18. Véase Concilio de Trento, sesión IV (8 de abril de 1546), según se cita en *The Creeds of Christendom* [Los credos de la cristiandad], ed. Philip Schaff, 6ª ed. rev. (Grand Rapids, MI: Baker, 1983), tomo 2, págs. 79-83. Véase también *Source Book*, págs. 1041-1043.
19. Froom, *Prophetic Faith of Our Fathers*, tomo 2, págs. 528-531.
20. Frederic W. Farrar, *History of Interpretation* [La historia de la interpretación], (Grand Rapids, MI: Baker 1979), pág. 358.
21. *Ibíd.*
22. Robert M Grant, *A Short History of Interpretation of the Bible* [Una corta historia de la interpretación de la Biblia] (Filadelfia, PA: Fortress Press, 1984), pág. 97.
23. Farrar, pág. 361.
24. *Id.*, pág. 363.
25. Grant, pág. 97.
26. Farrar, pág. 365.
27. En cuanto al origen del Remanente, véase Froom, *Prophetics Faith of Our Fathers*, tomo 4; P. Gerard Damsteegt, *Foundations of the Seventh-Day Adventist Message and Mission [Fundamentos del mensaje y la mission de los adventistas del séptimo día]*, (Grand Rapids, MI: Wm. B. Eerdmans, 1977).
28. Véase Damsteegt, "A Theology of Restoration" [La teología de la restauración] (Artículo presentado en la conferencia del centenario del evangelismo, Andrews University, 4 de mayo de 1974.
29. Véase Midrash Rabbah en Canticles I.6, 4; Tertuliano, *Contra Marción*, III, 13; Tertuliano, *Respuesta a los judíos*, 9.
30. Froom, *Prophetics Faith of Our Fathers*, tomo 2, págs. 531, 787.
31. *SDA Bible Commentary*, tomo 7, págs. 828-831.
32. La Iglesia Católica sostiene que posee la autoridad de cambiar el día de adoración. "P. ¿Cuál es el día de reposo? R. Observamos el domingo en vez del sábado porque la Iglesia Católica transfirió la solemnidad del sábado al domingo" (Geiermann, pág. 50). Ver también el *Source Book*, pág. 886. Este catecismo recibió la "bendición apostólica" del Papa Pio X, 25 de enero, 1910 (*Ibid*).

LOS ADVENTISTAS DEL SÉPTIMO DÍA CREEN EN...

14

La Unidad del Cuerpo de Cristo

La iglesia es un cuerpo constituido por muchos miembros que proceden de toda nación, raza, lengua y pueblo. En Cristo somos una nueva creación; las diferencias de raza, cultura, educación y nacionalidad, entre encumbrados y humildes, ricos y pobres, hombres y mujeres, no deben causar divisiones entre nosotros. Todos somos iguales en Cristo, quien por un mismo Espíritu nos ha unido en comunión con él y los unos con los otros. Debemos servir y ser servidos sin parcialidad ni reservas. Por medio de la revelación de Jesucristo en las Escrituras participamos de la misma fe y la misma esperanza, y salimos para dar a todos el mismo testimonio. Esta unidad tiene sus orígenes en la unicidad del Dios triuno, que nos ha adoptado como hijos.

CUANDO JESÚS TERMINÓ SU MINISTERIO EN EL MUNDO (Juan 17:4), no dejó por eso de preocuparse profundamente por la condición de sus discípulos, aun el atardecer antes de su muerte.

Los celos produjeron entre ellos discusiones sobre quién era el mayor, y cuál de ellos ocuparía las posiciones más elevadas en el reino de Cristo. La explicación de Cristo, según la cual la humildad era la sustancia de su reino, y sus verdaderos seguidores debían ser siervos, entregándose voluntariamente al servicio sin expectativas de recibir nada, ni aun una palabra de agradecimiento, en retorno, parecía haber caído en oídos sordos (Luc. 17:10). Hasta el ejemplo que estableció el Salvador, al inclinarse para lavar los pies de sus discípulos cuando ninguno de ellos quería hacerlo debido a las implicaciones, parecía haber sido en vano (véase el capítulo 16 de esta obra).

Jesús es amor. Era su simpatía lo que mantenía a las multitudes en pos de él.

Por no comprender ese amor abnegado, sus discípulos estaban llenos de duros prejuicios contra los no judíos, las mujeres, los "pecadores", y los pobres, lo cual los cegaba para no ver el amor de Cristo que todo lo abarca, y que se manifestaba aun hacia esos grupos detestados. Cuando los discípulos lo encontraron conversando con una mujer samaritana de mala reputación, todavía no habían aprendido que los campos, maduros para la cosecha, incluyen granos de todas clases, listos para ser recogidos.

Pero a Cristo no podía conmoverlo la tradición, la opinión publica, ni siquiera el control familiar. Su amor irrefrenable alcanzaba a la humanidad quebrantada y la restauraba. Ese amor, que los haría distinguirse del pueblo indiferente, sería la evidencia de que eran verdaderos discípulos. Así como el Maestro amó, ellos debían amar. Desde entonces, y por siempre, el mundo podría distinguir a los cristianos, no por causa de su profesión, sino por la revelación del amor de Cristo en ellos (véase Juan 13:34, 35).

Aun mientras el Salvador estaba en el jardín del Getsemaní, su preocupación más importante era la unidad de su iglesia, "los hombres que del mundo me diste" (Juan 17:6). Le rogó a su Padre que en la iglesia existiese una unidad similar a la que experimentaban los miembros de la Deidad. "Que todos sean uno; como tú, oh Padre, en mí, y yo en ti, que también ellos sean uno en nosotros; para que el mundo crea que tu me enviaste" (Juan 17:21).

Esta unidad constituye la herramienta más poderosa que posee la iglesia para testificar, por cuanto ofrece evidencias del abnegado amor que Cristo siente por la humanidad. Dijo el Señor: "Yo en ellos, y tú en mí para que sean perfectos en unidad, para que el mundo conozca que tú me enviaste, y que los has amado a ellos como también a mí me has amado" (Juan 17:23).

La unidad de la Biblia y la iglesia

¿Qué clase de unidad tenía Cristo en mente para la iglesia visible de hoy? ¿Cómo llegan a ser posibles tal amor y unidad? ¿Cuál es su fundamento? ¿Cuáles son sus elementos constituyentes? ¿Demanda uniformidad o permite la diversidad? ¿Cómo funciona la unidad?

La unidad del Espíritu. El Espíritu Santo es la fuerza motriz que impulsa la iglesia a la unidad. Por su medio, los creyentes son llevados a la iglesia, por él son "todos bautizados en un cuerpo" (1 Cor. 12:13). Dichos miembros bautizados deben experimentar la clase de unidad que Pablo describió como "la unidad del Espíritu" (Efe. 4:3).

El apóstol enumera los componentes básicos de la unidad del Espíritu: Hay "un cuerpo, y un Espíritu —afirma—, como fuisteis también llamados en una misma esperanza de vuestra vocación; un Señor, una fe, un bautismo, un Dios y Padre de todos, el cual es sobre todos, y por todos, y en todos" (Efe. 4:4-6). Las siete repeticiones de la palabra *uno*, enfatizan la unidad completa que Pablo tiene en mente.

El Espíritu Santo llama a individuos de toda nacionalidad y raza, y los bautiza en un cuerpo, el cuerpo de Cristo, la iglesia. A medida que crecen en Cristo, las diferencias culturales van dejando de producir divisiones. El Espíritu Santo derriba las barreras entre los encumbrados y los humildes, ricos y pobres, varones y mujeres. Al darse cuenta de que a vista de Dios son todos iguales, se consideran de alta estima los unos a los otros.

Esta unidad también funciona a un nivel corporativo. Significa que las iglesias locales de todo lugar son iguales, aunque algunas reciban dinero y misioneros provenientes de otros países. Dicha unión espiritual no conoce jerarquías. Tanto los nacionales como los misioneros son iguales delante de Dios.

La iglesia unida tiene una esperanza, "la esperanza bienaventurada" de salvación que se verá cumplida en "la manifestación gloriosa de nuestro gran Dios y Salvador Jesucristo" (Tito 2:13). Esta esperanza es una fuente de paz y gozo, y provee un poderoso motivo para el testimonio unido (Mat. 24:14). Lleva a la transformación, porque "todo aquel que tiene esta esperanza en él, se purifica a sí mismo, así como él es puro" (1 Juan 3:3).

Por medio de una fe común —la fe personal en el sacrificio expiatorio de Jesucristo—, todos llegan a ser parte del cuerpo. El "un bautismo" que simboliza la muerte y resurrección de Cristo (Rom. 6:3-6), expresa esta fe a la perfección, dando testimonio de la unión del creyente con el cuerpo de Cristo.

Finalmente, la Escritura enseña que hay un Espíritu, un Señor y un Dios y Padre. Todos los aspectos de la unidad eclesiástica están fundados en la unidad del Dios triuno. "Hay diversidad de dones, pero el Espíritu es el mismo. Y hay diversidad de ministerios, pero el Señor es el mismo. Y hay diversidad de operaciones, pero Dios que hace todas las cosas en todos, es el mismo" (1 Cor. 12:4-6).

El alcance de la unidad. Los creyentes experimentan unidad de mente y juicio. Notemos las siguientes exhortaciones: "El Dios de la paciencia y de la consolación os dé entre vosotros un mismo sentir según Cristo Jesús, para que unánimes, a una voz, glorifiquéis al Dios y Padre de nuestro Señor Jesucristo" (Rom. 15:5, 6). "Os ruego, pues, hermanos, por el nombre de nuestro Señor Jesucristo, que habléis todos una misma cosa, y que no haya entre vosotros divisiones, sino que estéis perfectamente unidos en una misma mente y en un mismo parecer" (1 Cor. 1:10). "Hermanos, tened gozo, perfeccionaos, consolaos, sed de un mismo sentir, y vivid en paz; y el Dios de paz y de amor estará con vosotros" (2 Cor. 13:11).

En consecuencia, la iglesia de Dios debiera revelar unidad de sentimiento, pensamiento y acción. ¿Significa esto que los miembros deben tener los mismos sentimientos, pensamientos y acciones? ¿La unidad bíblica implica uniformidad?

La unidad en la diversidad. La unidad bíblica no significa uniformidad. La metáfora bíblica del cuerpo humano demuestra que la unidad de la iglesia existe en la diversidad.

El cuerpo tiene muchos órganos, y todos contribuyen al funcionamiento óptimo del cuerpo. Cada uno realiza una tarea vital, pero diferente; nadie es inútil.

Este mismo principio opera en la iglesia. Dios distribuye sus dones "repartiendo a cada uno en particular como él quiere" (1 Cor. 12:11), creando una diversidad saludable que beneficia a la congregación. No todos los miembros piensan de la misma manera, ni todos están capacitados para realizar la misma obra. Sin embargo, todos funcionan bajo la dirección del mismo Espíritu, fortaleciendo la iglesia en la medida que se lo permiten sus capacidades recibidas de Dios.

Para cumplir su misión, la iglesia necesita la contribución de todos los dones. Unidos, proveen un empuje evangelizador total. El éxito de la iglesia no depende de que cada miembro sea la misma cosa y haga lo mismo que todos los demás; más bien, que todos los miembros realicen sus tareas que Dios les asigne.

En la naturaleza, la vid con sus pámpanos provee una ilustración de unidad en la diversidad. Jesús usó la metáfora de la vid para ilustrar la unión del creyente con el Salvador (Juan 15:1-6). Los pámpanos, es decir los creyentes, son las extensiones de la Vid verdadera, que es Cristo. A semejanza de los pámpanos y las hojas, cada cristiano individual difiere de los otros, y sin embargo existe la unidad, por cuanto todos ellos reciben su nutrición de la misma fuente, que es la Vid. Los pámpanos de la vid están individualmente separados, y no se absorben los unos a los otros; sin embargo, cada pámpano estará en comunión con los otros, si se hallan unidos al mismo tronco. Todos reciben alimento de la misma fuente, y asimilan las mismas propiedades vivificantes.

Así pues, la unidad cristiana depende de que los miembros estén injertados en Cristo. De él viene el poder que vitaliza la vida cristiana. Él es la fuente del talento y el poder necesarios para que la iglesia cumpla su tarea. La vinculación con él da forma a los gustos, los hábitos y los estilos de vida de todos los cristianos. Por medio de él, todos los miembros están unidos unos con otros, y empeñados en una misión común. Si los miembros permanecen en él, el egoísmo se desvanece y se establece la unidad cristiana, permitiéndoles cumplir la misión que Cristo le encarga a su pueblo.

De modo que, si bien hay diferentes temperamentos en la iglesia, todos obran bajo la dirección de una Cabeza. Hay numerosos dones, pero un solo Espíritu. Si bien los dones difieren, hay acción armoniosa. "Hay diversidad de operaciones, pero Dios que hace todas las cosas en todos, es el mismo" (1 Cor. 12:6).

La unidad de la fe. La diversidad de dones no significa diversidad de creencias. En los últimos días, la iglesia de Dios estará compuesta por un pueblo que comparte el fundamento del evangelio eterno, y cuyas vidas se caracterizan por la observancia de los mandamientos de Dios y la fe de Jesús (Apoc. 14:12). Unidos proclaman al mundo la invitación divina a la salvación.

¿Cuán importante es la unidad de la iglesia?

La unidad es esencial para la iglesia. Sin ella, fracasará en el cumplimiento de su sagrada misión.

La unidad hace que los esfuerzos de la iglesia sean efectivos. En este mundo, desgarrado por la disensión y los conflictos, el amor y la unidad entre los miembros de iglesia de diferentes personalidades, temperamentos y disposiciones, testifica a favor del mensaje de la iglesia con mayor poder que ninguna otra cosa. Esta unidad provee evidencia incontrovertible de su conexión con el cielo y de la validez de sus credenciales como discípulos de Cristo (Juan 13:35). Comprueba el poder de la Palabra de Dios.

Los conflictos entre los profesos cristianos han producido disgusto en los no creyentes, y han levantado lo que probablemente sea el mayor obstáculo a su aceptación de la fe cristiana. La verdadera unidad entre los creyentes aplaca esta actitud. Cristo declaró que sería una de las principales evidencias ante el mundo de que él es su Salvador (Juan 17:23).

La unidad revela la realidad del reino de Dios. Una iglesia verdaderamente unida revela que sus miembros son serios en su expectativa de vivir juntos en el cielo. La unidad en el mundo demuestra la realidad del reino eterno de Dios. En las vidas de quienes viven de este modo, se cumple el siguiente pasaje bíblico: "¡Mirad cuán bueno y cuán delicioso es habitar los hermanos juntos en armonía!" (Sal. 133:1).

La unidad muestra la fortaleza de la iglesia. La unidad produce fortaleza, y la desunión, debilidad. Una iglesia es verdaderamente próspera y fuerte cuando sus miembros están unidos con Cristo y los unos con los otros, trabajando en armonía por la salvación del mundo. Únicamente entonces llegan a ser, en el verdadero sentido del término, "colaboradores de Dios" (1 Cor. 3:9).

La unidad cristiana constituye un desafío para nuestro mundo cada vez más falto de unidad, desgarrado por el egoísmo que es la antítesis del amor. La iglesia unificada exhibe la respuesta que necesita una sociedad dividida por culturas, razas, sexos y nacionalidades. Una iglesia unificada resistirá los ataques satánicos. De hecho, los poderes de las tinieblas son impotentes contra la iglesia cuyos miembros se aman unos a otros como Cristo los ha amado a ellos.

El hermoso y positivo efecto que tiene una iglesia unida puede compararse con la actuación de una orquesta. En los momentos anteriores a la aparición del conductor, cuando los músicos están ocupados en afinar sus instrumentos y en calentarse, produce una cacofonía. Cuando el conductor aparece, sin embargo, el ruido caótico se detiene, y todos los ojos se dirigen a él. Cada miembro de la orquesta se sienta en su lugar, listo para actuar a una señal del conductor. Al seguir sus indicaciones, la orquesta produce música bella y armoniosa.

"La unidad en el cuerpo de Cristo significa fundir el instrumento de mi vida en la gran orquesta de los llamados, bajo la batuta del divino Conductor. A una señal suya, y siguiendo la partitura original de la creación, tenemos el privilegio de interpretar para beneficio de la humanidad la sinfonía del amor de Dios".[1]

El logro de la unidad

Para que la iglesia experimente unidad, los creyentes deben cooperar con la Divinidad para lograrla. ¿Cuál es la fuente de unidad, y es posible obtenerla? ¿Qué papel les toca desempeñar a los creyentes?

La fuente de unidad. La Escritura señala que la unidad halla sus fuentes en (1) el poder preservador del Padre (Juan 17:11), (2) la gloria del Padre que Cristo les impartió a sus seguidores (Juan 17:22), y (3) la morada interior de Cristo en los creyentes (Juan 17:23). El Espíritu Santo, "el Espíritu de Cristo" que se manifiesta en medio del cuerpo de Cristo, es el poder cohesivo y la presencia que mantiene a todos los segmentos unidos entre sí.

Como el eje y los rayos de una rueda, mientras más se acercan los miembros de la iglesia (los rayos) a Cristo (el eje), más cerca se hallan unos de otros. "El secreto de la verdadera unidad en la iglesia y en la familia no estriba en la diplomacia ni en la administración, ni en el esfuerzo sobrehumano para vencer las dificultades —aunque habrá que hacer mucho de esto— sino en la unión con Cristo".[2]

El Espíritu Santo como unificador. En su carácter de "Espíritu de Cristo" y el "Espíritu de verdad", el Espíritu Santo produce unidad.

1. *El foco de la unidad.* Cuando el Espíritu entra en los creyentes, hace que trasciendan los prejuicios humanos basados en la cultura, la raza, el sexo, el color, la nacionalidad y la posición social (véase Gál. 3:26-28). El Espíritu logra esto al traer la presencia de Cristo al corazón. Todo aquel que lo reciba, pondrá su atención en Jesús y no en sí mismo. Su unión con Cristo establece el vínculo de unidad entre los creyentes, el cual es el fruto del Espíritu que mora en el interior. Entonces se minimizarán sus diferencias y se unirán en la misión de glorificar a Jesús.

2. *El papel de los dones espirituales en el logro de la unidad.* ¿Cuán alcanzable es el blanco de la unidad de la iglesia? Cuando Cristo comenzó su obra mediadora junto a su Padre en el cielo, aseguró de que el blanco de unir a su pueblo no era una ilusión. A través del Espíritu Santo, impartió dones especiales específicamente destinados a establecer "la unidad de la fe" entre los creyentes.

Al analizar esos dones, Pablo dijo que Cristo mismo" constituyó a unos apóstoles; a otros, profetas; a otros evangelistas; a otros pastores, y maestros, a fin de perfeccionar a los santos para la obra del ministerio, para la edificación del cuerpo de Cristo, hasta que todos lleguemos a la unidad de la fe y del conocimiento del Hijo de Dios, a un varón perfecto, a la medida de la estatura de la plenitud de Cristo" (Efe. 4:11-13).

Estos dones especialísimos están designados para desarrollar la "unidad del Espíritu" hasta que llegue a ser la "unidad de la fe" (Efe. 4:3, 13), de modo que los creyentes lleguen a ser maduros y firmes, y dejen de ser "niños fluctuantes, llevados por doquiera de todo viento de doctrina por estratagema de hombre que para dañar emplean con astucia las artimañas del error" (Efe. 4:14; véase el capítulo 17 de esta obra).

Gracias a estos dones, los creyentes proclaman la verdad en amor y crecen en Cristo, la Cabeza de la iglesia, desarrollando una unidad dinámica de amor. Pablo enseña que en Cristo, "todo el cuerpo, bien concertado y unido entre sí por todas las coyunturas que se ayudan mutuamente, según la actividad propia de cada miembro, recibe su crecimiento para ir edificándose en amor" (Efe. 4:16).

3. *La base de la unidad.* Es en su calidad de "Espíritu de verdad" (Juan 15:26) como el Espíritu Santo obra para cumplir la promesa de Cristo. Su tarea es guiar a los creyentes a toda la verdad (Juan 16:13). Es claro, entonces, que la base de la unidad es la verdad centrada en Cristo.

La misión del Espíritu es guiar a los creyentes a la verdad tal como es en Jesús. Dicho estudio tiene un efecto unificador. Sin embargo, el mero estudio no es suficiente para producir la verdadera unión. Ésta se produce únicamente al creer, vivir y predicar la verdad como es en Jesús. La comunión, los dones espirituales y el amor son muy importantes, pero su plenitud viene únicamente con la presencia de aquel que dijo: "Yo soy el camino, y la verdad, y la vida" (Juan 14:6). Cristo oró diciendo: "Santifícalos en tu verdad; tu palabra es verdad" (Juan 17:17). Con el fin de experimentar la unidad, los creyentes, entonces, deben recibir la luz tal como brilla en la Palabra.

Cuando esta verdad, tal como es en Jesús, mora en el corazón, lo refina, lo eleva y purifica la vida, eliminando todo prejuicio y toda causa de aflicción.

El nuevo mandamiento de Cristo. Tal como sucedió con el hombre, la iglesia fue hecha a la imagen de Dios. Tal como cada uno de los miembros de la Deidad ama a los otros, así también los miembros de la iglesia se amarán entre sí. Cristo ha mandando a los creyentes que demuestren su amor a Dios al amar a los demás como a sí mismos (Mat. 22:39).

El mismo Señor Jesús proveyó la máxima aplicación del principio del amor, en el Calvario. Precisamente antes de su muerte, extendió su mandato anterior, dándoles a sus discípulos un nuevo mandamiento: "Que os améis unos a otros como yo os he amado" (Juan 15:12; compárese con 13:34). En otras palabras, "yo les pido a ustedes que no hagan valer sus derechos, que no se empeñen en recibir lo que les corresponde, y si no, llevar el caso a los tribunales. Les pido que entreguen sus espaldas al látigo, que vuelvan la otra mejilla, que soporten las acusaciones falsas, los insultos y las burlas, y que se entreguen para ser maltratados, quebrados, clavados a una cruz y enterrados, si eso es lo que se necesita para amar a otros. En eso consiste amar a otros como yo los amo a ustedes".

1. *La posibilidad imposible.* ¿Cómo podemos amar así como Cristo amó? ¡Es imposible! Cristo pide lo imposible, pero él puede lograr lo imposible. Su promesa es: "Y yo, si fuere levantado de la tierra, a todos atraeré a mí mismo" (Juan 12:32). La unidad en el cuerpo de Cristo tiene aspectos de encarnación: la unidad de los creyentes con Dios por medio de la Palabra que se hizo carne. También tiene aspectos de relación: la unidad de los creyentes por medio de sus raíces comunes en la Vid. Y finalmente, está arraigada en la cruz: el amor del Calvario que nace en los creyentes.

2. *Unidad en la cruz.* La unidad de la iglesia se realiza en la cruz. Únicamente cuando nos damos cuenta de que no amamos como Jesús y que en verdad no

podemos hacerlo, es que admitimos nuestra necesidad de su presencia permanente, y creemos lo que dijo: "Separados de mí nada podéis hacer" (Juan 15:5). En la cruz nos damos cuenta de que Cristo no murió exclusivamente por nosotros, sino por todos los habitantes del mundo. Esto significa que ama a todas las nacionalidades, razas, colores y clases. A todos los ama igualmente, no importa cuáles sean sus diferencias. Es por esto que la unidad está arraigada en Dios. La visión estrecha del hombre tiende a separar a los seres humanos. La cruz disipa la ceguera humana y coloca el precio divino en los seres humanos. Muestra que ninguno carece de valor. Todos son amados. Si Cristo los ama, nosotros también debemos hacerlo.

Cuando Cristo predijo que su crucifixión atraería a todos a él, quería decir que el poder magnético de atracción de él mismo, el mayor de todos los sufrientes, era lo que produciría unidad en su cuerpo, la iglesia. El vasto abismo que separa al cielo de nosotros, el cual Cristo cruzó, hace que sea insignificante la pequeña distancia que significa cruzar una calle o una ciudad para alcanzar a un hermano.

El Calvario significa: "Sobrellevad los unos las cargas de los otros" (Gal. 6:2). Cristo llevó la carga completa de la humanidad, la cual oprimió su vida hasta la muerte, de modo que pudiera concedernos vida a nosotros, y libertarnos para que nos pudiésemos ayudar mutuamente.

Pasos hacia la unidad. La unidad no sucede automáticamente. Los creyentes deben dar ciertos pasos para obtenerla.

1. Unidad en el hogar. Un ambiente ideal para ensayar la unidad de la iglesia lo provee el hogar (véase el capítulo 23 de esta obra). Si en el hogar aprendemos a ejercer dirección sabia, bondad, gentileza, paciencia y amor con la cruz en su centro, entonces podremos aprender la aplicación de esos principios en la iglesia.

2. Procúrese la unidad. Nunca lograremos obtener unidad a menos que trabajemos concienzudamente por lograrla. Y nunca podremos sentirnos complacidos y considerar que ya la hemos logrado. Debemos orar cada día por unidad, y cultivarla cuidadosamente.

Necesitamos minimizar las diferencias y evitar las discusiones acerca de puntos no esenciales. En vez de enfocar nuestra atención en lo que nos divide, debiéramos hablar acerca de las numerosas y preciosas verdades en las cuales estamos de acuerdo. Hablemos de la unidad y oremos para que la oración de Cristo sea cumplida. Al hacer eso, podemos desarrollar la unidad y armonía que Dios desea que tengamos.

3. *Trabajemos unidos hacia un blanco común.* La iglesia no experimentará la unidad hasta que, actuando como un solo hombre, se empeñe en la proclamación del evangelio de Jesucristo. Dicha misión provee una preparación ideal para aprender la armonía. Enseña a los creyentes que son todos partes individuales de la gran familia de Dios, y que la felicidad del conjunto depende del bienestar de cada creyente.

En su ministerio, Cristo unió la restauración del alma con la restauración del cuerpo. Cuando envió a sus discípulos en su misión, insistió en un énfasis similar: la predicación y el saneamiento (Luc. 9:2; 10:9).

Así pues, la iglesia de Cristo debe realizar tanto la obra de predicación —el ministerio de la Palabra—, como la obra médica misionera. Ninguna de esas fases de la obra de Dios debe ser llevada en forma independiente, ni llegar a absorber todos los esfuerzos del grupo. Como en los días de Cristo, nuestra obra a favor de las almas debe hacerse en forma equilibrada, y sus elementos deben trabajar unidos en armonía.

Los que están involucrados en las diversas fases de la obra de la iglesia, deben cooperar estrechamente si desean impartir con poder al mundo la invitación evangélica. Algunos piensan que la unidad implica la consolidación en procura de la eficiencia. Sin embargo, la metáfora del cuerpo indica que cada órgano, grande o pequeño, es importante. El plan de Dios para su obra mundial es la cooperación, no la rivalidad. De este modo la unidad en el cuerpo de Cristo se convierte en una demostración del amor abnegado de Cristo que fue revelado en la cruz en forma tan magnífica.

4. *Hay que desarrollar una perspectiva global.* Una iglesia no exhibe verdadera unidad a menos que se halle activamente comprometida con el fortalecimiento de la obra de Dios en todo lugar del mundo. La iglesia debe hacer todo lo que esté de su parte con el fin de evitar el aislamiento nacional, cultural, o regional. Si han de lograr la unidad de juicio, propósito y acción, los creyentes de diversas nacionalidades deben mezclarse y servir juntos.

La iglesia debe cuidar de no cultivar intereses nacionales separados, lo que dañaría su avance unido y mundial. Los dirigentes de la iglesia deben operar de tal modo que preserven la igualdad y la unidad, cuidando de no desarrollar programas o instalaciones en un área cualquiera que deba ser financiada a expensas del avance de la obra en otras zonas del mundo.

5. *Evítense actitudes que dividen.* Las actitudes de egoísmo, orgullo, confianza propia, suficiencia propia, superioridad, prejuicio, crítica, denunciación y acusaciones mutuas entre los creyentes, contribuyen a la desunión en la iglesia. A

menudo, se advierte detrás de estas actitudes la pérdida del primer amor que provee la experiencia cristiana. Una nueva mirada al don de Dios en Cristo en el Calvario puede renovar el amor de los unos para con los otros (1 Juan 4:9-11). La gracia de Dios, impartida por el Espíritu Santo, puede subyugar esas fuentes de desunión en el corazón natural.

Cuando una de las iglesias del Nuevo Testamento enfrentó una situación de desunión, Pablo aconsejó a sus miembros, diciendo: "Andad en el Espíritu" (Gál. 5:16). Por medio de constante oración, debemos buscar la conducción del Espíritu, el cual nos guiará a la unidad. Caminar en el Espíritu produce el fruto del Espíritu: amor, gozo, paz, paciencia, benignidad, bondad, fe, mansedumbre y temperancia, todo lo cual constituye un poderoso antídoto contra la desunión (Gál. 5:22, 23).

El apóstol Santiago advierte contra otra raíz de desunion: la tendencia a basar nuestro tratamiento de los individuos en su riqueza o nivel social. El apóstol denuncia este favoritismo en fuerte lenguaje: "Si hacéis acepción de personas, cometéis pecado y quedáis convictos por la ley como transgresores" (Sant. 2:9). Por cuanto Dios es imparcial (Hech. 10:34), no debiéramos mostrar deferencia a ciertos miembros de iglesia más que a otros por su posición, riqueza o capacidad. Podemos respetarlos, pero no debemos considerarlos más preciosos a la vista de nuestro Padre celestial que el más humilde hijo de Dios. Las palabras de Cristo corrigen nuestra perspectiva: "De cierto os digo que en cuanto lo hicisteis a uno de estos mis hermanos más pequeños, a mí lo hicisteis" (Mat. 25:40). Cristo se halla representado, no sólo en los miembros más dotados de la iglesia, sino también en la persona de los más humildes. Todos son sus hijos, y por lo tanto tienen la misma importancia para él.

Así como nuestro Señor, el Hijo del hombre, se convirtió en hermano de todo hijo e hija de Adán, también nosotros que somos sus seguidores, somos llamados a que unidos en pensamiento y misión, extendamos las manos en un esfuerzo redentor a nuestros hermanos y hermanas de "toda nación, tribu, lengua y pueblo" (Apoc. 14:6).

Referencias

1. Benjamín F. Reaves, *"What Unity Means to Me"* [Lo que significa para mí la unidad] *Adventist Review*, 4 de dic. de 1986, pág. 20.
2. White, *El hogar adventista* (Pacific press Publishing Assn., 1959), pág. 158.

LOS ADVENTISTAS DEL SÉPTIMO DÍA CREEN EN...

15

El Bautismo

Por medio del bautismo confesamos nuestra fe en la muerte y resurrección de Jesucristo, y damos testimonio de nuestra muerte al pecado y de nuestro propósito de andar en novedad de vida. De este modo reconocemos a Cristo como nuestro Señor y Salvador, llegamos a ser su pueblo y somos recibidos como miembros de su iglesia. El bautismo es un símbolo de nuestra unión con Cristo, del perdón de nuestros pecados y de nuestra recepción del Espíritu Santo. Se realiza por inmersión en agua, y está íntimamente vinculado con una afirmación de fe en Jesús y con evidencias de arrepentimiento del pecado. Sigue a la instrucción en las Sagradas Escrituras y a la aceptación de sus enseñanzas.

NYANGWIRA, QUE VIVÍA EN ÁFRICA CENTRAL, no consideraba que el bautismo fuese solamente una opción. Durante más de un año había estado estudiando atentamente la Biblia. Anhelaba llegar a ser cristiana.

Una tarde compartió con su esposo lo que había aprendido. Muy ofendido, el hombre dijo a gritos: "¡No quiero que en mi hogar haya esta clase de religión, y si sigues estudiando te mataré!"

A pesar de esta reacción aplastante, Nyangwira continuó estudiando y pronto estuvo lista para el bautismo. Antes de salir al servicio bautismal, Nyangwira se arrodilló respetuosamente ante su esposo y le dijo que iba a ser bautizada. El hombre tomó su gran cuchillo de caza y vociferó: "¡Te dije que no quiero que te bautices! ¡El día que lo hagas, te mataré!"

Pero Nyangwira, determinada a seguir a su Señor, salió con las amenazas de su esposo resonando todavía en sus oídos.

Antes de entrar en el agua, confesó sus pecados y dedicó su vida a su Salvador, sin saber si ese mismo día le tocaría también entregar su vida por el Señor. La paz llenó su corazón durante su bautismo.

Cuando volvió al hogar, tomó el cuchillo de caza y se lo llevó a su esposo.

—¿Has sido bautizada?— preguntó éste, airado.

—Sí— replicó simplemente Nyangwira—. Aquí está el cuchillo.

—¿Estás lista para recibir la muerte?

—Sí, lo estoy.

Asombrado ante el valor de Nyangwira, el esposo dejó de sentir el deseo de matarla.[1]

¿Cuán importante es el bautismo?

¿Vale la pena arriesgar la vida por bautizarse? ¿Es cierto que Dios requiere el bautismo? La salvación, ¿depende de si somos o no bautizados?

El ejemplo de Jesús. Cierto día, Jesús salió del taller de carpintería de Nazaret, se despidió de sus familiares, y se dirigió al Jordán donde su primo Juan estaba predicando. Acercándose a Juan, pidió ser bautizado.

Asombrado, el Bautista procuró disuadirlo, diciendo: "Yo necesito ser bautizado por ti ¿y tú vienes a mí?"

"Pero Jesús le respondió: deja ahora, porque así conviene que cumplamos toda justicia" (Mat. 3:13-15).

El bautismo de Jesús le impartió a esta ordenanza la aprobación divina para siempre[2] (Mat. 3:13-17; compárese con 21:25). El bautismo constituye un aspecto de la justicia en el cual todos pueden participar. Así como Cristo, el Ser sin pecado, fue bautizado para cumplir "toda justicia", también nosotros, que somos pecadores, debemos hacer lo mismo.

El mandamiento de Jesús. Al fin de su ministerio, Cristo mandó a sus discípulos, diciendo: "Por tanto, id, y haced discípulos a todas las naciones, bautizándolos en el nombre del Padre, y del Hijo, y del Espíritu Santo; enseñándoles que guarden todas las cosas que os he mandado" (Mat. 28:19-20).

En esta comisión, Cristo dejó en claro que él requiere el bautismo de los que desean llegar a ser parte de su iglesia, su reino espiritual. A medida que el Espíritu Santo, por medio del ministerio de los discípulos, traía los pecadores al arrepentimiento y los llevaba a aceptar a Jesús como su Salvador, estos debían ser bautizados en el nombre del Dios triuno. Su bautismo demostraría que habían entrado en una relación personal con Cristo y que estaban decididos a vivir en armonía con los principios de su reino de gracia. Cristo concluyó su mandamiento relativo al bautismo, con la siguiente promesa solemne: "Y he aquí yo estoy con vosotros todos los días, hasta el fin del mundo".

Después de la ascensión de Cristo, los apóstoles proclamaron la necesidad y urgencia del bautismo (Hech. 2:38; 10:48; 22:16). En respuesta, multitudes fueron bautizadas, formando la iglesia del Nuevo Testamento (Hech. 2:41, 47; 8:12) y aceptando la autoridad del Padre, del Hijo y del Espíritu Santo.

El bautismo y la salvación. Cristo enseñó que "el que creyere y fuere bautizado, será salvo" (Mar. 16:16). En la iglesia apostólica, el bautismo seguía automáticamente a la aceptación de Cristo. Constituía una confirmación de la fe del nuevo creyente (véase Hech. 8:12; 16:30-34).

Pedro usó la experiencia de Noé durante el diluvio para ilustrar la relación que existe entre el bautismo y la salvación. En los tiempos antediluvianos, el pecado había alcanzado tales proporciones que, a través de Noé, Dios amonestó al mundo para que se arrepintiera, o si no sería destruido. Sólo ocho personas creyeron, entraron en el arca y "fueron salvadas por agua". "El bautismo que corresponde a esto —continua diciendo Pedro— ahora nos salva (no quitando las inmundicias de la carne, sino como la aspiración de una buena conciencia hacia Dios) por la resurrección de Jesucristo" (1 Ped. 3:20, 21).

Pedro explica que somos salvados por el bautismo así como Noé y su familia fueron salvados por medio del agua. Por supuesto, fue Dios, y no las aguas del Diluvio, quien salvó a Noé. Por analogía, es la sangre de Cristo, y no el agua del bautismo, lo que quita el pecado del creyente. "Pero el bautismo, tal como la obediencia [de Noé] manifestada al entrar en el arca, es 'la aspiración de una buena conciencia hacia Dios'. Cuando el hombre, por el poder de Dios demuestra 'la aspiración', la salvación que provee 'la resurrección de Jesucristo' se hace efectiva".[3]

Sin embargo, si bien el bautismo se halla unido vitalmente a la salvación, no la garantiza.[4] Pablo consideraba que la experiencia de Israel en el Éxodo era una representación simbólica del bautismo.[5] "Porque no quiero, hermanos, que ignoréis que nuestros padres todos estuvieron bajo la nube, y todos pasaron el mar; y todos en Moisés fueron bautizados en la nube y en el mar, y todos comieron el mismo alimento espiritual, y todos bebieron la misma bebida espiritual". "Sumergidos" en agua —la nube arriba y el agua a cada lado—, los hijos de Israel fueron simbólicamente bautizados al pasar por el Mar Rojo. Sin embargo, a pesar de esta experiencia, "de los más de ellos no se agradó Dios" (1 Cor. 10:1-5). Así también hoy, el bautismo no asegura automáticamente la salvación. La experiencia de Israel fue escrita "para amonestarnos a nosotros, a quienes han alcanzado los fines de los siglos. Así, el que piensa estar firme, mire que no caiga" (1 Cor. 10:11, 12).

"Un bautismo"

La administración del bautismo en el mundo cristiano varía. Algunos usan la *inmersión*, es decir, se sumergen; otros, la *aspersión* o rociamiento; y aun otros, el *derramamiento*. Característica de la unidad que el Espíritu produce en la iglesia de Dios es la práctica de "un bautismo" (Efe. 4:5).[6] ¿Qué revela la Biblia acerca del significado del término *bautizar*, acerca de la práctica misma y de su significado espiritual?

El significado de la palabra "bautizar". La palabra española *bautizar* viene del verbo griego *baptizo*, el cual implica inmersión, y que se deriva del verbo *bapto*, que significa "sumergir en algo o bajo algo".[7] Cuando el verbo *bautizar* se refiere al bautismo en agua, implica la idea de inmersión, es decir, el acto de sumergir a una persona bajo el agua.[8]

En el Nuevo Testamento, el verbo *bautizar* se usa (1) para referirse al bautismo por agua (por ejemplo, Mat. 3:6; Mar. 1:9; Hech. 2:41); (2) como una metáfora de los sufrimientos y la muerte de Cristo (Mat. 20:22, 23; Mar. 10:38, 39; Luc. 12:50); (3) para referirse a la venida del Espíritu Santo (Mat. 3:11; Mar. 1:8; Luc. 3:16; Juan 1:33; Hech. 1:5; 11:16); y (4) para las abluciones o el lavamiento ritual de las manos (Mar. 7:3, 4; Luc. 11:38). Este cuarto uso simplemente denota los lavamientos destinados a limpiar de impurezas ceremoniales, y no legitimiza el bautismo por derramamiento de agua.[9] La Escritura usa el sustantivo *bautismo* tanto para referirse al bautismo por agua como a la muerte de Cristo (Mat. 3:7; 20:22).

J. K. Howard observa que el Nuevo Testamento no ofrece "ninguna evidencia de que el rociamiento fuese alguna vez una práctica apostólica; en verdad, la evidencia apunta en su totalidad al hecho de que esta práctica fue una introducción posterior".[10]

El bautismo en el Nuevo Testamento. Los incidentes de bautismo por agua que presenta el Nuevo Testamento, requerían la inmersión. Leemos que Juan bautizaba *en* el río Jordán (Mat. 3:6; compárese con Mar. 1:5) y "también en Enón, junto a Salim, porque había allí muchas aguas" (Juan 3:23). Únicamente la inmersión requiere "muchas aguas".

Juan sumergió a Jesús. Bautizó a Jesús "*en* el Jordán" y después del bautismo Jesús "*subía* del agua" (Mar. 1:9, 10; compárese con Mar. 3:16).[11]

La iglesia apostólica también bautizaba por inmersión. Cuando Felipe el evangelista bautizó al eunuco etíope, "descendieron ambos al agua" y luego "subieron del agua" (Hech. 8:38, 39).

El bautismo en la historia. Antes de la era cristiana, los judíos bautizaban a sus prosélitos por inmersión. Los esenios de Qumran seguían la práctica de sumergir tanto a los miembros como a los conversos.[12]

La evidencia que se ha acumulado proveniente de las escenas pintadas en catacumbas e iglesias, de los mosaicos de pisos, paredes y cielos rasos, de esculturas en relieve y de ilustraciones provenientes de antiguos Nuevos Testamentos, "provee un testimonio abrumador de que la inmersión constituía el modo normal de bautismo en la iglesia cristiana durante los primeros diez a catorce siglos".[13] Los bautisterios que perduran en las antiguas catedrales, iglesias y ruinas de África del Norte, Turquía, Italia, Francia y otros lugares, aún testifican respecto de la antigüedad de esta práctica.[14]

El Significado del Bautismo

El significado del bautismo se halla íntimamente relacionado con la modalidad del mismo. Alfredo Plummer declara: "El pleno significado del bautismo se advierte únicamente cuando se lo administra por inmersión".[15]

Símbolo de la muerte y resurrección de Cristo. De la manera como el hecho de ser cubierto por el agua simbolizaba dificultades y aflicciones abrumadoras (Sal. 42:7; 69:2; 124:4, 5), así también el bautismo por agua de Jesús representaba una profecía de sus sufrimientos, muerte y sepultura (Mar. 10:38; Luc. 12:50), y su salida del agua representaba su resurrección subsiguiente (Rom. 6:3-5).

El bautismo no habría tenido ningún significado como un símbolo de la pasión de Cristo "si la iglesia apostólica hubiese practicado un modo de bautismo distinto de la inmersión". Por lo tanto, "el argumento más firme a favor del bautismo por inmersión es de índole teológica".[16]

Símbolo de estar muerto al pecado y vivo para Dios. En el bautismo, los creyentes comparten la experiencia de la pasión de nuestro Señor. Pablo dijo: "¿O no sabéis que todos los que hemos sido bautizados en Cristo Jesús, hemos sido bautizados en su muerte? Porque somos sepultados juntamente con él para muerte por el bautismo, a fin de que como Cristo resucitó de los muertos... así también nosotros andemos en vida nueva" (Rom. 6:3, 4).

La intimidad de la relación que existe entre Cristo y el creyente, se revela en expresiones como "bautizados en Cristo Jesús", "bautizados en su muerte", y "sepultados juntamente con él para muerte por el bautismo". Howard apunta: "En el acto simbólico del bautismo, el creyente entra en la muerte de Cristo, y en un sentido real esa muerte llega a ser su muerte; entra además en la resurrección de Cristo, y esa resurrección se convierte en su resurrección".[17] ¿Qué implica la idea de que el creyente entra en la pasión de nuestro Señor?

1. Muerte al pecado. En el bautismo, los creyentes "fuimos plantados juntamente con él en la semejanza de su muerte" (Rom. 6:5) y estamos "con Cristo... juntamente" crucificados (Gál. 2:20). Esto significa que "nuestro viejo hombre fue crucificado juntamente con él, para que el cuerpo del pecado sea destruido, a fin de que no sirvamos más al pecado. Porque el que ha muerto, ha sido justificado del pecado" (Rom. 6:6-8).

Los creyentes han renunciado a su antiguo modo de vivir. Están muertos al pecado y confirman que "las cosas viejas pasaron" (2 Cor. 5:17), y que ahora sus vidas están escondidas con Cristo en Dios. El bautismo simboliza la crucifixión de la vida antigua. No es sólo muerte sino también sepultura. Somos "sepultados con él en el bautismo" (Col. 2:12). Así como la sepultura sigue a la muerte de un individuo, del mismo modo cuando el creyente desciende a la tumba líquida, la vida antigua que murió cuando el aceptó a Jesucristo, es sepultada.

En el bautismo, los creyentes renuncian al mundo. En obediencia al mandato: "Salid de en medio de ellos, y apartaos, dice el Señor, y no toquéis lo inmundo" (2 Cor. 6:17), los candidatos testifican en público de que han abandonado el servicio de Satanás y han recibido a Cristo en su vida.

En la iglesia apostólica, el llamado al arrepentimiento incluía el llamado al bautismo (Hech. 2:38). Así pues, el bautismo también es evidencia del verdadero arrepentimiento. Los creyentes mueren a sus transgresiones de la ley y obtienen el perdón de los pecados por medio de la sangre purificadora de Jesucristo. La ceremonia bautismal es una demostración de una limpieza interior, del lavamiento de los pecados que han sido confesados.

2. Vivos para Dios. El poder que Cristo tiene para resucitar actúa en nuestras vidas. Nos capacita para caminar en novedad de vida (Rom. 6:4); ahora estamos muertos al pecado, "pero vivos para Dios en Cristo Jesús, Señor nuestro" (Rom. 6:11). Testificamos que la única esperanza de vivir una vida victoriosa sobre la antigua naturaleza descansa en la gracia de un Salvador resucitado, el cual ha provisto para nosotros una nueva vida espiritual por medio del poder vigorizante del Espíritu Santo. Esta nueva vida nos eleva a un nivel más elevado en la experiencia humana, concediéndonos nuevos valores, aspiraciones y deseos, centrados en nuestra entrega a Jesucristo. Somos nuevos discípulos de nuestro Salvador, y el bautismo es la señal de nuestro discipulado.

Símbolo de una relación contractual. En los tiempos del Antiguo Testamento, la circuncisión marcaba la relación contractual existente entre Dios y Abraham (Gén. 17:1-11).

El pacto de Abraham tenía aspectos tanto espirituales como nacionales. La circuncisión constituía una marca de identidad nacional. El mismo Abraham y todos los varones de su familia mayores de ocho días, tuvieron que ser circuncidados (Gén. 17:10-14; vers. 25-27). Cualquier varón no circuncidado debía ser "cortado" del pueblo de Dios, porque había quebrantado el pacto (Gén. 17:14).

El hecho de que el pacto fue realizado entre Dios y Abraham, un adulto, revela su dimensión espiritual. La circuncisión de Abraham significaba y confirmaba su previa experiencia de justificación por fe. Su circunsición era un "sello de la justicia de la fe que tuvo estando aún incircunciso" (Rom. 4:11).

Pero la circuncisión sola no garantizaba la entrada a la verdadera dimensión espiritual del contrato. Frecuentemente los mensajeros de Dios advertían que lo único que podía llenar el requisito era la circuncisión espiritual. "Circuncidad, pues, el prepucio de vuestro corazón, y no endurezcáis más vuestra cerviz" (Deut. 10:16; véase el cap. 30:6; Jer. 4:4). Los incircuncisos de corazón serían castigados junto con los gentiles (véase Jer. 9:25, 26).

Cuando los judíos rechazaron a Jesús como el Mesías, quebrantaron su relación contractual con Dios, terminando así su situación especial como su pueblo escogido (Dan. 9:24-27; véase el capítulo 4 de esta obra). Si bien es cierto que el pacto y las promesas de Dios permanecieron iguales, él escogió un nuevo pueblo. El Israel espiritual reemplazó a la nación judía (Gal. 3:27-29; 6:15, 16).

La muerte de Cristo ratificó el nuevo pacto. Los creyentes entran en este pacto a través de la circuncisión espiritual, que constituye una respuesta de fe en la muerte expiatoria de Jesús. Los cristianos poseen "el evangelio de la incircuncisión" (Gál. 2:7). El nuevo pacto requiere una "fe interior" y no un "rito exterior", de los que desean pertenecer al Israel espiritual. Un individuo puede ser judío por su nacimiento; pero sólo se puede llegar a ser cristiano a través del nuevo nacimiento. "Porque en Cristo Jesús ni la circuncisión vale algo, ni la incircuncisión, sino la fe que obra por el amor" (Gál. 5:6). Lo que importa es "la circuncisión... del corazón, en espíritu" (Rom. 2:28, 29).

El bautismo, la señal de que se ha establecido una relación salvadora con Jesús, representa esta circuncisión espiritual. "En él también fuisteis circuncidados con circuncisión no hecha a mano, al echar de vosotros el cuerpo pecaminoso carnal, en la circuncisión de Cristo; sepultados con él en el bautismo, en el cual fuisteis también resucitados con él, mediante la fe en el poder de Dios que le levantó de los muertos" (Col. 2:11, 12).

"Habiéndole sido quitado el 'cuerpo de carne' por medio de la circuncisión espiritual realizada por Jesús, el creyente bautizado ahora se reviste 'de Cristo' y entra en la relación contractual con Cristo. Como resultado, pasa a compartir el linaje de los que recibirán el cumplimiento de las promesas del pacto".[18] "Porque todos los que habéis sido bautizados en Cristo, de Cristo estáis revestidos... y si vosotros sois de Cristo, ciertamente linaje de Abraham sois, y herederos según la promesa" (Gal. 3:27-29). Los que han entrado en esta relación contractual, se hacen acreedores a la seguridad que Dios expresa al decir: "Yo seré a ellos por Dios, y ellos me serán por pueblo" (Jer. 31:33).

Símbolo de consagración al servicio de Cristo. En su bautismo, Jesús recibió un derramamiento especial del Espíritu Santo, el cual significaba su ungimiento o dedicación a la misión que su Padre le había asignado (Mat. 3:13-17; Hech. 10:38). Su experiencia revela que el bautismo de agua y el bautismo del Espíritu van juntos, y que un bautismo desprovisto de la recepción del Espíritu Santo es incompleto.

En la iglesia apostólica, el derramamiento del Espíritu Santo seguía en general al bautismo de agua. Así también hoy, cuando somos bautizados en el nombre del Padre, del Hijo, y del Espíritu Santo, somos dedicados, consagrados y unidos con los tres grandes poderes del cielo, y con la predicación del evangelio eterno.

Al purificar de pecado nuestros corazones, el Espíritu Santo nos prepara para este ministerio. Juan declaró que Jesús "os bautizará en Espíritu Santo y fuego" (Mat. 3:11). Isaías reveló que Dios limpiaría a su pueblo de sus impurezas "con espíritu de juicio y con espíritu de devastación" (Isa. 4:4).

"Limpiaré hasta lo más puro tus escorias —dice Dios—, y quitaré toda tu impureza" (Isa. 1:25). "Nuestro Dios es fuego consumidor" para el pecado (Heb. 12:29) y para con todos los que se entregan a él. El Espíritu Santo purificará sus corazones y consumirá sus pecados.

Luego de ello, el Espíritu Santo les concede sus dones. Los dones del Espíritu son "una dote divina especial, concedida en el momento del bautismo, para permitir que el creyente sirva a la iglesia y extienda su ministerio a los que todavía no han aceptado a Jesucristo".[19] El bautismo del Espíritu Santo le concedió a la iglesia primitiva el poder para testificar (Hech. 1:5, 8), y será únicamente ese mismo bautismo el que le permita a la iglesia completar su misión de proclamar el evangelio eterno del reino (Mat. 24:14; Apoc. 14:6).

Símbolo de entrada a la iglesia. Como señal de la regeneración o nuevo nacimiento de una persona (Juan 3:3, 5), el bautismo también marca la entrada de dicho individuo al reino espiritual de Cristo.[20] Por cuanto une al nuevo creyente con Cristo, siempre funciona como la puerta de entrada a la iglesia. Por medio del bautismo, el Señor añade los nuevos discípulos al cuerpo de creyentes —su cuerpo, la iglesia (Hech. 2:41, 47; 1 Cor. 12:13). Entonces llegan a ser miembros de la familia de Dios. Uno no puede ser bautizado sin unirse a la familia de la iglesia.

Requisitos para el bautismo

La Escritura compara la relación que existe entre Cristo y su iglesia con el matrimonio. En el matrimonio, ambos contrayentes deben saber muy bien las responsabilidades y compromisos que implica esta relación. Los que desean el bautismo deben revelar en sus vidas la fe, el arrepentimiento y los frutos del arrepentimiento, así como la comprensión del significado del bautismo y de la relación espiritual subsecuente.[21]

Fe. Un prerrequisito del bautismo es la fe en que el sacrificio expiatorio de Jesús constituye el único medio de salvación del pecado. Cristo dijo: "El que creyere y fuere bautizado, será salvo" (Mar. 16:16). En la iglesia apostólica, únicamente los que creían en el evangelio eran bautizados (Hech. 8:12, 36, 37; 18:8).

Por cuanto "la fe es por el oír, y el oír, por la Palabra de Dios" (Rom. 10:17), la instrucción es una parte esencial de la preparación bautismal. La gran comisión de Cristo confirma la importancia de dicha instrucción: "Por tanto, id, y haced discípulos a todas las naciones, bautizándolos en el nombre del Padre, y del Hijo, y del Espíritu Santo; enseñándoles que guarden todas las cosas que os he mandado" (Mat. 28:19, 20). El proceso de convertirse en discípulo implica instrucción minuciosa.

Arrepentimiento. "Arrepentíos —proclamó Pedro—, y bautícese cada uno de vosotros" (Hech. 2:38). La instrucción en la Palabrea de Dios produce no sólo fe, sino también arrepentimiento y conversión. En respuesta al llamado de Dios, el pecador ve su condición perdida, confiesa su pecaminosidad, se somete a Dios, se arrepiente de su pecado, acepta la expiación de Cristo, y se consagra a una nueva vida en el Salvador. Sin la conversión, no puede entrar en una relación personal con Jesucristo. Únicamente por medio del arrepentimiento puede experimentar la muerte al pecado, lo cual constituye un prerrequisito para el bautismo.

Frutos de arrepentimiento. Los que desean el bautismo deben profesar fe y experimentar arrepentimiento. Pero a menos que hagan también "frutos dignos de arrepentimiento" (Mat. 3:8), no habrán cumplido con los requisitos bíblicos para el bautismo. Sus vidas debieran demostrar su entrega a la verdad tal como es en Jesús, y expresar su amor a Dios por medio de la obediencia a sus mandamientos. Al prepararse para el bautismo debieran haber abandonado sus creencias y prácticas erróneas. Los frutos del Espíritu que se manifiesten en sus vidas revelarán que el

Señor mora en ellos y ellos en él (Juan 15:1-8). A menos que den esta evidencia de su relación con Cristo, todavía no están listos para unirse a la iglesia.[22]

Examen de los candidatos. El acto de llegar a ser miembro de iglesia implica dar un paso espiritual; no es simplemente asunto de tener nuestro nombre registrado en un libro. Los que administran el bautismo son responsables de determinar si los candidatos están listos para dar el paso. Deben asegurarse de que el candidato comprende los principios de la iglesia, y da evidencias de una nueva creación y una experiencia gozosa en el Señor Jesús.[23]

Sin embargo, deben ser cuidadosos de no juzgar los motivos de los que piden el bautismo. "Cuando un individuo se presenta como candidato a miembro de la iglesia, debemos examinar el fruto de su vida, y dejar con él mismo la responsabilidad de su motivo".[24]

Algunos individuos han sido enterrados vivos en el agua bautismal. El yo no murió. Los tales no recibieron una nueva vida en Cristo. Los que se han unido a la iglesia de este modo, han traído con ellos las semillas de la debilidad y de la apostasía. Su influencia "no santificada" confunde tanto a los que están dentro como los que se hallan fuera de la iglesia, y pone en peligro la efectividad de su testimonio.

¿Debieran ser bautizados los niños y los recién nacidos? El bautismo incorpora a los nuevos creyentes a la iglesia, dentro del contexto del "nuevo nacimiento". Su conversión los ha hecho dignos de recibir el bautismo y llegar a ser miembros de la iglesia. La incorporación tiene lugar en el momento del "nuevo nacimiento" y no en el nacimiento del infante. Es por esto que los *creyentes* eran bautizados "hombres y mujeres" (Hech. 8:12, 13, 29-38; 9:17, 18; 1 Cor. 1:14). "En ninguna parte del Nuevo Testamento —admitió Kart Barth—, se permite o se manda que se bautice a los infantes".[25] G. R. Beasley-Murray confesó: "Me hallo incapaz de reconocer en el bautismo de los infantes el bautismo de la iglesia del Nuevo Testamento".[26]

Por cuanto los infantes y los niños pequeños no pueden experimentar la conversión, no se los puede bautizar. ¿Significa esto que se verán excluidos de la comunidad del nuevo pacto? ¡Por cierto que no! Jesús no los excluyó de su reino de gracia. "Dejad a los niños venir a mí, y nos se lo impidáis —mandó el Señor—; porque de los tales es el reino de los cielos" (Mat. 19:14, 15). Los padres creyentes cumplen un papel vital al conducir a sus niños a una relación con Cristo que finalmente los lleve al bautismo.

La respuesta positiva de Jesús a las madres que llevaban a sus hijitos a él para que los bendijera, ha llevado a la práctica de la dedicación de los niños. Para este servicio, los padres llevan sus hijos a la iglesia para que sean presentados o dedicados a Dios.

¿A qué edad debiera una persona estar lista para el bautismo? Los individuos pueden ser bautizados (1) si tienen edad suficiente para comprender el significado del bautismo, (2) si se han entregado a Cristo y están convertidos, (3) si comprenden los principios fundamentales del cristianismo, y (4) si entienden el significado de ser miembros de la iglesia. Una persona hace peligrar su salvación únicamente si al llegar a la edad de la responsabilidad personal rechaza la influencia del Espíritu Santo.

Por cuanto los individuos difieren en cuanto a su madurez espiritual a una edad determinada, algunos están listos para el bautismo antes que otros. Por eso no podemos establecer ninguna edad mínima para el bautismo. Cuando los padres consienten que sus hijos sean bautizados a una edad temprana, deben aceptar la responsabilidad que les corresponde por su crecimiento espiritual y desarrollo del carácter.

El fruto del bautismo

El fruto preeminente que produce el bautismo es una vida por Cristo. Los propósitos y aspiraciones están enfocados en Cristo y no en el yo. "Si, pues, habéis resucitado con Cristo, buscad las cosas de arriba, donde está Cristo sentado a la diestra de Dios. Poned la mira en las cosas de arriba, no en las de la tierra" (Col. 3:1, 2). El bautismo no constituye la mayor altura que puede alcanzar el cristiano. A medida que crecemos espiritualmente, adquirimos gracias cristianas para usarlas en el servicio a otros, siguiendo el plan divino de multiplicación: "Gracia y paz os sean multiplicadas, en el conocimiento de Dios y de nuestro Señor Jesús" (2 Ped. 1:2). Si permanecemos fielmente entregados a nuestros votos bautismales, el Padre, el Hijo y el Espíritu Santo, en cuyo nombre hemos sido bautizados, garantizan que tendremos acceso al poder divino para socorrernos en cualquier emergencia que enfrentamos en la vida postbautismal.

El segundo fruto es una vida que se vive en beneficio de la iglesia de Cristo. Ya no somos individuos aislados; nos hemos convertido en miembros de la iglesia de Cristo. Como piedras vivas, pasamos a formar parte del templo de Dios (1 Ped. 2:2-5). Mantenemos una relación especial con Cristo, la Cabeza de la iglesia, del cual recibimos una provisión cotidiana de gracia para crecer y desarrollarnos en amor (Efe. 4:16). Asumimos responsabilidades dentro de la comunidad del pacto, cuyos miembros se consideran responsables del nuevo bautizado (1 Cor. 12:12-26). Por su propio bien, así como por el de la iglesia, los nuevos miembros deben involucrarse en una vida de adoración, oración y servicio de amor (Efe. 4:12).

El fruto ulterior es una vida que se vive en el mundo y por el mundo. Es cierto que los que hemos sido bautizados tenemos nuestra ciudadanía en el cielo (Fil. 3:20). Pero hemos sido llamados a salir del mundo únicamente con el fin de ser preparados en el cuerpo de Cristo para volver al mundo como siervos, participando en el ministerio salvador de Jesús. Los verdaderos discípulos no se refugian en la iglesia con el fin de desconectarse del mundo; nacemos en el reino de Cristo como misioneros. La fidelidad a nuestro pacto bautismal envuelve el acto de llevar a otros al reino de la gracia.[27]

En nuestros días Dios espera ansioso que entremos en la vida abundante que tan misericordiosamente ha provisto. "Ahora, pues, ¿por qué te detienes? Levántate y bautízate y lava tus pecados, invocando su nombre" (Hech. 22:16).

Referencias

1. S. M. Samuel, "A Brave African Wife" (Una valiente esposa africana), *Review and Herald*, 14 de febrero de 1963, pág. 19.
2. Una ordenanza es una observancia o rito religioso simbólico establecido que proclama las verdades centrales del Evangelio y que es de obligación universal y perpetua. Cristo prescribió dos ordenanzas: el bautismo y la Cena del Señor. Una ordenanza no es un sacramenteo en el sentido de ser un *opus operatum*, es decir, un hecho que imparte gracia y efectúa salvación en sí mismo y por sí mismo. El bautismo y la Cena del Señor son sacramentos únicamente en el sentido de ser como el *sacramentum*, el juramento que prestaban los soldados romanos, comprometiéndose a obedecer a su comandante aun hasta la muerte. Estas ordenanzas implican un voto de lealtad total a Cristo. Véase Strong, *Systematic Theology* (Filadelfia, PA: Judson Press, 1954), pág. 930; "Baptism", *SDA Encyclopedia*, ed. revisada, págs. 128, 129).
3. Jemison, *Christian Beliefs*, (Creencias cristianas), pág. 244.
4. "Desde el comienzo, los adventistas del séptimo día, en común con su herencia protestante, han rechazado cualquier concepto del bautismo como un *opus operatum*, esto es, un acto, en sí y por sí, que imparte gracia y efectúa salvación" ("Baptism", *SDA Encyclopedia*, ed. rev., pág. 128).
5. *Comentario bíblico adventista*, tomo 6, pág. 735.
6. En ocasiones, ciertos individuos que han experimentado el bautismo por inmersión se sienten bajo la convicción de que deben ser rebautizados. ¿Está este deseo en conflicto con el aserto de Pablo según el cual hay sólo "un bautismo" (Efe. 4:5)? La práctica de Pablo revela que no es así. En una visita a Éfeso, se encontró con varios discípulos que habían sido bautizados por Juan el Bautista. Habían experimentado arrepentimiento y expresado su fe en el Mesías venidero (Hech. 19:1-5).

    Esos discípulos no comprendían claramente el evangelio. "Cuando recibieron el bautismo a manos de Juan, creían serios errores. Pero al recibir luz más clara, aceptaron gozosos a Cristo como su Redentor; y con este paso avanzado, vino también un cambio en sus obligaciones. Al recibir una fe más pura, hubo un cambio correspondiente en su vida y carácter. En prenda de este cambio, y como un reconocimiento de su fe en Cristo, fueron rebautizados en el nombre de Jesús.

    Más de un sincero seguidor de Cristo ha pasado por una experiencia similar. La obtención de una comprensión más clara de la voluntad de Dios, coloca al hombre en una nueva relación con él. Se revelan nuevos deberes. Mucho de lo que antes parecía ser inocente, o hasta digno de encomio, se percibe ahora como pecaminoso... Su bautismo anterior ya no lo satisface. Ha visto que es un pecador, condenado po la ley de Dios. Ha experimentado nuevamente una muerte al pecado, y desea ser sepultado de nuevo con Cristo por el bautismo, con el fin de levantarse para caminar en novedad de vida. Esta conducta está en armonía con el ejemplo que dio Pablo al bautizar a los conversos judíos. Ese incidente fue registrado por el Espíritu Santo como una lección instructiva para la iglesia." (White, *Sketches From the Life of Paul* [Bosquejos de la vida de Pablo] (Battle Creek, MI: Review and Herald, 1883), págs. 132, 133; véase también *Seventh-day Adventist Church Manual* (Washington, D.C.: General Conference of Seventh-day Adventists, 1986) ed. rev. pág. 50.

La Escritura no dice nada que permita negarles el rebautismo a los individuos que han quebrantado su pacto con Dios al caer en graves pecados o apostasía, y luego han experimentado la reconversión y el deseo de renovar su pacto (véase *Manual de la iglesia*, págs. 54-57, 67; White, *Evangelismo*, pág. 375).

7. Véase Albrecht Oepke, "Bapto, Baptizo", *Theological Dictionary of the New Testament*, ed. Gerhard Kittel, trad. Geoffrey W. Bromily (Grand Rapids, MI: Wm. B. Eerdmans, 1964), tomo 1, pág. 529. Vine hace notar que *Bapto* "se usaba entre los griegos para significar el acto de teñir ropa, o de sacar agua sumergiendo una vasija en otra, etc." (W. E. Vine, *An Expository Dictionary of Biblical Words* (Diccionario expositivo de palabras bíblicas) (Nueva York, N. Y.: Thomas Nelson, 1985), pág. 50. "Sumergir" aparece tres veces en el Nuevo Testamento, y en cada caso refleja el significado de "hundir en el agua". En la parábola del rico y Lázaro, el rico le pide a Abraham que le permita a Lázaro *sumergir* la punta de su dedo en agua fría y traerle una gota para mojar su lengua (Luc. 16:24). En la noche antes de la crucifixión, Jesús identificó al que lo traicionaría mojando un bocado —es decir, introduciéndolo en el líquido— y entregándoselo a Judas (Juan 13:26). Y cuando Juan vio en visión a Jesús cabalgando como el Comandante de los ejércitos del cielo, las vestiduras de Jesús le parecían al profeta como si hubiesen sido *teñidas* —es decir, sumergidas— en sangre (Apoc. 19:13).
8. George E. Rice, "Baptism: Union With Christ" (El bautismo: la unión con Cristo), *Ministry*, mayo de 1982, pág. 20.
9. Véase Albretch Oepke, "Bapto, Baptizo", en *Theological Dictonary of the New Testament* [Diccionario teológico del Nuevo Testamento], tomo 1, pág. 535. Compárese con Arndt y Gingrich, *Greek-English Lexicon of the New Testament* [Léxico griego-inglés del Nuevo Testamento], pág. 131.
10. J. K. Howard, *New Testament Baptism* [El bautismo del Nuevo Testamento] (Londres: Pickering & Inglis Ltd., 1970), pág. 48.
11. La cursiva es nuestra.
12. Matthew Black, *The Scrolls and Christian Origins* [Los rollos y los orígenes cristianos] (NuevaYork, NY: Charles Scribner's Sons, 1961), págs. 96-98. Véase también el artículo "Baptism", *SDA Bible Dictionary*, ed. rev., págs. 118, 119.
13. G. E. Rice, "Baptism in the Early Church" [El bautismo en la iglesia primitiva], *Ministry*, marzo de 1981, pág. 22. Compárese con Henry F. Brown, *Baptism Through the Centuries* [El bautismo a través de los siglos] (Mountain View, CA: Pacific Press, 1965); William L. Lampkin, *A History of Immersion* [Historia de la inmersión] (Nashville, TN: Broadman Press, 1962); Woldred N. Cotte, *The Archeology of Baptism,* [La arqueología del bautismo] (Londres: Yates and Alexander, 1876).
14. Brown, *Baptism Through the Centuries*, págs. 49-90.
15. Alfredo Plummer, *A Critical and Exegetical Commentary on the Gospel According to S. Luke*, *The International Critical Commentary*, ed. Samuel R. Driver, *et al.*, 5ª. Ed. (Edinburgo: T. and T. Clark, reimpresión de 1981), pág. 88.

16. "Baptism", *SDA Encyclopedia*, ed. rev., pág. 128.
17. Howard, *New Testament Baptism*, pág. 69.
18. G. E. Rice, "Baptism: Union With Christ", *Ministry*, mayo de 1982, pág. 21.
19. Gottfried Oosterwal, "Every Member a Minister? From Baptism to a Theological Base" [¿Cada miembro un ministro? Del bautismo a una base teológica], *Ministry*, feb. de 1980, págs. 4-7. Véase también Rex D. Edwards, "Baptism as Ordination" [El bautismo como ordenación], *Ministry*, agosto de 1983, págs. 4-6.
20. White en el *Comentario bíblico adventista*, tomo 6, págs. 1074, 1075.
21. Si hay requisitos para el bautismo, ¿cómo puede uno ser "bautizado por los muertos"? La siguiente interpretación preserva la armonia del mensaje bíblico:

    En 1 Cor. 15, Pablo hace énfasis en el significado de la resurrección de los muertos, y rechaza la noción de que no hay resurrección. Muestra que si no hay resurrección, la fe del creyente es vana e inútil (1 Cor. 15:14, 17). Siguiendo el mismo razonamiento, argumenta: "¿Qué harán los que se bautizan por los muertos, si en ninguna manera los muertos resucitan? ¿Por qué, pues, se bautizan por los muertos?" (1 Cor. 15:29).

    Algunos han interpretado la expresión "se bautizan por los muertos" como una referencia al bautismo vicario de los creyentes a favor de los muertos. A la luz de los requisitos bíblicos para el bautismo, no se puede mantener tal concepto. W. Robertson Nicoll señala que Pablo se estaba refiriendo a una "experiencia normal, que la muerte de los cristianos lleva a la conversión de los sobrevivientes, los cuales en primera instancia 'por cariño a los muertos' (sus amados que han muerto), y en la esperanza de reunirse con ellos, se vuelven a Cristo". Pablo llama a tales conversos "los que se bautizan por los muertos". "La esperanza de una bendición futura, uniéndose a los afectos y amistades familiares, era uno de los factores más poderosos en el avance de la cristiandad en sus primeros días" (W. Robertson Nicoll, ed. *The Expositor's Greek Testament* [El testamento griego del expositor] (Grand Rapids, MI: Wm. B. Eerdmans, 1956), tomo 2, pág. 931. M. Raeder señala que la preposición "por" [*huper* en griego] en la expresión "se bautizan por los muertos" es una proposición de propósito. Esto significa que el bautismo al cual se alude era "por causa de" o "por respeto a" los muertos, teniendo el propósito de verse reunidos en la resurrección con los parientes cristianos que habían muerto" [M. Raeder, "Vikariatstaufe in 1 K. 15:29?" *Zeischrift fur die Neutestamentliche Wissenschaft*, 45 (1955), págs. 258-260, citado por Haroldo Rieseneld, "Huper", *Theological Dictionary of the New Testament*, tomo 8, pág. 513. Compárese con Howard, *New Testament Baptism*, págs. 108, 109).

    Howard afirma que en su contexto, el argumento que desarrolló Pablo en 1 Cor. 15:29 puede expresarse así: "Si Cristo no resucitó, los que murieron `en Cristo' perecieron, y si carecemos de esperanza, nos desesperamos y somos miserables, especialmente los que han entrado en la comunidad cristiana y han sido bautizados por causa de los que han muerto en Cristo, esperando reunirse con ellos" (Howard, "Baptism for the Dead: A Study of 1 Corinthians 15:29", *Evangelical Quarterly*, ed. F.F. Bruce [Exeter, Eng: Paternoster Press] julio-septiembre, 1965, pág. 141).
22. Véase Damsteegt, "Reaping the Harvest" *Adventist Review*, 22 de oct. de 1987, pág. 15.
23. Véase *Manual de la iglesia*, pág. 55.
24. White, *Evangelismo*, págs. 230, 231.
25. Karl Barth, *Church Dogmatics*, traductor G. W. Bromiley (Edinburg: T. & T. Clark, 1969), tomo 4/4, pág. 179.
26. G. R. Beasley-Murray, *Baptism in the New Testament* (Grand Rapids, MI: Wm. B. Eerdmans, 1973), pág. 392.
27. Véase Edwards, *"Baptism"*.

LOS ADVENTISTAS DEL SÉPTIMO DÍA CREEN EN...

16

La Cena del Señor

La Cena del Señor es una participación en los emblemas del cuerpo y la sangre de Jesús como expresión de fe en él, nuestro Señor y Salvador. En esta experiencia de comunión, Cristo está presente para encontrarse con su pueblo y fortalecerlo. Al participar en ella, proclamamos gozosamente la muerte del Señor hasta que venga. La preparación para la Cena incluye un examen de conciencia, arrepentimiento y confesión. El Maestro ordenó el Rito de Humildad (lavamiento de los pies) para manifestar una renovada purificación, expresar disposición a servirnos mutuamente y con humildad cristiana, y unir nuestros corazones en amor. Todos los creyentes cristianos pueden participar del servicio de comunión.

CON PIES POLVORIENTOS, LLEGARON al aposento alto para celebrar la Pascua. Alguien había provisto un jarrón de agua, una palangana y una toalla para el acostumbrado lavamiento de pies, pero nadie quería realizar esa tarea degradante.

Sabedor de su muerte inminente, Jesús dijo con tristeza: "¡Cuánto he deseado comer con vosotros esta Pascua antes que padezca! Porque os digo que no la comeré más, hasta que se cumpla en el reino de Dios" (Luc. 22:15, 16).

Los celos que los discípulos albergaban unos contra otros, llenaban de tristeza el corazón de Jesús. Se daba cuenta de que todavía contendían en cuanto a quién debía ser considerado el mayor en su reino (Luc. 22:24; Mat. 18:1; 20:21). Lo que les impedía a los discípulos humillarse a sí mismos, sustituir al siervo y lavar los pies de los demás, era sus maniobras en busca de posición, su orgullo y estimación propia. ¿Aprenderían alguna vez que en el reino de Dios la verdadera grandeza se revela por la humildad y el servicio de amor?

"Cuando cenaban" (Juan 13:2, 4)[1], Jesús se levantó calladamente, tomó la toalla del siervo, echó agua en la palangana, se arrodilló y comenzó a lavar los pies de los discípulos. ¡El Maestro como siervo! Comprendiendo el reproche implícito, los discípulos se llenaron de vergüenza. Cuando hubo completado su trabajo y vuelto a su lugar, el Señor dijo: "Pues si yo, el Señor y el Maestro, he lavado vuestros pies, vosotros también debéis lavaros los pies los unos a los otros. Porque ejemplo os he dado, para que como yo os he hecho, vosotros también hagáis. De cierto, de cierto os digo: el siervo no es mayor que su señor, ni el enviado es mayor que el que le envió. Si sabéis estas cosas, bienaventurados seréis si las hiciereis" (Juan 13:14-17).

A continuación, Jesús instituyó en lugar de la Pascua el servicio que había de recordar su gran sacrificio: la Cena del Señor. Mientras comían, "tomó Jesús el pan, y bendijo, y lo partió, y dio a sus discípulos y dijo: Tomad, comed; esto es mi cuerpo" que por vosotros es partido; haced esto en memoria de mí. Luego tomó la copa de la bendición, "y habiendo dado gracias, les dio, diciendo: bebed de ella todos; porque esto es mi sangre del nuevo pacto, que por muchos es derramada para remisión de los pecados". "Haced esto todas las veces que la bebiéreis en memoria de mí. Así, pues, todas las veces que comiereis este pan, y bebiereis esta copa, la muerte del Señor anunciáis hasta que él venga" (véase Mat. 26:26-28; 1 Cor. 11:24-26; 10:16).

Las ordenanzas del lavamiento del los pies y de la Cena del Señor constituyen el servicio de la Comunión. Así, Cristo instituyó ambas ordenanzas con el fin de ayudarnos a entrar en comunión con él.

La ordenanza del lavamiento de los pies

La costumbre requería que al celebrar la Pascua, las familias de Israel quitaran toda la levadura —símbolo del pecado— que hubiera en sus hogares antes del primer día de la Semana del Pan sin Levadura o Fiesta de los Ázimos (Éxo. 12:15, 19, 20). Así también, los creyentes deben arrepentirse y confesar todo pecado, incluyendo el orgullo, las rivalidades, los celos, los resentimientos y el egoísmo, antes de poder estar con el espíritu adecuado para gozar de comunión con Cristo en este nivel más profundo.

Con este propósito, Cristo instituyó la ordenanza del lavamiento de los pies. No sólo estableció un ejemplo, sino también declaró que los discípulos debían hacer lo mismo, y les prometió una bendición: "Si sabéis estas cosas, bienaventurados seréis si las hiciereis" (Juan 13:17). Esta ordenanza, que precede a la Cena del Señor, cumple el mandato según el cual todos deben examinarse a sí mismos para no participar en el rito "indignamente" (1 Cor. 11:27-29).

El significado de la ordenanza. Esta ordenanza revela características tanto de la misión de Cristo como de la experiencia del participante.

1. *Un recuerdo de la condescendencia de Cristo.* La ordenanza del lavamiento de los pies es un monumento a la condescendencia de Cristo revelada en su encarnación y su vida de servicio.[2] Aunque moraba con el Padre en la gloria celestial, Cristo "se despojó a sí mismo, tomando forma de siervo, hecho semejante a los hombres" (Fil. 2:7).

Fue una humillación para el Hijo de Dios el haberse entregado con tal abnegación y amor, sólo para ser rechazado por la mayoría de las personas a quienes vino a salvar. A lo largo de toda la vida terrenal de Cristo, Satanás estuvo determinado a humillarlo hasta lo sumo a cada paso. ¡Qué mortificación debe haber significado para Jesús, el Inocente, ser crucificado como un criminal!

Cristo vivió una vida de servicio abnegado. "No vino para ser servido, sino para servir" (Mat. 20:28). Por medio del lavamiento de los pies, demostró que se hallaba dispuesto a realizar cualquier servicio, no importa cuán humilde, con el fin de salvar a los pecadores. De este modo, impresionó en las mentes de sus seguidores su propia vida de servicio y mansedumbre.

Al hacer de esta ceremonia preparatoria una ordenanza, Cristo procuró llevar a los creyentes a un estado de ternura y amor que los motivara a servir a sus semejantes. A los que meditan en su significado, esta ordenanza los motiva para tratar a otros con humildad y tacto. Al seguir a Cristo en el lavamiento de los pies, profesamos su espíritu: "Servíos por amor los unos a los otros" (Gál. 5:13).

Si bien la participación en este servicio produce humillación, está lejos de ser degradante. ¿Quién no se sentiría privilegiado de inclinarse ante Cristo y lavar los pies que fueron clavados en la cruz? Jesús dijo: "De cierto os digo que en cuanto lo hicisteis a uno de estos mis hermanos más pequeños, a mí lo hicisteis" (Mat. 25:40).

2. *Tipifica una purificación mayor.* El lavamiento hizo más que limpiar los pies de los discípulos. Representaba una purificación más profunda, la renovación del mismo corazón. Cuando Pedro le pidió a Jesús que le lavara todo el cuerpo, el Salvador respondió: "El que está lavado, no necesita sino lavarse los pies, pues está todo limpio" (Juan 13:10).

El que está lavado, está limpio. Sin embargo, los pies calzados con sandalias abiertas pronto se empolvan y necesitan volverse a lavar. Así sucedía con los discípulos. Sus pecados habían sido lavados por el bautismo, pero la tentación los había llevado a albergar orgullo, celos y maldad en sus corazones. No estaban listos para tener comunión íntima con su Señor, ni para aceptar el nuevo pacto que estaba por concertar con ellos. Por medio del lavamiento de los pies, Cristo deseaba prepararlos para que participaran de la Cena del Señor. A excepción de Judas, el traidor, sus corazones habían sido limpiados de egoísmo y orgullo por la gracia de Cristo, y se hallaban unidos en amor mutuo; gracias al acto abnegado de Jesús, se humillaron y se volvieron capaces de ser enseñados.

Como los discípulos, cuando aceptamos a Cristo y somos bautizados, hemos sido limpiados por su sangre. Pero a medida que caminamos por la senda cristiana, cometemos errores. Nuestros pies se empolvan. Debemos venir nuevamente a Cristo, y permitir que su gracia purificadora quite de nosotros la contaminación. Sin embargo, no necesitamos ser bautizados nuevamente, porque "el que está lavado, no necesita sino lavarse los pies" (Juan 13:10).[3] La ordenanza del lavamiento de los pies nos recuerda que necesitamos constantemente ser limpiados, y que dependemos completamente de la sangre de Cristo. El lavamiento de los pies en sí mismo no puede limpiar el pecado. Sólo Cristo puede purificarnos.

3. *Comunión en el perdón.* La actitud perdonadora entre los participantes indica que la limpieza que este servicio simboliza ha hecho su efecto. Sólo así como perdonamos, podemos experimentar el perdón de Dios. "Si perdonáis a los hombres sus ofensas, os perdonará también a vosotros vuestro Padre celestial; mas si no perdonáis a los hombres sus ofensas, tampoco vuestro Padre os perdonará vuestras ofensas" (Mat. 6:14, 15).

Jesús dijo: "Vosotros también debéis lavaros los pies los unos a los otros" (Juan 13:14). Necesitamos estar dispuestos no sólo a lavar los pies de los demás, sino también a permitir que los demás laven nuestros propios pies. En este último caso, admitimos nuestra necesidad de ayuda espiritual.

Cuando se termina el servicio, nuestra fe nos asegura de que estamos limpios porque nuestros pecados han sido lavados. ¿Por quien? Por Cristo. Pero son otros creyentes los que nos administran los símbolos del ministerio de Cristo, y de este modo el servicio se convierte en la comunión del perdón.[4]

4. *Comunión con Cristo y con los creyentes.* El servicio del lavamiento de los pies demuestra el amor que Cristo tuvo por sus seguidores "hasta el fin" (Juan 13:1). Cuando Pedro rehusó permitir que Cristo le lavara sus pies, el Salvador respondió: "Si no te lavare, no tendrás parte conmigo" (vers. 8). Sin lavamiento, no hay comunión. Los que desean continuar manteniendo su comunión con Cristo, participarán de esta ordenanza.

Esa misma tarde, Jesús dijo: "Un mandamiento nuevo os doy: que os améis unos a otros; como yo os he amado, que también os améis unos a otros" (vers. 34). El mensaje de esta ordenanza es claro: "Servíos por amor los unos a los otros" (Gál. 5:13). Tener esta clase de amor significa que les concederemos a los demás el lugar de preferencia, estimándolos mejores que nosotros (Fil. 2:3). Requiere de nosotros que amemos a los que no están de acuerdo con nosotros. Nos impide albergar sentimientos de supremacía o de parcialidad. Nuestro estilo de vida reflejará nuestro amor por los demás creyentes. Al arrodillarnos ante ellos y lavar sus pies, nos regocijamos de que viviremos con ellos por toda la eternidad. Todos los que siguen el ejemplo de Cristo en esta ordenanza, experimentarán de algún modo u otro lo que significa amar como Cristo amó. Y esa clase de amor puede ser un testimonio muy poderoso.

Un monje budista le pidió en cierta ocasión a un misionero que sugiriera una escena que representara el cristianismo. Se planeaba decorar una sección del monasterio con murales y esculturas que representan las grandes religiones del mundo. Tras cierta reflexión, el misionero comenzó a compartir el relato de Juan 13. El monje "no dijo nada mientras yo leía —recuerda el misionero—, pero sentí un silencio y poder extraño y asombroso, a medida que el pasaje describía la acción de Jesús al lavar los pies de los discípulos". En esa cultura, la discusión pública de cualquier cosa que tenga que ver con los pies se considera una grave falta de etiqueta. "Cuando terminé de leer, hubo un momento de silencio. El monje me miró, incrédulo, y dijo: ¿quiere usted decir que el Fundador de su religión lavó los pies de sus alumnos?"

"'Sí', repliqué. El rostro generalmente plácido, redondo como la luna, con la cabeza y las cejas afeitadas, se arrugó, tomando una expresión de asombro y horror. Se quedó sin habla, y yo me sentí igualmente afectado. Ambos nos vimos sumergidos en el drama de la escena. Mientras contemplaba su expresión, la mirada de incredulidad que había en su rostro fue cambiando hasta transformarse en temor reverente. ¡Jesús, el Fundador del cristianismo, había tocado y lavado los pies sucios de unos pescadores! Después de unos momentos, logró controlarse y se levantó de su asiento, diciendo: ahora comprendo la esencia del cristianismo".[5]

La celebración de la Cena del Señor

Entre los protestantes, el nombre más común que se le da al servicio de Comunión es la "Cena del Señor" (1 Cor. 11:20). Otros nombres son "la mesa del Señor" (1 Cor. 10:21), "el partimiento del pan" (véase Hech. 20:7; 2:42) ,[6] y "la eucaristía", una referencia al aspecto de bendición y agradecimiento del servicio (Mat. 26:26, 27; 1 Cor. 10:16; 11:24).

La Cena del Señor debe ser una ocasión de gozo, y no de tristeza. El servicio de humildad que lo precede, provee la oportunidad de realizar un autoexamen, confesar los pecados, reconciliar las diferencias y perdonarse mutuamente las ofensas.

Habiendo recibido la certidumbre de la purificación por la sangre del Salvador, los creyentes se hallan listos para entrar en una comunión especial con su Señor. Se congregan junto a la mesa con gozo, andando no en la sombra de la cruz sino en su luz salvadora, listos para celebrar la victoria redentora de Cristo.

El significado de la Cena del Señor. La Cena del Señor reemplaza el festival de la Pascua de la época del antiguo pacto. La Pascua se cumplió cuando Cristo, el Cordero pascual, entregó su vida. Antes de su muerte, el mismo Jesús instituyó el reemplazo, el gran festival del Israel espiritual bajo el nuevo pacto. Por esto, las raíces de gran parte del simbolismo evidente en la Cena del Señor, surgen del servicio de la Pascua.

1. *Conmemoración de la liberación del pecado.* Tal como el festival de la Pascua conmemoraba la liberación de la esclavitud en Egipto, la Cena del Señor conmemora la liberación del Egipto espiritual, la esclavitud del pecado.

La sangre del cordero pascual que se aplicaba a los dinteles y los postes de las puertas, protegió de la muerte a los habitantes del hogar; la nutrición que proveyó su carne les impartió la fuerza necesaria para escapar de Egipto (Éxo. 12:3-8). Así también el sacrificio de Cristo trae liberación de la muerte; los creyentes son salvos al participar de su cuerpo y su sangre (Juan 6:54). La Cena del Señor proclama que la muerte de Cristo en la cruz proveyó para nosotros el perdón y la salvación, y nos garantiza la vida eterna.

Jesús dijo: "Haced esto en memoria de mí" (1 Cor. 11:24). Esta ordenanza hace énfasis en la dimensión sustitutiva de la expiación de Cristo. "Esto es mi cuerpo que por vosotros es partido", dijo Jesús (1 Cor. 11:24; compárese con Isa. 53:4-12). En la cruz, el Inocente tomó el lugar del culpable, el Justo sustituyó al injusto. Este acto magnánimo satisfizo las demandas de la ley en cuanto a la muerte del pecador, proveyó perdón, paz y la garantía de la vida eterna para los pecadores arrepentidos. La cruz quitó nuestra condenación y nos proveyó con el manto de la justicia de Cristo y con el poder para vencer el mal.

(a). *El pan y el fruto de la vid.* Jesús usó muchas metáforas para enseñar diferentes verdades acerca de sí mismo. Dijo: "Yo soy la puerta" (Juan 10:7), "yo soy el camino" (Juan 14:6), "yo soy la vid verdadera" (Juan 15:1), "yo soy el pan de vida" (Juan 6:35). No podemos tomar literalmente ninguna de estas expresiones, ya que Cristo no se halla presente en cada puerta, camino o viña. En cambio, ilustran verdades más profundas.

Cuando alimentó milagrosamente a los 5.000, Jesús reveló el significado más profundo de su cuerpo y sangre. Al presentarse como el verdadero pan, declaró: "De cierto, de cierto os digo: No os dio Moisés el pan del cielo, mas mi Padre os da el verdadero pan del cielo. Porque el pan de Dios es aquel que descendió del cielo y da vida al mundo. Le dijeron: Señor, danos siempre este pan. Jesús les dijo: Yo soy el pan de vida; el que a mí viene, nunca tendrá hambre; y el que en mí cree, no tendrá sed jamás" (Juan 6:32-35). Cristo ofreció su cuerpo y su sangre para satisfacer el hambre y la sed que producen nuestras necesidades y deseos más profundos (Juan 6:50-54).

El pan de la Pascua que comió Jesús era sin levadura, y el fruto de la vid, sin fermentar.[7] La levadura, que produce fermentación y hace que suba el pan, era considerada un símbolo del pecado (1 Cor. 5:7, 8), y por lo tanto no servía para representar al Cordero "sin mancha y sin contaminación" (1 Ped. 1:19).[8] Únicamente el pan sin levadura, es decir sin fermentar, podía simbolizar el cuerpo inmaculado de Cristo. Del mismo modo, tan sólo el fruto intacto de la vid —el vino sin fermentar— simboliza apropiadamente la inmaculada perfección de la sangre purificadora del Salvador.[9]

(b). *El acto de comer y beber.* "Si no coméis la carne del Hijo del hombre, y bebéis su sangre, no tenéis vida en vosotros. El que come mi carne y bebe mi sangre, tiene vida eterna; y yo le resucitaré en el día postrero" (Juan 6:53, 54).

El acto de comer la carne de Cristo y beber su sangre, es lenguaje simbólico que representa la asimilación de la Palabra de Dios, a través de la cual los creyentes mantienen la comunión con el cielo y reciben la vida espiritual. Cristo declaró: "Las palabras que yo os he hablado son espíritu y son vida" (Juan 6:63). "No sólo de pan vivirá el hombre, sino de toda palabra que sale de la boca de Dios" (Mat. 4:4).

Los creyentes se alimentan de Cristo, el pan de vida, al participar de la Palabra de vida, es decir, la Biblia. Con esa Palabra se recibe el poder vivificante de Cristo. En el servicio de la Comunión también participamos de Cristo al asimilar su Palabra por medio del Espíritu Santo. Por esta razón, cada Cena del Señor va acompañada de la predicación de la Palabra.

Por cuanto nos apropiamos por fe de los beneficios del sacrificio expiatorio de Cristo, la Cena del Señor es mucho más que una simple comida recordativa. La participación en el servicio de la Comunión significa la revitalización de nuestra vida por medio del poder sostenedor de Cristo, el cual nos imparte vida y gozo. En palabras resumidas, el simbolismo demuestra que "dependemos tanto de Cristo para la vida espiritual como dependemos del alimento y la bebida para sostener la vida física".[10]

Durante el servicio de comunión, "bendecimos" la copa (1 Cor. 10:16). Esto significa que así como Cristo "dio gracias" por la copa (Mat. 26:27), también nosotros expresamos gratitud por la sangre de Jesús.

2. *La comunión colectiva con Cristo*. En este mundo, lleno de divisiones y conflictos, nuestra participación colectiva en estas celebraciones contribuye a la unidad y estabilidad de la iglesia, demostrando verdadera comunión con Cristo y con los hermanos. Con el fin de hacer énfasis en esta comunión, Pablo declaró: "La copa de bendición que bendecimos, ¿no es la comunión de la sangre de Cristo? El pan que partimos, ¿no es la comunión del cuerpo de Cristo? Siendo uno solo el pan, nosotros, con ser muchos, somos un cuerpo; pues todos participamos de aquel mismo pan" (1 Cor. 10:16, 17).

"Se alude aquí al hecho de que el pan de la Comunión se parte en muchos pedazos, los cuales comen los creyentes, y así como todos los pedazos vienen del mismo pan, también todos los creyentes que participan del servicio de comunión se unen en Cristo, cuyo cuerpo quebrantado está simbolizado por el pan partido. Al participar juntos de esta ordenanza, los cristianos demuestran públicamente que están unidos entre sí, y que pertenecen a una gran familia, cuya cabeza es Cristo".[11]

Todos los miembros de la iglesia debieran participar en esta sagrada comunión, porque allí, por medio del Espíritu Santo, "Cristo se encuentra con los suyos y los fortalece por su presencia. Corazones y manos indignos pueden administrar el rito; sin embargo, Cristo está allí para ministrar a sus hijos. Todos los que vienen con su fe fija en él serán grandemente bendecidos. Todos los que descuidan estos momentos de privilegio divino sufrirán una pérdida. Acerca de ellos se puede decir con acierto: 'No estáis limpios todos'".[12]

Junto a la mesa del Señor, experimentamos el más poderoso y profundo sentido de comunidad. Allí nos encontramos en terreno común, habiéndose quebrantado todas las barreras que nos separan. Allí nos damos cuenta de que si bien en la sociedad humana hay mucho que nos divide, en Cristo se encuentra todo lo necesario para unirnos. Al compartir la copa de la comunión, Jesús entró en el nuevo pacto con sus discípulos. Dijo el Salvador: "Bebed de ella todos; porque esto es mi sangre del nuevo pacto, que por muchos es derramada para remisión de los pecados" (Mat. 26:27, 28; compárese con Luc. 22:20). Así como el antiguo pacto era ratificado por la sangre de los sacrificios de animales (Éxo. 24:8), el nuevo pacto fue ratificado por la sangre de Cristo. En esta ordenanza, los creyentes renuevan su compromiso de lealtad a su Señor, reconociendo nuevamente que son parte del acuerdo maravilloso por medio del cual, en Jesús, Dios se unió consigo a la humanidad. Por cuanto son parte de este pacto, tienen razón de celebrar. De este modo, la Cena del Señor es tanto un memorial como una acción de gracias por el sellamiento del pacto eterno de gracia. Las bendiciones recibidas son en proporción a la fe de los participantes.

3. *Anticipación de la segunda venida.* "Así pues, todas las veces que comiereis este pan, y bebiereis esta copa, la muerte del Señor anunciáis hasta que él venga" (1 Cor. 11:26).

El servicio de la Comunión abarca el tiempo que transcurre entre el Calvario y la segunda venida. Vincula la cruz con el reino. Une el "ya" y el "todavía no", que constituyen la esencia de la visión mundial del Nuevo Testamento. Mantiene unidos el sacrificio del Salvador y su segunda venida: salvación provista y salvación consumada. Proclama que Cristo está presente por medio del Espíritu hasta que venga en forma visible.

La promesa que hizo Jesús: "Desde ahora no beberé más de este fruto de la vid, hasta aquel día en que lo beba nuevo con vosotros en el reino de mi Padre" (Mat. 26:29), es una expresión profética. Dirige nuestra fe a una celebración futura de la Comunión con nuestro Salvador en el reino. Esa ocasión será la gran fiesta de "la cena de las bodas del Cordero" (Apoc. 19:9).

En preparación para este acontecimiento, Cristo instruyó a sus seguidores, diciendo: "Estén ceñidos vuestros lomos y vuestras lámparas encendidas; y vosotros sed semejantes a hombres que aguardan a que su Señor regrese de las bodas para que cuando llegue y llame le abran en seguida. Bienaventurados aquellos siervos a los cuales su Señor, cuando venga, halle velando; de cierto os digo que se ceñirá, y hará que se sienten a la mesa y vendrá a servirles" (Luc. 12:35-37).

Con sus seguidores reunidos alrededor de la mesa del banquete, Cristo celebrará la Cena como lo hizo en Jerusalén. Por mucho tiempo ha esperado esta ocasión, y ahora todo está listo. Se levanta de su trono, y se adelanta para servirles. El asombro llena todo corazón. Se sienten completamente indignos del honor de que Cristo les sirva. Protestan, diciendo: "¡Déjanos servir a nosotros!" Pero Cristo insiste suavemente, y los hace sentarse.

"En realidad, Cristo nunca fue mayor mientras estuvo en el mundo que en la memorable ocasión de la Cena del Señor, cuando tomó el lugar de un siervo y se humilló a sí mismo. En el cielo, Cristo nunca es mayor que cuando ministra a sus santos".[13] Ésta es la expectativa culminante hacia la cual nos orienta la Cena del Señor, el gozo de la gloria futura por medio de la comunión personal con Cristo en su reino eterno.

Requisitos para la participación. Dos grandes ordenanzas sirven a la fe cristiana: El bautismo y la Cena del Señor. El primero es la puerta de entrada a la iglesia, y la última beneficia a los miembros.[14] Jesús administró la Comunión únicamente a sus seguidores profesos. El servicio de Comunión, por lo tanto, es para los cristianos creyentes. Los niños no participan generalmente en estas ordenanzas, a menos que hayan sido bautizados.[15]

La Biblia instruye a los creyentes a que celebren esta ordenanza con la debida reverencia por el Señor, ya que "cualquiera que comiere este pan o bebiere esta copa del Señor indignamente, será culpado del cuerpo y de la sangre del Señor" (1 Cor. 11:27). Esta forma "indigna" consiste "ya sea en conducta impropia (véase el vers. 21) o en la falta de una fe vital y activa en el sacrificio redentor de Cristo".[16] Una conducta tal demuestra falta de respeto para con el Señor, que puede ser considerada un rechazo del Salvador, y de este modo lleva al individuo a compartir la culpabilidad de los que crucificaron al Salvador.

La participación impropia desagrada a Dios. Los que comen y beben de manera indigna, comen y beben "juicio" para sí mismos, "sin discernir el cuerpo del Señor" (1 Cor. 11:29). No hacen distinción entre los alimentos ordinarios y los emblemas consagrados que simbolizan la muerte expiatoria de Cristo. "Los creyentes no deben tratar la ordenanza como si fuera únicamente una ceremonia conmemorativa de un suceso de la historia. Lo es, y mucho más; constituye también un recordativo de lo que el pecado le costó a Dios, y lo que el hombre le debe al Salvador. Es también un medio de mantener fresco en la mente el deber que tiene el creyente, de testificar públicamente acerca de su fe en la muerte redentora del Hijo de Dios".[17]

En vista de estas admoniciones, Pablo aconseja a los creyentes: "Pruébese cada uno a sí mismo" antes de participar en la Cena del Señor" (1 Cor. 11:28). Antes de tomar parte, los creyentes deben pasar revista a su experiencia cristiana con oración, confesando sus pecados y restableciendo las relaciones interrumpidas.

La experiencia de los pioneros adventistas revela cuán grande bendición puede proveer un examen tal: "Cuando nuestros miembros eran pocos, la celebración de los ritos constituía una ocasión sumamente provechosa. El viernes antes de ese acontecimiento, cada miembro de iglesia se esforzaba por remediar todo aquello que tendiera a separarlo de los hermanos y de Dios. Se efectuaba una cuidadosa investigación del corazón, se ofrecían sinceras oraciones pidiendo que Dios revelase los pecados ocultos; se hacían confesiones de engaños en los negocios, de palabras ofensivas pronunciadas con apresuramiento y de pecados acariciados. El Señor se acercaba a nosotros, y recibíamos mucho poder y ánimo".[18]

Este examen constituye una obra personal. Otros no pueden realizarlo en nuestro lugar, porque ¿quién puede leer el corazón o distinguir la cizaña del trigo? Cristo, nuestro ejemplo, rechazó la exclusividad en la Cena. Si bien el pecado abierto excluye a los individuos de participar (1 Cor. 5:11), el mismo Jesús compartió la cena con Judas, que exteriormente era un seguidor profeso, pero que en lo interior era ladrón y traidor.

Lo que decide, entonces, quienes son idóneos para participar en el servicio de la Comunión, es la condición del corazón: una entrega completa a Cristo y fe en su sacrificio, no la calidad de miembros de una iglesia particular. En consecuencia, los cristianos creyentes de todas las denominaciones pueden tomar parte en la Cena del Señor. Todos están invitados a celebrar a menudo este gran festival del nuevo pacto, y por medio de su participación, dar testimonio de que han aceptado a Cristo como su Salvador personal.[19]

Referencias

1. Véase Roberto Odom, "The First Celebration of the Ordinance of the Lord´s House" [La primera celebración de la ordenanza de la casa del Señor], *Ministry*, Enero de 1953, pág. 20; White, *El Deseado de todas las gentes*, págs. 598-603
2. *Id.*, pág. 605.
3. Existe una relación entre el bautismo y la Cena del Señor. El bautismo precede la entrada a la iglesia, mientras que el lavamiento de los pies sirve a los que ya son miembros de la iglesia. Durante esta ordenanza, es apropiado que meditemos en nuestros votos bautismales.
4. Véase C. Mervyn Maxwell, "A Fellowship of Forgiveness" [La comunión del perdon], *Review and Herald*, 29 de junio de 1961, págs. 6, 7.
5. Jon Dybdahl, *Missions: A Two Way Street* [Las misiones: camino en dos sentidos] (Boise, ID: Pacific Press, 1986), pág. 28.
6. Si bien en general se comprende que en Hechos 20:7 la expresión se refiere a la celebración de la Cena del Señor, no se refiere exclusivamente a esta ordenanza. En Lucas 24:35 se refiere a una comida común cotidiana.
7. Por cuanto se supone que la gente de los tiempos bíblicos no podría haber preservado jugo de uva por un período extendido en el clima caliente de Israel, desde la época de la cosecha de la uva en el otoño hasta la Pascua que se celebraba en la primavera, muchos consideran que sin duda los judíos celebraban la Pascua con vino fermentado. Esta suposición no tiene base. Por todo el mundo antiguo, diversos jugos se preservaban a menudo por extensos períodos en un estado exento de fermentación, usando diversos métodos. Uno de ellos consistía en concentrar el jugo, hirviéndolo hasta que se transformara en jarabe. Si se lo guardaba en un lugar fresco, este concentrado no se fermentaba. El sencillo acto de diluirlo con agua, daba como resultado un "vino dulce" exento de alcohol. Véase William Patton, *Bible Wines –Laws of Fermentation* [Los vinos biblicos —las leyes de fermentación] (Oklahoma City, OK: Sane Press, n. d.), págs. 24-41; véase también C. A. Christoforides, "More on Unfermented Wine" [Información adicional acerca de vino sin fermentar] *Ministry*, abril de 1955, pág. 34; Leal O. Caesar "The Meaning of *Yayin* in the Old Testament" [El significado del término *Yayin* en el Antiguo Testamento] (Tesis de Maestris Inedita, Andrews University, 1986), págs. 74-77; White, *El Deseado de todas las gentes*, pág. 609. El vino de la Pascua podía hacerse también de pasas (F. C. Gilbert, *Practical Lessons From the Experience of Israel for the Church of Today* [Lecciones prácticas de la experiencia de Israel para la iglesia de hoy], [Nashville, TN: Southern Pub. Assn., ed. 1972], págs. 240, 241).

8. A la luz de los expuesto, no carece de significado el hecho de que Cristo evita usar la palabra corriente para designar vino (griego, *oinos*), sino que emplea la frase "el fruto de la vid" (Mar. 14:25). Si bien *oinos* puede referirse al vino tanto en su estado fermentado como no fermentado, el fruto de la vid se refiere al jugo puro, un símbolo apropiado de la sangre de Cristo, el cual se designó a sí mismo como "la vid verdadera" (Juan 15:1).
9. Es la levadura lo que causa también la fermentación del jugo de uva. Las esporas de levadura, que flotan en el aire o son llevadas por los insectos, se pegan en la cera que cubre la piel de la uva. Cuando las uvas son aplastadas, las esporas se mezclan con el jugo. A temperatura ambiente, las células de levadura se multiplican rápidamente, haciendo fermentar el vino (véase Martin S. Peterson, Arnold H. Johnson, editores, *Encyclopedia of Food Technology* [Enciclopedia de tecnología de los alimentos] [Westport, CT: Avi Publishing Co., 1974], tomo 2, págs. 61-69; véase también *Encyclopedia of Food Science* [Enciclopedia de la ciencia de la alimentación] [Wesport, CT: Avi Publishing Co., 1978], tomo 3, pág. 878).
10. R. Rice, *Reign of God* [El reino de Dios], pág. 303.
11. *SDA Bible Commentary* [Comentario bíblico adventista], ed. rev., tomo 6, pág. 746.
12. White, *El deseado de todas las gentes*, pág. 613. Véase también la página 616.
13. M. L. Andreasen, "The Ordinances of the Lord´s House" [Las ordenanzas de la casa del Señor], *Ministry*, enero de 1947, págs. 44, 46.
14. Véase White, *Evangelismo*, pág. 202.
15. Véase por ejemplo Frank Holbrook, "¿For Members Only?" [¿Sólo para miembros?]. *Ministry*, feb. de 1987, pág. 13.
16. *Comentario bíblico adventista*, tomo 6, págs. 759, 760.
17. *Ibid.*
18. White, *Evangelismo*, pág. 203; véase también *Comentario bíblico adventista*, tomo 6, pág. 759.
19. La Biblia no especifica cuán frecuentemente debiera celebrarse la Cena del Señor (véase 1 Cor. 20:11, 25, 26). Los adventistas han seguido la práctica de muchos protestantes, según la cual se celebra esta ordenanza cuatro veces en el año. "Al adoptar el plan trimestral, los primeros creyentes adventistas consideraron que si se celebraba el servicio con mayor frecuencia, había peligro de caer en la formalidad, y de no darse cuenta de la solemnidad del servicio". Parece una decisión moderada, equidistante entre el extremo de celebrarla demasiado a menudo, y el de abstenerse durante un tiempo demasiado largo, por ejemplo un año (W. E. Read, "Frequency of the Lord´s Supper" [Frecuencia de la Cena del Señor], *Ministry*, abril de 1955, pág. 43).

LOS ADVENTISTAS DEL SÉPTIMO DÍA CREEN EN...

Dones y Ministerios Espirituales

Dios concede a todos los miembros de su iglesia en todas las edades dones espirituales para que cada miembro los emplee en amante ministerio por el bien común de la iglesia y de la humanidad. Concedidos mediante la operación del Espíritu Santo, quien los distribuye entre cada miembro según su voluntad, los dones proveen todos los ministerios y habilidades necesarios para que la iglesia cumpla su función divinamente ordenada. De acuerdo con las Escrituras, estos dones incluyen ministerios tales como fe, sanidad, profecía, predicación, enseñanza, administración, reconciliación, compasión y servicio abnegado, y caridad para ayudar y animar a nuestros semejantes. Algunos miembros son llamados por Dios y dotados por el Espíritu para cumplir funciones reconocidas por la iglesia en los ministerios pastoral, evangelizador, apostólico y de enseñanza, particularmente necesarios a fin de equipar a los miembros para el servicio, edificar a la iglesia de modo que alcance madurez espiritual, y promover la unidad de la fe y el conocimiento de Dios. Cuando los miembros emplean estos dones espirituales como fieles mayordomos de las numerosas bendiciones de Dios, la iglesia es protegida de la influencia destructora de las falsas doctrinas, crece gracias a un desarrollo que procede de Dios, y es edificada en la fe y el amor.

LAS PALABRAS QUE JESÚS HABLÓ JUSTO ANTES de ascender al cielo, habían de cambiar la historia. "Id por todo el mundo —les ordenó a los discípulos—, y predicad el evangelio a toda criatura" (Mar. 16:15).

¿A todo el mundo? ¿A toda criatura? Los discípulos deben haber pensado que se trataba de una tarea imposible. Cristo, que conocía su impotencia, los instruyó para que no abandonaran Jerusalén, "sino que esperasen la promesa del Padre". Luego les aseguró: "Recibiréis poder, cuando haya venido sobre vosotros el Espíritu Santo, y me seréis testigos en Jerusalén, en toda Judea, en Samaria, y hasta lo último de la tierra" (Hech. 1:4, 8).

Después de la ascensión de Jesús al cielo, los discípulos pasaron mucho tiempo en oración. La armonía y la humildad reemplazaron la discordia y los celos que habían caracterizado buena parte del tiempo que pasaron con Jesús. Los discípulos fueron convertidos. Su estrecha comunión con Cristo y la unidad resultante constituyeron la preparación necesaria para el derramamiento del Espíritu Santo.

Así como Jesús recibió una unción especial del Espíritu que lo capacitó para realizar su ministerio (Hech. 10:38), también los discípulos recibieron el bautismo del Espíritu Santo (Hech. 1:5), el cual los capacitaría para testificar. Los resultados fueron asombrosos. El mismo día que recibieron el don del Espíritu Santo, bautizaron a 3.000 personas (véase Hech. 2:41).

Los dones del Espíritu Santo

Cristo ilustró los dones del Espíritu Santo con una parábola: "El reino de los cielos es como un hombre que yéndose lejos, llamó a sus siervos y les entregó sus bienes. A uno dio cinco talentos y a otro dos, y a otro uno, a cada uno conforme a su capacidad; y luego se fue lejos" (Mat. 25:14, 15).

El hombre que se fue lejos representa a Cristo, el cual subió al cielo. Los "siervos" son sus seguidores, los cuales fueron "comprados por precio" (1 Cor. 6:20), a saber, "con la sangre preciosa de Cristo" (1 Ped. 1:19). Cristo los redimió para el servicio, "para que los que viven ya no vivan para sí, sino para aquel que murió y resucitó por ellos" (2 Cor. 5:15).

A cada siervo, Cristo le concedió dones según su capacidad, "y a cada uno su obra" (Mar. 13:24). Junto con otros dones y capacidades (véase el capítulo 21 de esta obra), estos dones representan los talentos especiales que imparte el Espíritu.[1]

En un sentido especial, Cristo le concedió a su iglesia estos dones espirituales en el Pentecostés. "Subiendo a lo alto —dice Pablo—... dio dones a los hombres". De ese modo, "a cada uno de nosotros fue dada la gracia conforme a la medida del don de Cristo" (Efe. 4:8, 7). El Espíritu Santo es el agente que distribuye "a cada uno en particular como él quiere" (1 Cor. 12:11) los dones que le permiten a la iglesia cumplir la tarea que se le ha asignado.

El propósito de los dones espirituales

El Espíritu Santo concede una capacidad especial a cierto miembro, permitiéndole ayudar a que la iglesia cumpla su misión divina.

Armonía en la iglesia. A la iglesia de Corinto no le faltaba ningún don espiritual (1 Cor. 1:4, 7). Desgraciadamente, discutían como niños sobre cuáles dones eran los más importantes.

Preocupado por las divisiones en la iglesia, Pablo escribió a los corintios acerca de la verdadera naturaleza de esos dones, y la manera como debían obrar. Explicó que los dones espirituales son concedidos por gracia. Del mismo Espíritu viene una "diversidad de dones", que lleva a una "diversidad de ministerios" y a una "diversidad de operaciones". Pero Pablo hace énfasis en que "Dios, que hace todas las cosas en todos, es el mismo" (1 Cor. 12:4-6).

El Espíritu distribuye dones a cada creyente para la edificación o construcción de la iglesia. Las necesidades de la obra del Señor determinan qué distribuye el Espíritu, y a quiénes se los da. No todos reciben los mismos dones. Pablo declaró que el Espíritu le da a uno sabiduría, a otro conocimiento, a otro fe, a otro milagros, a otro profecía, a otro discernimiento de espíritus, a otro lenguas, y a otro la interpretación de lenguas; "pero todas estas cosas las hace uno y el mismo Espíritu, repartiendo a cada uno en particular como él quiere" (vers. 11). El agradecimiento por la operación de un don en la iglesia debe ser dirigido al Dador, y no a la persona que ejerce el don. Y por cuanto los dones se entregan a la iglesia y no al individuo, quienes los reciben no deben considerarlos su propiedad privada.

Por cuanto el Espíritu distribuye conforme a lo que le parece, ningún don debe ser despreciado o pasado por alto. Ningún miembro de la iglesia tiene el derecho de ser arrogante por habérsele encargado alguna función específica, ni nadie debiera sentirse inferior porque se le ha asignado una posición humilde.

1. *El modelo de operación.* Pablo usó el cuerpo humano para ilustrar la armonía que debe existir en la diversidad de dones. El cuerpo tiene muchas partes, cada una de las cuales contribuye en forma especial. "Mas ahora Dios ha colocado los miembros cada uno de ellos en el cuerpo, como él quiso" (vers. 18).

Ninguna parte del cuerpo debiera decir a otra: "¡No te necesito!" Todas dependen unas de otras, y "los miembros del cuerpo que parecen más débiles son los más necesarios; y aquellos del cuerpo que nos parecen menos dignos, a estos vestimos más dignamente; y los que en nosotros son menos decorosos, se tratan con más decoro. Porque los que en nosotros son más decorosos, no tienen necesidad; pero Dios ordenó el cuerpo, dando más abundante honor al que le faltaba" (vers. 21-24).

El mal funcionamiento de cualquier órgano afecta todo el cuerpo. Si el cuerpo no tuviera cerebro, el estómago no funcionaria; y si no tuviera estómago, el cerebro no serviría de nada. Así también, la iglesia sufriría si le faltara cualquiera de sus miembros, no importa cuán insignificante sea.

Ciertas partes del cuerpo que son estructuralmente más débiles, necesitan protección especial. Uno puede funcionar sin una mano o una pierna, pero no sin el hígado, el corazón o los pulmones. Normalmente exponemos nuestro rostro y nuestras manos, pero cubrimos otras partes del cuerpo con vestiduras, con propósitos de modestia o decencia. Lejos de estimar livianamente los dones menores, debemos tratarlos con mayor cuidado, porque la salud de la iglesia depende de ellos.

Dios deseaba que la distribución de dones espirituales en el seno de la iglesia evitara la "desavenencia en el cuerpo", produciendo en cambio un espíritu de armonía e interdependencia, para que "los miembros todos se preocupen los unos por los otros. De manera que si un miembro padece, todos los miembros se duelen con él, y si un miembro recibe honra, todos los miembros con él se gozan" (vers. 25, 26). Así que cuando un creyente sufre, toda la iglesia debe saberlo y ayudar al sufriente. Únicamente cuando dicho individuo haya sido restaurado, estará segura la salud de la iglesia.

Después de comparar el valor de cada uno de los dones, Pablo hace una lista con varios de ellos: "Y a unos puso Dios en la iglesia, primeramente apóstoles, luego profetas, lo tercero maestros, luego los que hacen milagros, después los que sanan, los que ayudan, los que administran, los que tienen don de lenguas" (vers. 28; véase también Efe. 4:11). Por cuanto ningún miembro posee todos los dones, el apóstol anima a todos a procurar "los dones mejores" (vers. 31), refiriéndose a los que sean más útiles para la iglesia.[2]

2. *La dimensión indispensable.* Los dones del Espíritu Santo, sin embargo, no son suficientes por sí mismos. Hay "un camino aun más excelente" (vers. 31). Cuando Cristo vuelva, los dones del Espíritu pasarán; sin embargo, el fruto del Espíritu es eterno. Consiste en la virtud eterna del amor y la paz, bondad y justicia que el amor trae consigo (véase Gál. 5:22, 23; Efe. 5:9). Si bien desaparecerán la profecía, las lenguas y el conocimiento, la fe, la esperanza y el amor permanecerán. Y "el mayor de ellos es el amor" (1 Cor. 13:13).[3]

Este amor que Dios concede (*agape* en griego) es un amor sacrificado y abnegado (1 Cor. 13:4-8). Es "el tipo más elevado del amor, el cual reconoce algo de valor en la persona u objeto amado; un amor que se basa en principios y no en emociones; un amor que surge del respeto por las cualidades admirables de su objeto".[4] Los dones desprovistos de amor causan confusión y divisiones en la iglesia. El camino más excelente, por lo tanto, consiste en que cada uno de los que reciben dones espirituales posea también este amor enteramente abnegado. "Seguid el amor; y procurad los dones espirituales" (1 Cor. 14:1).

Viviendo para la gloria de Dios. Pablo se refirió también a los dones espirituales en su epístola a los romanos. Al hacer un llamado a cada creyente para que viva para gloria de Dios (Rom. 11:36-12:2), Pablo usa nuevamente las partes del cuerpo para ilustrar la diversidad y, a la vez, la unidad que caracteriza a los creyentes que se unen a la iglesia (vers. 3-6).

Reconociendo que tanto la fe como los dones espirituales tienen su fuente en la gracia de Dios, los creyentes permanecen humildes. Mientras más dones se conceden a un creyente, mayor es su influencia espiritual, y más profunda debe ser su dependencia de Dios.

En este capítulo Pablo menciona los siguientes dones: Profecía (expresión inspirada, proclamación), ministerio (servicio), enseñanza, exhortación (dar ánimo), repartimiento (compartir), liderazgo y misericordia (compasión). Tal como lo hace en 1 Cor. 12, termina su discusión con el mayor principio del cristianismo, a saber, el amor (vers. 9).

Pedro presentó el tema de los dones espirituales colocando como telón de fondo el hecho de que "el fin de todas las cosas se acerca" (1 Ped. 4:7). La urgencia de la hora requiere que los creyentes usen sus dones. "Cada uno según el don que ha recibido —exhorta el apóstol—, minístrelo a los otros como buenos administradores de la multiforme gracia de Dios" (vers. 10). Tal como lo hace Pablo, Pedro enseña que estos dones no son para la glorificación del individuo, sino "para que en todo sea Dios glorificado por Jesucristo" (vers. 11). Pedro también asocia el amor con los dones (vers. 8).

El crecimiento de la iglesia. En su tercera y final discusión de los dones espirituales, el apóstol Pablo insta a los creyentes a que vivan "como es digno de la vocación con que fuisteis llamados, con toda humildad y mansedumbre, soportándoos con paciencia los unos a los otros en amor. Solícitos en guardar la unidad del Espíritu en el vínculo de la paz" (Efe. 4:1-3).

Los dones espirituales contribuyen a promover la unidad que hace que la iglesia crezca. Cada creyente ha recibido "la gracia conforme a la medida del don de Cristo" (vers. 7).

El mismo Jesús "constituyó a unos, apóstoles; a otros, profetas; a otros, evangelistas; a otros, pastores y maestros". Estos dones constituyen ministerios orientados hacia el servicio, y son dados "a fin de perfeccionar a los santos para la obra del ministerio, para la edificación del cuerpo de Cristo, hasta que todos lleguemos a la unidad de la fe y del conocimiento del Hijo de Dios, a un varón perfecto, a la medida de la estatura de la plenitud de Cristo" (vers. 11-13). Los que reciben dones espirituales deben servir especialmente a los creyentes, preparándolos para las clases de ministerio que se ajustan a sus dones. Esto edifica la iglesia hacia una madurez que alcanza la plena estatura de Cristo.

Estos ministerios aumentan la estabilidad espiritual y fortalecen a la iglesia contra las falsas doctrinas, de manera que los creyentes ya no sean "niños fluctuantes, llevados por doquiera de todo viento de doctrina, por estratagema de hombres que para engañar emplean con astucia las artimañas del error, sino que siguiendo la verdad en amor, crezcamos en todo en aquel que es la cabeza, esto es, Cristo" (vers. 14, 15).

Finalmente, en Cristo, los dones espirituales producen tanto la unidad como la prosperidad de la iglesia. De él "todo el cuerpo bien concertado y unido entre sí por todas las coyunturas que se ayudan mutuamente, según la actividad propia de cada miembro, recibe su crecimiento para ir edificándose en amor" (vers. 16). Si la iglesia ha de experimentar el crecimiento que Dios desea, cada miembro debe usar los dones de gracia que él provee.

Como resultado, la iglesia experimenta un crecimiento doble: en el número de sus miembros y en la cantidad de dones espirituales disponibles. En esto también, el amor es parte de este llamado, ya que la iglesia puede lograr esta clase de edificación y crecimiento únicamente por medio del uso de estos dones en el amor.

Implicaciones de los dones espirituales

Un ministerio común. La Escritura no apoya la idea de que el clero debe ministrar mientras que los laicos se limitan a calentar los asientos y esperar para recibir su alimento. Tanto los pastores como los laicos componen la iglesia, el pueblo adquirido por Dios (1 Ped. 2:9). Unidos, son responsables del bienestar de la iglesia y de su prosperidad. Han sido llamados para trabajar juntos, cada uno según sus propios dones especiales que Cristo le ha concedido. La diferencia de dones resulta en una variedad de ministerios o servicios, todos unidos en su testimonio con el fin de extender el reino de Dios y preparar al mundo para encontrarse con su Salvador (Mat. 28:18-20; Apoc. 14:6-12).

El papel de los ministros. La doctrina de los dones espirituales coloca sobre los hombros del ministro la responsabilidad de preparar la congregación. Dios ha establecido apóstoles, profetas, evangelistas, pastores y maestros, con el fin de equipar a su pueblo para el ministerio. "Los ministros no debieran hacer la obra que pertenece a la iglesia, de este modo agotándose, e impidiendo que otros cumplan sus deberes. Debieran enseñar a los miembros a trabajar en la iglesia y en la comunidad".[5]

El ministro que no tiene el don de preparar a otros no debe ocuparse del ministerio pastoral, sino actuar en alguna otra parte de la obra de Dios.[6] El éxito del plan que Dios tiene para la iglesia depende de la buena voluntad y capacidad que muestren sus pastores en la preparación de los miembros para que éstos usen los dones que han recibido de Dios.

Los dones y nuestra misión. Dios concede dones espirituales para beneficiar todo el cuerpo, y no simplemente a los individuos que los reciben. Y, tal como el receptor no recibe el don para sí mismo, así también la iglesia no recibe la totalidad de los dones para sí misma. Dios dota a la comunidad de la iglesia con dones que la preparan para cumplir ante el mundo la misión que él le ha asignado.

Los dones espirituales no son la recompensa por una obra bien hecha, sino que son las herramientas que permiten hacer bien el trabajo. El Espíritu, por lo general, concede dones que son compatibles con los talentos naturales de un individuo, si bien los talentos naturales por sí solos no constituyen dones espirituales. Se requiere el nuevo nacimiento para que una persona sea llena con la energía del Espíritu. Debemos nacer de nuevo para ser dotados de dones espirituales.

Unidad en la diversidad, no uniformidad. Algunos cristianos procuran hacer que todos los demás creyentes sean como ellos. Éste no es un plan divino sino humano. El hecho de que la iglesia permanece unida a pesar de la diversidad de los dones espirituales, comprueba la naturaleza complementaria de dichos dones. Indica que el progreso de la iglesia de Dios depende de cada creyente. Dios desea que todos los dones, ministerios y operaciones que se manifiestan en la iglesia, actúen unidos en la obra de construir sobre el fundamento que ha colocado la iglesia a través de los siglos. En Jesucristo, la principal piedra del ángulo, "todo el edificio bien coordinado, va creciendo para ser un templo santo en el Señor" (Efe. 2:21).

El propósito de los dones: la testificación. Los creyentes reciben diversidad de dones, lo cual indica que cada uno debe cumplir un ministerio individual. Sin embargo, cada creyente debiera ser capaz de testificar acerca de su fe, compartir sus creencias y hablar a otros acerca de lo que Dios ha hecho en su vida. El propósito con el cual Dios concede cada don, no importa cual sea éste, es capacitar al que lo posee para que dé testimonio.

El fracaso en el uso de los dones espirituales. Los creyentes que rehúsan emplear los dones espirituales, hallarán que no sólo estos se atrofian, sino también que al hacerlo están poniendo en peligro su vida eterna. Con amorosa preocupación, Jesús pronunció la solemne amonestación de que el siervo que no usó su talento no era otra cosa que un "siervo malo y negligente", el cual despreció la recompensa eterna (Mat. 25:26-30).[7] El siervo infiel admitió libremente que su fracaso había sido deliberado y premeditado. Por eso, debió llevar la responsabilidad por su decisión. "En el gran día final del juicio, los que han ido a la deriva, evitando oportunidades y haciéndoles el quite a las responsabilidades, serán clasificados por el gran Juez con los malhechores.[8]

El descubrimiento de los dones espirituales

Si los miembros desean participar con éxito en la misión de la iglesia, deben comprender sus dones. Los dones funcionan como una brújula, dirigiendo al que los posee hacia el servicio y el goce de la vida abundante (Juan 10:10). En la medida como elegimos "no reconocer, desarrollar y ejercer nuestros dones (o simplemente los descuidamos), la iglesia es menos de lo que podría ser. Menos de lo que Dios quería que fuera".[9]

El proceso de descubrimiento de nuestros dones espirituales [10] debiera caracterizarse por los siguientes rasgos:

La preparación espiritual. Los apóstoles oraron con diligencia pidiendo la capacidad de hablar palabras que llevaran a los pecadores a Jesús. Eliminaron las diferencias y el deseo de la supremacía, que se habían interpuesto entre ellos. La confesión del pecado y el arrepentimiento los hizo entrar en una relación estrecha con Cristo. Los que aceptan a Cristo hoy necesitan una experiencia similar en preparación para el bautismo del Espíritu Santo.

El bautismo del Espíritu no es un acontecimiento único; podemos experimentarlo diariamente.[11] Necesitamos rogar al Señor que nos conceda ese bautismo, porque le imparte a la iglesia poder para testificar y proclamar el evangelio. Para hacer esto, debemos entregar continuamente nuestras vidas a Dios, permanecer enteramente en Cristo, y pedirle sabiduría para descubrir nuestros dones (Sant. 1:5).

El estudio de las Escrituras. Si estudiamos con oración lo que el Nuevo Testamento enseña acerca de los dones espirituales, le permitiremos al Espíritu Santo impresionar nuestras mentes con el ministerio específico que tiene para nosotros. Es importante que creamos que Dios nos ha concedido por lo menos un don para ser usado en su servicio.

Abiertos a la conducción providencial. No debemos usar nosotros al Espíritu, sino que él debe usarnos, ya que es Dios quien obra en su pueblo "así el querer como el hacer, por su buena voluntad" (Fil. 2:13). Es un privilegio estar dispuestos a trabajar en cualquier línea de servicio que la providencia de Dios presente. Debemos darle a Dios la oportunidad de obrar a través de otros para solicitar nuestra ayuda. De este modo debiéramos estar listos para responder a las necesidades de la iglesia donde quiera que éstas se presenten. No debiéramos tener temor de probar cosas nuevas, pero al mismo tiempo debemos sentirnos libres de informar acerca de nuestros talentos y experiencias a los que piden nuestra ayuda.

Confirmación proveniente del cuerpo. Por cuanto Dios concede estos dones para edificar su iglesia, podemos esperar que la confirmación final de nuestros dones surja del juicio del cuerpo de Cristo, y no de nuestros propios sentimientos. A menudo es más difícil reconocer los dones propios que los de otros. No sólo debemos estar dispuestos a escuchar lo que otros nos digan acerca de nuestros dones, sino también es importante que reconozcamos y confirmemos los dones de Dios en los demás.

Nada genera mayor entusiasmo ni sentimiento de logro, que saber que estamos ocupando la posición del ministerio o del servicio que la Providencia había dispuesto para nosotros. ¡Cuán grande es la bendición que recibimos al emplear en el servicio de Dios el don especial que Cristo nos ha concedido por medio del Espíritu Santo! Cristo anhela compartir con nosotros sus dones de gracia. Hoy podemos aceptar su invitación y descubrir lo que pueden hacer sus dones en una vida llena del Espíritu.

Referencias

1. Véase por ejemplo, White, *Palabras de vida del gran Maestro*, págs. 262, 263. No siempre podemos distinguir fácilmente entre lo que es sobrenatural, lo que es heredado y nuestras capacidades adquiridas. En los individuos que se hallan bajo el control del Espíritu, estas capacidades con frecuencia se entremezclan armoniosamente.
2. Véase Richard Hammill, "Spiritual Gifts in the Church Today" [Dones espirituales en la iglesia de hoy], *Ministry*, julio de 1982, págs. 15, 16.
3. En el sentido más amplio, el amor es un don de Dios, puesto que todas las buenas cosas vienen de él (Juan 1:17). Es el fruto del Espíritu (Gal. 5:22), pero no constituye un don espiritual en el sentido de que el Espíritu Santo lo ha distribuido a algunos creyentes y no a otros. A todos se nos dice: "Seguid el amor" (1 Cor. 14:1).
4. *SDA Bible Commentary*, ed. rev., tomo 6, pág. 778.
5. White, "Appeals for Our Missions" [Llamados a favor de nuestras misiones] en *Historical Sketches of the Foreign Missions of the Seventh-day Adventists* [Bosquejos históricos de las misiones extranjeras de los Adventistas del Séptimo Día] (Basilea, Suiza: Imprimerie Polyglotte, 1886), pág. 291. Véase también Rex D. Edwards, *A New Frontier—Every Believer a Minister* [Una nueva frontera: cada creyente un ministro] (Mountain View, CA: Pacific Press, 1979), págs. 58-73.
6. Véase J. David Newman, "Seminar in Spiritual Gifts" [Seminario acerca de dones espirituales], Manuscrito inédito, pág. 3.
7. Acerca de la gravedad de esta condición, véase White, "Home Discipline" [La disciplina en el hogar], *Review and Herald*, 13 de junio de 1882, pág. [1].
8. *Comentario bíblico adventista*, tomo 5, pág. 499.
9. Don Jacobsen, "What Spiritual Gifts Mean to Me" [Lo que significan para mí los dones espirituales], *Adventist Review*, 25 de dic. de 1986, pág. 12.
10. Véase Roy C. Naden, *Discovering your Spiritual Gifts* [Cómo descubrir sus dones espirituales] (Berrien Springs, MI: Institute of Church Ministry, 1982); Mark A. Finley, *The Way to Adventist Church Growth* [El camino al crecimiento de la Iglesia Adventista] (Siloam Springs, AR: Concerned Communications, 1982); C. Peter Wagner, *Your Spiritual Gifts Can Help Your Church Grow* [Sus dones espirituales pueden ayudar al crecimiento de su iglesia] (Glendale, CA: Regal Books, 1979).
11. Véase White, *Los hechos de los apóstoles*, pág. 42; White, *Consejos para los maestros* (Mountain View, CA: Pacific Press), pág. 124.

LOS ADVENTISTAS DEL SÉPTIMO DÍA CREEN EN...

18

El Don de Profecía

Uno de los dones del Espíritu Santo es el de profecía. Este don es una de las características de la iglesia remanente y se manifestó en el ministerio de Elena G. de White. Como mensajera del Señor, sus escritos son una permanente y autorizada fuente de verdad, y proveen consuelo, dirección, instrucción y corrección a la iglesia. También establecen con claridad que la Biblia es la norma por la cual deben ser evaluadas todas las enseñanzas y toda experiencia.

JOSAFAT, REY DE JUDÁ, SE HALLABA MUY PREOCUPADO. Las tropas enemigas se acercaban y la situación parecía desesperante. "Entonces... Josafat humilló su rostro para consultar a Jehová, e hizo pregonar ayuno a todo Judá" (2 Crón. 20:3). El pueblo acudió al templo para rogar a Dios que tuviera misericordia de ellos y los librase de sus enemigos.

Mientras Josafat dirigía el servicio de oración, le rogó a Dios que cambiara las circunstancias. El rey oró, diciendo: "¿No eres tú Dios en los cielos, y tienes dominio sobre todos los reinos de las naciones? ¿No está en tu mano tal fuerza y poder, que no hay quién te resista?" (vers. 6). ¿No había Dios protegido especialmente a los suyos en el pasado? ¿No había entregado esa tierra a su pueblo escogido? De modo que Josafat rogó: "¡Oh Dios nuestro! ¿No los juzgarás tú? Porque en nosotros no hay fuerza... no sabemos qué hacer, y a ti volvemos nuestros ojos" (vers. 12).

Mientras todo Judá permanecía en pie delante del Señor, un varón llamado Jahaziel se levantó. Su mensaje trajo valor y dirección al pueblo temeroso. Dijo así: "No temáis... porque no es vuestra la guerra, sino de Dios...no habrá para que peleéis vosotros en este caso; paraos, estad quieto, y ved la salvación de Jehová... porque Jehová estará con vosotros" (vers. 15-17). En la mañana, el rey Josafat arengó a sus tropas, diciéndoles: "Creed en Jehová vuestro Dios, y estaréis seguros; *creed a sus profetas, y seréis prosperados*" (vers. 20).[1]

Tan plenamente creyó el rey a la palabra de ese profeta desconocido, Jahaziel, que reemplazó sus tropas de choque con un coro que cantaba alabanzas al Señor, y expresaba la belleza de la santidad. Mientras los cánticos de fe llenaban los aires, el Señor obraba produciendo confusión entre los ejércitos que se habían aliado contra Judá. La matanza fue tan grande que "ninguno había escapado" (vers. 24).

Jahaziel fue el instrumento que Dios usó con el fin de enviar un mensaje para ese momento especial.

Los profetas desempeñaron un papel vital tanto en los tiempos del Antiguo como en los del Nuevo Testamento. Pero, ¿cesaría el don de profecía una vez que se cerrara el canon bíblico? Para descubrir la respuesta, repasemos la historia profética.

El don profético en los tiempos bíblicos

Si bien el pecado terminó la comunicación cara a cara entre Dios y los seres humanos (Isa. 59:2), Dios no por eso terminó su intimidad con los seres humanos; en vez de ello, desarrolló otras formas de comunicarse. Comenzó a enviar sus mensajes de ánimo, amonestación y reproche a través de los profetas.[2]

En las Escrituras, un profeta es "uno que recibe comunicaciones de Dios y transmite sus intenciones a su pueblo".[3] Los profetas no profetizaron por su propia iniciativa, "porque nunca la profecía fue traída por voluntad humana, sino que los santos hombres de Dios hablaron siendo inspirados por el Espíritu Santo" (2 Ped. 1:21).

En el Antiguo Testamento, la palabra *profeta* es generalmente una traducción del término hebreo *nabi*. Su significado se expresa en Éxodo 7:1, 2: "Jehová dijo a Moisés: mira, yo te he constituido Dios para Faraón, y tu hermano Aarón será tu profeta [*nabi*]. Tu dirás todas las cosas que yo te mande y Aarón tu hermano hablará a Faraón". La relación entre Moisés y el Faraón era como la que existe entre Dios y su pueblo. Así como Aarón comunicaba las palabras de Moisés a Faraón, del mismo modo el profeta comunicaba las palabras de Dios al pueblo. El término *profeta*, entonces, designa un mensajero de Dios divinamente escogido. El equivalente griego del término hebreo *nabi* es *prophetes*, del cual se deriva la palabra profeta.

"Vidente", que es una traducción del hebreo *roeh* (Isa. 30:10) o *chozeh* (2 Sam. 24:11; 2 Re. 17:13) es otra manera de designar a las personas que tienen el don profético. Los términos *profeta* y *vidente* se hallan íntimamente relacionados. La Escritura lo explica así: "Antiguamente en Israel cualquiera que iba a consultar a

Dios, decía así: 'Venid y vamos al vidente'; porque al que hoy se llama profeta, entonces se le llamaba vidente" (1 Sam. 9:9). La designación *vidente* hacía énfasis en la *recepción* de un mensaje divino por parte del profeta. Dios abría a los "ojos" o a la mente de los profetas la información que él deseaba que éstos transmitieran a su pueblo.

A través de los años, Dios ha dado revelaciones de su voluntad para su pueblo por medio de individuos en los cuales se manifestó el don de profecía. "Porque no hará nada Jehová el Señor, sin que revele su secreto a sus siervos los profetas" (Amós 3:7; compárese con Heb. 1:1).

Las funciones del don profético en el Nuevo Testamento. El Nuevo Testamento le concede a la profecía un lugar prominente entre los dones del Espíritu Santo, en una ocasión colocándolo en primer lugar entre los ministerios más útiles para la iglesia, y en dos ocasiones en segundo término (véase Rom. 12:6; 1 Cor. 12:28; Efe. 4:11). Anima a los creyentes a desear especialmente este don (1 Cor. 14:1, 39).

El Nuevo Testamento sugiere que los profetas cumplían las siguientes funciones:[4]

1. *Ayudaban a fundar la iglesia.* La iglesia ha sido edificada sobre el fundamento de los apóstoles y profetas, "siendo la principal piedra del ángulo Jesucristo mismo" (Efe. 2:20, 21).

2. *Los profetas iniciaron el esfuerzo misionero de la iglesia.* Fue por medio de profetas cómo el Espíritu seleccionó a Pablo y a Bernabé para su primer viaje misionero (Hech. 13:1, 2), y proveyó dirección en cuanto a dónde debían trabajar los misioneros (Hech. 16:6-10).

3. *Edificaban la iglesia.* "El que profetiza —declaró Pablo—, edifica a la iglesia". Las profecías son dadas a los hombres "para edificación, exhortación y consolación" (1 Cor. 14:3, 4). Junto con otros dones, Dios le concedió a la iglesia el de profecía, con el fin de preparar a los creyentes "para la obra del ministerio, para la edificación del cuerpo de Cristo" (Efe. 4:12).

4. *Unieron a la iglesia y la protegieron.* Los profetas ayudaron a producir "la unidad de la fe", y protegieron a la iglesia contra las falsas doctrinas, de modo que los creyentes ya no fuesen "niños fluctuantes, llevados por doquiera de todo viento de doctrina, por estratagema de hombres que para engañar emplean con astucia las artimañas del error" (Efe. 4:13, 14).

5. *Amonestaban acerca de dificultades futuras.* Cierto profeta del Nuevo Testamento dio aviso de que se acercaba una época de hambre. En respuesta, la iglesia comenzó un programa de asistencia para los que sufrieron a causa de esa hambruna (Hech. 11:27-30). Otros profetas advirtieron a Pablo acerca de su arresto y prisión en Jerusalén (Hech. 20:23; 21:4, 10-14).

6. *Confirmaron la fe en épocas de controversia.* En ocasión del primer concilio de la iglesia, el Espíritu Santo guió las deliberaciones hasta que se obtuvo una decisión acerca de un tema controvertido que tenía que ver con la salvación de los cristianos gentiles. Luego, y por medio de ciertos profetas, el Espíritu confirmó a los creyentes en la verdadera doctrina. Una vez que la congregación hubo escuchado la decisión del concilio, "Judas y Silas, como ellos también eran profetas, consolaron y confirmaron a los hermanos con abundancia de palabras" (Hech. 15:32).

El don profético en los últimos días

Muchos cristianos creen que el don de profecía cesó al fin de la era apostólica. Pero la Biblia revela la necesidad especial que tendría la iglesia de obtener conducción divina durante la crisis del tiempo del fin. Testifica acerca de una necesidad continuada del don profético —y también de una provisión continuada— después de los tiempos del Nuevo Testamento.

Continuación de los dones espirituales. No hay evidencia bíblica acerca de que Dios quitaría los dones espirituales que le concedió a la iglesia antes de que estos hubiesen completado su propósito, el cual, según Pablo, consistía en llevar a la iglesia "a la unidad de la fe y del conocimiento del Hijo de Dios, a un varón perfecto, a la medida de la estatura de la plenitud de Cristo" (Efe. 4:13). Por cuanto la iglesia aún no ha logrado esta experiencia, todavía necesita todos los dones del Espíritu. Estos dones, incluyendo el don de profecía, continuarán en operación para el beneficio del pueblo de Dios hasta que Cristo vuelva. En consecuencia, Pablo amonesta a los creyentes, diciendo: "No apaguéis al Espíritu. No menospreciéis las profecías" (1 Tes. 5:19, 20), y aconsejó: "Procurad los dones espirituales, pero sobre todo que profeticéis" (1 Cor. 14:1).

Estos dones no siempre se han manifestado con abundancia en la iglesia cristiana.[5] Tras la muerte de los apóstoles, los profetas gozaron de respetabilidad en numerosos círculos hasta el año 300 d.C.[6] Pero la disminución de la espiritualidad en la iglesia, y la apostasía resultante (véase el capítulo 13 de esta obra), provocó una disminución, tanto de la presencia como de los dones del Espíritu Santo. Al mismo tiempo, los falsos profetas provocaron falta de confianza en el don de profecía.[7]

La disminución del don profético durante ciertos períodos de la historia de la iglesia no significa que Dios hubiese eliminado el don en forma permanente. La Biblia indica que, cuando se acerque el fin, este don estará presente para ayudar a la iglesia a través de esos tiempos difíciles. Más aún, describe una actividad todavía mayor de este don.

El don profético justo antes de la segunda venida. Dios le concedió a Juan el Bautista el don de profecía con el fin de que anunciara la primera venida de Cristo. En forma similar, es lógico esperar que él envíe nuevamente el don de profecía para proclamar el segundo advenimiento, de modo que todos tengan la oportunidad de prepararse para encontrarse con el Salvador.

De hecho, Cristo menciona el surgimiento de falsos profetas como una de las señales de que su venida está cercana (Mat. 24:11, 24). Si no hubiera verdaderos profetas durante el tiempo del fin, Cristo nos habría amonestado contra cualquiera que pretendiera poseer dicho don. Pero el hecho de habernos amonestado contra los falsos profetas, implica que también los habría verdaderos.

El profeta Joel predijo un derramamiento especial del don profético poco antes de la segunda venida de Cristo: "Y después de esto derramaré mi Espíritu sobre toda carne, y profetizarán vuestros hijos y vuestras hijas; vuestros ancianos soñaran sueños, y vuestros jóvenes verán visiones. Y también sobre los siervos y sobre las siervas derramaré mi Espíritu en aquellos días. Y daré prodigios en el cielo y en la tierra, sangre, y columnas de humo. El sol se convertirá en tinieblas, y la luna en sangre, antes que venga el día grande y espantoso de Jehová" (Joel 2:28-31).

El primer Pentecostés fue testigo de una asombrosa manifestación del Espíritu. Pedro, al citar la profecía de Joel, señaló que Dios había prometido tales bendiciones (Hech. 2:2-21). Sin embargo, podemos preguntarnos si la profecía de Joel alcanzó su máximo cumplimiento en el Pentecostés, o si todavía habrá de venir un cumplimiento mayor y más completo. No tenemos evidencias de que los fenómenos referentes al sol y a la luna a los que se refirió Joel hayan precedido o seguido al primer derramamiento del Espíritu. Dichos fenómenos no ocurrieron sino hasta muchos siglos más tarde (véase el capítulo 25 de esta obra).

El Pentecostés, entonces, constituyó una primicia de la plena manifestación del Espíritu antes de la segunda venida. A semejanza de la lluvia temprana de Palestina, que caía en el otoño, poco después de la siembra, el derramamiento del Espíritu Santo en el Pentecostés inauguró la dispensación del Espíritu. El cumplimiento final y completo de la profecía de Joel corresponde a la lluvia tardía, la cual, cayendo en la primavera, maduraba la cosecha (Joel 2:23). Del mismo modo, el derramamiento final del Espíritu de Dios tendrá lugar justo antes de la segunda venida, después que sucedan las señales predichas en el sol, la luna y las estrellas (véase

Mat. 24:29; Apoc. 6:12-17; Joel 2:31). A la manera de la lluvia tardía, este derramamiento final del Espíritu madurará la cosecha de la tierra (Mat. 13:30, 39), y "todo aquel que invocare el nombre de Jehová será salvo" (Joel 2:32).

El don profético en la iglesia remanente. El capítulo 12 del Apocalipsis revela dos períodos principales de persecución. Durante el primero, que se extendió desde el año 538 al 1798 de nuestra era (Apoc. 12:6, 14; véase el capítulo 13 de esta obra), los creyentes fieles sufrieron intensa persecución. Una vez más, justo antes de la segunda venida, Satanás hará guerra "contra el resto de la descendencia de ella", la iglesia remanente que rehúsa abandonar su fidelidad a Cristo. El Apocalipsis caracteriza a los creyentes leales que forman el remanente como "los que guardan los mandamientos de Dios y tienen el testimonio de Jesucristo" (Apoc. 12:17).

De las conversaciones posteriores que tuvieron el ángel y Juan, se desprende con claridad el hecho de que la frase "el testimonio de Jesús" se refiere a la revelación profética.[8]

Hacia el fin del libro, el ángel se identifica ante Juan como "consiervo tuyo, y de tus hermanos que retienen el testimonio de Jesús" (Apoc. 19:10) y "consiervo tuyo" y "de tus hermanos los profetas" (Apoc. 22:9). Estas expresiones paralelas dejan en claro que son los profetas los que tienen "el testimonio de Jesús".[9] Esto explica la declaración del ángel, en cuanto a que "el testimonio de Jesús es el espíritu de profecía" (Apoc. 19:10).

En un comentario relativo a este texto, James Moffat escribió: "El testimonio de (es decir, llevado por) Jesús es (es decir, constituye) el espíritu de profecía. Esto... define especialmente el que los hermanos que guardan el testimonio de Jesús son poseedores de la inspiración profética. El testimonio de Jesús es prácticamente equivalente a un acto de testificación de Jesús (xxii. 20). Es la autorevelación de Jesús (según [Apoc. 1:1], la cual se debe en último término a Dios) lo que mueve a los profetas cristianos".[10]

De modo que la expresión *espíritu de profecía* puede referirse (1) al Espíritu Santo que inspira al profeta con una revelación de Dios; (2) a la operación del don de profecía, y (3) al medio mismo de la profecía.

El don profético, el testimonio de Jesús "a la iglesia por medio de la profecía",[11] abarca una característica distintiva de la iglesia remanente. Jeremías vinculó la desaparición de este don con la ilegalidad. "Su rey y sus príncipes están... donde no hay ley; sus profetas tampoco hallaron visión de Jehová" (Lam. 2:9). El Apocalipsis identifica la posesión de ambas cosas como características distintivas de la iglesia de los últimos días; sus miembros "guardan los mandamientos de Dios y tienen el testimonio de Jesucristo", el don de profecía (Apoc. 12:17).

Dios le impartió el don de profecía a la "iglesia" del éxodo con el fin de organizar, instruir y guiar a su pueblo (Hech. 7:38). "Por un profeta Jehová hizo subir a Israel de Egipto, y por un profeta fue guardado" (Ose. 12:13). Por lo tanto, no causa sorpresa descubrir la existencia de ese don entre los que participan del éxodo final, es decir, el escape desde el planeta Tierra, contaminado por el pecado, a la Canaán celestial. Este éxodo, que seguirá a la segunda venida, constituye el cumplimiento final y completo de Isa. 11:11: "Acontecerá en aquel tiempo, que Jehová alzará otra vez su mano para recobrar el remanente de su pueblo que aún quede."

Ayuda en la crisis final. Las Escrituras revelan que el pueblo de Dios que viva en los últimos días de la historia del mundo, experimentará en toda su plenitud la ira del dragón satánico, el cual hará un esfuerzo final por destruirlos (Apoc. 12:17). Ése será "tiempo de angustia, cual nunca fue desde que hubo gente hasta entonces" (Dan. 12:1). Con el fin de ayudar a su pueblo a sobrevivir en este conflicto, el más intenso de todas las edades, Dios en su amor y bondad le dio a su pueblo la seguridad de que no estarían solos. El testimonio de Jesús, el espíritu de profecía, los guiaría por caminos seguros hasta su objetivo final, la unificación con su Salvador en la segunda venida.

La siguiente ilustración explica la relación que existe entre la Biblia y las manifestaciones postbíblicas del don profético: "Supongamos que estamos por comenzar un viaje. El dueño del barco nos entrega un libro con direcciones, diciéndonos que contiene suficientes instrucciones para todo nuestro viaje, y que si les hacemos caso, llegaremos seguros a nuestro destino. Al comenzar la navegación, abrimos nuestro libro para saber qué dice. Hallamos en él que su autor ha dejado establecidos principios generales que deben gobernarnos en nuestro viaje, y que nos instruye tanto como sea practicable, juzgando las diversas contingencias que pueden surgir hasta el fin; pero también nos dice que la última parte de nuestra jornada será especialmente peligrosa; que los rasgos de la costa continuamente están cambiando debido a las tempestades y la presencia de arenas movedizas; 'pero para esta parte del viaje —dice el dueño–, he provisto un piloto, el cual se encontrará con ustedes y les dará las instrucciones que requieran las circunstancias y los peligros del momento; escúchenlo y obedézcanlo'. Siguiendo estas instrucciones, llegamos a la época peligrosa especificada, y cumpliendo la promesa, el piloto aparece. Pero algunos de los viajeros, al ver que ofrece sus servicios, se levantan contra él. 'Tenemos el libro de instrucciones original —afirman—, y eso basta para nosotros. Nos afirmamos en él, y sólo en él; no queremos tener nada que ver con usted'. Ahora bien ¿Quiénes están de acuerdo con las instrucciones originales del libro? ¿Los que rechazan al piloto, o los que lo reciben, tal como el libro les manda hacer? Juzgadlo vosotros".[12]

Los profetas postbíblicos y la Biblia

El don profético produjo la Biblia. En la época postbíblica, este don no puede reemplazar la Escritura ni añadirle nada, porque el canon bíblico se halla ahora cerrado.

El don profético funciona en el tiempo del fin de manera muy semejante a como lo hizo en el tiempo de los apóstoles. Su fin es exaltar la Biblia como la base de la fe y la práctica, explicar sus enseñanzas y aplicar sus principios a la vida diaria. Se halla implicado en el establecimiento y la edificación de la iglesia, permitiéndole cumplir su misión divinamente señalada. El don profético reprueba, amonesta, guía y anima tanto a los individuos como a la iglesia, protegiéndolos de la herejía y unificándolos en torno a las verdades bíblicas.

Los profetas postbíblicos tienen la misma función que los profetas bíblicos, como Natán, Gad, Asaf, Semaías, Azarías, Eliezer, Ahías, Obed, Miriam, Débora, Hulda, Simeón, Juan el Bautista, Agabo, Silas, Ana, y las cuatro hijas de Felipe, quienes vivieron en tiempos bíblicos, pero cuyos testimonios nunca llegaron a formar parte de la Biblia. El mismo Dios que habló a través de los profetas cuyos escritos están en la Biblia, inspiró a esos profetas y profetisas. Sus mensajes no contradijeron la revelación divina previamente registrada.

Cómo probar el don profético. Por cuanto la Biblia advierte que antes del retorno de Cristo surgirán falsos profetas, debemos investigar cuidadosamente toda pretensión de poseer el don profético. "No menospreciéis las profecías —aconseja Pablo—. Examinadlo todo; retened lo bueno. Absteneos de toda especie de mal" (1 Tes. 5:20-22; véase también 1 Juan 4:1).

La Biblia especifica varios principios por medio de los cuales podemos distinguir el don profético genuino del espurio.

1.*¿Está de acuerdo el mensaje con la Biblia?* "¡A la ley y al testimonio! Si no dijeren conforme a esto, es porque no les ha amanecido" (Isa. 8:20). Este texto implica que los mensajes de cualquier profeta deben hallarse en armonía con la ley de Dios y con su testimonio revelado en toda la Biblia. Un profeta posterior no debe contradecir a los profetas anteriores a él. El Espíritu Santo nunca contradice su testimonio previamente concedido, porque en Dios "no hay mudanza, ni sombra de variación" (Sant. 1:17).

2. *¿Suceden las predicciones?* "¿Cómo conoceremos la palabra que Jehová no ha hablado? Si el profeta hablare en nombre de Jehová, y no se cumpliere lo que dijo, ni aconteciere, es palabra que Jehová no ha hablado; con presunción la habló el tal profeta; no tengas temor de él" (Deut. 18:21, 22; compárese con Jer. 28:9). Si

bien las predicciones pueden comprender una porción comparativamente pequeña del mensaje profético, su exactitud debe demostrarse.

3. *¿Se reconoce la encarnación de Cristo?* "En esto conoced el Espíritu de Dios: todo espíritu que confiesa que Jesucristo ha venido en carne, es de Dios; y todo espíritu que no confiesa que Jesucristo ha venido en carne, no es de Dios" (1 Juan 4:2, 3). Esta prueba requiere más que un simple reconocimiento de que Jesús vivió en este mundo. El verdadero profeta debe confesar la enseñanza bíblica relativa a la encarnación de Cristo: debe creer en su divinidad y preexistencia, su nacimiento virginal, su verdadera humanidad, vida sin pecado, sacrificio expiatorio, resurrección, ascensión, ministerio intercesor y segunda venida.

4. *¿Lleva el profeta "fruto" bueno o malo?* La profecía llega hasta los creyentes cuando el Espíritu Santo inspira a los "santos hombres de Dios" (2 Ped. 1:21). Podemos discernir a los falsos profetas por sus frutos. "No puede el buen árbol dar malos frutos —declaró Jesús—, ni el árbol malo dar frutos buenos. Todo árbol que no da buen fruto, es cortado y echado en el fuego. Así que, por sus frutos los conoceréis" (Mat. 7:16, 18-20).

Este consejo es crucial en la evaluación de las pretensiones de un profeta. Se refiere en primer lugar a la vida del profeta. No significa que el profeta debe ser absolutamente perfecto; después de todo, la misma Escritura dice que Elías era un hombre "sujeto a pasiones semejantes a las nuestras" (Sant. 5:17). Pero la vida del profeta debe estar caracterizada por el fruto del Espíritu y no por las obras de la carne (véase Gal. 5:19-23).

En segundo lugar, este principio se refiere a la influencia que el profeta ejerce sobre otros. ¿Qué resultados se ponen en evidencia en las vidas de los que aceptan los mensajes? Dichos mensajes, ¿capacitan al pueblo de Dios para cumplir su misión y lo unifican en su fe? (Efe. 4:12-16).

Cualquier persona que pretenda poseer el don profético debe estar sujeta a estas pruebas bíblicas. Si demuestra estar a la altura de estos principios, podemos tener confianza en que verdaderamente el Espíritu Santo le ha concedido el don de profecía a dicho individuo.

El Espíritu de Profecía en la Iglesia Adventista del Séptimo Día

El don de profecía se manifestó en el ministerio de Elena G. de White, quien fue uno de los fundadores de la Iglesia Adventista del Séptimo Día. Su obra ha provisto instrucciones inspiradas para el pueblo de Dios que vive durante el tiempo del fin. El mundo a principios del siglo XIX, época en que Elena G. de White comenzó a recibir los mensajes de Dios, era un mundo varonil. Su llamado profético la colocó bajo severo escrutinio. Tras haber pasado con éxito las pruebas bíblicas, continuó ministrando por medio de su don espiritual durante setenta años. Desde 1844, cuando tenía 17 años, hasta 1915 —el año de su muerte— tuvo más de 2.000 visiones. Durante ese tiempo vivió y trabajó en los Estados Unidos, Europa y Australia, aconsejando, estableciendo obra nueva, predicando y escribiendo.

Elena de White nunca asumió el título de profetisa, pero no objetó cuando otros se lo aplicaron. Explicó su concepto de sí misma en las siguientes palabras: "Temprano en mi juventud, se me preguntó en diferentes ocasiones: ¿Es usted una profetisa? Siempre he respondido: Soy la mensajera del Señor. Sé que muchos me han llamado profetisa, pero yo no he pretendido ese título... ¿Porque no he pretendido ser profetisa? Porque en estos días muchos que pretenden atrevidamente ser profetas, son un reproche a la causa de Cristo; y porque mi obra incluye mucho más de lo que significa la palabra profeta... Pretender ser una profetisa es algo que nunca he hecho. Si otros me llaman por ese nombre, no tengo ninguna controversia con ellos. Pero mi obra ha cubierto tantas líneas diferentes, que no puedo considerarme otra cosa que una mensajera".[13]

La aplicación de las pruebas proféticas. ¿Cómo se compara el ministerio de Elena de White con las pruebas bíblicas de un profeta?

1. *Concuerda con la Biblia.* Su abundante producción literaria incluye decenas de millares de textos bíblicos, a menudo acompañados de exposiciones detalladas. El estudio cuidadoso ha demostrado que sus escritos son consecuentes, exactos, y se hallan en completo acuerdo con las Escrituras.

2. *La exactitud de las predicciones.* Los escritos de Elena de White contienen un número relativamente pequeño de predicciones. Algunas están en proceso de cumplirse, mientras que otras todavía esperan su cumplimiento. Pero las que pueden ser probadas se han cumplido con exactitud asombrosa. Los dos ejemplos que siguen demuestran el alcance de su visión profética.

(a). *El surgimiento del espiritismo moderno.* En 1850, cuando el espiritismo —el movimiento que pretende establecer comunicación con el mundo de los espíritus y de los muertos— acababa de surgir, Elena de White lo identificó como uno de los engaños de los últimos días, y predijo su crecimiento. A pesar de que en ese tiempo el movimiento era decididamente anticristiano, la Sra. de White previó que esta hostilidad cambiaría, y que se haría respetable entre los cristianos.[14] Desde esa época, el espiritismo se ha esparcido por todo el mundo, adquiriendo millones de adherentes. Su posición anticristiana ha cambiado. De hecho, muchos se llaman a sí mismos espiritistas cristianos, pretendiendo que poseen la verdadera fe cristiana, y que "los espiritistas son los únicos practicantes de la religión que han usado los dones que Cristo prometió, por los cuales sanan a los enfermos y demuestran una existencia futura consciente y progresiva".[15] Hasta llegan a aseverar que el espiritismo "provee el conocimiento de todos los grandes sistemas de religión, y aun más, imparte más conocimiento de la Biblia cristiana que todos los comentarios combinados. La Biblia es un libro de espiritismo".[16]

(b). *Estrecha cooperación entre protestantes y católicos.* Durante la vida de Elena de White existía entre los protestantes y los católicos un abismo que parecía impedir toda posibilidad de cooperación entre ambos. El anticatolicismo era sumamente popular entre los protestantes. Elena de White predijo que dentro del protestantismo sucederían cambios de fondo, los cuales causarían una desviación de la fe de la Reforma. En consecuencia, las diferencias existentes entre los protestantes y los católicos disminuirían, lo cual haría que el abismo que separaba a ambos fuese salvado.[17]

Los años que han transcurrido desde la muerte de esta mujer extraordinaria han visto el surgimiento del movimiento ecuménico, el establecimiento del Concilio Mundial de Iglesias, el Concilio Vaticano II de la Iglesia Católica, y la ignorancia protestante —y hasta el rechazo categórico— de los puntos de vista de la Reforma relativos a interpretación profética.[18] Estos grandes cambios han derribado las barreras que existían entre el protestantismo y el catolicismo, produciendo entre ambos una creciente cooperación.

3. *El reconocimiento de la encarnación de Cristo.* Elena de White escribió extensamente acerca de la vida de Cristo. El papel de Jesús como Señor y Salvador, su sacrificio expiatorio en la cruz y su ministerio actual de intercesión, dominan sus obras literarias. Su libro *El Deseado de todas las gentes* ha sido aclamado como uno de los tratados más espirituales que se hayan escrito acerca de la vida de Cristo; por su parte, *El camino a Cristo*, su libro más ampliamente difundido, ha llevado a millones de personas a establecer una profunda relación con el Salvador.

Sus obras presentan claramente a Cristo como plenamente Dios y plenamente hombre. Sus equilibradas exposiciones están enteramente de acuerdo con el punto de vista bíblico, y evitan cuidadosamente hacer énfasis exagerado en una naturaleza o en la otra, lo cual constituye un problema que ha causado mucha controversia a través de la historia del cristianismo.

El tratamiento general que hace Elena de White acerca del ministerio de Cristo, es práctico. No importa a qué aspecto se refiera, su mayor preocupación es guiar al lector en el establecimiento de una relación más intima con el Salvador.

4. *La influencia de su ministerio.* Ha pasado más de un siglo desde que Elena de White recibiera el don profético. Su iglesia y las vidas de quienes han seguido sus consejos revelan el impacto de su vida y mensajes.

"Aun cuando nunca ocupó un cargo oficial, no era ministro ordenado y no recibió sueldo de la iglesia sino hasta después de la muerte de su esposo, su influencia ayudó a formar la Iglesia Adventista del Séptimo Día más que cualquier otro factor excepto la Santa Biblia".[19] Su influencia motivó a la iglesia a establecer la obra educativa, con escuelas en todos los niveles, la obra médico-misionera, de publicaciones y de evangelización mundial, lo que ha hecho de la Iglesia Adventista una de las organizaciones misioneras protestantes más grandes y de mayor crecimiento.

Su producción literaria comprende más de 80 libros, 200 tratados y folletos, y 4.600 artículos publicados en diversos periódicos. Sus sermones, sus diarios, sus testimonios especiales y cartas comprenden otras 60.000 páginas de material en manuscrito.

El alcance de este material es asombroso. La pericia de Elena de White no se limitaba a unos cuantos campos estrechos. El Señor le dio consejos con respecto a la salud, la educación, la vida familiar, la temperancia, el evangelismo, el ministerio de publicaciones, la alimentación correcta, la obra médica, y muchos otros temas. Es posible que sus escritos en el campo de la salud sean los más asombrosos, debido a la manera como sus postulados, algunos de los cuales fueron presentados más de cien años atrás, han sido verificados por la ciencia moderna.

Sus escritos enfocan a Jesucristo y exaltan los elevados valores éticos y morales de la tradición judío-cristiana.

Aunque muchos de sus escritos están dirigidos a la Iglesia Adventista, grandes porciones de ellos han sido apreciadas por públicos más amplios. Su popular obra *El camino a Cristo* ha sido traducida a más de 100 idiomas, en los cuales se han vendido más de 15 millones de ejemplares. Su obra cumbre es la serie de cinco tomos, *El gran conflicto*, muy bien recibida, en la cual se presentan los detalles de la gran controversia entre Cristo y Satanás, desde el origen del pecado hasta su eliminación del universo.

El impacto que tienen sus obras sobre los individuos que las leen es profunda. Recientemente, el Instituto de Ministerio Eclesiástico de la Universidad de Andrews realizó un estudio comparando la actitud cristiana y la conducta de los adventistas que leen regularmente sus libros, con la de quienes no lo hacen. Los resultados de esta investigación subrayan claramente el impacto que tienen los escritos de Elena de White sobre quienes los leen. El estudio presenta las siguientes conclusiones: "Los lectores mantienen una relación más estrecha con Cristo, están más ciertos de su situación con Dios, y es más común que hayan identificado sus dones espirituales. Están más a favor de hacer gastos para evangelismo público, y contribuyen con mayores cantidades a los proyectos misioneros locales. Se sienten más preparados para testificar, y en la práctica participan más en diversos programas de testificación y proyección misionera. Entre ellos es más común el estudio diario de la Biblia, la oración por individuos específicos, el reunirse en grupos de estudio y testificación, y celebrar el culto familiar cotidiano. Ven a su iglesia en una luz más positiva. Son responsables de un mayor número de conversiones".[20]

El espíritu de profecía y la Biblia. Los escritos de Elena de White no constituyen un sustituto de la Escritura. No pueden ser colocados en el mismo nivel. Las sagradas Escrituras están colocadas en un nivel que les pertenece sólo a ellas, la única regla por la cual sus escritos —y todos los demás— deben ser juzgados, y a la cual deben hallarse sujetos.

1. *La Biblia es la regla suprema.* Los adventistas del séptimo día apoyan plenamente el principio de la Reforma, conocido como *sola scriptura*, según el cual la Biblia es su propio intérprete, y la Biblia sola es la base de todas las doctrinas. Los fundadores de la iglesia no recibieron las doctrinas a través de las visiones de Elena de White, sino que desarrollaron sus creencias fundamentales a partir de su estudio de la Biblia. El papel más importante que desempeñó Elena de White durante el desarrollo de las posiciones doctrinales de los pioneros, fue guiarlos en la comprensión de la Biblia y confirmar las conclusiones a las cuales ellos llegaban en su estudio de la Palabra de Dios.[21]

La misma Sra. de White creía y enseñaba que la Biblia es la norma suprema de la iglesia. En su primer libro, publicado en 1851, decía: "Recomiendo al amable lector la Palabra de Dios como regla de fe y práctica. Por esa Palabra hemos de ser juzgados".[22] Nunca modificó esta opinión. Muchos años más tarde, escribió: "En su Palabra, Dios comunicó a los hombres el conocimiento necesario para la salvación. Las Santas Escrituras deben ser aceptadas como dotadas de autoridad absoluta y como revelación infalible de su voluntad. Constituyen la regla del carácter; nos revelan doctrinas, y son la piedra de toque de la experiencia religiosa".[23] En 1909, durante su último discurso ante una sesión general de la iglesia, abrió la Biblia, la levantó ante la congregación, y dijo: "Hermanos y hermanas, os recomiendo este Libro".[24]

En respuesta a los creyentes que consideraban que sus escritos constituían una añadidura a la Biblia, escribió: "Tomé la preciosa Biblia, y la rodeé con los varios *Testimonios para la iglesia*, dados para el pueblo de Dios... No estáis familiarizados con las Escrituras. Si os hubieseis dedicado a estudiar la Palabra de Dios, con un deseo de alcanzar la norma de la Biblia y la perfección cristiana, no habríais necesitado los *Testimonios*. Es porque habéis descuidado el familiarizaros con el Libro inspirado de Dios por lo que él ha tratado de alcanzaros mediante testimonios sencillos y directos, llamando vuestra atención a las palabras de la inspiración que habéis descuidado de obedecer, e invitándoos a amoldar vuestra vida de acuerdo con sus enseñanzas puras y elevadas".[25]

2. *Conducen a la Biblia*. Elena de White consideraba que su obra consistía en llevar al pueblo de vuelta a la Biblia. "Poco caso se le hace a la Biblia", declaró, y por lo tanto "el Señor ha provisto una luz menor para guiar a los hombres y mujeres a la luz mayor".[26] "La Palabra de Dios basta para iluminar la mente más obscurecida —dijo—, y puede ser entendida por los que tienen deseos de comprenderla. Pero no obstante todo eso, algunos que profesan estudiar la Palabra de Dios se encuentran en oposición directa a sus más claras enseñanzas. Entonces, para dejar a hombres y mujeres sin excusa, Dios da testimonios claros y señalados, a fin de hacerlos volver a la Palabra que no han seguido".[27]

3. *Conducen a la comprensión de la Biblia*. Elena de White consideraba que sus obras eran una guía para la comprensión más clara de la Biblia. "No son sacadas a relucir verdades adicionales; sino que Dios ha simplificado por medio de los *Testimonios* las grandes verdades ya dadas, y en la forma de su elección, las ha presentado a la gente, para despertar e impresionar su mente con ellas, a fin de que todos queden sin excusa... Los testimonios escritos no son dados para proporcionar nueva luz, sino para impresionar vívidamente en el corazón las verdades de la inspiración ya reveladas".[28]

4. *Conduce a la aplicación de los principios bíblicos*. Gran parte de sus escritos están dedicados a la aplicación de los consejos bíblicos a la vida diaria. Elena de White declaró que le "fue ordenado que presentara principios generales, al hablar y escribir, y al mismo tiempo especificara los peligros, errores y pecados de algunas personas, para que todos pudiesen ser amonestados, reprendidos y aconsejados".[29] Cristo le prometió a su iglesia esta conducción profética. Elena de White hace notar: "La circunstancia de haber revelado Dios su voluntad a los hombres por su Palabra, no anuló la necesidad que tienen ellos de la continua presencia y dirección del Espíritu Santo. Por el contrario, el Salvador prometió

que el Espíritu facilitaría a sus siervos la inteligencia de la Palabra; que iluminaría y daría aplicación a sus enseñanzas".[30]

Un desafío para el creyente. La profecía del Apocalipsis, según la cual el "testimonio de Jesús" se manifestaría por medio del "espíritu de profecía" en los últimos días de la historia del mundo, constituye un desafío a cada uno de no adoptar una actitud de indiferencia o incredulidad sino obedecer el mandato que dice: "Examinadlo todo; retened lo bueno". Hay mucho que ganar o que perder, dependiendo de si realizamos o no esta investigación bíblicamente requerida. Josafat dijo: "Creed en Jehová vuestro Dios y estaréis seguros; creed a sus profetas, y seréis prosperados" (2 Crón. 20:20). Estas palabras son tan verdaderas hoy como cuando fueron pronunciadas.

Referencias

1. La cursiva ha sido añadida
2. Como ejemplos bíblicos de profetisas, véase Éxo. 15:20; Jue. 4:4; 2 Re. 22:14; Luc. 2:36; Hech. 21:9.
3. Frank B. Holbrook, "The Biblical Basis for a Modern Prophet" [La base bíblica de un profeta moderno], pág. 1 (documento de estantería, Ellen G. White Estate Inc., Asociación General de los Adventistas del Séptimo Día, 6840 Eastern Ave. NW, Washington, D. C. 20012). Compárese con Jemison, *A Prophet Among You* [Un profeta entre vosotros] (Mountain View, CA: Pacific Press, 1955), págs. 52-55.
4. Véase Holbrook, "Modern Prophet", págs. 3-5.
5. Desgraciadamente, no existen registros completos de lo que ocurrió a través de la era Cristiana.
6. Gerhard Friedrich, "Prophets and prophecies in the New Testament" [Profetas y profecias en el Nuevo Testamento] en *Theological Dictionary of the New Testament*, [Diccionario teologico del Nuevo Testamento], tomo 6, pág. 859.
7. Véase Friedrich, págs. 860, 861.
8. La expresión "Testimonio de Jesús" se comprende más claramente como un genitivo subjetivo, y no como un genitivo objetivo. "Hay dos traducciones posibles: a) El testimonio *acerca de* o *concerniente a* (genitivo objetivo), es decir, lo que los cristianos testifican acerca de Jesus. b) El testimonio *de* o *por* Jesus (genitivo subjetivo), es decir, los mensajes provenientes de Cristo y destinados a la iglesia. La evidencia que surge del uso de esta expresión en el libro de Apocalipsis sugiere que debe comprendérsela como un genitivo subjetivo (un testimonio *de* o *por* Jesus), y que este testimonio se concede por medio de la revelacion profética" (Holbrook, "Modern Prophet", pág. 7).

    Como una de las evidencias, Holbrook cita Apocalipsis 1:1, 2: "*La revelación de Jesucristo* que Dios le dio, *para manifestar* a sus siervos las cosas que deben suceder pronto; y *la declaró enviándola* por medio de su ángel a su siervo Juan, que ha dado testimonio de la Palabra de Dios, y *del testimonio de Jesucristo*, y de todas las cosas que ha visto". En este contexto, es evidente que 'la revelación de Jesus' designa una revelación *proveniente de* o *dada por* Jesus a Juan. Juan provee un registro de este testimonio *proveniente de* Jesús. Ambas expresiones genitivas reciben su sentido más claro en contexto como genitivos subjeti-

vos, y están de acuerdo con las palabras finales de Cristo en el libro: *'El que da testimonio* de estas cosas dice: Ciertamente vengo en breve' (Apoc. 22:20)" (*Id.*, págs. 7, 8).
9. Véase *SDA Bible Commentary*, [Comentario bíblico adventista], ed. rev., tomo 7, pág. 812; T. H. Blincoe, "The Prophets Were Until John" [Los profetas fueron hasta Juan], *Ministry*, suplemento de julio de 1977, pág. 24L; Holbrook, "Modern Prophet", pág. 8.
10. James Moffatt en *Expositor's Greek Testament*, [Testamento griego del expositor], ed. W. Robertson Nicoll, tomo 5, pág. 465.
11. Véase el artículo "Spirit of Prophecy" [Espíritu de profecía], *SDA Encyclopedia*, ed. rev., pág. 1412. Pablo afirma que los que esperan la segunda venida han confirmado el testimonio de Cristo, de modo que no les falta ningún don (1 Cor. 1:6, 7).
12. Urias Smith, "Do We Discard the Bible by Endorsing the Visions?" [¿Rechazamos la Biblia al aceptar las visiones?] *Review and Herald*, 13 de enero de 1863, pág. 52, citado en *Review and Herald*, 1 de diciembre de 1977, pág. 13.
13. White, "A Messenger" *Review and Herald*, 26 de julio de 1906, pág. 8. El título "La mensajera del Señor" fue dado por inspiración (*Ibid.*).
14. White, *Primeros escritos*, pág. 59.
15. J. M. Peebles, "The Word Spiritualism Misunderstood" [La palabra espiritismo mal entendido], en *Centeninal Book of Modern Spiritualism in America* [El libro centennial del espiritismo moderno en América] (Chicago, IL: National Spiritualist Association of the United States of America, 1948), pág. 34.
16. B. F. Austin, "A Few Helpful Thoughts", *Centennial Book of Modern Spiritualism*, pág. 44.
17. White, *El conflicto de los siglos* (Mountain View, CA: Pacific Press), págs. 628, 642.
18. Para el estudio de la visión historicista de las profecías de Daniel y el Apocalipsis que dominó el protestantismo desde la Reforma hasta el siglo XIX, véase Froom, *Prophetic Faith of Our Fathers* [La fe profética de nuestros padres], tomos 2-4. Véase también el capítulo 13 de esta obra.
19. Richard Hammill, "Spiritual Gifts in the Church Today", *Ministry*, julio de 1982, pág. 17.
20. Roger L. Dudley y Des Cummings. Jr, "A Comparison of the Christian Attitudes and Behaviors Between Those Adventist Church Members Who Regularly Read Ellen White Books and Those Who Do Not" [Comparación de las actitudes y conducta cristiana entre miembros adventistas que leen regularmente los libros de Elena de White y los que no lo hacen]. 1982, págs. 41, 42. Informe de la investigación realizada por el Instituto de Ministerio Eclesiástico, Andrews University, Berrien Springs, MI. La encuesta abarcó más de 8.200 miembros que asistían a 193 iglesias de los Estados Unidos.
21. Jemison, *Prophet Among You*, págs. 208-210; Froom, *Movement of Destiny* [Movimiento del destino] (Wahington, D.C.: Review and Herald, 1971), págs. 91-132; Damsteegt, *Foundations of the Seventh-day Adventist Message and Mission* [Fundamentos del mensaje y la misión de los adventistas del séptimo día], págs.103-293.
22. White, *Primeros escritos*, pág. 78.
23. White, *El conflicto de los siglos*, pág. 9.
24. William A. Spicer, *The Spirit of Prophecy in the Advent Movement* [El espíritu de profecía en el movimiento adventista], (Washington, D.C.: Review and Herald, 1937), pág. 30.
25. White, *Joyas de los testimonios*, tomo 2, pág. 280.
26. White, *Mensajes selectos*, tomo 3, pág. 32; *El colportor evangélico*, pág. 174.
27. White, *Joyas de los testimonios*, tomo 2, pág. 279.
28. *Id.*, págs. 280, 281.
29. *Id.*, pág. 276.
30. White, *El conflicto de los siglos*, pág. 9.

LOS ADVENTISTAS DEL SÉPTIMO DÍA CREEN EN...

19

La Ley de Dios

Los grandes principios de la ley de Dios están incorporados en los Diez Mandamientos y ejemplificados en la vida de Cristo. Expresan el amor, la voluntad y el propósito de Dios con respecto a la conducta y a las relaciones humanas, y están en vigencia para todos los seres humanos de todas las épocas. Estos preceptos constituyen la base del pacto de Dios con su pueblo y la norma del juicio divino. Por medio de la obra del Espíritu Santo señalan el pecado y avivan la necesidad de un Salvador. La salvación es sólo por gracia y no por obras, pero su fruto es la obediencia a los mandamientos. Esta obediencia desarrolla el carácter cristiano y da como resultado una sensación de bienestar. Es una evidencia de nuestro amor al Señor y preocupación por nuestros semejantes. La obediencia por fe demuestra el poder de Cristo para transformar vidas y por lo tanto fortalecer el testimonio cristiano.

TODOS LOS OJOS ESTABAN FIJOS EN LA MONTAÑA. La cumbre se hallaba cubierta de una espesa nube que se hacía cada vez más oscura, y se extendía hacia abajo hasta que todo el monte estuvo velado en el misterio. En la oscuridad brillaban los relámpagos, mientras que el trueno retumbaba una y otra vez.

"Todo el monte Sinaí humeaba, porque Jehová había descendido sobre el en fuego, y el humo subía como el humo de un horno, y todo el monte se estremecía en gran manera. El sonido de la bocina iba aumentando en extremo" (Éxo. 19:18, 19). Tan poderosa era esta majestuosa revelación de la presencia de Dios, que todo Israel temblaba.

De pronto cesaron los truenos y el sonido de la trompeta, y el silencio se hizo pavoroso. Entonces Dios habló desde la espesa oscuridad que velaba su presencia en la cumbre de la montaña. Movido por un profundo amor hacia su pueblo, proclamó los Diez Mandamientos. Dijo Moisés: "Jehová vino del Sinaí...de entre diez millares se santos, con la ley de fuego a su mano derecha. Aún amó a su pueblo; todos los consagrados a él estaban en su mano; por tanto, ellos siguieron en tus pasos, recibiendo dirección de ti" (Deut. 33:2, 3).

Cuando Dios dio la ley en el Sinaí, no sólo se reveló a sí mismo como la majestuosa autoridad suprema del universo. También se describió como el Redentor de su pueblo (Éxo. 20:2). Porque es el Salvador, llamó no sólo a Israel sino a toda la humanidad (Ecle. 12:13) a obedecer diez breves, abarcantes y autoritativos preceptos que cubren los deberes de los seres humanos para con Dios y para con sus semejantes.

Y Dios dijo.

"No tendrás dioses ajenos delante de mí.

No te harás imagen, ni ninguna semejanza de lo que esté arriba en el cielo, ni abajo en la tierra, ni en las aguas debajo de la tierra. No te inclinarás a ellas, ni las honrarás; porque yo soy Jehová tu Dios, fuerte, celoso, que visito la maldad de los padres sobre los hijos hasta la tercera y cuarta generación de los que me aborrecen, y hago misericordia a millares, a los que me aman y guardan mis mandamientos.

"No tomarás el nombre de Jehová tu Dios en vano, porque no dará por inocente Jehová al que tomare su nombre en vano.

"Acuérdate del día de reposo para santificarlo. Seis días trabajarás, y harás toda tu obra; mas el séptimo día es reposo para Jehová tu Dios; no hagas en él obra alguna, tú, ni tu hijo, ni tu hija, ni tu siervo, ni tu criada, ni tu bestia, ni tu extranjero que está dentro de tus puertas. Porque en seis días hizo Jehová los cielos y la tierra, el mar, y todas las cosas que en ellos hay, y reposó en el séptimo día; por tanto, Jehová bendijo el día de reposo y lo santificó.

"Honra a tu padre y a tu madre, para que tus días se alarguen en la tierra que Jehová tu Dios te da.

"No matarás.

"No cometerás adulterio.

"No hurtarás.

"No hablarás contra tu prójimo falso testimonio.

"No codiciarás la casa de tu prójimo, no codiciarás la mujer de tu prójimo, ni su siervo, ni su criada, ni su buey, ni su asno, ni cosa alguna de tu prójimo" (Éxo. 20:3-17).

La naturaleza de la Ley

Como un reflejo del carácter de Dios, la ley de los Diez Mandamientos es moral, espiritual y abarcante; contiene principios universales.

Un reflejo del carácter del Dador de la Ley. En la Ley de Dios, la Escritura presenta los atributos divinos. A semejanza de Dios, "la ley de Jehová es perfecta" y "el precepto de Jehová es puro" (Sal. 19:7, 8). "La ley a la verdad es santa, y el mandamiento santo, justo y bueno" (Rom. 7:12). "Todos tus mandamientos son verdad. Hace mucho que he entendido tus testimonios, que para siempre los has establecido" (Sal. 119:151, 152). En verdad, "todos tus mandamientos son justicia" (Sal. 119:172).

Una ley moral. Los Diez Mandamientos revelan el patrón divino de conducta para la humanidad. Definen nuestra relación con nuestro Creador y Redentor, y nuestro deber para con nuestros semejantes. La Escritura llama pecado a la transgresión de la Ley de Dios (1 Juan 3:4).

Una ley espiritual. "Sabemos que la ley es espiritual" (Rom. 7:14). Por lo tanto, únicamente los que son espirituales y tiene el fruto del Espíritu pueden obedecerla" (Juan 15:4; Gál. 5:22, 23). Es el Espíritu de Dios el que nos capacita para hacer su voluntad (Hech. 1:8; Sal. 51:10-12). Al permanecer en Cristo, recibimos el poder que necesitamos para llevar frutos para su gloria (Juan 15:5).

Las leyes humanas se refieren únicamente a los actos externos. Pero de la ley divina se dice: "Amplio sobremanera es tu mandamiento" (Sal. 119:96); abarca nuestros pensamientos más secretos, nuestros deseos y emociones, como los celos, la envidia, la concupiscencia y la ambición. En el Sermón del Monte, Jesús hizo énfasis en esta dimensión espiritual de la Ley, revelando que la transgresión comienza en el corazón (Mat. 5:21, 22, 27, 28; Mar. 7:21-23).

Una ley positiva. El Decálogo es mucho más que una corta serie de prohibiciones; contiene principios sumamente abarcantes. No sólo se extiende a lo que no debemos hacer, sino que también abarca lo que debemos hacer. No sólo se requiere de nosotros que nos abstengamos de acciones y pensamientos malos; también debemos aprender a usar con fines benéficos los talentos y dones que Dios nos ha concedido. De este modo, cada precepto negativo tiene una dimensión positiva.

Por ejemplo, el sexto mandamiento, que dice: "No matarás", tiene como su aspecto positivo: "Promoverás la vida". "Es la voluntad de Dios que sus seguidores busquen la forma de promover el bienestar y la felicidad de todo aquel que se coloca dentro de la esfera de su influencia. En un sentido profundo, la comisión evangélica —las buenas nuevas de salvación y vida eterna en Jesucristo— descansa en el principio positivo incorporado en el sexto precepto".[1]

"La ley de los Diez Mandamientos no ha de ser considerada tanto desde el aspecto de la prohibición, como desde el de la misericordia. Sus prohibiciones son la segura garantía de felicidad en la obediencia. Al ser recibida en Cristo, ella obra en nosotros la pureza de carácter que nos traerá gozo a través de los siglos eternos. Es una muralla de protección para el obediente. Contemplamos en ella la bondad de Dios, quien al revelar a los hombres los principios inmutables de justicia, procura escudarlos de los males que provienen de la transgresión".[2]

Una ley sencilla. Los Diez Mandamientos son profundos en su abarcante sencillez. Son tan breves que hasta un niño puede aprenderlos rápidamente de memoria, y a la vez son tan abarcantes que cubren cualquier pecado posible.

"No hay misterios en la Ley de Dios. Todos pueden comprender las grandes verdades que implica. El intelecto más débil puede captar esas reglas; el más ignorante puede regular su vida y formar su carácter de acuerdo con la norma divina".[3]

Una ley de principios. Los Diez Mandamientos constituyen un sumario de todos los principios correctos. Se aplican a la totalidad de la humanidad de todas las épocas. Dice la Escritura: "Teme a Dios, y guarda sus mandamientos; porque esto es el todo del hombre" (Ecle. 12:13).

El Decálogo —las Diez Palabras o Diez Mandamientos (Éxo. 34:28)— consiste en dos partes, indicadas por las dos tablas de piedra sobre las cuales Dios los escribió (Deut. 4:13). Los primeros cuatro mandamientos definen nuestro deber para con nuestro Creador y Redentor, y los últimos seis regulan nuestros deberes para con nuestros semejantes.[4]

Esta división en dos aspectos se deriva de los dos grandes principios fundamentales del amor, sobre los cuales se funda la operación del reino de Dios: "Amarás al Señor tu Dios con todo tu corazón, y con toda tu alma, y con todas tus fuerzas, y con toda tu mente; y a tu prójimo como a ti mismo" (Luc. 10:27; compárese con Deut. 6:4, 5; Lev. 19:18). Los que viven de acuerdo con estos principios se hallarán en completa armonía con los Diez Mandamientos, por cuanto éstos expresan dichos principios en mayor detalle.

El primer mandamiento prescribe la adoración exclusiva del único Dios verdadero. El segundo prohíbe la idolatría.[5] El tercero prohíbe la irreverencia y el perjurio que envuelve la invocación del nombre divino. El cuarto llama a observar el sábado e identifica al Dios verdadero como el Creador de los cielos y la tierra.

El quinto mandamiento requiere que los hijos se sometan a sus padres como los agentes asignados por Dios para la transmisión de su voluntad revelada a las generaciones futuras (véase Deut. 4:6-9; 6:1-7). El sexto protege la vida, enseñándonos a considerarla sagrada. El séptimo prescribe la pureza y salvaguarda la relación marital. El octavo protege la propiedad. El noveno resguarda la verdad y prohíbe el perjurio. Y el décimo alcanza a la raíz de todas las relaciones humanas, al prohibir que se codicie lo que pertenece al prójimo.[6]

Una ley única. Los Diez Mandamientos poseen la distinción especial de ser las únicas palabras que Dios habló en forma audible ante una nación entera (Deut. 5:22). No deseando confiar esta ley a las mentes olvidadizas de los seres humanos, Dios procedió a grabar los mandamientos con su dedo en dos tablas de piedra que debían ser preservadas dentro del arca del tabernáculo (Éxo. 31:18; Deut. 10:2).

Con el fin de ayudar a Israel en la aplicación de los mandamientos, Dios les dio leyes adicionales que detallaban su relación con él y con sus semejantes. Algunas de estas leyes adicionales enfocaban los asuntos civiles de Israel (leyes civiles); otras regulaban las ceremonias de los servicios del santuario (leyes ceremoniales). Dios comunicó al pueblo estas leyes adicionales valiéndose de un intermediario, Moisés, quien las escribió en el "libro de la ley", y las colocó "al lado del arca del pacto de Jehová" (Deut. 31:25, 26), no dentro del arca, como había hecho con la revelación suprema de Dios, el Decálogo. Estas leyes adicionales —las instrucciones de Moisés— se conocían como "el libro de la ley de Moisés" (Jos. 8:31; Neh. 8:1), "el libro de Moisés" (2 Crón. 25:4), o simplemente "la ley de Moisés" (2 Re. 23:25; 2 Crón. 23:18).[7]

La ley es una delicia. La Ley de Dios es una inspiración para el alma. Dijo el salmista: "¡Oh, cuánto amo yo tu ley! Todo el día es ella mi meditación". "He amado tus mandamientos más que el oro, y más que oro muy puro". Aunque "aflicción y angustia se han apoderado de mí —afirma David—, tus mandamientos fueron mi delicia" (Sal. 119:97, 127, 143). Para los que aman a Dios, "sus mandamientos no son gravosos" (1 Juan 5:3). Son los transgresores quienes consideran que la ley es un yugo intolerable, por cuanto los designios de la mente pecaminosa "no se sujetan a la ley de Dios, ni tampoco pueden" (Rom. 8:7).

El propósito de la Ley

Dios dio su ley con el fin de proveer abundantes bendiciones para su pueblo y llevarlos a establecer una relación salvadora con él mismo. Notemos los siguientes propósitos específicos:

Revela la voluntad de Dios para la humanidad. Como la expresión del carácter de Dios y de su amor, los Diez Mandamientos revelan su voluntad y propósitos para la humanidad. Demanda perfecta obediencia "porque cualquiera que guardare toda la ley, pero ofendiere en un punto, se hace culpable de todos" (Sant. 2:10). La obediencia de la ley como regla de nuestra vida, es vital para nuestra salvación. El mismo Jesús dijo: "Si quieres entrar en la vida, guarda los mandamientos" (Mat. 19:17). Esta obediencia es posible únicamente por medio del poder que provee el Espíritu Santo al morar en nuestro interior.

Es la base del pacto de Dios. Moisés escribió los Diez Mandamientos, con otras leyes explicativas, en un libro llamado el libro del pacto (Éxo. 20:1-24:8; véase especialmente Éxo. 24:4-7).[8] Más tarde llamó a los Diez Mandamientos "las tablas del pacto", indicando su importancia como la base del pacto eterno (Deut. 9:9; compárese con 4:13; en el capítulo 7 de esta obra hay material adicional acerca de los pactos).

Funciona como la norma del juicio. Dice el salmista que, a semejanza de Dios, "todos tus mandamientos son justicia" (Sal. 119:172). La ley, por lo tanto, establece la norma de justicia. Ninguno de nosotros será juzgado por nuestras conciencias sino por estos principios justos. "Teme a Dios, y guarda sus mandamientos" —dice la Escritura—, "porque Dios traerá toda obra a juicio, juntamente con toda cosa encubierta, sea buena o sea mala" (Ecle. 12:13, 14; véase también Sant. 2:12).

Las conciencias humanas varían. Algunas son "débiles", mientras que otras están "contaminadas", son "malas", están "corrompidas" o "cauterizadas" (1 Cor. 8:7, 12; Tito 1:15; Heb. 10:22; 1 Tim. 4:2). A la manera de un reloj, no importa cuán bien puedan funcionar, deben "ponerse" de acuerdo con alguna regla exacta para ser de valor. Nuestras conciencias nos dicen que debemos ser justos, pero no nos dicen en qué consiste ser justo. Únicamente la conciencia sincronizada con la gran norma de Dios —su Ley— puede mantenernos libres de caer en el pecado.[9]

Señala el pecado. Sin los Diez Mandamientos, los seres humanos no pueden ver con claridad la santidad de Dios, ni su propia culpabilidad, ni su necesidad de arrepentirse.

Por no saber que su conducta constituye una violación de la Ley de Dios, no se sienten perdidos ni comprenden su necesidad de la sangre expiatoria de Cristo.

Con el fin de ayudar a que los individuos comprendan su verdadera condición, la ley funciona como un espejo (véase Sant. 1:23-25). Los que "miran" en ella, ven sus propios defectos de carácter en contraste con el carácter justo de Dios. De ese modo, la ley moral demuestra que todo el mundo es culpable delante de Dios (Rom. 3:19), haciendo así que cada uno sea plenamente responsable delante de él.

"Por medio de la ley es el conocimiento del pecado" (Rom. 3:20), por cuanto "el pecado es infracción de la ley" (1 Juan 3:4). De hecho, Pablo afirmó: "Yo no conocí el pecado sino por la ley" (Rom. 7:7). Al convencer a los pecadores de su pecado, la ley les ayuda a darse cuenta de que están condenados bajo el juicio de la ira de Dios, y que confrontan la pena de muerte eterna. Los hace conscientes de su absoluta impotencia.

Es un agente en la conversión. La Ley de Dios es el instrumento que el Espíritu Santo usa para llevarnos a la conversión: "La ley de Jehová es perfecta, que convierte el alma" (Sal. 19:7). Una vez que por haber visto nuestro verdadero carácter nos damos cuenta de que somos pecadores, que estamos condenados a muerte y sin esperanza, entonces captamos nuestra necesidad de un Salvador. Entonces las buenas nuevas del evangelio llegan a ser verdaderamente significativas. De este modo, la ley nos encamina hacia Cristo, el único que nos puede ayudar a escapar de nuestra desesperada situación.[10] Es en este sentido que Pablo se refiere tanto a la ley moral como a la ley ceremonial como "nuestro ayo ['tutor' en otra versiones] para llevarnos a Cristo, a fin de que fuésemos justificados por la fe" (Gál. 3:24).[11]

Aun cuando la ley revela nuestro pecado, no por ello puede salvarnos. Tal como el agua es el medio de limpiar un rostro sucio, así también nosotros, después de haber descubierto nuestra necesidad mirándonos en el espejo de la ley moral de Dios, nos acercamos a la fuente que constituye un manantial abierto... "para la purificación del pecado y de la inmundicia" (Zac. 13:1) y somos purificados "en la sangre del Cordero" (Apoc. 7:14). Debemos mirar a Cristo, "y a medida que Cristo [nos] es revelado... sobre la cruz del Calvario, moribundo bajo el peso de los pecados de todo el mundo, el Espíritu Santo [nos] muestra... la actitud de Dios para con todos los que se arrepienten de sus transgresiones".[12] Entonces, la esperanza colma nuestras almas, y por fe nos aferramos de nuestro Salvador, quien nos extiende el don de la vida eterna (Juan 3:16).

Provee verdadera libertad. Cristo dijo que "todo aquel que hace pecado, esclavo es del pecado" (Juan 8:34). Cuando trasgredimos la ley de Dios; no tenemos libertad; pero la obediencia a los Diez Mandamientos nos asegura la verdadera libertad. Vivir dentro de los confines de la ley de Dios significa libertad del pecado. Además, significa ser libres de lo que acompaña al pecado: La continua preocupación, las heridas de la conciencia, y una carga creciente de culpabilidad y remordimiento que desgasta nuestras fuerzas vitales. Dice el salmista: "Andaré en libertad, porque busqué tus mandamientos" (Sal. 119:45). Santiago se refiere al Decálogo llamándolo "la ley real", "la perfecta ley, la de la libertad" (Sant. 2:8; 1:25).

Con el fin de que recibamos esta libertad, Jesús nos invita a llegarnos a él con nuestra carga de pecado. En su lugar nos ofrece su yugo, el cual es fácil (Mat. 11:29, 30). Un yugo es un instrumento de servicio; al dividir la carga, hace que sea más fácil realizar diversas tareas. Cristo nos ofrece su compañía bajo el yugo.

El yugo mismo es la ley; "la gran ley de amor revelada en el Edén, proclamada en el Sinaí, y en el nuevo pacto escrita en el corazón, es la que liga al obrero humano a la voluntad de Dios".[13] Cuando compartimos el yugo con Cristo, él lleva la pesada carga y hace que la obediencia sea un gozo. Él nos capacita para tener éxito en lo que antes era imposible. De este modo, la ley, escrita en nuestros corazones, se convierte en una delicia y un gozo. Somos libres porque *deseamos* vivir conforme a los mandamientos divinos.

Si se presenta la ley sin el poder salvador de Cristo, no hay libertad del pecado. Pero la gracia salvadora de Dios, la cual no anula la ley, pone a nuestro alcance el poder que nos libra del pecado, porque "donde está el Espíritu del Señor, allí hay libertad" (2 Cor. 3:17).

Domina el mal y trae bendiciones. El aumento de los crímenes, la violencia, la inmoralidad y la maldad que inunda el mundo se ha originado en el desprecio del Decálogo. Dondequiera que se acepta esta ley, restringe el pecado, promueve la conducta correcta, y se convierte en un medio de establecer la justicia. Las naciones que han incorporado sus principios en sus leyes han experimentado grandes bendiciones. Por otra parte, el abandono de sus principios causa una decadencia progresiva.

En los tiempos del Antiguo Testamento, Dios a menudo bendecía a naciones e individuos en proporción a cómo obedecían su ley. "La justicia engrandece a la nación," declara la Escritura, y "con justicia será afirmado el trono" (Prov. 14:34; 16:12). Los que rehusaban obedecer los mandamientos de Dios sufrían calamidades (Sal. 89:31, 32). "La maldición de Jehová está en la casa del impío, pero bendecirá la morada de los justos" (Prov. 3:33; véase Lev. 26; Deut. 28). El mismo principio general continúa siendo válido en nuestros días.[14]

La perpetuidad de la Ley

Por cuanto la ley moral de los Diez Mandamientos es un reflejo del carácter de Dios, sus principios no son temporales ni sujetos a las circunstancias, sino absolutos, inmutables, y de validez permanente para la humanidad. A través de los siglos, los cristianos han creído firmemente en la perpetuidad de la Ley de Dios, afirmando con decisión su validez continua.[15]

La ley antes del Sinaí. La ley existía mucho antes de que Dios le diera el Decálogo a Israel. Si no hubiese sido así, no podría haber existido pecado antes del Sinaí, "pues el pecado es infracción de la ley" (1 Juan 3:4). El hecho de que Lucifer y sus ángeles pecaron, provee evidencia de la presencia de la ley aún antes de la creación (2 Ped. 2:4).

Cuando Dios creo a Adán y Eva a su imagen, implantó en sus mentes los principios morales de la ley, haciendo que para ellos el acto de cumplir la voluntad de su Creador fuese algo natural. Su transgresion introdujo el pecado en la familia humana (Rom. 5:12).

Más tarde, Dios dijo de Abraham que "oyó... mi voz, y guardó mi precepto, mis mandamientos, mis estatutos y mis leyes" (Gén. 26:5). Moisés, por su parte, enseñó los estatutos y las leyes de Dios antes del Sinaí (Éxo. 16; 18:16). El estudio del libro del Génesis demuestra que los Diez Mandamientos eran conocidos mucho antes del Sinaí. Dicho libro revela que, antes de que Dios diera el Decálogo, la gente se daba cuenta de que los actos que éste prohíbe eran malos.[16] Esta comprensión general de la ley moral muestra que Dios proveyó a la humanidad con el conocimiento de los Diez Mandamientos.

La ley en el Sinaí. Durante su largo período de esclavitud en Egipto —una nación que no reconocía al Dios verdadero (Éxo. 5:2)—, los israelitas vivieron en la idolatría y la corrupción. En consecuencia, perdieron mucho de su comprensión de la santidad, la pureza y los principios morales de Dios. Su condición de esclavos hizo que para ellos fuese difícil adorar a Dios.

Respondiendo a su clamor desesperado en procura de ayuda, Dios recordó su pacto con Abraham y determinó librar a su pueblo, sacándolos "del horno de hierro" (Deut. 4:20) para conducirlos a una tierra en donde "guardasen sus estatutos y cumpliesen sus leyes" (Sal. 105:43-45).

Después de su liberación, los condujo al monte Sinaí y les dio la ley moral que es la norma de su gobierno y las leyes ceremoniales que les enseñarían a reconocer que el camino de la salvación depende del sacrificio expiatorio del Salvador. De este modo, en el Sinaí, Dios promulgó su ley en forma directa, en términos claros y sencillos, "a causa de las transgresiones" (Gál. 3:19), "a fin de que por el mandamiento el pecado llegase a ser sobremanera pecaminoso" (Rom. 7:13). Tan sólo si lograban distinguir con gran claridad la ley moral de Dios, podrían los israelitas volverse conscientes de sus transgresiones, descubrir su impotencia y comprender su necesidad de salvación.

La ley antes del retorno de Cristo. La Biblia revela que la Ley de Dios es el objeto de los ataques de Satanás, y que la guerra del diablo contra ella alcanzará su mayor intensidad poco antes de la segunda venida. La profecía indica que Satanás inducirá a la vasta mayoría de los seres humanos a que desobedezcan a Dios (Apoc. 12:9). Obrando a través del poder de "la bestia", dirigirá la atención del mundo hacia la bestia en vez de Dios (Apoc. 13:3; para mayores detalles acerca de estas profecías, véase el capítulo 13 de esta obra).

1. *La ley bajo ataque.* Daniel 7 describe este mismo poder simbolizándolo con un pequeño cuerno. Ese capítulo habla de cuatro grandes bestias, a las cuales, y desde los tiempos de Cristo, los comentadores bíblicos han identificado como los poderes mundiales de Babilonia, Medo-Persia, Grecia y Roma. Los diez cuernos de la cuarta bestia representan las divisiones del Imperio Romano en la época de su caída (año 476 d.C.).[17]

La visión de Daniel enfoca el cuerno pequeño, un poder terrible y blasfemo que surgió entre los diez cuernos, significando el surgimiento de un poder asombroso después de la desintegración del Imperio Romano. Este poder procuraría cambiar la Ley de Dios (Dan. 7:25) y habría de continuar hasta el retorno de Cristo (véase el capítulo 20 de esta obra). Por sí mismo, este ataque es evidencia de que la ley continuaría teniendo significado en el plan de salvación. La visión termina asegurándole al pueblo de Dios que este poder no logrará eliminar la ley, porque el juicio destruirá al cuerno pequeño (Dan. 7:11, 26-28).

2. *Los santos defienden la ley.* La obediencia caracteriza a los santos que esperan la segunda venida. En el conflicto final se unen para exaltar la Ley de Dios. La Escritura los describe como los que "guardan los mandamientos de Dios y tienen el testimonio de Jesucristo" (Apoc. 12:17; 14:12), y esperan con paciencia el retorno de Cristo.

En preparación para la segunda venida, este grupo de creyentes proclaman el evangelio, llamando a otros a adorar al Señor como Creador (Apoc. 14:6, 7). Los que adoran a Dios en amor, le obedecerán; el apóstol Juan declaró: "Este es el amor de Dios, que guardemos sus mandamientos; y sus mandamientos no son gravosos" (1 Juan 5:3).

3. *Los juicios de Dios y la ley.* El juicio de Dios, que consiste en las siete últimas plagas que caen sobre los desobedientes, se origina en el templo "del tabernáculo del testimonio" en el cielo (Apoc. 15:5). En Israel se conocía bien la expresión *el tabernáculo del testimonio*; designaba el tabernáculo que Moisés había construido (Núm. 1:50, 53; 17:8; 18:2). Se lo llamaba así porque el tabernáculo contenía "el arca del testimonio" (Éxo. 26:34), la cual contenía las tablas del "testimonio" (Éxo. 31:18). Vemos así que los Diez Mandamientos son el "testimonio", el testigo ante la humanidad de la voluntad divina (Éxo. 34:28, 29).

Pero Apocalipsis 15:5 dice que "fue abierto *en el cielo* el templo del tabernáculo del testimonio". La estructura que erigió Moisés era simplemente una copia del templo celestial (Éxo. 25:8, 40; compárese con Heb. 8:1-5). El gran original de los Diez Mandamientos está allí guardado. El hecho de que los juicios del tiempo del fin se hallan íntimamente relacionados con la transgresion de la Ley de Dios, añade evidencia a favor de la perpetuidad de los Diez Mandamientos.

El libro de Apocalipsis también muestra la apertura del templo celestial, lo cual descubre ante la vista el "arca de su pacto" (Apoc. 11:19). La expresión *arca del pacto* designaba el arca del Santuario terrenal, que contenía las tablas con "las palabras del pacto", los Diez Mandamientos (Éxo. 34:27; compárese con Núm. 10:33; Deut. 9:9). El arca del pacto que se halla en el Santuario celestial es el arca original que contiene las palabras del pacto eterno, el Decálogo original. Es claro, entonces, que el tiempo de los juicios finales que Dios envía sobre el mundo (Apoc. 11:18) está relacionado con la apertura del templo celestial, con su punto focal en el arca que contiene los Diez Mandamientos; en verdad, esta escena constituye un cuadro apropiado de la magnificación de la Ley de Dios como la norma del juicio.

La Ley y el evangelio

La salvación es un don que llega a nosotros por gracia por medio de la fe, no por las obras de la ley (Efe. 2:8). "Ninguna obra de la ley, ningún esfuerzo, por más admirable que sea, y ninguna obra buena —ya sean muchas o pocas, de sacrificio o no— pueden justificar de manera alguna al pecador (Tito 3:5; Rom. 3:20)".[18]

A través de toda la Escritura existe perfecta armonía entre la ley y el evangelio; ambos se exaltan mutuamente.

La ley y el evangelio antes del Sinaí. Cuando Adán y Eva pecaron, supieron qué significa la culpa, el temor y la necesidad (Gén. 3:10). En respuesta a su necesidad, Dios no anuló la ley que los condenaba; en cambio, les ofreció el evangelio que los restauraría a la comunión con él y a la obediencia de su santa ley.

El evangelio consistía en la promesa de redención por medio del Salvador, la Simiente de la mujer, el cual un día vendría para triunfar sobre el mal (Gén. 3:15). El sistema de sacrificios que Dios estableció, les enseñó una importante verdad relativa a la expiación: El perdón podría ser obtenido únicamente por el derramamiento de sangre, por medio de la muerte del Salvador. Al creer que el sacrificio de los animales simbolizaba la muerte expiatoria del Salvador en su lugar, obtendrían el perdón de sus pecados.[19] La salvación sería por gracia.

Esta promesa evangélica era el centro del pacto eterno de gracia que Dios le ofreció a la humanidad (Gén. 12:1-3; 15:4, 5; 17:1-9). Se hallaba íntimamente relacionada con la obediencia a la Ley de Dios (Gén. 18:18, 19; 26:4, 5). El Hijo de Dios sería la garantía del pacto divino, el punto focal del evangelio, el "Cordero que fue inmolado desde el principio del mundo" (Apoc. 13:8). La gracia de Dios, por lo tanto, comenzó a aplicarse tan pronto como Adán y Eva pecaron. Dijo

David: "La misericordia de Jehová es desde la eternidad y hasta la eternidad sobre los que le temen, y su justicia sobre los hijos de los hijos; sobre los que guardan su pacto, y los que se acuerdan de sus mandamientos para ponerlos por obra" (Sal. 103:17, 18).

La ley y el evangelio en el Sinaí. Existe una relación estrecha entre el Decálogo y el evangelio. Por ejemplo, el preámbulo de la ley se refiere a Dios como el que libertó o redimió a su pueblo de la esclavitud (Éxo. 20:1, 2). Y luego de la proclamación de los Diez Mandamientos, Dios instruyó a los israelitas a que erigieran un altar y comenzaran a ofrecer los sacrificios que habían de revelar su gracia salvadora.

Fue en el monte Sinaí donde Dios le reveló a Moisés una gran porción de la ley ceremonial que tenía que ver con la construcción del Santuario, lugar en el cual Dios moraría con su pueblo y se encontraría con ellos para compartir sus bendiciones y perdonar sus pecados (Éxo. 24:9-31:18). Esta expansión del sencillo sistema de sacrificios que había existido antes del Sinaí, bosquejaba la obra mediadora de Cristo para la redención de los pecadores y la vindicación de la autoridad y santidad de la Ley de Dios.

La morada de Dios se hallaba en el Lugar Santísimo del Santuario terrenal, sobre el propiciatorio del arca en la cual se guardaban los Diez Mandamientos. Cada aspecto de los servicios del Santuario simbolizaba al Salvador. Los sacrificios de sangre apuntaban a su muerte expiatoria, por la cual redimiría a la raza humana de la condenación de la ley (véanse los capítulos 4 y 9 de esta obra).

El Decálogo fue colocado dentro del arca; por su parte, las leyes ceremoniales, junto con los reglamentos civiles que Dios le dio al pueblo, fueron escritos en el "libro de la ley", que fue colocado junto al arca del pacto como "testigo contra" el pueblo (Deut. 31:26). Siempre que pecaban, este "testigo" condenaba sus acciones y proveía elaborados requisitos para la reconciliación con Dios. Desde el Sinaí hasta la muerte de Cristo, los transgresores del Decálogo hallaron esperanza, perdón y purificación por fe en el evangelio revelado por los servicios del santuario que prescribía la ley ceremonial.

La ley y el evangelio después de la cruz. Según han observado numerosos cristianos, la Biblia indica que, si bien la muerte de Cristo abolió la ley ceremonial, no hizo sino confirmar la perdurable validez de la ley moral.[20] Nótese la evidencia:

1. *La ley ceremonial.* Cuando Cristo murió, cumplió el simbolismo profético del sistema de sacrificios. El *tipo* se encontró con el *antitipo*, y la ley ceremonial

llegó a su fin. Siglos antes, Daniel había predicho que la muerte del Mesías haría "cesar el sacrificio y la ofrenda" (Dan. 9:27; véase el capítulo 4 de esta obra). Cuando Jesús murió, el velo del templo fue rasgado sobrenaturalmente de arriba abajo (Mat. 27:51), indicando así el fin del significado espiritual de los servicios del templo.

Si bien es cierto que la ley ceremonial cumplía un papel vital antes de la muerte de Cristo, en muchas maneras era deficiente, sólo "teniendo la sombra de los bienes venideros" (Heb. 10:1). Cumplía un propósito momentáneo, habiéndole sido impuesta al pueblo de Dios "hasta el tiempo de reformar las cosas" (Hech. 9:10; compárese con Gál. 3:19), es decir, hasta el momento en que Cristo muriera como el verdadero Cordero de Dios.

Con la muerte de Cristo, la jurisdicción de la ley ceremonial llegó a su fin. El sacrificio expiatorio del Salvador proveyó el perdón de todos los pecados. Este acto anuló "el acta de los decretos que había contra nosotros, que nos era contraria, quitándola de en medio y clavándola en la cruz" (Col. 2:14; compárese con Deut. 31:26). Desde entonces, ya no fue necesario realizar las elaboradas ceremonias que de todos modos no eran capaces de quitar los pecados ni de purificar la conciencia (Heb. 10:4; 9:9, 14). No más preocupación acerca de las leyes ceremoniales, con sus complejos requerimientos relativos a las ofrendas de bebidas y alimentos, las celebraciones de diversos festivales (la Pascua, el Pentecostés, etc.), las nuevas lunas o los sábados ceremoniales (Col. 2:16; compárese con Heb. 9:10), "todo lo cual es sombra de lo que ha de venir" (Col. 2:17).[21]

Con la muerte de Jesús, los creyentes ya no tenían ninguna necesidad de poner su atención en las sombras, es decir, los reflejos de la realidad en Cristo. Ahora podrían acercarse al Salvador directamente, ya que la sustancia o el cuerpo "es de Cristo" (Col. 2:17).

Tal como había sido interpretada por los judíos, la ley ceremonial se había convertido en una barrera entre ellos y otras naciones. Había llegado a ser un gran obstáculo para el cumplimiento de su misión de iluminar el mundo con la gloria de Dios. La muerte de Cristo abolió esta "ley de los mandamientos expresados en ordenanzas", "derribando la pared intermedia de separación" entre judíos y gentiles, y creando así una familia de creyentes reconciliados "mediante al cruz.... en un solo cuerpo" (Efe. 2:14-16).

2. *El Decálogo y la cruz.* Si bien es cierto que la muerte de Cristo terminó con la autoridad de la ley ceremonial, por otra parte estableció la ley de los Diez Mandamientos. Cristo quitó la maldición de la ley, librando así de su condenación a los creyentes. Sin embargo, el hecho de que haya realizado esto no significa que la ley haya sido abolida, dándonos libertad para violar sus principios.

El abundante testimonio bíblico referente a la perpetuidad de la ley refuta este concepto.

Bien dijo Calvino que "no debemos imaginar que la venida de Cristo nos ha librado de la autoridad de la ley; por cuanto ésta es la regla eterna de una vida santa y devota, y por lo tanto debe ser tan invariable como la justicia de Dios".[22]

Pablo describió la relación que existe entre la obediencia y el evangelio de la gracia salvadora. Llama a los creyentes a vivir vidas santas, y los desafía a presentarse ante "Dios como instrumentos de justicia. Porque el pecado no se enseñoreará de vosotros; pues no estáis bajo la ley, sino bajo la gracia" (Rom. 6:13, 14). Así pues, los cristianos no guardan la ley con el fin de obtener la salvación; los que procuren hacer esto lograrán tan sólo hundirse aun más en la esclavitud del pecado. "Todo el tiempo que un individuo se halla bajo la ley, permanece también bajo el dominio del pecado, por cuanto la ley no puede salvarnos de la condenación del pecado ni de su poder. Pero los que están bajo la gracia reciben no sólo libertad de la condenación (Rom. 8:1), sino también el poder para vencer (Rom. 6:14). De este modo, el pecado ya no tendrá dominio sobre ellos".[23]

"El fin de la ley —añade Pablo— es Cristo para justicia a todo aquel que cree" (Rom. 10:4). Por lo tanto, todo aquel que cree en Cristo, comprende que el Salvador es el fin de la ley como instrumento de obtener justicia. En nosotros, somos pecadores, pero en Jesucristo somos justos por medio de su justicia.[24]

Eso sí, estar bajo la gracia no da a los creyentes permiso para continuar en el pecado con el fin de hacer que la gracia abunde (Rom. 6:1). Más bien, la gracia suple el poder que hace posible la obediencia y la victoria sobre el pecado. "Ahora, pues, ninguna condenación hay para los que están en Cristo Jesús, los que no andan conforme a la carne, sino conforme al Espíritu" (Rom. 8:1).

La muerte de Cristo magnificó la ley, exaltando su autoridad universal. Si el Decálogo pudiera haber sido cambiado, el Salvador no habría tenido que morir. Pero por cuanto esta ley es absoluta e inmutable, requiere el derramamiento de sangre con el fin de pagar la pena que impone. Este requerimiento, Cristo lo satisfizo plenamente por su muerte inocente en la cruz, poniendo la vida eterna a la disposición de todos los que aceptasen su magnífico sacrificio.

La obediencia a la Ley

Los seres humanos no pueden ganarse la salvación por medio de sus buenas obras. La obediencia es el fruto de la salvación en Cristo. Por su gracia maravillosa, revelada especialmente en la cruz, Dios ha librado a su pueblo del castigo y la maldición del pecado. Aun cuando eran pecadores, Cristo dio su vida con el fin de proveer para ellos el don de la vida eterna. El abundante amor de Dios despierta en el pecador arrepentido una respuesta que se manifiesta en obediencia amorosa por el poder de la gracia derramada en tal abundancia. Los creyentes que comprenden cuánto valora Cristo la ley y que además estiman las bendiciones de la obediencia, estarán bajo una poderosa motivación para vivir vidas semejantes a Cristo.

Cristo y la ley. Cristo tenía supremo respeto por la ley de los Diez Mandamientos. Como el gran "Yo Soy", él mismo proclamó desde el Sinaí la ley moral de su Padre (Juan 8:58; Éxo. 3:14; véase el capítulo 4 de esta obra). Parte de su misión en este mundo consistía en "magnificar la ley y engrandecerla" (Isa. 42:21). El siguiente pasaje de los Salmos, que el Nuevo Testamento aplica a Cristo, deja clara su actitud hacia la ley: "El hacer tu voluntad, Dios mío, me ha agradado, y tu ley está en medio de mi corazón" (Sal. 40:8; véase Heb. 10:5, 7).

El evangelio de Jesús produjo una fe que exaltó firmemente la validez del Decálogo. Dijo Pablo: "¿Luego por la fe invalidamos la ley? En ninguna manera, sino que confirmamos la ley" (Rom. 3:31).

Así pues, Cristo no sólo vino con el fin de redimir al hombre sino también para vindicar la autoridad y la santidad de la Ley de Dios, presentando ante el pueblo su magnificencia y gloria; y dándonos ejemplo de cómo relacionarnos con ella. Como sus seguidores, los cristianos han sido llamados a magnificar la ley de Dios en sus vidas. Por haber él mismo vivido una vida de amorosa obediencia, Cristo hizo énfasis en el hecho de que sus seguidores deben ser guardadores de los mandamientos. Cuando se le preguntó acerca de los requisitos para la vida eterna, replicó: "Si quieres entrar en la vida, guarda los mandamientos" (Mat. 19:17). Además, el Salvador amonestó contra la violación de este principio, cuando dijo: "No todo el que me dice: Señor, Señor, entrará en el reino de los cielos, sino el que hace la voluntad de mi Padre que está en los cielos". A los que quebranten la ley no se les permitirá la entrada (Mat. 7:21-23).

El mismo Jesús cumplió la ley, no destruyéndola, sino por medio de una vida de obediencia. "De cierto os digo —declaró—, que hasta que pasen el cielo y la tierra, ni una jota ni una tilde pasará de la ley, hasta que todo se haya cumplido" (Mat. 5:18). Cristo hizo mucho énfasis en que nunca se debe perder de vista el gran objetivo de la ley de Dios: Amar al Señor nuestro Dios con todo nuestro corazón, alma y mente, y a nuestro prójimo como a nosotros mismos (Mat. 22:37, 38). Sin embargo, él deseaba que sus creyentes no se amaran unos a otros conforme el mundo interpreta el amor, es decir en forma egoísta o sentimental. Con el fin de explicar a que clase de amor se refería, Cristo dio un "nuevo mandamiento" (Juan 13:34). Este nuevo mandamiento no había de reemplazar al Decálogo, sino que proveería a los creyentes con "un ejemplo de qué es realmente el verdadero amor abnegado, tal como nunca antes se había visto en el mundo. En este sentido, su mandamiento podría ser descrito como algo nuevo. Les encargaba a los creyentes "no sólo 'que os améis unos a otros', sino que 'os améis unos a otros, como yo os he amado' (Juan 15:12). Hablando estrictamente, aquí tenemos una evidencia más de cómo Cristo magnificó las leyes de su Padre".[25]

La obediencia revela esa clase de amor. Jesús dijo: "Si me amáis, guardad mis mandamientos" (Juan 14:15). "Si guardareis mis mandamientos, permaneceréis en mi amor, así como yo he guardado los mandamientos de mi Padre, y permanezco en su amor" (Juan 15:10). En forma similar, si amamos al pueblo de Dios, demostramos que amamos a Dios y "guardamos sus mandamientos" (1 Juan 2:3).

Únicamente si permanecemos en Cristo, podremos rendir obediencia de corazón. "Como el pámpano no puede llevar fruto por sí mismo, si no permanece en la vid —declaró el Salvador—, así tampoco vosotros, si no permanecéis en mí... el que permanece en mí, y yo en él, éste lleva mucho fruto; porque separados de mí nada podéis hacer" (Juan 15:4, 5). Si deseamos permanecer en Cristo, debemos estar crucificados con él y experimentar lo que Pablo señaló, cuando dijo: "Ya no vivo yo, mas vive Cristo en mí" (Gal. 2:20). En la vida de los que se hallan en esta condición, Cristo puede cumplir su promesa del nuevo pacto: "Pondré mis leyes en la mente de ellos, y sobre su corazón las escribiré; y seré a ellos por Dios, y ellos me serán a mí por pueblo" (Heb. 8:10).

Las bendiciones de la obediencia. La obediencia desarrolla un carácter cristiano y produce una sensación de bienestar, haciendo que los creyentes crezcan "como niños recién nacidos" y sean transformados en la imagen de Cristo (véase 1 Ped. 2:2; 2 Cor. 3:18). Esta transformación de pecadores a hijos de Dios provee un testimonio efectivo del poder de Cristo.

La Escritura declara "bienaventurados" a todos "los que andan en la ley de Jehová" (Sal. 119:1), a quienes "en la ley de Jehová está su delicia" y que meditan "en su ley... de día y de noche" (Sal. 1:2). Las bendiciones de la obediencia son muchas: (1) entendimiento y sabiduría (Sal. 119:98, 99); (2) paz (Sal. 119:165; Isa. 48:18); (3) justicia (Deut. 6:25; Isa. 48:18); (4) una vida pura y moral (Prov. 7:1-5); (5) conocimiento de la verdad (Juan 7:17); (6) protección contra las enfermedades (Éxo. 15:26); (7) longevidad (Prov. 3:1, 2; 4:10, 22); y (8) la seguridad de que nuestras oraciones recibirán respuesta (1 Juan 3:22; compárese con Sal. 66:18).

En su invitación a la obediencia, Dios nos promete abundantes bendiciones (Lev. 26:3-10; Deut. 28:1-12). Cuando respondemos en forma positiva, llegamos a ser su "especial tesoro", "real sacerdocio, nación santa" (Éxo. 19:5, 6; véase también 1 Ped. 2:5, 9), exaltados "sobre todas las naciones de la tierra", puestos "por cabeza, y no por cola" (Deut. 28:1, 13).

Referencias

1. Holbrook, "What God's Law Means to Me" [Lo que significa para mí la Ley de Dios], *Adventist Review*, 15 de enero de 1987, pág. 16.
2. White, *Mensajes selectos*, tomo 1, pág. 276.
3. *Id.*, pág. 255.
4. Véase La Confesión de Fe de Westminster, año 1647 D.C., capítulo 19, en Phillip Schaff, *The Creeds of Christendom* [Los credos de la cristiandad], tomo 3, págs. 640-644.
5. Los primeros dos mandamientos están íntimamente relacionados, y sin embargo tienen diferencias evidentes: "El primero trata de quién es el verdadero Dios, y el segundo de cómo debe ser adorado. El segundo no es una repetición del primero, como algunos creen. La distincion es tan grande como la que existe entre cualquiera de los otros. El primer mandamiento revela el verdadero objeto de culto; y el segundo, la verdadera forma de rendir dicho culto. El primero nos dice quién es el único que debe ser adorado, y el segundo nos dice cómo debemos adorarlo, o cómo no se lo debe adorar. El primero prohíbe los dioses falsos; el segundo, las falsas formas de adoración.

    "El primer mandamiento se refiere a nuestro concepto de Dios; el segundo, a nuestras acciones externas manifestadas en la adoración. El segundo se dirige contra el falso culto del verdadero Dios. No se lo debe adorar por medio de ídolos, imágenes ni otras manifestaciones visibles" (Taylor G. Bunch, *The Ten Commandments* [Washington, D.C.: Review and Herald, 1944], págs. 35, 36).

    Los católicos y los luteranos consideran que los primeros dos mandamientos forman el primero, y dividen el décimo mandamiento relativo a la codicia, haciendo de él dos mandamientos separados para mantener un total de diez, siguiendo la costumbre de Agustin. En general, los protestantes usan la división adoptada por la iglesia Griega y Reformada. Esto también lo hicieron Josefo, Filón, Orígenes y la mayoría de los reformadores protestantes (*Id.*, pág. 24).
6. "Ten Commandments" [Los Diez Mandamientos], *SDA Bible Dictionary*, ed. rev., pág 1106.
7. La ley de Moisés también puede referise a una division del Antiguo Testamento compuesta del Pentateuco, los cinco primeros libros de la Biblia (Luc. 24:44; Hech. 28:23).
8. En el libro del pacto se incluían ciertas regulaciones civiles y ceremoniales. Los preceptos civiles no constituían una adición a los del Decálogo, sino que eran simplemente aplicaciones específicas de sus amplios principios. Los preceptos ceremoniales simbolizan el evangelio al proveer a los pecadores los medios de obtener la gracia. De este modo, es el Decálogo lo que domina el pacto. Véase Jer. 7:21-23; Francis D. Nichol, *Answers to Objections* [Respuestas a objeciones] (Washington, D.C.: Review and Herald, 1952), págs. 62-68.
9. Arnold V. Wallenkampf, "Is Conscience a Safe Guide?" [¿Es la conciencia una guía segura?], *Review and Herald*, 11 de abril de 1983, pág. 6.
10. Algunos han interpretado que la declaración de Pablo según la cual "el fin de la ley es Cristo, para justicia a todo aquel que cree" significa que el fin o propósito de la ley consiste en mostrarnos nuestra pecaminosidad y así sentirnos motivados a ir a Cristo para recibir por fe su perdón y su justicia. (Este uso de la palabra "fin" [*telos*, en griego], se encuentra también en 1 Tes. 1:5, Sant. 5:11 y 1 Ped. 1:9). Véase también la referencia número 23.
11. Véase *SDA Bible Commentary*, ed. rev., tomo 6, pág. 961; White, *Mensajes selectos*, tomo 1, pág. 274. La ley ceremonial también era un ayo que tenía el propósito de llevar al individuo a los pies de Cristo, pero por diferentes medios. Los servicios del Santuario, con sus ofrendas y sacrificios, señalaban el perdón de los pecados que proveería la sangre del Cordero de Dios, Jesucristo, quien habría de venir, ayudando así a los pecadores a comprender la gracia del

evangelio. Fue dispuesta con el fin de crear amor por la Ley de Dios, mientras que las ofrendas de sangre debían servir como dramática ilustración del amor de Dios en Cristo.
12. *Id.*, pág. 250.
13. White, *El Deseado de todas las gentes*, pág. 296.
14. Véase White, *La educación*, págs. 169-179.
15. Las confesiones de fe históricas que afirman la validez del Decálogo son "El Catecismo Valdense", c. 1500 d.C.; el Pequeño Catecismo de Lutero, año 1529; el Catecismo Anglicano, años 1549 y 1662; la Confesión de Fe Escocesa, año 1560 (reformada); el Catecismo de Heidelberg, año 1563 (reformada); la Segunda Confesión Helvética, año 1566 (reformada); los 39 artículos de religión, año 1571 (Iglesia de Inglaterra); la Fórmula de Concordia, año 1576 (Luterana); los Artículos de Fe Irlandeses, año 1615 (Iglesia Episcopal Irlandesa); la Confesión de Fe de Westminster, año 1647; la Confesión de los Valdenses, año 1655; la Declaración de Savor, año 1648 (Congregacional); la Confesión de la Sociedad de los Amigos, año 1675 (Cuáqueros); la Confesión de Filadelfia, año 1688 (Bautista); los 25 Artículos de Religión, año 1784 (Metodista); la Conferencia de Nueva Hampshire, año 1833 (Bautista); el Catecismo Ampliado de la Iglesia Ortodoxa, Católica Oriental, año 1839 (Iglesia Greco-Rusa), fuentes citadas en *The Creeds of Christendom* [Los credos de la cristiandad], editor Philip Schaff, revisado por David S. Schaff (Grand Rapids: Baker Book House, 1983), tomos 1-3.
16. Para referencias al primero y segundo mandamiento, véase Génesis 35:1-4; el cuarto, Génesis 2:1-3; el quinto, Génesis 18:19; el sexto, Génesis 4:8-11; el séptimo, Génesis 39:7-9; 19:1-10; el octavo, Génesis 44:8; el noveno, Génesis 12:11-20; 20:1-10; y el décimo, Génesis 27.
17. Froom, *Prophetic Faith of Our Fathers* [La fe profética de nuestros padres], tomo 1, págs. 456 y 894; tomo 2, págs. 528, 784; tomo 3, págs. 252, 744; tomo 4, págs. 392, 846.
18. *Questions on Doctrine*, pág. 142.
19. Caín y Abel estaban plenamente familiarizados con el sistema de sacrificios (Gén. 4:3-5; Heb. 11:4). Lo más probable es que Adán y Eva obtuvieron sus primeras vestiduras (Gén. 3:21) de las pieles de los animales sacrificados para hacer expiación por sus pecados.
20. Véase por ejemplo las siguientes confesiones de fe históricas: La Confesión de Fe de Westminster, los Artículos Irlandeses de Religión, la Declaración de Savoy, la Confesión de Filadelfia, y los Artículos de Religión Metodistas.
21. Véase el *SDA Bible Commentary*, ed. rev., tomo 6, pág. 204; White, *Patriarcas y profetas*, pág. 381.
22. Calvino, *Commenting on a Harmony of the Evangelists* [Comentarios sobre una armonía de los evangelistas], trad. de William Pringle (Grand Rapids: Wm. B. Eerdmans, 1949), tomo 1, pág. 277.
23. *The SDA Bible Commentary*, ed. rev., tomo 6, págs. 541-542.
24. Otros han interpretado que la referencia a Cristo como el fin de la ley significa que Cristo es el propósito o blanco de la ley (véase Gal. 3:24) o el cumplimiento de la ley (véase Mat. 5:17). Sin embargo, el punto de vista según el cual Cristo es el fin o terminacion de la ley como medio de salvación (véase Rom. 6:14) parece encajar mejor en el contexto de Rom 10:4. "Pablo está haciendo un contraste entre la forma que Dios ha prescrito para obtener justicia por la fe, con los intentos humanos de obtenerla por medio de la ley. El mensaje del evangelio es que para todo aquel que tiene fe, Cristo es el fin de la ley como camino de justicia" (*The SDA Bible Commentary*, ed. rev., tomo 6, pág. 595). Véase también White, *Mensajes selectos*, tomo 1, págs. 461, 462.
25. Nichol, *Answers to Objections*, pág. 100, 101.

LOS ADVENTISTAS DEL SÉPTIMO DÍA CREEN EN...

20

El Sábado

El benéfico Creador descansó el séptimo día después de los seis días de la creación, e instituyó el sábado para todos los hombres como un monumento de la Creación. El cuarto mandamiento de la inmutable Ley de Dios requiere la observancia del séptimo día como día de reposo, culto y ministerio, en armonía con las enseñanzas y la práctica de Jesús, el Señor del sábado. El sábado es un día de deliciosa comunión con Dios y con nuestros hermanos. Es un símbolo de nuestra redención en Cristo, una señal de santificación, una demostración de nuestra lealtad y una anticipación de nuestro futuro eterno en el reino de Dios. El sábado es la señal perpetua de Dios del pacto eterno entre él y su pueblo. La gozosa observancia de este tiempo sagrado de tarde a tarde, de puesta de sol a puesta de sol, es una celebración de la obra creadora y redentora de Dios.

EN COMPAÑÍA CON DIOS, ADÁN Y EVA exploraron su hogar paradisíaco. El paisaje era maravilloso, indescriptible. Mientras el sol se ponía lentamente ese primer viernes, el sexto día de la creación, y comenzaban a brillar las estrellas, "vio Dios todo lo que había hecho, y he aquí que era bueno en gran manera" (Gén. 1:31). De este modo, Dios terminó su creación de "los cielos y la tierra, y todo el ejército de ellos" (Gén. 2:1).

Pero si bien es cierto que el mundo que Dios acababa de completar era incomparablemente hermoso, el mayor don que el Creador podía concederle a la pareja recién creada era el privilegio de mantener una relación personal con él. Por eso les dio el sábado, un día especial de bendición, camaradería y comunión con su Creador.

El sábado a través de la Biblia

El sábado ocupa un lugar central en nuestra adoración a Dios. Como recordativo de la creación, revela la razón por la cual Dios debe recibir nuestra adoración: Es el Creador, y nosotros somos sus criaturas. "Por lo tanto, el sábado forma parte del fundamento mismo del culto divino, por cuanto enseña de la manera más impresionante esta gran verdad, lo cual no hace ninguna otra institución. La verdadera razón del culto a Dios, no sólo del que se le tributa en el séptimo día, sino de toda adoración, se encuentra en la distinción que existe entre el Creador y sus criaturas. Este hecho sobresaliente nunca puede llegar a ser obsoleto, y jamás debe ser olvidado".[1] Dios instituyó el sábado con el fin de mantener para siempre esta verdad ante la raza humana.

El sábado en la creación. El sábado llega hasta nosotros desde un mundo sin pecado. Es el don especial de Dios que permite que la raza humana experimente la realidad de un cielo en la tierra. Tres actos divinos distintos establecieron el sábado.

1. *Dios reposó en el sábado.* En el séptimo día, Dios "cesó y reposó" (Éxo. 31:17); sin embargo, no descansó porque necesitara hacerlo (Isa. 40:28). El verbo *shabath* significa literalmente "cesar" de trabajos o actividades (véase Gén. 8:22). "El reposo de Dios no fue el resultado ni del agotamiento ni de la fatiga, sino el cesar de una ocupación anterior".[2]

Dios reposó porque esperaba que los seres humanos descansaran. Estableció un ejemplo para la raza humana (Éxo. 20:11).

Si Dios terminó la creación en el sexto día, como dice Génesis 2:1, ¿qué quiere decir la Escritura cuando dice que el Creador "acabó" su obra en el séptimo día? (Gén. 2:2). Dios había terminado en los seis días anteriores la creación de los cielos y de la tierra, pero aún no había hecho el sábado. Y creó el día de reposo al descansar el sábado. La creación del día de reposo fue su toque final, que terminó su obra.

2. *Dios bendijo el sábado.* Dios no sólo hizo el día de reposo, sino que también lo bendijo. "La bendición sobre el séptimo día implicaba que por ella era señalado como un objeto especial del favor divino y un día que sería una bendición para las criaturas de Dios".[3]

3. *Dios santificó el sábado.* Santificar algo significa hacerlo sagrado, o apartarlo como algo santo y con fines santos; consagrarlo. Se pueden santificar individuos, lugares (como un santuario, templo o iglesia) y el tiempo. El hecho de que

Dios santificó el séptimo día significa que este día es santo, que lo apartó con el elevado propósito de enriquecer la relación divino-humana.

Dios bendijo y santificó el séptimo día sábado *porque* cesó en este día de toda su obra. Lo bendijo y santificó para la humanidad, y no para sí mismo. Es su presencia personal lo que coloca en el sábado la bendición y la santificación de Dios.

El sábado en el Sinaí. Los acontecimientos que siguieron a la salida de los israelitas de Egipto, demuestran que prácticamente se habían olvidado del sábado. Los rigurosos requerimientos de la esclavitud parecen haber hecho de la observancia del sábado algo muy difícil. Poco después que obtuvieron su libertad, Dios les recordó en forma prominente, por medio del milagro del maná y la proclamación de los Diez Mandamientos, su obligación de observar el séptimo día sábado.

1. *El sábado y el maná.* Un mes antes de que Dios proclamara la ley desde el Sinaí, prometió proteger a su pueblo contra las enfermedades si ponían atención diligente "a sus mandamientos y guardares todos sus estatutos" (Éxo. 15:26: véase también Gén. 26:5). Poco después de hacer esta promesa, Dios recordó a los israelitas la santidad del sábado. Por medio del milagro del maná les enseñó en términos concretos cuán importante consideraba su descanso en el séptimo día.

Cada día de la semana Dios les concedía a los israelitas suficiente maná para suplir las necesidades de ese día. No debían guardar nada para el día siguiente, porque si lo hacían se echaría a perder (Éxo. 16:4, 16-19). En el sexto día, debían reunir el doble de lo corriente, con el fin de que tuviesen suficiente para suplir sus necesidades tanto en ese día como en el siguiente, el sábado. Con el fin de enseñar que el sexto día debía ser un día de preparación, y también para destacar cómo debía guardarse el sábado, Dios dijo: "Mañana es el santo sábado, el reposo de Jehová: Lo que hubiereis de cocer, cocedlo hoy, y lo que hubiereis de cocinar, cocinadlo hoy; y todo lo que os sobrare, guardadlo para mañana" (Éxo. 16:23, Antigua Reina-Valera). El único día para el cual se podía guardar maná sin que se echara a perder era el séptimo (Éxo. 16:24). Usando un lenguaje similar al del cuarto mandamiento, Moisés dijo: "En los seis días lo recogeréis; mas el séptimo día es sábado, en el cual no se hallará" (Éxo. 16:26, Antigua Reina-Valera).

Durante los 40 años, o más de 2.000 sábados sucesivos, que los israelitas pasaron en el desierto, el milagro del maná les recordó este ritmo de seis días de trabajo y el séptimo día de descanso.

2. *El sábado y la ley.* Dios colocó el mandamiento relativo al sábado en el centro del Decálogo. Dice así:

"Acordarte has del día del reposo, para santificarlo: Seis días trabajarás, y harás toda tu obra; mas el séptimo día será reposo para Jehová tu Dios: No hagas en él obra alguna, tú, ni tu hijo, ni tu hija, ni tu siervo, ni tu criada, ni tu bestia, ni tu extranjero que está dentro de tus puertas: Porque en seis días hizo Jehová los cielos y la tierra, la mar y todas las cosas que en ellos hay, y reposó en el séptimo día: Por tanto Jehová bendijo el día del reposo y lo santificó" (Éxo. 20:8-11, Antigua Reina-Valera).

Todos los mandamientos del Decálogo son vitales, y ninguno debe ser descuidado (Sant. 2:10), pero Dios distinguió el mandamiento relativo al sábado de todos los demás. En relación con él, nos mandó recordarlo, amonestando así a la humanidad contra el peligro de olvidar su importancia.

Las palabras con las cuales comienza el mandamiento: "Acordate has del día del reposo para santificarlo", muestran que el sábado no fue instituido por primera vez en el Sinaí. Dichas palabras indican que su origen fue anterior, de hecho, en la creación, como lo revela el resto del mandamiento. Dios deseaba que observáramos el sábado como su monumento de la creación. Define el tiempo de descanso y adoración, y nos invita a contemplar a Dios y sus obras.

Como el monumento de la creación, la observancia del sábado es un antídoto de la idolatría. Al recordarnos que Dios creó el cielo y la tierra, lo distingue de todos los dioses falsos. Así pues, el acto de guardar el sábado se convierte en la señal de nuestra fidelidad al Dios verdadero, una prueba de que reconocemos su soberanía como Creador y Rey.

El mandamiento del sábado funciona como el sello de la Ley de Dios.[4] Generalmente, los sellos contienen tres elementos: el nombre del dueño del sello, su título, y su jurisdicción. Los sellos oficiales se usan para validar documentos de importancia. El documento adquiere la autoridad del oficial cuyo sello ha sido colocado sobre él. El sello implica que el mismo oficial aprobó la legislación y que todo el poder de su cargo lo apoya.

Entre los Diez Mandamientos, el mandamiento relativo al sábado es el que contiene los elementos vitales de un sello. Es el único de los diez que identifica al Dios verdadero, especificando su nombre: "Jehová tu Dios"; su título: el que hizo, el Creador; y su territorio: "los cielos y la tierra" (Éxo. 20:10, 11). Por cuanto únicamente el cuarto mandamiento muestra con autoridad por quién fueron dados los Diez Mandamientos, "contiene el sello de Dios", incluido en su ley como evidencia de su autenticidad y obligatoriedad.[5]

De hecho, Dios hizo el sábado como un "recordativo o señal de su poder y autoridad en un mundo inmaculado por el pecado y la rebelión. Debía ser una institución de obligación personal perpetua, prescrita por la admonición 'acuérdate del día de reposo para santificarlo' (Éxo. 20:8)".[6]

Este mandamiento divide la semana en dos partes. Dios le concedió a la humanidad seis días en los cuales "trabajarás, y harás toda tu obra", pero en el séptimo día "no hagas en él obra alguna" (Éxo. 20:9, 10). "Seis días, dice el mandamiento, son *días de trabajo*, pero *el* séptimo día es un día *de descanso*. Que 'el séptimo día' es el único día de descanso de Dios resulta evidente por las palabras con que comienza el mandamiento: Acuérdate *del* día de reposo [sábado] para santificarlo".[7]

Si bien es cierto que los seres humanos necesitan descanso físico para reanimar su organismo, Dios basa en su propio ejemplo su mandato de que descansemos en el día sábado. Por cuanto él cesó de las actividades que realizó en la primera semana del mundo, nosotros también debemos reposar.

3. *El sábado y el pacto.* La Ley de Dios era un rasgo central del pacto (Éxo. 34:27); así también el sábado, colocado en el corazón de esa ley, es prominente en el pacto divino. Dios declaró que el sábado sería "por señal entre mí y ellos, para que supiesen que yo soy Jehová que los santifico" (Eze. 20:12; véase también Eze. 20:20; Éxo. 31:17). Por lo tanto, dice Dios, el reposo sabático es un "pacto perpetuo" (Éxo. 31:16). "Así como el pacto se basa en el amor de Dios por su pueblo (Deut. 7:7, 8), también el sábado, como señal de ese pacto, es una seña de amor divino".[8]

4. *Los sábados anuales.* Además de los sábados semanales (Lev. 23:3), había siete sábados anuales de carácter ceremonial, repartidos en el calendario religioso de Israel. Esos sábados anuales no estaban directamente relacionados con el séptimo día sábado o el ciclo semanal. Esos días de reposo, "además de los sábados de Jehová" (Lev. 23:38, Antigua Reina-Valera), eran el primero y último días de la Fiesta de los Panes sin Levadura, el día de Pentecostés, la Fiesta de las Trompetas, el Día de la Expiación, y el primer y último días de la Fiesta de los Tabernáculos (véase Lev. 23:7, 8, 21, 24, 25, 27, 28, 35, 36).

Por cuanto el cálculo de esos días de reposo dependía del comienzo del año sagrado, el cual estaba basado en el calendario lunar, las celebraciones podían caer en cualquier día de la semana. Cuando coincidían con el sábado semanal, se conocían como "días grandes" o "días de gran solemnidad" (véase Juan 19:31). "El sábado semanal fue ordenado al fin de la semana de la creación para toda la humanidad; por su parte, los sábados anuales constituían una parte integral del sistema judío de ritos y ceremonias instituidos en el monte Sinaí... los cuales apuntaban hacia el futuro advenimiento del Mesías, y cuya observancia terminó con su muerte en la cruz".[9]

El sábado y Cristo. La Escritura revela que Cristo fue, tanto como el Padre, el Creador (véase 1 Cor. 8:6; Heb. 1:1, 2; Juan 1:3). Por lo tanto, él fue quien apartó el séptimo día como día de reposo para la humanidad.

Más adelante, Cristo asoció el sábado no sólo con su obra creadora sino también con su obra redentora. Como el gran "Yo Soy" (Juan 8:58; Éxo. 3:14), incorporó el sábado en el Decálogo como un poderoso recordativo de este compromiso semanal de adoración al Creador. Además, añadió otra razón para observar el sábado: la redención de su pueblo (Deut. 5:14, 15). De este modo, el sábado marca a los que han aceptado a Jesús como Creador y Salvador.

El papel doble de Cristo como Creador y Redentor deja claro por qué aseveró que, en su calidad de Hijo del Hombre, también es "Señor aún del sábado" (Mar. 2:28, Antigua Reina-Valera). Teniendo tal autoridad, si así lo hubiese deseado, podría haber eliminado el sábado, pero no lo hizo. Por el contrario, lo aplicó a todos los seres humanos, diciendo: "El sábado por causa del hombre es hecho" (vers. 27).

En todo su ministerio terrenal, Cristo nos dio ejemplo de fidelidad en guardar el sábado. Era "conforme a su costumbre" adorar en el día sábado (Luc. 4:16). Su participación en los servicios sabáticos revela que aprobaba el sábado como día de reposo.

Tan importante consideraba Cristo la santidad del sábado, que cuando habló de la persecución que sucedería después de su ascensión, aconsejó a sus discípulos, diciendo: "Orad, pues, que vuestra huida no sea en invierno ni en sábado" (Mat. 24:20, Antigua Reina-Valera). Según hace notar Jonatan Edwards, esto implica claramente "que aún entonces los cristianos se hallaban bajo obligación de guardar estrictamente el sábado".[10]

Cuando Cristo terminó la obra de la creación —su primer gran acto en la historia del mundo— reposó en el séptimo día. Este reposo significaba terminación y consumación. Hizo lo mismo al fin de su ministerio terrenal después de que concluyó su segundo gran acto en la historia. El viernes de tarde, el sexto día de la semana, Cristo completó su misión redentora en el mundo. Sus últimas palabras fueron: "Consumado es" (Juan 19:30). La Escritura enfatiza el hecho de que cuando Cristo murió, "era el día de la preparación, y el sábado ya rayaba" (Luc. 23:54, VM). A continuación de su muerte, reposó en una tumba, simbolizando así el hecho de que había cumplido la redención de la raza humana.[11]

De este modo, el sábado testifica acerca de la obra de la creación y de la redención que Cristo realizó. En su observancia, los seguidores del Salvador se regocijan con él por sus logros en favor de la humanidad.[12]

El sábado y los apóstoles. Los discípulos manifestaban gran respeto por el sábado. Este hecho se hizo evidente en ocasión de la muerte de Cristo. Cuando llegó el sábado, interrumpieron sus preparativos para el sepelio, "y reposaron el sábado conforme al mandamiento", con planes de continuar esa obra el domingo, "el primer día de la semana" (Luc. 23:56; Antigua Reina-Valera; 24:1, *Id*).

Tal como lo había hecho Cristo, los apóstoles adoraban en el séptimo día o sábado. En sus viajes evangelizadores, Pablo asistía a las sinagogas en sábado, y predicaba a Cristo (Hech. 13:14; 17:1, 2; 18:4). Aun los gentiles los invitaban a predicar la Palabra de Dios en sábado (Hech. 13:42, 44). En las localidades donde no había sinagoga, el apóstol buscaba el lugar donde se acostumbraba celebrar los cultos del sábado (Hech. 16:13). Así como la participación de Cristo en los servicios sabáticos indicaba su aceptación del séptimo día como el día especial de culto, lo mismo sucedía en el caso de Pablo.

La fiel observancia del sábado semanal por parte de Pablo se destaca en agudo contraste con su actitud hacia los sábados ceremoniales anuales. En sus escritos deja bien en claro que los cristianos ya no se hallan bajo la obligación de guardar esos días anuales de reposo, porque Cristo clavó las leyes ceremoniales en la cruz (véase el capítulo 19 de esta obra). Dice el apóstol: "Por tanto, nadie os juzgue en comida, o en bebida, o en parte de día de fiesta, o de nueva luna, o de sábados: lo cual es la sombra de lo por venir, mas el cuerpo es de Cristo" (Col. 2:16, 17; Antigua Reina-Valera). Ya que "el contexto [de este pasaje] tiene que ver con asuntos rituales, los sábados a que aquí se refiere son los sábados ceremoniales de los festivales anuales judíos, 'lo cual es la sombra' o tipo, cuyos cumplimientos había de suceder en Cristo".[13]

Del mismo modo, en Gálatas Pablo protesta contra la observancia de los requerimientos de la ley ceremonial. Dice: "Guardáis los días, los meses, los tiempos y los años. Me temo de vosotros, que haya trabajado en vano con vosotros" (Gál. 4:10, 11).

Muchos tienen la impresión de que Juan se refería al domingo cuando declaró que "estaba en el Espíritu en el día del Señor" (Apoc. 1:10). En la Biblia, sin embargo, el único día al cual se hace referencia como la posesión especial del Señor es el sábado. Cristo declaró: "El séptimo día es reposo para Jehová tu Dios" (Éxo. 20:10); más tarde lo llamó "mi día santo" (Isa. 58:13). Y Cristo declaró que él mismo era "Señor aun del sábado" (Mar. 2:28; Antigua Reina-Valera). Por cuanto en la Escritura, el único día que el Señor reconoce como suyo propio es el séptimo día sábado, es lógico concluir que Juan se refería al día sábado. Por cierto que no hay precedente bíblico para indicar que pudiese aplicar este término al domingo, primer día de la semana.[14]

En ninguna parte nos manda la Biblia a observar un día de la semana que no sea el sábado. No declara bendito o santo a ningún otro día semanal. Tampoco indica el Nuevo Testamento que Dios haya cambiado el reposo para otro día de la semana.

Por el contrario, la Escritura revela que Dios se proponía que su pueblo observara el sábado por toda la eternidad: "Porque como los cielos nuevos y la nueva tierra, que yo hago, permanecen delante de mí, dice Jehová, así permanecerá vuestra simiente y vuestro nombre. Y será que de mes en mes, y de sábado en sábado, vendrá toda carne a adorar delante de mí, dijo Jehová" (Isa. 66:22, 23, Antigua Reina-Valera).

El significado del sábado. El sábado tiene amplio significado y está lleno de profunda y rica espiritualidad.

1. *Un monumento perpetuo de la creación.* Como hemos visto, el significado fundamental que los Diez Mandamientos expresan respecto del sábado es que en este día se conmemora la creación del mundo (Éxo. 20:11, 12). El mandato de observar el séptimo día como el día de reposo, se halla "inseparablemente vinculado con el acto de la creación, ya que la institución del sábado y el mandato de observarlo son una consecuencia directa del acto creador. Además, toda la familia humana debe su existencia al divino acto de la creación que aquí se recuerda; por ello, la obligación de obedecer el mandamiento del sábado como monumento del poder creador de Dios, recae sobre toda la raza humana".[15] Strong llama al sábado "una obligación perpetua como el monumento que Dios ha señalado para conmemorar su actividad creadora".[16]

Quienes observaran el sábado como un recordativo de la creación, lo harían reconociendo agradecidos "que Dios era su Creador y su legítimo Soberano, de que ellos eran la obra de sus manos y los súbditos de su autoridad. De esa manera, la institución del sábado era enteramente conmemorativa, y fue dada para toda la humanidad. No había nada en ella que fuese oscuro o que limitase su observancia a un solo pueblo".[17] Y mientras adoremos a Dios porque es nuestro Creador, el sábado continuará funcionando como la señal y el monumento de la creación.

2. *Un símbolo de redención.* Cuando Dios libró a Israel de su esclavitud en Egipto, el sábado, que ya era el monumento de la creación, se convirtió además en un monumento de su liberación (Deut. 5:15). "El Señor se proponía que el descanso sabático semanal, si se lo observaba como era debido, mantuviera constantemente la facultad de liberar a los seres humanos de la esclavitud de un Egipto que no se limita a ningún país ni siglo, sino que incluye todas las tierras y las eras de la historia. En nuestros días, el hombre también necesita escapar de la esclavitud que proviene de la codicia, de las ganancias y del poder, de la desigualdad social, y del pecado y el egoísmo".[18]

Es cuando nuestra mirada se dirige a la cruz, que el descanso del sábado se destaca como un símbolo especial de la redención. "Es el monumento del éxodo de la esclavitud del pecado bajo la dirección de Emanuel. El mayor peso que llevamos es la culpabilidad que produce nuestra desobediencia. El descanso del sábado, al señalar el reposo de Cristo en la tumba, el reposo de su victoria sobre el pecado, ofrece al cristiano una oportunidad tangible de aceptar y experimentar el perdón, la paz y el reposo de Cristo".[19]

3. *Una señal de santificación.* El sábado es una señal del poder transformador de Dios, un signo de santidad o santificación. El Señor declaró: "Vosotros guardaréis mis sábados: porque es señal entre mí y vosotros por vuestras edades, para que sepáis que yo soy Jehová que os santifico" (Éxo. 31:13, Antigua Reina-Valera; véase también Eze. 20:20). Por lo tanto, el sábado es también una señal de que Dios es nuestro Santificador. Así como somos santificados por la sangre de Cristo (Heb. 13:12), el sábado es también una señal de que el creyente ha aceptado la sangre de Cristo para el perdón de sus pecados.

Tal como Dios ha apartado el sábado con un propósito santo, así también ha apartado a su pueblo con un propósito igualmente santo. Él desea que sean sus testigos especiales. Su comunión con él en ese día conduce a la santidad; aprenden a no depender de sus propios recursos sino del Dios que los santifica.

"El poder que creó todas las cosas es el poder que vuelve a crear el alma a su propia semejanza. Para los que consideran que el día sábado es sagrado, éste constituye la señal de la santificación. La verdadera santificación es armonía con Dios, unidad con él en carácter. Se la recibe por medio de la obediencia a los principios que constituyen la transcripción de su carácter. Y el sábado es el signo de la obediencia. El que obedece el cuarto mandamiento de corazón, obedecerá también toda la ley. Es santificado por medio de la obediencia".[20]

4. *Una señal de lealtad.* Así como la lealtad de Adán y Eva fue probada por el árbol del conocimiento del bien y del mal que se hallaba en el medio del jardín del Edén, así también la lealtad a Dios de cada ser humano será probada por el mandamiento relativo al sábado, colocado en el medio del Decálogo.

La Escritura revela que antes de la segunda venida de Cristo, todo el mundo estará dividido en dos clases: los que son leales y "guardan los mandamientos de Dios y la fe de Jesús", y los que adoran "a la bestia y a su imagen" (Apoc. 14:12, 9). En ese tiempo, la verdad de Dios será magnificada ante el mundo y a todos les resultará claro que la obediente observancia del séptimo día sábado de la Escritura provee evidencia de lealtad al Creador.

5. *Un tiempo para la comunión.* Dios creó a los animales para que fueran los compañeros de la humanidad (Gén. 1:24, 25). Y con el fin de gozar de un nivel mayor de compañerismo, Dios creó al hombre y a la mujer y los entregó el uno al otro (Gén. 2:18-25). Pero con el sábado, Dios le concedió a la humanidad un don que ofrece la más elevada forma de compañerismo, a saber, el compañerismo con él. Los seres humanos no fueron creados sólo para que se asociaran con los animales, y ni siquiera con otros seres humanos. Fueron hechos para Dios.

Es durante el sábado cuando podemos experimentar en forma especial la presencia de Dios entre nosotros. Sin el sábado, todo sería trabajo y lucha sin césar. Cada día sería como los otros, dedicado a intereses seculares. La llegada del sábado, sin embargo, trae consigo esperanza, gozo, significado y valor. Provee tiempo para la comunión con Dios por medio del culto, la oración, el canto, el estudio de la Palabra y la meditación en ella, y por el acto de compartir el evangelio con otros. El sábado es nuestra oportunidad para experimentar la presencia de Dios.

6. *Una señal de justificación por la fe.* Los cristianos reconocen que si se dejan guiar por una conciencia iluminada, los no cristianos que buscan honestamente la verdad pueden ser llevados por el Espíritu Santo a la comprensión de los principios generales de la Ley de Dios (Rom. 2:14-16). Esto explica por qué los otros nueve mandamientos, fuera del cuarto, han sido practicados en cierto modo fuera de la cristiandad. Pero éste no es el caso del mandamiento relativo al sábado.

Muchos pueden ver la razón de tener un día semanal de descanso, pero a menudo les resulta difícil comprender por qué la misma clase de trabajo que en cualquier otro día de la semana es considerado correcto y digno de encomio, es un pecado cuando se lo realiza en el séptimo día. La naturaleza no ofrece ninguna razón para guardar el séptimo día. Los planetas se mueven en sus orbitas respectivas, la vegetación crece, se alternan la lluvia y la luz del sol, y las bestias del campo viven como si todos los días fueran iguales. ¿Por qué, entonces, deben los seres humanos guardar el séptimo día sábado? "Para el cristiano, hay una sola razón; pero esa razón basta: Dios ha hablado".[21]

Es únicamente en base a la revelación especial de Dios que se puede comprender cuán razonable es observar el séptimo día. Por lo tanto, los que guardan el sábado lo hacen por fe y porque confían implícitamente en Cristo, quien requiere su observancia. Al observar el sábado, los creyentes revelan su disposición de aceptar la voluntad de Dios para sus vidas, en vez de depender de su propio juicio.

Al guardar el séptimo día, los creyentes no están procurando hacerse justos a sí mismos. Más bien observan el sábado como resultado de su relación con Cristo, el

Creador y Redentor.²² El hecho de guardar el sábado es el producto de la justicia de Cristo en la justificación y la santificación, significando así que los creyentes han sido liberados de la esclavitud del pecado y han recibido su perfecta justicia.

"Un manzano no se convierte en manzano cuando da manzanas. Primero tiene que ser un manzano. Luego vienen las manzanas como su fruto natural. Así también el verdadero cristiano no guarda el sábado o los otros nueve preceptos con el fin de hacerse justo a sí mismo. Más bien éste es el fruto natural de la justicia que Cristo comparte con él. El que guarda el sábado de este modo, no es un legalista, ya que el acto externo de guardar el séptimo día demuestra la experiencia interior del creyente en la justificación y la santificación. Por esto, el verdadero guardador del sábado no se abstiene de acciones prohibidas durante las horas sagradas con el fin de ganar el favor de Dios, sino porque ama a Dios y desea hacer que el sábado cuente al máximo en comunión especial con [él]".²³

El acto de guardar el sábado revela que hemos cesado de depender de nuestras propias obras, y que nos damos cuenta de que únicamente Cristo el Creador nos puede salvar. De hecho, "el verdadero espíritu del reposo sabático revela amor supremo por Jesucristo, el Creador y Salvador, quien nos está transformando en individuos nuevos. Hace que el acto de guardar el día correcto en la forma correcta sea una señal de justificación por la fe".²⁴

7. *Un símbolo de reposo en Cristo.* El sábado, monumento de la obra que Dios realizó al librar a Israel de Egipto y llevarlos al reposo de la Canaán terrenal, distinguió a los redimidos de ese tiempo de las naciones que los rodeaban. En forma similar, el sábado es señal de la liberación del pecado y la entrada al reposo de Dios, lo cual aparta del mundo a los redimidos.

Todo aquel que entra en el reposo al cual Dios lo invita, "también ha reposado de sus obras, como Dios de las suyas" (Heb. 4:10). "Este reposo es espiritual, un descanso de nuestra propias obras, la cesación del pecado. Es a este reposo al que Dios llama a su pueblo, y es de este reposo que tanto el sábado como Canaán son símbolos".²⁵

Cuando Dios completó la obra de la creación y reposó en el séptimo día, proveyó en el sábado una oportunidad para que Adán y Eva descansaran en él. Si bien ellos fracasaron, el propósito original que Dios tenía de ofrecer ese reposo a la humanidad permanece inalterable. Después de la caída, el sábado continuó sirviendo como recordativo de ese reposo. "La observancia del séptimo día sábado testifica de este modo no sólo acerca de la fe en Dios como el Creador de todas las cosas, sino también de la fe en su poder de transformar la vida y proveer para los seres humanos la idoneidad para entrar en ese reposo eterno que él se proponía originalmente conceder a todos los habitantes de este mundo".²⁶

El Sábado • 291

Dios le había prometido este reposo espiritual al Israel literal. A pesar de su fracaso al no entrar en él, la invitación de Dios aún permanece: "Por tanto, queda un reposo para el pueblo de Dios" (Heb. 4:9). Todos los que desean entrar en ese reposo "deben entrar primeramente por fe en su reposo espiritual, el descanso del pecado y de sus propios esfuerzos por salvarse que experimenta el alma".[27]

El Nuevo Testamento llama al cristiano a no demorarse en experimentar este reposo de gracia y fe, ya que "hoy" es el momento oportuno para entrar en él (Heb. 4:7; 3:13). Todos los que han entrado en este reposo —la gracia salvadora recibida por fe en Jesucristo— han cesado todo esfuerzo por lograr justicia por sus propias obras. De este modo, la observancia del séptimo día sábado es un símbolo o demostración de que el creyente ha entrado en el reposo que provee el evangelio.

Intentos de cambiar el día de adoración
Por cuanto el sábado juega un papel vital en la adoración a Dios como Creador y Redentor, no debe sorprendernos que Satanás haya montado una ofensiva total para derribar esta sagrada institución.

En ningún lugar autoriza la Biblia a realizar un cambio del día de culto que Dios creó en el Edén y confirmó en el Sinaí. Otros cristianos han reconocido esto, a pesar de ser ellos mismo guardadores del domingo. El cardenal católico James Gibbons escribió en cierta ocasión: "Podéis leer la Biblia desde el Génesis al Apocalipsis y no encontraréis ni una sola línea que prescriba la santificación del domingo. Las Escrituras hablan de la observancia religiosa del sábado, día que no santificamos".[28]

A. T. Lincoln, de religión protestante, admite que "no se puede sostener el argumento que el Nuevo Testamento provee una base para la creencia de que desde la resurrección Dios estableció que se observara el primer día como el día de reposo".[29] El mismo autor reconoce lo siguiente: "Para cualquiera que considere que todo el Decálogo es válido como ley moral, el único curso de acción consecuente es convertirse en guardador del séptimo día sábado".[30]

Si no hay evidencia bíblica de que Cristo o sus discípulos cambiaron el día de reposo, despojando al séptimo día de su carácter sagrado, entonces ¿cómo es que tantos cristianos han llegado a aceptar el domingo en su lugar?

Cómo surgió la observancia del domingo. El cambio del sábado al domingo vino gradualmente. Antes del segundo siglo no hay evidencia de que los cristianos celebraran reuniones semanales de culto en domingo, pero la evidencia indica que para la mitad de ese siglo, algunos cristianos estaban observando voluntariamente el domingo como un día de culto pero no de reposo.[31]

La iglesia de Roma, compuesta mayormente de creyentes gentiles (Rom. 11:13), estuvo a la cabeza en la tendencia de reposar en domingo. En Roma, la capital del imperio, surgieron fuertes sentimientos antijudíos, los cuales se fortalecieron a medida que pasaba el tiempo. En reacción a esos sentimientos, los cristianos que vivían en esa ciudad procuraron distinguirse de los judíos. Abandonaron ciertas prácticas comunes a ambos grupos, e iniciaron una tendencia a separarse de la veneración del sábado, moviéndose hacia la observancia exclusiva del domingo.[32]

Desde el siglo II hasta el V, y mientras el domingo continuaba adquiriendo influencia, los cristianos siguieron observando el séptimo día sábado casi en todos los lugares del Imperio Romano. El historiador del siglo V, Sócrates, escribió: "Casi todas las iglesias de todo el mundo celebran los sagrados misterios en el sábado de cada semana, y sin embargo los cristianos de Alejandría y de Roma, por alguna antigua tradición, ha cesado de hacer esto".[33]

En los siglos IV y V, muchos cristianos adoraban tanto en el sábado como en el domingo. Sozomen, otro historiador de ese período, escribió: "La gente de Constantinopla, y de casi todas las partes, se reúnen el sábado, así como en el primer día de la semana; esta costumbre nunca se observa en Roma o Alejandría".[34] Estas referencias demuestran el papel principal que le cupo a Roma en el abandono de la observancia del sábado.

¿Por qué los que paulatinamente se alejaron del séptimo día escogieron el domingo y no otro día de la semana? Una razón primordial es que Cristo resucitó en domingo; de hecho, se afirmaba que el Salvador había autorizado la práctica de adorar en ese día. Pero, aunque parezca extraño, *ningún escritor de los siglos III y IV jamás citó un solo versículo bíblico como autoridad* para justificar la observancia del domingo en lugar del sábado. Ni Bernabé, ni Ignacio, ni Justino, ni Ireneo, ni Tertuliano, ni Clemente de Roma, ni Clemente de Alejandría, ni Orígenes, ni Cipriano, ni Victorino, ni ningún otro autor que viviera cerca del tiempo cuando Jesús vivió, sabía que existiese ninguna instrucción tal de Jesús o de ninguna parte de la Biblia".[35]

La popularidad e influencia que le confería al domingo la adoración al sol de los romanos paganos, sin duda contribuyó a su creciente aceptación como día de culto. La adoración al sol desempeñaba un papel importante por todo el mundo antiguo. Era "uno de los componentes más antiguos de la religión romana". Debido a los cultos orientales dedicados al sol "desde la primera parte del siglo II de nuestra era, el culto al *Sol invictus* era dominante en Roma y en otras partes del Imperio".[36]

Esta religión popular hizo su impacto sobre la iglesia primitiva a través de los nuevos conversos. "Los conversos cristianos provenientes del paganismo se sentían constantemente atraídos hacia la veneración del sol. Esto se indica no solamente por la frecuente condenación de esta práctica que hacían los padres [de la iglesia], sino también por los significativos reflejos del culto al sol que aparecen en la liturgia cristiana".[37]

El cuarto siglo fue testigo de la introducción de las leyes dominicales. Primero se promulgaron leyes dominicales de carácter civil, y luego fueron apareciendo las de carácter religioso. El emperador Constantino promulgó la primera ley dominical civil el 7 de marzo del año 321 d.C. En vista de la popularidad de que gozaba el domingo entre los paganos que adoraban al sol y la estima en que lo tenían muchos cristianos, Constantino esperaba que al hacer del domingo un día festivo podría asegurarse el apoyo de ambos grupos para su gobierno.[38]

La ley dominical de Constantino reflejaba su propio pasado como adorador del sol. Decía: "En el venerable Día del Sol [*venerabili die Solis*] que los magistrados y la gente que reside en ciudades descansen, y que se cierren todos los lugares de trabajo. En el campo, sin embargo, las personas que se ocupan en la agricultura podrán continuar libre y legalmente sus ocupaciones.[39]

Varias décadas más tarde, la iglesia siguió su ejemplo. El Concilio de Laodicea (alrededor del año 364 d.C.), que no fue un concilio universal sino católico romano, promulgó la primera ley dominical eclesiástica. En el Canon 29, la iglesia estipulaba que los cristianos debían honrar el domingo y, "si es posible, no trabajar en ese día", mientras que al mismo tiempo denunciaba la práctica de reposar en el sábado, instruyendo a los cristianos a no "estar ociosos en sábado [griego *sabbaton*, "el Reposo"] sino que debían trabajar en ese día.[40]

En el año 538 de nuestra era, el año marcado como el comienzo de la profecía de los 1.260 años (véase el capítulo 13 de esta obra), el Tercer Concilio —católico— de Orleáns, promulgó una ley aún más severa que la de Constantino. El Canon 28 de ese concilio dice que el domingo, aun "el trabajo agrícola debiera ser dejado de lado, con el fin de no impedirle a la gente la asistencia a la iglesia.[41]

El cambio predicho. La Biblia revela que la observancia del domingo como institución cristiana tuvo su origen en "el misterio de iniquidad" (2 Tes. 2:7), el cual ya estaba obrando en los días de Pablo (véase el capítulo 13 de esta obra). Por medio de la profecía de Daniel 7, Dios reveló su conocimiento anticipado del cambio que se haría en el día de adoración.

La visión de Daniel describe un ataque contra la Ley de Dios y su pueblo. El poder atacante, representado por un cuerno pequeño (y por una bestia en Apoc. 13:1-10), produce la gran apostasía dentro de la iglesia cristiana (véase el capítulo 13 de esta obra). El cuerno pequeño, que surge de la cuarta bestia y se convierte en un poder perseguidor principal después de la caída de Roma (véase el capítulo 19 de esta obra), procura "cambiar los tiempos y la ley" (Dan. 7:25). Este poder apóstata tiene mucho éxito, pues logra engañar a la mayor parte de los habitantes del mundo, pero al fin, el juicio decide contra él (Dan. 7:11, 22, 26). Durante la tribulación final, Dios interviene a favor de su pueblo y los libra (Dan. 12:1-3).

Hay un solo poder dentro de la cristiandad al cual se le puede aplicar esta profecía. Hay una sola organización religiosa que pretende tener el derecho de modificar las leyes divinas. Nótese lo que a través de la historia han pretendido las autoridades católicas romanas:

Alrededor del año 1400 de nuestra era, Petrus de Ancharano aseveró que "el Papa puede modificar la ley divina, ya que su poder no es del hombre sino de Dios, y actúa en el lugar de Dios en el mundo, con el más amplio poder de atar y desatar sus ovejas".[42]

El impacto de esta aseveración asombrosa se vio demostrado durante la Reforma. Lutero afirmaba que su guía en la vida no era la tradición de la iglesia, sino la Sagrada Escritura. Su consigna era *sola scriptura* –"la Biblia, y la Biblia sola". Juan Eck, uno de los principales defensores de la fe católica romana, atacaba a Lutero en este punto, aseverando que la autoridad de la iglesia estaba por encima de la Biblia. Desafió a Lutero en el punto de la observancia del domingo en lugar del sábado bíblico. Dijo Eck: "La Escritura enseña: 'Acuérdate del día de reposo para santificarlo. Seis días trabajarás, y harás toda tu obra; mas el séptimo día es reposo para Jehová tu Dios', etc. Sin embargo, la iglesia ha cambiado el sábado al domingo por su propia autoridad, para lo cual vos [Lutero] no tenéis Escritura".[43]

En el Concilio de Trento (1545-1563), convenido por el Papa con el fin de contrarrestar el protestantismo, Gaspare de Fosso, arzobispo de Reggio, nuevamente sacó a relucir el tema. "La autoridad de la iglesia —dijo—, entonces, se ilustra más claramente por las Escrituras; porque, mientras por una parte [la iglesia] las recomienda, declara que son divinas [y] nos las ofrece para que las leamos... por otra parte, los preceptos legales de las Escrituras que el Señor enseñó han cesado en virtud de esa misma autoridad [la iglesia]. El sábado, el día más glorioso de la ley, ha sido cambiado al día del Señor... Estos asuntos y otros similares, no han cesado en virtud de la enseñanza de Cristo (porque él dijo que había venido a cumplir la ley, y no a destruirla), sino que han sido cambiados por la autoridad de la iglesia".[44]

¿Mantiene aún esta posición la iglesia católica? La edición de 1977 del *Convert's Catechism of Catholic Doctrine* [Catecismo de doctrina católica para el converso], contiene esta serie de preguntas y respuestas:

"P. ¿Cuál es el día de reposo?

"R. El sábado es el día de reposo

" P. ¿Por qué observamos el domingo en vez del sábado?

"R. Observamos el domingo en vez del sábado porque la Iglesia Católica transfirió la solemnidad del sábado al domingo".[45]

En su famosa obra *The Faith of Millons* [La fe de millones] (1974), el sabio católico Juan A. O´Brien, llegó a esta conclusión apremiante: "Por cuanto el día especificado en la Biblia no es el domingo sino el sábado, ¿no es curioso que los no católicos que profesan tomar su religión directamente de la Biblia y no de la Iglesia, observen el domingo en vez del sábado? Si, desde luego, es contradictorio". La costumbre de observar el domingo, dice este autor, "descansa sobre la autoridad de la Iglesia Católica y no sobre un texto explícito que se halle en la Biblia. Esa observancia permanece como un recordativo de la Madre Iglesia de la cual las sectas no católicas se desprendieron, como un muchacho que huye de su hogar, pero que en su bolsillo todavía lleva una fotografía de su madre o un mechón de su cabello".[46]

La afirmación de estas pretensiones cumple la profecía y contribuye a identificar el poder simbolizado por el cuerno pequeño.

La restauración del sábado. En Isaías 56 y 58, Dios llama a Israel a una reforma en torno al sábado. Al revelar las glorias de la reunión futura de los gentiles en su redil (Isa. 56:8), asocia el éxito de esta misión de salvación con la práctica de guardar el sábado como día santo (Isa. 56:1, 2, 6, 7).

Dios ha bosquejado cuidadosamente la obra específica de su pueblo. Si bien su misión es mundial, se dirige especialmente a una clase de individuos que profesan ser creyentes, pero que en realidad se han apartado de sus preceptos (Isa. 58:1, 2). Expresa su misión ante esos creyentes profesos en los siguientes términos: "Y edificarán los de ti los desiertos antiguos; los cimientos de generación y generación levantarás: y serás llamado reparador de portillos, restaurador de calzadas para habitar. Si retrajeres del sábado tu pie, de hacer tu voluntad en mi día santo, y al sábado llamares delicia, santo, glorioso de Jehová; y lo venerares, no haciendo tus caminos, ni buscando tu voluntad, ni hablando tus palabras: entonces te deleitarás en Jehová" (Isa. 58:12-14, Antigua Reina-Valera).

La misión del Israel espiritual es paralela con la del antiguo Israel. La Ley de Dios fue quebrantada cuando el poder representado por el cuerno pequeño cambió el reposo del sábado al domingo. Tal como el sábado pisoteado debía ser restaurado en Israel, así también en los tiempos modernos, la divina institución del sábado debe ser restaurada, y es necesario reparar esa brecha que se abrió en el muro de la Ley de Dios.[47]

Lo que cumple esta obra de restauración y magnificación de la ley, es la proclamación del mensaje de Apocalipsis 14:6-12 en conexión con el evangelio eterno. Y es precisamente la proclamación de este mensaje lo que constituye la misión de la iglesia de Dios en la época de la segunda venida (véase el capítulo 13 de esta obra). Este mensaje debe despertar al mundo, invitando a cada uno a prepararse para el juicio.

Las palabras usadas en el llamado a adorar al Creador, "aquel que hizo el cielo y la tierra, el mar y las fuentes de las aguas" (Apoc. 14:7), constituyen una referencia directa al cuarto mandamiento de la eterna Ley de Dios. Su inclusión en esta amonestación final, confirma la especial preocupación que Dios siente porque su sábado tan ampliamente olvidado, sea restaurado antes de la segunda venida.

La proclamación de este mensaje precipitará un conflicto que abarcará el mundo entero. El punto central de la controversia será la obediencia a la Ley de Dios y la observancia del sábado. Frente a este conflicto, cada uno debe decidir si guardará los mandamientos de Dios o los de los hombres. Este mensaje producirá un pueblo que guarde los mandamientos de Dios y la fe de Jesús. Los que lo rechacen, recibirán finalmente la marca de la bestia (Apoc. 14:9, 12; véase el capítulo 13 de esta obra).

Si desean cumplir con éxito esta misión de magnificar la Ley de Dios y de honrar su sábado que ha sido tan descuidado, los hijos de Dios deben presentar un ejemplo amoroso y consecuente en su práctica de guardar el sábado.

La observancia del sábado

Con el fin de *recordar* el día sábado para santificarlo conforme al mandamiento (véase Éxo. 20:8), debemos pensar en él a través de la semana, y hacer los preparativos necesarios para observarlo de manera que agrade a Dios. Debiéramos tener cuidado de no agotar nuestras energías durante la semana hasta el punto en que no podamos ocuparnos en el servicio a Dios durante el sábado.

Por cuanto el sábado es un día de comunión especial con Dios, en el cual se nos invita a celebrar gozosos sus benditas actividades en la creación y la redención, es importante que evitemos cualquier cosa que tienda a disminuir su atmósfera sagrada. La Biblia especifica que en el sábado debemos cesar nuestro trabajo secular (Éxo. 20:10), evitando todo el trabajo que se hace para ganarse la vida, y todas las transacciones de negocios (Neh. 13:15-22). Debemos honrar a Dios "no andando en tus propios caminos, ni buscando tu voluntad, ni hablando tus propias palabras" (Isa. 58:13). Si dedicamos este día a complacernos a nosotros mismos, a ocuparnos en intereses, conversaciones y pensamientos seculares o en actividades deportivas, estaremos disminuyendo nuestro comunión con nuestro Creador y violando el carácter sagrado del sábado.[48] Nuestra preocupación por el mandamiento del sábado debe extenderse a todos lo que estén bajo nuestra jurisdicción: nuestros hijos, los que trabajan para nosotros, y hasta nuestras visitas y animales domésticos (Éxo. 20:10), con el fin de que ellos también puedan gozar de las bendiciones del sábado.

El sábado comienza a la puesta del sol el viernes, y termina a la puesta del sol del sábado por la tarde (véase Gén. 1:5; compárese con Mar. 1:32).[49] Al día anterior al sábado (viernes), la Escritura lo llama el día de preparación (Mar. 15:42), un día en el cual debemos prepararnos para el sábado, de modo que nada eche a perder su carácter sagrado. En este día, los encargados de preparar las comidas familiares deben disponer los alimentos que se consumirán el sábado, de modo que durante sus horas sagradas ellos también puedan descansar de sus labores (véase Éxo. 16:23).

Cuando se acercan las horas sagradas del sábado, es bueno que los miembros de la familia o grupos de creyentes se reúnan poco antes de la puesta del sol del viernes de tarde para cantar, orar y leer la Palabra de Dios, invitando de este modo al Espíritu de Cristo para que sea un huésped bienvenido. En forma similar, debieran marcar el cierre del día santo uniéndose en adoración poco antes de la puesta del sol del sábado de tarde, pidiendo la presencia y la conducción de Dios durante la semana que está por comenzar.

El Señor llama a su pueblo para que hagan del sábado un día delicioso (Isa. 58:13). ¿Cómo pueden hacer esto? Su única esperanza de experimentar alguna vez el verdadero gozo y satisfacción que Dios ha provisto para ellos en el día santo, consiste en seguir el ejemplo de Cristo, el Señor del sábado.

Cristo adoraba regularmente en el día sábado, tomando parte en los servicios e impartiendo instrucción religiosa (Mar. 1:21; 3:1-4; Luc. 4:16-27; 13:10). Pero el Salvador no se limitaba a adorar. También tenía comunión con los demás (Mar. 1:29-31; Luc. 14:1), caminaba al aire libre (Mar. 2:23), y se dedicaba a realizar santas obras de misericordia. Siempre que podía, sanaba a los enfermos y afligidos (Mar. 1:21-31; 3:1-5; Luc. 13:10-17; 14:2-4; Juan 5:1-15; 9:1-14).

Cuando se lo criticó por su obra de aliviar el sufrimiento, Jesús replicó: "Lícito es en los sábados hacer bien" (Mat. 12:12, Antigua Reina-Valera). Sus actividades de sanamiento no quebrantaron el sábado ni lo abolieron. Lo que sí hicieron fue terminar con los gravosos reglamentos que habían torcido el significado del sábado como un instrumento divino de refrigerio espiritual y deleite.[50] Dios se proponía que el sábado sirviera para el enriquecimiento espiritual de la humanidad. Son correctas las actividades que promueven la comunicación con Dios; son impropias, las que nos distraen de ese propósito y convierten al sábado en un día de fiesta o asueto.

El Señor del sábado invita a todos a seguir su ejemplo. Los que aceptan su llamado experimentan el sábado como una delicia y una fiesta espiritual, un anticipo del cielo. Descubren que "el sábado fue designado por Dios para evitar el desanimo espiritual. Semana tras semana, el séptimo día conforta nuestra conciencia, asegurándonos que a pesar de nuestros caracteres sin terminar de perfeccionar, nos hallamos completos en Cristo. Lo que él logró en el Calvario constituye nuestra expiación. Entramos en su reposo".[51]

Referencias

1. John N. Andrews, *History of the Sabbath*, [Historia del sábado], 2a. ed., ampliada (Battle Creek, MI: Seventh-day Adventist Publishing Assn., 1873), 3a. ed., ampliada, pág. 575.
2. *Comentario bíblico adventista*, tomo 1, pág. 232.
3. *Ibíd.*
4. J. L. Shuler, *God's Everlasting Sign* [La señal eterna de Dios] (Nashville: Southern Pub. Assn., 1972), págs. 114-116; M. L. Andreasen, *The Sabbath* [El Sábado] (Washington, D.C. Review and Herald, 1942), pág. 248; Wallenkampf, "The Baptism, Seal, and Fullness of the Holy Spiritu" [El bautismo, sello y plenitud del Espíritu Santo] (manuscrito sin publicar), pág. 48; White, *Patriarcas y profetas*, pág. 352; White, *El conflicto de los siglos*, págs. 671, 698.
5. White, *Patriarcas y profetas*, pág. 315.
6. Wallenkampf, "Baptism, Seal, and the Fullnes of the Holy Spirit", pág. 48.
7. *Comentario bíblico adventista*, tomo 1, pág. 616.
8. "Sabbath", *SDA Encyclopedia*, ed. rev., vol. 1, pág. 1239.
9. "Sabbath, Annual", *Id.* pág. 1265.
10. Jonathan Edwards, *The Works of President Edwards* [Las obras del presidente Edwards] (Nueva York: Leavitt & Allen, reproducción hecha en 1852 de la ed. de Worcester), tomo 4, pág. 622. Los puritanos consideraban que el domingo era el día de reposo cristiano.
11. Es interesante notar que Jesús descansó en la tumba en un "día grande", puesto que ese sábado era tanto el séptimo día de la semana como el primer sábado de la Semana de los Panes sin Levadura. ¡Qué día para que culminase en él la redención! El "es bueno" de la creación se une con el "consumado es" de la redención, cuando el Autor y Consumador nuevamente *reposa* tras haber completado su obra.
12. Samuel Bacchiocchi, *Rest for Modern Man* [Reposo para el hombre moderno], (Nashville, TN: Southern Pub. Assn., 1976), págs. 8, 9.
13. "Sabbath", *SDA Encyclopedia*, ed. rev., pág. 1244. Véase también *SDA Bible Commentary*, ed. rev., tomo 7, págs. 205, 206; compárese con White, "The Australia Camp Meeting", *Review and Herald*, 7 de enero de 1896, pág. 2.
14. Véase *SDA Bible Commentary*, ed. rev., tomo 7, págs. 735, 736. Compárese con White, *Los hechos de los apóstoles* (Mountain View, CA: Pacific Press, 1957), pág. 464.
15. "Sabbath" *SDA Encyclopedia*, pág. 1237.
16. A. H. Strong, *Systematic Theology*, pág. 408.
17. White, *Patriarcas y profetas*, pág. 29.
18. Bacchiocchi, *Rest for Modern Man*, pág. 15.
19. *Id.*, pág. 19.
20. White, *Testimonies*, tomo 6, pág. 350.
21. Andreasen, *Sabbath*, pág. 25.
22. Se puede definir el legalismo como "los intentos de ganar la salvación por el esfuerzo individual. Es conformarse a la ley y a ciertas observancias como un medio de justificación ante Dios. Esto no es correcto, por cuanto 'por las obras de la ley ningún ser humano será justificado delante de él' (Rom. 3:20)" (Shuler, *God's Everlasting Sign*, pág. 90). Shuler conti-

núa diciendo: "Los que denuncian la observancia del sábado como legalismo, necesitan considerar lo siguiente: Si un cristiano nacido de nuevo se abstiene de adorar dioses falsos y mantiene reverencia como lo mandan el primer y tercer precepto, ¿está opuesto a la salvación por gracia? ¿Se oponen a la libre gracia divina la pureza, la honestidad y la veracidad prescritas por el séptimo, el octavo y el noveno mandamientos? La respuesta de ambas preguntas es No. Del mismo modo, el hecho de que un alma renovada guarde el séptimo día no es legalismo, ni es contrario a la salvación sólo por gracia. De hecho, el mandamiento respecto al sábado es el único precepto de la ley que se destaca como una señal de nuestra liberación del pecado y de nuestra santificación únicamente por la gracia" (*Ibid*).
23. *Id.*, pág. 89.
24. *Id.*, pág. 94.
25. Andreasen, *Sabbath*, pág. 105.
26. *SDA Bible Commentary*, ed. rev., tomo 7, pág. 420.
27. *Ibíd.*
28. James Gibbons, *La fe de nuestros padres* (Edit. Revista Católica, El Paso, Texas, 1940), pág. 84. R. W. Dale, escritor congregacionalista, declaró: "Es muy claro que no importa cuán rígida o devotamente podamos portarnos el domingo, no estamos guardando el día de reposo... El día de reposo fue fundado en un mandato divino específico. No podemos encontrar ningún mandato semejante para justificar la obligación de observar el domingo" (R. W. Dale, *The Ten Commandments* [Los Diez Mandamientos], 4ª ed. [Londres: Hoder and Stoughton, 1884]), pág. 100.
29. Andrew P. Lincoln, "From Sabbath to Lord's Day: A Biblical and Theological Perspective" [Del sábado al día del Señor: Perspectiva bíblica y teológica], en *From Sabbath to Lord's Day: A Biblical, Historical, and Theological Investigation* [Del sábado al día del Señor: Una investigación bíblica, histórica y teológica], ed. A. Carson (Grand Rapids, MI: Zondervan, 1982), pág. 386.
30. *Id.*, pág. 392.
31. Véase Justino Mártir, "First Apology" [Primera apología], en *Ante-nicene Fathers* [Padres antenicenos] (Grand Rapids, MI: William B. Eerdmans, 1979), tomo 1, pág. 186; Maxwell, *God Cares*, Mountain View, CA: Pacific Press, 1981), tomo 1, pág. 130.
32. Véase por ejemplo, Bacchiocchi, "The Rise of Sunday Observance in Early Christianity" [El surgimiento de la observancia del domingo en la cristiandad primitiva], en *The Sabbath in Scripture and History* [El sábado en la Escritura y la historia], ed. por Kenneth A. Strand (Washington, D.C.: Review and Herald, 1982), pág. 137; Bacchiocchi, *From Sabbath to Sunday* [Del sábado al domingo] (Roma: Imprenta de la Universidad Gregoriana Pontificia, 1977), pág. 223-232.
33. Sócrates, *Historia Eclesiástica*, Libro 5º, cap. 22, citado en *Padres Nicenos y Postnicenos*, 2ª serie (Grand Rapids, MI: Wm. B. Eerdmans, 1979), tomo 2, pág. 132.
34. Sozomen, *Ecclesiastical History* [Historia eclesiástica], libro 7, cap. 19, citado en *Padres Nicenos y Postnicenos*, 2ª serie, tomo 2, pág. 390.
35. Maxwell, *God Cares*, tomo 1, pág. 131.
36. Gaston H. Halsberghe, *The Cult of Sol Invictus* [El culto al sol invicto] (Leiden: E. J. Brill, 1972), págs. 26, 44. Véase también Bacchiocchi, "Rise of Sunday Observance", pág. 139.
37. Bacchiocchi, "Rise of Sunday Observance", pág. 140. Véase también Bacchiocchi, *From Sabbath to Sunday*, págs. 252, 253.
38. Véase por ejemplo Maxwell, *God Cares*, tomo 1, pág. 129; H. G. Heggtveit, *Illustreret Kirkehistorie* [Historia ilustrada de la iglesia] (Cristianía [Oslo]: Cammermeyes Boghandel, 1891-1895), pág. 202, según aparece traducido en Schaff, *Histoiy of the Christian church*, 5ª ed. (Nueva York, 1902) vol. 3, pág 380, nota 1.

39. Codex Justinianus, libro 3, título 12, 3, según aparece traducido en Schaff, *History of the Christian Church* [Historia de la iglesia cristiana] 5ª. Ed. (Nueva York: Charles Scribner, 1902), tomo 3, pág. 380, nota 1.
40. Concilio de Laodicea, Canon 29, en Charles J. Hefele, *A History of the Conuncils of the Church From the Original Documents* [Historia de los concilios de la iglesia a partir de los documentos originales], trad. y editado por Henry N. Oxenham (Edinburg: T and T Clark 1876), tomo 2, pág. 316. Véase también *SDA Bible Student's Source Book*, ed. rev., pág. 885.
41. Giovvanni Domenico Mansi, ed. *Sacrorum Conciliorum*, tomo 9, columna 919, citado por Maxwell, *God Cares*, tomo 1, pág. 129. Citado en parte por Andrews, *History of the Sabbath and First Day of the Week* [Historia del sábado y el primer día de la semana], pág. 374.
42. Lucius Ferraris, "Papa", art. 2, *Prompta Bibliotheca* (Venetiis [Venecia]: Caspa Storti, 1772), tomo 6, pág. 29, según aparece traducido en *SDA Bible Student's Source Book*, ed. rev., pág. 680.
43. John Eck, *Enchiridion of Commonplaces Against Luther and Other Enemies of the Church*, trad. por Ford L. Battles, 3a. ed. (Grand Rapids: Baker, 1979), pág. 13.
44. Gaspare [Ricciulli] de Fosso, [Discurso pronunciado en la 17ª sesión del Concilio de Trento, 18 de enero de 1562 en Mansi], *Sacrorum Conciliarum*, tomo 33, columnas 529, 530, según aparece traducido en *SDA Bible Student's Source Book*, ed. rev. pág. 887.
45. Peter Geiermann, *The Convert's Catechism of Catholic Doctrine* [El catecismo de doctrina católica para el converso] (Rockford, Ill: Tan Books and Publishers, 1977), pág. 50.
46. John A. O'Brien, *The Faith of Millons*, ed. rev. (Huntington, IN: Our Sunday Visitor Inc., 1974), págs. 400, 401.
47. Véase White, *El conflicto de los siglos*, pág. 504-506.
48. White, *Mensajes selectos*, tomo 3, pág. 294.
49. En la Escritura, según lo hace claro la historia de la creación, los días se marcaban de puesta de sol a puesta de sol. Véase también Levítico 23:32.
50. El ejemplo de Cristo, ¿requiere que los hospitales se mantengan abiertos por siete días sin proveer ningún descanso sabático para sus empleados? Al enfocar las necesidades del personal de los hospitales, Elena de White dijo: "El Salvador nos ha mostrado por su ejemplo que es correcto aliviar los sufrimientos en este día; pero los médicos y las enfermeras no debieran hacer ninguna obra innecesaria. Los tratamientos comunes, y las operaciones que pueden esperar, debieran ser postergados hasta el día siguiente. Hágase saber a los pacientes que los médicos necesitan tener un día para descansar" (White, *El ministerio médico* [Miami, FL: Asoc. Publicadora Interamericana, 2001], pág. 282). Los honorarios que se obtienen de los servicios médicos prestados en sábado, deben apartarse para obras de caridad. Elena de White escribió: "Puede ser necesario dedicar aun las horas del santo sábado para el alivio de la humanidad sufriente. Pero los honorarios por dicha labor deben ser puestos en el tesoro del Señor para ser usados en beneficio de los pobres dignos de ayuda, que necesitan valerse de los servicios médicos pero no pueden pagar por ellos" (*Id.* Pág. 284).
51. Jorge E. Vandeman, *When God Made Rest* [Cuando Dios hizo el descanso] (Boise, ID: Pacific Press, 1987), pág. 21.

LOS ADVENTISTAS DEL SÉPTIMO DÍA CREEN EN...

21

La Mayordomía

Somos mayordomos de Dios, a quienes él ha confiado tiempo y oportunidades, capacidades y posesiones, y las bendiciones de la tierra y sus recursos. Somos responsables ante él por su empleo adecuado. Reconocemos que Dios es dueño de todo mediante nuestro fiel servicio a él y a nuestros semejantes, y al devolver los diezmos y al dar ofrendas para la proclamación de su evangelio y para el sostén y desarrollo de su iglesia. La mayordomía es un privilegio que Dios nos ha concedido para que crezcamos en amor y para que logremos la victoria sobre el egoísmo y la codicia. El mayordomo fiel se regocija por las bendiciones que reciben los demás como fruto de su fidelidad.

MÁS QUE CUALQUIER OTRA COSA, la vida cristiana significa la entrega de nosotros mismos y la aceptación de Cristo. Cuando vemos cómo Jesús se entregó a sí mismo por nosotros, clamamos: "¿Qué puedo hacer yo por ti?"

Pero justamente cuando pensamos que hemos entrado en un compromiso absoluto, una entrega total, algo sucede que demuestra cuán superficial fue nuestra decisión. A medida que descubrimos nuevos aspectos de nuestras vidas que necesitamos entregar a Dios, nuestro sometimiento se profundiza. Entonces, con mucho tacto, el Espíritu lleva nuestra atención a otra zona donde el yo necesita entregarse. Y así continúa la vida a través de una serie de repetidas entregas a Cristo, las cuales se profundizan cada vez más en nuestro ser, nuestro estilo de vida, la manera como actuamos y reaccionamos.

Una vez que entregamos todo lo que somos y lo que tenemos a Dios, a quien todo le pertenece de todos modos (1 Cor. 3:21-4:2), él lo acepta pero luego nos lo vuelve a entregar, haciéndonos mayordomos o cuidadores de todo lo que "poseemos". Entonces, nuestra tendencia a vivir vidas confortables y egoístas se ve quebrantada al darnos cuenta de que nuestro Señor fue como el desnudo, el preso y el extranjero de la parábola. Y su perdurable mandato: "Por tanto, id, y haced discípulos a todas las naciones", hace que las actividades de la iglesia —compartir, enseñar, predicar, bautizar— sean más preciosas para nosotros. Por causa suya procuramos ser mayordomos fieles.

¿Qué es la mayordomía?

"¿O ignoráis que vuestro cuerpo es templo del Espíritu Santo... y que no sois vuestros? Porque habéis sido comprados por precio; glorificad, pues, a Dios en vuestro cuerpo y en vuestro Espíritu, los cuales son de Dios" (1 Cor. 6:19, 20). Fuimos comprados, redimidos, a un costo muy alto. Pertenecemos a Dios. Pero esa acción divina fue tan sólo una *reclamación*, porque él nos hizo; hemos pertenecido a él desde el comienzo, porque "en el principio creó Dios..." (Gén. 1:1). Las Sagradas Escrituras especifican claramente que "de Jehová es la tierra y su plenitud; el mundo, y los que en él habitan" (Sal. 24:1).

En la creación, Dios compartió con la humanidad sus posesiones, y continúa siendo el verdadero dueño del mundo, sus habitantes y lo que contiene (Sal. 24:1). En la cruz confirmó su posesión de lo que el hombre había perdido a manos de Satanás en la caída (1 Cor. 6:19, 20). Ahora, le encarga a su pueblo que sirvan como mayordomos de sus posesiones.

Un mayordomo es una persona a la cual "se le encarga el manejo de la casa o la propiedad de otros". Mayordomía es "la posición, deberes o servicio de un mayordomo".[1]

Para el cristiano, mayordomía significa "la responsabilidad que le cabe al hombre por todo lo que Dios le ha confiado, y el uso que de ello hace; la vida, el ser físico, el tiempo, los talentos y capacidades, las posesiones materiales, las oportunidades de servir a otros, y su conocimiento de la verdad".[2] Los cristianos sirven como mayordomos de las posesiones de Dios, y consideran que la vida es una oportunidad divinamente concedida "para que aprendan a ser fieles mayordomos, preparándose de ese modo para la mayordomía superior de las cosas eternas en la vida futura".[3]

En sus dimensiones más amplias, por lo tanto, la mayordomía "abarca el uso sabio y abnegado de la vida".[4]

Formas de reconocer que Dios es el dueño

Se puede dividir la vida en cuatro aspectos básicos, cada uno de los cuales constituye un don de Dios. El Creador nos concedió un cuerpo, capacidades, tiempo y posesiones materiales. Además, debemos cuidar del mundo que nos rodea, sobre el cual se nos concedió el dominio.

Mayordomía del cuerpo. Los hijos de Dios son mayordomos de sí mismos. Hemos de amar a Dios con todo nuestro corazón, con toda nuestra alma, con toda nuestra fuerza, y con toda nuestra mente (Luc. 10:27).

Los cristianos tienen el privilegio de desarrollar sus poderes físicos y mentales al máximo de su capacidad y oportunidades. Al hacer esto, honran a Dios y se capacitan para ser de mayor bendición para con sus semejantes. (Véase el capítulo 22 de esta obra).

La mayordomía de las capacidades. Cada persona posee aptitudes especiales. Unos pueden poseer talento musical; otros, para los oficios manuales, tales como la costura o la mecánica. A algunos les resulta fácil hacer amigos y actuar en sociedad con otros, mientras que otras personas pueden mostrar una tendencia natural hacia actividades más solitarias.

Cada talento puede ser usado para glorificar, ya sea al que lo posee o a su Dador original. Una persona puede perfeccionar diligentemente un talento para la gloria de Dios —o para el egoísmo personal. Debiéramos cultivar los dones que el Espíritu Santo le concede a cada uno de nosotros, con el fin de multiplicarlos (Mat. 25). Los bueno mayordomos usan libremente sus dones con el fin de producir mayores beneficios para su amo.

La mayordomía del tiempo. Como fieles mayordomos, glorificamos a Dios al usar sabiamente nuestro tiempo. "Y todo lo que hagáis, hacedlo de corazón, como para el Señor y no para los hombres; sabiendo que del Señor recibiréis la recompensa de la herencia, porque a Cristo el Señor servís" (Col. 3:23, 24).

La Biblia nos amonesta a no portarnos "como necios sino como sabios, aprovechando bien el tiempo, porque los días son malos" (Efe. 5:15, 16). Como Jesús, debemos ocuparnos en los negocios de nuestro Padre (Luc. 2:49). Por cuanto el tiempo es el don de Dios, cada momento es precioso. Se nos concede con el fin de que formemos caracteres adecuados para la vida eterna. La mayordomía fiel de nuestro tiempo significa usarlo para conocer mejor a nuestro Señor, para ayudar a nuestro prójimo y para compartir el evangelio.

Cuando, en la creación, Dios nos concedió el tiempo, se reservó el séptimo día —el sábado— como un período sagrado para la comunión con él. Pero se proveyeron seis días para que la familia humana se ocupara en actividades útiles.

La mayordomía de las posesiones materiales. Dios les concedió a nuestros primeros padres la responsabilidad de sojuzgar la tierra, gobernar el reino animal, y cuidar del jardín del Edén (Gén. 1:28; 2:15). Todo eso les pertenecía no sólo para que gozaran de ello, sino para que lo administraran.

Sobre ellos se colocó una sola restricción. No debían de comer del árbol del conocimiento del bien y del mal. Este árbol proveía un recuerdo constante de que Dios era el dueño y la autoridad final sobre la tierra. Al respetar esta restricción, la primera pareja demostraría su fe y su lealtad a él.

Después de la caída, Dios ya no pudo seguir probando a la humanidad por medio del árbol del conocimiento. Pero los seres humanos todavía necesitaban un recordativo constante de que Dios es la fuente de todo don bueno y perfecto (Sant. 1:17), y que él es quien nos provee el poder para obtener riquezas (Deut. 8:18). Con el fin de recordarnos que él es la fuente de toda bendición, Dios instituyó un sistema de diezmos y ofrendas.

Este sistema proveyó los medios financieros que permitían mantener el sacerdocio del templo israelita. Los adventistas del séptimo día han adoptado el modelo levítico como un método sólido y bíblico que les permite financiar la proclamación del evangelio a nivel mundial. Dios ha ordenado que la tarea de compartir las buenas nuevas de salvación debe depender de los esfuerzos y ofrendas de su pueblo. Los llama a convertirse en colaboradores abnegados con él al entregarle sus diezmos y ofrendas.

1. *Los diezmos.* Así como la séptima parte de nuestro tiempo (el sábado) pertenece a Dios, también le pertenece la décima parte de todas las cosas materiales que adquirimos. La Escritura nos dice que el diezmo es "santo al Señor", simbolizando el hecho de que Dios es el dueño de todo (Lev. 27:30, 32). Se le debe devolver, por cuanto le pertenece a él.

El sistema del diezmo es hermoso en su sencillez. Su equidad se revela en la obligación proporcional que coloca sobre ricos y pobres. En proporción a la manera como Dios nos ha dado el uso de su propiedad, así también debemos devolverle el diezmo.

Cuando Dios pide nuestros diezmos (Mal. 3:10), no apela a nuestra gratitud ni a nuestra generosidad. Si bien es cierto que la gratitud debiera tener una parte en todas nuestras expresiones a Dios, diezmamos porque Dios lo ha mandado. El diezmo le pertenece al Señor, y él requiere que se lo devolvamos.

(a). *Ejemplos de entrega de diezmos.* La entrega de los diezmos es una práctica aceptada a través de la Escritura. Abraham le dio a Melquisedec, el sacerdote del Dios altísimo, "los diezmos de todo" (Gén. 14:20). Al hacer eso, reconoció el sacerdocio divino de Melquisedec, y demostró tener claro conocimiento de esta sagrada institución. Esta referencia pasajera al diezmo indica que su pago ya era una costumbre establecida en esa fecha temprana.

Evidentemente, Jacob también comprendía el requerimiento de entregar los diezmos. Como exiliado y fugitivo, le prometió al Señor: "De todo lo que me dieres, el diezmo apartaré para ti" (Gén. 28:22). Y después del éxodo, una vez que Israel estuvo establecido como nación, Dios confirmó la ley del diezmo como institución divina de la cual dependía la prosperidad de Israel (Lev. 27:30-32; Núm. 18:24, 26, 28; Deut. 12:6, 11, 17).

Lejos de abrogar esta institución, el Nuevo Testamento da por sentada su validez. Jesús aprobó el pago del diezmo y condenó a los que violan su espíritu (Mat. 23:23). Si bien las leyes ceremoniales que regulaban las ofrendas de sacrificio que simbolizaba el sacrificio expiatorio de Cristo se terminaron con su muerte en la cruz, la ley del diezmo, en cambio, no lo hizo.

Por cuanto Abraham es el padre de todos los creyentes, sirve de modelo para todos los cristianos en lo que respecta al pago de los diezmos. Así como Abraham entregó el diezmo a Melquisedec, el sacerdote del Dios altísimo, también los creyentes del nuevo pacto le entregan sus diezmos a Cristo, nuestro Sumo Sacerdote según el orden de Melquisedec (Heb. 5:9, 10; 7:1-22).[5]

(b). *El uso de los diezmos.* Los diezmos son sagrados y deben usarse exclusivamente con propósitos santificados. El Señor mandó: "El diezmo de la tierra, así de la simiente de la tierra como el fruto de los árboles, de Jehová es; es cosa dedicada a Jehová... y todo diezmo de vacas o de ovejas... será consagrado a Jehová" (Lev. 27:30-32). El Señor dice: "Traed todos los diezmos al alfolí, y haya alimento en mi casa" (Mal. 3:10).

En Israel se usaba el diezmo exclusivamente para los levitas, quienes, por no haber recibido herencia entre las tribus, debían usar todo su tiempo en la promoción del culto de Israel, en el ministerio del santuario, y en la instrucción del pueblo acerca de la ley del Señor (Núm. 18:21, 24).

Después de la crucifixión, cuando se terminó el papel divinamente asignado del sacerdocio levítico, los diezmos debían seguir usándose para apoyar el ministerio de la iglesia de Dios. Pablo ilustró el principio que constituye la base de esta práctica, estableciendo un paralelo entre el servicio levítico y el ministerio evangélico recientemente establecido. El apóstol se expresó del siguiente modo: "Si nosotros sembramos entre vosotros lo espiritual, ¿es gran cosa si segáremos de vosotros lo material? Si otros participan de este derecho sobre vosotros, ¿cuánto más nosotros?... ¿No sabéis que los que trabajan en las cosas sagradas, comen del templo, y que los que sirven al altar, del altar participan? Así también ordenó el Señor a los que anuncian el evangelio, que vivan del evangelio" (1 Cor. 9:11-14).

En consecuencia, los miembros de la iglesia llevan voluntariamente sus diezmos "al alfolí" para que "haya alimento en mi casa" (Mal. 3:10); en otras palabras, para que haya suficientes fondos en la iglesia de Dios con el fin de proveer para las necesidades de su ministerio y llevar adelante la predicación del evangelio.[6, 7]

2. *Las ofrendas.* Las contribuciones que hacen a la iglesia los cristianos agradecidos no pueden limitarse a la entrega del diezmo. En Israel, el tabernáculo y más tarde el templo fueron construidos gracias a las "ofrendas voluntarias", esto es, las que se entregaban con corazones dispuestos (Éxo. 36:2-7; véase 1 Crón. 29:14). Además, había ofrendas especiales que cubrían los gastos de mantenimiento de esos lugares de culto (Éxo. 30:12-16; 2 Rey. 12:4, 5; 2 Crón. 24:4-13; Neh. 10:32, 33). Los israelitas probablemente contribuían con un cuarto y hasta con un tercio de sus entradas para propósitos religiosos y caritativos. ¿Los empobrecían estas considerables contribuciones? Por el contrario, Dios prometió bendecirlos en su fidelidad (Mal. 3:10-12).[8] Hoy también el Señor nos pide que seamos liberales en dar así como él nos ha prosperado. Se necesitan ofrendas para construir, mantener y operar iglesias, y para establecer obra médica misionera, que demuestre el significado práctico del evangelio.

¿Debiéramos dar tanto como daban los israelitas, o ya no se aplican sus formas de ofrendar? En el Nuevo Testamento, Cristo estableció el principio de la verdadera mayordomía: Los dones que entregamos a Dios deben estar en proporción a la luz y a los privilegios de los cuales hemos gozado. Dijo el Señor: "A todo aquel a quien se haya dado mucho, mucho se le demandará; y al que mucho se le haya confiado, más se le pedirá" (Luc. 12:48). Cuando Cristo envió a sus seguidores en una misión, les dijo: "De gracia recibisteis, dad de gracia" (Mat. 10:8). Este principio se aplica también al acto de compartir nuestras bendiciones financieras.

En ninguna parte del Nuevo Testamento se rechaza o se descuida este sistema. Al comparar nuestros privilegios y bendiciones con los de los israelitas, vemos que en Jesús nuestra parte ha sido claramente mayor. Nuestra gratitud hallará una expresión correspondiente a través de una liberalidad mayor, de manera que el evangelio de salvación pueda ser extendido a otros.[9] Mientras más ampliamente se proclame el evangelio, mayor apoyo necesita.

3. *El uso de lo que queda.* El principio de la mayordomía se aplica tanto a lo que damos como a lo que nos queda. Si bien el diezmo constituye la prueba básica de mayordomía de nuestras posesiones materiales y temporales,[10] el uso que hacemos de lo que queda también nos prueba.

Nuestro uso de los bienes materiales revela cuánto amamos a Dios y a nuestros semejantes. El dinero puede ser una fuerza bienhechora: En nuestra manos, puede proveer alimento para los hambrientos, bebida para los sedientos, y ropa para cubrir a los desnudos (Mat. 25:34-40). Desde la perspectiva divina, el dinero tiene valor mayormente si se lo usa con el fin de proveer lo necesario para la vida, bendecir a otros y apoyar la obra de Dios.

4. *La infidelidad en los diezmos y las ofrendas.* En general, los seres humanos ignoran y descuidan los divinos principios de la mayordomía. Aun entre los cristianos, pocos reconocen su responsabilidad como mayordomos. La respuesta de Dios a la infidelidad de Israel provee una clara visión de sus sentimientos en cuanto a esto. Al verlos usar los diezmos y ofrendas para su propio beneficio, les advirtió que lo que hacían era robar (Mal. 3:8), y atribuyó su falta de prosperidad a su infidelidad: "Malditos sois con maldición, porque vosotros, la nación toda, me habéis robado" (Mal. 3:9).

El Señor reveló su paciencia, amor y misericordia, al preceder su amonestación con un ofrecimiento de gracia: "Volveos a mí, y yo me volveré a vosotros" (Mal. 3:7). Les ofreció abundantes bendiciones, y los desafió a que probaran su fidelidad. "Traed todos los diezmos al alfolí y haya alimento en mi casa; y probadme ahora en esto, dice Jehová de los ejércitos, si no os abriré las ventanas de los cielos y derramaré sobre vosotros bendición hasta que sobreabunde. Reprenderé también por vosotros al devorador, y no os destruirá el fruto de la tierra, ni vuestra vid en el campo será estéril, dice Jehová de los ejércitos. Y todas las naciones os dirán bienaventurados; porque seréis tierra deseable, dice Jehová de los ejércitos" (Mal. 3:10-12).

La mayordomía de nuestro planeta. La ciencia moderna ha transformado al mundo en un vasto laboratorio para investigación y experimentación. Esta investigación produce muchos beneficios, pero la revolución industrial también ha dado como resultado la contaminación del aire, el agua y la tierra. En ciertos casos, la tecnología ha manipulado la naturaleza, en vez de administrarla con sabiduría.

Somos administradores de este mundo y debemos hacer todo lo posible por mantener la vida en todos los niveles, preservando intacto el equilibrio ecológico. Dice la Escritura que la segunda venida de Cristo es el tiempo "de destruir a los que destruyen la tierra" (Apoc. 11:18). Desde esta perspectiva, los mayordomos cristianos son responsables no sólo de sus propias posesiones, sino del mundo que los rodea.

Cristo como mayordomo

La mayordomía correcta constituye abnegación; es nuestra completa entrega a Dios y al servicio a favor de la humanidad. Debido a su amor por nosotros, Cristo soportó la crueldad de la cruz, el dolor aún más profundo que le causó el rechazo de los suyos, y el inconcebible abandono de Dios. En comparación con este don, ¿qué podríamos dar nosotros? Cristo entregó no sólo todo lo que tenía —y lo poseía todo—, sino también se entregó a sí mismo. En esto consiste la mayordomía. Al contemplar ese don supremo nos apartamos de nosotros mismos, rechazando nuestro amor propio, y llegamos a ser como él. Nos motivará permitiéndonos convertirnos en la iglesia solícita, que se preocupa por el bienestar tanto de los que pertenecen a la comunión de los creyentes como de los que se hallan marginados de ella. Por cuanto Cristo murió por el mundo, la mayordomía, en su sentido más amplio, también se orienta hacia las necesidades del mundo.

Las bendiciones de la mayordomía

Dios nos ha asignado el papel de mayordomos para nuestro propio beneficio, no para el suyo.

Una bendición personal. Una razón por la cual Dios nos pide que consagremos continuamente a él nuestra vida eterna —el tiempo, las capacidades, el cuerpo y las posesiones materiales—, es con el fin de promover nuestro propio crecimiento espiritual y desarrollo del carácter. Al mantener fresco en nuestra conciencia el hecho de que Dios es el dueño de todo, y al ver que no cesa de derramar sobre nosotros su amor, nuestro propio amor y gratitud se alimentan y fortalecen.

La mayordomía fiel también nos ayuda a obtener la victoria sobre la codicia y el egoísmo. El Decálogo condena la codicia, uno de los peores enemigos de la humanidad. Jesús también nos amonestó contra ella: "Mirad, y guardaos de toda avaricia; porque la vida del hombre no consiste en la abundancia de los bienes que posee" (Luc. 12:15). El ejercicio regular y sistemático de la generosidad nos ayuda a desarraigar de nuestras vidas la avaricia y el egoísmo.

La mayordomía nos lleva a desarrollar hábitos de economía y eficiencia. Habiendo crucificado la carne con sus pasiones y deseos" (Gál. 5:24), no usaremos nada con fines de gratificación egoísta. "Cuando se les concede el lugar principal en la vida a los principios de la mayordomía, el alma se ilumina, nuestros propósitos se afirman, los placeres sociales se despojan de rasgos indebidos, la vida comercial se halla bajo la autoridad de la regla de oro, y la ganancia de almas se convierte en una pasión. Estas son las abundantes bendiciones que las provisiones de Dios traen a una vida de fe y fidelidad".[11]

Hay profunda satisfacción y gozo en la seguridad de que sobre todo lo que se invierte en la salvación de las almas por las cuales Cristo murió, el Maestro inscribe las palabras siguientes: "En cuanto lo hicisteis a uno de estos mis hermanos más pequeños, a mí lo hicisteis" (Mat. 25:40). "Nada tenemos que sea demasiado precioso para darlo a Jesús. Si le devolvemos los talentos de recursos que él ha confiado a nuestra custodia, él entregará aun más en nuestras manos. Cada esfuerzo que hagamos por Cristo será remunerado por él, y todo deber que cumplamos en su nombre, contribuirá a nuestra propia felicidad".[12]

Una bendición para nuestros semejantes. Los verdaderos mayordomos bendicen a todos los individuos con quienes se ponen en contacto. Obedecen el encargo de mayordomía que hizo Pablo: "Que hagan bien, que sean ricos en buenas obras, dadivosos, generosos; atesorando para sí buen fundamento para lo porvenir, que echen mano de la vida eterna" (1 Tim. 6:18, 19).

La mayordomía abarca el servicio a los demás e implica nuestra disposición a compartir todo lo que Dios nos haya entregado en su misericordia, que pueda ser de beneficio para otros. Esto significa que "ya no consideramos que la vida consiste en la cantidad de dinero que tenemos, los títulos que poseemos, las personas importantes que conocemos, la casa y el vecindario en que vivimos, ni la posición e influencia que creemos poseer".[13] La vida verdadera consiste en conocer a Dios, desarrollar atributos amantes y generosos como los suyos, y en dar lo que podemos, según él nos haya prosperado. Dar con el Espíritu de Cristo es vivir de verdad.

Una bendición para la iglesia. La adopción del plan bíblico de mayordomía es indispensable para la iglesia. La participación continua de sus miembros en el acto de dar es como el ejercicio: fortalece el cuerpo de la iglesia, y le permite participar en compartir las bendiciones que Cristo le ha concedido, lista para responder a cualesquiera necesidades se presenten en la causa de Dios. La iglesia tendrá fondos suficientes para mantener el ministerio, expandir el reino de Dios en su vecindad inmediata, y extenderlo también a los lugares remotos del mundo.

Pondrá voluntariamente a la disposición de Dios su tiempo, sus talentos y sus medios, como un gesto de amor y gratitud por sus bendiciones.

En vista de que Cristo nos asegura que volverá cuando se haya proclamado el evangelio del reino "para testimonio a todas las naciones" (Mat. 24:14), todos estamos invitados a ser mayordomos y colaboradores con él. De este modo, el testimonio de la iglesia será una poderosa bendición para el mundo, y sus fieles administradores se regocijarán al ver que las bendiciones del evangelio se extiendan a la vida de sus semejantes.

Referencias

1. *Webster's New Universal Unabridged Dictionary*, 2ª ed., 1979, pág. 1786.
2. *SDA Encyclopedia*, ed. rev., pág. 1425.
3. *Ibíd.*
4. Paul G. Smith, *Managing God's Goods* [La administración de los bienes de Dios] (Nashville: Southern Pub. Assn., 1973), pág. 21.
5. Véase C. G. Tuland, "Tithing in the New Testament" [El diezmo en el Nuevo Testamento], *Ministry*, octubre de 1961, pág. 12.
6. Por ejemplo, en Éxodo 27:20, el Señor impartió instrucciones especiales en cuanto a que debía proveerse aceite de oliva para las lámparas. La obligación de proveer el aceite para el lugar del culto con el fin de que pudiera funcionar como es debido era continua. Sin embargo, este gasto no salía de los diezmos. Véase también White, *Consejos sobre mayordomía*, pág. 107, 108. Se aconseja que el salario de los maestros de Biblia en las escuelas de iglesia debe salir de los diezmos (*Id.*, pág. 108), pero que el diezmo no debe ser usado para otros "propósitos escolares", préstamos a los alumnos o el mantenimiento de los colportores (White, *Testimonies*, tomo 9, págs. 248, 249; White, *Mensajes selectos*, tomo 2, pág. 239). Estas fases de la obra de Dios deben ser mantenidas por medio de las ofrendas.
7. T. H. Jemison ha ofrecido algunas sugerencias muy prácticas acerca de cómo calcular los diezmos. Escribe: "El diezmo del sueldo es fácil de calcular. Generalmente no hay `gastos de negocio' —esto es, gastos necesarios para producir las entradas— que haya que restar. El 10% del salario es el diezmo...

    Los cálculos del diezmo relativo a las entradas de un negocio difieren del procedimiento para diezmar un sueldo. Un negociante, antes de calcular el diezmo deduce los gastos necesarios para conducir su actividad comercial. Estos incluyen el sueldo de los empleados, la calefacción, la luz, el seguro, el alquiler o los impuestos sobre la propiedad, y otros ítems similares. Desde luego, estas deducciones no incluyen ninguno de los gastos personales o manutención de su familia.

    "El agricultor deduce sus costos: sueldos, fertilizante, reparaciones, interés, impuestos, y otros semejantes. Sin embargo, debe considerar como parte de sus ganancias los productos de granja que use la familia, ya que éstos reducen el costo de vida y constituyen ganancias.

    "El fabricante, el inversionista, o el profesional, pueden seguir procedimientos similares. En nuestros días, la contabilidad exacta que es necesario llevar en cualquier empresa comercial hace que sea fácil calcular el diezmo de la ganancia generada por el negocio. Algunos hombres de negocios incluyen el cálculo de sus diezmos en su sistema regular de contabilidad.

"Ocasionalmente, una mujer cuyo esposo no paga el diezmo, encuentra difícil saber cómo cumplir fielmente su responsabilidad. En ciertos casos, puede pagar diezmo sobre el dinero que se le facilita para los gastos de la casa. En otros casos, aun esto se le prohíbe. En situaciones así, puede serle posible pagar diezmo únicamente sobre el dinero extra que pueda ganar o recibir como regalo. Porque si primero hay la voluntad dispuesta, será acepta según lo que uno tiene, no según lo que no tiene (2 Cor. 8:12)" (*Christian Beliefs* [Creencias cristianas], pág. 267).

8. Algunos estudiosos de la Biblia creen que Israel contribuía por lo menos con dos diezmos (algunos mencionan tres), en adición a diversas ofrendas. Con respecto al primer diezmo, el Señor había dicho: "Yo he dado a los hijos de Leví todos los diezmos de Israel por heredad, por su ministerio, por cuanto ellos sirven en el ministerio del tabernáculo de reunión" (Núm. 18:21). Pero en cuanto al segundo diezmo, dijo: "Comerás delante de Jehová tu Dios en el lugar que él escogiere para poner allí su nombre, el diezmo de tu grano, de tu vino y de tu aceite de tus primicias y tus ganados, para que aprendas a temer a Jehová tu Dios todos tus días" (Deut. 14:23). Durante dos años de cada tres, los israelitas debían llevar ese diezmo o su equivalente en dinero al santuario. Allí se lo usaba para celebrar los festivales religiosos y también para proveer a las necesidades de los levitas, los extranjeros, los huérfanos y las viudas. Cada tercer año los israelitas debían usar el segundo diezmo en el hogar para atender a los levitas y los pobres. De modo que el segundo diezmo era usado para la caridad y la hospitalidad (Deut. 14:27-29; 26:12). Véase White, *Patriarcas y profetas*, pág. 614; "Tithe" [Diezmo], *SDA Bible Dictionary*, ed. rev., pág. 1127.

9. Véase White, *Testimonies*, tomo 3, pág. 392.

10. Desde la perspectiva bíblica, posesión no es lo mismo que propiedad. Nuestra actitud hacia el diezmo indica si reconocemos que somos solamente mayordomos, o si pretendemos ser dueños.

11. Froom, "Stewardship in Its Larger Aspects" [La mayordomía en sus aspectos más amplios], *Ministry*, junio de 1960, pág. 20.

12. White, *Joyas de los testimonios*, tomo 1, pág. 447.

13. P. G. Smith, pág. 72.

LOS ADVENTISTAS DEL SÉPTIMO DÍA CREEN EN...

22

La Conducta Cristiana

Se nos invita a ser gente piadosa que piensa, siente y obra en armonía con los principios del cielo. Para que el Espíritu vuelva a crear en nosotros el carácter de nuestro Señor, participamos solamente de lo que produce pureza, salud y gozo cristianos en nuestra vida. Esto significa que nuestras recreaciones y entretenimientos estarán en armonía con las más elevadas normas de gusto y belleza cristianos. Si bien reconocemos diferencias culturales, nuestra vestimenta debiera ser sencilla, modesta y pulcra como corresponde a aquellos cuya verdadera belleza no consiste en el adorno exterior, sino en el inmarcesible ornamento de un espíritu apacible y tranquilo. Significa también que puesto que nuestros cuerpos son el templo del Espíritu Santo, debemos cuidarlos inteligentemente. Junto con el ejercicio físico y descanso adecuados, debemos adoptar un régimen alimentario lo más saludable posible, y abstenernos de alimentos impuros identificados como tales en las Escrituras. Puesto que las bebidas alcohólicas, el tabaco y el empleo irresponsable de drogas y narcóticos son dañinos para nuestros cuerpos, también nos abstendremos de ellos. En cambio, nos dedicaremos a todo lo que ponga nuestros pensamientos y cuerpos en armonía con la disciplina de Cristo, quien quiere que gocemos de salud, de alegría y de todo lo bueno.

LA CONDUCTA CRISTIANA —EL ESTILO DE VIDA de un seguidor de Dios— surge como nuestra respuesta agradecida a la magnífica salvación de Dios por medio de Cristo. Pablo apela a todos los cristianos, diciendo: "Así que, hermanos, os ruego por las misericordias de Dios, que presentéis vuestros cuerpos en sacrificio vivo, santo, agradable a Dios, que es vuestro culto racional. No os conforméis a este siglo, sino transformaos por medio de la renovación de vuestro entendimiento, para que comprobéis cuál sea la buena voluntad de Dios, agradable y perfecta" (Rom. 12:1, 2). Por eso, los cristianos protegen y desarrollan voluntariamente sus facultades mentales, físicas y espirituales, con el fin de honrar a su Creador y Redentor.

Cristo oró: "No ruego que los quites del mundo, sino que los guardes del mal. No son del mundo, como tampoco yo soy del mundo" (Juan 17:15, 16). ¿Cómo puede un cristiano estar en el mundo y a la vez separarse de él? ¿Cómo debe el estilo de vida del cristiano diferenciarse del que prevalece en el mundo?

Los cristianos deben adoptar un estilo de vida diferente, no con el fin de ser diferentes, sino porque Dios los ha llamado a vivir en base a principios. El estilo de vida al cual los ha llamado, les permite alcanzar su máximo potencial como creación suya, haciéndolos eficientes en el servicio del Señor. El ser diferentes también les permite progresar en su misión: servir al mundo, ser la sal y la luz en él. ¿Qué valor tendría la sal si no tuviera gusto, o la luz, si no fuera diferente de la oscuridad?

Cristo es nuestro ejemplo. Él vivió tan completamente en el mundo, que sus contemporáneos lo acusaban de ser "un hombre comilón y bebedor de vino" (Mat. 11:19), a pesar de que no lo era. Vivió de tal manera en consonancia con los principios de Dios, que nadie pudo hallarlo culpable de pecado (Juan 8:46).

La conducta y la salvación

Al determinar qué conducta es apropiada, debemos evitar los extremos. Un extremo sería aceptar los reglamentos y la aplicación de los principios, transformándolos en un medio de salvación. Pablo resume este extremo en las siguientes palabras: "De Cristo os desligasteis, los que por la ley os justificáis; de la gracia habéis caído" (Gál. 5:4).

El extremo opuesto consiste en creer que, por cuanto las obras no salvan, carecen por lo tanto de importancia, es decir, que lo que un individuo hace carece de significado. Pablo también se refiere a este extremo: "Vosotros, hermanos, a libertad fuisteis llamados; solamente que no uséis la libertad como ocasión para la carne" (Gál. 5:13). Cuando cada miembro sigue sus propios impulsos, "no hay en los cristianos la disciplina mutua que prescribe Mateo 18 y Gálatas 6:1, 2. La iglesia deja de ser el cuerpo de Cristo, dentro del cual se manifiestan el amor y el cuidado mutuos, y se convierte en una colección de átomos individuales, cada uno de los cuales sigue su propio camino sin sentir responsabilidad alguna por sus semejantes ni aceptar ninguna preocupación por ellos".[1]

Si bien es cierto que nuestra conducta y nuestra espiritualidad están estrechamente relacionadas, nunca podremos ganar la salvación por medio de una conducta correcta. Más bien la conducta cristiana es un fruto natural de la salvación, y se basa en lo que Cristo ya realizó en favor nuestro en el Calvario.

Templos del Espíritu Santo

No sólo la iglesia, sino también el individuo es un templo para la morada del Espíritu Santo: "¿O ignoráis que vuestro cuerpo es templo del Espíritu Santo, el cual está en vosotros, el cual tenéis de Dios, y que no sois vuestros? (1 Cor. 6:19).

Los cristianos, por tanto, practican los hábitos de la buena salud con el fin de proteger el centro de comando del templo de su cuerpo, la mente, el lugar donde mora el Espíritu de Cristo. Por esta razón los adventistas del séptimo día —a través de los últimos cien años— han recalcado la importancia que tienen los hábitos correctos de salud.[2] Y este énfasis ha dado resultados positivos: investigaciones recientes revelan que los adventistas corren menos riesgos que la población general de contraer casi cualquiera de las enfermedades más importantes de hoy.[3]

Como cristianos, nos preocupan tanto el aspecto espiritual como físico de la vida de los seres humanos. Jesús, nuestro ejemplo, sanaba "toda enfermedad y toda dolencia en el pueblo" (Mat. 4:23).

La Biblia considera que los seres humanos constituyen una unidad (véase el capítulo 7 de esta obra). "La dicotomía entre lo espiritual y lo material es ajena a la Biblia".[4] Así, el llamado que Dios hace a la santidad incluye un llamado a disfrutar de salud tanto física como espiritual. Susana Wesley, la madre del fundador del metodismo, resumió apropiadamente este principio: "Cualquier cosa que debilite la razón, perjudique la sensibilidad de la conciencia, oscurezca nuestro sentido de Dios, y disminuya la fortaleza y autoridad que debe tener nuestra mente sobre el cuerpo, es mala, no importa cuán inocente pueda ser en sí misma".[5]

Las leyes de Dios, que incluyen las leyes de la salud, no son arbitrarias, sino que han sido dispuestas por nuestro Creador para permitirnos gozar al máximo de la vida. Satanás, el enemigo, desea robarnos la salud, el gozo y la paz mental, y por fin, destruirnos (véase Juan 10:10).

La bendición de Dios para la salud total

La obtención de esta salud depende de la práctica de unos pocos principios sencillos pero efectivos, que Dios ha revelado. Algunos de ellos son evidentes y muy agradables para todos. Otros, tales como el régimen alimentario adecuado, son más difíciles de aceptar, por cuanto envuelven orientaciones y hábitos que son básicos a nuestro estilo de vida. Por esa razón, dedicaremos más espacio a los principios que tienden a ser mal comprendidos, debatidos, o rechazados.[6]

La bendición del ejercicio. El ejercicio regular es una fórmula sencilla que pueden aplicar quienes desean gozar de mayor energía, un cuerpo fuerte, alivio de la tensión, piel sana, más confianza propia, control efectivo del peso, mejoramiento de la digestión y la regularidad, depresiones de menor intensidad y menos riesgo de sufrir cáncer y enfermedades del corazón. El ejercicio no es simplemente una opción; es esencial para mantener la salud óptima, tanto física como mental.[7]

La actividad útil tiende a producir prosperidad; la inactividad y la pereza tienden a la adversidad (Prov. 6:6-13; 14:23). Dios prescribió actividad para la primera pareja, el cuidado de su hogar, un jardín al aire libre (Gén. 2:5, 15; 3:19). El mismo Salvador nos dio ejemplo de actividad física. Durante la mayor parte de su vida se ocupó en el trabajo manual como carpintero, y durante su ministerio caminó por los senderos de Palestina.[8]

La bendición de la luz solar. La luz es esencial para la vida (Gén. 1:3). Impulsa el proceso que produce los elementos nutritivos que alimentan y dan energía a nuestros cuerpos, y libera el oxígeno que necesitamos para vivir. La luz solar promueve la salud y el sanamiento.

La bendición del agua. El cuerpo humano está constituido en un 75 por ciento de agua, pero este fluido vital se pierde constantemente en el aire exhalado, el sudor y los productos de desechos. La práctica de beber de 6 a 8 vasos de agua pura por día ayuda a mantener la eficiencia y el bienestar. Otra importante función del agua es su uso en la higiene personal, así como su efecto calmante.

La bendición del aire fresco. Un ambiente de aire impuro, en nuestros hogares o fuera de ellos, hace que la sangre contenga menos oxígeno de lo que se requiere para la función óptima de cada célula. Esto tiene la tendencia a hacernos sentir menos alerta y a entorpecer nuestros reflejos. Por lo tanto, es importante hacer todo lo posible para obtener diariamente una generosa provisión de aire fresco.

La bendición de una vida temperante, libre de drogas y de estimulantes. Las drogas han saturado nuestra sociedad porque ofrecen estimulación y alivio momentáneo de la tensión y el dolor. El cristiano se halla rodeado de seductoras invitaciones a usar drogas. Hay muchas bebidas que contienen drogas: el café, el té y las bebidas a base de cola contienen cafeína,[9] y los vinos con sabor de fruta contienen alcohol. Las investigaciones científicas han demostrado que las drogas más populares y de efecto más suave tienden a llevar progresivamente a las drogas más poderosas, que alteran en forma dramática las funciones mentales. El cristiano sabio se abstendrá de todo lo que es perjudicial, y usará con moderación únicamente lo que es bueno.

1. *El tabaco.* En cualquier forma, el tabaco es un veneno lento que causa efectos nocivos sobre los poderes físicos, mentales y morales. Al comienzo, sus efectos casi no se notan. Excita y luego paraliza los nervios, lo cual debilita y confunde el cerebro.

Quienes usan el tabaco se están suicidando lentamente,[10] lo cual es una transgresión del sexto mandamiento, que dice: "No matarás" (Éxo. 20:13).

2. *Bebidas alcohólicas.* El alcohol es una de las drogas de más amplio uso en nuestro mundo. Ha devastado una cantidad incalculable de millones de vidas. No sólo daña a quienes lo usan, sino también extrae un terrible costo de la sociedad en general, el cual se mide en hogares quebrantados, muertes accidentales, enfermedades y pobreza.

A causa de que Dios se comunica con nosotros únicamente por medio de nuestras mentes, es útil recordar que el alcohol afecta en forma adversa cada una de nuestras funciones mentales. A medida que aumenta el nivel de alcohol en el sistema, el bebedor progresa de la pérdida de la coordinación a la confusión, la desorientación, el estupor, la anestesia, el coma y por fin la muerte. El uso regular de bebidas alcohólicas produce finalmente la pérdida de la memoria, el juicio y la capacidad de aprendizaje.[11]

Ciertas historias bíblicas referentes al uso de bebidas alcohólicas podrían dar la impresión de que Dios aprobaba su uso. Sin embargo, la Escritura también indica que el pueblo de Dios participaba en prácticas sociales como el divorcio, la poligamia y la esclavitud, las cuales ciertamente Dios no aprobaba. Al interpretar pasajes bíblicos como éstos, vale la pena recordar que Dios no necesariamente aprueba todo lo que permite.

La respuesta que dio Jesús a la pregunta de por qué Moisés permitió el divorcio, apunta a este principio de interpretación. Dijo el Señor: "Por la dureza de vuestro corazón Moisés os permitió repudiar a vuestras mujeres; mas al principio no fue así" (Mat. 19:8).[12] El Edén es el modelo divino al cual el evangelio nos había de restaurar. Tal como es el caso de estas otras prácticas, el uso de alcohol no era parte del plan original.[13]

3. *Otras drogas y narcóticos.* Hay muchas otras sustancias dañinas, tanto drogas y narcóticos, a través de las cuales Satanás procura destruir las vidas humanas.[14] Los verdaderos cristianos que mantienen su vista fija en Cristo, continuamente glorificarán a Dios con sus cuerpos, conscientes de que son su preciada posesión, comprada con su sangre preciosa.

La bendición del reposo. El descanso adecuado es esencial para la salud del cuerpo y la mente. Cristo nos extiende la compasiva orden que les dio a sus discípulos cansados: "Venid vosotros aparte a un lugar desierto, y descansad un poco" (Mar. 6:31). Los períodos de reposo proveen la quietud que tanto se necesita para mantener nuestra comunión con Dios: "Estad quietos, y conoced que yo soy Dios" (Sal. 46:10). Dios puso énfasis en nuestra necesidad de reposar, al apartar el séptimo día de la semana como el día de reposo (Éxo. 20:10).

Descansar significa más que dormir o cesar de cumplir nuestras tareas regulares. Abarca la forma en que usamos nuestro tiempo libre. La fatiga no siempre proviene de la tensión o por trabajar demasiado tiempo o en forma muy intensa. Nuestras mentes pueden fatigarse por la estimulación excesiva, la enfermedad o diversos problemas personales.

La recreación significa *re-creación* en el sentido más literal del término. Fortalece, repara y refresca la mente y el cuerpo, de este modo prepara a los creyentes para volver con renovado vigor a sus vocaciones. Si desean vivir la vida en sus mejores dimensiones, los cristianos deberían practicar únicamente las formas de recreación y entretenimiento que fortalecen su comunión con Cristo y mejoran la salud.

La Sagrada Escritura establece el siguiente principio, que ayudará a que los cristianos seleccionen la recreación correcta: "No améis al mundo, ni las cosas que están en el mundo. Si alguno ama al mundo, el amor del Padre no está en él. Porque todo lo que hay en el mundo, los deseos de la carne, los deseos de los ojos y la vanagloria de la vida, no proviene del Padre, sino del mundo" (1 Juan 2:15, 16).

1. *Las películas, la televisión, la radio y los vídeos.* Los medios de comunicación mencionados pueden servir como excelentes agentes educativos. Han "cambiado toda la atmósfera de nuestro mundo moderno y nos han puesto en fácil contacto con la vida, el pensamiento y las actividades de todo el globo".[15] El cristiano debe recordar que la televisión y los vídeos causan un impacto mayor en la vida de un individuo que cualquier otra actividad.

Desgraciadamente, la televisión y las grabaciones de video, con sus presentaciones teatrales casi continuas, introducen en el hogar influencias que no son ni sanas ni elevadoras. Si no somos firmes y aptos para discernir, "convertirán nuestros hogares en teatros y escenarios de espectáculos comunes y sórdidos".[16] El cristiano consagrado se apartará de películas y programas de televisión enfermizos, violentos o sensuales.

Los medios de comunicación audiovisuales no son malos en sí mismos. Los mismos canales que revelan las profundidades de la maldad humana, comunican también la predicación del evangelio de salvación. Además, se transmiten muchos otros programas que vale la pena mirar. Pero es posible usar aun los buenos programas para evitar enfrentar las responsabilidades de la vida. Los cristianos no sólo necesitan establecer principios para determinar qué han de ver; también deben limitar el tiempo que dedican a esas actividades, de modo que no sufran sus relaciones sociales ni las responsabilidades de la vida. Si no podemos discriminar, o si carecemos de fuerza de voluntad para controlar los medios de comunicación que poseemos, es mucho mejor deshacerse de ellos de una vez, antes que permitir que se adueñen de nuestras vidas, corrompiendo nuestra mente o consumiendo cantidades excesivas de nuestros tiempo (véase Mat. 5:29, 30).

En lo referente a nuestra contemplación de Cristo, un importante principio bíblico establece que "nosotros todos, mirando a cara descubierta como en un espejo la gloria del Señor, somos transformados de gloria en gloria en la misma imagen" (2 Cor. 3:18). La contemplación produce cambios. Pero los cristianos deben recordar continuamente que este principio también se aplica en su aspecto negativo. Todos los espectáculos que describen gráficamente los pecados y crímenes de la humanidad: el asesinato, el adulterio, el robo y otros actos degradantes, contribuyen al quebrantamiento actual de la moralidad.

El consejo que expresa Pablo en Filipenses 4:8 establece un principio que ayuda a identificar las formas de recreación que tiene valor: "Por lo demás, hermanos, todo lo que es verdadero, todo lo honesto, todo lo justo, todo lo puro, todo lo amable, todo lo que es de buen nombre; si hay virtud alguna, si algo digno de alabanza, en esto pensad".

2. *La música y la lectura.* Las mismas altas normas se aplican a la lectura y la música del cristiano. La música es un don de Dios, capaz de inspirar en nosotros pensamientos puros, nobles y elevados. En consecuencia, la buena música realza las más excelentes cualidades del carácter.

Por otra parte, la música degradante "destruye el ritmo del alma y quebranta la moralidad". Por esto, los seguidores de Cristo rehúyen "toda melodía que pertenezca a la categoría de la música vulgar, como el *jazz, rock*, u otras formas híbridas derivadas, o que induzca al baile, toda expresión del lenguaje que se refiera a sentimientos necios o triviales".[17] El cristiano no debe escuchar música que tenga palabras o melodías sugestivas (Rom. 13:11-14; 1 Ped. 2:11).[18]

La lectura también ofrece mucho que es de valor. Existe gran cantidad de buenas publicaciones que cultivan y expanden la mente; "pero igualmente hay un diluvio de publicaciones perniciosas, a menudo presentadas de la manera más atractiva, pero perjudiciales para la mente y para la moral. Las historias de aventuras descabelladas y de moral relajada, ora se trate de hechos reales o ficción", son inapropiadas para los creyentes porque crean aversión a un estilo de vida noble, honesto y puro, y estorban el desarrollo de la unión con Cristo.[19]

3. *Actividades inaceptables.* Los adventistas enseñan además que los juegos de azar, los naipes, la asistencia al teatro y el baile deben evitarse (1 Juan 2:15-17). Se oponen a la práctica de pasar tiempo en la contemplación de actividades deportivas violentas (Fil. 4:8). Cualquier actividad que debilite nuestra relación con

nuestro Señor y nos haga perder de vista los intereses eternos, le ayuda a Satanás en su empeño de encadenar nuestras almas. Los cristianos prefieren participar en actividades recreativas saludables, que verdaderamente renueven su naturaleza física, mental y espiritual.

La bendición de una alimentación nutritiva. A la primera pareja, el Creador le prescribió el régimen alimentario ideal: "Os he dado toda planta que da semilla, que está sobre toda la tierra, y todo árbol en que hay fruto y que da semilla; os serán para comer" (Gén. 1:29). Después de la caída, Dios añadió a su alimentación "plantas del campo" (Gén. 3:18).

Los problemas de salud que existen en nuestros días tienden a centrarse en el tipo de enfermedades degenerativas cuya causa se puede adjudicar directamente al régimen alimentario y al estilo de vida. El régimen que Dios planeó, consistente en cereales, frutas, nueces y verduras, ofrece los ingredientes nutritivos correctos, necesarios para promover la salud óptima.

1. La alimentación original. La Biblia no condena la práctica de comer animales limpios. Pero la alimentación original de Dios para el hombre no incluía alimentos cárneos, porque no era el plan divino que se quitara la vida a ningún animal, y porque un régimen vegetariano equilibrado es el mejor para nuestra salud, hecho a favor del cual la ciencia ofrece evidencias cada vez más abundantes.[20] Los individuos que consumen productos animales que contienen bacterias o virus capaces de producir enfermedades, corren riesgo de que su salud sufra daños bien definidos.[21] Se estima que cada año, tan sólo en los Estados Unidos, millones de personas sufren por comer carne de aves contaminada con salmonella y otros microorganismos que las inspecciones no lograron descubrir.[22] Diversos expertos consideran que "la contaminación bacteriana significa un riesgo mucho mayor que la que presentan los aditivos químicos y los conservantes que se agregan a los alimentos", y están convencidos de que la incidencia de las enfermedades causadas por estas bacterias no pueden sino aumentar.[23]

Además, diversos estudios que se han realizado en años recientes indican que el consumo excesivo de carne puede causar un aumento en la aterosclerosis, el cáncer, las enfermedades de los pulmones, la osteoporosis y la triquinosis, y en consecuencia, puede disminuir la expectativa de vida.[24]

El régimen que Dios ordenó en el jardín del Edén —el régimen vegetariano— es ideal, pero hay ocasiones en las cuales no podemos alcanzar el ideal. En esas circunstancias, en una situación o región determinada, los que desean mantener su salud en el mejor estado posible, se alimentarán con el mejor alimento que puedan obtener.

2. Carnes limpias e inmundas. Recién después del diluvio universal, Dios introdujo la carne como alimento. Por haber sido destruida toda la vegetación, Dios le concedió a Noé y a su familia permiso para comer carne, estipulando que no debían comer la sangre del animal (Gén. 9:3-5).

Otra estipulación que la Escritura implica que Dios le impartió a Noé, era que tanto él como su familia debían comer únicamente los animales que Dios identificara como limpios. A causa de que Noé y su familia necesitaban los animales limpios como alimento así como para sacrificio (Gén. 8:20), Dios instruyó a Noé que tomara consigo en el arca siete parejas de cada clase de animal limpio, en contraste con una sola pareja de cada clase de animal inmundo (Gén. 7:2, 3). Levítico 11 y Deuteronomio 14 proveen extensos detalles en cuanto a los alimentos limpios e inmundos.[25]

Por naturaleza, los animales inmundos no constituyen el mejor alimento. Muchos pertenecen a la clase de los que se alimentan de carroña, y otros son rapaces o de presa, desde el león y el cerdo hasta el buitre y los peces que viven en el fondo de ríos y lagos, y se alimentan de los desechos que allí se acumulan. A causa de sus hábitos, es más fácil que sean portadores de enfermedades.

Diversos estudios han revelado que "además de cierta cantidad de colesterol que se halla en el puerco y en los mariscos, ambos contienen una cantidad de toxinas y contaminantes que están asociados con el envenenamiento de los seres humanos".[26]

Al abstenerse de los alimentos inmundos, el pueblo de Dios demostró su gratitud por su redención del mundo corrompido e inmundo que los rodeaba (Lev. 20:24-26; Deut. 14:2). Introducir cualquier cosa inmunda en el templo del cuerpo, en el cual mora el Espíritu de Dios, es vivir en forma inferior al ideal de Dios.

El Nuevo Testamento no abolió la distinción que se hace entre las carnes limpias e inmundas. Algunos creen que porque dichas leyes de la alimentación se mencionan en Levítico, son puramente ceremoniales o ritualistas, y de este modo ya no son válidas para los cristianos. Sin embargo, la distinción entre los animales limpios y los inmundos se remonta a los días de Noé, mucho antes de que existiera el pueblo de Israel. Como principios de salud, estas leyes relativas a la alimentación mantienen su calidad obligatoria.[27]

3. La regularidad, la sencillez y el equilibrio. Las reformas alimentarias que tienen éxito son progresivas, y deben realizarse en forma inteligente. Finalmente debiéramos aprender a eliminar —o a usar con mucha moderación— los alimentos que contengan mucha grasa o azúcar.

Además, es necesario preparar en la forma más sencilla y natural posible el alimento que consumimos; y para mayor beneficio, debemos comer a intervalos regulares. Una alimentación compleja y estimulante no es lo más saludable. Muchos condimentos y especias irritan el sistema digestivo, [28] y su uso habitual está asociado con numerosos problemas de salud.[29]

La bendición de una vestimenta cristiana. Dios proveyó los primeros ropajes para Adán y Eva, y sabe que en nuestra época también necesitamos cubrir nuestros cuerpos en forma apropiada (Mat. 6:25-33). Respecto a la vestimenta, debemos basar nuestra elección en los principios de la sencillez y la modestia, vistiéndonos en forma práctica, saludable y atractiva.

1. *La sencillez.* Tal como sucede en todos los demás aspectos de nuestras vidas, el llamado cristiano a la sencillez afecta la manera en que nos vestimos. "El testimonio cristiano requiere la sencillez. Cómo nos vestimos demuestra ante el mundo qué y quiénes somos, no como un requisito legal heredado de la época victoriana, sino como una expresión de nuestro amor por Jesús".[30]

2. *De elevada virtud moral.* Los cristianos no desfiguran la belleza de sus caracteres adoptando estilos de vestir que despierten la "concupiscencia de la carne" (1 Juan 2:16). Por cuanto desean testificar ante sus semejantes, se visten y actúan de manera modesta, sin acentuar las partes del cuerpo que estimulan los deseos sexuales. La modestia promueve la salud moral. El propósito del cristiano es glorificar a Dios, no a sí mismo.

3. *Práctico y económico.* Por cuanto son mayordomos del dinero que Dios les ha confiado, los cristianos practicarán la economía, sin usar "oro, ni perlas, ni vestidos costosos" (1 Tim. 2:9). La práctica de la economía, sin embargo, no significa necesariamente la compra de la ropa más barata que se pueda encontrar. A menudo, los artículos de mejor calidad resultan más económicos a largo plazo.

4. *Saludable.* Lo que afecta la salud no es sólo el régimen alimentario. Los cristianos deberían evitar los estilos de vestimenta que no protejan adecuadamente el cuerpo, o que lo constriñan o afecten de modo que deteriore la salud.

5. *Caracterizado por gracia y belleza natural.* Los cristianos comprenden la amonestación contra "la soberbia de la vida" (1 Juan 2:16). Refiriéndose a los lirios, Cristo declaró que "ni aún Salomón con toda su gloria se vistió así como uno de ellos" (Mat. 6:29). Ilustró así el hecho de que la percepción de belleza que proviene del cielo se caracteriza por la gracia, la sencillez, la pureza y la belleza natural. El despliegue mundanal que se advierte en las modas pasajeras, no tiene ningún valor a los ojos de Dios (1 Tim. 2:9).

Los cristianos ganan a los no creyentes, no cuando adoptan el aspecto y la conducta del mundo, sino al revelar una diferencia atractiva y refrescante. Pedro asegura que los esposos no creyentes pueden ser "ganados sin palabra por la conducta de sus esposas, considerando vuestra conducta casta y respetuosa". En vez de adornar lo exterior, el apóstol aconseja que los creyentes se concentren en desarrollar el adorno interior, "el corazón, en el incorruptible ornato de un espíritu afable y apacible, que es de grande estima delante de Dios" (1 Ped. 3:1-4). La Escritura enseña que:

(a). El carácter revela la verdadera belleza individual. Tanto Pedro como Pablo establecen el principio básico que debe guiar a los cristianos de ambos sexos, en lo que se refiere al adorno personal: "Vuestro atavío no sea el externo de peinados ostentosos, de adornos de oro o de vestidos lujosos" (1 Ped. 3:3). "Asimismo que las mujeres se atavíen de ropa decorosa, con pudor y modestia; no con peinado ostentoso, ni oro, ni perlas, ni vestidos costosos, sino con buenas obras, como corresponde a mujeres que profesan piedad" (1 Tim. 2:9, 10).

(b). La sencillez armoniza con la reforma y el reavivamiento. Cuando Jacob hizo un llamado a su familia para que se dedicasen a Dios, entregaron "todos los dioses ajenos que había en poder de ellos, y los zarcillos que estaban en sus orejas", y Jacob los enterró (Gén. 35:2, 4).[31]

Después que Israel apostató con el becerro de oro, Dios les dijo: "Quítate, pues, ahora tus atavíos para que yo sepa lo que te he de hacer". En señal de arrepentimiento, "los hijos de Israel se despojaron de sus atavíos desde el monte Horeb" (Éxo. 33:5, 6). Pablo afirma claramente que la Escritura registra esta apostasía "para amonestarnos a nosotros, a quienes han alcanzado los fines de los siglos" (1 Cor. 10:11).

(c). La mayordomía santificada requiere la disposición al sacrificio. Mientras que gran parte del mundo padece escasez de alimentos, el materialismo coloca ante los cristianos tentaciones que van desde la ropa y los automóviles caros, a las joyas y las casas lujosas. La sencillez en el estilo de vida y la apariencia produce un agudo contraste entre los cristianos y la codicia, el materialismo y la extravagancia que reinan en esta sociedad pagana del siglo XX, cuyos valores enfocan las cosas materiales antes que a los individuos.

En vista de estas enseñanzas de la Escritura y de los principios explicados anteriormente, creemos que los cristianos no debieran adornarse con joyas. Comprendemos que esto significa que el uso de anillos, aretes, collares y brazaletes, así como ostentosos prendedores de corbata, colleras (gemelos, mancuernas) y broches —y cualquier otro tipo de joyas cuya función principal sea la ostentación— es innecesario y no se halla en armonía con el adorno sencillo que recomienda la Escritura.[32]

La Biblia asocia el uso de cosméticos llamativos con el paganismo y la apostasía (2 Re. 9:30; Jer. 4:30). Por lo tanto, en lo que se refiere a los cosméticos, creemos que los cristianos deben mantener una apariencia natural y saludable. Si exaltamos al Salvador en la manera como hablamos, actuamos y nos vestimos, nos convertimos en imanes que atraen a la gente hacia él.[33]

Los principios de las normas cristianas

En todas sus manifestaciones, el estilo de vida del cristiano es una respuesta a la salvación por medio de Cristo. El cristiano desea honrar a Dios, y vivir como Jesús vivió. Aunque algunos consideran que el estilo cristiano de vida se limita a una serie de negativas, es más realista verlo como una serie de principios positivos, los cuales se hallan activos en el marco de la salvación. Jesús hizo énfasis en que había venido para que tuviésemos vida, y que la tuviéramos en mayor abundancia. ¿Cuáles son los principios que nos guían a la vida plena? Cuando el Espíritu Santo se hace presente en la vida de un individuo, sucede un cambio decidido, el cual se hace evidente para con los que rodean a dicho individuo (Juan 3:8). El Espíritu no sólo efectúa un cambio inicial en la vida; sus efectos son perdurables. El fruto del Espíritu es el amor (Gál. 5:22, 23). El argumento más poderoso en favor de la validez del cristianismo lo constituye un cristiano amante y digno de ser amado.

Viviendo con la mente y los sentimientos de Cristo. "Haya, pues, en vosotros, este sentir que hubo también en Cristo Jesús" (Fil. 2:5). En todas las circunstancias, favorables o adversas, debemos procurar comprender y vivir en armonía con la voluntad y la mente de Cristo (1 Cor. 2:16).

Elena de White ha hecho notar cuán hermosos son los resultados de una vida que se vive en esta clase de relación con Cristo: "Toda verdadera obediencia proviene del corazón. La de Cristo procedía del corazón. Y si nosotros consentimos, se identificará de tal manera con nuestros pensamientos y fines, amoldará de tal manera nuestro corazón y mente en conformidad con su voluntad, que cuando le obedezcamos estaremos tan sólo ejecutando nuestros propios impulsos. La voluntad, refinada y santificada, hallará su más alto deleite en servirle. Cuando conozcamos a Dios como es nuestro privilegio conocerle, nuestra vida será una vida de continua obediencia. Si apreciamos el carácter de Cristo y tenemos comunión con Dios, el pecado llegará a sernos odioso.[34]

Viviendo para alabar y glorificar a Dios. ¡Dios ha hecho tanto por nosotros! Una forma en que podemos demostrarle nuestra gratitud, es a través de nuestra alabanza.

Los salmos exaltan este aspecto de la vida espiritual: "Dios, Dios mío eres tú; de madrugada te buscaré... para ver tu poder y tu gloria, así como te he mirado en el santuario. Porque mejor es tu misericordia que la vida; mis labios te alabarán. Así te bendeciré en mi vida; en tu nombre alzaré mis manos. Como de meollo y de grosura será saciada mi alma, y con labios de júbilo te alabará mi boca" (Sal. 63:2-5).

Para el cristiano, una actitud de alabanza como la descrita, le permite mantener en su perspectiva apropiada los demás aspectos de su vida. Al mirar a nuestro Salvador crucificado, que nos redimió del castigo del pecado y nos libra además de su poder, nos sentimos impulsados a hacer únicamente "las cosas que son agradables delante de él" (1 Juan 3:22; véase también Efesios 5:10). Los cristianos ya no viven "para sí, sino para aquel que murió y resucitó por ellos" (2 Cor. 5:15). Todo verdadero cristiano le asigna a Dios el primer lugar en todo lo que hace; en sus pensamientos, sus palabras y sus deseos. No tiene otros dioses delante de su Redentor (1 Cor. 10:31).

Vidas ejemplares. Pablo dijo: "No seáis tropiezo" para nadie (1 Cor. 10:32). "Por esto procuro tener siempre una conciencia sin ofensa ante Dios y ante los hombres" (Hech. 24:16). Si nuestro ejemplo hace que otros pequen, nos convertimos en piedras de tropiezo para aquellos por quienes Cristo murió. "El que dice que permanece en él, debe andar como él anduvo" (1 Juan 2:6).

Vidas dedicadas a la ministración. Una poderosa razón por la cual los cristianos viven como lo hacen, es con el fin de salvar a los perdidos. Dijo Pablo: "Yo en todas las cosas agrado a todos, no procurando mi propio beneficio, sino el de muchos, para que sean salvos" (1 Cor. 10:33; véase también Mat. 20:28).

Requerimientos y principios

A causa del impacto que el estilo de vida de un individuo produce en su experiencia espiritual y en su testimonio, en nuestra calidad de iglesia organizada hemos establecido ciertos principios de vida que sirven como requerimientos mínimos para la feligresía. Dichas normas incluyen la abstención del tabaco, las bebidas alcohólicas, las sustancias químicas que alteran la mente, y las carnes de animales inmundos, además de la evidencia de una experiencia cristiana progresiva en lo que se refiere a la vestimenta y el uso de nuestro tiempo libre. Estas normas mínimas no abarcan el ideal completo de Dios para el creyente. Simplemente señalan los primeros pasos esenciales en el desarrollo de una experiencia cristiana progresiva y radiante. Dichas normas proveen también el fundamento esencial de la unidad en la comunidad de los creyentes.

El desarrollo de la conducta cristiana —la semejanza a Dios— es progresivo, pues implica una unión con Cristo que dura toda la vida. La vida santificada no es otra cosa que la entrega cotidiana de la voluntad al control de Cristo, y la conformidad constante a sus enseñanzas, las cuales él nos va revelando en nuestro estudio de la Biblia acompañado de oración. Por cuanto maduramos a ritmos diferentes, es importante que nos abstengamos de juzgar a nuestros hermanos o hermanas más débiles (Rom. 14:1; 15:1).

Los cristianos que están unidos con el Salvador tienen un solo ideal: Hacer lo mejor que puedan en honor de su Padre celestial, quien ha provisto un plan tan maravilloso para su salvación. "Si, pues, coméis o bebéis, o hacéis otra cosa, hacedlo todo para la gloria de Dios" (1 Cor. 10:31).

Referencias

1. L. A. King, "Legalism or Permissiveness: An Inescapable Dilemma?" *The Christian Century*, 16 de abril de 1980, pág. 436.
2. Para el desarrollo de la base bíblica de la vida sana en la Iglesia Adventista, véase Damsteegt, *Foundations of the Seventh-day Adventist Message and Mission*, [Fundamentos del mensaje y misión adventista del séptimo día], págs. 221-240; Damsteegt, "Health Reforms and the Bible in Early Sabbatarian Adventism" (*Adventist Heritage*, invierno de 1978, págs. 13-21.
3. Véase Lewis R. Walton, Jo Ellen Walton, John A. Scharffenberg, *How You Can Live Six Extra Years* [Cómo podemos vivir seis años más] (Santa Bárbara, CA: Woodbridge Press, 1981), pág. 4; D. C. Nieman y H. J. Stanton, "The Adventist Lifestyle—A Better Way to Live" [El estilo de vida adventista, una mejor forma de vida], *Vibrant Life*, marzo/ abril de 1988, págs. 14-18.
4. *Zondervan Pictorial Encyclopedia of the Bible* [Enciclopedia ilustrada Zondervan de la Biblia] (Grand Rapids, MI: Zondervan Publishers, 1975), tomo 1, pág. 884.
5. C. B. Haynes, "Church Standard—No. 5", *Review and Herald*, 30 de octubre de 1941, pág. 7.
6. Para un tratamiento más completo de estas sencillas reglas de salud, véase V. W. Foster, *New Start!* (Santa Bárbara, CA: Woodbridge Press, 1988).
7. Véase, por ejemplo Kenneth H Cooper, *Aerobics Program for Total Well Being* [Programa aeróbico para el bienestar total] (New York: M. Evans, 1982); *Physical Fitness Education Syllabus* [Programa de educación física] (Loma Linda, CA: Department of Health Science, School of Health, Loma Linda University, 1976-1977); John Dignam, "Walking Into Shape", *Signs of the Times*, julio de 1987, pág. 16; B. E. Baldwin, "Exercise", *Journal of Health and Healing* 11, No. 4 (1987), pág. 20-23; Jeanne Wiesseman, *Physical Fitness, Abundant Living Health Series*, tomo 5 (Loma Linda, CA: School of Health, Loma Linda University, n. d.), págs. 21, 37, 38, 45. Véase también Dianne-Jo Moore, "Walk Your Tensions Away", *Your Life and Health*, No. 4 (1984), pág. 12, 13.
8. Entre las diversas formas de ejercicio, la caminata está considerada como una de las mejores. Véase J. A. Scharffenberg, "Adventist Responsability in Exercise" (manuscrito inédito); White, *Testimonies*, tomo 3, pág. 78; White, "Temperance", *Health Reformer*, abril de 1872, pág. 122; Dignam, "Walking Into Shape", págs. 16, 17.

9. Se ha descubierto que la cafeína también contribuye al aumento del colesterol en la sangre, a la alta presión sanguínea, al aumento de las secreciones gástricas y a las úlceras pépticas. Está implicada en las enfermedades del corazón, la diabetes, y los cánceres de colon, de vejiga y de páncreas. Su uso regular o inmoderado durante el embarazo aumenta el riesgo de producir defectos congénitos y niños de peso menor que el normal. Véase Roberto O'Brien y Sydney Cohen, "Caffeine", *Encyclopedia of Drug Abuse* [Enciclopedia del abuso de las drogas] (New York: Facts on File, 1984), págs. 50, 51; Marjorie V. Baldwin, "Caffeine on Trial", *Life and Health*, octubre de 1973, págs. 10-13; E. D. Gorham, L. F. Garland, F. C. Garland, et al, "Coffee and Pancreatic Cancer in a Rural California County" [El café y el cáncer pancreático en un condado rural de California] *Western Journal of Medicine*, enero de 1988, págs. 48-53; B. K. Jacobsen, y D. S. Thelle, "The Tromso Heart Study; Is Coffee Drinking an Indicator of a Lifestyle With High Risk of Ischemic Heart Disease?" *Acta Medica Scandinavica* 222, No. 3 (1987), 215-221; J. D. Curb, D. M. Reed, J. A. Kautz y K. Yano, "Coffee, Caffeine and Serum Cholesterol in Japanese Living in Hawaii", *American Journal of Epidemiology*, abril de 1986, págs. 648-655. Los individuos que consumen mucho café son también "menos activos en religión" (B. S. Victor, M. Lubetsky, y J. F. Greden, "Somatic Manifestations of Caffeinism" [Manifestaciones somáticas del cafeinismo], *Journal of Clinical Psychiatry*, mayo de 1981, pág. 186). Para saber el contenido de cafeína de las diversas bebidas, véase "The Latest Caffeine Scoreboard" [El más reciente puntaje de cafeína], *FDA Consumer*, marzo de 1984, págs. 14-16; Boasley, "Caffeine: Is it So Harmless?" [La cafeína: ¿es tan inofensiva como parece?] *Ministry*, agosto de 1986, pág. 28; Winston J. Craig and Thuy T. Nguyen, "Caffeine and Theobromine Levels in Cocoa and Carob Products" [Niveles de cafeína y teobromina en el cacao y los productos de carao], *Journal of Food Science*, enero-febrero de 1984, págs. 302-303, 305.

10. En lo que se refiere al sistema circulatorio, el tabaco aumenta el riesgo de los infartos del corazón, la alta presión sanguínea y las enfermedades vasculares periféricas como la enfermedad de Buerger, que requiere la amputación de los dedos de las manos y los pies. En lo referente al sistema respiratorio, el tabaco produce un aumento en las muertes producidas por el cáncer pulmonar, la bronquitis crónica y el enfisema. Paraliza los cilios bronquiales que limpian los pulmones y bronquios de impurezas, y está asociado con el cáncer de la laringe, la boca, el esófago, la vejiga, los riñones y el páncreas. Está además asociado con el aumento de úlceras duodenales y de muertes por complicaciones que resultan de las úlceras. Véase, por ejemplo, *Smoking and Health: A Report of the Surgeon General* [El hábito de fumar y la salud: Informe del Cirujano General] (Washington, D.C.; US Dept. Of Health, Education, and Welfare, 1979).

11. Véase, por ejemplo, Galen C. Bosley, "The Effects of Small Quantities of Alcohol" [Los efectos que causan las cantidades pequeñas de alcohol], *Ministry*, mayo de 1986, págs. 24-27. Entre los bebedores sociales, el alcohol disminuye el volumen de los lóbulos frontales, el centro del discernimiento moral (L. A. Cala, B. Jones, P. Burns, et al, "Results of Computerized Tomography, Psychometric Testing and Dietary Studies in Social Drinkers, With Emphasis on Reversibility After Abstinence", *Medical Journal of Australia*, 17 de septiembre de 1983, págs. 264-269). Véase también Bosley, "Why a Health Message" [La razón de un mensaje acerca de salud], *Adventist Review*, 30 de julio de 1987, pág. 15. Las pruebas psicológicas de los bebedores sociales demostraron que sus capacidades mentales y su funcionamiento intelectual se hallaban significativamente deterioradas (D. A. Parker, E. S. Parker, J. A. Brody, y R. Schoenberg, "Alcohol Use and Cognitive Loss Among Employed Men and Women" [El uso de alcohol y pérdida de capacidad mental entre varones y mujeres empleados], *American Journal of Public Health*, mayo de 1983, págs. 521-526). A medida que aumenta el consumo de alcohol, disminuye la asistencia a la iglesia (A. M. Edward, R. Wolfe, P. Moll, y E. Harburg,

"Psychosocial and Behavioral Factors Differentiating Past Drinkers and Lifelong Abstainers" [Factores psicosociales y de conducta que diferencian entre los ex bebedores y a los abstemios de por vida], *American Journal of Public Health*, enero de 1986, pág. 69.
12. Véase el capítulo 16, nota 8, para una explicación del vino que se usa en la Cena del Señor.
13. En el Antiguo Testamento, el término general que se usa para designar el vino es *yayin*. Este término denota el jugo de la uva en todos sus estados, desde fresco hasta fermentado, si bien se lo usa frecuentemente aplicándolo al vino maduro que contiene alcohol. La palabra usual que designa el vino sin fermentar es *tirosh*. Se lo traduce frecuentemente como "nuevo vino", es decir, el jugo fresco de la uva recién estrujada. Ambos términos se traducen con la palabra *oinos* en la traducción griega del Antiguo Testamento, llamada Septuaginta. *Oinos* es el término generalmente usado para denotar el vino en el Nuevo Testamento, y se refiere tanto al vino fermentado como al sin fermentar, dependiendo del contexto. (Para el uso en el Antiguo Testamento, véase Robert P. Teachout, "The Use of `Wine´ in the Old Testament" [El uso del término "vino" en el Antiguo Testamento] (Disertación doctoral, 1979; disponible a través de University Microfilms International, Ann Arbor, MI): Leal O. Ceasar, "The meaning of *Yayin*" [El significado del término *Yayin*] (Tesis inédita de maestría, Andrews University, Berrien Springs, MI, 1986; William Patton, *Bible Wines* [Vinos bíblicos] Oklahoma City, OK: Sane Press, sin fecha), págs. 54-65.

La expresión hebrea *shekar* (bebida fuerte), denota una bebida dulce, generalmente fermentada, y por lo general fabricada a partir de otras frutas y no de uvas. Incluye productos como la cerveza (de cebada, mijo o trigo) y vino de dátiles o de palma. La expresión no se refiere a los licores destilados, porque los israelitas no conocían este método (Patton, págs. 57, 58, 62).

Vino fermentado. La Escritura condena el vino que tiene alcohol porque trae miseria, violencia y destrucción (Prov. 4:17; 23:29, 35). Hace que los dirigentes religiosos se conviertan en opresores (Isa. 56:10-12), y estaba asociado con la perversión del juicio de los dirigentes de Israel (Isa. 28:7) y del rey Belsasar (Dan. 5:1-30).

Vino sin fermentar. La Biblia habla favorablemente del vino o jugo de uva sin fermentar, y lo recomienda como una gran bendición. Debía presentarse como una ofrenda a Dios (Núm. 18:12, 13; Neh. 10:37-39; 13:12, 13). Es una de las bendiciones de Dios (Gén. 27:28; Deut. 7:13; 11:14; Prov. 3:10; Isa. 65:8; Joel 3:18), "alegra a Dios y a los hombres" (Jue. 9:13), y simboliza las bendiciones espirituales (Isa. 55:1, 2; Prov. 9:2, 3). Es también una bebida saludable (1 Tim. 5:23).
14. Véase, por ejemplo, Drug Enforcement Administration, *Drugs of Abuse*, 3ª. ed. (Washington, DC: US Dept. of Justice, sin fecha); Dan Sperling, "Drug Roundup" *Adventist Review*, 9 de abril de 1987, págs. 12, 13.
15. *Manual de la iglesia*, ed. 1986, pág. 203.
16. *Ibíd*.
17. *Id*., pág. 205. Como ejemplos de la degradación presente en mucha música y entretenimiento modernos, véase Tipper Gore, *Raising PG Kids in an X-rated Society*, (Nashville, TN: Abingdon Press, 1987).
18. Otra forma de diversión que ejerce una influencia maléfica es el baile social. "La diversidad del baile, como se practica actualmente, es una escuela de depravación, una terrible maldición para la sociedad" (*Mensajes para los jóvenes*, págs. 396, 397; véase 2 Cor. 6:15-18; 1 Juan 2:15-17; Sant. 4:4; 2 Tim. 2:19-22; Efe. 5:8-11; Col. 3:5-10). En vista de estas influencias hacia el pecado, los cristianos harían bien en no patrocinar "diversiones comercializadas, uniéndonos con las multitudes de mundanos, negligentes y amantes del placer, `amadores de los deleites más que de Dios´ [2 Tim. 3:4]" (*Manual de la iglesia*, pág. 204).
19. *Id*., pág. 202.

20. Con referencia a cuán adecuada es la alimentación vegetariana, véase S. Havala, J. Dwyer, "Position of the American Dietetic Association: Vegetarian Diets –Technical Support Paper", *Journal of the American Dietetic Association*, [Periódico de la Asoc. Dietética Estadounidense], marzo de 1988, págs. 352-355; Terry D. Shultz, Winston J. Craig, y otros, "Vegetarianism and Health" [El vegetarianismo y la salud] en *Nutrition Update*, tomo 2, 1985, págs. 131-141; U. D. Register y L M. Sonnenberg, "The Vegetarian Diet" [El régimen vegetariano], *Journal of the American Dietetic Assn.*, marzo de 1973, págs. 253-261.
21. Véase Committee on the Scientific Basis of the Nation's Meat and Poultry Inspection Program [Comité acerca de la base científica del programa de inspección de carne de animales y de aves de la nación], *Meat and Poultry Inspection* [Inspección de carne de animales y de aves] (Washington, D.C.: National Academy Press, 1985), págs. 21-42; John A. Scharffenberg, *Problems With Meat* [Problemas que origina la carne] (Santa Bárbara, CA: Woodbridge Press, 1979), págs. 32-35.
22. Véase por ejemplo Committee on Meat and Poultry Inspection, *Meat and Poultry Inspection* págs. 68-123; Robert M. Andrews, "Meat Inspector: 'Eat at Own Risk'" [Inspector de carnes: Coma a su propio riesgo], *Washington Post*, 16 de mayo de 1987.
23. Frank Young, Comisionado de la Administración de Alimentos y Drogas y Sanford Miller, director del Centro para la Seguridad de los Alimentos y de Nutrición Aplicada de la Administración Federal de Drogas, citado por Carole Sugarman, "Rising Fears Over Food Safety" [Temores crecientes acerca de la seguridad de los alimentos], *Washington Post*, 23 de julio de 1986. Véase White, *Consejos sobre el régimen alimenticio* (Mtn. View, CA: Pacific Press Publishing Assn., 1971), págs. 458-460.
24. Scharffenberg, *Problems With Meat*, págs. 12-58.
25. Véase Shea, "Clean and Unclean Meats" [Carnes limpias e inmundas], (manuscrito inédito, Instituto de Investigación Bíblica, Asoc. General de los Adventistas del Séptimo Día).
26. Winston J. Craig, "Pork and Shellfish –How Safe Are They?" [El cerdo y los mariscos: ¿Cuán seguro es comerlos?) *Health and Healing* 12, No.1 (1988): págs. 10-12.
27. La preocupación por la santidad que expresa el Nuevo Testamento es consecuente con la del Antiguo. Hay un interés espiritual a la vez que físico en el bienestar de la gente (Mat. 4:23; 1 Tes. 5:23; 1 Ped. 1:15, 16).

    La declaración que hace Marcos en cuanto a que Jesús hacía "limpios todos los alimentos" (Mar. 7:19), no significa que el Salvador abolió la distinción que existe entre los alimentos limpios y los inmundos. La discusión que se suscitó entre Jesús y los fariseos y los escribas no tenía nada que ver con la *clase* de alimentos, sino con la *manera* como los discípulos comían. El punto en cuestión era si era o no necesario el lavamiento ritual de las manos antes de comer (Mar. 7:2-5). En efecto, Jesús declaró que lo que contamina a una persona no es el alimento que se come con las manos sin lavar, sino las cosas malas que hay en el corazón (Mar. 7:20-23), porque el alimento "no entra en su corazón, sino en el vientre, y sale a la letrina". De este modo, Jesús afirmó que todos los alimentos comidos con las manos sin lavar son "limpios" (Mar. 7:19). La palabra griega *bromata*, que aquí se traduce como alimentos, es el término general que se refiere a toda clase de alimentos para el consumo humano; no se limita a las carnes comestibles.

    La visión que Pedro tuvo de los animales, registrada en Hechos 10, no tenía por objetivo enseñar que los animales inmundos se habían convertido en alimento apto para comer; en vez de ello, enseñaba que los gentiles no eran inmundos, y que el apóstol podía asociarse con ellos sin considerarse contaminado. Pedro mismo comprendió la visión de este modo, explicando: "Vosotros sabéis cuán abominables es para un varón judío juntarse o acercarse a un extranjero; pero a mí me ha mostrado Dios que a ningún hombre llame común o inmundo" (Hech. 10:28).

En sus cartas a los Romanos y Corintios (Rom. 14; 1 Cor. 8:4-13: 10:25-28), Pablo hace referencia a las implicaciones que tenía para los cristianos la difundida práctica en el mundo gentil de ofrecer carne a los ídolos. El punto controvertido entre los primeros cristianos consistía en determinar si el acto de comer carne ofrecida a los ídolos era un acto de adoración. Los que eran firmes en su fe, no creían que lo fuese, y por lo tanto se sentían libres de comer cualquier cosa ofrecida a los ídolos. Los que no tenían una fe tan firme usaban sólo vegetales, lo cual no se ofrecía a los ídolos. Pablo recomienda que nadie desprecie a los que comen vegetales, o que juzgue a los que creen "que se ha de comer de todo" (Rom. 14:2).

Pablo amonestó contra herejías futuras que prohibirían a los creyentes participar de las dos cosas que Dios le concedió a la humanidad en la creación: El casamiento y los alimentos. Los alimentos incluidos aquí son todos los que Dios creó para el consumo humano. No se debe considerar que las palabras dichas por Pablo en este pasaje significan que los alimentos inmundos fueron creados por Dios "para que con acción de gracias participasen de ellos los creyentes y los que han conocido la verdad" (1 Tim. 4:3).

28. La pimienta, las especias, la mostaza, los encurtidos y otras sustancias similares dañan el estómago. Primero irritan el revestimiento interior del estómago. Luego atacan su barrera mucosa, destruyendo su resistencia a las lesiones. La irritación del estómago afecta el cerebro, lo cual a su vez influye sobre el temperamento, produciendo a menudo irritabilidad. Véase M. A. Schneider y otros, "The Effect of Spice Ingestion on the Stomach" [El efecto que tiene sobre el estómago la ingestión de especias], *American Journal of Gastroenterology* 26 (1956): pág. 722, citado en "Physiological Effects of Spices and Condiments" [Efectos fisiológicos de las especias y los condimentos] (Loma Linda, CA: Depto. de Nutrición, Escuela de Salud, Universidad de Loma Linda [mimeografiado]). White, *Consejos sobre el régimen alimenticio*, págs. 403-412.

29. Los condimentos y las especias también producen inflamación del esófago y destruyen la barrera mucosa del intestino delgado y el colon. Irritan los riñones y pueden contribuir a la hipertensión. Algunas de estas sustancias contienen carcinógenos. Véase Kenneth I Burke, y Ann Burke, "How Nice Is Spice?" [¿Cuan buenas son las especias?] *Adventist Review*, 8 de enero de 1987, págs. 14, 15; Depto. de Nutrición "Spices and Condiments" [Especias y condimentos]; Marjorie V. Baldwin y Bernell E. Baldwin, "Spices–Recipe for Trouble" [Las especias, receta para problemas], *Wildwood Echoes*, invierno de 1978-79, págs. 8-11.

30. William G. Johnsson, "On Behalf of Simplicity" [A favor de la sencillez], *Adventist Review*, 20 de marzo de 1986, pág. 4.

31. *Comentario bíblico adventista*, tomo 1, pág. 429.

32. Véase "Acciones de la reunión de Fin de Año de la División Norteamericana de los Adventistas del Séptimo Día" (1986), págs. 23-25.

33. El uso de cosméticos no es enteramente inofensivo. Algunas de las sustancias químicas que se usan en su preparación pueden entrar en la circulación sanguínea al ser absorbidas por la piel, y —dependiendo de la sustancia y de la sensibilidad de la persona— pueden causar daños a la salud. Véase N. Shafer, R. W. Shafer, "Potential Carcinogenic Effect of Hair Dyes" [Efectos carcinógenos potenciales de la tinturas para el cabello], *New York State Journal of Medicine*, marzo de 1976, págs. 394-396; Samuel J. Taub, "Cosmetic Allergies: "What goes on Under Your Makeup" [Alergias a los cosméticos: Qué hay debajo de su maquillaje], *Eye, Ear, Nose, and Throat*, abril de 1976, págs. 131, 132; S. J. Taub, "Contaminated Cosmetics and Cause of Eye Infections" [Cosméticos contaminados y causas de infecciones en los ojos], *Eye, Ear, Nose, and Throat*, febrero de 1976, págs. 81, 82; véase White, "Words to Christian Mothers" [Palabras a las madres cristianas] *Review and Herald*, 17 de octubre de 1871.

34. White, *El Deseado de todas las gentes*, pág. 621.

LOS ADVENTISTAS DEL SÉPTIMO DÍA CREEN EN...

23

El Matrimonio y la Familia

El matrimonio fue establecido por Dios en el Edén, y confirmado por Jesús, para que fuera una unión por toda la vida entre un hombre y una mujer en amante compañerismo. Para el cristiano el matrimonio es un compromiso a la vez con Dios y con su cónyuge, y este paso debieran darlo sólo personas que participan de la misma fe. El amor mutuo, el honor, el respeto y la responsabilidad, son la trama y la urdimbre de esta relación, que debiera reflejar el amor, la santidad, la intimidad y la perdurabilidad de la relación que existe entre Cristo y su iglesia. Con respecto al divorcio, Jesús enseñó que la persona que se divorcia, a menos que sea por causa de fornicación, y se casa con otra, comete adulterio. Aunque algunas relaciones familiares están lejos de ser ideales, los socios en la relación matrimonial que se consagran plenamente el uno al otro en Cristo pueden lograr una amorosa unidad gracias a la dirección del Espíritu y al amante cuidado de la iglesia. Dios bendice la familia y es su propósito que sus miembros se ayuden mutuamente hasta alcanzar la plena madurez. Los padres deben criar a sus hijos para que amen y obedezcan al Señor. Mediante el precepto y el ejemplo debieran enseñarles que Cristo disciplina amorosamente, que siempre es tierno y que se preocupa por sus criaturas, y que quiere que lleguen a ser miembros de su cuerpo, la familia de Dios. Un creciente acercamiento familiar es uno de los rasgos característicos del último mensaje evangélico.

EL HOGAR ES EL AMBIENTE PRIMARIO para la restauración de la imagen de Dios en los seres humanos. Dentro de la familia, el padre, la madre y los hijos pueden expresarse libremente, y suplir sus necesidades mutuas en lo que se refiere a pertenecer a un grupo social, al amor y la intimidad. Aquí se establece la identidad y se desarrollan los sentimientos de valía personal. El hogar es también el lugar en que, por la gracia de Dios, se practican los principios del verdadero cristianismo, y sus valores se transmiten de una generación a la siguiente.

La familia puede ser un lugar en el cual reine gran felicidad. Por otra parte, también puede ser la escena de terrible sufrimiento. La vida familiar armoniosa demuestra la verdadera aplicación de los principios del cristianismo, y revela el carácter de Dios. Desgraciadamente, la manifestación de estas características es sumamente rara en los hogares modernos. En vez de ella, muchas familias demuestran los pensamientos e intenciones del corazón humano egoísta: Peleas, rebeliones, rivalidades, ira, actitudes impropias, y aun crueldad. Sin embargo, estas características no eran parte del plan original de Dios. Jesús dijo: "Al principio no fue así" (Mat. 19:8).

Desde el comienzo

El sábado y el matrimonio son dos de los dones originales que Dios le concedió a la familia humana. Fueron dados con el fin de proveer el gozo del reposo y de pertenecer, sin limitaciones de época, lugar o cultura. El establecimiento de estas dos instituciones culminó la creación de este mundo que realizó Dios. Fueron su toque final, lo mejor de los excelentes dones que le concedió a la humanidad en la creación. Al establecer el sábado, Dios les concedió a los seres humanos un tiempo de reposo y renovación, una ocasión para gozar de comunión con él. Al formar la primera familia, estableció la unidad social básica para la humanidad, dándole un sentido de pertenencia y proveyendo una oportunidad para que sus miembros se desarrollasen como individuos completos en el servicio a Dios y a los demás.

El varón y la mujer hechos a imagen de Dios. En Génesis 1:26, 27 se describe la forma como Dios creó a los seres humanos que habitarían este mundo: "Entonces dijo Dios: Hagamos al hombre a nuestra imagen, conforme a nuestra semejanza... Y creó Dios al hombre a su imagen, a imagen de Dios lo creó; varón y hembra los creó". El término *hombre* se usa aquí (tanto en hebreo como en español) en el sentido genérico, tal como sucede más de 500 veces en otros lugares del Antiguo Testamento. Este término incluye tanto al varón como a la mujer. El texto deja en claro que no se trataba de que el varón fuese creado a la imagen de Dios, y la mujer a la imagen del varón.[1] Por el contrario, ambos fueron hechos a la imagen de Dios.

Tal como el Padre, Hijo y Espíritu Santo son Dios, el varón y la mujer juntos comprenden el "hombre". Y a semejanza de la Trinidad, aun cuando deben ser uno, no son la misma cosa en lo que se refiere a su función. Son iguales en su ser y su valía, pero no son idénticos en persona (véase Juan 10:30; 1 Cor. 11:3). Sus rasgos físicos se complementan y sus funciones cooperan mutuamente.

Ambos géneros son buenos (Gén. 1:31), y también lo son sus papeles diferentes. La familia y el hogar están fundados sobre el hecho de la diferenciación sexual.

Dios podría haber propagado la vida en el mundo sin crear varón y hembra, como se demuestra en la reproducción asexual de ciertas formas de vida animal. Pero Dios creó "dos individuos idénticos en la forma y características generales, pero cada uno de los cuales contenía en sí mismo algo que en el otro faltaba, y necesitaba complementación".[2] Un mundo hecho exclusivamente de miembros de cualquiera de los dos sexos, no estaría completo. La verdadera satisfacción puede existir únicamente en una sociedad que envuelve miembros tanto masculinos como femeninos. Aquí no se cuestiona la igualdad, por cuanto ambos son esenciales.

Durante su primer día, Adán, el primogénito y por lo tanto la cabeza de la raza humana,[3] se dio cuenta de que no había otro ser como él. "Mas para Adán no se halló ayuda idónea para él" (Gén. 2:20). Dios lo sabía ya que había dicho: "No es bueno que el hombre esté solo; le haré ayuda idónea para él" (Gén. 2:18).

La palabra hebrea *neged*, que aquí se traduce "idónea", es un sustantivo que está relacionado con la preposición que significa estar "delante, frente a, opuesto a, correspondiente a" alguien o algo. En este caso, la persona que había de estar frente a Adán, debía complementarlo y corresponder a él como su contraparte. Así pues, "Dios hizo caer sueño profundo sobre Adán, y mientras éste dormía, tomó una de sus costillas, y cerró la carne en su lugar. Y de la costilla que Jehová Dios tomó del hombre, hizo una mujer, y la trajo al hombre" (Gén. 2:21, 22).[4]

Al despertar, Adán reconoció en seguida la relación estrecha e íntima que este acto específico de creación haría posible. Exclamó: "Esto es ahora hueso de mis huesos y carne de mi carne; ésta será llamada Varona, porque del varón fue tomada" (Gén. 2:23; véase también 1 Cor. 11:8).

El matrimonio. De la diversidad del varón y la mujer, Dios produjo orden y unidad. Ese primer viernes de la historia, el Creador celebró el primer matrimonio, uniendo a esas dos personas que eran el epítome de su imagen, para hacer de ellas una. Y desde entonces el matrimonio ha constituido el fundamento de la familia y de la sociedad.

La Escritura describe el matrimonio como un acto decisivo que comprende tanto una unión como una desvinculación. Según la disposición divina, "dejará el hombre a su padre y a su madre, y se unirá a su mujer, y serán una sola carne" (Gén. 2:24).

1. *La desvinculación.* Para la relación matrimonial es vital que se dejen atrás las relaciones primarias anteriores. La relación del matrimonio debe tener primacía sobre la relación existente entre padres e hijos. En este sentido, el acto de "dejar" nuestra relación con nuestros padres, nos permite "unirnos" el uno al otro. Sin este proceso, no existe un fundamento firme para el matrimonio.

2. *La unión.* El término hebreo que se traduce como "unión" viene de una palabra que significa "pegar, asegurar, unir, aferrarse a algo". Como sustantivo, hasta se lo puede usar para designar el acto de soldar o unir metales (Isa. 41:7). La unión íntima y la fortaleza que se obtienen de esta técnica ilustran la naturaleza de la unión que debe existir en el matrimonio. Cualquier intento de quebrantar esta unión produce heridas en los individuos unidos de forma tan íntima. El hecho de que este vínculo humano es estrechísimo, también se enfatiza por el hecho de que el mismo verbo se usa para expresar el vínculo que debe existir entre Dios y su pueblo: "A Jehová tu Dios temerás, a él servirás, a él te adherirás, y solamente en su nombre jurarás" (Deut. 10:20, VM).

3. *Un pacto.* En la Escritura, este compromiso por el cual se unen los individuos en matrimonio está descrito como un "pacto", término que se usa para describir el acuerdo más solemne y obligatorio que aparezca en la Palabra de Dios (Mal. 2:14; Prov. 2:16, 17). La relación que existe entre el esposo y la esposa debe modelarse de acuerdo con el pacto eterno que Dios ha celebrado con su pueblo, la iglesia (Efe. 5:21-33). Su compromiso mutuo debe exhibir la fidelidad y perseverancia que caracterizan el pacto de Dios (Sal. 89:34; Lam. 3:23).

Dios, la familia y los amigos de la pareja, así como la comunidad, son testigos del pacto que éstos realizan entre sí. Ese pacto es ratificado en el cielo. "Por lo tanto, lo que Dios juntó, no lo separe el hombre" (Mat. 19:6). La pareja cristiana comprende que al contraer matrimonio, han pactado ser fieles el uno al otro por el resto de sus vidas.[5]

4. *Una sola carne.* El acto de dejar la relación con los padres y hacer un pacto de unión, resulta en un vínculo que es un misterio. He aquí la unidad en su sentido más completo: la pareja camina unida, enfrenta unida a la vida, y comparte una intimidad profunda. En el comienzo, esta unidad se refiere a la unión física del matrimonio. Pero más allá de eso, también se refiere al íntimo vínculo de la mente y las emociones que constituye el fundamento del aspecto físico de la relación.

(a). *Caminando unidos.* Refiriéndose a su relación con su pueblo, Dios pregunta: "¿andarán dos juntos, si no estuvieren de acuerdo?" (Amós 3:3). También es apropiado hacer esta pregunta en el caso de los que se proponen llegar a ser una sola carne. Dios instruyó a los israelitas en cuanto a que no debían contraer matrimonio con individuos de las naciones vecinas, "porque desviará a tu hijo de en pos de mí, y servirán a dioses ajenos" (Deut. 7:4; véase también Jos. 23:11-13). Siempre que los israelitas ignoraron estas instrucciones, se acarrearon consecuencias desastrosas (Jue. 14-16; 1 Re. 11:1-10; Esdras 9; 10).

Pablo reiteró este principio en amplios términos: "No os unáis en yugo desigual con los incrédulos; porque ¿qué compañerismo tiene la justicia con la injusticia? ¿Y qué comunión la luz con las tinieblas? ¿Y qué concordia Cristo con Belial? ¿O qué parte el creyente con el incrédulo? ¿Y qué acuerdo hay entre el templo de Dios y los ídolos? Porque vosotros sois el templo del Dios viviente" (2 Cor. 6:14-16; véanse también los vers. 17, 18).

Es claro que la Escritura enseña que los creyentes deben casarse únicamente con otros creyentes. Pero el principio se extiende aún más allá de esto. La verdadera unidad demanda la comunidad de creencias y prácticas. Las diferencias en experiencia religiosa conducen a diferencias en el estilo de vida, las cuales pueden crear profundas tensiones y rupturas en el matrimonio. Por esta razón, y con el fin de lograr la unidad que la Escritura requiere, los cristianos deben casarse únicamente con miembros de su propia comunión.[6]

(b). *Unidos frente a la vida.* Para llegar a ser una carne, ambos cónyuges deben ser completamente leales el uno al otro. Cuando alguien se casa, lo arriesga todo y acepta todo lo que venga con su compañero. Los que se casan proclaman su intención de compartir la responsabilidad de su cónyuge, y de enfrentar juntos cualquier cosa. El matrimonio requiere un amor activo, que nunca echa pie atrás.

"Dos personas comparten todo lo que poseen; no sólo sus cuerpos y sus posesiones materiales, sino también sus pensamientos y sentimientos, su gozo y sufrimiento, sus esperanzas y temores, sus éxitos y fracasos. Llegar a ser una carne, significa que dos personas llegan a ser completamente una en cuerpo, alma y espíritu, y sin embargo permanecen siendo dos individuos diferentes".[7]

(c). *La intimidad.* El proceso de llegar a ser una carne incluye la unión sexual: "*Conoció* Adán a su mujer Eva, la cual concibió" (Gén. 4:1). En el intenso deseo que sienten de unirse, un deseo que hombres y mujeres han sentido desde los días de Adán y Eva, cada pareja vuelve a representar la primera historia de amor. El acto de intimidad sexual es lo más cercano que puede llegar a una unión física; representa la unificación que la pareja puede conocer también en el sentido emocional y espiritual. El amor matrimonial cristiano debe caracterizarse por la calidez, el gozo y el deleite. (Prov. 5:18, 19).

"Honroso sea en todos el matrimonio, y el lecho sin mancilla" (Heb. 13:4). "Las Escrituras nos enseñan claramente que la gozosa expresión sexual del amor entre el esposo y la esposa es un plan divino. Es tal como lo enfatiza el autor de Hebreos, sin *mancilla*, es decir, exento de pecado, no contaminado. Es un lugar de gran honor en el matrimonio, el lugar santísimo de la relación, donde el esposo y la esposa se encuentran privadamente para celebrar su amor mutuo. Es una ocasión destinada a ser santa e intensamente placentera".[8]

5. *El amor bíblico.* El amor marital es una devoción mutua incondicional, afectuosa e íntima, que promueve el crecimiento de ambos a imagen de Dios en todos los aspectos de la persona: físico, emocional, intelectual y espiritual. En el matrimonio actúan diferentes tipos de amor; tiene momentos románticos apasionados; otros son profundamente sentimentales; también hay momentos de comodidad en la compañía del cónyuge; momentos de compañerismo y de un sentido de pertenencia mutua. Pero es el amor llamado *agape* que se describe en el Nuevo Testamento —el amor abnegado, orientado enteramente hacia el prójimo— lo que comprende el fundamento del verdadero amor marital.

Jesús manifestó la forma más elevada de esta clase de amor cuando, habiendo aceptado la culpabilidad y las consecuencias de nuestros pecados, consintió en su propia muerte en la cruz. "Como había amado a los suyos que estaban en el mundo, los amó hasta el fin" (Juan 13:1). Nos amó a pesar del fin al cual lo llevaron nuestros pecados. En esto consiste el *agape* —el amor incondicional— de Jesucristo.

Al describir este amor, Pablo dijo: "El amor es sufrido, es benigno; el amor no tiene envidia, el amor no es jactancioso, no se envanece; no hace nada indebido, no busca lo suyo, no se irrita, no guarda rencor; no se goza de la injusticia mas se goza de la verdad. Todo lo sufre, todo lo cree, todo lo espera, todo lo soporta. El amor nunca deja de ser" (1 Cor. 13:4-8).

En un comentario relativo a este pasaje, Ed Wheat escribió: "El amor llamado *agape* está conectado a una fuente eterna de poder, y puede continuar operando aunque todas las otras clases de amor hayan fracasado... Ama, y no le importan las consecuencias. No importa cuán indigna de amor sea la otra persona, el *agape* continúa fluyendo. El *agape* es tan incondicional como el amor que Dios siente por nosotros. Es una actitud mental basada en una elección deliberada de la voluntad".[9]

6. *La responsabilidad espiritual individual.* Aun cuando los contrayentes han hecho un pacto mutuo, de todos modos cada uno de ellos debe llevar la responsabilidad individual que le cabe por las elecciones que haga (2 Cor. 5:10). Aceptar esta responsabilidad significa que nunca se culparán mutuamente de lo que ellos mismos han hecho. También deben aceptar la responsabilidad de su propio crecimiento espiritual; ninguno puede confiar en la fortaleza espiritual del otro. Sin embargo, por otra parte, la relación individual que cada uno de ellos mantiene con Dios, puede servir como fuente de fortaleza y apoyo para el otro.

Los efectos que la caída tuvo en el matrimonio

La distorsión de la imagen de Dios en la humanidad que produjo el pecado, causó su efecto sobre el matrimonio, tan ciertamente como en cualquier otro aspecto de la experiencia humana. El interés egoísta se introdujo allí donde antes reinaban el perfecto amor y la unidad. El egoísmo es el motivador primario de todos los que no permiten que el amor de Cristo los constriña. El oponerse a todos los principios de entrega, servicio y generosidad que representa el evangelio, constituye el denominador común de todos los fracasos del cristiano.

Por su desobediencia, Adán y Eva contravinieron el propósito de su creación. Antes de pecar, habían vivido en plena libertad ante Dios. Después, en vez de salir gozosos a recibirlo, se escondieron de él, temerosos, intentando ocultar la verdad acerca de sí mismos y negando la responsabilidad que les cabía por sus acciones. Saturados de una profunda culpabilidad que sus racionalizaciones no podían borrar, no pudieron soportar la mirada de Dios y la presencia de los santos ángeles. Desde entonces, esta evasión y los constantes intentos de autojustificación, han sido el modelo común de todas las relaciones entre los hombres y Dios.

El temor que impulsó a la primera pareja a esconderse, no sólo distorsionó su relación con Dios, sino también sus relaciones mutuas. Cuando Dios los interrogó, ambos procuraron protegerse a sí mismos a expensas del otro. Sus acusaciones dan evidencia de la trágica destrucción de la relación de amor que Dios había establecido en la creación.

Después de la caída, Dios le dijo a la mujer. "Tu deseo será para tu marido, y él se enseñoreará de ti" (Gén. 3:16). Dios se proponía que este principio, el cual no modificaba la igualdad básica del hombre y la mujer, beneficiara tanto a la primera pareja como a los matrimonios futuros.[10] Desgraciadamente, este principio se vio sometido a distorsiones. Desde ese tiempo, el dominio por medio del poder, la manipulación y la destrucción de la individualidad ha caracterizado al matrimonio a través de las edades. El egocentrismo ha producido una grave escasez de aceptación y aprecio mutuos.

La esencia del cristianismo consiste en vivir en la armonía abnegada que caracterizaba al matrimonio antes de la caída, la cual destruyó esta armonía. Los afectos del esposo y la esposa deben contribuir a su mutua felicidad. Cada uno debe cultivar la felicidad del otro. Deben fusionarse hasta ser uno solo, y sin embargo ninguno de ellos debe perder su propia individualidad, la cual pertenece a Dios.[11]

Desviaciones del ideal de Dios

La poligamia. La práctica en la cual un individuo mantiene varios cónyuges es contraria a la unidad y unión que Dios estableció con el primer matrimonio en el Edén. En la poligamia no hay tal cosa como dejar de lado a todos los demás. Si bien es cierto que la Escritura describe matrimonios polígamos como una realidad cultural de los tiempos de los patriarcas, su descripción muestra claramente que esos matrimonios no lograron alcanzar el ideal divino. Las diversas unidades secundarias dentro de esos matrimonios se vieron enredadas en luchas por el poder, amargos resentimientos y separaciones (véase Gén. 16; 29:16-30:24, etc.), y en el uso de los hijos como armas emocionales para herir a otros miembros de la familia.

El matrimonio monógamo les provee a los contrayentes un sentido de pertenencia que fortalece su intimidad y su unificación. Se dan cuenta de que su relación es única y que nadie más puede compartir lo que ellos hacen. La relación monógama es la que refleja con la mayor claridad la relación que existe entre Cristo y su iglesia, así como la que debe existir entre el individuo y su Dios.[12]

La fornicación y el adulterio. El pensamiento y la práctica contemporáneos se burlan de los compromisos permanentes en los cuales ambos esposos se mantienen sexualmente fieles el uno al otro hasta la muerte. Pero la Escritura considera que cualesquiera relaciones sexuales fuera del matrimonio constituyen pecado. El séptimo mandamiento permanece válido y sin ser modificado: "No cometerás adulterio" (Éxo. 20:14). Ningún elemento modificador se menciona aquí. Este mandamiento es un principio que guarda celosamente la relación matrimonial.

Todo peso del concepto bíblico relativo a la fornicación y al adulterio se opone a la tolerancia de tales actividades entre "adultos que consienten", típica de nuestros días. Numerosos pasajes, tanto del Antiguo como del Nuevo Testamento condenan dichas prácticas (Lev. 20:10-12; Prov. 6:24-32; 7:6-27; 1 Cor. 6:9, 13, 18; Gál. 5:19; Efe. 5:3; 1 Tes. 4:3, etc.).

Esta clase de uniones pueden tener efectos sumamente abarcantes y perdurables. Defraudan al compañero legítimo, y pueden causarle daños físicos, emocionales, financieros, legales y sociales. Perjudican al resto de la familia, y si hay hijos, son especialmente dañosas para ellos. Estas uniones pueden dar como resultados la transmisión de enfermedades venéreas y el nacimiento de bebés ilegítimos. Además, la nube de falsedades y deshonestidad que se cierne sobre estas situaciones, destruye de tal modo la confianza, que ésta puede no verse jamás restaurada. Aun al margen de los mandatos bíblicos en contra de estas formas de inmoralidad, la cadena de tristes consecuencias que resultan, debiera proveer una amonestación ampliamente suficiente en contra de dichas prácticas.

Los pensamientos impuros. El pecado no consiste únicamente en el acto exterior; es además un asunto del corazón, que penetra profundamente en los pensamientos. Si las fuentes están contaminadas, no se puede esperar que los ríos sean limpios. Jesús vio que el depósito interior de la mente motiva la conducta humana "porque del corazón salen los malos pensamientos, los homicidios, los adulterios, las fornicaciones, los hurtos, los falsos testimonios, las blasfemias" (Mat. 15:19). De este modo definió el acto de infidelidad, vinculándolo con los pensamientos y las emociones; "Oísteis que fue dicho: No cometerás adulterio. Pero yo os digo que cualquiera que mira a una mujer para codiciarla, ya adulteró con ella en su corazón" (Mat. 5:27, 28).

Toda una industria se ha desarrollado con el fin de obtener ganancias que dependen de la imaginación pervertida. Las películas y obras sensuales que produce no tienen lugar en la vida cristiana. No sólo animan a establecer relaciones ilícitas, sino que también reducen a los hombres y mujeres al nivel de meros objetos sexuales, distorsionando así el significado básico de la sexualidad, y oscureciendo la imagen de Dios. Se requiere de los cristianos que piensen pensamientos puros y vivan vidas puras, porque se están preparando para vivir en una sociedad pura por toda la eternidad.

El incesto. Algunos padres cruzan el límite que marca la expresión correcta de afecto para con sus hijos, y en consecuencia se permiten entrar en intimidades físicas y emocionales con ellos. A menudo esto resulta cuando la relación normal entre el esposo y la esposa ha sido descuidada, y uno de los hijos ha sido escogido para que ocupe el papel del cónyuge. Esta confusión de los límites puede ocurrir también entre hermanos y entre los miembros más lejanos de la familia.

En el Antiguo Testamento se prohibía el incesto (Lev. 18:6-29; Deut. 27:20-23); también el Nuevo Testamento lo condena (1 Cor. 5:1-5). Esta clase de abuso causa daños a la sexualidad en desarrollo del niño, y crea en él una carga innecesaria de vergüenza y culpabilidad que fácilmente contaminará su matrimonio más tarde en la vida. Cuando los padres violan esos límites, lesionan en sus hijos su incipiente capacidad de ejercer confianza en los demás, tan vital para la fe en Dios.

El divorcio. La siguiente declaración que hizo Jesús, resume la enseñanza bíblica relativa al divorcio: "Lo que Dios juntó, no lo separe el hombre" (Mat. 19:6; Mar. 10:7-9). El matrimonio es sagrado porque Dios lo consagró. En última instancia, es Dios el que une al esposo con su esposa, no las meras palabras humanas o el acto sexual. De modo que el Creador es quien ha sellado su unión. La comprensión cristiana del divorcio y el nuevo matrimonio, por lo tanto, debe basarse en posiciones bíblicas.

La declaración de Jesús deja en claro el principio bíblico básico que sirve de fundamento al concepto cristiano del divorcio; Dios se proponía que la unión matrimonial fuese indisoluble. Cuando los fariseos le preguntaron a Cristo si la incompatibilidad marital era suficiente razón para el divorcio, el Salvador confirmó el modelo edénico del matrimonio como una unión permanente. Cuando insistieron en preguntarle acerca de las leyes del divorcio que había dejado Moisés, Cristo respondió: "Por la dureza de vuestro corazón, Moisés os permitió repudiar a vuestras mujeres; mas al principio no fue así" (Mat. 19:8). Y agregó que la única razón legítima para el divorcio es la infidelidad sexual (Mat. 5:32; 19:9).

La respuesta de Cristo a los fariseos deja en claro que el Salvador poseía una comprensión mucho más profunda de la fidelidad, que la que ellos tenían. A partir de lo que él declaró, y de los principios referentes al matrimonio tanto del Antiguo como el Nuevo Testamento, puede afirmarse que Dios se propone que los que contraen matrimonio reflejen la imagen de Dios en una unión permanente.

Aun la infidelidad de uno de los cónyuges no significa necesariamente que el matrimonio deba terminar en divorcio. El camino de la cruz nos anima a desarrollar una experiencia profunda de arrepentimiento y perdón, la eliminación de las raíces de amargura. Aun en el caso del adulterio, por medio del perdón y el poder reconciliador de Dios, el cónyuge ofendido debe procurar mantener el propósito original de Dios en la creación. "Hablando en el sentido bíblico, el adulterio no necesita ser más destructivo para el matrimonio que cualquier otro pecado... Cuando estamos listos para perdonar y abandonar nuestras actitudes negativas, Dios estará siempre listo para sanarnos y renovar nuestro amor del uno para con el otro".[13]

Si bien el ideal divino para el matrimonio es que éste constituya una unión amorosa y permanente que continúe hasta la muerte de uno de los contrayentes, ocasionalmente se hace necesaria una separación legal debido a ofensas como la crueldad física para con el cónyuge o algún hijo. "En algunas jurisdicciones civiles, tal separación puede lograrse únicamente por medio del divorcio, que bajo estas circunstancias no será condenado. Pero tal separación o divorcio en que no esté implicada 'infidelidad al voto matrimonial', no da a ninguno de ambos cónyuges el derecho bíblico de volver a casarse a menos que en el ínterin la otra persona se haya vuelto a casar, haya cometido adulterio o fornicación, o haya desaparecido por la muerte".[14]

Por cuanto el matrimonio es una institución divina, la iglesia tiene una responsabilidad especial y solemne de prevenir el divorcio, y, si éste ocurre, sanar tanto como sea posible las heridas que haya causado.

La homosexualidad. Dios creó al varón y la mujer diferentes el uno del otro, y sin embargo con la capacidad de complementarse. Y al hacerlo, orientó sus preferencias sexuales hacia los miembros del sexo opuesto. La diferenciación que caracteriza a los individuos, se manifiesta en la atracción que acerca a ambos sexos con el fin de formar una relación completa.

En ciertos casos, el pecado ha afectado aun esta orientación básica, produciendo un fenómeno que se ha llamado inversión. En tales casos, la orientación natural hacia el sexo opuesto parece invertida, produciendo una orientación sexual básica hacia los individuos del mismo sexo.

La Escritura condena las prácticas homosexuales en términos fuertemente negativos (Gén. 19:4-10; véase Judas 7, 8; Lev. 18:22; 20:13; Rom. 1:26-28; 1 Tim. 1:8-10). Las prácticas de este tipo producen una seria distorsión de la imagen de Dios, tanto en los hombres como en las mujeres.

Por cuanto "todos pecaron, y están destituidos de la gloria de Dios" (Rom. 3:23), los cristianos tratarán en forma redentora con los que se ven afligidos por este desorden. Reflejarán la actitud que Cristo adoptó hacia la mujer sorprendida en adulterio: "Ni yo te condeno; vete, y no peques más" (Juan 8:11). No sólo quienes poseen tendencias homosexuales, sino todas las personas que se hallan atrapadas por rasgos de conducta o relaciones que causan ansiedad, vergüenza y culpabilidad, necesitan el oído amistoso de un consejero cristiano bien preparado y de experiencia. Ninguna conducta se halla más allá del alcance de la gracia sanadora de Dios.[15]

La familia

Después que Dios creó a nuestros primeros padres, les concedió dominio sobre el mundo (Gén. 1:26; 2:15). Formaron la primera familia, la primera iglesia, y marcaron el comienzo de la sociedad. De este modo, la sociedad fue construida sobre la institución del matrimonio y la familia. Por cuanto Adán y Eva eran los únicos habitantes humanos del mundo, Dios les mandó diciendo: "Fructificad y multiplicaos; llenad la tierra, y sojuzgadla" (Gén. 1:28).

Tal como lo indican las estadísticas de la población mundial, ya no hay un planeta que clama por ser llenado y subyugado. Pero las parejas cristianas que deciden traer hijos al mundo todavía tienen la obligación de criarlos "en disciplina y amonestación del Señor" (Efe. 6:4). Antes que los cónyuges adopten este curso de acción, deben considerar el ideal que Dios tiene para la familia.

Los padres

El padre. La Sagrada Escritura le ha asignado al esposo y padre la responsabilidad de ser cabeza del hogar así como sacerdote en él (Col. 3:18-21; 1 Ped. 3:1-8). El padre se convierte así en un tipo de Cristo, la Cabeza de la iglesia. "Porque el marido es cabeza de la mujer, así como Cristo es cabeza de la iglesia, la cual es su cuerpo, y él es su Salvador. Así que, como la iglesia está sujeta a Cristo, así también las casadas lo estén a sus maridos en todo. Maridos, amad a vuestras mujeres, así como Cristo amó a la iglesia, y se entregó a sí mismo por ella, para santificarla, habiéndola purificado en el lavamiento del agua por la palabra, a fin de presentársela a sí mismo, una iglesia gloriosa, que no tuviese mancha ni arruga ni cosa semejante, sino que fuese santa y sin mancha. Así también los maridos deben amar a sus mujeres como a sus mismos cuerpos. El que ama a su mujer, a sí mismo se ama" (Efe. 5:23-28).

Tal como Cristo conduce a la iglesia, el esposo y la esposa "deben saber renunciar a sus gustos, pero la Palabra de Dios da la preferencia al criterio del esposo" cuando no se trata de un asunto de conciencia.[16] Al mismo tiempo, tiene la responsabilidad de tratar la individualidad de su esposa con el máximo respeto.

Así como Cristo demostró un gobierno lleno de bondad que lo llevó a la cruz en calidad de siervo, del mismo modo el esposo debe dirigir con sacrificio. "La regla de Cristo es una regla de sabiduría y amor, y cuando los esposos cumplen sus obligaciones para con sus esposas, usan su autoridad con la misma ternura que Cristo usa para con la iglesia. Cuando el Espíritu de Cristo controla al esposo, la sujeción de la esposa resultará en reposo y beneficio, ya que él requerirá de ella únicamente lo que sea para bien, y del mismo modo como Cristo requiere sumisión de parte de la iglesia... Que los que ocupan el cargo de esposos estudien las palabras de Cristo, no para descubrir cuán completa debe ser la sumisión de la esposa, sino cómo él puede poseer la mente de Cristo, y ser purificado, refinado y preparado para ser el señor de su hogar."[17]

Como sacerdote de la familia, a la manera de Abraham, el padre reunirá a su familia en torno a sí al comienzo del día y los entregará al cuidado del Señor. En la tarde, los dirigirá en alabanza y agradecimiento por las bendiciones derramadas sobre ellos. Este culto familiar será el vínculo entre Dios y la familia, el tiempo que le da a Dios prioridad en el círculo familiar.[18]

El padre sabio dedica tiempo a sus hijos. Un niño puede aprender muchas lecciones de su padre, tales como respeto y amor por su madre, amor a Dios, la importancia de la oración, el amor por los demás, la forma correcta de trabajar, la modestia, el amor por la naturaleza y por las cosas que Dios ha hecho. Pero si el padre nunca está en casa, el niño se ve privado de este privilegio y gozo.

La madre. En este mundo, la maternidad es lo que más se acerca a estar en sociedad con Dios. "Al rey en su trono no le incumbe una obra superior a la de la madre. Ella es la reina de su familia. A ella le toca modelar el carácter de sus hijos, a fin de que sean idóneos para la vida superior e inmortal. Un ángel no podría pedir una misión más elevada; porque mientras la madre realiza esta obra, está sirviendo a Dios... Percátese del valor de su obra y vístase de toda la armadura de Dios a fin de resistir a la tentación de conformarse con la norma del mundo. Ella obra para este tiempo y para la eternidad".[19]

Algún miembro de la familia debe aceptar la responsabilidad primordial en la formación del carácter de los hijos. La conducción del niño no puede ser dejada al azar o ser delegada en manos ajenas, puesto que nadie tiene para con un niño la misma actitud que sus padres. Dios creó a la madre con la capacidad de llevar al hijo en su propio seno, de amamantarlo, y de prodigarle amoroso cuidado. Excepto por las circunstancias extenuantes de severas cargas financieras o de no contar con un cónyuge,[20] si la madre está dispuesta a aceptarlo tiene el privilegio especialísimo de permanecer todo el día junto a sus hijos; puede gozar al trabajar con el Creador, formando sus caracteres para la eternidad.

"En una relación, *alguien* necesita considerar la familia como una carrera... La adopción de la carrera de ser una madre y esposa es una obra extremadamente rara en el siglo veinte, y una tarea muy desafiante. ¿Se trata de un esfuerzo malgastado? ¿Un trabajo sin reconocimiento? ¿Una esclavitud sin dignidad? No, una posibilidad sumamente entusiasmadora, de rechazar la marea, de salvar la especie, de afectar la historia, de hacer algo que se *sienta* y se *oiga* en círculos cada vez más amplios".[21]

En los tiempos del Antiguo Testamento, el nombre de un individuo comunicaba una corta declaración acerca de la persona que lo llevaba. Eva recibió su nombre después de la caída (Gén. 3:20). Por cuanto había de convertirse en la madre de todos los seres humanos, su nombre (*chawwah*) se derivaba de la palabra que denota "viviente" (hebreo *chay*). Refleja la extraordinaria posición de honor que ella ocupa en la historia de la raza humana.

Tal como la procreación no era el derecho único y exclusivo de Adán o Eva, tampoco lo era la paternidad. Esta última debía ser también una responsabilidad compartida. Y así debiera serlo en nuestros días, no sólo en la procreación de los hijos sino también en la responsabilidad de criarlos. Tanto el padre como la madre tienen ciertas responsabilidades, las cuales deben ser cumplidas como para el Señor. "He aquí, herencia de Jehová son los hijos; cosa de estima el fruto del vientre" (Sal. 127:3).

Los hijos

1. *Una prioridad*. Fuera de su compromiso con el Señor y con sus cónyuges, los padres no tienen responsabilidad mayor que la que deben a los hijos que han traído al mundo. Es necesario que coloquen los intereses de sus hijos antes que su propio progreso y comodidad; los hijos no eligieron venir al mundo, y debe dárseles el mejor comienzo posible en la vida. Por cuanto las influencias prenatales afectan en forma vital la salud espiritual, mental y física, el proceso de darle prioridad al bienestar del niño debe comenzar antes de su nacimiento.[22]

2. *El amor*. El amor de los padres debe ser incondicional y estar dispuesto al sacrificio. Aun cuando nunca sea cabalmente devuelto, los hijos lo necesitan para desarrollar una imagen positiva de sí mismos y salud emocional en su vida. Los niños que tienen que ganarse el amor de los padres, o que se sienten rechazados y sin importancia, procurarán recibir como sustituto la atención de sus padres, obteniéndola a través de conducta indeseable, la cual puede arraigarse profundamente y hacerse habitual.[23]

Los niños que se sienten seguros en el amor de sus padres, serán capaces de hacer lugar para el prójimo en sus vidas. Puede enseñarles a dar así como recibir, y a comprender que hay una razón para existir más allá de sí mismos. A medida que los niños se desarrollan, pueden aprender a glorificar a Dios.

3. *La entrega*. Los padres cristianos deben dedicar sus hijos al servicio de Dios tan pronto en su vida como les sea posible. Las congregaciones adventistas del séptimo día proveen para tales dedicaciones una ceremonia sencilla en la cual, ante la congregación, los padres presentan sus hijos a Dios en oración, de manera muy semejante a la forma como José y María presentaron al niño Jesús al Señor en el templo (Luc. 2:22-39). De este modo, el niño comienza la vida como parte de una familia espiritual extendida. Los miembros de la congregación participan en el desarrollo social y espiritual del pequeño, como hijo de Dios y miembro del cuerpo de Cristo.

En este servicio, los padres también se dedican ellos mismos para educar al niño en los caminos del Señor, con el fin de que en él se forme la imagen de Dios. Con el fin de lograr este propósito, los padres deben llevar regularmente a sus hijos a la escuela sabática y a la iglesia, de modo que los pequeños, desde sus primeros días se conviertan en parte del cuerpo de Cristo. Luego, cuando el niño llega a la edad escolar, los padres y la iglesia se esforzarán por permitirle obtener una educación cristiana que alimente aun más en su corazón el amor por el Señor.

4. *La constancia*. La enseñanza espiritual que imparten los padres, es un proceso continuo que abarca cada fase de la vida del niño. "Y estas palabras que yo te mando hoy estarán sobre tu corazón; y las repetirás a tus hijos, y hablarás de ellas estando en tu casa, y andando por el camino y al acostarte, y cuando te levantes. Y las atarás como una señal en tu mano, y estarán como frontales entre tus ojos; y las escribirás en los postes de tu casa, y en tus puertas" (Deut. 6:7-9; 11:18).

Todos los aspectos de la atmósfera del hogar influyen en el niño. Los padres no pueden promover la espiritualidad únicamente a través del culto familiar. Deben establecer la atmósfera espiritual por medio de su continua confianza en Jesús; deben manifestarle en sus estilos de vida, su vestimenta y aun en las decoraciones del hogar. Para el crecimiento cristiano del niño, es esencial que llegue a conocer a Dios como un Padre amante.

5. El aprendizaje de la obediencia. "Instruye al niño en su camino, y aun cuando fuere viejo no se apartará de él" (Prov. 22:6). ¿Qué abarca esta instrucción? La disciplina implica mucho más que el castigo. El castigo por lo general enfoca el pasado, pero la disciplina mira hacia el futuro. La disciplina es un proceso de discipulado en el cual los hijos se convierten en aprendices de los padres para absorber de ellos su preparación, su conducción y su ejemplo. Significa enseñar importantes principios tales como la lealtad, la verdad, la equidad, la coherencia, la paciencia, el orden, la misericordia, la generosidad y el trabajo.

Cuando los niños aprenden temprano a obedecer a sus padres en forma implícita, la autoridad no les causa problemas en la vida. Pero es importante también el tipo de obediencia que se aprende. La verdadera obediencia no sucede simplemente como respuesta a un requerimiento, sino porque surge desde adentro. El secreto de esta clase de obediencia radica en el nuevo nacimiento.

"El hombre que trata de guardar los mandamientos solamente por un sentido de obligación —porque se le exige que lo haga— nunca entrará en el gozo de la obediencia. Él no obedece... La verdadera obediencia es el resultado de la obra efectuada por un principio implantado adentro. Nace del amor a la justicia, el amor a la ley de Dios. La esencia de toda justicia es la lealtad a nuestro Redentor. Esta nos inducirá a hacer lo bueno porque es bueno, porque el hacer el bien agrada a Dios".[24]

6. La socialización y el desarrollo del lenguaje. Es en el seno de la familia donde los niños reciben la educación social que los capacita para ser miembros de la raza humana, con todas las responsabilidades y privilegios que esto implica. La socialización es el proceso por el cual los niños desarrollan la experiencia básica que les permite funcionar en la sociedad. El lenguaje, con todos sus matices de comunicación, es una de las primeras capacidades que el niño desarrolla. Por lo tanto, el lenguaje que se usa en el hogar necesita ser cuidadosamente evaluado, de manera que revele el carácter de Dios. El niño necesita oír con frecuencia expresiones gozosas y espontáneas de afecto entre los miembros de la familia, y de alabanza a Dios.

7. La identidad sexual. Es en el hogar, y por medio de la sana interacción con los varones y mujeres que comprenden todo el sistema familiar, donde los niños aprenden a funcionar como varones y mujeres dentro de la sociedad. Los adultos necesitan enseñarles la belleza de su sexualidad en desarrollo, usando información correcta y apropiada. También es su responsabilidad resguardar a los niños del abuso sexual.

8. El aprendizaje de los valores morales. Una función socializadora básica del hogar consiste en proveer un ambiente apropiado para la asimilación de los valores morales de la familia. Los valores de la familia y sus conceptos religiosos no siempre coinciden. Los padres pueden aseverar que aceptan ciertos principios religiosos, pero los valores que proyectan ante los hijos pueden no hallarse de acuerdo con esos principios. Es importante que los padres sean consecuentes.

La familia extendida.

Por designio de Dios, el matrimonio es exclusivo; la familia, en cambio, no lo es. En una sociedad tan movible como la de nuestros días, rara vez se encuentran familias extendidas —abuelos, hermanos y primos— cuyos miembros vivan en estrecha proximidad. La familia de la iglesia puede ayudar a los que están lejos de sus parientes, o que no los poseen, para que mantengan un verdadero sentido de su valor personal y de pertenencia. Aquí también, los padres o madres sin el apoyo de un cónyuge pueden encontrar un lugar confortable en el cual criar a sus hijos con amor y tierno aprecio. Además, la iglesia puede suplir modelos apropiados, de los cuales el hogar podría hallarse carente.

Al aprender a amar a los ancianos de la congregación, los niños pueden aprender el respeto. Y los que son entrados en años pueden experimentar la satisfacción de tener a su alcance a un pequeño a quién amar y de cuya compañía gozar. "Aun en la vejez y las canas, oh Dios, no me desampares, hasta que anuncie tu poder a la posteridad, y tu potencia a todos los que han de venir" (Sal. 71:18).

Dios expresa consideración especial para con los ancianos al decir: "Corona de honra es la vejez que se halla en el camino de justicia" (Prov. 16:31), y "hasta la vejez, yo mismo, y hasta las canas os soportaré yo; yo hice, yo llevaré, yo soportaré y guardaré" (Isa. 46:4).

En la iglesia, las personas solteras pueden encontrar un lugar especial donde recibir amor y aprecio, y donde puedan también compartir su amor y sus energías. A través del ministerio de la iglesia, pueden llegar a convencerse del cuidado y el amor que Dios tiene para con ellos: "Con amor eterno te he amado; por tanto, te prolongué mi misericordia" (Jer. 31:3).

Forma parte de la "religión pura" el proveer cuidado especial a los necesitados (Sant. 1:27; Éxo. 22:22; Deut. 24:17; 26:12; Prov. 23:10; Isa. 1:17). A la familia de la iglesia se le concede una oportunidad especial de proveer un refugio, un lugar al cual pertenezcan los que no tienen familia; pueden rodear a cada miembro e incluirlo en la unidad especial que Cristo describió como la marca básica del cristianismo (Juan 17:20-23).

Promesa de reforma

Por cuanto la familia constituye el alma misma de la iglesia y la sociedad, la familia cristiana será el instrumento de ganar a sus miembros para el Señor y de mantenerlos en la fe. Los últimos versículos del Antiguo Testamento constituyen una profecía de lo que sucederá antes que vuelva el Señor: "He aquí yo os envío al profeta Elías, antes que venga el día de Jehová, grande y terrible. Él hará volver el corazón de los padres hacia los hijos, y el corazón de los hijos hacia los padres" (Mal. 4:5,6). Mientras que, por una parte, muchas fuerzas contemporáneas intentan arrancar a los miembros del círculo familiar, Dios por su parte hace un llamado de reunirse, a solidificar los vínculos, a convertir y restaurar. Y las familias que responden a su llamado poseerán una fortaleza que revelará verdadero cristianismo. Las iglesias compuestas de esas familias crecerán; sus hijos no abandonarán la congregación; presentarán con claridad ante el mundo la imagen de Dios.

Referencias

1. Véase White, *La educación*, pág. 17.
2. A.W. Spalding, *Makers of the Home* [Los constructores del hogar] (Mtn. View, CA: Pacific Press, 1928), pág. 58.
3. Es evidente que Adán era responsable del planeta, puesto que Dios lo llamó a dar cuenta de la transgresión aunque Adán no había sido el primero en caer (Gén. 3:9). El Nuevo Testamento también, al comparar a los dos "Adanes", señala que el primer Adán fue responsable de la entrada del pecado y de la muerte (Rom. 5:12; 1 Cor. 15:22; véase White, *El conflicto de los siglos*, págs. 705, 706).
4. "Dios mismo dio a Adán una compañera. Le proveyó una 'ayuda idónea para él', alguien que realmente le correspondiera, una persona digna y apropiada para ser su compañera y que pudiera ser una sola cosa con él en amor y simpatía. Eva fue creada de una costilla tomada del costado de Adán; este hecho significa que ella no debía dominarle como cabeza ni tampoco debía ser humillada y hollada bajo sus plantas como un ser inferior, sino que más bien debía estar a su lado como su igual, para ser amada y protegida por él" (White, *Patriarcas y profetas*, págs. 26, 27).
5. Para más detalles acerca de los aspectos que hacen del matrimonio un pacto, véase "Marriage as Covenant" [El matrimonio como pacto] *Covenant and Marriage: Partnership and Commitment* [Pacto y matrimonio: Sociedad y compromiso] (Leader's Notebook) (Nashville, TN: Depto. de Ministerio Familiar, Junta de Escuela Dominical de la Convención Bautista del Sur, 1987), págs. 51-60.
6. Véase *Manual de la iglesia*, págs. 209, 210; F. M. Wilcox, "Marrying Unbelievers" [El casamiento con los no creyentes], *Review and Herald*, 2 de julio de 1914, págs. 9, 10; G. B. Thompson, "Marrying Unbelievers: 'Can Two Walk Together, Except They Be Agreed?'" [El casamiento con no creyentes: ¿Andarán dos juntos, si no estuvieren de acuerdo?] *Review and Herald*, 31 de julio de 1941, págs. 2, 12-14; F. M. Wilcox, "The Marriage Relationship, Following the Divine Order" [La relación del matrimonio según el orden divino], *Review and Herald*, 4 de mayo de 1944, págs. 1-4; White, *Joyas de los testimonios*, tomo 2, págs. 574, 578.

7. Walter Trobisch, *I Married You* [Yo te desposé] (Nueva York, NY: Harper and Row, 1971), pág. 18.
8. Ed Wheat, *Love Life for Every Married Couple* [Una vida de amor para todo matrimonio] (Grand Rapids: Zondervan, 1980), pág. 72.
9. *Id*, pág. 62.
10. White, *Patriarcas y Profetas*, págs. 42, 43.
11. Por ejemplo, véase White, *El ministerio de curación*, pág. 279; White, *Mensajes para los jóvenes*, pág. 448.
12. Véase también White, *Patriarcas y profetas*, págs. 141, 208, 350; White, *Spiritual Gifts*, tomo 3, págs. 104, 105; tomo 4, pág. 86.
13. Wheat, *Love Life for Every Married couple*, pág. 202. Véase también "The Divorce Court or the Cross", en Roy Hession, *Forgotten Factors... An Aid to Deeper Repentance of the Forgotten Factors of Sexual Misbehavior* (Fort Washington, PA: Christian Literature Crusade, 1976); Wheat, *"How to Save Your Marriage Alone"* [Cómo salvar por sí solo el matrimonio], en *Love Life*; y Gary Chapman, *Hope for the Separated: Wounded Marriages Can Be Healed* (Chicago: Moody Press, 1982).
14. *Manual de Iglesia*, ed. 1986, pág. 242.
15. Véase Hession, *Forgotten Factors*. A la vez que ayuda a los transgresores a arrepentirse y encontrar perdón en el Dios de amor, esta excelente obra esboza cuidadosamente los aspectos más profundos de la inmoralidad sexual.
16. White, *Joyas de los testimonios*, tomo 1, pág. 106. Además, la autora escribe: "Nosotras las mujeres debemos recordar que Dios nos ha colocado en sujeción al esposo. Él es la cabeza, y tanto nuestro juicio, como puntos de vista y razonamientos deben estar de acuerdo con los suyos, si es posible. Si no, en la Palabra de Dios se le da la preferencia al esposo cuando no se trata de un asunto de conciencia. Debemos respetar la cabeza" (Elena G. de White, Carta 5, 1861).
17. E. G. De White, manuscrito 17, 1891. Véase también Larry Christenson, *The Christian Family* (Minneapolis, MN: Bethany Fellowship, 1970).
18. Para obtener ideas en cuanto a cómo establecer un culto de familia dinámico, véase John y Millie Youngberg, *Heart Tuning: A Guide to Better Family Worship* (Washington, D.C.: Review and Herald, 1985); Christenson, *The Christian Family*, págs. 157-197.
19. White, *El hogar adventista*, págs. 206, 207.
20. Los padres que se ven obligados a colocar a sus hijos bajo el cuidado de otras personas, deben escoger alguien que tenga valores similares a los suyos, de modo que pueda haber cooperación plena en la tarea de educar al niño en el amor y la "admonición del Señor". Los padres también debieran observar cuidadosamente a los otros niños con los cuales sus hijos estarán asociados. ¿Desean que lleguen a ser como estos niños? Los niños aprenden tan rápidamente y en forma tan permanente, que todos los aspectos del cuidado de los hijos necesitan ser explorados concienzudamente.
21. Edith Schaefer, *What Is a Family?* [¿Qué es una familia?] (Old Tappan, NJ: Fleming H. Revell Co., 1975), pág. 47.
22. Véase White, *El Deseado de todas las gentes*, pág. 472; White, *El hogar adventista*, págs. 255-259.
23. Véase Gary Smalley and John Trent, *The Blessing* [La bendición] (Nashville, TN: Thomas Nelson Publishers, 1986). Los autores explican cuidadosamente cómo la entrega o retracción del amor de parte de los padres es la clave del bienestar emocional y psicológico del niño en desarrollo.
24. White, *Palabras de vida del gran Maestro*, pág. 70.

LOS ADVENTISTAS DEL SÉPTIMO DÍA CREEN EN...

El Ministerio de Cristo en el Santuario Celestial

Hay un santuario en el cielo, el verdadero tabernáculo que el Señor erigió y no el hombre. En él Cristo ministra en nuestro favor, para poner a disposición de los creyentes los beneficios de su sacrificio expiatorio ofrecido una vez y para siempre en la cruz. Llegó a ser nuestro gran Sumo Sacerdote y comenzó su ministerio intercesor en ocasión de su ascensión. En 1844, al concluir el período profético de los 2.300 días, entró en el segundo y último aspecto de su ministerio expiatorio. Esta obra es un juicio investigador que forma parte de la eliminación definitiva del pecado, representada por la purificación del antiguo santuario judío en el día de la expiación. En el servicio simbólico, el santuario se purificaba mediante la sangre de los sacrificios de animales, pero las cosas celestiales se purificaban mediante el perfecto sacrificio de la sangre de Jesús. El juicio investigador pone de manifiesto frente a las inteligencias celestiales quiénes de entre los muertos duermen en Cristo y por lo tanto se los considerará dignos, en él, de participar de la primera resurrección. También aclara quiénes están morando en Cristo entre los que viven, guardando los mandamientos de Dios y la fe de Jesús, y por lo tanto estarán listos en él para ser trasladados a su reino eterno. Este juicio vindica la justicia de Dios al salvar a los que creen en Jesús. Declara que los que permanecieron leales a Dios recibirán el reino. La conclusión de este ministerio de Cristo señalará el fin del tiempo de prueba otorgado a los seres humanos antes de su segunda venida.

HA LLEGADO LA HORA DEL SACRIFICIO DE LA TARDE. El sacerdote que oficia en el atrio del Templo de Jerusalén se halla listo para ofrecer un cordero como sacrificio. Cuando levanta el cuchillo para matar la víctima, la tierra se estremece. Aterrado, deja caer el cuchillo y el cordero escapa. Por sobre el fragor del terremoto se oye un ruido desgarrador, cuando una mano invisible rasga el velo del templo de arriba abajo.

En el otro extremo de la ciudad, negras nubes envuelven una cruz. Cuando Jesús, el Cordero pascual de Dios, exclama: "¡Consumado es!", muere por los pecados del mundo. El *tipo* se ha encontrado con el *antitipo*. Ha ocurrido el preciso acontecimiento al que señalaban los servicios del templo a lo largo de los siglos. El Salvador ha completado su sacrificio expiatorio, y por cuanto el símbolo se ha encontrado con la realidad, los ritos que anticipaban ese sacrificio han sido suplantados. Ésa es la razón del velo rasgado, el cuchillo caído y el cordero que se fuga.

Sin embargo, la historia de la salvación abarca más que eso. Llega más allá de la cruz. La resurrección y ascensión de Jesús dirige nuestra atención hacia el Santuario celestial, en el cual Cristo ya no es el Cordero sino que ministra como sacerdote. Habiéndose ofrecido en sacrificio una vez y para siempre (Heb. 9:28), ahora pone los beneficios de este sacrificio expiatorio a disposición de todos.

El Santuario del cielo

Dios le dio instrucciones a Moisés para que construyera el primer santuario que funcionó bajo el primer (antiguo) pacto (Heb. 9:1), para que sirviera como su morada terrenal (Éxo. 25:8). En ese lugar, el pueblo aprendía el camino de la salvación. Unos 400 años más tarde, el tabernáculo portátil de Moisés fue reemplazado por el templo permanente que el rey Salomón construyó en Jerusalén. Después que Nabucodonosor destruyó ese templo, los exiliados que volvieron de la cautividad babilónica construyeron el segundo templo, el cual Herodes el Grande remodeló, pero fue destruido por los romanos en el año 70 de nuestra era.

El Nuevo Testamento revela que el nuevo pacto también tiene un santuario, el cual está en el cielo. En él, Cristo ejerce como sumo sacerdote "a la diestra del trono de la Majestad". Este santuario es el "verdadero tabernáculo que levantó el Señor, y no el hombre" (Heb. 8:1, 2).[1] En el monte Sinaí se le mostró a Moisés "el modelo", la copia, o miniatura del Santuario celestial (véase Éxo. 25:9, 40).[2] La Escritura llama al santuario que Moisés construyó, "las figuras de las cosas celestiales", y "el santuario hecho de mano, figura del verdadero" (Heb. 9:23, 24). El Santuario terrenal y sus servicios, por lo tanto, nos dan una oportunidad especial para comprender el papel que cumple el Santuario celestial.

A través de toda la Sagrada Escritura se presume la existencia de un santuario o templo celestial (véase por ejemplo Sal. 11:4; 102:19; Miq. 1:2, 3).[3] En visión, Juan el revelador vio el Santuario celestial. Dice que "fue abierto en el cielo el templo del tabernáculo del testimonio" (Apoc. 15:5); en otro pasaje, declara: "Y el templo de Dios fue abierto en el cielo" (Apoc. 11:19). Allí, el apóstol vio los objetos que sirvieron de modelo para los muebles del Santuario terrenal, tales como los siete candeleros de oro (Apoc. 1:12) y el altar de incienso (Apoc. 8:3). Vio también allí el arca del pacto, la cual era semejante a la del Lugar Santísimo terrenal (Apoc. 11:19).

El altar de incienso celestial está ubicado ante el trono de Dios (Apoc. 8:3; 9:13), que a su vez se encuentra situado en el templo celestial de Dios (Apoc. 4:2; 7:15; 16:17). De este modo, la escena que muestra la sala del trono celestial (Dan. 7:9, 10) se desarrolla en el templo o Santuario celestial. Por esta razón, los juicios finales surgen del templo de Dios (Apoc. 15:5-8).

Por lo tanto, es claro que la Sagrada Escritura presenta el Santuario celestial como un lugar real (Heb. 8:2), y no una metáfora o abstracción.[4] El Santuario celestial es la morada primaria de Dios.

El ministerio del Santuario celestial

El mensaje del santuario es un mensaje de salvación. Dios usó sus servicios para proclamar el evangelio (Heb. 4:2). Los servicios del Santuario terrenal eran un "símbolo [*parabole* en griego; una parábola] para el tiempo presente", hasta la primera venida de Cristo (Heb. 9:9, 10). "Por medio de símbolos y ritos, Dios se proponía —por medio de esta parábola evangélica— enfocar la fe de Israel sobre el sacrificio y el ministerio sacerdotal del Redentor del mundo, el `Cordero de Dios´ que quitaría el pecado del mundo (Gál. 3:23; Juan 1:29)".[5]

El Santuario ilustraba tres fases del ministerio de Cristo: (1) el sacrificio sustitutivo, (2) la mediación sacerdotal, y (3) el juicio final.

El sacrificio sustitutivo. Cada sacrificio del Santuario simbolizaba la muerte de Jesús para el perdón de los pecados, revelando así la verdad según la cual "sin derramamiento de sangre no se hace remisión" (Heb. 9:22). Esos sacrificios ilustraban las siguientes verdades:

1. *El juicio de Dios sobre el pecado.* Por cuanto el pecado consiste en una rebelión profundamente arraigada contra todo lo que es bueno, puro y verdadero, no se lo puede pasar por alto. "La paga del pecado es muerte" (Rom. 6:23).

2. *La muerte de Cristo en reemplazo nuestro.* "Todos nosotros nos descarriamos como ovejas... Mas Jehová cargó en él el pecado de todos nosotros" (Isa. 53:6). "Cristo murió por nuestros pecados, conforme a las Escrituras" (1 Cor. 15:3).

3. *Dios provee el sacrificio expiatorio.* Ese sacrificio es "Cristo Jesús, a quien Dios puso como propiciación por medio de la fe en su sangre" (Rom. 3:24, 25). "Al que no conoció pecado [Dios], por nosotros lo hizo pecado, para que nosotros fuésemos hechos justicia de Dios en él" (2 Cor. 5:21). Cristo, el Redentor, tomó sobre sí mismo el juicio del pecado. Por lo tanto, "Cristo fue tratado como nosotros merecemos a fin de que nosotros pudiésemos ser tratados como él merece. Fue condenado por nuestros pecados, en los que no había participado, a fin de que nosotros pudiésemos ser justificados por su justicia, en la cual no habíamos participado. Él sufrió la muerte nuestra, a fin de que pudiésemos recibir la vida suya. `Por su llaga fuimos nosotros curados´ [Isa. 53:5]".[6]

Los sacrificios del Santuario terrenal se repetían. Como un relato, esta parábola ritual de la redención se sucedía una y otra vez, año tras año. Por contraste, el Antitipo —la muerte expiatoria de nuestro Señor— sucedió en el Calvario *de una vez para siempre* (Heb. 9:26-28; 10:10-14).

En la cruz, la pena que merecía el pecado de la humanidad fue plenamente pagada. La justicia divina se mostró satisfecha. Desde una perspectiva legal, el mundo fue restaurado al favor de Dios (Rom. 5:18). La expiación, o reconciliación, se completó en la cruz tal como lo predecían los sacrificios, y el pecador penitente puede confiar en esa obra que nuestro Señor completó.[7]

El Mediador sacerdotal. Si el sacrificio de Cristo expió el pecado, ¿por qué se necesitaba un sacerdote?

El papel de sacerdote destaca la necesidad de que entre los pecadores y el Dios santo haya un mediador. La mediación sacerdotal revela cuán serio es el pecado, y la separación que causó entre el Dios inmaculado y sus criaturas pecaminosas. "Tal como cada sacrificio señalaba la muerte futura de Cristo, así también cada sacerdote apuntaba al ministerio mediador de Cristo como Sumo Sacerdote del Santuario celestial. `Porque hay un solo Dios, y un solo mediador entre Dios y los hombres, Jesucristo hombre´ (1 Tim. 2:5)".[8]

1. *Mediador y expiación.* La aplicación de la sangre expiatoria durante el ministerio mediador del sacerdote era también considerada como una forma de expiación (Lev. 4:35). El término *expiación* implica una reconciliación entre dos individuos enemistados. Tal como la muerte expiatoria de Cristo reconcilió al mundo con Dios, así también su mediación o la aplicación de los méritos de su vida sin pecado y su muerte en nuestro reemplazo, hace que para el creyente la reconciliación con Dios llegue a ser una realidad personal.

El sacerdocio levítico ilustra el ministerio salvador que Cristo ha estado realizando desde su muerte. Nuestro Sumo Sacerdote, "el cual se sentó a la diestra del trono de la Majestad en los cielos", funciona en calidad de "Ministro del santuario, y de aquel verdadero tabernáculo que levantó el Señor, y no el hombre" (Heb. 8:1, 2).

El Santuario celestial es el gran centro de control desde el cual Cristo conduce su ministerio sacerdotal a favor de nuestra salvación. Se nos dice que "puede también salvar perpetuamente a los que por él se acercan a Dios, viviendo siempre para interceder por ellos" (Heb. 7:25). Por lo tanto, nos anima a que nos acerquemos "confiadamente al trono de la gracia, para alcanzar misericordia y hallar gracia para el oportuno socorro" (Heb. 4:16).

En el Santuario terrenal, los sacerdotes realizaban dos ministerios distintos: el ministerio cotidiano en el Lugar Santo, o primer apartamento (véase el capítulo 4 de esta obra), y un ministerio anual en el Lugar Santísimo o segundo apartamento. Esos servicios ilustraban el ministerio sacerdotal de Cristo.[9]

2. *El ministerio en el Lugar Santo.* El ministerio sacerdotal que se realizaba en el Lugar Santo del Santuario puede ser descrito como un ministerio de intercesión, perdón, reconciliación y restauración. Era un ministerio continuo, que proveía constante acceso a Dios por medio del sacerdote.[10] Simbolizaba la verdad de que el pecador arrepentido tiene acceso inmediato y constante a Dios por medio del ministerio sacerdotal de Cristo como Intercesor y Mediador (Efe. 2:18; Heb. 4:14-16; 7:25; 9:24; 10:19-22).

Cuando el pecador penitente[11] venía al Santuario con un sacrificio, colocaba sus manos sobre la cabeza del animal inocente y confesaba sus pecados. Este acto transfería simbólicamente su pecado y su castigo a la víctima. Como resultado, obtenía el perdón de los pecados.[12] Comenta la obra *The Jewish Encyclopedia* [La enciclopedia judía]: "El acto de colocar las manos sobre la cabeza de la víctima es un rito común por medio del cual se efectúa la sustitución y transferencia de los pecados". "En cada sacrificio existe la idea de la sustitución; la víctima toma el lugar del pecador humano".[13]

La sangre de la ofrenda por el pecado se aplicaba en una de dos formas: (1) Si se la llevaba al lugar santo, era rociada sobre el velo interior y colocada sobre los cuernos del altar de incienso (Lev. 4:6, 7, 17, 18). (2) Si no se la llevaba al Santuario, era colocada en los cuernos del altar de los sacrificios que había en el atrio (Lev. 4:25, 30). En ese caso, el sacerdote comía parte de la carne del sacrificio (Lev. 6:25, 26, 30). En ambos casos, los participantes comprendían que sus pecados y su responsabilidad por ellos se transferían al santuario y a su sacerdocio.[14]

"En esta parábola ritual, *el santuario asumía la culpabilidad y responsabilidad del penitente* —al menos por el momento—, cuando el penitente ofrecía una ofrenda por el pecado, confesando sus errores. Salía de allí perdonado, seguro de

El Ministerio de Cristo en el Santuario Celestial • 353

que Dios lo había aceptado. De este modo, en la experiencia *antitípica*, cuando un pecador se siente atraído por el Espíritu Santo en actitud penitente a aceptar a Cristo como su Señor y Salvador, *Cristo asume sus pecados y su responsabilidad. Es perdonado libremente. Cristo es tanto el Sustituto del creyente como su Fiador*".[15]

En el tipo y el antitipo, el ministerio del Lugar Santo está centrado en forma primaria en el individuo. El ministerio sacerdotal de Cristo provee para el perdón y la reconciliación entre el pecador y Dios (Heb. 7:25). "Por amor a Cristo, Dios perdona al pecador arrepentido, le imputa el carácter justo y la obediencia de su Hijo, perdona sus pecados, y registra su nombre en el libro de la vida como uno de sus hijos (Efe. 4:32; 1 Juan 1:9; 2 Cor. 5:21; Rom. 3:24; Luc. 10:20). Y si el creyente permanece en Cristo, nuestro Señor le imparte gracia espiritual por medio del Espíritu Santo, de modo que madura espiritualmente y desarrolla las virtudes y gracias que reflejan el carácter divino (2 Pedro 3:18; Gál. 5:22, 23)".[16]

El ministerio del Lugar Santo produce la justificación y la santificación del creyente.

El juicio final. Los acontecimientos que sucedían durante el Día de la Expiación ilustran las tres fases del juicio final de Dios. Son (1) el "juicio premilenario" (o "juicio investigador"), es decir el juicio anterior al advenimiento de Cristo; (2) el "juicio milenario"; y (3) el "juicio ejecutivo", que ocurre al fin del milenio.

1. *El ministerio en el Lugar Santísimo.* La segunda división del ministerio sacerdotal está centrada primordialmente en el Santuario, y gira en torno a la purificación del Santuario y del pueblo de Dios. Esta forma de ministerio, cuyo foco era el Lugar Santísimo del Santuario, y que únicamente podía realizar el sumo sacerdote, se limitaba a un día del año religioso.

La purificación del Santuario requería dos machos cabríos, uno para el Señor y el otro para Azazel. El sumo sacerdote sacrificaba el macho cabrío del Señor, y hacia expiación por "el santuario [que en este capítulo equivale al Lugar Santísimo] y el tabernáculo de reunión [el Lugar Santo] y el altar [del atrio]" (Lev. 16:20; véase también 16:16-18).

Tomando la sangre del macho cabrío correspondiente al Señor, que representaba la sangre de Cristo, y llevándola al Lugar Santísimo, el sumo sacerdote la aplicaba directamente, en la presencia misma de Dios, al propiciatorio —la cubierta del arca que contenía los Diez Mandamientos—, para satisfacer los requerimientos de la santa ley de Dios. Su acción simbolizaba el precio inmensurable que Cristo debió pagar por nuestros pecados, y revelaba cuán ansioso está Dios de reconciliar consigo a su pueblo (véase 2 Cor. 5:19). A continuación aplicaba la sangre al altar del incienso y al altar de los sacrificios, el cual cada día del año había sido rociado con la sangre que representaba los pecados confesados. De ese modo, el sumo sacerdote hacía expiación por el Santuario así como por el pueblo, y efectuaba la purificación de ambos (Lev. 16:16-20, 30-33).

Luego, en representación de Cristo como mediador, el sumo sacerdote tomaba sobre sí mismo los pecados que habían contaminado el Santuario y los transfería al macho cabrío vivo, el de Azazel, que a continuación era alejado del campamento del pueblo de Dios. Esta acción quitaba los pecados del pueblo que habían sido transferidos simbólicamente desde los creyentes arrepentidos al Santuario, por medio de la sangre o la carne de los sacrificios del ministerio diario de perdón. De este modo, el Santuario era purificado y preparado para la obra de un año más de ministerio (Lev. 16:16-20, 30-33).[17] De este modo se arreglaban todas las cosas entre Dios y su pueblo.[18]

El Día de la expiación, entonces, ilustra el proceso de juicio que enfoca la extirpación del pecado. La expiación que se realizaba ese día "anticipaba la aplicación final de los méritos de Cristo que eliminará por toda la eternidad la presencia del pecado y obtendrá la reconciliación plena del universo en un solo gobierno armonioso bajo la dirección de Dios".[19]

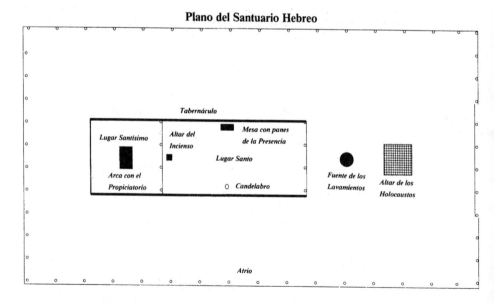

Plano del Santuario Hebreo

2. *Azazel, el chivo emisario.* La traducción 'chivo emisario' del término hebreo *azazel* viene del término latino que usa la Vulgata, *caper emissarius*, 'chivo enviado'.[20] Un cuidadoso examen de Levítico 16 revela que Azazel representa a Satanás y no a Cristo, como algunos han pensado. Los argumentos que apoyan esta inter-

pretación son: "(1) El chivo emisario no era muerto como sacrificio, por lo cual no podía ser usado como medio de obtener perdón. 'Sin derramamiento de sangre no se hace remisión' (Heb. 9:22); (2) el santuario era limpiado enteramente por la sangre del macho cabrío correspondiente al Señor *antes* de que el macho cabrío de Azazel fuese introducido en el ritual (Lev. 16:20); (3) el pasaje trata al chivo emisario como un ser personal, opuesto en todo sentido a Dios (Lev.16:8 dice literalmente 'uno para Jehová y el otro para Azazel'). Por lo tanto, en el contexto de la parábola del santuario, es más consecuente ver en el macho cabrío del Señor un símbolo de Cristo, y en el chivo emisario —Azazel— un símbolo de Satanás".[21]

3. *Las diferentes fases de juicio.* El ritual del Día de la Expiación que incluía al chivo emisario, apuntaba más allá del Calvario, al fin definitivo del problema del pecado, la eliminación del pecado y de Satanás. La "plena responsabilidad por el pecado será colocada ahora sobre Satanás, su originador e instigador. Satanás y sus seguidores, así como todos los efectos del pecado, serán eliminados del universo por medio de la destrucción. La expiación por medio del juicio permitirá por lo tanto que surja un universo armonioso y plenamente reconciliado (Efe. 1:10). Éste es el objetivo que cumplirá la segunda y final fase del ministerio sacerdotal de Cristo en el Santuario celestial".[22] Este juicio producirá la vindicación final de Dios ante el universo.[23]

El Día de la expiación describía gráficamente las tres fases del juicio final:

(a). La remoción de los pecados del Santuario está relacionada con la primera fase, investigadora o anterior al advenimiento del juicio. "Su enfoque se dirige a los nombres registrados en el Libro de la vida, tal como el Día de la Expiación enfocaba el acto de quitar del Santuario los pecados confesados de los penitentes. Los falsos creyentes serán echados fuera; la fe de los verdaderos creyentes y su unión con Cristo será confirmada ante el universo leal, y los registros de sus pecados serán borrados".[24]

(b). El destierro del chivo emisario en el desierto simboliza la prisión milenaria de Satanás en este mundo desolado, que comienza en la segunda venida y coincide con la segunda fase del juicio final, la cual se desarrolla en el cielo (Apoc. 20:4; 1 Cor. 6:1-3). Este juicio milenario abarca la revisión de la sentencia de los malvados, y beneficiará a los redimidos al proveer para ellos la comprensión de la forma como Dios trata con el pecado y con los pecadores que no fueron salvos. Responderá todas las preguntas que los redimidos puedan tener acerca de la misericordia y la justicia de Dios (véase el capítulo 27 de esta obra).

(c). El campamento limpio simboliza los resultados de la tercera fase del juicio, es decir su aspecto ejecutivo, cuando el fuego destruye a los malvados y purifica el planeta (Apoc. 20:11-15; Mat. 25:31-46; 2 Ped. 3:7-13; véase el capítulo 27 de esta obra).

El Santuario celestial en la profecía

En la presentación anterior se ha enfocado el Santuario en sus aspectos de *tipo* y de *antitipo*. A continuación lo haremos desde una perspectiva profética.

El ungimiento del Santuario celestial. La profecía de las 70 semanas que se registra en el capítulo 9 de Daniel predecía la inauguración del ministerio sacerdotal de Cristo en el Santuario celestial. Uno de los últimos acontecimientos que sucederían durante los 490 años era el ungimiento del "Santos de los Santos" (Dan. 9:24; véase el capítulo 4 de esta obra). La expresión hebrea *qodesh qodeshim* significa literalmente Santo de los Santos. Sería mejor entonces traducir la frase como "ungir al Santo de los Santos" o "ungir al Lugar Santísimo".

Así como durante la inauguración del Santuario terrenal, éste fue ungido con aceite santo con el fin de consagrarlo para sus servicios, del mismo modo en la inauguración del Santuario celestial, éste debía ser ungido para consagrarlo al ministerio intercesor de Cristo. Con su ascensión poco después de su muerte y resurrección (Dan. 9:27)[25], Cristo comenzó su ministerio como nuestro Sumo Sacerdote e Intercesor.

La purificación del Santuario celestial. Haciendo referencia a la purificación del Santuario celestial, el libro de Hebreos dice: "Casi todo es purificado, según la ley, con sangre; y sin derramamiento de sangre no se hace remisión. Fue, pues, necesario que las figuras de las cosas celestiales [el Santuario terrenal] fuesen purificadas así; pero las cosas celestiales mismas [el Santuario celestial], con mejores sacrificios que éstos", es decir, la sangre preciosa de Cristo (Heb. 9:22, 23).

Diversos comentadores han hecho notar esta enseñanza bíblica. Henry Alford hace notar que *"el cielo mismo necesitaba, y obtuvo, purificación* por medio de la sangre expiatoria de Cristo".[26] B.F. Westcott hace el siguiente comentario: "Puede decirse que aun 'las cosas celestiales', en cuanto incorporan las condiciones de la vida futura del ser humano, contrajeron, debido a la caída, algo que requería purificación". Añade que la sangre de Cristo estuvo disponible "para la purificación del arquetipo celestial del santuario terrenal".[27]

Así como los pecados del pueblo de Dios eran colocados por fe sobre la ofrenda por el pecado, y luego eran transferidos simbólicamente al Santuario terrenal, del mismo modo bajo el nuevo pacto, los pecados que los penitentes confiesan son colocados por fe sobre Cristo.[28]

Y de la manera como durante el día *típico* de expiación, la purificación del Santuario terrenal quitaba los pecados acumulados allí, de la misma forma el

Santuario celestial es purificado por la remoción definitiva del registro de los pecados que existen en los libros celestiales. Pero antes de que se limpien definitivamente los registros, serán examinados para determinar quién tiene derecho a entrar en su reino eterno por el arrepentimiento y la fe en Cristo. Por lo tanto, la purificación del Santuario celestial implica una obra de investigación o juicio[29] que refleja plenamente la naturaleza del Día de la Expiación como un día de juicio.[30] Este juicio que ratifica la decisión relativa a quiénes serán salvos y quiénes se perderán, debe realizarse antes de la segunda venida, porque en esa ocasión Cristo vuelve con su recompensa "para recompensar a cada uno según sea su obra" (Apoc. 22:12). Entonces también serán refutadas las acusaciones de Satanás (véase Apoc. 12:10).

Todos los que verdaderamente se han arrepentido y por fe reclaman la sangre del sacrificio expiatorio de Cristo, han recibido el perdón. Cuando sus nombres aparecen en este juicio y se los encuentra vestidos con el manto de la justicia de Cristo, sus pecados son eliminados del registro, y se los considera dignos de la vida eterna (Luc. 20:35). "El que venciere —dijo Jesús— será vestido de vestiduras blancas; y no borraré su nombre del libro de la vida, y confesaré su nombre delante de mi Padre, y delante de sus ángeles" (Apoc. 3:5).

El profeta Daniel revela la naturaleza de este juicio investigador. Mientras el poder apóstata simbolizado por el cuerno pequeño continúa su obra blasfema y perseguidora contra Dios y su pueblo en el mundo (Dan. 7:8, 20, 21, 25), se colocan tronos, y Dios preside en el juicio final. Este juicio se realiza en la sala del trono del Santuario celestial, y asisten multitudes de testigos celestiales. Cuando se inaugura la sesión, los libros se abren, señalando el comienzo de un procedimiento investigador (Dan. 7:9, 10). No es sino hasta después de este juicio, que el poder apóstata es destruido (Dan. 7:11).[31]

La hora del juicio. Tanto Cristo como el Padre participan en el juicio investigador. Antes de volver a esta tierra en "las nubes del cielo", Cristo como "Hijo del hombre" "viene con las nubes del cielo" hasta "el Anciano de días", Dios el Padre, y se presenta delante de él (Dan. 7:13). Desde su ascensión, Cristo ha actuado como Sumo Sacerdote, nuestro intercesor delante de Dios (Heb. 7:25). Pero en esta ocasión, viene para recibir el reino (Dan. 7:14).

1. El eclipse del ministerio sacerdotal de Cristo. El capítulo 8 de Daniel describe la controversia entre el bien y el mal, y el triunfo final de Dios. Este capítulo revela que entre la inauguración del ministerio sumo-sacerdotal de Cristo y la purificación del Santuario celestial, un poder terrenal oscurecería el ministerio de Cristo.

El carnero de esta visión representaba el Imperio Medo-Persa (Dan. 8:2); los dos cuernos, el último de los cuales creció más, describen claramente sus dos fases, de las cuales la parte correspondiente al dominio de Persia surgió en último lugar. Tal como predijo Daniel, este reino oriental extendió su poder "al poniente, al norte y al sur", y "se engrandecía" (Dan. 8:4).

El macho cabrío que venía del oeste simbolizaba a Grecia; el cuerno grande, su "rey primero", representaba a Alejandro Magno (Dan. 8:21). Viniendo del "lado del poniente", Alejandro derrotó rápidamente a Persia. Luego, pocos años después de su muerte, su imperio se había dividido en "cuatro reinos" (Dan. 8:8, 22): los imperios de Casandro, Lisímaco, Seleuco y Tolomeo.

"Al fin del reinado de éstos" (Dan. 8:23), en otras palabras, hacia el fin del dividido Imperio Griego, surgiría "un cuerno pequeño" (Dan. 8:9). Algunos consideran que Antíoco Epífanes, un rey sirio que gobernó sobre Palestina durante un corto período del segundo siglo a.C., constituye el cumplimiento de esta parte de la profecía. Otros, incluyendo a muchos de los reformadores, han identificado este cuerno pequeño como Roma, tanto en su fase pagana como papal. Esta última interpretación se ajusta exactamente a las especificaciones provistas por Daniel; la otra, por su parte, no lo hace.[32] Nótese los puntos siguientes:

(a). El poder representado por el cuerno pequeño se extiende desde la caída del Imperio Griego hasta el "tiempo del fin" (Dan. 8:17). Únicamente la Roma pagana y papal cumple estas especificaciones cronológicas.

(b). Las profecías de Daniel 2, 7 y 8 son paralelas entre sí (véase el diagrama de paralelismo profético al final del capítulo 24 de esta obra). Los cuatro metales de la imagen de Daniel 2 y las cuatro bestias de Daniel 7 representan los mismos imperios mundiales: Babilonia, Medo-Persia, Grecia y Roma. Tanto los pies de hierro y barro cocido como los diez cuernos de la cuarta bestia representan las divisiones de Roma; esos Estados divididos habrían de continuar existiendo hasta la segunda venida. Nótese que ambas profecías señalan a Roma como el sucesor de Grecia y como el último imperio mundial que había de surgir antes de la segunda venida y el juicio final. El cuerno pequeño de Daniel 8 aparece en la misma época; sigue a Grecia y es destruido en forma sobrenatural "no por mano humana" (Dan. 8:25; véase también Dan. 2:34).[33]

(c). De Medo-Persia se dice que "se engrandecía"; de Grecia se afirma que "se engrandeció sobremanera"; por su parte, el cuerno pequeño "creció mucho" (Dan. 8:4, 8, 9). Roma, uno de los mayores imperios mundiales, se ajusta a esta especificación.

(d). Únicamente Roma expandió su imperio hacia el sur (Egipto), el oriente (Macedonia y Asia Menor), y la "tierra gloriosa" (Palestina), tal como lo predecía la profecía (Dan. 8:9).

(e). Roma "se engrandeció contra el Príncipe de los ejércitos", el "Príncipe de los príncipes" (Dan. 8:11, 25), que no es otro que Jesucristo. "Contra Cristo y su pueblo, así como contra su Santuario, el poder de Roma libró una batalla asombrosa. Esta descripción cubre las fases pagana y papal de Roma. La Roma pagana se opuso a Cristo y destruyó el templo de Jerusalén; por su parte, la Roma papal eclipsó efectivamente el ministerio mediador y sacerdotal que Cristo realizaba en beneficio de los pecadores en el Santuario celestial (véase Heb. 8:1, 2) al sustituir un sacerdocio que pretende ofrecer el perdón de los pecados a través de la mediación de seres humanos".[34] (Véase el capítulo 13 de esta obra.) Este poder apóstata tendría mucho éxito, porque de él se dice que "echó por tierra la verdad, e hizo cuanto quiso, y prosperó" (Dan. 8:12).

2. *El tiempo de la restauración, la purificación y el juicio.* Dios no podía permitir que el eclipse de la verdad relativa al ministerio sumo-sacerdotal continuase indefinidamente. Por medio de hombres y mujeres fieles y temerosos de Dios, revivió su causa. El redescubrimiento parcial del papel de Cristo como nuestro Mediador que hizo la Reforma, causó un gran reavivamiento en el mundo cristiano. Pero había verdades aún mayores acerca del ministerio celestial de Cristo, las cuales debían ser reveladas.

La visión de Daniel indicaba que el papel de Cristo como nuestro Sumo Sacerdote se haría especialmente prominente hacia "el tiempo del fin" (Dan. 8:17), cuando nuestro Salvador comenzaría su obra especial de purificación y juicio además de su ministerio intercesor continuo (Heb. 7:25).[35] La visión especifica cuándo Cristo comenzaría este ministerio antitípico del Día de la Expiación —la obra del juicio investigador (Dan. 7) y la purificación del Santuario—: "Hasta 2.300 tardes y mañanas; luego el Santuario será purificado" (Dan. 8:14).[36] Por cuanto la visión se refiere al tiempo del fin, el Santuario a que alude no puede ser terrenal, ya que éste fue destruido en el año 70 de nuestra era. La profecía, por lo tanto, debe referirse al Santuario del nuevo pacto que está en el cielo, el lugar en donde Cristo ministra a favor de nuestra salvación.

¿Qué son los 2.300 días, o "2.300 tardes-mañanas", que es lo que dice en el original hebreo?[37] Según Génesis 1, una "tarde y mañana", es un día. Como hemos visto en los capítulos 4 y 13 de esta obra, el tiempo que especifica una profecía simbólica es también simbólico: un día profético representa un año. Así pues, y tal como muchos cristianos han creído a través de los siglos, los 2.300 días de Daniel 8 significan 2.300 años literales.[38]

(a). *Daniel 9 es la clave para descifrar Daniel 8.* Dios comisionó al ángel Gabriel para que le enseñara la visión al profeta Daniel (Dan. 8:16). Pero su impacto le causó tal espanto al profeta, que se enfermó y Gabriel debió interrumpir su explicación. Al final del capítulo, Daniel comenta: "Y yo Daniel quedé quebrantado... estaba espantado a causa de la visión y no la entendía" (Dan. 8:27).

A causa de esta interrupción, Gabriel tuvo que demorar su explicación del factor tiempo, el único aspecto de la visión que aún no había explicado. Daniel 9 describe su retorno para completar esta responsabilidad. Daniel 8 y 9, por lo tanto, están conectados; el capítulo 9 es la clave para desentrañar el misterio de los 2.300 días.[39] Cuando Gabriel apareció, le dijo a Daniel: "Ahora he salido para darte sabiduría y entendimiento... entiende, pues, la orden y entiende la visión" (Dan. 9:23). A continuación, vuelve a introducir la visión de los 2.300 días. Su deseo de explicar los elementos cronológicos de la visión de Daniel 8 aclara por qué introduce su explicación refiriéndose a la profecía de las 70 semanas.

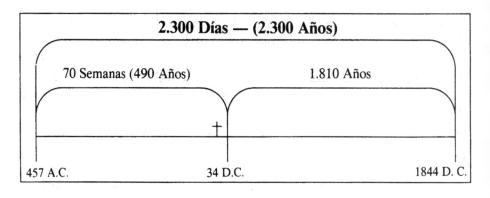

Las 70 semanas, o 490 años, estaban "determinadas" para los judíos y Jerusalén (Dan. 9:24). El verbo hebreo subyacente es *chathak*. A pesar de que este verbo se usa una sola vez en las Escrituras, su significado puede comprenderse a partir de otras fuentes hebreas.[40] El bien conocido diccionario hebreo-inglés de Gesenio, declara que significa propiamente "cortar" o "dividir".[41]

Con esta información preliminar, los comentarios de Gabriel se vuelven muy reveladores. Le dice a Daniel que 490 años debían ser cortados del período mayor de 2.300 años. Como punto de partida para los 490 años, Gabriel señaló "la salida de la orden para restaurar y edificar a Jerusalén" (Dan. 9:25), la cual fue promulgada en el año 457 a.C., el séptimo año de Artajerjes (véase el capítulo 4 de esta obra).[42]

Los 490 años terminaron el año 34 de nuestra era. Si cortamos o restamos 490 años de los 2.300, quedan 1.810 años. Como los 2.300 años debían extenderse 1.810 años más allá del año 34 de nuestra era, llegan hasta el año 1844.[43]

(b). *Hacia una comprensión más completa del ministerio de Cristo.* Durante la primera parte del siglo XIX, muchos cristianos, incluyendo bautistas, presbiterianos, metodistas, luteranos, anglicanos, episcopales, congregacionalistas y discípulos de Cristo, estudiaron con intensidad la profecía de Daniel 8.[44] Todos esos estudiosos de la Biblia esperaban que al fin de los 2.300 años sucederían algunos acontecimientos sumamente significativos. Dependiendo de su comprensión del poder representado por el cuerno pequeño, y del santuario, anticipaban que este período profético terminaría con la purificación de la iglesia, la liberación de Palestina y Jerusalén, el retorno de los judíos, la caída del poder turco o musulmán, la destrucción del papado, la restauración del verdadero culto, el comienzo del milenio terrenal, el día del juicio, la purificación de la tierra por el fuego, o el segundo advenimiento.[45]

Ninguna de esas predicciones se materializó, y todos los que creían en ellas sufrieron un chasco. Desde luego, la severidad de su decepción fue proporcional a la naturaleza del acontecimiento predicho. Es obvio que el chasco de los que esperaban que Cristo volviera en 1844 fue más traumático que el de los que esperaban el retorno de los judíos a Palestina.[46]

Como resultado de su decepción, muchos abandonaron el estudio de la profecía, o abandonaron el método histórico de interpretarla, el cual los había llevado a esas conclusiones.[47] Algunos, sin embargo, continuaron estudiando esta profecía y el tema del santuario con mucha oración e intensidad, enfocándo con perseverancia el ministerio que Cristo realiza en nuestro favor en el Santuario celestial. Los esfuerzos fueron recompensados con una comprensión de ese ministerio ricamente ampliada. Descubrieron que la fe profética histórica de la iglesia primitiva y de la Reforma todavía era válida. Los cálculos del tiempo profético estaban correctos. Los 2.300 años habían terminado en 1844. Su error —y el de todos los intérpretes de esos días— radicaba en su comprensión de qué acontecimiento sucedería al fin de ese período profético. Nueva luz precedente del ministerio de Cristo en el Santuario celestial cambió su decepción, transformándola en esperanza y gozo.⁴⁸

Su estudio de las enseñanzas bíblicas acerca del Santuario les reveló que en 1844 Cristo se presentó ante el Anciano de Días y comenzó la fase final de su ministerio sumo-sacerdotal en el Santuario celestial. Este ministerio era el *antitipo* de la purificación del Santuario que se realizaba en el Día de la Expiación, y que en Daniel 7 se describe como el juicio investigador anterior al advenimiento.

Esta nueva comprensión del ministerio celestial de Cristo "no es una desviación de la fe cristiana histórica. En vez de ello, constituye la culminación lógica y la consumación inevitable de esa fe. Es simplemente la aparición y el cumplimiento en los últimos días del énfasis profetizado que caracterizaría el evangelio eterno... en los segmentos finales de su testimonio ante el mundo".⁴⁹

Significado en el contexto de la gran controversia
Las profecías de Daniel 7 y 8 revelan en amplia perspectiva el resultado final de la gran controversia entre Dios y Satanás.

La vindicación del carácter de Dios. Por medio de las actividades del cuerno pequeño, Satanás procuró desafiar la autoridad de Dios. Las acciones de ese poder han pisoteado y arrojado reproche sobre el Santuario celestial, el centro del gobierno de Dios. Las visiones de Daniel señalan un juicio anterior al advenimiento en el cual Dios pronunciará un veredicto de condenación sobre el cuerno pequeño, y por extensión sobre el mismo Satanás. A la luz del Calvario, todas las acusaciones de Satanás serán refutadas. Todos comprenderán y estarán de acuerdo en que Dios estuvo siempre en lo correcto; que no tiene responsabilidad alguna por el problema del pecado. Su carácter saldrá inmaculado de la prueba, y su gobierno de amor será confirmado.

La vindicación del pueblo de Dios. El mismo juicio que resulta en la condenación del poder apóstata del cuerno pequeño, "fue dado a *favor de* los santos del Altísimo" (Dan. 7:22; VM). En verdad, este juicio no sólo vindica a Dios delante del universo, sino también a su pueblo. Los santos han sido despreciados y perseguidos por su fe en Cristo a través de los siglos; ahora este juicio pone las cosas en su lugar. El pueblo de Dios verá cumplirse la promesa de Cristo: "A cualquiera, pues, que me confiese delante de los hombres, yo también le confesaré delante de mi Padre que está en los cielos" (Mat. 10:32; véase también Luc. 12:8, 9; Apoc. 3:5).

El juicio y la salvación. El juicio investigador, ¿pone en peligro la salvación de los que creen en Jesucristo? Por supuesto que no. Los verdaderos creyentes viven unidos con Cristo, confiando en él como Intercesor (Rom. 8:34). Su seguridad se basa en la promesa de que "Abogado tenemos para con el Padre, a Jesucristo el justo" (1 Juan 2:1).

¿Por qué, entonces debe realizarse un juicio investigador anterior al advenimiento? Este juicio no es para el beneficio de la Deidad. Es primariamente para el beneficio del universo, puesto que refuta las acusaciones de Satanás y provee para la creación no caída la seguridad de que Dios permitirá entrar en su reino únicamente a los que estén verdaderamente convertidos. De modo que Dios abre los libros de registro para una inspección imparcial (Dan. 7, 9, 10).

Los seres humanos pertenecen a una de tres clases: (1) Los malvados, que rechazan la autoridad de Dios, (2) los creyentes genuinos, que confiando en los méritos de Cristo por la fe viven en obediencia a la Ley de Dios, y (3) los que parecen creyentes genuinos pero no lo son.

Los seres no caídos pueden distinguir fácilmente quiénes pertenecen a la primera clase. Pero ¿quién es un verdadero creyente y quién no lo es? Ambos grupos están escritos en el libro de la vida, que contiene los nombres de todos los que alguna vez han pasado a estar al servicio de Dios (Luc. 10:20; Fil. 4:3; Dan. 12:1; Apoc. 21:27). La misma iglesia contiene creyentes genuinos y falsos, el trigo y la cizaña (Mat. 13:28-30).

Los seres no caídos de la creación no son omniscientes; no pueden leer el corazón. "Por esto, se necesita un juicio —*antes* de la segunda venida de Cristo— para separar lo verdadero de lo falso y demostrar al universo interesado, la justicia de Dios que salva al creyente sincero. La cuestión se desarrolla entre Dios y el universo, no entre Dios y sus hijos fieles. Requiere que se abran los libros de registro y que se revele la verdadera naturaleza de los que han profesado fe y cuyos nombres han sido entrados en el libro de la vida".[50]

Cristo describió este juicio en su parábola de los invitados a la boda que respondieron a la generosa invitación evangélica. Por cuanto no todos los que escogen ser cristianos son discípulos genuinos, el Rey viene para inspeccionar a los invitados y ver quién tiene puesto el vestido de bodas. Este vestido representa "el carácter puro y sin mancha que poseerán los verdaderos seguidores de Cristo. A la iglesia 'le fue dado que se vista de lino fino, limpio y brillante', 'que no tuviese mancha, ni arruga, ni cosa semejante' (Apoc. 19:8; Efe. 5:27). 'El lino fino', dice la Escritura, 'es las acciones justas de los santos'. Es la justicia de Cristo, su propio carácter sin mancha, que por la fe se imparte a todos los que lo reciben como Salvador personal".[51] Cuando el rey pasa revista a los invitados, únicamente los que se han colocado el manto de la justicia de Cristo, que tan generosamente se les ofreciera en la invitación evangélica, son aceptados como creyentes genuinos. Los que profesan ser seguidores de Dios pero viven en desobediencia y no están cubiertos por la justicia de Cristo, son borrados del libro de la vida (véase Éxo. 32:33).

El concepto de un juicio investigador para todos los que profesan fe en Cristo, no contradice la enseñanza bíblica de salvación por fe por medio de la gracia.

Pablo sabía que un día le sería necesario afrontar el juicio. Por lo tanto, expresó el deseo de "ser hallado en él, no teniendo mi propia justicia, que es por la ley, sino al que es por la fe de Cristo, la justicia que es de Dios por la fe" (Fil. 3:9). A todos los que están unidos con Cristo se les asegura la salvación. En la fase del juicio final anterior al advenimiento, los creyentes genuinos que establecieron una relación salvadora con Cristo, son confirmados ante el universo no caído.

Cristo, sin embargo, no puede asegurar la salvación de los que se limitan a profesar ser cristianos en base a cuántas buenas obras han realizado (véase Mat. 7:21-23). Los registros celestiales, por lo tanto, son algo más que una herramienta para separar los creyentes genuinos de los falsos. Constituyen además el fundamento para confirmar a los creyentes genuinos delante de los ángeles.

"Lejos de robarle al creyente su seguridad en Cristo, la doctrina del santuario la sostiene. Ilustra y clarifica en su mente el plan de salvación. Su corazón penitente se regocija al comprender la realidad de la muerte sustitutiva de Cristo por sus pecados, como lo prefiguraban los sacrificios del santuario. Además, su fe proyecta hacia el cielo para encontrar su significado en un Cristo *viviente*, su Abogado sacerdotal que mora en la presencia misma del santo Dios."[52]

Tiempo de alistarse. Dios se propone que estas buenas nuevas relativas al fin del ministerio de salvación de Cristo, vayan a todo el mundo antes de su regreso. El centro de este mensaje es el evangelio eterno, que debe ser proclamado con un sentido de urgencia por cuanto "la hora de su juicio ha llegado" (Apoc. 14:7). Este llamado amonesta al mundo en cuanto a que el juicio de Dios está realizándose ahora.

Hoy vivimos en el gran día *antitípico* de la expiación. Así como se requería que los israelitas afligieran sus almas en ese día (Lev. 23:27), del mismo modo Dios llama a su pueblo a experimentar un arrepentimiento de corazón. Todos los que desean retener sus nombres en el libro de la vida deben arreglar sus cuentas con Dios y con sus semejantes durante este tiempo en que se realice el juicio de Dios (Apoc. 14:7).

La obra de Cristo como Sumo Sacerdote se acerca a su fin. Los años del tiempo de gracia para los seres humanos[53] pasan con rapidez. Nadie sabe exactamen-

El Ministerio de Cristo en el Santuario Celestial • 365

te cuándo la voz de Dios proclamará: "Consumado es". "Mirad —advirtió el Señor—, velad y orad, porque no sabéis cuándo será el tiempo" (Mar. 13:33).

Si bien es cierto que vivimos en el período pavoroso del día *antitípico* de la expiación, no necesitamos temer. Jesucristo, en su doble capacidad de Sacrificio y Sacerdote, ministra a favor nuestro en el Santuario celestial. "Por tanto, teniendo un gran Sumo Sacerdote que traspasó los cielos, Jesús el Hijo de Dios, retengamos nuestra profesión. Porque no tenemos un sumo sacerdote que no pueda compadecerse de nuestras debilidades, sino uno que fue tentado en todo según nuestra semejanza, pero sin pecado. Acerquémonos, pues, confiadamente al trono de la gracia, para alcanzar misericordia y hallar gracia para el oportuno socorro" (Heb. 4:14-16).

Referencias

1. El libro de Hebreos revela que en el cielo existe un santuario real. En Hebreos 8:2 la palabra "santuario" es una traducción del griego *ta hagia*, forma plural del lugar santo. Se pueden encontrar usos adicionales de este término plural, por ejemplo, en Hebreos 9:8, 12, 24, 25; 10:19; 13:11. Ciertas traducciones dan la impresión de que Cristo ministra exclusivamente en el Lugar Santísimo o el Lugar Santo, no en el Santuario. Esto es porque los traductores consideran que el término *ta hagia* es un plural intensivo, y que se puede traducir como singular. Pero un estudio de la Septuaginta y de Josefo demuestra que el término *ta hagia* se refiere en forma consecuente a "cosas santas" o los "lugares santos", es decir, al mismo Santuario. Es el término general que se usa con referencia al Santuario completo, con sus lugares Santo y Santísimo.

    En la misma epístola a los Hebreos hay amplio apoyo exegético para la idea de que en ella el término *ta hagia* se refiere al Santuario completo. El primer uso de *ta hagia* en Hebreos ocurre en 8:2, y está en aposición al "verdadero tabernáculo". Como es claro en 8:8 que "tabernáculo" (*skene*) indica el Santuario completo, en Hebreos 8:2 *to hagia* también debe designar el Santuario celestial completo. No hay razón para traducir el plural *ta hagia* en Hebreos como el Lugar Santísimo. En la mayoría de los casos, el contexto favorece la traducción de *ta hagia* en Hebreos como "el santuario" ("Christ and His High Priestly Ministry" [Cristo y su ministerio sumosacerdotal], *Ministry*, octubre de 1980, pág. 49.

    En su estudio del Santuario terrenal y *ta hagia* los pioneros adventistas concluyeron que el Santuario celestial también posee dos departamentos. Esta comprensión es básica al desarrollo de sus enseñanzas acerca del Santuario (Damsteegt, "The Historical Development of the Sanctuary Doctrine in Early Adventist Thought" [Desarrollo histórico de la doctrina del Santuario en el pensamiento adventista temprano] (Manuscrito inédito, *Biblical Research Institute of the General Conference of Seventh-day Adventists*, 1983); véase también White, *El conflicto de los siglos*, págs. 465-467, 476-485.

2. Véase *The SDA Bible Commentary*, ed. rev., comentarios de Elena de White, tomo 6, pág. 1082.

3. Antiguos escritos judíos revelan que algunos rabinos también creían en un Santuario celestial real. Comentado acerca de Éxodo 15:17, un rabino dijo: "La [posición del Santuario terrenal] corresponde con la del Santuario celestial y a la [posición del] arca con la del Trono celestial (*Midrash Rabbah. Numbers*, ed. repr. [Londres: Soncino Press, 1961], tomo 1, cap. 4,

sec. 13, pág. 110. Los corchetes están en el original). Otro rabino citado en el Talmud Babilónico se refirió a "el Templo celestial y el terrenal" (*Sanhedrin*, 99b, I. Empstein, ed. [Londres: Sonsino Press, 1969]). Aun otro comenta: "No hay diferencia de opinión acerca de que el santuario de abajo es la contraparte del santuario de arriba" (Leon Nemoy, ed., *The Midrash on Psalms*, trad. de William G. Braude [New Haven, Conn: Yale University Press, 1959], Salmos 30, sec. 1, pág. 386).

4. El libro de Hebreos describe un Santuario real en el cielo: "La realidad del Santuario celestial esta subrayada aun mas por el adjetivo 'verdadero' de Hebreos 8:2. El Santuario celestial es el 'verdadero'. El término griego que se usa aquí y en 9:24, lugar en el cual también se lo aplica a la esfera celestial es *alehinos*. Este adjetivo griego significa 'verdadero', opuesto a lo que es simplemente 'aparente'. Debido a su distinción clásica del adjetivo griego *alethes*, que significa 'verdadero' en el sentido opuesto a 'falso', el adjetivo *alethinos*, que se usa dos veces con referencia al Santuario celestial, apunta en forma inequívoca a la realidad tangible de un santuario en el cielo. Así como se describe a Dios como 'verdadero' en Juan 17:3 y en forma consecuente por Pablo, como por ejemplo en 1 Tesalonicenses 1:9, con el uso de *alethinos*, así también otras entidades poseen realidad en cuanto están asociadas con la realidad de Dios. Por cuanto el Santuario celestial se halla asociado con la realidad de Dios, por ello mismo es tan real como Dios es real" (Hasel, "Christ's Atoning Ministry in Heaven" [El ministerio expiatorio de Cristo en el cielo], *Ministry*, enero de 1976, sección especial, pág. 21c).

5. Holbrook, "Sanctuary of Salvation" [Santuario de salvación}, *Ministry*, enero de 1983, pág. 14.

6. White, *El Deseado de todas las gentes*, págs. 16, 17.

7. Holbrook, "Ligth in the Shadows" [Luz en las sombras], *Journal of Adventist Education*, octubre-noviembre de 1983, pág. 27.

8. *Id.*, pág. 28.

9. "Como el ministerio de Cristo iba a consistir en dos grandes divisiones, ocupando cada una un período de tiempo y teniendo un sitio distinto en el Santuario celestial, así mismo el culto simbólico consistía en el servicio diario y el anual, y a cada uno de ellos se dedicaba una sección del tabernáculo" (White, *Patricarcas y profetas*, pág. 371).

10. Con el sacrificio diario de la mañana y de la tarde, el sacerdote representaba a toda la nación.

11. El padre de la familia representaba a su esposa e hijos, los cuales no ofrecían sacrificios.

12. Véase por ejemplo, Angel M. Rodriguez, "Sacrificial Substitution and the Old Testament Sacrifices" [Los sacrificios de sustitución y los sacrificios del Antiguo Testamento], en *Sanctuary and the Atonement*, [El santuario y la expiación], págs. 134-156; A. M. Rodríguez, "Transfer of Sin in Leviticus" [La transferencia del pecado en Levítico], en *70 Weeks, Leviticus, and the Nature of Prophecy* [Las 70 semanas, Levítico y la naturaleza de la profecía], ed. F.B. Holbrook (Washington, DC: Biblical Research Institute of the General Conference of Seventh-day Adventists, 1986), págs. 169-197.

13. "Atonement, Day of" [Expiación, día de] en *The Jewish Encyclopedia*, ed. Isidoro Singer (New York: Funk and Wagnalls Co., 1903), pág. 286. Véase también Hasel, "Studies in Biblical Atonement I: Continual Sacrifice, Defilement/Cleansing and Sanctuary" [Estudios en la expiación bíblica I: El sacrificio continuo, contaminación/purificación y santuario], en *Sanctuary and the Atonement*, págs. 97-99.

14. Hasel, "Studies in Biblical Atonement I", págs. 99-107; Alberto R. Treiyer, "The Day of Atonement as Related to the Contamination and Purification of the Sanctuary" [El Día de la Expiación en su relación con la contaminación y purificación del santuario]. *70 Weeks, Leviticus, Nature of Prophecy*, pág. 253.

15. Holbrook, "Ligth in the Shadows" [Luz en las sombras], pág. 27.
16. *Id.*, pág. 29.
17. Véase, por ejemplo, Hasel, "Studies in Biblical Atonement II: The Day of Atonement" [Estudios sobre la expiación bíblica II. El día de la Expiación], en *Sanctuary and Atonement*, págs. 115-125.
18. Véase Hasel, "The 'Little Horn', the Saints, and the Sanctuary in Daniel 8" [El 'cuerno pequeño', los santos y el santuario en Daniel 8], en *Sanctuary and Atonement*, págs. 206, 207; Treiyer, "Day of Atonement", págs. 252, 253.
19. Holbrook, "Ligth in the Shadows" pág. 29.
20. Véase "Azazel", *SDA Bible Dictionary*, ed. rev., pág. 102.
21. Holbrook, "Sanctuary of Salvation", pág. 16. A través de los siglos, los expositores bíblicos han llegado a conclusiones similares. En la Septuaginta el término *azazel* se traduce por *apopompaios*, palabra griega que designa una deidad maligna. Los antiguos escritores judíos y los primeros padres de la iglesia se referían a él como el diablo (*SDA Encyclopedia*, ed. rev., págs. 1291, 1292). Los expositores de los siglos XIX y XX que mantienen puntos de vista similares incluyen a Samuel M. Zwemer, William Milligan, James Hasting, y William Smith de la Iglesia Presbiteriana; E. W. Hengstenberg, Elmer Flack, and H. C. Alleman, de la Iglesia Luterana; William Jenks, Charles Beecher, y F. N. PeLoubet de la Iglesia Congregacional; John M'Clintock y James Stron, de la Iglesia Metodista; James M. Gray, de la Iglesia Episcopal Reformada; J. B. Rotherhorn, de los Discípulos de Cristo; y Jorge A. Barton, de la Sociedad de los Amigos. Muchos otros han expresado puntos de vista similares (*Questions on Doctrine*, págs. 394, 395).

Si Azazel representa a Satanás, ¿cómo puede la Escritura (véase Lev. 16:10) conectarlo con la expiación? Así como el sumo sacerdote, después de haber limpiado el santuario, colocaba los pecados sobre Azazel, el cual era cortado para siempre del pueblo de Dios, así también Cristo, después de haber purificado el santuario celestial, colocará los pecados de su pueblo que hayan sido confesados y perdonados sobre Satanás, el cual será eliminado para siempre del mundo de los salvados. "Cuán apropiado es que el acto final del drama de la lucha de Dios con el pecado consista en la colocación sobre la cabeza de Satanás de todo el pecado y culpabilidad que, habiendo surgido inicialmente de él, trajo tanta tragedia a las vidas de los que ahora están libertados de pecado por la sangre expiatoria de Cristo. Así se cierra el ciclo, y el drama finaliza. Únicamente cuando Satanás, el instigador de todo pecado, sea finalmente quitado, podrá verdaderamente decirse que el pecado ha sido eliminado para siempre del universo de Dios. En este sentido acomodado, podemos comprender que el chivo emisario tiene una parte en la 'expiacion' (Lev. 16:10). Una vez que los justos hayan sido salvados, los malvados 'cortados', y Satanás quitado de la existencia, sólo entonces, el universo volverá a un estado de perfecta armonía, como lo estaba originalmente, antes que entrara el pecado" *(Comentario bíblico adventista,* tomo 1, págs. 792, 793).
22. Holbrook, "Sanctuary of Salvation", pág. 16.
23. Treiyer, "Day of Atonement", pág. 245.
24. Holbrook, "Light in the Shadows", pág. 30.
25. Véase el capítulo 4 de esta obra.
26. Henry Alford, *The Greek Testament*, 3a. ed. (Londres: Deighton, Bell and Co., 1864), tomo 4, pág. 179.
27. B. F. Westcott, *Epistle to the Hebrews*, págs. 271, 272.
28. Al colocar esos pecados confesados sobre Cristo, son "transferidos, de hecho, al santuario celestial" (White, *El conflicto de los siglos*, pág. 474).
29. Esta obra de juicio se refiere a los seguidores profesos de Dios. "En el rito típico, sólo aquellos que se habían presentado ante Dios arrepintiéndose y confesados sus pecados, y cuyas iniqui-

dades eran llevadas al santuario por medio de la sangre del holocausto, tenían participación en el servicio del día de las expiaciones. Así, en el gran día de la expiación final y del juicio, los únicos casos que se consideran son los de quienes hayan profesado ser hijos de Dios. El juicio de los impíos es obra distinta y se verificará en fecha posterior. 'Es tiempo de que el juicio comience en la casa de Dios: y si primero comienza con nosotros, ¿que será el fin de aquellos que no obedecen el Evangelio?' (1 Pedro 4:17)" (*Id.*, pág. 534).

30. La tradición judía durante mucho tiempo ha considerado que *Yom Kippur* es un día de juicio, un día en el cual Dios se sienta en su trono y juzga al mundo. Se abren los libros de registros, todos pasan delante de él y su destino es sellado. Véase "Atonement, Day of" [Expiación, día de], *The Jewish Encyclopedia*; Morris Silverman, compilador y editor, *High Holiday Prayer Book* (Hartford, Conn: Prayer Book Press, 1951), págs. 147, 164. *Yom Kippur* también provee consuelo y seguridad para los creyentes, por cuanto es "el día en el cual la terrible anticipación de un juicio venidero finalmente cede lugar a la confiada afirmación de que Dios no condena, sino que perdonará abundantemente a los que se vuelvan a él en penitencia y humildad" (William W. Simpson, *Jewish Prayer and Worship* [Nueva York, NY: Seabury Press, 1965], págs. 57, 58.

31. Véase Arthur J. Ferch, "The Judgment Scene in Daniel 7" [La escena del juicio en Daniel 7], en *Sanctuary and Atonement*, págs. 163-166, 169.

32. Con referencia a los problemas de la interpretación de Antíoco en Daniel, véase W. H. Shea, *Selected Studies on Prophetic Interpretation* [Estudios selectos sobre interpretación profética], págs. 25-55.

33. Shea, "Unity of Daniel" [La unidad de Daniel], en *Symposium on Daniel* [Simposio acerca de Daniel], F. B. Holbrook, editor (Washington, DC: Biblical Research Institute of the General Conference of Seventh-day Adventists, 1986), págs. 165-219.

34. "Las asombrosas profecías de Daniel y el Apocalipsis", *These Times*, abril de 1979, pág. 18. Véase también Maxwell, *God Cares*, tomo 1, págs. 166-173; y el capítulo 13 de esta obra.

35. En el Santuario terrenal, en el Día de la Expiación, el sumo sacerdote entraba en el Lugar Santísimo, cesando su ministerio en el primer departamento. "Así que cuando Cristo entró en el Lugar Santísimo para consumar la obra final de la expiación, cesó su ministerio en el primer departamento. Pero cuando terminó el servicio que se realizaba en el primer departamento, se inició el ministerio en el segundo departamento. Cuando en el servicio *típico* el sumo sacerdote salía del Lugar Santo en el Día de la Expiación, se presentaba ante Dios. para ofrecer la sangre de la víctima ofrecida por el pecado de todos los israelitas que se arrepentían verdaderamente. Así también Cristo sólo había terminado una parte de su obra como Intercesor nuestro para empezar otra, y sigue aún ofreciendo su sangre ante el Padre en favor de los pecadores" (White, *El conflicto de los siglos*, págs. 481, 482).

36. Numerosas versiones traducen el término hebreo *nitsdaq*, "será purificado". El término "purificado" se encuentra en las traducciones inglesas más antiguas, como la Biblia de Bishop (año 1566), la Biblia de Ginebra (1560), la Biblia de Taverne (1551), la Gran Biblia (1539), la Biblia de Matthew (1537), Coverdale (1537) y Wiclef (1382). Esta traducción viene de la Vulgata Latina, que usa el término *mundabitur*, "purificado", y tiene sus raíces en las versiones griegas más antiguas del Antiguo Testamento: la Septuaginta y la de Teodoción, en las cuales se usa el término *Katharisthesetai*, "será purificado".

La mayoría de las versiones modernas no refleja este concepto tradicional. Por cuanto *nitsdaq* se deriva de la raíz verbal *tsadaq* la cual cubre una variedad de significados, incluyendo "rectificar", "ser recto", "justo", "justificado" y "vindicado", estas traducciones rinden *tsadaq* como "restaurado al estado en que debía estar" (RSV), "restaurado en forma adecuada" (NASB), "reconsagrado" (NIV), y "restaurado" (TEV). El paralelismo poético del Antiguo Testamento provee evidencia de que *tsadaq* puede ser sinónimo con *taher*, "ser limpio, puro"

(Job 4:17; 17:9 NIV), con *zakah*, "ser puro, limpio" (Job 15:14; 25:4), y *bor*, "limpieza" (Sal. 18:20). *Nitsdaq*, entonces, "incluye en su alcance semántico significados tales como 'purificar, vindicar, justificar, rectificar, restaurar'. No importa como uno traduzca el término hebreo en un idioma moderno, la 'purificacion' del santuario incluye el acto mismo de limpiar, así como las actividades de vindicar, justificar y restaurar" (Hasel, "'El cuerno pequeño', el Santuario celestial y el tiempo del fin: un estudio de Daniel 8:9-14", en *Symposium on Daniel*, pág. 453). Véase tambien *Id.*, págs. 448-458; Hasel, "'El cuerno pequeño', los santos y el santuario en Daniel 8", en *Sanctuary and Atonement*, págs. 203-208; Niels-Erik Andreasen, "La traducción de Nisdaq/Katharisthesetai en Daniel 8:14", en *Symposium on Daniel*, págs. 475-496; Maxwell, *God Cares*, tomo 1, pág. 175; "Cristo y su ministerio como Sumo Sacerdote", *Ministry*, oct. 1980, págs. 34 y 35.

37. Algunos han interpretado que las "2.300 tardes-mañanas" constituyen tan sólo 1.150 días literales (por ejemplo, la versión inglesa TEV). Pero esto es contrario al uso hebreo. Carl F. Keil, editor del comentario de Keil y Delitzsch, escribió: "Cuando los hebreos desean expresar el día y la noche en forma separada, las partes componentes de un día de una semana, entonces se expresa el numero de ambos. Dicen, por ejemplo: cuarenta días y cuarenta noches (Gen 7:4, 12; Éxo. 24:18; 1 Rey. 19:8) y tres días y tres noches (Jon. 2:1; Mat. 12:40), pero no ochenta o seis días-y-noches cuando desean referirse a 40 días o a tres días completos. El lector hebreo no podría comprender el período de 2.300 tardes-mañanas como 2.300 medios días o 1.150 días completos, por cuanto en la creación, la tarde y la mañana no eran medio día sino uno entero... Por lo tanto, debemos aceptar las palabras tal como suenan, es decir, comprender que se refieren a 2.300 días completos" (C.F. Keil, *Biblical Commentary on the Book of Daniel* [Comentario bíblico sobre el libro de Daniel], M. G. Easton, traductor en C. F. Keil y F. Delitzsch *Biblical Commentary on the Old Testament* [Comentario bíblico sobre el Antiguo Testamento] (Grand Rapids,MI: William B. Eerdmans, 1959], tomo 25, págs. 303, 304). Para argumentos adicionales, véase Hasel, "Sanctuary of Daniel 8", en *Sanctuary and Atonement*, pág. 195; Hasel, "The 'Little Horn', the Heavenly Sanctuary and the Time of the End" [El 'cuerno pequeño', el santuario celestial y el tiempo del fin], en *Symposium on Daniel*, págs. 430-433, Siegfried J. Schwantes, "Erb Boqer de Daniel 8:14 reexaminado", en *Symposium on Daniel*, págs. 462-464); Maxwell, *God Cares*, tomo 1, pág. 174.

38. Froom, *Prophetic Faith of Our Fathers*, tomo 2, pág. 985; tomo 3, págs. 252, 743; tomo 4, págs. 397, 404. Con referencia al principio de que un día profético representa un año literal, véase Shea, *Selective Studies on Prophetic Interpretation* [Estudios selectos sobre interpretación profética], págs. 56-93.

39. Véase por ejemplo, Hasel, "El santuario en Daniel 8", en *Sanctuary and Atonement*, págs. 196, 197' Shea, "Unity of Daniel", en *Symposium on Daniel*, págs. 220-230.

40. Un análisis de los escritos hebreos como la Mishnah, revela que si bien *chathak* puede significar "determinar", el significado más común "tiene que ver con la idea de cortar" (Shea, "La relación entre las profecías de Daniel 8 y Daniel 9", en *Sanctuary and Atonement*,pág. 242).

41. Gesenius, *Hebrew and Chaldee Lexicon to the Old Testament Scripture* [Léxico hebreo y caldeo de la Escritura del Antiguo Testamento], traductor Samuel P. Tregelles (Grand Rapids, MI: W.B. Eerdmans, ed. reimp., 1950), pág. 314.

42. Véase Ferch, "En la fecha del comienzo de la profecía de las 70 semanas", en *70 Weeks, Leviticus, and the Nature of Prophecy* [Las 70 semanas, Levítico y la naturaleza de la profecía], págs. 64-74.

43. De Daniel 8 se desprende con claridad que los 2.300 días deben cubrir un largo período de años. Se hace la pregunta: "¿Hasta cuándo durará la *visión*?" (Dan. 8:13). El término "visión" es el mismo que se usa en los versículos 1, 2. De modo que, cuando el mensajero celestial hace la pregunta "¿Hasta cuándo durará la visión?", espera una respuesta que abarque toda

la visión, comenzando con el primer animal simbólico y progresando al segundo, hasta el símbolo del cuerno y el tiempo del fin como se indica en los versículos 17 y 19 de Daniel 8. El que la respuesta de esta pregunta sea la referencia a las 2.300 tardes y mañanas, indica con claridad que deben abarcar el período desde el Imperio Medo-Persa hasta el fin del tiempo, lo cual implica que representan años.

44. Véase Damsteegt, *Foundations of the Seventh-day Adventisa Message and Mission* [Fundamentos del mensaje y la misión de los Adventistas del Séptimo Día], págs. 14, 15; Froom, *Prophetic Faith of Our Fathers* [La fe profética de nuestros padres], tomo 4.
45. Froom, *Prophetic Faith of Our Fathers*, tomo 4, pág. 404.
46. Véase por ejemplo, F. D Nichol, *The Midnight Cry* [El clamor de medianoche] (Washington, D.C.: *Review and Herald*, 1944).
47. Véase Froom, *Prophetic Faith of Our Fathers*, tomos 1-4; Damsteegt, *Foundations of the Seventh-day Adventist Message and Mission*, págs. 16-20.
48. Véase Damsteegt, *Foundations of the Seventh-day Adventist Message and Mission*, págs. 103-146; White, *El conflicto de los siglos*, págs. 476-485.
49. Froom, *Movement of Destiny* [Movimiento del destino], pág. 543.
50. Holbrook, *"Light in the Shadows"*, pág. 34.
51. White, *Palabras de vida del gran Maestro*, pág. 252.
52. Holbrook, *"Light in the Shadows"*, pág. 35.
53. El fin del tiempo de prueba para la humanidad es el tiempo cuando ya no es posible el arrepentimiento. Hay tres formas como puede cerrarse el tiempo de prueba para un individuo. (1) En su muerte; (2) cuando ha cometido el pecado imperdonable (Mat. 2:31, 32; Luc. 12:10); (3) cuando el tiempo de prueba se cierre para todos, poco antes de la segunda venida de Cristo. Mientras Cristo actúe como Sumo Sacerdote y Mediador entre Dios y el hombre, estará disponible la misericordia. "Por lo tanto, ningún juicio puede ser derramado sin misericordia, hasta que la obra sacerdotal de Cristo se haya terminado. Pero las siete últimas plagas se derraman sin mezcla de misericordia (Apoc. 14:10; 15:1), por lo cual el tiempo de su derramamiento es después que Cristo ha cesado sus ruegos y se ha terminado el tiempo de gracia" (U. Smith, en *SDA Encyclopedia*, ed., rev., pág. 1152).

El ministerio de Cristo en el Santuario celestial • 371

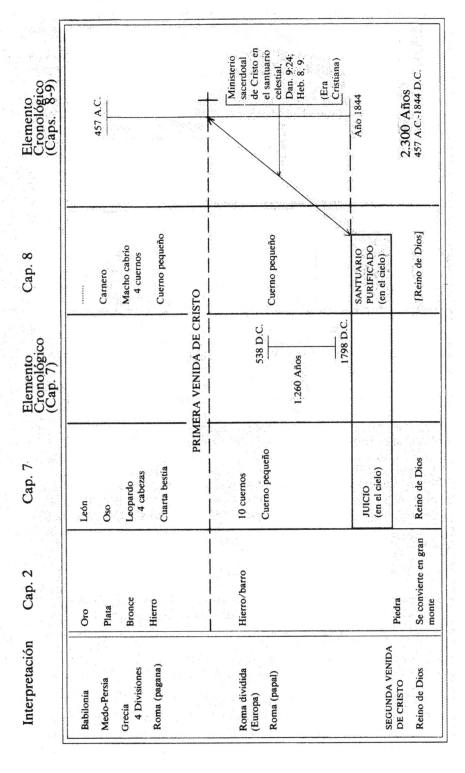

LOS ADVENTISTAS DEL SÉPTIMO DÍA CREEN EN...

25

La Segunda Venida de Cristo

La segunda venida de Cristo es la bienaventurada esperanza de la iglesia, la gran culminación del evangelio. La venida del Salvador será literal, personal, visible y de alcance mundial. Cuando regrese, los justos muertos resucitarán y junto con los justos vivos serán glorificados y llevados al cielo, pero los impíos morirán. El hecho de que la mayor parte de las profecías esté alcanzando su pleno cumplimiento, unido a las presentes condiciones del mundo, nos indica que la venida de Cristo es inminente. El momento cuando ocurrirá este acontecimiento no ha sido revelado, y por lo tanto se nos exhorta a estar preparados en todo tiempo.

"MAMI —DIJO UNA NIÑITA AL ACOSTARSE—, extraño tanto a mi amigo Jesús. ¿Cuándo va a volver?"

Esa niña no se imaginaba que el deseo de su corazón expresaba el anhelo de la humanidad a través de todas las edades. Las palabras finales de la Biblia nos dan la promesa de un pronto regreso: "Ciertamente vengo en breve". Y Juan el revelador, el compañero fiel de Jesús, añade: "Amén; sí ven, Señor Jesús" (Apoc. 22:20).

¡Ver a Jesús! ¡Unirnos para siempre con él, que nos ama mucho más de lo que podemos imaginar! ¡Poner fin a todos los sufrimientos terrenales! ¡Disfrutar de la eternidad con nuestros amados resucitados que ahora descansan! No es de extrañar entonces, que sus amigos lo hayan esperado desde su ascensión hasta el día de hoy.

Un día Cristo volverá, aunque aun para los santos su venida será una maravillosa sorpresa, pues todos se han dormido por la demora (Mat. 25:5). A "medianoche", a la hora más oscura de la historia, Dios manifestará su poder para liberar a su pueblo. La Escritura describe los sucesos: "Salió una gran voz del templo del cielo, del trono, diciendo: Hecho está". Esta voz hace estremecer la tierra, causando "un terremoto tan grande, cual no lo hubo jamás desde que los hombres han estado sobre la tierra" (Apoc. 16:17, 18). Las montañas tiemblan, las rocas se derrumban esparciéndose por dondequiera, y la tierra entera se sacude como las olas del océano. La superficie se abre "y las naciones cayeron... Y toda isla huyó, y los montes no fueron hallados" (vers. 19, 20). "Y el cielo se desvaneció como un pergamino que se enrolla; y todo monte y toda isla se removió de su lugar" (Apoc. 6:14).

A pesar del caos que descenderá sobre el mundo físico, el pueblo de Dios no temerá al ver "la señal del Hijo del Hombre" (Mat. 24:30). Cuando descienda de las nubes de los cielos, todo ojo verá al Príncipe de vida. Viene, esta vez, no como Varón de dolores, sino como un conquistador victorioso a reclamar lo suyo. En lugar de la corona de espinas, llevará la corona de gloria, "y en su vestidura y en su muslo tiene escrito este nombre: REY DE REYES Y SEÑOR DE SEÑORES" (Apoc. 19:12, 16).

A su venida, una gran desesperación se apoderará de los que no aceptaron a Jesús como su Salvador y Señor, y rechazaron su ley en sus corazones. Nada hace a los rechazadores de su gracia darse más cuenta de su culpabilidad que la suplicante y paciente voz que les rogaba: "Volveos, volveos de vuestros malos caminos; ¿por qué moriréis?" (Eze. 33:11). "Y los reyes de la tierra, y los grandes, los ricos, los capitanes, los poderosos, y todo siervo y todo libre, se escondieron en las cuevas y entre las peñas de los montes; y decían a los montes y a las peñas: Caed sobre nosotros, y escondednos del rostro de aquel que está sentado sobre el trono, y de la ira del Cordeo; porque el gran día de su ira ha llegado; ¿y quién podrá sostenerse en pie?" (Apoc. 6:15-17).

Pero el gozo de los que por mucho tiempo lo han esperado, es muy superior a la desesperación de los malos. La venida del Redentor lleva la historia del pueblo de Dios a su glorioso final; es el momento de su liberación. Inundados de emoción le adoran diciendo: "He aquí, éste es nuestro Dios, le hemos esperado, y nos salvará; éste es Jehová a quien hemos esperado, nos gozaremos y nos alegraremos en su salvación" (Isa. 25:9).

Mientras Jesús se acerca, llama a los santos que duermen en sus tumbas y envía a sus ángeles para que junten a "sus escogidos, de los cuatro vientos, desde un extremo del cielo hasta el otro" (Mat. 24:31). Por todo el mundo los muertos justos oirán su voz y se levantarán de sus tumbas —¡qué momento de gozo!

Luego los justos vivos son transformados "en un momento, en un abrir y cerrar de ojos" (1 Cor. 15:52). Glorificados y habiendo recibido inmortalidad, son arrebatados junto con los santos resucitados en el aire para encontrarse con su Señor y morar con él para siempre (1 Tes. 4:16, 17).

La certeza del retorno de Jesús

Los apóstoles y la iglesia primitiva consideraban que el regreso de Jesús era "la bendita esperanza" (Tito 2:13; compárese con Heb. 9:28). Esperaban que todas las profecías y las promesas de las Escrituras se cumplirían para su segunda venida (véase 2 Pedro 3:13; compárese con Isa. 65:17), pues ésta constituye el blanco del peregrinaje cristiano. Todos los que aman a Jesús esperan con ansiedad el día cuando podrán verle cara a cara, juntamente con el Padre, el Espíritu Santo y los ángeles.

El testimonio de la Escritura. La certidumbre de la segunda venida está arraigada en la confiabilidad de la Escritura. Poco antes de su muerte, Jesús les dijo a sus discípulos que volvería a su Padre con el fin de preparar un lugar para ellos. Pero, prometió, "vendré otra vez" (Juan 14:3).

Tal como la primera venida de Cristo a este mundo había sido predicha, así también se predice su segunda venida a través de toda la Escritura. Aun antes del Diluvio, Dios le reveló a Enoc que lo que terminaría con el pecado sería la venida de Cristo en gloria. El patriarca profetizó diciendo: "He aquí vino el Señor con sus santas decenas de millares, para hacer juicio contra todos, y dejar convictos a todos los impíos de todas sus obras impías que han hecho impíamente, y de todas las cosas duras que los pecadores impíos han hablado contra él" (Judas 14, 15).

Mil años antes de Cristo, el salmista se refirió a la segunda venida del Señor para reunir a su pueblo, diciendo: "Vendrá nuestro Dios, y no callará; fuego consumirá delante de él, y tempestad poderosa le rodeará. Convocará a los cielos de arriba, y a la tierra, para juzgar a su pueblo. Juntadme mis santos, los que hicieron conmigo pacto con sacrificio" (Sal. 50:3-5).

Los discípulos de Cristo se regocijaban en la promesa de su retorno. En medio de todas las dificultades con que se encontraban, la seguridad que producía esta promesa nunca dejó de renovar su valor y fortaleza. ¡Su Maestro volvería para llevarlos a la casa de su Padre!

La garantía que provee el primer advenimiento. El segundo advenimiento está íntimamente ligado con la primera venida de Cristo. Si Cristo no hubiera venido la primera vez y ganado una victoria decisiva sobre el pecado y Satanás (Col. 2:15), entonces no tendríamos razón para creer que volverá eventualmente para terminar con el dominio satánico de este mundo, y restaurarlo a su perfección original. Pero por cuanto tenemos la evidencia de que "se presentó una vez para siempre por el sacrificio de sí mismo para quitar de en medio el pecado", tenemos razón para creer que "aparecerá por segunda vez, sin relación con el pecado, para salvar a los que le esperan" (Heb. 9:26, 28).

El ministerio celestial de Cristo. La revelación de Cristo a Juan deja en claro que el Santuario celestial es el centro del plan de salvación (Apoc. 1:12, 13; 3:12; 4:1-5; 5:8; 7:15; 8:3; 11:1, 19; 14:15, 17; 15:5, 6, 8; 16:1, 17). Las profecías que indican que Jesús ha comenzado su ministerio final en beneficio de los pecadores, confirman la seguridad de que pronto volverá para llevar a su pueblo al hogar celestial (véase el capítulo 24 de esta obra). La confianza en que Cristo se halla activamente ocupado en obtener la consumación de la redención que ya cumplió en la cruz, ha producido mucho ánimo a los cristianos que esperan su retorno.

La manera en que Cristo volverá

Cuando Cristo habló acerca de las señales que indicarían que su venida estaría cercana, también indicó su preocupación porque su pueblo no fuese engañado por pretensiones falsas. Los amonestó en cuanto a que antes de la segunda venida, "se levantarán falsos Cristos, y falsos profetas, y harán grandes señales y prodigios, de tal manera que engañarán, si fuere posible, aun a los escogidos". Dijo el Salvador: "Entonces, si alguno os dijere: Mirad, aquí está Cristo, o mirad, allí está, no lo creáis" (Mat. 24:23, 24). Con el fin de permitirles a los creyentes hacer distinción entre el acontecimiento genuino y las falsas manifestaciones, diversos pasajes bíblicos revelan detalles acerca de la manera en que Cristo volverá.

Una venida personal y literal. Cuando Jesús ascendió en una nube, dos ángeles se dirigieron a los discípulos, quienes todavía estaban mirando hacia donde su Señor había ascendido: "Varones galileos, ¿por qué estáis mirando al cielo? Este mismo Jesús, que ha sido tomado de vosotros al cielo, así vendrá, como le habéis visto ir al cielo" (Hech. 1:11).

En otras palabras, declararon que el mismo Señor que acababa de dejarlos —un ser personal, de carne y hueso, no una entidad espiritual (Luc. 24:36-43)— volvería a este mundo. Su segunda venida sería tan literal y personal como su ascensión.

Un retorno visible. La venida de Cristo no será una experiencia interior, invisible, sino un encuentro real con una Persona visible. Con el fin de no dejar lugar a dudas en cuanto a la realidad de su retorno, Jesús amonestó a sus discípulos a no dejarse engañar por noticias de alguna segunda venida secreta; con este fin comparó su retorno al brillo del relámpago (Mat. 24:27).

La Sagrada Escritura establece claramente que tanto los justos como los malvados serán testigos simultáneos de su venida. Juan escribió: "He aquí que viene con las nubes, y todo ojo le verá" (Apoc. 1:7), y Cristo hizo notar la reacción de los malvados: "Entonces lamentarán todas las tribus de la tierra, y verán al Hijo del Hombre viniendo sobre las nubes del cielo, con poder y gran gloria" (Mat. 24:30).

Un retorno audible. Además del cuadro de una percepción universal del retorno de Cristo, se encuentra el aserto bíblico de que su venida se hará evidente no sólo por la vista, sino también por el sonido: "El Señor mismo con voz de mando, con voz de arcángel, y con trompeta de Dios, descenderá del cielo" (1 Tes. 4:16). Una "gran voz de trompeta" (Mat. 24:31) acompaña a la reunión de su pueblo. Aquí no hay lugar para secretos.

Un glorioso retorno. Cuando Cristo vuelve, lo hace en calidad de conquistador, con poder y "en la gloria de su Padre con sus ángeles" (Mat. 16:27). Juan el revelador describe la gloria del retorno de Cristo en forma dramática. Presenta a Cristo cabalgando en un caballo blanco, a la cabeza de los ejércitos innumerables del cielo. El esplendor sobrenatural del Cristo glorificado es aparente (Apoc. 19:11-16).

Un retorno repentino, inesperado. Los creyentes cristianos, que anhelan el retorno de Cristo y lo esperan, se darán cuenta de su proximidad (1 Tes. 5:4-6). Pero para los habitantes del mundo en general, Pablo escribió que "el día del Señor vendrá así como ladrón en la noche; que cuando digan: Paz y seguridad, entonces vendrá sobre ellos destrucción repentina, como los dolores a la mujer encinta, y no escaparán" (1 Tes. 5:2, 3; véase también Mat. 24:43).

Algunos han llegado a la conclusión de que, por cuanto Pablo compara la venida de Cristo con la de un ladrón, eso indica que el Señor vendrá de manera secreta e invisible. Sin embargo, este punto de vista contradice el cuadro bíblico del retorno de Cristo en gloria y esplendor, a vista de todos (Apoc. 1:7). Lo que Pablo destaca no es que la venida de Cristo será secreta, sino que, para los mundanos, será tan inesperada como la de un ladrón. No es Jesús, sino el *día* lo que viene como ladrón. Pablo no se refiere a la manera de la aparición sino al momento de ella.

Cristo reitera esta idea, comparando su venida con la destrucción inesperada del mundo antediluviano por medio del diluvio universal. "Porque en los días antes del diluvio estaban comiendo y bebiendo, casándose y dando en casamiento, hasta el día en que Noé entró en el arca, y no entendieron hasta que vino el diluvio y se los llevó a todos, así será también la venida del Hijo del Hombre" (Mat. 24:38, 39). A pesar de que Noé había predicado durante muchos años acerca de un diluvio venidero, el suceso tomó por sorpresa a la mayoría de la gente de entonces. Un grupo creyó la palabra de Noé y entró en el arca, por lo cual fueron salvos; el otro escogió permanecer fuera de ella, "hasta que vino el diluvio y se los llevó a todos" (Mat. 24:39).

Un acontecimiento cataclísmico. A la manera del ejemplo que provee el Diluvio, el sueño de Nabucodonosor relativo a la imagen de metal describe la forma cataclísmica como Cristo establecerá su reino de gloria (véase el capítulo 4 de esta obra). Nabucodonosor vio una gran imagen. "La cabeza de esta imagen era de oro fino; su pecho y sus brazos, de plata; su vientre y sus muslos, de bronce; sus piernas, de hierro; sus pies en parte de hierro y en parte de barro cocido". Entonces, "una piedra fue cortada, no con mano, e hirió a la imagen en sus pies de hierro y de barro cocido, y los desmenuzó. Entonces fueron desmenuzados también el hierro, el barro cocido, el bronce, la plata y el oro, y fueron como tamo de las eras del verano, y se los llevó el viento sin que de ellos quedara rastro alguno. Mas la piedra que hirió a la imagen fue hecha un gran monte que hirió toda la tierra" (Dan. 2:32-35).

Por medio de este sueño, Dios le dio a Nabucodonosor una sinopsis de la historia del mundo. Entre sus días y el establecimiento del reino eterno de Cristo (la piedra), cuatro grandes reinos o imperios, y luego un conglomerado de naciones débiles y fuertes, ocuparían consecutivamente el escenario del mundo.

Desde los días de Cristo, los intérpretes han identificado los imperios como Babilonia (605-539 a.C.), Medo-Persia (539-331 a.C.) Grecia (331-168 a.C.), y Roma (168 a.C.–476 d.C.).[1] Tal como lo especificaba la profecía, ningún otro imperio universal sucedió a Roma. Durante los siglos IV y V de nuestra era, se dividió en diversos reinos menores, los cuales se convirtieron más tarde en las naciones de la Europa actual. A través de los siglos, poderosos gobernantes —Carlomagno, Carlos V, Napoleón, el káiser Guillermo y Hitler— han procurado establecer otro imperio mundial. Todos fracasaron, tal como la profecía había dicho: "No se unirán el uno con el otro, como el hierro no se mezcla con el barro" (Daniel 2:43).

Finalmente, el sueño enfoca la dramática culminación: el establecimiento del reino eterno de Dios. La piedra cortada no por mano, representa el reino de gloria de Cristo (Dan. 7:14; Apoc. 11:15), el cual será establecido sin esfuerzo humano en la segunda venida.

El reino de Cristo no coexistirá con ningún imperio terrenal. Cuando él estuvo en el mundo durante el gobierno del Imperio Romano, el reino de la Roca que aplasta a todas las naciones no había venido aún. Llegaría después de la fase correspondiente a los pies de hierro y barro cocido, el período de las naciones divididas. Será establecido en ocasión de la segunda venida, cuando Cristo separe a los justos de los malvados (Mat. 25:31-34).

Cuando venga, esta piedra o reino herirá "a la imagen en sus pies de hierro y de barro cocido"; "desmenuzará y consumirá a todos estos reinos", no dejando de ellos traza alguna (Dan. 2:34, 35, 44). En verdad, la segunda venida es un acontecimiento que sacudirá al mundo.

El segundo advenimiento y la raza humana
La segunda venida de Cristo afectará a las dos grandes divisiones de la humanidad: los que lo han aceptado junto con la salvación que trae, y los que se han apartado de él.

La reunión de los elegidos. Un importante aspecto del establecimiento del reino eterno de Cristo es la reunión de todos los redimidos (Mat. 24:31; 25:32-34; Mar. 13:27), y su entrada en el hogar celestial que Cristo ha preparado (Juan 14:3).

Cuando un jefe de estado visita otro país, sólo unas pocas personas pueden participar en la bienvenida. Pero cuando Cristo venga, todo creyente que haya vivido jamás, no importa su edad, sexo, educación, nivel económico o raza, participará en la gloriosa celebración de su venida. Dos acontecimientos hacen posible esta reunión universal: la resurrección de los justos muertos, y la traslación de los santos vivientes.

1. *La resurrección de los muertos en Cristo.* Al son de la trompeta que anuncia el retorno de Cristo, los justos muertos serán levantados incorruptibles e inmortales (1 Cor. 15:52, 53). En ese momento, "los muertos en Cristo resucitarán primero" (1 Tes. 4:16). En otras palabras, son resucitados *antes* que los justos vivos sean arrebatados para estar con el Señor.

Los que resuciten se reúnen con los que se entristecieron ante su partida. Ahora todos cantan gozosos: "¿Dónde está, oh muerte, tu aguijón? ¿Dónde, oh, sepulcro, tu victoria?" (1 Cor. 15:55).

Los que surgen de la resurrección no son los cuerpos enfermos, desgastados y mutilados que bajaron a la tumba, sino cuerpos nuevos, inmortales y perfectos, sin las marcas del pecado que causó su desintegración. Los santos resucitados experimentan el completamiento de la obra de restauración de Cristo, reflejando la imagen perfecta de Dios en su mente, su alma y su cuerpo (1 Cor. 15:42-45; véase el capítulo 26 de esta obra).

2. *La traslación de los creyentes vivos.* Cuando los justos muertos son resucitados, los justos que viven en el mundo a la segunda venida, son transformados. "Porque es necesario que esto corruptible se vista de incorrupción y esto mortal se vista de inmortalidad" (1 Cor. 15:53).

Cuando Cristo vuelva, ningún grupo de creyentes precederá a los demás. Pablo revela que los creyentes vivos y transformados serán "arrebatados juntamente con ellos [los creyentes resucitados] en las nubes para recibir al Señor en el aire, y así estaremos siempre con el Señor" (1 Tes. 4:17; véase también Heb. 11:39, 40). De modo que todos los creyentes estarán presentes en la gran reunión del Adventimiento, tanto los santos resucitados de todas las edades como los que estén vivos cuando Cristo vuelva.

La muerte de los incrédulos. Para los que son salvos, la segunda venida de Cristo es una ocasión de gozo y entusiasmo indescriptible, pero para los que se pierden será una escena devastadora de terror. Durante tanto tiempo resistieron el amor de Cristo y sus invitaciones a la salvación, que se vieron envueltos en el engaño (véase 2 Tes. 2:9-12; Rom. 1:28-32). Cuando ven venir a Aquel que rechazaron, el cual viene como Rey de reyes y Señor de señores, saben que ha llegado la hora de su destrucción. Sumidos en el terror y la desesperación, claman a la creación inanimada para que les ofrezca refugio (Apoc. 6:16, 17).

En esta ocasión, Dios destruye a Babilonia, la unión de todas las religiones apóstatas. "Será quemada con fuego" (Apoc. 18:8). Al jefe de esta confederación —el misterio de iniquidad, el hombre del pecado—, "el Señor matará con el Espíritu de su boca, y destruirá con el resplandor de su venida" (2 Tes. 2:8). Los poderes responsables de la imposición de la marca de la bestia (véase el capítulo 13 de esta obra) serán lanzados "vivos dentro de un lago de fuego que arde con azufre". El resto de los malvados "fueron muertos con la espada que salía de la boca del que montaba el caballo", es decir, Jesucristo el Señor (Apoc. 19:20, 21).

Las señales del cercano regreso de Cristo

Las Escrituras no sólo revelan la manera y el objetivo del regreso de Cristo; describen además las señales que demuestran la cercanía de este acontecimiento culminante. Las primeras señales que anunciaban la segunda venida se cumplieron más de 1.700 años después de la ascensión de Cristo, y otras les han seguido, contribuyendo a la evidencia de que su regreso está muy cercano.

Señales en el mundo natural. Cristo predijo que habría señales en el sol, en la luna y en las estrellas" (Luc. 21:25), especificando que "el sol se oscurecerá, y la luna no dará su resplandor, y las estrellas caerán del cielo, y las potencias que están en los cielos serán conmovidas. Entonces verán al Hijo del Hombre, que vendrá en las nubes con gran poder y gloria" (Mar. 13:24-26). Además, Juan vio que un gran terremoto precedería las señales en el cielo (Apoc. 6:12). Todas estas señales marcarían el fin de los 1.260 años de persecución (véase el capítulo 13 de esta obra).

1. *El testimonio de la tierra.* En cumplimiento de esta profecía, "el terremoto mayor que se conozca"[2] ocurrió el 1 de noviembre de 1755. Conocido como el terremoto de Lisboa, sus efectos fueron observados en Europa, Africa y las Américas, abarcando un área de unos cuatro millones de millas cuadradas. (Una milla cuadrada equivale a 2.59 km^2.) Su destrucción estuvo centrada en Lisboa, la capital de Portugal, donde en asunto de minutos arrasó con los edificios tanto públicos como residenciales, causando decenas de millares de víctimas.[3]

Así como los efectos físicos del terremoto fueron poderosos, también su impacto sobre el pensamiento de la época fue igualmente significativo. Muchos que vivían entonces, lo reconocieron como una señal profética del fin[4] y comenzaron a prestar seria consideración al juicio de Dios y a los últimos días. El terremoto de Lisboa le dio ímpetu al estudio de la profecía.

2. *El testimonio del sol y la luna.* Veinticinco años más tarde se presentó la siguiente señal mencionada en la profecía: El oscurecimiento del sol y la luna. Cristo había especificado la época en que se cumpliría esta señal, haciendo notar que debía seguir a la gran tribulación, los 1.260 años de persecución papal que la Escritura menciona en otro lugar (Mat. 24:29; véase el capítulo 13 de esta obra). Pero Cristo dijo que la tribulación que precedería a estas señales, sería acortada (Mat. 24:21, 22). Gracias a la influencia de la Reforma y de los movimientos que surgieron de ella, la persecución papal fue en verdad acortada, de modo que para mediados del siglo XVIII casi había cesado completamente.

En cumplimiento de esta profecía, el 19 de mayo de 1780, descendió sobre la parte nororiental del continente norteamericano una oscuridad extraordinaria.[5]

Recordando este acontecimiento, Timothy Dwight, presidente de la Universidad de Yale, dijo: "El 19 de mayo de 1780 fue un día notable. En muchos hogares se encendieron velas; los pájaros quedaron en silencio y desaparecieron, y las aves se retiraron a sus gallineros... Prevalecía la opinión generalizada de que el día del juicio estaba a las puertas".[6]

Samuel Williams de Harvard informó que la oscuridad "se acercó desde el suroeste con las nubes, `entre las diez y las once de la mañana, y continuó hasta mediados de la noche siguiente´, variando en grado y duración en diferentes localidades. En ciertos lugares `la gente no podía ver lo suficiente como para leer al aire libre materiales comunes impresos´".[7] Según la opinión de Samuel Tenny, "la oscuridad *del siguiente atardecer* era probablemente tan profunda como jamás se haya observado desde que la Palabra del Altísimo hizo nacer la luz... La oscuridad no podría haber sido más completa si cada cuerpo luminoso del universo hubiera estado envuelto en sombras impenetrables, o eliminado de la existencia".[8]

Esa noche, la luna llena salió a las nueve, pero la oscuridad persistió hasta después de la medianoche. Cuando la luna se hizo visible, tenía la apariencia de sangre.

Juan el revelador había profetizado acerca de los extraordinarios acontecimientos de ese día. Después del terremoto, escribió el apóstol, "el sol se puso negro como tela de cilicio, y la luna se volvió toda como sangre" (Apoc. 6:12).

3. *El testimonio de las estrellas.* Tanto Cristo como Juan se habían referido a la caída de estrellas que indicaría que la venida de Cristo estaba cercana (Apoc. 6:13; véase también Mat. 24:29). La gran lluvia de meteoros del 13 de noviembre de 1833 —el más extenso despliegue de meteoritos que se registre— cumplió esta profecía. Se ha calculado que era posible observar un promedio de unas 60.000 estrellas fugaces por hora.[9] El fenómeno fue visto desde Canadá hasta México y desde el Atlántico central hasta el Pacífico;[10] muchos cristianos lo reconocieron como el cumplimiento de la profecía bíblica.[11]

Un testigo presencial afirmó que "apenas había un lugar del firmamento que no estuviese lleno a cada instante con esas estrellas fugaces, ni se podía percibir ninguna diferencia particular en apariencia; a veces se dejaban caer en grupos, haciéndole recordar a la mente 'como la higuera deja caer sus higos cuando es sacudida por un fuerte viento'".[12]

Cristo dio estas señales con el fin de que los cristianos se mantuviesen alertas ante la cercanía de su venida, para que se regocijaran en su expectativa y estuviesen plenamente preparados para ella. "Cuando estas cosas comiencen a suceder —dijo el Señor—, erguíos y levantad vuestra cabeza, porque vuestra redención está cerca". Y añadió: "Mirad la higuera y todos los árboles. Cuando ya brotan, viéndolo, sabéis por vosotros mismos que el verano está ya cerca. Así también vosotros, cuando veáis que suceden estas cosas, sabed que está cerca el reino de Dios" (Luc. 21:28-31).

El testimonio único en su género que ofrecieron la tierra, el sol, la luna y las estrellas, el cual fue presentado en el orden preciso y en la época que Cristo había predicho, dirigió la atención de muchos hacia las profecías relativas a la segunda venida.

Señales en el mundo religioso. La Biblia predice que numerosas y significativas señales que sucederán en el mundo religioso caracterizarán la época inmediatamente anterior al regreso de Cristo.

1. *Un gran despertar religioso.* El Apocalipsis revela el surgimiento de un gran movimiento religioso mundial antes de la segunda venida de Cristo. En la visión

de Juan, un ángel que anuncia el regreso de Cristo simboliza este movimiento: "Vi volar por en medio del cielo a otro ángel, que tenía el evangelio eterno para predicarlo a los moradores de la tierra, a toda nación, tribu, lengua y pueblo, diciendo a gran voz: Temed a Dios y dadle gloria, porque la hora de su juicio ha llegado; y adorad a aquel que hizo el cielo y la tierra, el mar y las fuentes de las aguas" (Apoc. 14:6, 7).

En el mismo mensaje se indica el tiempo de su proclamación. El evangelio eterno ha sido predicado en todas las edades. Pero este mensaje, que hace énfasis en el aspecto del juicio que comprende el evangelio, sólo puede ser proclamado en el tiempo del fin, ya que amonesta en cuanto a que "la hora de su juicio ha llegado".

El libro de Daniel nos informa que en el tiempo del fin se le quitaría el sello a sus profecías (Dan. 12:4). Entonces los seres humanos comprenderían sus misterios. Esto sucedió cuando el período de 1.260 años de dominio papal llegó a su fin con la cautividad del papa en 1798. La combinación del exilio del papa y las señales que se vieron en el mundo natural, llevó a muchos cristianos a estudiar las profecías relativas a los acontecimientos que desembocarían en la segunda venida, lo cual produjo una comprensión más profunda de estas profecías.

Este énfasis en la segunda venida de Cristo produjo también un reavivamiento mundial de la esperanza del advenimiento. Tal como la Reforma surgió en forma independiente en diversos países del mundo cristiano, así sucedió con el movimiento adventista. La naturaleza mundial de este movimiento es una de las señales más claras de que el regreso de Cristo se acerca. Así como Juan el Bautista preparó el camino para el primer advenimiento de Cristo, de la misma manera el movimiento adventista está preparando el camino para su segunda venida, al proclamar el mensaje de Apocalipsis 14:6-12, el llamado final de Dios a prepararse para el glorioso retorno del Salvador (véase los capítulos 13 y 24 de esta obra).[13]

2. *La predicación del evangelio.* Dios "ha establecido un día en el cual juzgará al mundo con justicia" (Hech. 17:31). Cuando Cristo nos advirtió acerca de ese día, no dijo que vendría cuando todo el mundo estuviese convertido, sino que "será predicado este evangelio del reino en todo el mundo, para testimonio a todas las naciones; y entonces vendrá el fin" (Mat. 24:14). Por eso mismo, Pedro anima a los creyentes a que esperen y se apresuren "para la venida del día de Dios" (2 Ped. 3:12).

Las estadísticas relativas a la traducción y distribución de la Biblia en este siglo, revelan el crecimiento del testimonio evangélico. En 1900 la Biblia estaba disponible en 537 idiomas. Para el año 2004, había sido traducida completamente o en parte, a 2.377 idiomas y dialectos, los cuales representan más del 90 por ciento de la población mundial. En forma similar, la distribución anual de las Escrituras ha aumentado desde 5,4 millones de Biblias en 1900, a 578 milliones en 2005.[14]

Además, la cristiandad tiene hoy día a su disposición una variedad de recursos sin precedentes para usarlos en su misión: agencias de servicios, instituciones educativas y médicas, obreros nacionales y extranjeros, programas de radio y televisión y un nivel impresionante de medios financieros. Hoy, poderosas estaciones de radio de onda corta y satélite pueden transmitir el evangelio prácticamente a todo país del mundo. Si se los usa bajo la conducción del Espíritu Santo, estos recursos sin paralelo hacen que el blanco de evangelizar el mundo en nuestros días sea realista.

Los adventistas del séptimo día, con una feligresía que representa unos 882 idiomas y dialectos, proclaman el evangelio en 204 países. Casi el 93 por ciento de estos miembros viven fuera de los Estados Unidos. Por cuanto creemos que la obra médica y educativa desempeña un papel esencial en el cumplimiento de la comisión evangélica, operamos 698 hospitales, hogares de ancianos, clínicas y dispensarios, 34 orfanatorios, 10 lanchas y avionetas médicas, 28 fábricas de alimentos sanos, 101 colegios y universidades, 1.385 escuelas secundarias, 5.322 escuelas primarias, 130 escuelas bíblicas por correspondencia, y 60 institutos de estudio de idiomas. Nuestras 57 casas editoras producen publicaciones en 347 idiomas y dialectos, y nuestras emisoras de onda corta y satélite transmiten material que tiene el potencial de alcanzar más del 75 por ciento de la población mundial. El Espíritu Santo ha bendecido abundantemente nuestros esfuerzos misioneros.[15]

3. *Decadencia religiosa*. La amplia proclamación del evangelio no significa necesariamente un crecimiento correspondientemente abundante en el cristianismo genuino. En vez de ello, la Biblia predice la disminución de la verdadera espiritualidad hacia el fin del tiempo. Pablo dijo que "en los postreros días vendrán tiempos peligrosos. Porque habrá hombres amadores de sí mismos, avaros, vanagloriosos, soberbios, blasfemos, desobedientes a los padres, ingratos, impíos, sin afecto natural, implacables, calumniadores, intemperantes, crueles, aborrecedores de lo bueno, traidores, impetuosos, infatuados, amadores de los deleites más que de Dios, que tendrán apariencia de piedad, pero negarán la eficacia de ella" (2 Tim. 3:1-5).

En cumplimiento de esta predicción, el amor al yo, a las cosas materiales y al mundo, ha suplantado el Espíritu de Cristo en muchos corazones. Multitudes no permiten que los principios de Dios y sus leyes dirijan sus vidas; en sus corazones reina la iniquidad. "Y por haberse multiplicado la maldad, el amor de muchos se enfriará" (Mat. 24:12).

4. Resurgimiento del papado. Según la profecía bíblica, al fin de los 1.260 años el papado recibiría "una herida mortal", pero no por ello moriría (véase el capítulo 13 de esta obra). La Sagrada Escritura revela que esta herida mortal sanaría. El papado experimentaría una renovación asombrosa de su influencia y respeto: "Se maravilló toda la tierra en pos de la bestia" (Apoc. 13:3). Ya en nuestros días, multitudes consideran que el papa es el dirigente moral del mundo.

En amplio grado, la creciente influencia del papado ha ido surgiendo a medida que los cristianos han sustituido las tradiciones, los reglamentos humanos y la ciencia por la autoridad de la Biblia. Al hacer esto se han vuelto vulnerables al "inicuo", el cual obra "con gran poder y señales y prodigios mentirosos" (2 Tes. 2:9). Satanás y sus instrumentos establecerán una confederación maligna, simbolizada por la blasfema trinidad que componen el dragón, la bestia y el falso profeta, la cual engañará al mundo (Apoc. 16:13, 14; véase también el cap. 13:14). Únicamente los fieles cuya guía es la Biblia y que" guardan los mandamientos de Dios y la fe de Jesús" (Apoc. 14:12) pueden resistir con éxito el engaño irresistible que provoca esta confederación.

5. Disminución de la libertad religiosa. El reavivamiento del papado afectará en forma dramática a la cristiandad. La libertad religiosa obtenida a gran costo, garantizada por la separación entre la Iglesia y el Estado, se verá erosionada, y finalmente será abolida. Con el apoyo de poderosos gobiernos civiles, este poder apóstata procurará imponer por la fuerza sobre toda la humanidad su forma de adoración. Cada uno tendrá que elegir entre la lealtad a Dios y sus mandamientos, o a la bestia y su imagen (Apoc. 14:6-12).

La opresión en procura de conformidad incluirá la coerción económica: "... y que ninguno pudiese comprar ni vender, sino el que tuviese la marca o el nombre de la bestia, o el número de su nombre" (Apoc. 13:17). Con el tiempo, los que se nieguen a obedecer, tendrán que afrontar la pena de muerte (Apoc. 13:15). Durante este tiempo de angustia final, Dios intervendrá en favor de su pueblo y librará a todos aquellos cuyos nombres están escritos en el libro de la vida (Dan. 12:1; véase también Apoc. 3:5; 20:15).

Aumento de la maldad. La decadencia espiritual dentro de la cristiandad, y el reavivamiento del hombre de pecado, ha producido un descuido creciente de la Ley de Dios tanto en la iglesia como en las vidas de los creyentes. Muchos han llegado a creer que Dios ha abolido la Ley, y que los cristianos ya no están obligados a observarla. Esta falta de respeto por la Ley de Dios ha producido un marcado aumento en el crimen y la conducta inmoral.

1. *Aumento mundial del crimen.* La falta de respeto por la Ley de Dios que se advierte en gran parte de la cristiandad ha contribuido al desprecio de la ley y el orden por parte de la sociedad moderna. Por todo el mundo, el crimen aumenta con rapidez más allá del punto en que es posible controlarlo. Un informe enviado por corresponsales de diversas capitales del mundo, decía: "Tal como sucede en los Estados Unidos, en casi cada país alrededor del mundo el crimen continúa aumentando". "Desde Londres hasta Moscú y Johannesburgo, el crimen se está convirtiendo rápidamente en una grave amenaza que esta cambiando la manera en que muchas persona viven.[16]

2. *La revolución sexual.* La falta de respeto por la Ley de Dios ha contribuido a quebrantar las restricciones de la modestia y la pureza, lo cual ha resultado en una inundación de inmoralidad. En nuestros días se idoliza y se promueve el sexo por medio de películas, televisión, videos, canciones, revistas y avisos.

La revolución sexual ha dado como resultado el aumento alarmante del divorcio, aberraciones como los llamados "matrimonios abiertos" o el intercambio de cónyuges, el abuso sexual de niños, multitud de hijos ilegítimos, una cantidad pasmosa de abortos, la amplia difusión de la homosexualidad y el lesbianismo, una epidemia de enfermedades venéreas y el SIDA (Síndrome de inmunodeficiencia adquirida)

Guerras y calamidades. Jesús dijo que antes de su regreso, "se levantará nación contra nación y reino contra reino; y habrá grandes terremotos, y en diferentes lugares hambres y pestilencias, y habrá terror y grandes señales del cielo" (Luc. 21:10, 11; véase también Mar. 13:7, 8; Mat. 24:7). A medida que se acerca el fin, y el conflicto se intensifica entre las fuerzas divinas y satánicas, estas calamidades también se intensificarán en severidad y consecuencias, y se verán cumplidas en nuestros días, de manera sin precedentes.

1. *Guerras.* Si bien es cierto que las guerras han plagado a la humanidad a través de su historia, nunca antes habían sido tan globales y destructivas. La primera y la segunda guerras mundiales causaron más víctimas y sufrimientos que todas las guerras anteriores combinadas.[17]

Muchos ven la posibilidad de otro conflicto mundial. La Segunda Guerra Mundial no terminó con las guerras. Desde su fin, se han desarrollado más de 150 conflictos con armas convencionales, en los cuales han muerto muchos millones de personas".[18]

2. *Desastres naturales.* En años recientes, los desastres parecen haber aumentado en forma significativa. Las recientes convulsiones de la tierra y del clima que

se suceden una tras otra, han hecho que muchos se pregunten si la naturaleza se habrá descontrolado, y si el mundo no estará experimentando profundos cambios en clima y estructura, los cuales se intensificarán en el futuro.[19]

3. *Hambres*. En el pasado, muchas veces han venido, pero no han ocurrido en la escala con que se han visto en el último siglo. Nunca antes se había visto en el mundo el espectáculo de millones de individuos que sufriesen, ya sea de inanición o de desnutrición.[20] Las perspectivas para el futuro no son mucho mejores. La extensión sin precedentes que alcanza en nuestros días la inanición, señala con claridad que el retorno de Cristo es inminente.

Estemos listos en todo tiempo

La Biblia asegura repetidas veces que Cristo volverá. Pero ¿lo hará de aquí a un año? ¿En cinco años? ¿En diez años? ¿O en veinte? Nadie lo sabe con seguridad. El mismo Jesús declaró: "Del día ni la hora nadie sabe, ni aun los ángeles de los cielos, sino sólo mi Padre" (Mat. 24:36).

Hacia el fin de su ministerio terrenal, Cristo pronunció la parábola de las diez vírgenes con el fin de ilustrar la experiencia de la iglesia de los últimos días. Las dos clases de vírgenes representan las dos clases de creyentes que profesan estar esperando a su Señor. Se los llama vírgenes porque profesan una fe pura. Sus lámparas representan la Palabra de Dios, y el aceite simboliza al Espíritu Santo.

Superficialmente, parece que estos dos grupos fueran semejantes; ambos salen al encuentro del Esposo; ambos tienen aceite en sus lámparas, y su comportamiento no parece ser distinto unos de otros. Todos han oído el mensaje de la pronta venida de Cristo, y lo esperan. Luego viene una aparente demora; su fe debe ser probada.

De pronto, a la medianoche —en la hora más tenebrosa de la historia del mundo—, escuchan el grito: "¡Aquí viene el Esposo; salid a recibirle!" (Mat. 25:6). Ahora se hace evidente la diferencia entre los dos grupos: Los que componen uno de ellos no están listos para encontrarse con el Esposo. Estas vírgenes "necias" no son hipócritas; respetan la verdad, la Palabra de Dios, pero les falta el aceite: no han sido selladas por el Espíritu Santo (véase Apoc. 7:1-3). Se han contentado con una obra superficial, y no han caído sobre Jesucristo, la Roca. Poseen una forma de piedad, pero se hallan desprovistas del poder de Dios.

Cuando viene el Esposo, únicamente los que están listos entran con él a la celebración de la fiesta de bodas y la puerta se cierra. Eventualmente, las vírgenes necias, que habían ido a comprar más aceite, vuelven y llaman: "¡Señor, Señor, ábrenos!" Pero el Esposo responde: "No os conozco" (Mat. 25:11, 12).

¡Cuán triste es que, cuando Cristo vuelva a este mundo, tenga que pronunciar estas palabras ante personas que él ama! Pero ya lo había advertido: "Muchos me dirán en aquel día: Señor, Señor, ¿no profetizamos en tu nombre y en tu nombre echamos fuera demonios, y en tu nombre hicimos muchos milagros? Y entonces les declararé: Nunca os conocí; apartaos de mí, hacedores de maldad" (Mat. 7:22, 23).

Antes del Diluvio, Dios envió a Noé para amonestar a la generación antediluviana acerca de la destrucción venidera. En forma similar, Dios envía hoy un mensaje triple de amonestación con el fin de preparar al mundo para el regreso de Cristo (véase Apoc. 14:6-16).

Todos los que acepten el mensaje de misericordia de Dios, se regocijarán ante la cercanía de la segunda venida. Para ellos es la promesa: "Bienaventurados los que son llamados a la cena del Cordero" (Apoc. 19:9). Ciertamente "aparecerá por segunda vez, sin relación con el pecado, para salvar a los que le esperan" (Heb. 9:28).

Con el regreso del Redentor, la historia del pueblo de Dios llega a su gloriosa culminación. Es el momento de su liberación, y con gozo y adoración exclaman: "He aquí, éste es nuestro Dios, le hemos esperado...nos gozaremos y nos alegraremos en su salvación" (Isa. 25:9).

Referencias

1. Froom, *Prophetic Faith of Our Fathers* [La fe profética de nuestros padres], tomo 1, págs. 456, 894; tomo 2, págs. 528, 784; tomo 3, págs. 252, 744; tomo 4, págs. 396, 846. Véase también el capítulo 24 de este libro.
2. G. I. Eiby, *Earthquakes* [Terremotos] (Nueva York, NY: Van Nostrand Reinholdt Co., 1980), pág. 164.
3. Véase, por ejemplo, Sir Charles Lyell, *Principles of Geology* [Principios de geología] (Philadelphia, PA: James Kay, Jun. & Brother, 1837), tomo 1, págs. 416-419; "Lisbon" [Lisboa] *Encyclopedia Americana*, ed. Francis Lieber (Philadelphia, PA: Carey and Lea, 1831), pág. 10; W.H. Hobbs, *Earthquakes* [Terremotos], (New York: D. Appleton and Co., 1907), pág. 143; Thomas Hunter, *An Historical Account of Earthquakes Extracted from the Most Authentic Historians* [Recuento histórico de los terremotos, extraído de los historiadores más auténticos], (Liverpool: R. Williamson, 1756), págs. 54-90; véase también White, *El conflicto de los siglos*, págs. 349, 350. Los primeros informes mencionaban 100.000 muertos. Las enciclopedias modernas hablan de unos 60.000.
4. Véase John Biddolf, *A Poem on the Earthquake at Lisbon* [Poema sobre el terremoto de Lisboa], (Londres: W. Owen, 1755), pág. 9, citado en *Source Book*, pág. 358; Froom, *Prophetic Faith of Our Fathers*, tomo 2, págs. 674-677. El 6 de febrero de 1776, la Iglesia Anglicana proclamó un día de ayuno y humillación en memoria de este terremoto *(Ibid)*. Véase también T. D. Kendrick, *The Lisbon Earthquake* (Londres: Methuen & Co. Ltd., 1955), págs. 72-164.
5. Véase White, *El conflicto de los siglos*, págs. 351-353.

6. Timothy Dwight, citado en *Connecticut Historical Collections* [Colecciones históricas de Connecticut], compilación de John W. Barber, 2a. ed. (New Haven, CT: Durrie & Peck y J. W. Barber, 1836), pág. 403; citado en *Source Book*, pág. 316.
7. Samuel Williams, "An Account of a Very Uncommon Darkness in the State of New England, May 19, 1780" [Relato de una oscuridad muy poco común del Estado de Nueva Inglaterra, 19 de mayo de 1780], en *Memoirs of the American Academy of Arts and Sciences: to the End of the Year 1783* (Boston, MA: Adams and Nourse, 1785), tomo 1, págs. 234, 235. Véase *Source Book*, pág. 315.
8. Carta de Samuel Tenny, Exeter, [NH], diciembre de 1785, en *Collections of the Massachusetts Historical Society for the Year 1792* (Boston, MA: Belknap and Hall, 1792), tomo 1, pág. 97.
9. Peter M. Millman, "The Falling of the Stars" [La caída de las estrellas], *The Telescope*, 7 (mayo-junio, 1940, pág. 60). Véase también Froom, *Prophetic Faith of Our Fathers*, tomo 4, pág. 295.
10. Denison Olmsted, *Letters on Astronomy* [Cartas sobre astronomía] ed. de 1840, págs. 348, 349, en *Source Book*, págs. 410, 411.
11. Froom, *Prophetic Faith of Our Fathers*, tomo 4, págs. 297-300; véase White, *El conflicto de los siglos*, págs. 380-382.
12. Observación de estos fenómenos hecha en Bowling Green, Missouri, informe aparecido en el *Salt River Journal*, 20 de noviembre de 1780, según aparece citado en *American Journal of Science and Arts* [Periódico estadounidense de ciencia y artes], ed. Benjamín Silliman, 25 (1834): pág. 382.
13. Véase Froom, *Prophetic Faith of Our Fathers*, tomo 4; Damsteegt, *Foundations of the Seventh-day Adventist Message and Mission* [Fundamentos del mensaje y misión de los Adventistas del Séptimo Día].
14. Datos tomados de la página web de Sociedades Bíblicas Unidas, y válidos para 2004 y 2002 respectivamente.
15. Véase 142nd Annual Statistical Report—2004 [142º Reporte Anual Estadístico para 2004], Asociación General de los Adventistas del Séptimo Día, Silver Spring, MD, compilado por la Oficina de Archivos y Estadísticas.
16. "Abroad, Too, Fear Grips the Cities" [También fuera de nuestro país el temor asalta las ciudades], *U.S. News & World Report*, 23 de febrero de 1981, pág. 65.
17. David Singer y Melvin Small, *The Wages of War: 1816-1965. A Statistical Handbook* [La paga de la guerra: 1816-1965. Manual de estadísticas] (Nueva York, NY: John Wiley & Sons, 1972), págs. 66, 67.
18. Margaret Thatcher, según lo citado por Ernesto W. Lefever y E. Stephen Hung, *The Apocalypse Premise* [La premisa del Apocalipsis], (Washington, DC : Ethics and Public Policy Center, 1982), pág. 394.
19. Véase Paul Recer, "Is Mother Nature Going Berserk?" [¿Ha perdido el control la madre naturaleza?] *U. S. News & World Report*, 22 de febrero de 1982, pág. 66.
20. Un suplemento especial de la publicación *Development Forum* [Foro de desarrollo] de las Naciones Unidas, titulado "Hechos acerca de alimentación", (noviembre de 1974) asevera que "la mitad de la población mundial, 2.000 millones de individuos, sufre de malnutrición", citado en Ronald J. Sider, *Rich Christians in an Age of Hunger* [Cristianos ricos en una era de hambre] (New York, NY: Paulist Press, 1977), pág. 228, n. 4. Véase también la pág. 16.

LOS ADVENTISTAS DEL SÉPTIMO DÍA CREEN EN...

La Muerte y la Resurrección

La paga del pecado es muerte; pero Dios, el único que es inmortal, otorgará vida eterna a sus redimidos. Hasta ese día, la muerte constituye un estado de inconsciencia para todos los que hayan fallecido. Cuando Cristo, nuestra vida, aparezca, los justos resucitados y los justos vivos serán glorificados y arrebatados para salir al encuentro de su Señor. La segunda resurrección, la resurrección de los impíos, ocurrirá mil años más tarde.

EL EJÉRCITO FILISTEO SE DIRIGIÓ a Sunem, estableció su campamento y se preparó para atacar a Israel. La estrategia poco optimista del rey Saúl colocó al ejército de Israel en el cercano monte de Gilboa. En el pasado, la seguridad que Saúl tenía de la presencia de Dios lo capacitó para guiar a Israel sin temor alguno contra sus enemigos. Pero había dejado de servir al Señor, y cuando el apóstata rey trató de comunicarse con Dios acerca de la batalla que se acercaba, Dios rehusó comunicarse con él.

El temor al futuro incierto y sombrío pesaba grandemente sobre Saúl. Si tan sólo Samuel estuviera allí... Pero Samuel había muerto y ya no podía contar más con él. ¿O quizás podría?

Saúl localizó a una médium que había escapado de la persecución de todos los brujos, la visitó y quiso saber por su medio en cuanto a los resultados de la batalla del día siguiente. Primero le pidió que trajera a Samuel ante su presencia. Durante el trance, la médium "vio un espíritu ascender de la tierra". Este espíritu informó al ansioso rey que Israel no sólo perdería la guerra, sino que él y sus hijos morirían (ver 1 Sam. 28).

La predicción se cumplió. Pero ¿era realmente el espíritu de Samuel el que hizo la predicción? ¿Cómo podría un médium, condenado por Dios, tener poder sobre el espíritu de Samuel —el profeta de Dios? Y, ¿de dónde vino Samuel? Si no fue el espíritu de Samuel el que habló a Saúl, ¿quién era? Veamos lo que la Biblia enseña en cuanto a la muerte, la comunicación con los muertos y la resurrección.

La inmortalidad y la muerte

La inmortalidad es el estado o calidad de no estar sujeto a la muerte. Los traductores de la Escritura usaron la palabra *inmortalidad* para traducir el término griego *athanasia*, "sin muerte", y *aphtharsia*, incorruptible. ¿Cómo se relaciona este concepto respecto de Dios y los seres humanos?

La inmortalidad. La Escritura revela que el eterno Dios es inmortal (1 Tim. 1:17). De hecho, él es "el único que tiene inmortalidad" (1 Tim. 6:16). Dios no es un Ser creado, tiene existencia propia, y no tiene comienzo ni final (véase el capítulo 2 de este libro).

"En ningún lugar las Escrituras describen la inmortalidad como una cualidad o estado que el hombre —o su `alma´ o `espíritu´— posee en forma inherente. Por lo regular, los términos relacionados con `alma´ y `espíritu´.... se mencionan en la Biblia más de 1.600 veces, pero nunca están asociados con las palabras `inmortal´ o `inmortalidad´" (véase el capítulo 7 de esta obra).[1]

Entonces, lo contrario de Dios, los seres humanos son mortales. La Escritura compara sus vidas con la "neblina que se aparece por un poco de tiempo, y luego se desvanece" (Sant. 4:14). Son carne, un "soplo que va y no vuelve" (Sal. 78:39). El hombre "sale como una flor y es cortado, y huye como la sombra y no permanece" (Job. 14:2).

Hay una diferencia muy marcada entre Dios y los seres humanos. Dios es infinito, ellos son finitos. Dios es inmortal, ellos son mortales. Dios es eterno, ellos son transitorios.

Inmortalidad condicional. En la creación, "Dios formó al hombre del polvo de la tierra, y sopló en su nariz aliento de vida, y fue el hombre un ser viviente" (Gén. 2:7). La creación nos revela que el hombre obtuvo vida de Dios (compárese con Hech. 17:25, 28; Col. 1:16, 17). El corolario de este hecho básico es que la inmortalidad no es un atributo humano sino un don de Dios.

Cuando Dios creó a Adán y a Eva, les dio libre albedrío —poder para escoger. Podían obedecer o desobedecer, y su existencia continuada dependería de su continua obediencia mediante el poder de Dios. De modo que la posesión del don de la inmortalidad era condicional.

Dios explicó cuidadosamente las consecuencias que sufrirían al hacer mal uso de ese don —comer del "árbol de la ciencia del bien y del mal". Dios les advirtió: "El día que de él comieres, ciertamente morirás" (Gén. 2:17).[2]

La muerte: La paga del pecado. Contradiciendo la advertencia de Dios que la desobediencia les traería muerte, Satanás les aseguró: "No moriréis" (Gén. 3:4). Pero después que transgredieron el mandato de Dios, Adán y Eva descubrieron que la paga del pecado es, en verdad, la muerte (Rom 6:23). Por su pecado debieron oír esta frase: "Polvo eres, y al polvo volverás" (Gén 3:19). Estas palabras no apuntan a la continuación de la vida sino a su terminación.

Después de haberles dado esta sentencia, Dios marginó a la pareja pecaminosa del árbol de la vida para que no "coma y viva para siempre" (Gén 3:22). Su acción indicó claramente que la inmortalidad prometida a condición de la obediencia se había perdido por el pecado. Ahora se habían convertido en mortales, sujetos a la muerte. Y como Adán no podía transmitir lo que ya no poseía, "la muerte pasó a todos los hombres, por cuanto todos pecaron" (Rom. 5:12).

Fue sólo la misericordia de Dios lo que hizo que Adán y Eva no murieran inmediatamente. El Hijo de Dios había ofrecido dar su vida para que ellos tuvieran otra oportunidad. Él fue "el Cordero que fue inmolado desde el principio del mundo" (Apoc. 13:8).

Esperanza para la humanidad. Aunque la gente nace siendo mortal, la Biblia los anima a buscar la inmortalidad (véase Rom. 2:7). Jesucristo es la fuente de esta inmortalidad: "La dádiva de Dios es vida eterna en Cristo Jesús Señor nuestro" (Rom. 6:23; compárese con 1 Juan 5:11). Jesús "quitó la muerte y sacó a luz la vida y la inmortalidad" (2 Tim. 1:10). "Porque así como en Adán todos mueren, también en Cristo todos serán vivificados" (1 Cor. 15:22). Cristo mismo dijo que su voz abriría sepulcros y resucitaría a los muertos (Juan 5:28, 29).

Si Cristo no hubiera venido, la situación de la raza humana hubiera sido sin esperanza, y todos los que han muerto perecerían eternamente. Sin embargo, por él, ninguno necesita perecer. Juan dijo: "Porque de tal manera amó Dios al mundo, que ha dado a su Hijo unigénito, para que todo aquel que en él cree, no se pierda, mas tenga vida eterna" (Juan 3:16). De modo que el creer en Cristo nos sólo anula la sentencia de muerte, sino asegura también a los creyentes el don precioso de la inmortalidad.

Cristo compró y "sacó a luz la vida y la inmortalidad por el evangelio" (2 Tim. 1:10). Pablo nos asegura que "las Sagradas Escrituras te pueden hacer sabio para la salvación por la fe que es en Cristo Jesús" (2 Tim. 3:15). Los que no aceptan el evangelio no recibirán la inmortalidad.

La recepción de la inmortalidad. Pablo describe el momento cuando se otorga el don de la inmortalidad: "He aquí, os digo un misterio: No todos dormiremos; pero todos seremos transformados, en un momento, en un abrir y cerrar de ojos, a la final trompeta; porque se tocará la trompeta, y los muertos serán resucitados incorruptibles, y nosotros seremos transformados. Porque es necesario que esto corruptible se vista de incorrupción, y esto mortal se vista de inmortalidad. Y cuando esto corruptible se haya vestido de incorrupción, y esto mortal se haya vestido de inmortalidad, entonces se cumplirá la palabra que está escrita: Sorbida es la muerte en victoria" (1 Cor. 15:51-54). Esto hace claro que Dios no otorga la inmortalidad al creyente en el momento de su muerte, sino en su resurrección, cuando suene la última trompeta. *Entonces* "esto mortal" se vestirá "de inmortalidad". Aunque Juan señala que recibimos el don de la vida eterna cuando aceptamos a Jesucristo como nuestro Salvador personal (1 Juan 5:11-13), este don se implementará cuando Cristo regrese. Sólo allí seremos cambiados de mortales a inmortales, de corruptibles a incorruptibles.

La naturaleza de la muerte

Si la muerte es la cesación de la vida, ¿qué dice la Biblia acerca de la condición de la persona durante la muerte? ¿Qué es lo que hace importante que los cristianos comprendan esta enseñanza bíblica?

La muerte es un sueño. La muerte no es una aniquilación completa, es solamente un estado de inconsciencia temporal mientras la persona espera la resurrección. La Biblia llama repetidamente a este estado intermedio un sueño.

El Antiguo Testamento, refiriéndose a la muerte de David, Salomón y los demás reyes de Israel y de Judá, dice que dormían con sus padres (1 Rey. 2:10; 11:43; 14:20, 31; 15:8; 2 Crón. 21:1; 26:23, etc.). Job llamó a la muerte un sueño (Job 14:10-12), lo mismo David (Sal. 13:3), Jeremías (Jer. 51:39, 57) y Daniel (Dan. 12:2).

El Nuevo Testamento usa el mismo término. Al describir la condición de la hija de Jairo, que estaba muerta, Jesús dijo que ella dormía (Mat. 9:24; Mar. 5:39). En la misma forma se refirió a Lázaro cuando estaba muerto (Juan 11:11-14). Mateo escribió que "muchos cuerpos de santos que habían dormido, se levantaron" después de la resurrección de Cristo (Mat. 27:52), y al registrar el martirio de Esteban, Lucas escribió que "durmió" (Hech. 7:60). Tanto Pablo como Pedro también llamaron a la muerte un sueño (1 Cor. 15:51, 52; 1 Tes. 4:13-17, 2 Ped. 3:4).

La representación bíblica de la muerte como un sueño se adapta claramente a su naturaleza, como lo demuestra la siguiente comparación: (1) Los que duermen están inconscientes. "Los muertos nada saben" (Ecl. 9:5). (2) Durante el sueño los pensamientos conscientes cesan. "Sale su aliento...y en ese mismo momento perecen sus pensamientos" (Sal. 146:4). (3) El sueño pone fin a todas las actividades del día. "En el Seol, adonde vas, no hay obra, ni trabajo ni ciencia, ni sabiduría (Ecl.

9:10). (4) El sueño nos desliga de los que están despiertos y de sus actividades. "Nunca más tendrán parte en todo lo que se hace debajo del sol" (vers. 6). (5) El sueño normal deja inactivas las emociones conscientes. "Su amor y su odio y su envidia fenecieron ya" (vers. 6). (6) Durante el sueño los seres humanos, no alaban a Dios: "No alabarán los muertos a Jehová" (Sal. 115:7). (7) El sueño anticipa un despertar. "Vendrá hora cuando todos los que están en los sepulcros oirán su voz; y los que hicieron lo bueno, saldrán a resurrección de vida" (Juan 5:28, 29).[3]

La persona vuelve al polvo. Para poder comprender lo que sucede a una persona en la muerte, debemos comprender su naturaleza. La Biblia presenta a una persona como una unidad orgánica (véase el capítulo 7 de esta obra). A veces usa la palabra alma para referirse a toda la persona, y en otras ocasiones a los afectos y emociones. Pero no enseña que el hombre está compuesto de dos partes separadas. El cuerpo y el alma sólo existen juntos; forman una unión inseparable.

En la creación humana, la unión del polvo (elementos de la tierra) y el aliento de vida produjeron un ser viviente o alma. Adán no recibió el alma como entidad separada; *llegó a ser* un alma viviente (Gén. 2:7; véase también el capítulo 7 de este libro). En la muerte sucede lo contrario; el polvo de la tierra sin el aliento de vida hace que una persona quede muerta o un alma en estado de inconsciencia (Sal. 146:4). Los elementos que componen el cuerpo vuelven a la tierra de la cual fueron formados (Gén. 3:19). El alma no tiene existencia consciente fuera del cuerpo, y ningún escrito indica que en la muerte el alma sobrevive como una entidad consciente. De manera que "el alma que pecare, esa morirá" (Eze. 18:20).

El lugar de los muertos. El Antiguo Testamento llama al lugar donde los muertos van *seol* (hebreo), y el Nuevo Testamento, *hades* (griego). En la Escritura *seol* a menudo significa simplemente el sepulcro.[4] El significado de *hades* es similar al de *seol*.[5]

Todos los muertos van a este lugar (Sal. 89:48), tanto justos como malos. Jacob dijo: "Descenderé... hasta el Seol [sepulcro]" (Gén. 37:35). Cuando la tierra "abrió su boca" para tragar a Coré y a sus compañeros, éstos descendieron vivos al sepulcro (Núm. 16:30).

El *seol* recibe a la persona completa en su muerte. Cuando Cristo murió, fue a la tumba (*hades*, Hech. 2:27, 31, o *seol*, Sal. 16:10). Cuando David agradeció a Dios por haberlo sanado, testificó que su alma había sido librada del sepulcro [*seol*]" (Sal. 30:3).

En el sepulcro hay una absoluta inconsciencia.[6] Por cuanto la muerte es un sueño, los muertos quedan en estado de inconsciencia en el sepulcro hasta la resurrección, cuando el sepulcro (*hades*) entregue a los muertos (Apoc. 20:13).

El espíritu vuelve a Dios. Aunque el cuerpo vuelve al polvo, el espíritu vuelve a Dios. Salomón dijo que en la muerte "el polvo vuelve a la tierra, como era, y el espíritu vuelve a Dios que lo dio" (Ecl. 12:7). Esto sucede tanto a justos como malos.

Muchos piensan que este texto da evidencia de que la esencia de la persona continúa viviendo después de la muerte. Pero en la Biblia el término *espíritu* ni en hebreo ni en griego (*ruach* y *pneuma*, respectivamente) se refiere a una entidad inteligente capaz de una existencia consciente fuera del cuerpo. Más bien estos términos se refieren al "aliento" —la chispa de vida esencial para la existencia individual, el principio de vida que acciona a los animales y a los seres humanos (véase el capítulo 7 de esta obra).

Salomón escribió: "Porque lo que sucede a los hijos de los hombre, y lo que sucede a las bestias, un mismo suceso es: como mueren los unos, así mueren los otros, y una misma respiración tienen todos; ni tiene más el hombre que la bestia... Todo va a un mismo lugar, todo es hecho del polvo, y todo volverá al mismo polvo. ¿Quién sabe que el espíritu [*ruach*] de los hijos de los hombres sube arriba, y el espíritu [*ruach*] del animal desciende abajo a la tierra?" (Ecl. 3:19-21). De modo que según Salomón, en la muerte no hay ninguna diferencia entre el espíritu del hombre y el de los animales.

La declaración de Salomón que el espíritu [*ruach*] vuelve a Dios que lo dio indica que lo que vuelve a Dios es simplemente el principio de vida que él impartió. No hay indicación de que el espíritu, o el aliento, sea una entidad consciente separada del cuerpo. Este *ruach* equivale al "aliento de vida" que Dios sopló al primer ser humano para accionar su cuerpo sin vida (compárese con Gén. 2:7).

Armonía mediante las Escrituras. Muchos cristianos sinceros que no han estudiado las enseñanzas completas de la Biblia en cuanto a la muerte, no se dan cuenta que la muerte es un sueño hasta la resurrección. Se han aferrado a diversos pasajes que dan la idea de que el espíritu y el alma tienen una existencia consciente después de la muerte. El estudio cuidadoso revela que la enseñanza insistente de la Biblia es que la muerte causa la cesación de la conciencia.[7]

El espiritismo. Si los muertos están completamente insensatos, entonces, ¿con qué o quién se comunican los médiums espiritistas?

Toda persona sincera admitirá que por lo menos algunos de estos fenómenos son falsos; pero que otros no lo son. Es evidente que hay un poder sobrenatural ligado con el espiritismo. ¿Qué es lo que enseña la Biblia al respecto?

1. *La base del espiritismo.* El espiritismo se originó con la primera mentira de Satanás a Eva: "no moriréis" (Gén. 3:4). Sus palabras fueron el primer sermón

sobre la inmortalidad del alma. En la actualidad, a través de todo el mundo, religiones de todas clases fatuamente repiten este error. Para muchos, la sentencia divina de "el alma que pecare, esa morirá" (Eze. 18:20) ha sido invertida para decir que "el alma, aunque peque, vivirá eternamente".

Esta doctrina errónea de inmortalidad natural ha llevado a creer en el estado consciente de los muertos. Como hemos visto, estas posiciones contradicen directamente la enseñanza bíblica sobre este tema. Fueron incorporadas en la fe cristiana provenientes de la filosofía pagana —particularmente la de Platón— durante la época de la gran apostasía (véase el capítulo 13 de esta obra). Estas creencias llegaron a predominar entre la cristiandad y todavía hoy continúan siendo dominantes.

Creer que los muertos están conscientes ha predispuesto a muchos cristianos a aceptar el espiritismo. Si los muertos están vivos y en la presencia de Dios, ¿Por qué no pueden volver a la tierra como espíritus activos? Y si pueden, ¿Por qué no tratar de comunicarse con ellos y recibir su consejo e instrucción, para evitar el infortunio, o recibir consuelo en la tristeza?

Al promover esta línea de razonamiento, Satanás y sus ángeles (Apoc. 12:4, 9) han establecido un medio de comunicación mediante el cual pueden llevar a cabo sus engaños. Usando tales medios como las sesiones espiritistas, se disfrazan de seres queridos que ya han fallecido, y dan supuestamente consuelo y seguridad a los deudos. A veces predicen sucesos futuros, los cuales cuando se cumplen, fortalecen su convicción. Luego las herejías peligrosas que proclaman toman el papel de autenticas, aunque contradigan la Biblia y la ley de Dios. Habiendo quitado las barreras contra el mal, Satanás tiene libertad de apartar a la gente de Dios y llevarlos a una segura destrucción.

2. *Advertencia contra el espiritismo*. Ninguno necesita ser engañado por el espiritismo. La Biblia claramente expone su falsedad. Como hemos visto, la Biblia nos dice que los muertos nada saben, que descansan inconscientes en la tumba.

La Biblia también prohíbe firmemente cualquier intento de comunicarse con los muertos o el mundo espiritista. Declara que los que dicen comunicarse con los muertos, como los médiums espiritistas lo hacen en la actualidad, realmente se están comunicando con "espíritus familiares" que son "espíritus de demonios". El Señor dijo que estas actividades eran abominables y que los que las practicaran serían castigados con la muerte (Lev. 19:31; 20:27; compárese con Deut. 18:10, 11).

Isaías expresó muy bien la necedad del espiritismo. "Y si os dijeren: Preguntad a los encantadores y a los adivinos, que susurran hablando, responded: ¿No consultará el pueblo a su Dios? ¿Consultará a los muertos por los vivos? ¡A la ley y al testimonio! Si no dijeren conforme a esto, es porque no les ha amanecido"

(Isa. 8:19, 20). Así es, solamente las enseñanzas de la Biblia pueden salvaguardar a los cristianos contra este horrible engaño.

3. *Manifestaciones del espiritismo.* La Biblia registra diversas actividades espiritistas —desde los magos de Faraón y los magos, astrólogos y adivinos de Nínive y Babilonia hasta las brujas y médiums de Israel— y los condena a todos. Un ejemplo de ello es la sesión espiritista a que Saúl asistió en Endor, la cual mencionamos al comienzo de este capítulo.

La Escritura dice: "Y consultó Saúl a Jehová; pero Jehová no le respondió ni por sueños, ni por Urim, ni por profetas" (1 Sam. 28:6). Entonces, Dios no tuvo nada que ver con lo que sucedió en Endor. Saúl fue engañado por un demonio que se disfrazó de Samuel, el cual ya había muerto; Saúl nunca vio al verdadero Samuel. La bruja vio la forma de un anciano, mientras Saúl sólo "entendió" o concluyó que se trataba de Samuel (vers. 14).

Si creemos que esa aparición realmente era Samuel, debemos prepararnos para creer que las brujas y brujos, las pitonisas, los adivinos, los espiritistas, o los médiums pueden llamar a los justos muertos desde el lugar adonde vayan cuando mueran. Debemos también aceptar que Samuel estaba en un estado consciente en la tumba, porque el anciano "subió de la tierra" (vers. 13).

Esta sesión no le produjo ninguna esperanza a Saúl, sino profunda depresión. Al día siguiente se suicidó (1 Sam. 31:4). Sin embargo, el supuesto Samuel había predicho que en ese día Saúl y sus hijos estarían con él (1 Sam. 28:19). Si tenía razón, tendríamos que llegar a la conclusión que después de la muerte el desobediente Saúl y el justo Samuel moraron juntos. En vez de ello, debemos concluir que un ángel malo produjo la escena de engaño que ocurrió en esa sesión.

4. *El engaño final.* En el pasado las manifestaciones de espiritismo eran confinadas al reino de lo oculto, pero más recientemente el espiritismo ha tomado una apariencia "cristiana" para poder engañar al mundo cristiano. Al profesar la aceptación de Cristo y la Biblia, el espiritismo ha llegado a ser un enemigo peligroso para los creyentes. Sus efectos son sutiles y engañosos. Mediante la influencia del espiritismo "la Biblia está calculada para agradar al corazón irregenerado mientras que se anula el efecto de sus verdades solemnes y vitales. Los espiritistas hacen hincapié en el amor como si fuese atributo principal de Dios, pero lo rebajan hasta hacer de él un sentimentalismo enfermizo y hacen poca distinción entre el bien y el mal. La justicia de Dios, su reprobación del pecado, las exigencias de su santa ley, todo eso lo pierden de vista. Enseñan al pueblo a que mire el Decálogo como si fuera letra muerta. Fábulas agradables y encantadoras cautivan los sentidos e inducen a los hombres a que rechacen la Biblia como fundamento de su fe".[8]

A través de estos medios el bien y el mal llegan a ser relativos y cada persona, o situación, o cultura llega a ser la norma en cuanto a la "verdad". En resumen, cada persona llega a ser un dios, cumpliendo la promesa de Satanás: "Seréis como dioses" (Gén. 3:5).

Ante nosotros está "la hora de la prueba que ha de venir sobre el mundo entero" (Apoc. 3:10). Satanás se apresta para usar grandes señales y milagros en su esfuerzo final para engañar al mundo. Hablando de este engaño maestro, Juan dijo: "Y vi salir...tres espíritus inmundos a manera de ranas; pues son espíritus de demonios, que hacen señales, y van a los reyes de la tierra en todo el mundo, para reunirlos a la batalla de aquel gran día del Dios Todopoderoso (Apoc. 16:13, 14; compárese con 13:13, 14).

Sólo podrán escapar los que se mantienen bajo el poder de Dios, con sus mentes fortalecidas con las verdades de la Escritura, aceptándola como su única autoridad. Los demás no tienen protección y serán arrasados por este engaño.

La primera y segunda muerte. La segunda muerte es el castigo final para los pecadores que no se arrepienten —todos los que no tienen sus nombres escritos en el libro de la vida. Sucede al final de los 1.000 años (véase el capítulo 27 de esta obra). De esta muerte no hay resurrección. Con la destrucción de Satanás y los injustos, el pecado es erradicado y la muerte misma será destruida (1 Cor. 15:26; Apoc. 20:14; 21:8). Cristo nos ha dado la seguridad de que "el que venciere, no sufrirá daño de la segunda muerte" (Apoc. 2:11).

En base a que la Escritura define en qué consiste la segunda muerte, podemos concluir que la primera muerte es lo que toda persona —excepto los que son trasladados— experimenta como resultado de la transgresión de Adán. Es "la consecuencia normal que la humanidad sufre debido a los efectos degenerativos del pecado".[9]

La resurrección

La resurrección es "la restauración de la vida, después de la muerte, junto con la plenitud de su ser y su personalidad".[10] Por cuanto la humanidad está sujeta a la muerte, tiene que haber una resurrección si se ha de experimentar la vida más allá del sepulcro. A través del Antiguo y Nuevo Testamento, los mensajeros de Dios han expresado esperanza en una resurrección (Job. 14:13-15; 19:25-29; Sal. 49:15; 73:24; Isa. 26:19; 1 Cor. 15).

La esperanza de la resurrección, de la cual tenemos evidencia sólida, nos anima a creer que disfrutaremos un futuro mejor más allá de este mundo actual en el cual todos estamos destinados a morir.

La resurrección de Cristo. La resurrección de los muertos justos a la inmortalidad está íntimamente relacionada con la resurrección de Cristo, porque es el Cristo resucitado el que finalmente levantará a los muertos (Juan 5:28, 29).

1. *Su importancia.* ¿Qué habría pasado si Cristo no hubiese resucitado? Pablo abrevia las consecuencias: (a) No habría razón para predicar el evangelio: "Si Cristo no resucitó, vana es entonces nuestra predicación" (1 Cor. 15:14). (b) No habría perdón por nuestros pecados: "Si Cristo no resucitó... aún estáis en vuestros pecados" (vers. 17). (c) No tendría ningún propósito creer en Jesús: "Si Cristo no resucitó, vuestra fe es vana" (vers. 17). (d) No habría una resurrección general de los muertos: "Pero si se predica de Cristo que resucitó de los muertos, ¿cómo dicen algunos entre vosotros que no hay resurrección de muertos?" (vers. 12). (e) No habría esperanza más allá de la tumba: "Si Cristo no resucitó... entonces también los que durmieron en Cristo perecieron" (vers. 17, 18).[11]

2. *Una resurrección corporal.* El Cristo que salió de la tumba era el *mismo* Jesús que vivió aquí en carne y hueso. Ahora tiene un cuerpo glorificado, pero todavía es un cuerpo tangible. Era tan real que algunos ni siquiera notaron la diferencia (Luc. 24:13-27; Juan 20:14-18).

El mismo Jesús negó ser espíritu o fantasma. Hablando a los discípulos dijo: "Mirad mis manos y mis pies, que yo mismo soy; palpad, y ved; porque un espíritu no tiene carne ni huesos, como véis que yo tengo" (Luc. 24:39). Para probar la realidad física de su resurrección, también comió ante ellos. (vers. 43).

3. *Su impacto.* La resurrección tuvo un impacto electrizante en los discípulos de Cristo. Transformó a ese grupo de hombres débiles y atemorizados en apóstoles valientes dispuestos a hacer cualquier cosa por su Señor (Fil 3:10, 11; Hech. 4:33). La misión que cumplieron como resultado de esto estremeció al Imperio Romano y trastornó al mundo entero (Hech. 17:6).

"Fue la certeza de la resurrección de Cristo lo que trajo interés y poder en la predicación del evangelio (véase Fil. 3:10, 11). Pedro habla de la `resurrección de Jesucristo de los muertos´ como una acción generadora de `esperanza viva´ para los creyentes (1 Ped. 1:3). Los apóstoles se consideraban a sí mismos ordenados a ser testigos `de su resurrección´ (Hech. 1:22), y basaban sus enseñanzas de la resurrección de Cristo en las predicciones mesiánicas del Antiguo Testamento (Hech. 2:31). Fue su conocimiento personal de `la resurrección del Señor Jesús´ lo que otorgó `gran poder´ a su testimonio (Hech. 4:33). Los apóstoles despertaron la oposición de los dirigentes judíos cuando salieron a predicar `en Jesús la resurrección de los muertos´ (vers. 2)... Cuando Pablo fue llevado ante el Sanedrín, declaró que fue por causa `de la esperanza y de la resurrección de los muertos´ que se lo juzgó ante ellos (Hech. 23:6; compárese con 24:21). Pablo escribió a los Romanos que Jesucristo `fue declarado Hijo de Dios con poder... por la resurrección de entre los muertos´ (Rom. 1:4). Hablando del bautismo, él explicó que el cristiano da testimonio de su fe en la resurrección de Cristo (Rom. 6:4, 5)."[12]

Las dos resurrecciones. Cristo enseñó que hay dos resurrecciones generales: una "resurrección de vida" para los justos y una "resurrección de condenación" para los injustos (Juan 5:28, 29; Hech. 24:15). Los mil años separan estas resurrecciones (Apoc. 20:4, 5).

1. *La resurrección de vida.* Los que sean levantados en la primera resurrección son los "benditos y santos" (Apoc. 20:6). Ellos no experimentarán la segunda muerte en el lago de fuego al final de los mil años (vers. 14). Esta resurrección para vida e inmortalidad (Juan 5:29; 1 Cor. 15:52, 53) se llevará a cabo en la segunda venida (1 Cor. 15:22, 23; 1 Tes. 4:15-18). Los que la experimenten no podrán morir más (Luc. 20:36). Estarán unidos con Cristo para siempre.

¿Cómo será el cuerpo resucitado? Como Cristo, los santos resucitados tendrán cuerpos reales. Y como Cristo se levantó glorificado, así también saldrán los justos. Pablo dijo que Cristo "trasformará el cuerpo de la humillación nuestra, para que sea semejante al cuerpo de la gloria suya" (Fil. 3:21). Él llama al cuerpo sin gloria "cuerpo natural" y al glorificado "cuerpo espiritual"; al antiguo ser, mortal y corruptible, y al ulterior, inmortal e imperecedero. El cambio de la mortalidad a la inmortalidad sucede instantáneamente en la resurrección (véase 1 Cor. 15:42-54).

2. *La resurrección de condenación.* Los injustos serán levantados en la segunda resurrección general, la cual sucederá al final de los mil años (véase el capítulo 27 de esta obra). De esta resurrección se procede al juicio final y a la condenación (Juan 5:29). Aquellos cuyos nombres no se encuentran en el libro de la vida serán resucitados en esa época y "lanzados en el lago de fuego" donde experimentarán la segunda muerte (Apoc. 20:14, 15).

Los perdidos podrían haber evitado este fin trágico. La Escritura presenta en forma inequívoca la forma que Dios da para escapar: "Convertíos, y apartaos de todas vuestras transgresiones, y no os será la iniquidad causa de ruina. Echad de vosotros todas vuestras transgresiones con que habéis pecado, y haceos un corazón nuevo y un espíritu nuevo. ¿Por qué moriréis?... Porque no quiero la muerte del que muere, dice Jehová el Señor; convertíos, pues, y viviréis" (Eze. 18:30-32).

Cristo promete que "el que venciere, no sufrirá daño de la segunda muerte" (Apoc. 2:11). Los que aceptan a Jesús y la salvación que él otorga experimentarán gozo indescriptible en su retorno culminante. Llenos de gozo sin fin, pasarán la eternidad en compañía de su Señor y Salvador.

Referencias

1. "Immortality", *SDA Encyclopedia* ed. rev., pág. 621.
2. A través de los siglos, cristianos prominentes de muchas denominaciones —luteranos, reformados, anglicanos, bautistas, congregacionalistas, presbiterianos, metodistas, etc— han expuesto las enseñanzas bíblicas de la inmortalidad condicional. Entre los más prominentes estuvieron los siguientes: del siglo XVI —Martin Lutero, Guillermo Tyndale, Juan Frith, Jorge Wishart; del siglo XVII —Roberto Overton, Samuel Richardson, Juan Milton, Jorge Wither, Juan Jackson, Juan Canne, el arzobispo Juan Tillotson, el Dr. Isaac Barrow; del XVIII —el Dr. Guillermo Coward, Enrique Layton, el Dr. José N. Scott, el Dr. José Priestly, Pedro Pecard, el archidiácono Francisco Blackburne, el obispo Guillermo Warburton, Samuel Bourn, el Dr. Guillermo Whiston, el Dr. Juan Tottie, el Prof. Enrique Dodwell; del siglo XIX —el obispo Timoteo Kendrick, el Dr. Guillermo Thomson, el Dr. Eduardo White, el Dr. Juan Thomas, H. H. Dobney, el arzobispo Ricardo Whately, el decano Enrique Alford, Santiago Panton Ham, Carlos F. Hudson, el Dr. Roberto W. Dale, el decano Federico W. Farrar, Hermann Olshausen, el canónigo Enrique Constable, Guillermo Gladstone, José Parker, el obispo Juan J. S. Perowne, Sir Jorge G. Stokes, el Dr. W. A. Brown, el Dr. J. Agar Beet, el Dr. R. F. Weymouth, el Dr. Lyman Abbott, el Dr. Eduardo Beecher, el Dr. Emanuel Petavel-Olliff, el Dr. Franz Delitzs, el obispo Carlos J. Ellicot, el Dr. Jorge Dana Boardman, J. H. Pettingell; del siglo XX —el canónigo Guillermo H. M. Hay Aitken, Eric Lewis, el Dr. Guillermo Temple, el Dr. Gerardo van der Leeuw, el Dr. Aubrey R. Vine, el Dr. Martin J. Heinecken, David R. Davies, el Dr. Basil F. C. Atkinson, el Dr. Emil Brunner, el Dr. Reinhold Niebuhr, el Dr. T. A. Kantonen, el Dr. D. R. G. Owen. Véase *Questions on Doctrine* [Preguntas sobre doctrina], págs. 571-609; Froom, *The Conditionalist Faith of Our Fathers* [La fe condicionalista de nuestros padres], Washington, DC: Review and Herald, 1965, 1966) tomos 1 y 2.
3. Véase "Death", *SDA Bible Dictionary* ["Muerte", Diccionario bíblico adventista], ed. rev., págs. 277, 278.
4. R. L. Harris, "The Meaning of the Word Sheol as Shown by Parallels in Poetic Texts" [El significado de la palabra *seol* mostrado en forma paralela en los textos poéticos], *Journal of the Evangelical Theological Society*, dic., 1961, págs. 129-135; véase *Comentario bíblico adventista*, tomo 3, págs. 1013, 1014.
5. *Comentario bíblico adventista*, tomo 5, pág. 376.
6. La única excepción es cuando *seol* se usa en forma figurada (véase Eze. 32:21) o *hades* en una parábola (Luc. 16:23). *Seol* se menciona más de 60 veces en el Antiguo Testamento, pero en ningún lugar se refiere al lugar de castigo después de la muerte. Esa idea fue más tarde unida a *gehenna* (Mar. 9:43-48), no a *hades*. Hay solamente una excepción (Luc. 16:23). Véase *Comentario bíblico adventista*, tomo 3, págs. 1013, 1014,
7. Se cree que los siguientes pasajes han causado dificultad para la interpretación de las enseñanzas de las Escrituras sobre la naturaleza de la muerte. Pero al estudiarlos más cuidadosamente resultan estar en armonía con el resto de la Escritura.
    (a). *La muerte de Raquel*. Refiriéndose a la muerte de Raquel, la Escritura dice "al salírsele el alma" (Gén. 35:18). Esta expresión simplemente indica que en su último momento de lucidez

y con su último aliento puso a su hijo un nombre. Otras versiones dicen "al dar su último suspiro".

(b). *Elías y el niño muerto.* Cuando Elías oró para que volviera el alma del hijo muerto de la viuda de Sarepta, Dios le contestó resucitando al muchacho (1 Rey. 17:21, 22). Éste fue el resultado de la unión del principio de vida con el cuerpo, ninguno de los cuales estaba vivo o consciente cuando estaban separados.

(c). *La aparición de Moisés en el monte.* La aparición de Moisés en el Monte de la Transfiguración no provee evidencia de la existencia de los espíritus conscientes o de la presencia de todos los muertos justos en el cielo. Poco antes de este suceso, Jesús había dicho a sus discípulos que antes de que ellos murieran, algunos de ellos verían al Hijo del hombre en su reino. Esta promesa se cumplió en Pedro, Santiago y Juan (Mat. 16:28-17:3)

En el monte, Cristo les reveló la gloria del reino de Dios en miniatura. Allí estaba Cristo, el Rey glorioso, junto con Moisés y Elías —representantes de las dos clases de súbditos del reino. Moisés representaba a los muertos justos que serán resucitados de sus tumbas en el segundo advenimiento, y Elías representaba a los justos vivos que van a ser trasladados al cielo sin haber muerto (2 Rey 2:11).

Judas provee evidencia de la resurrección especial de Moisés. Después que Moisés murió y fue enterrado (Deut. 34:5, 6), hubo una disputa entre Miguel y el diablo acerca del cuerpo de Moisés (Judas 9). Por la aparición de Moisés en el monte se puede concluir que el diablo perdió la batalla y Moisés fue resucitado de su tumba, siendo el primer caso conocido en que Cristo haya aplicado su poder de resucitar muertos. Este hecho no provee evidencia para la doctrina de la inmortalidad del alma. Más bien apoya la doctrina de la resurrección corporal.

(d). *La parábola del hombre rico y Lázaro.* La historia del hombre rico y Lázaro ha sido usada para enseñar acerca de los muertos (Luc. 16:19-31). Desafortunadamente, los que la interpretan en esta forma no han reconocido que esta historia es una parábola que, si se tomara literalmente en cada detalle, sería absurda. Los muertos recibirían su recompensa como seres reales con ojos, lengua, dedos, etc. Todos los justos estarían en el seno de Abraham, y el cielo y el infierno estarían a un paso de distancia. Ambas clases recibirían su recompensa al morir, lo contrario de las enseñanzas de Cristo, según las cuales la recibirán en el segundo advenimiento (Mat. 25:31-41; Apoc. 22:12).

Este relato, sin embargo, es una parábola, uno de los métodos de enseñanza favoritos de Cristo. Cada parábola está registrada para enseñarnos una lección, y lo que Cristo enseñaba no tiene nada que ver con el estado de los muertos. La moraleja de esta parábola es la importancia de vivir por la Palabra de Dios. Jesús mostró que el hombre rico se preocupaba de las cosas materiales y rechazaba el cuidado de los pobres. El destino eterno se decide en la vida presente y no hay una segunda oportunidad. La Escritura es la guía para el arrepentimiento y la salvación, y si no atendemos las advertencias de la Palabra de Dios, nada nos podrá alcanzar. Así, Cristo terminó la parábola con las palabras: "Si no oyen a Moisés y a los profetas, tampoco se persuadirán aunque alguno se levantare de los muertos" (Luc. 16:31).

Cristo simplemente empleaba elementos de algún relato común de los judíos en el cual los muertos sostenían una conversación (El concepto de *hades* y el seno de Abraham de la parábola era muy similar a la tradición judía. Véase "Discourse to the Greeks Concerning Hades" [Discurso a los griegos concerniente al sepulcro], *Josephus' Complete Works,* [Obras completas de Josefo], traducido por Guillermo Whiston [Grand Rapids: Kregel, 1960], pág. 637). Parábolas similares se encuentran en la Biblia, en las cuales los árboles hablan (Jue. 9:7-15; compárese con 2 Rey. 14:9). Ninguno usaría esta parábola para comprobar que los árboles pueden hablar. Por esto, deberíamos evitar el dar a las parábolas de Cristo un significado que contradiga la abundante evidencia bíblica y la enseñanza personal de Cristo acerca de que la muerte es un sueño.

(e). *La promesa de Cristo al ladrón.* Cristo prometió al ladrón en la cruz: " De cierto te digo que hoy estarás conmigo en el paraíso" (Luc. 23:43). Evidentemente el paraíso es sinónimo del cielo (2 Cor. 12:4; Apoc. 2:7). Según esta forma de traducir el texto, Cristo iría al cielo ese viernes para estar en la presencia misma de Dios, y de igual manera el ladrón. Sin embargo, en la mañana de la resurrección, Cristo mismo dijo a María cuando ésta se echó a sus pies para adorarlo: "No me toques, porque aún no he subido a mi Padre; mas ve a mis hermanos, y diles: Subo a mi Padre y a vuestro Padre, a mi Dios y a vuestro Dios" (Juan 20:17). El hecho de que Cristo quedó en la tumba durante el fin de semana fue confirmado por las palabras del ángel que les dijo: "Venid, ved el lugar donde fue puesto el Señor: (Mat. 28:6)

¿Se contradijo Jesús a sí mismo? No. La comprensión del texto implica tener en cuenta la puntuación. Los primeros manuscritos de la Biblia no tenían comas ni espacios entre palabras. La inserción de la puntuación y la división de las palabras puede afectar considerablemente el significado del texto. Los traductores de la Biblia usan el mejor juicio crítico al colocar las marcas de puntuación, pero realmente su obra no ha sido inspirada.

Si los traductores, que en general hicieron un excelente trabajo, no hubieran insertado el vocablo "que", y hubieran colocado la coma en Lucas 23:43 *después* de "hoy" en vez de *antes*, este pasaje no contradeciría la enseñanza de los otros que en la Biblia hablan de la muerte. Entonces se comprendería correctamente el significado de las palabras de Cristo: "De cierto, te digo hoy [este día, en que muero como un criminal], estarás conmigo en el paraíso". En armonía con la enseñanza bíblica, Jesús aseguró al ladrón que estaría con él en el paraíso —una promesa que será cumplida después de la resurrección de los justos en su segunda venida.

(f). *Partir y estar con Cristo.* Pablo dijo: "Para mí el vivir es Cristo, y el morir es ganancia". "Estoy puesto en estrecho, teniendo deseo de partir y estar con Cristo, lo cual es muchísimo mejor" (Fil. 1:21, 23). ¿Esperaba Pablo entrar al cielo inmediatamente después de la muerte?

Pablo escribió mucho sobre el tema de estar con Cristo. En otra carta que escribió acerca de "los que duermen en Jesús", dijo que en el segundo advenimiento, los muertos justos serían resucitados, y junto con los justos vivos serían "arrebatados juntamente con ellos... para recibir al Señor en el aire, y así estaremos siempre con el Señor" (1 Tes. 4:14, 17).

En el fondo, vemos que en su carta a los Filipenses, Pablo no da una exposición detallada respecto de lo que pasa en la muerte. Simplemente expresa su deseo de dejar su vida problemática para estar con Cristo, sin dar referencia o explicación al período de tiempo entre la muerte y la resurrección. Su esperanza está centrada en la promesa personal de estar eternamente en compañía de Jesús. Para los que mueren no hay un largo intervalo entre el tiempo cuando cierran sus ojos en la muerte y cuando los abran en la resurrección. Por cuanto los muertos no están conscientes y no se dan cuenta del correr del tiempo, la mañana de la resurrección parecerá venir en el momento después de su muerte. Para el cristiano, la muerte es ganancia; pues ya no tiene más tentaciones, pruebas ni tristezas, y en la resurrección recibirá el don glorioso de la inmortalidad.

8. White. *El conflicto de los siglos,* pág. 614.
9. "Death", *SDA Bible Dictionary,* ed. rev., pág. 278; compárese con *Questions on Doctrine,* pág. 524.
10. "Resurrection" [Resurrección], *SDA Bible Dictionary,* ed. rev., pág. 935.
11. *Questions on Doctrine,* págs. 67, 68.
12. "Resurrection", *SDA Bible Dictionary,* ed. rev., pág. 936.

LOS ADVENTISTAS DEL SÉPTIMO DÍA CREEN EN...

27

El Milenio y el Fin del Pecado

El milenio es el reino de mil años de Cristo con sus santos en el cielo que se extiende entre la primera resurrección y la segunda. Durante ese tiempo serán juzgados los impíos. La tierra estará completamente desolada, sin habitantes humanos, pero sí ocupada por Satanás y sus ángeles. Al terminar ese período, Cristo y sus santos, junto con la Santa Ciudad, descenderán del cielo a la tierra. Los impíos muertos resucitarán entonces, y junto con Satanás y sus ángeles rodearán la ciudad; pero el fuego de Dios los consumirá y purificará la tierra. De ese modo el universo será librado del pecado y de los pecadores para siempre.

A TRAVÉS DE TODA LA HISTORIA HA HABIDO quienes han refinado con elocuencia los horrores del infierno, atemorizando a la gente para persuadirlos a adorar a Dios. Pero ¿qué clase de dios es el que presentan? ¿Cómo destruirá finalmente Dios el mal? ¿Qué le sucederá a Satanás? ¿Qué impedirá que el pecado levante su horrible cabeza una vez más? ¿Cómo puede un Dios justo ser también amoroso?

Acontecimientos al comienzo del milenio

Durante el milenio, el período de mil años al cual se refiere el capítulo 20 de Apocalipsis, la influencia de Satanás sobre la tierra será restringida, y Cristo reinará con sus santos (Apoc. 20:1-4).

El segundo advenimiento. Los capítulos 19 y 20 de Apocalipsis van unidos; no hay interrupción entre ellos. Describen la venida de Cristo (Apoc. 19:11-21) e inmediatamente continúan con el milenio; esta secuencia indica que el milenio comienza cuando Cristo vuelve.

El Apocalipsis representa los tres poderes que unen a las naciones del mundo en oposición a la obra de Cristo y a su pueblo inmediatamente antes de la segunda venida, bajo los símbolos del dragón, la bestia y el falso profeta (Apoc. 16:13). Cuando la bestia, los reyes de la tierra y sus ejércitos se reúnan para hacer guerra contra Cristo en el tiempo de su segunda venida, la bestia y el falso profeta serán destruidos (Apoc. 19:19, 20). Lo que sigue en Apocalipsis 20, el capítulo del milenio, tiene que ver con la suerte del tercer miembro del trío satánico: el dragón. Este será tomado cautivo y lanzado al abismo donde permanecerá durante mil años.[1]

Como vimos en el capítulo 25, es en ocasión de la segunda venida de Cristo —cuando los reinos de este mundo serán destruidos—, que Dios establecerá su reino de gloria, un reino que durará para siempre (Dan. 2:44). Es entonces cuando su pueblo comenzará su reino.

La primera resurrección. En la segunda venida, se lleva a cabo la primera resurrección. Los justos, los "benditos y santos", son levantados porque "la segunda muerte no tiene potestad sobre éstos, sino que serán sacerdotes de Dios y de Cristo, y reinarán con él mil años" (Apoc. 20:6; véase el capítulo 26 de esta obra).

Los justos van al cielo. Después de la resurrección de los muertos justos, ellos y los santos vivos serán arrebatados "para recibir al Señor en el aire" (1 Tes. 4:17). Entonces Cristo cumplirá la promesa que hizo antes de salir del mundo: "Voy, pues, a preparar lugar para vosotros. Y si me fuere y os preparare lugar, vendré otra vez, y os tomaré a mí mismo, para que donde yo estoy, vosotros también estéis" (Juan 14:2, 3). Jesús describió el lugar al cual llevaría a sus seguidores como "la casa de mi Padre", donde hay "muchas moradas" (Juan 14:2). Jesús se refiere aquí a la Nueva Jerusalén, que no descenderá a esta tierra sino al fin del milenio. Entonces, en su segundo advenimiento, cuando los justos reciban "al Señor en el aire", su destino es el cielo y no la tierra que acaban de dejar.[2] Cristo no establecerá su reino de gloria en la tierra en esta ocasión. Lo hará al final del milenio.

Los enemigos de Cristo son ejecutados. Cristo comparó su regreso con lo que sucedió en ocasión del Diluvio y la destrucción de Sodoma y Gomorra (Mat. 24:37-39; Luc. 17:28-30). Su comparación señala dos puntos: primero, que la destrucción que vino tomó de sorpresa a los malos; y segundo, que lo que vino fue *destrucción* —el Diluvio "se los llevó a todos" (Mat. 24:39). El fuego y azufre que llovió sobre Sodoma "los destruyó a todos" (Luc. 17:29; véase también Mat. 13:38-40). En su segunda venida, Cristo descenderá del cielo cabalgando en un caballo blanco con sus ejércitos; su nombre es "Rey de reyes y Señor de señores" y sorprenderá a las naciones rebeldes del mundo. Después la bestia y el falso profeta serán destruidos, y "los demás" seguidores de Satanás morirán y no habrá sobrevivientes, porque "fueron muertos con la espada que salía de la boca del que montaba el caballo, y todas las aves se saciaron de las carnes de ellos" (Apoc. 19:21).[3]

Al describir esta escena, la Escritura ha dicho: "Porque he aquí que Jehová sale de su lugar para castigar al morador de la tierra por su maldad contra él; y la tierra descubrirá la sangre derramada sobre ella, y no encubrirá ya más a sus muertos" (Isa. 26:21).

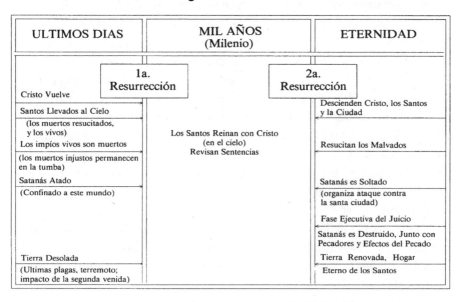

Comienzo y Fin del Milenio

ULTIMOS DIAS	MIL AÑOS (Milenio)	ETERNIDAD
Cristo Vuelve — 1a. Resurrección		2a. Resurrección
Santos Llevados al Cielo		Descienden Cristo, los Santos y la Ciudad
(los muertos resucitados, y los vivos)	Los Santos Reinan con Cristo (en el cielo) Revisan Sentencias	
Los impíos vivos son muertos		Resucitan los Malvados
(los muertos injustos permanecen en la tumba)		
Satanás Atado		Satanás es Soltado
(Confinado a este mundo)		(organiza ataque contra la santa ciudad)
		Fase Ejecutiva del Juicio
		Satanás es Destruido, Junto con Pecadores y Efectos del Pecado
Tierra Desolada		Tierra Renovada, Hogar Eterno de los Santos
(Ultimas plagas, terremoto; impacto de la segunda venida)		

La tierra queda desolada. Por cuanto los justos ascienden para estar con el Señor y los malos son destruidos en el momento de su venida, la tierra queda deshabitada. La Escritura describe esta situación por medio del profeta Jeremías que dijo: "Miré a la tierra, y he aquí que estaba asolada y vacía; y a los cielos, y no había en ellos luz. Miré a los montes, y he aquí que temblaban, y todos los collados fueron destruidos. Miré, y no había hombre, y todas las aves del cielo se habían ido" (Jer. 4:23-25). El uso de la terminología de Génesis 1:2, que hace Jeremías, "desordenada y vacía", indica que la tierra quedará tan caótica como estaba al principio de la creación.

Satanás es atado. Los sucesos que ocurrirán en esa época fueron vislumbrados en el rito del chivo emisario del día de la expiación en el servicio del santuario de Israel. En el Día de la Expiación el sumo sacerdote purificaba el santuario con la sangre expiatoria del macho cabrío del Señor. Sólo después de completar esta expiación comenzaba el rito que incluía a Azazel, el macho cabrío que simbolizaba a Satanás (véase el capítulo 24 de esta obra). Colocando sus manos sobre su cabeza, el sumo sacerdote confesaba "sobre él todas las iniquidades de los hijos de Israel, todas sus rebeliones y todos sus pecados, poniéndolos así sobre la cabeza del macho cabrío" (Lev. 16:21). Luego, el macho cabrío era enviado al desierto, "a tierra inhabitada" (Lev. 16:22).

En forma similar, Cristo, en el Santuario celestial, ha estado ministrando los beneficios de su expiación completada para su pueblo; a su regreso los redimirá y les dará vida eterna. Cuando haya completado esta obra de redención y la purificación del Santuario celestial, colocará los pecados de su pueblo sobre Satanás, el originador e instigador del mal. En ninguna forma se puede decir que Satanás expía los pecados de los creyentes —Cristo ya lo ha hecho completamente. Pero Satanás debe llevar la responsabilidad de todo el pecado que ha causado a los que son salvados. Y así como el macho cabrío era enviado a la tierra deshabitada, Dios desterrará a Satanás a la tierra desolada y vacía (véase el capítulo 24 de esta obra).[4]

La visión del milenio que tuvo Juan, presenta en forma viva la desaparición de Satanás. Él vio que al principio de los mil años el "dragón, la serpiente antigua, que es el diablo y Satanás", era encadenado y confinado al abismo (Apoc. 20:2, 3). Esto indica simbólicamente el fin temporal de las actividades de persecución y engaño de Satanás; "para que no engañase más a las naciones, hasta que fuesen cumplidos mil años" (Apoc. 20:3).

El término "abismo" que Juan usa (en griego *abussos*) describe en forma apropiada la condición de la tierra durante esta época.[5] Afligida por las siete plagas que preceden a la segunda venida de Cristo (véase en forma particular Apoc. 16:18-21) y cubierta con los cuerpos de los malvados, la tierra es una escena de terrible asolación.

Confinado a esta tierra, Satanás es "atado" por una cadena de circunstancias. Por cuanto la tierra está vacía de todo ser humano, Satanás no tendrá a nadie para tentar o perseguir. Estará atado en el sentido que no tendrá nada que hacer.

Acontecimientos durante el milenio

Cristo en el cielo con los redimidos. En su segunda venida Cristo lleva a sus seguidores al cielo, para que moren en los lugares que él ha preparado para ellos en la Nueva Jerusalén. Como Moisés y los israelitas, los redimidos, llenos de gratitud, cantarán un himno de liberación, "el cántico de Moisés siervo de Dios, y el cántico del Cordero, diciendo: Grandes y maravillosas son tus obras, Señor Dios Todopoderoso; justos y verdaderos son tus caminos, Rey de los santos" (Apoc. 15:3).

Los santos reinarán con Cristo. Es durante el milenio cuanto Cristo cumple su promesa de dar a los vencedores "autoridad sobre las naciones" (Apoc. 2:26).

Daniel vio eso después de la destrucción de los enemigos de Cristo "y que el reino, y el dominio y la majestad de los reinos debajo de todo el cielo, sea dado al pueblo de los santos del Altísimo" (Dan. 7:27). Los que Cristo despierte en la primera resurrección reinarán con él durante mil años (Apoc. 20:4).

¿Pero en qué sentido pueden los santos reinar si están en el cielo y todos los malos están ya muertos? Su reinado consistirá en la participación en una fase importante del gobierno de Cristo.[6]

El juicio de los malos. Juan vio que durante el milenio los santos tomarían parte del juicio; vio "tronos, y se sentaron sobre ellos los que recibieron facultad de juzgar" (Apoc. 20:4). Este es el tiempo del juicio de Satanás y sus ángeles que la Escritura menciona (2 Ped. 2:4; Judas 6). Es el tiempo cuando se cumplirá la declaración de Pablo según la cual los santos juzgarían al mundo y hasta a los ángeles (1 Cor. 6:2, 3).[7]

El juicio del milenio no decide quién se salvará o se perderá. Dios hace esa decisión antes de la segunda venida de Cristo; todos los que no fueron resucitados ni trasladados, entonces están perdidos para siempre. El juicio en el cual los justos participan sirve el propósito de contestar cualquier pregunta que los justos tengan en cuanto a la razón por la cual los malos están perdidos. Dios desea que los que han recibido vida eterna confíen en su dirección, de modo que les revelará las operaciones de su misericordia y su justicia.

Imagínese usted, amigo lector, que al llegar al cielo no encuentre a alguno de sus amados, quien usted estaba seguro que se salvaría. Un caso tal pondría en duda la justicia de Dios —y esa clase de duda es la base misma del pecado. Para que descansemos para siempre de tales dudas, y así asegurarnos que el pecado jamás volverá a surgir, Dios proveerá las respuestas a estas preguntas durante la fase de revisión del juicio, en el milenio.

En esta obra los redimidos cumplirán un papel crucial en la gran controversia entre el bien y el mal. "Confirmarán para su satisfacción eterna cuán fervorosa y pacientemente Dios se preocupó de los pecadores perdidos. Percibirán cuán deliberada y tercamente los pecadores ignoraron y despreciaron su amor. Descubrirán que hasta los que parecían ser justos acariciaron secretamente el horrible egoísmo en vez de aceptar el sistema de valores revelado por su Señor y Salvador".[8]

Tiempo de reflexión para Satanás. Durante el milenio Satanás sufrirá en forma intensa. Confinado, con sus ángeles, a este mundo desolado, no podrá realizar los engaños que constantemente ocupaban su tiempo. Será forzado a ver los resultados de su rebelión contra Dios y su ley. Tendrá que contemplar la parte que le ha cabido en la controversia entre el bien y el mal. Sólo podrá mirar hacia el futuro con temor por el terrible castigo que debe sufrir por todo el mal que causó.

Acontecimientos al fin del milenio

Al fin de los mil años "los otros muertos" —los malvados— resucitarán, soltando a Satanás de la inactividad que lo aprisionaba (Apoc. 20:5, 7). Engañando de nuevo a los malos, los dirige contra "el campamento de los santos y la ciudad amada [la Nueva Jerusalén]" (Apoc. 20:9), que con Cristo habrá descendido del cielo para este tiempo.[9]

Descienden Cristo, los santos y la ciudad. Cristo desciende a la tierra otra vez, con los santos y la Nueva Jerusalén, para cumplir dos propósitos: Terminará la gran controversia al ejecutar las decisiones del juicio del milenio, y purificará y renovará la tierra para poder establecerse en su reino eterno. Luego, en el sentido más completo: "Jehová será Rey sobre toda la tierra" (Zac. 14:9).

La resurrección de condenación. Ahora ha llegado el momento cuando se completará el cumplimiento de la promesa de Cristo de que "todos los que están en los sepulcros oirán su voz" (Juan 5:28). Durante su segunda venida Cristo levantará a los muertos justos de sus sepulcros en su primera resurrección, "la resurrección de vida". Ahora sucede la otra resurrección de la cual Jesús habló, "la resurrección de condenación" (Juan 5:29). Apocalipsis también hace mención de esta resurrección: "Los otros muertos [los que no se levantaron en la primera resurrección] no volvieron a vivir hasta que se cumplieron mil años" (Apoc. 20:5).

Termina la cautividad de Satanás. La resurrección de los malos al fin de los mil años libera a Satanás de su cautiverio "por un poco de tiempo" (Apoc. 20:3). En su último intento de desafiar la autoridad de Dios "saldrá a engañar a las naciones que están en los cuatro ángulos de la tierra" (Apoc. 20:8). Por cuanto los malos resucitarán con el mismo espíritu rebelde que poseían cuando murieron, su obra no será difícil.

El ataque a la ciudad. En su último engaño, Satanás procura inspirar a los malos con la esperanza de capturar el reino de Dios por la fuerza. Congregando a las naciones del mundo, las guiará a atacar a la amada ciudad (Apoc. 20:8, 9).[10] "Los malvados que con rebeldía rechazaron la entrada a la Ciudad de Dios mediante los méritos del sacrificio expiatorio de Cristo, se propondrán ahora ganar la entrada y el control mediante el sitio y la pelea".[11]

El hecho de que los malos, tan pronto como Dios les da vida otra vez, se vuelven contra él e intentan derribar su trono confirma la decisión que él ha hecho acerca de su destino. En esta forma su nombre y su carácter, que Satanás procuró difamar, serán vindicados completamente ante todos.¹²

El gran juicio del trono blanco. Juan indica que cuando los enemigos de Dios hayan rodeado la ciudad y estén listos para atacarla, Dios establecerá su gran trono blanco. Mientras toda la raza humana rodea el trono —algunos seguros dentro de la ciudad, otros afuera, aterrorizados ante la presencia del Juez— Dios implementa la última fase del juicio. De esto fue que Jesús habló cuando dijo: "Allí será el llanto y el crujir de dientes, cuando veáis a Abraham, a Isaac, a Jacob y a todos los profetas en el reino de Dios, y vosotros estéis excluidos" (Luc. 13:28).

Para poder llevar a cabo esta fase ejecutiva del juicio, los libros de registro de Dios serán abiertos. "Y otro libro fue abierto, el cual es el libro de la vida; y fueron juzgados los muertos por las cosas que estaban escritas en los libros, según sus obras" (Apoc. 20:12). Entonces Dios pronunciará la sentencia de los condenados.

¿Por qué resucitó Dios a esta gente sólo para terminar su existencia de nuevo? Durante el milenio, los redimidos tendrán la oportunidad de examinar la justicia del tratamiento de Dios hacia cada ser inteligente del universo. Ahora los mismo perdidos —incluyendo Satanás y sus ángeles— confirmarán la justicia de los caminos de Dios.

Este es el gran juicio del trono blanco que Pablo menciona: "Porque todos compadeceremos ante el tribunal de Cristo" (Rom. 14:10). Allí todas las criaturas —justos e injustos, salvados y perdidos— doblarán la rodilla y confesarán que Jesucristo es Señor (Fil. 2:10, 11; compárese con Isa. 45:22, 23). Entonces el interrogante de la justicia de Dios se habrá resuelto para siempre. Los que reciben vida eterna confiarán en él sin reservas. Nunca más el pecado inundará el universo o acosará a sus habitantes.

Satanás y los pecadores serán destruidos. Inmediatamente después de ser sentenciados, Satanás, sus ángeles y sus seguidores humanos recibirán su castigo. Tendrán que morir eternamente. "Y de Dios descendió fuego del cielo, y los consumió" (Apoc. 20:9). La misma superficie de la tierra fuera de la ciudad parece derretirse, convirtiéndose en un vasto lago de fuego para "la perdición de los hombres impíos" (2 Ped. 3:7). El "día de venganza de Jehová" (Isa. 34:8), en el cual realizará "su extraña operación" (Isa. 28:21) de destruir a sus enemigos, ha llegado. Juan dijo: "Y el que no se halló inscrito en el libro de la vida fue lanzado al lago de fuego" (Apoc. 20:15). El diablo y sus asociados sufrirán su destino (Apoc. 20:10).

El contexto de toda la Biblia hace claro que esta "segunda muerte" (Apoc. 21:8) que los malos sufren significa su destrucción total. ¿Qué del concepto de un infierno eterno? Un estudio cuidadoso muestra que la Biblia no enseña tal infierno o tormento.

1. *El infierno*. Bíblicamente, el infierno es "el lugar y el estado de castigo y destrucción, con fuego eterno en la segunda muerte, para los que rechazan a Dios y la salvación en Jesucristo."[13]

Algunas versiones de la Biblia con frecuencia usan la palabra "infierno" para traducir la palabra hebrea *seol* y la griega *hades*. Estos términos generalmente se refieren a la tumba donde los muertos —tanto justos como malos— esperan, en un estado de inconsciencia, la resurrección (véase el capítulo 26 de esta obra). Porque el concepto actual de infierno difiere en gran manera de lo que estos términos hebreos y griegos implican, una cantidad de versiones modernas evitan la palabra "infierno", simplemente transliterando la palabra hebrea como "Seol" y la griega como "Hades".

En contraste, la palabra griega *geenna*, que algunas versiones del Nuevo Testamento también traducen con la palabra "infierno" no siempre tiene el mismo significado; y la falta de hacer esta distinción con frecuencia ha llevado a gran confusión.

Geena se deriva del hebreo *Ge Hinnom*, "Valle de Hinom" —una quebrada en el lado sur de Jerusalén. Aquí Israel había perpetrado el rito pagano de quemar niños a Moloc (2 Crón. 28:3; 33:1, 6; 2 Reyes 23:10). Jeremías predijo que por causa de este pecado el Señor haría de este lugar el "Valle de la Matanza", donde los cuerpos de los israelitas serían enterrados hasta que no hubiera lugar para ellos. Los cuerpos restantes serían "comida de las aves del cielo" (Jer. 7:32, 33; 19:6; Isa. 30:33). La profecía de Jeremías sin duda condujo a Israel a considerar *Ge Hinnom* como un lugar de juicio para los malos, un lugar de aborrecimiento, castigo y vergüenza.[14] Más tarde la tradición rabínica lo designaba como un lugar para quemar animales muertos y basura.

Jesús usó los fuegos de Hinom como representación del fuego del infierno (véase Mat. 5:22; 18:9). De modo que los fuegos de Hinom simbolizaban el fuego consumidor del último juicio. Él declaró que era una experiencia que iba más allá de la muerte (Lucas 12:5) y que el infierno destruiría tanto el cuerpo como el alma (Mat. 10:28).

¿Cuál es la naturaleza del fuego del infierno? ¿Arderán para siempre los malvados en el infierno?

2. *El destino de los malos*. Según las Escrituras, Dios promete vida eterna a los justos. La paga del pecado es *muerte*, no vida eterna en el infierno (Rom. 6:23).

Las Escrituras enseñan que los malos serán "destruidos" (Sal. 37:9, 34); que perecerán (Sal. 37:20; 68:2). No vivirán en un estado de conciencia para siempre, sino serán quemados (Mal. 4:1; Mat. 13:30, 40; 2 Ped. 3:10). Serán destruidos (Sal. 145:20; 2 Tes. 1:9; Heb. 2:14), consumidos (Sal. 104:35).

3. *Castigo eterno.* Hablando del castigo de los malos, el Nuevo Testamento usa los términos "para siempre" y "eterno". Estos términos son traducciones de la palabra griega *aionios*, y se aplican tanto a Dios como a los hombres. Para evitar malentendidos, debemos recordar que *aionios* es un término relativo; su significado es determinado por el objeto que lo modifica. De modo que cuando la Escritura usa *aionios* ("para siempre", "eterno") refiriéndose a Dios, quiere decir que él posee existencia infinita —porque Dios es inmortal. Pero cuando se usa esta palabra refiriéndose a seres humanos mortales o cosas perecederas, significa mientras la persona viva o exista.

Judas 7, por ejemplo, dice que Sodoma y Gomorra sufrieron "la venganza del fuego eterno". Sin embargo esas ciudades ya no están ardiendo hoy. Pedro dijo que el fuego convirtió esas ciudades en cenizas, condenándolas a la destrucción (2 Ped. 2:6). El fuego "eterno" ardió hasta que no había nada más para quemar, y luego se apagó (véase también Jer. 17:27; 2 Crón. 36:19).

De igual forma, cuando Cristo asigna a los malos "el fuego eterno" (Mat. 25:41), ese fuego que destruirá a los malos será "fuego que nunca se apagará" (Mat. 3:12). Se apagará sólo cuando ya no quede nada por quemarse.[15]

Cuando Cristo habló del "castigo eterno" (Mat. 25:46) no quiso decir *castigo* sin fin. Quiso decir que así como la "vida eterna" [que los justos disfrutarán] continuará a través de los siglos sin fin de la eternidad; y el castigo [que los malos sufrirán] también será eterno —no de duración perpetua de sufrimiento consciente, sino el castigo que es completo y final. El fin de los que así sufren es la segunda muerte. Esta muerte será eterna, de la cual no habrá ni podrá haber resurrección".[16]

Cuando la Biblia habla de "redención eterna" (Heb. 9:12) y de "juicio eterno" (Heb. 6:2), se refiere a los resultados eternos de la redención y del juicio —no a un proceso sin fin de redención y juicio. De la misma manera, cuando habla del castigo eterno o perpetuo, está hablando de los resultados y no del proceso de ese castigo. La muerte que sufrirán los malos será final y eterna.

4. *Atormentados por los siglos de los siglos.* El uso que hacen las Escrituras de la expresión "por los siglos de los siglos" (Apoc. 14:11; 19:3; 20:10) ha contribuido también a la conclusión de que el proceso de castigo de Satanás y los malos durará toda la eternidad. Pero así como en "para siempre", el objeto que lo modifica determina su significado. Cuando está asociado con Dios, su significado es absoluto porque Dios es inmortal; cuando está asociado con seres mortales, su significado es limitado.

La descripción que hacen las Escrituras de la forma como Dios castigaría a Edom presenta un buen ejemplo de este uso. Isaías dice que Dios convertiría ese lugar en brea ardiente que "no se apagará de noche ni de día" y que "perpetuamente subirá su humo; de generación en generación será asolada, nunca jamás pasará nadie por ella" (Isa. 34:9, 10). Edom fue destruida, pero ya no está ardiendo. El "para siempre" duró hasta que la destrucción fue completada.

A través de la Escritura es claro que "para siempre" tiene sus límites. El Antiguo Testamento dice que un esclavo podía servir a su maestro "para siempre" (Éxo. 21:6), que el niño Samuel debía habitar en el tabernáculo "para siempre" (1 Sam. 1:22), y que Jonás pensó que permanecería en el vientre del pez "para siempre" (Jonás 2:6). El Nuevo Testamento usa este término en una forma similar: Pablo, por ejemplo, aconsejó a Filemón a recibir a Onésimo "para siempre" (Filem. 15). En todos estos ejemplos "para siempre" significa "mientras la persona viva".

Salmos 92:7 dice que los malos serán destruidos para siempre. Y al profetizar Malaquías la gran conflagración final, dijo: "Porque he aquí, viene el día ardiente como un horno, y todos los soberbios y todo los que hacen maldad serán estopa; aquel día que vendrá los abrasará, ha dicho Jehová de los ejércitos, y no les dejará ni raíz ni rama" (Mal. 4:1).

Cuando los malos —Satanás, los ángeles malos y la gente impenitente— sean destruidos por fuego, tanto la raíz como las ramas, no habrá más uso de la muerte o el Hades (véase el capítulo 26 de esta obra). A éstos también los destruirá Dios eternamente (Apoc. 20:14).

De modo que la Biblia hace bien claro que el *castigo*, no el acto de *castigar*, es eterno —es la segunda muerte. De este castigo no hay más resurrección; sus efectos son eternos.

El arzobispo Guillermo Temple tenía razón al afirmar: "Una cosa podemos decir con confianza: El tormento eterno debe ser descartado. Si los hombres no hubieran tomado la noción griega no bíblica de la indestructibilidad natural del alma del individuo y luego leído el Nuevo Testamento con ese concepto ya en sus mentes, habrían extraído de él [el Nuevo Testamento] una nueva creencia, no en el tormento eterno, sino en la aniquilación. Es al fuego que se lo llama *aeonian* [eterno], no a la vida que se lanza a él".[17]

La penalidad de la ley de Dios ha sido ejecutada, las demandas de la justicia están satisfechas. Ahora el cielo y la tierra proclaman la justicia del Señor.

5. *El principio del castigo.* La muerte es la pena final del pecado. Como resultado de sus pecados, todos los que rechazan la salvación que Dios ofrece morirán eternamente. Pero algunos han pecado intencionalmente, sintiendo deleite diabólico en el sufrimiento que han causado a otros. Otros han vivido vidas relativamente morales y pacíficas. Su culpa es mayormente el rechazo de la salvación provista en Cristo. ¿Es justo que ellos sufran el mismo castigo?

Cristo dijo: "Aquel siervo que conociendo la voluntad de su Señor, no se preparó ni hizo conforme a su voluntad, recibirá muchos azotes. Mas el que sin conocerla hizo cosas dignas de azotes, será azotado poco; porque a todo aquel a quien se haya dado mucho, mucho se le demandará; y al que mucho se le haya confiado, más se le pedirá" (Luc. 12:47, 48).

No hay duda que los que más se han rebelado contra Dios sufrirán más que los que no lo han hecho. Pero deberíamos comprender su sufrimiento ulterior en términos de la "segunda muerte" que Cristo experimentó en la cruz. Allí él cargó los pecados del mundo. Y fue la horrible separación de su Padre que el pecado trajo, lo que le causó la agonía que sufrió —una angustia mental indescriptible. Así sucede con los pecadores perdidos; cosechan lo que siembran no sólo durante esta vida sino en la destrucción final. En la presencia de Dios, la culpa que sienten por causa de los pecados que han cometido les hará sentir una agonía indescriptible. Y mientras más sea la culpa, mayor será la agonía. Satanás, el instigador y promotor del pecado, sufrirá más que todos.[18]

La purificación de la tierra. Pedro quiso describir el día del Señor cuando todos los rastros del pecado fueran eliminados: "Los cielos pasarán con grande estruendo, y los elementos ardiendo serán deshechos, y la tierra y las obras que en ella hay serán quemadas" (2 Ped. 3:10).

El fuego que destruye a los malos purifica la tierra de la contaminación del pecado. De las ruinas de esta tierra Dios creará "un cielo nuevo y una tierra nueva; porque el primer cielo y la primera tierra pasaron, y el mar ya no existía más" (Apoc. 21:1). De esta tierra purificada re-creada —el hogar eterno de los redimidos— Dios desvanecerá para siempre la pena, el dolor, y la muerte (Apoc. 21:4). Finalmente la maldición acarreada por el pecado no existirá más (Apoc. 22:3).

En vista de la venida del día del Señor, en el cual el pecado y los pecadores impenitentes serán destruidos, Pedro nos dice a todos: ¡Cómo no debéis vosotros andar en santa y piadosa manera de vivir, esperando y apresurándoos para la venida del día de Dios". Basando su esperanza en la promesa del regreso de Cristo, afirmó: Nosotros esperamos, según sus promesas, cielos nuevos y tierra nueva, en los cuales mora la justicia. Por lo cual, oh amados, estando en espera de estas cosas, procurad con diligencia ser hallados por él sin mancha e irreprensibles, en paz" (2 Ped. 3:11, 13, 14).

Referencias

1. Véase el *SDA Bible Commentary* [Comentario bíblico adventista], ed. rev., tomo 7, pág. 885.
2. Véase *Questions on Doctrine* [Preguntas sobre doctrina], pág. 495.

3. "Cuando la bestia y el falso profeta sean lanzados vivos en el lago de fuego (Apoc. 19:20), 'los demás' (Apoc. 19:21), o 'el resto', de sus seguidores serán muertos por la espada de Cristo. Estos son los reyes, los capitanes, y los fuertes, y todo los hombres 'libres y esclavos' (Apoc. 19:18). Las mismas clases son mencionadas bajo el sexto sello, procurando esconderse del rostro del Cordero (Apoc. 6:14-17), cuando los cielos se alejen como un rollo y cada montaña e isla sea movida. Es evidente que estos escritos despliegan el mismo sacudimiento de la tierra: la segunda venida de Cristo.

    ¿Cuántos están envueltos en la muerte de 'los demás' (Apoc. 19:21)? Según Apocalispsis 13:8 habrá solamente dos clases en el mundo para el tiempo del advenimiento: 'todos lo que moran en la tierra le adorarán [a la bestia], cuyos nombres no fueron escritos en el libro de la vida'. Por lo tanto, es evidente que cuando 'los demás' sean 'muertos con la espada' (Apoc. 19:21), no quedarán sobrevivientes excepto aquellos que han ignorado a la bestia, precisamente, los que están escritos en el libro de la vida (Apoc, 13:8) *(SDA Bible Commentary*, ed. rev., tomo 7, pág. 885).
4. Compárese con *Questions on Doctrine*, pág. 500. El chivo expiatorio no es el salvador de los justos.
5. La Septuaquinta usa esta expresión para traducir la palabra hebrea *tehom*, "profundo", en Génesis 1:22. Esto indica que la condición de la tierra durante el milenio refleja por lo menos en parte la condición de la tierra en el principio, cuando estaba "sin forma, y vacía; y la oscuridad estaba en la faz del abismo". Véase el *SDA Bible Commentary*, ed. rev., tomo 7, pág. 879.
6. El hecho de que ellos reinan, o tienen dominio, no significa necesariamente que debe haber malos en la tierra. En el principio, Dios dio a Adán y a Eva un dominio para gobernar (Gén. 1:26). Antes de que pecaran, ellos reinaban sobre la parte de la creación que Dios les había asignado. Para reinar, lo que menos se necesita son súbditos rebeldes.
7. *SDA Bible Commentary*, ed. rev., tomo 7, pág. 880.
8. Maxwell, *God Cares* [Dios se interesa] (Boise, ID: Pacific Press, 1985), tomo 2, pág. 500.
9. La descripción que hace el Apocalipsis del descenso de la Nueva Jerusalén, no indica necesariamente el tiempo exacto del descenso, porque en el capítulo anterior vemos esa "ciudad amada" rodeada de ejércitos del diablo. Este escenario nos lleva a la conclusión de que la Nueva Jerusalén debe haber descendido antes de la renovación de la tierra.
10. Los nombres Gog y Magog estaban asociados con los enemigos de Israel, que iban a atacar al pueblo de Dios y a Jerusalén después del exilio (véase Eze. 38:2, 14-16). Diversas profecías del Antiguo Testamento relacionadas con Israel no se cumplieron. Ellas se cumplirán plenamente en el Israel espiritual. De modo que la confederación del poderoso enemigo de la cual Ezequiel habló que vendría contra Jerusalén se cumplirá cuando Dios permita a Satanás, con sus ejércitos de los perdidos, que venga contra su pueblo y su amada ciudad para la batalla final de la gran controversia.
11. *Questions on Doctrine*, pág. 505.
12. Compárese con *Comentario bíblico adventista*, tomo 4, pág. 737.
13. "Hell" [Infierno], *SDA Encyclopedia*, ed. rev., pág. 579.
14. Véase "Hell", *SDA Dictionary*, ed. rev., pág. 475.
15. Compárese con la profecía de Jeremías acerca de la destrucción de Jerusalén con fuego inapagable (Jer. 17:27), que se cumplió cuando Nabucodonosor tomó la ciudad (2 Cron. 36:19). El fuego ardió hasta que la ciudad estuvo destruida y luego se apagó.
16. *Questions on Doctrine*, pág. 539.
17. William Temple, *Christian Faith and Life* [La vida y la fe cristianas] (Nueva York, NY: McMillan, 1931, pág. 81).
18. Compárese "Hell", *SDA Bible Dictionary*, ed. rev., pág. 475.

LOS ADVENTISTAS DEL SÉPTIMO DÍA CREEN EN...

28

La Tierra Nueva

En la tierra nueva, donde morarán los justos, Dios proporcionará un hogar eterno para los redimidos y un ambiente perfecto para la vida, el amor y el gozo sin fin, y para aprender junto a su presencia. Porque allí Dios mismo morará con su pueblo, y el sufrimiento y la muerte terminarán para siempre. El gran conflicto habrá terminado y el pecado no existirá más. Todas las cosas, animadas e inanimadas, declararán que Dios es amor, y él reinará para siempre jamás. Amén.

DESPUÉS DE UN ESPELUZNANTE ENCUENTRO con la muerte, un niño dijo aliviado: "Mi hogar está en el cielo, pero no siento nostalgia". Como él, muchos creen que al morir, el cielo es una alternativa preferible al "otro lugar", pero que esta pobre alternativa ocupa un lugar secundario frente a la realidad y el estímulo de la vida actual en este mundo. Si las vislumbres que muchos tienen en cuanto al futuro fueran verdad, este sentimiento sería justificable. Pero según las descripciones y alusiones que la Escritura provee, lo que Dios está preparando para que los redimidos disfruten sobrepasa de tal modo la vida que vivimos ahora, que pocos vacilarían en depreciar este mundo por el nuevo.

La naturaleza de la Tierra Nueva

Una realidad tangible. Los primeros dos capítulos de la Biblia cuentan la historia de la creación, cómo Dios hizo un mundo perfecto que sirviera de hogar para los seres humanos que él creó. Los últimos dos capítulos de la Biblia también dicen que Dios creará un mundo perfecto para la humanidad —pero esta vez se trata de una re-creación, una restauración de la tierra para borrar de ella los desastres que el pecado trajo.

Vez tras vez la Biblia declara que este hogar eterno de los redimidos será un lugar real, una localidad que personas reales, con cuerpos y cerebros que pueden ver, oír, tocar, gustar, oler, medir, dibujar, probar y experimentar plenamente. Es en la tierra nueva donde Dios localizará este cielo real.

2 Pedro 3 presenta en forma breve el fondo bíblico de este concepto. Pedro habla del mundo antediluviano como "un mundo de entonces" que fue destruido por agua. El segundo mundo es "la tierra que ahora existe", un mundo que será purificado por fuego para dar lugar al tercer mundo, una "tierra nueva, en la cual reina la justicia" (vers. 6, 7, 13).[1] El "tercer" mundo será tan real como los dos primeros.

Continuidad y diferencia. El término "tierra nueva" expresa tanto continuación como diferencia de la tierra presente.[2] Pedro y Juan vieron la antigua tierra purificada de toda contaminación por fuego y luego renovada (2 Pedro 3:10-13; Apoc. 21:1).[3] La tierra nueva es, entonces, ante todo *esta* tierra, no otro lugar desconocido. Aunque esté renovada, nos parecerá familiar, conocida —nuestro hogar. ¡Eso está muy bueno! Sin embargo, es nueva en el sentido que Dios quitará de ella toda contaminación que el pecado causó.

La Nueva Jerusalén

La Nueva Jerusalén es la ciudad capital de esta tierra nueva. En el lenguaje hebreo, *Jerusalén* significa "ciudad de paz". La Jerusalén terrenal rara vez ha hecho honor a su nombre, pero el nombre *Nueva Jerusalén*, reflejará con exactitud esa realidad.

Un vínculo que une. En un sentido, esa ciudad une el cielo y la tierra nueva. En primer lugar, el término cielo significa "firmamento". La Escritura lo usa para referirse (1) a los cielos atmosféricos (Gén. 1:20), (2) la expansión (Gén. 1:14-17), y (3) el "tercer cielo", donde el paraíso está localizado (2 Cor. 12:2-4). De esta conexión de "cielo" con "paraíso", es que pasó a ser sinónimo con paraíso, el lugar del trono y la morada de Dios. De ahí que por extensión, la Biblia llama "reino de los cielos" al reino de Dios y su dominio, y a la gente que voluntariamente acepta su reino.

Cuando Dios instale la Nueva Jerusalén en el planeta Tierra (Apoc. 21:1, 2), contestará más allá de todas las expectativas la petición del *Padre Nuestro* que dice: "Venga tu reino. Sea hecha tu voluntad como en el cielo, así también en la tierra". No solamente renueva la tierra, sino que la exalta. Trascendiendo su estado original antes de la caída, la convierte en la capital del universo.

La descripción física. Juan usa términos románticos para comunicar la belleza de la Nueva Jerusalén: La ciudad es como "una novia ataviada para su esposo" (Apoc. 21:2). Su descripción de los atributos físicos de la ciudad nos presenta su realidad.

1. *Su luz.* El primer atributo específico que Juan notó al ver "la novia, la esposa del Cordero" fue "su luz" (Apoc. 21:9, 11). La gloria de Dios ilumina la ciudad, haciendo que la luz del sol y de la luna sea superflua (Apoc. 21:23, 24). En la Nueva Jerusalén no habrá callejones oscuros, porque las paredes y las calles son traslucidas y "allí no habrá noche" (Apoc. 21:25). "No tienen necesidad de luz de lámpara, ni de luz del sol, porque Dios el Señor los iluminará" (Apoc. 22:5).

2. *Su construcción.* Dios ha usado sólo los materiales más finos en la construcción de la ciudad. Las paredes son de jaspe, "semejante a una piedra preciosísima" (Apoc. 21:11, 18). Los cimientos están adornados con doce gemas distintas: jaspe, zafiro, ágata, esmeralda, ónice, cornalina, crisólito, berilo, topacio, crisopraso, jacinto, amatista (Apoc. 21:19, 20).

Sin embargo, estas gemas no son el material principal de la construcción. Porque Dios hizo la mayor parte de la ciudad, sus edificios y calles, de oro (Apoc. 21:18, 21), usando ese metal precioso tan libremente como la gente ahora usa el cemento. Este oro es más fino que cualquier oro que ahora conozcamos, porque Juan lo llama "oro puro, semejante a vidrio limpio" (Apoc. 21:18).

Doce puertas, cada una hecha de una sola perla, son el acceso principal a la ciudad. "Las perlas son el producto del sufrimiento: una pequeña arenita irritante se introduce en la concha de la ostra, y mientras esa pequeña criatura sufre, transforma esa arenita en una gema preciosa. Las puertas son de perla. Dios pasó por un sufrimiento personal infinito para hacer posible nuestra entrada mediante Cristo quien reconcilió todas las cosas".[4]

Tan significativa es hoy la lista de materiales que se usaron en la construcción de la ciudad como el hecho de que el ángel que mostró a Juan la ciudad midió sus paredes. El hecho de que se las pueda medir, que posean dimensiones de altura, longitud y espesor, ayuda a que esta generación pragmática y materialista comprenda cuán real es la ciudad.

3. *Los alimentos y el agua.* Desde el trono de Dios en el centro de la ciudad fluye el "río limpio de agua de vida" (Apoc. 22:1). Y como una higuera de Bengala con sus múltiples troncos, el árbol de la vida crece "a uno y otro lado del río". Sus doce frutos contienen el elemento vital del cual la raza humana ha carecido desde que Adán y Eva tuvieron que salir del Edén —el antídoto para la vejez, el de-

terioro y el simple cansancio (Apoc. 22:2; Gén. 3:22). Los que comen el fruto de este árbol no necesitan noche para descansar (compárese con Apoc. 21:25), porque en la tierra nueva nunca sentirán cansancio.

Nuestro hogar eterno
La Biblia hace claro que al final los salvados heredarán este mundo (Mat. 5:5; Sal. 37:9, 29; 115:16). Jesús prometió preparar para sus seguidores "moradas" en la casa de su Padre (Juan 14:1-3). Como podemos notar, la Escritura localiza el trono del Padre y las mansiones celestiales en la Nueva Jerusalén, la cual descenderá a este planeta (Apoc. 21:2, 3, 5).

Ciudad-hogar. La Nueva Jerusalén es la ciudad que Abraham buscaba (Heb. 11:10). Dentro de esa vasta ciudad Jesús está preparando "mansiones" (Juan 14:2), o como la palabra original lo indica: "moradas" —hogares verdaderos.

Hogares en el campo. Sin embargo los redimidos no estarán confinados dentro de las paredes de la Nueva Jerusalén. Ellos heredarán la tierra. De sus hogares en la ciudad los redimidos irán al campo a diseñar y construir el hogar de sus sueños. Allí plantarán viñas, y comerán el fruto de ellas (Isa. 65:21).

En casa con Dios y Cristo. En la tierra nueva la promesa que Jesús hizo a sus discípulos se cumplirá eternamente: "Para que donde yo estoy, vosotros también estéis" (Juan 14:3). El propósito de la encarnación, "Dios con nosotros", finalmente alcanzará su blanco. "He aquí el tabernáculo de Dios con los hombres, y él morará con ellos; y ellos serán su pueblo, y Dios mismo estará con ellos como su Dios" (Apoc. 21:3). Aquí los salvados tendrán el privilegio de vivir en la presencia y el compañerismo del Padre y el Hijo.

La vida en la Tierra Nueva
¿Cómo será la vida en la tierra nueva?

Reinaremos con Dios y con Cristo. Dios hará participar a los redimidos en las actividades de su reino. "El trono de Dios y del Cordero estará en ella, y sus siervos le servirán... Y reinarán por los siglos de los siglos" (Apoc. 22:3-5; compárese con 5:10).

No sabemos la extensión de su gobierno. Sin embargo, podemos concluir confiadamente que como una parte importante de su papel en el reino, los redimidos servirán como embajadores de Cristo al universo, testificando de la experiencia del amor de Dios. El mayor deleite que tendrán será glorificar a Dios.

Actividades físicas en la tierra nueva. La vida en la tierra nueva estimulará las mayores ambiciones santificadas por la eternidad. Las vislumbres de las categorías de las actividades disponibles para los redimidos despiertan nuestro interés, pero no son ni siquiera el comienzo de lo que realmente experimentaremos allá.

Ya hemos visto que la Biblia promete que los redimidos "edificarán casas y habitarán en ellas" (véase Isa. 65:21). La edificación implica diseño, construcción, amueblado, y la posibilidad de remodelar y reconstruir. Y de la palabra "habitarán" podemos imaginar una cantidad enorme de actividades relacionadas con la vida diaria.

El propósito básico de la existencia en la tierra nueva es la restauración de lo que Dios había planeado para su creación original. En el Edén, Dios le dio a la primera pareja un jardín "para que lo labrara y lo guardase" (Gén. 2:15). Si como dijo Isaías, que en la tierra nueva se plantarán viñas, ¿Por qué no también otros cultivos? Si como Apocalipsis indica, tocarán arpas, ¿Por qué no trompetas y otros instrumentos? Después de todo fue Dios mismo el que implantó en la humanidad el deseo de creatividad y la colocó en un mundo con oportunidades ilimitadas (Gén. 1:28-31).

La vida social en la tierra nueva. En buena medida, el gozo de que disfrutamos en la eternidad provendrá de nuestras relaciones.

1. *Amigos y familiares.* ¿Podremos reconocer a nuestros amigos y familiares después de haber sido glorificados y cambiados a la imagen de Jesús? Después de la resurrección de Cristo, sus discípulos lo reconocieron sin mucha dificultad. María reconoció su voz (Juan 20:11-16), Tomás reconoció su apariencia física (Juan 20:27, 28), y los discípulos de Emaús sus maneras (Lucas 24:30, 31, 35). En el reino de los cielos, Abraham, Isaac, y Jacob conservarán sus nombres y su identidad individual (Mat. 8:11). Podemos confiar que en la tierra nueva continuaremos nuestras relaciones con los que ahora conocemos y amamos.

De hecho, es la relación con los demás lo que más disfrutaremos allá —no sólo con familiares o amigos actuales—, lo que hace del cielo nuestra esperanza. Los muchos beneficios materiales "parecerán insignificantes comparados con el valor de nuestra relación con Dios el Padre, con nuestro Salvador, con el Espíritu Santo, con los ángeles, con los santos de otros reinos, naciones, lenguas y tribus y con nuestras familias..." No habrá más personalidades distorsionadas, hogares quebrantados, o comuniones interrumpidas. Todo será perfecto y saludable. La integración física y mental hará del cielo y la eternidad el cumplimiento perfecto.[5]

"Los sentimientos de amor y simpatía que el mismo Dios implantó en el alma, se desahogarán del modo más completo y más dulce. El trato puro con seres santos, la vida social y armoniosa con los ángeles bienaventurados y con los fieles de todas las edades... —todo esto constituye la dicha de los redimidos".[6]

2. *¿Habrá matrimonio?* Algunos de los contemporáneos de Cristo relataron el caso de una mujer que tuvo siete esposos, y todos murieron. Le preguntaron de quién sería esposa después de la resurrección. Se necesita poca imaginación para ver las complicaciones sin fin que se introducirían si las relaciones matrimoniales de esta tierra fueran renovadas en el cielo. La respuesta de Cristo revela la sabiduría divina: "En la resurrección ni se casarán ni se darán en casamiento, sino serán como los ángeles de Dios en el cielo" (Mat. 22:29, 30).

¿Serán entonces los redimidos privados de los beneficios asociados ahora con el matrimonio? ¡En la tierra nueva los redimidos no serán *privados* de ninguna cosa buena! Dios ha prometido que "no quitará el bien a los que andan en integridad" (Sal. 84:11). Si eso es cierto en esta vida, cuánto más será verdad en la tierra venidera.

La esencia del matrimonio es amor. El epítome del gozo está en la expresión de amor. La Escritura dice: "Dios es amor", y "en su presencia hay plenitud de gozo; delicias a tu diestra para siempre" (1 Juan 4:8; Sal. 16:11). En la tierra nueva a ninguno le faltará ni amor, ni gozo ni placer. Ninguno se sentirá solo, vacío o despreciado.

Podemos confiar en que el amante Creador que diseñó el matrimonio para que gozáramos en este mundo actual, tendrá algo aún mejor en el venidero —algo que será tan superior al matrimonio como su nuevo mundo superará al actual.

Vida intelectual en la Tierra Nueva

Restauración mental. "las hojas del árbol [de vida] eran para sanidad de las naciones" (Apoc. 22:2). La sanidad a que Apocalipsis se refiere implica más que "curar"; significa "restauración", por cuanto ninguno allí se enfermará (Isa. 33:24, 20). Al comer del árbol de la vida, los redimidos alcanzarán la estatura física y mental de que carecieron durante siglos de pecado; serán restaurados a la imagen de Dios.

Oportunidades sin límite. La eternidad ofrece horizontes intelectuales ilimitados. En la tierra nueva "intelectos inmortales contemplarán con eterno deleite las maravillas del poder creador, los misterios del amor redentor. Allí no habrá enemigo cruel y engañador para tentar a que se olvide a Dios. Toda facultad será desarrollada, toda capacidad aumentada. La adquisición de conocimiento no cansará la inteligencia ni agotará las energías. Las mayores empresas podrán llevarse a cabo, satisfacerse las aspiraciones más sublimes, realizarse las más encumbradas ambiciones; y sin embargo surgirán nuevas alturas que superar, nueva maravillas que admirar, nuevas verdades que comprender, nuevos objetos que agucen las facultades del espíritu, del alma y del cuerpo".[7]

Actividades espirituales en la tierra nueva. Apartados de Cristo, la vida eterna no tendría ningún significado. A través de la eternidad los redimidos sentirán más hambre y sed de Jesús —mayor conocimiento de su vida y obra, más comunión con él, más tiempo para testificar ante los mundos no caídos acerca de su inigualable amor, un carácter que refleje el suyo más estrechamente. Los redimidos vivirán para Cristo y con él. ¡Ellos descansarán para siempre, completamente satisfechos en él!

Cristo mismo vivió para servir (Mat. 20:28), y llamó a sus seguidores a la misma vida. Trabajar con él ahora es en sí mismo satisfactorio. Y la relación que engendra ofrece además la mayor bendición y privilegio de trabajar con él en le tierra nueva. Allí, con gran gozo y satisfacción, "sus siervos le servirán" (Apoc. 22:3).

Aunque los redimidos tendrán la oportunidad de investigar los tesoros de la naturaleza de Dios, la ciencia más popular será la de la cruz. Con las facultades intelectuales restauradas al estado de perfección que Dios quería que poseyeran, y con la ceguera del pecado quitada, podrán percibir la verdad espiritual en una forma que sólo pueden desear aquí. Harán del tema de la salvación —un tema cuya profundidad, altura y anchura sobrepasan la imaginación— su estudio y canción a través de toda la eternidad. Mediante este estudio los redimidos verán con mayor claridad la verdad acerca de Jesús.

Semana tras semana los salvados se reunirán para la adoración en el sábado: "Y de mes en mes, y de día de reposo en día de reposo, vendrán todos a adorar delante de mí dijo Jehová" (Isa. 66:23).

No habrá más...

Todo el mal será erradicado. Algunas de las promesas más alentadoras acerca de la tierra nueva nos recuerdan las cosas que allí no habrá. "Ya no habrá muerte, ni habrá más llanto, ni clamor, ni dolor; porque las primeras cosas pasaron" (Apoc. 21:4).

Todos estos males desaparecerán para siempre porque Dios erradicará toda forma de pecado, la causa del mal. La Escritura menciona el árbol de la vida como parte de la tierra nueva, pero ni una sola vez incluye el árbol del conocimiento del bien y del mal o ninguna otra fuente de tentación. En esa tierra buena el cristiano nunca tendrá que luchar con el mundo, la carne o el mal.

La garantía de que la tierra nueva quedará "nueva" a pesar del influjo de los inmigrantes del antiguo planeta Tierra contaminado de pecado, es el hecho de que Dios excluirá a "los abominables y homicidas, los fornicarios y hechiceros, los idólatras y todos los mentirosos" (Apoc. 21:8; 22:15). Tendrá que hacerlo, porque donde entra el pecado hay destrucción.

"Desaparece todo rastro de la maldición... Sólo queda un recuerdo: nuestro Redentor llevará siempre las señales de su crucifixión. En su cabeza herida, en su costado, en sus manos y en sus pies se ven las únicas huellas de la obra cruel efectuada por el pecado. El profeta, al contemplar a Cristo en su gloria, dice: 'su resplandor es como el fuego, y salen de su mano rayos de luz; y allí mismo está el escondedero de su poder' (Hab. 3:4)... A través de las edades eternas, las llagas del Calvario proclamarán su alabanza y declararán su poder".[8]

No se recordará el pasado. Isaías dice que en la tierra nueva "de lo primero no habrá memoria, ni más vendrá al pensamiento" (Isa. 65:17). Al leer el contexto, sin embargo, es evidente que son las dificultades de la vida antigua lo que los redimidos olvidarán (véase Isa. 65:16). No olvidarán las cosas buenas que Dios ha hecho, la gracia abundante por la cual él los salvó; de lo contrario, toda la lucha contra el pecado sería en vano. La propia experiencia que los santos han obtenido acerca de los efectos de la gracia salvadora de Cristo es la esencia de su testimonio a través de toda la eternidad.

Además, la historia del pecado constituye un elemento importante en la promesa de que "no tomará venganza dos veces de sus enemigos" (Nah. 1:9). El recuerdo de los tristes resultados que el pecado acarreó servirá para desanimar a cualquiera a escoger de nuevo ese camino de suicidio. Pero si bien es cierto que los sucesos del pasado cumplen un propósito importante, la atmósfera del cielo purifica del dolor esos terribles recuerdos. Se nos ha prometido que las memorias de los redimidos no producirán remordimiento, chasco, dolor ni enojo.

El valor de creer en una nueva creación

Creen en la doctrina de la tierra nueva produce muchos beneficios prácticos al cristiano.

Da incentivo para soportar. Cristo mismo, "por el gozo puesto delante de él sufrió la cruz, menospreciando el oprobio" (Heb. 12:2). Pablo renovaba su ánimo contemplando la gloria futura: "Por tanto, no desmayamos... Porque esta breve tribulación momentánea produce en nosotros un cada vez más excelente y eterno peso de gloria" (2 Cor. 4:16, 17).

Produce el gozo y la seguridad de una recompensa. Cristo mismo dijo: "Gozaos y alegraos, porque vuestro galardón es grande en los cielos" (Mat. 5:12). Pablo reitera: "Si permaneciere la obra de alguno que sobreedificó, recibirá recompensa" (1 Cor. 3:14).

Da fuerza para resistir la tentación. Moisés pudo apartarse de los "placeres del pecado" y de los "tesoros de los egipcios, porque tenía puesta la mirada en el galardón" (Heb. 11:26).

Provee una vislumbre de lo que será el cielo. La recompensa del cristiano no está *sólo* en el futuro. Cristo mismo, mediante el Espíritu Santo, viene al cristiano y mora con él como una prenda o "arras" que garantiza las bendiciones futuras (2 Cor. 1:22; 5:5; Efe. 1:14). Cristo dice: "Si alguno oye mi voz y abre la puerta, entraré a él, y cenaré con él, y él conmigo" (Apoc. 3:20). Y cuando Cristo viene, siempre trae el cielo consigo. La comunión con él, "es el cielo en la tierra, es el comienzo de la gloria, es la salvación anticipada".[9]

Conduce a una mayor efectividad. Algunos miran a los cristianos como seres tan celestiales que no tienen valor terrenal. Pero es precisamente esa creencia en el futuro lo que otorga a los cristianos una base sólida con la cual mover el mundo. Como observó C. S. Lewis: "Si leemos la historia descubriremos que los cristianos que hicieron más por el mundo actual fueron precisamente aquellos que meditaban más en el mundo futuro... Es desde que los cristianos dejaron de pensar en gran manera en el mundo futuro que han llegado a ser tan inefectivos en éste. Meditemos en el cielo y triunfaremos en la tierra; meditemos en la tierra, y nada obtendremos".[10]

"El sabio se esmera más en labrar una estatua de mármol que en hacer una figura de nieve".[11] El cristiano que planea vivir eternamente, por supuesto que estructurará su vida con más cuidado (y así impresionará en forma más provechosa a la sociedad) que la persona que piensa que es desechable, que nació para no usarse más.

La "ocupación en los temas celestiales, que el Espíritu Santo depara para los redimidos, tiene un poder grande y asimilador. Por esto el alma es elevada y ennoblecida. Sus campos y sus poderes de visión son ampliados, y las proporciones relativas y el valor de las cosas vistas y veladas son más claramente apreciados".[12]

Revela el carácter de Dios. La forma como ahora vemos el mundo representa pobremente tanto el carácter de Dios como su plan original para este planeta. El pecado ha dañado de tal manera los ecosistemas físicos de la tierra que muchos pueden imaginar escasamente una conexión entre este mundo y el paraíso presentado en Génesis 1 y 2. Ahora una lucha constante caracteriza la vida. Ni aun la vida del cristiano, que debe luchar con el mundo, la carne y el diablo, presenta con exactitud el plan original de Dios. En lo que Dios ha planeado para los redimidos —un mundo sin contaminación satánica, un mundo en el cual gobierna sólo el propósito de Dios— tenemos una representación más verdadera de su carácter.

Nos acerca a Dios. Por último, la Biblia describe la nueva tierra *con el fin de atraer al inconverso a Cristo.* Cuando cierto individuo oyó decir que "la tierra restaurada a su estado original edénico, tan real como 'lo es la tierra ahora', será el hogar final de los santos", donde estarán "libres de dolor, pena y muerte, y se reconocerán y se verán cara a cara unos a otros", objetó con vehemencia.

"¡Eso no puede ser! —exclamó—. ¡Eso es exactamente lo que le convendría al mundo! ¡Es exactamente lo que desearían los malvados!"

Muchos "parecen pensar que la religión, con... su recompensa final, debe ser algo por lo cual el mundo no podría sentir deseos [de adquirirla]; de ahí que si se nombra cualquier clase de felicidad, algo que el corazón humano verdaderamente anhelaría en su condición caída, ellos piensan que no puede ser parte de ninguna religión verdadera".[13]

El verdadero propósito de Dios en dar a conocer lo que ha preparado para los que le aman, es sacar a las personas de su preocupación por este mundo, ayudarlas a discernir el valor del mundo futuro y darles una vislumbre de las cosas hermosas que ha preparado el corazón de amor del Padre.

Nueva para siempre

En este viejo planeta se dice con frecuencia que "todas las cosas buenas se tienen que terminar". Lo mejor de las buenas noticias relacionadas con la tierra nueva es que nunca tendrán fin. Allí se cumplirán las palabras poéticas del coro del "Aleluya": "Los reinos del mundo han venido a ser de nuestro Señor y de su Cristo; y él reinará por los siglos de los siglos" (véase Apoc. 11:15; compárese con Dan. 2:44; 7:27). Y la Escritura dice que toda criatura se unirá al coro: "Sea la alabanza, la honra, la gloria y el poder, por los siglos de los siglos" (Apoc. 5:13).

"El gran conflicto ha terminado. Ya no hay más pecado ni pecadores. Todo el universo está purificado. La misma pulsación de armonía y de gozo late en toda la creación. De Aquel que todo lo creó manan vida, luz y contentamiento por toda la extensión del espacio infinito. Desde el átomo más imperceptible hasta el mundo más vasto, todas las cosas animadas e inanimadas, declaran en su belleza sin mácula y en júbilo perfecto, que Dios es amor".[14]

Referencias

1. Véase James White, "The New Earth. The Dominion Lost in Adam Restored Through Christ" [La tierra nueva. El dominio perdido por Adán restaurado mediante Cristo] *Review and Herald*, 22 de marzo de 1877, págs. 92, 93.
2. La palabra "nueva" traduce dos palabras griegas usadas en el Nuevo Testamento. *Neos* "expresa la idea de novedad en lo que al tiempo se refiere, y puede traducirse como 'nueva', 'reciente', 'joven'. Es lo opuesto de *archaios*, 'antiguo', 'original', 'viejo'". Por otro lado, *kainos*, connota "novedad o calidad, y puede traducirse 'nuevo', 'fresco', 'diferente en naturaleza'. Es lo opuesto a *palaios*, 'antiguo', 'viejo', 'gastado', 'agotado'. *Kainos* es el término que se usa para describir la 'tierra nueva'" ("New Earth" [Tierra Nueva], *SDA Bible Dictionary*, [Diccionario bíblico adventista], ed. rev., pág. 792).
3. *Ibíd.*
4. Richard W. Coffen, "New Life, New Heaven, New Earth" [Vida nueva, cielo nuevo, tierra nueva"], *These Times*, sept. 1969, pág. 7.
5. Neal C. Wilson, "God's Family Reunited" [La familia de Dios reunida], *Adventist Review*, 8 de oct. de 1981, pág. 23.
6. White, *El conflicto de los siglos*, págs. 735-736.
7. *Id.*, pág. 736.
8. *Id.*, pág. 732.
9. "Clusters of Eschol", *Review and Herald*, 14 de nov., 1854, págs. 111, 112.
10. C. S. Lewis, *Mere Christianity* [Simplemente cristiano] (Westwood, NJ: Barbour and Co., 1952), pág. 113.
11. Fagal, *Heaven Is for You*, [El cielo es para usted], pág. 37.
12. "Clusters of Eschol", págs. 111, 112.
13. Uriah Smith, "The Popular Hope, and Ours" [La esperanza popular y la nuestra], *Review and Herald*, 7 de feb., 1854, pág. 20.
14. White, *El conflicto de los siglos*, pág. 737.

LOS ADVENTISTAS DEL SÉPTIMO DÍA CREEN EN...

Índice General Alfabético

A
Abismo, 404, 406
Adopción, 136, 137, 144
Adulterio, fornicación, 337
Advenimiento. *Véase* Segunda venida
Adventista, movimiento, misión, 192-197, 361. 362. 382. 383
Agape, amor, 240, 335. *Véase también* Amor de Dios
Agua, bendición del, 315
Aire fresco, bendición del, 315
Alcohol, bebidas, 316, 326. 327
Alma, significado bíblico del, 89-94
Amor cristiano, 155, 156
Amor y justicia, 403
Anciano de iglesia, 175-177
Ángeles, 110, 116
Año-día, principio, 46, 64, 180, 181, 198
Apostasía, cristiano, desarrollo y carrera, 181-185
Arrepentimiento, 43, 44, 71, 72, 99, 101, 105, 106, 125-127, 132-134, 219
Azar, juegos de, 318
Azazel, chivo emisario, 353-355, 366, 367, 405, 406

B
Babilonia espiritual 110, 194, 195, 379
Baile, 318, 327
Bautismo, enseñanza doctrinal del, 211-224
    feligresía, 171, 173
    forma del, 214
    fruto del, 221, 222
    importancia del, 211, 213
    infante, enseñanza ausente del NT, 220, 221
    por los muertos, 224
    rebautismo, 222, 223
    requisitos para el, 219, 220
Biblia. *Véase* Sagradas Escrituras

C
Café, 315, 326
Cafeína, 315, 326
Calvario, 13, 23, 33, 47, 63, 70, 71, 80, 105, 106, 113, 114, 116, 117, 122, 123, 127, 146, 166, 174, 207, 208, 230-232, 273-275, 298, 355, 362
Carne, 319. 320. 328. 329
Carnes, limpias e inmundas, 320, 328. 329
Cena, accesible a todos los cristianos, 234, 235
    del Señor, declaración doctrinal sobre la, 225-236
    difiere de la misa, 185
    el vino usado en la, sin fermentar, 230, 231, 235, 236
    frecuencia de la, 236
    ordenanza del lavamiento de pies, precede a la, 226-229
    requisitos para participar en, 233-235
    significado de la, 230-233
Cielo, 404, 406, 407
    comienza ahora, 423
Comunión. *Véase* Cena del Señor
Conciencia, 267
Condimentos, 320, 321, 329
Conducta, cristiana, declaración doctrinal sobre la, 312-329
    principios de la, gobierno de la, 323, 324
    requisitos y normas de la, 324, 325
    salud y, 314-323
    salvación, relación con la, 313
Confesión, 131, 219, 229, 230, 234, 356, 357
Controversia, la gran, declaración doctrinal sobre, 109-117
    fin, 424
    origen, 109-112
    relación de Cristo con, 112-114
    significado, 115-117
    tema central, 112-114
    terminará, 409, 424, 425
Conversión, 216, 219, 268
Cosméticos, 323, 329

Creación, declaración doctrinal sobre, 76-86
   Creador, características, 79, 80
   del hombre, 87-89, 331, 332
   días de, duración, 78, 79
   Diez Mandamientos y la, 78
   Dios el Hijo, agente activo en, 35, 48, 49, 79
   Hijo de Dios, agente activo en, 35, 48, 49, 79, 80
   nueva, 84, 116
   propósito y significado de, 80-83
   re-creación espiritual, paralela a, 84-86
   registro bíblico de la, 77-79
Crecimiento espiritual, declaración doctrinal, 147-160
   la vida cristiana comienza con la muerte, 148-153
   muerte al yo, 151, 152
   señales del crecimiento, 153
      una vida de adoración, testificación y esperanza, 159, 160
      una vida de amor y unidad, 155, 156
      una vida del Espíritu, 153, 154
      una vida de estudio, 156, 157
      una vida de guerra espiritual, 158, 159
      una vida de oración, 157
      una vida que tiene frutos, 157, 158
      vivir una vida nueva, 152, 153
Cruz, significativo de. *Véase* Calvario
Culto, familiar, 341, 347
   fundamento del verdadero, 81-83

D

Decálogo. *Véase* Mandamientos, Diez
Deidad, declaración doctrinal sobre, 23-33
   actividades de la, 27
   amor de, 30, 31, 33
   atributos de, 26, 27, 33
   conocimiento, 23-25
   existencia, 25, 26
   nombres de, 26, 27
   relaciones mutuas, 29-32
   soberanía de, 28, 29
   unidad de, 29, 30
Descanso, bendición del, 316, 317
   Dios descansó, 77, 82
Día del Señor, 285, 286
Diakonos (siervo/diácono), 177
Diez Mandamientos. *Véase* Mandamientos, Diez
Diezmos y ofrendas, 304-307. *Véase también* Mayordomía
Dios, amor de, 33, 39, 40, 41, 75, 80, 85, 97, 105-107, 119, 120, 124, 125, 362-364
   carácter de, 17, 24, 362
   gloria de, 80, 81, 86, 172, 240, 241, 322
   imagen de, 86, 94, 95, 137-143, 331, 332
   ira de, 52, 120-123, 128, 129, 195-197, 373
   juicio de, 122, 123, 125, 126, 362-364
   justicia de, 120, 122, 123
   misericordia de, 122, 123
Dios, el Espíritu Santo, declaración doctrinal sobre, 67-75
   bautismo del, 72, 218, 238, 245
   Deidad, 68-70
   derramamiento, 70, 71, 74, 75, 218, 250
   escribe la ley en el corazón, 107
   misión, 71-75
   obra interna, 74, 75, 137-139, 153, 154
   para testificar, 238
   papel en la escritura de la Biblia, 14-16
   personalidad, 68
   promesa, 70, 71
   vicario de Cristo, 71, 72
Dios, el Hijo, declaración doctrinal sobre, 41-66
   actividad en el AT, 35-38, 49, 79, 80
   encarnación de, 31, 47-59
   muerte, significado de, para el cristiano, 148-151
   muerte sustitutiva de, 42-47, 60, 61, 126, 148, 350, 363, 364
   oficios de profeta, sacerdote y rey, 60-64
   portador vicario del pecado, 123, 124
   profecías acerca de, cumplimientos, 42-47
   rescate pagado por, 58, 59, 124, 125
   resurrección de, 127, 128
   sin pecado en la tierra, 44, 54-56
Dios, el Padre, declaración doctrinal sobre, 34-40
   atributos del, 35-40
   conceptos en el AT, 35-38
   conceptos en el NT, 38-40
   papel del, en el juicio, 34
Divorcio, 338, 339
Domingo, observancia del, 291-295, 299, 300
Dones, Dador de los, 74

implicaciones de los, para la iglesia, 242-245
organismo, modelo de los, 239, 240
propósito de los, 238-242
reconocimiento de los, 243-245
Véase también Profecía, don de
Dones espirituales, 74
   declaración doctrinal sobre, 237-245
Drogas, 315, 316, 327

E
Ejercicio, bendición del, 314, 315, 325
Escrituras, Sagradas, autoridad de las, 13, 19-21, 174, 175, 258, 259
   canon cerrado, 253
   carácter único de las, 11, 13-15
   declaración doctrinal sobre las, 11-22
   estudio de, 156, 157
   exactitud de las, 18
   infalibilidad, 11, 18, 19, 187, 258
   inspiración de las, 14-18
   interpretación de las, 12, 20, 21, 22, 114, 258
   papel del Espíritu Santo en las, 13, 14, 20, 74
   tradición y, 19, 187
   unidad de las, 21, 22
   y Jesús, enfoque de las, 13, 114, 115
Esquemas proféticos,
   70 semanas, 47
   2.300 días, 360
   milenio, 405
Especias, 320, 321, 329
Espiritismo, 255, 256, 394-397
Espíritu, significado bíblico del, 92-94
Espíritu de profecía, pruebas de su manifestación, 253, 254
   Véase Profecía, don de
Espíritu Santo, efectos de su obra, 201-204, 206, 207
   importancia del, 204-206
   Véase Dios, el Espíritu Santo
Eucaristía. *Véase* Cena del Señor
Evangelio, comisión, 169, 218, 382, 383
Evolución, 102, 103, 194
Expiación, 59, 105, 106, 122, 123, 231, 234, 272, 273, 351, 405, 406
Expiación, día de la, 352-355, 364, 366, 367, 405, 406

F
Familia, la, 340-343
   de la iglesia, 345
   hijos, 342-345
   madre, 341, 342
   padre, 340, 341
   parientes, 345
Fe, de Jesús, 190, 191
   relación con las obras, 112, 129, 134, 135
Fornicación, y adulterio, 337
Frutos del crecimiento espiritual, 157, 158

G
Glorificación, 137-139, 143-145
Gracia por medio de Cristo, 105-107, 119-121, 126, 127, 153
   necesidad diaria de, 16
   salvadora, 119-121, 272, 273, 275, 276, 291
   Véase Pacto de Gracia
Guerra espiritual, 158, 159

H
Hades (sepulcro), 392, 393, 400-402, 410
Hagia, 365
Hombre, caída del, efectos de la, 51-54, 56, 57, 85, 86, 96-104, 110, 111
   en la tierra nueva, 418-421
   imagen de Dios, hecho a la, 94-96
   la naturaleza del, declaración doctrinal sobre, 87-108
   origen del, por creación especial, 88, 89
   unidad del, cuerpo, alma, espíritu, 89-94
Homosexualidad, 339, 340

I
Iglesia, declaración doctrinal sobre la, 161-179
   cabeza de, 174, 175, 221
   congregación en, 159
   descripciones metafóricas, 165-169
   disciplina, 177-179
   feligresía, 170-172
   funciones, 172, 173
   gobierno, 173-179
   misión, 163-173, 204-207, 238-242
   organización, 170-173
   raíces, 163-165
   relación con el Estado, 171, 172, 196, 197
   sacerdocio de la, 171
   significado bíblico de, 163
   unidad, 200-208

visible e invisible, 169, 170
Imagen, de la bestia, 196
　de Dios, 94-96, 331, 332
Incesto, 338
Infierno, 410-412
Inmortalidad, don de Dios, 390
　condicional para el hombre, 96, 390
　recepción de, 391, 392
Inspiración, historia de, 16, 17
Ira, de Dios. *Véase* Dios, ira de

J

Jehová, 26, 33, 49
Jesucristo, declaración doctrinal sobre, 118-130
　Abogado, 72, 73, 362-364
　actos salvadores, resultados de, 127-129
　amor de, 228, 229
　autoridad de las Escrituras y, 19, 20
　base de aceptación, 145, 146
　Cordero de Dios, 43, 44, 61, 119
　dos naturalezas, 47-59
　ejemplo, 57, 127
　foco, de las Escrituras, 13
　gracia, revelada a través de, 119-121
　humillación de, 61, 63
　Intercesor, 61, 73, 357
　Mediador, 31, 32, 56, 57, 60, 73, 105, 106
　ministerio terrenal, 44-47, 60, 61, 62, 63
　muerte de sacrificio, 13, 61, 118, 119, 124, 125, 234, 235
　muerte, expiación, significado de, 178, 179
　pagó la pena de la ley, 43, 44, 57
　provee reconciliación, 42, 43, 121, 122
　representante de la humanidad, 125, 126
　resurrección y salvación de, 47, 127, 128
　Roca, 161, 386
　Salvador, 43-47, 171, 181
　segundo Adán, 42, 53, 57, 85, 86, 103, 125, 126
　sumo sacerdocio de, 56, 57, 60, 61, 348-364
　ungimiento de, 46, 218, 238
　vida y salvación de, 126, 127
　Véase Dios, el Hijo
Juicio, final, 353-355, 357-359, 407, 412, 413
　hora de Dios, 191, 193, 364, 382
　investigativo, 353, 356-359, 361-364, 367, 368
　papel del Padre en, 34
　preparación para, 364
　tres fases del, 353
Justicia, de Cristo, 135, 136, 166, 230, 231, 362-364
　de Dios, 126
　humana, 121, 126, 127
　por fe, 195, 197, 217, 289, 290
　Véase también Salvación, experiencia de la

K

Koinonia (compañerismo), 167

L

Lavamiento de pies, 226-229
Lectura, 318
Legalismo, 129, 167, 298, 299
Ley de Dios, debilitamiento de la, 112, 113, 196
　existía antes de la caída, 83
　incambiable, 99
　maldición de la, 124, 125
　vindicada por Cristo, 128
　Véase también Mandamientos, Diez
Lucifer, 97, 98, 112, 113, 117. *Véase también* Satanás
Luz solar, bendición de, 315

M

Madre, 341, 342
Mal. *Véase* Pecado
Mandamientos de Dios, 191
Mandamientos, Diez, 262-279
　bendición de la obediencia, 271, 272, 277
　confesiones históricas de, 278
　conocidos antes del Sinaí, 269, 270, 279
　declaración doctrinal, 262-279
　dimensiones positivas de, 264, 265
　divinos, 15
　ejemplo de Cristo, 276, 277
　ley ceremonial, 270, 273
　naturaleza de, 263-266
　norma del juicio, 267-269
　obediencia a, 275-277
　perpetuidad de, 269-272
　propósito, 266-269
　relación de, al evangelio, 272-275
　sábado, sello de, 283, 284
Marca, de la bestia, 195-197
Matrimonio, y Familia, declaración

doctrinal acerca de, 330-347
   componentes de la familia, hijos, 342-345
   extensión de, 345
   padres, 340-342
   desviaciones del ideal divino, 336-340, 385
   efectos del pecado en el, 336, 385
   institución del, 82, 331-335
   en la tierra nueva, 420
   monógamo, plan original, 82, 332-334, 338
   desigual, 333, 334
Mayordomía
   ambiental, 83, 307, 308
   bendiciones de la, 308-310
   cómo calcular el diezmo, 310
   Cristo, ejemplo de, 308
   declaración doctrinal sobre, 301-311
   definición, 302, 303
   fidelidad en, 303-308
   primero y segundo diezmo de Israel, 311
Mensaje de los tres ángeles, 192-197
Mensaje, primer ángel, del, 192-194, 382
   segundo ángel, del, 194, 195
   tercer ángel, del, 195-197
   Véase también Mensaje de los tres ángeles
Mesías. *Véase* Jesucristo, o Dios, el Hijo de
Mil años. *Véase* Milenio
Milenio, declaración doctrinal acerca del, 403-414
   eventos al comienzo del, 403-406
   eventos durante el, 406, 407
   eventos al final del, 408-413
Misión, motivación para interés en la, 129
Monogenes (solamente), 65
Movimiento adventista, 192, 361, 383
   misión del, 192-197, 382, 383
Muerte, y resurrección, declaración doctrinal sobre, 389-402
   explicación de algunos textos, 400-402
   inmortalidad condicional, 390, 391, 400
   inmortalidad, relación sobre, 390-392
   naturaleza y lugar de, 392-397
   paga del pecado, 98, 99
   primera y segunda, 126, 397, 404, 405, 410-412
   sueño de la, 392, 393
Música, 318, 327

N

Naipes, 318
Naturaleza divina, participantes de la, 139
Nephesh (ser/alma), 90-94
Niños, educación de, 342-345
Nitsdaq (gran variedad de significados), 368
Normas, cristianas, principios de las, 323, 324. *Véase también* Conducta cristiana
Nueva Jerusalén, 416-418

O

Obras. *Véase* Fe, relación a
Obediencia, 57, 73, 106, 263-269, 275-277, 323, 324
   Cristo y la, 113, 126, 127, 129, 133-135, 275-277, 353, 354
   el amor y la, 112, 221, 222, 275-277
Ofrendas, y el diezmo, 302-307. *Véase también* Mayordomía
Oración, necesaria para el crecimiento cristiano, 157

P

Pacto
   antes de la creación, 105, 106
   Cristo, seguridad de, 105, 106, 112
   de gracia, 104-107, 111, 216, 217, 284
   en Antiguo Testamento, 35, 36
   nuevo, 62, 63, 84, 105-107, 161, 167, 171, 217, 221, 222, 230, 232, 340, 356, 359
   ratificación de, 104, 105
   antigua, 84, 108, 230, 231, 234
Padre, cabeza y sacerdote del hogar, 340, 341
Papa, origen del título, 198
Papado, 182-184, 197, 198, 384
Pecado, autor del, 97
   erradicación del, 101, 421, 422
   naturaleza y efectos del, 98-101, 109-111
   origen en el hombre, 96-101
Películas, televisión, videos, radio, 317, 318
Pensamientos impuros, 337, 338
Perdón, 37, 43, 44, 100, 104-106, 119, 120, 122, 123, 126, 128, 129, 132, 137, 138, 143, 215, 216, 227, 228, 352-354, 356, 357, 359
Poligamia, 336, 337
Predestinación, y la libertad humana, 28, 29

Presbuteros (anciano), 175
Perfección, enseñanza bíblica acerca de la, 141-143
Presciencia divina y libertad humana, 29
Profecía
    acerca de Cristo, 42-47, 123, 124
    cartel explicativo de, 371
    cuerno pequeño (Dan. 7), 196, 270, 271, 293, 294
    (Dan. 8), 196, 357-359, 362
    2.300 días, 359-361
    exactitud, 18, 19
    imagen de Daniel, 358, 359
    1.260 días, 180, 183, 184, 188-192, 196, 251, 382, 384
    purificación del santuario, 356-361
    70 semanas, 46, 47, 64, 273, 274, 360, 361
    tiempo del fin, 191, 192
    tipo-antitipo, 47, 61, 185
Profecía, don de, declaración doctrinal del, 246-261
    papel en la Iglesia Adventista, 254-260
    postbíblico, no sobrepasa ni añade al canon, 253
    prueba de su autenticidad, 253, 254.
    tiempos bíblicos, 247-249
    últimos días, 249-252
    Véase también Dones espirituales
Propiciación, 122-124

R

Recompensa, importancia de creer en la, 422-424
Reconciliación, 43, 75, 121-124, 128, 135, 351-354
Redención, 43, 44, 62, 85, 105, 119, 120, 124, 125, 132, 135, 136, 143-145, 375, 376, 403, 404
Reforma protestante, 184-188
    discrepancias doctrinales con el catolicismo, 184-187
Regeneración, 143
Régimen alimentario, 319-321
    alimentos limpios e inmundos, 320, 328, 329
    cambios en el, deben ser paulatinos, 319, 320
    carne como alimento, 319, 320
    original, 319
Reino
    de gloria, 64, 376, 377, 403-413
    de gracia, 62, 63, 221, 222

Remanente, su misión, declaración doctrinal sobre, 180-199
    características del, 190-192, 251, 252
    definición, 189-191
    épocas de apostasía y reforma preceden al, 181-189
    misión del, 192-197
    surgimiento del, 191, 192
Resurrección, de condenación, 408
    de Cristo, 127, 128, 397-400
    general, dos sucesos separados, 399, 404, 408
    primera, 378, 397, 404.
    Véase también Muerte y resurrección, Milenio
Revelación, especial, 12, 13
    general, 12, 13
    método y contenido de la, 16
    nueva, 168
    progresiva, 21, 22

S

Sábado, declaración doctrinal sobre el séptimo día, 280-300
    actos divinos establecidos en la creación, 281
    antídoto para la idolatría, 81, 283
    apóstoles, relación con el, 285-287
    a través de toda la Biblia, 281-287
    Cristo, Creador y Señor del, 285
    desde la puesta del sol del viernes hasta la puesta del sol del sábado, 297
    en la tierra nueva, 421
    intentos de cambiarlo, 291-296
    legalismo, acusación de, 298, 299
    monumento de la creación, 82, 196
    observancia del, 296-298, 300
    restauración del, 295, 296
    sello de la ley de los Diez Mandamientos, 283, 284
    significado del, 96, 287-291
Sábados, anuales, 284, 286, 298
Salvación, experiencia de la, declaración doctrinal acerca de, 131-146
    bautismo y la, 213
    creación y la, 84-86
    don de Cristo, 58-59, 126-128, 145, 187, 188
    dramatización profética de la, 43
    enfoque de la, 32, 33
    futura, 143-145
    muerte de Cristo y la, 121-125
    papel de la Deidad en la, 31-33, 119, 120

pasada, 132-137
por obras, 186-188
presente, 137-143
resurrección de Cristo y la, 127, 128
vida de Cristo y la, 125-127
Santificación, 131, 132, 136-143, 290, 324, 325
    influencia del Espíritu Santo en la, 71-73, 74, 75
Santuario, sacerdocio de Cristo en el, declaración doctrinal sobre el, 348-371
    celestial, evidencia del, 349, 350, 365, 366
    celestial, ministerio de Cristo en el, 350-355, 406
    diagrama del, 354
    fases del ministerio, dos, 351, 352, 366
    Hebreos, libro de los, sobre el, 365, 366, 368
    ilustra el juicio final, 353-355
    mediación sacerdotal, 351-353
    profecía, relacionada con el, 356-362
    purificación del, 353, 354, 356-362, 368
    sacrificio substitutivo, 350
    significado del, dentro del gran conflicto, 362-364
    terrenal, ministerio en el, 43, 124, 349, 350
    ungimiento del, 356
Satanás, durante el milenio, 405-407. *Véase* Lucifer
Segunda venida, declaración doctrinal sobre, 372-388
    certeza, 374, 375
    efectos de, 378, 379, 403-406
    manera de, 375-378
    preparación para, 386, 387
    señales de, 191, 192, 379-386
Seguridad, 127, 128, 137, 230, 364, 374
Sola Scriptura, 258, 294
Solteros, 345
Sufrimiento, explicación, 116

T
Tabaco, 315, 316, 326
Té, 315, 326
Teatro, 316-318
Televisión, 317, 318
Temperancia, libre de drogas, libre de estimulantes, vida, bendición de, 315

Teología, función de, 115
Tentación, conflicto de Cristo con, 52-55, 58, 59
Testificación, 159, 160
Testimonio de Jesús, 191, 251, 252, 260
Tierra nueva, declaración doctrinal de la, 415-425
    actividades espirituales, 421
    hogares en la, 418
    mal, fin del, 421, 422
    matrimonio, 420
    naturaleza de la, 415, 416
    revela el carácter de Dios, 424
    vida física en la, 419
    vida intelectual en la, 420, 421
    vida social en la, 419, 420
Trabajo manual, 83
Trinidad. *Véase* Deidad

U
Unidad, en la iglesia, declaración doctrinal sobre, 200-210
    bases para la, 206, 207
    diversidad en la, 203, 204
    dones espirituales, promueven la, 206, 239, 240, 245
    efectos del Espíritu Santo en la, 201, 202, 206, 207
    enseñanzas bíblicas sobre, 201-207, 242, 243
    importancia de la, 204, 205
    logro de la, 155, 156, 205-210

V
Vegetarianismo, 319, 320, 328
Vestido cristiano, bendición, 321-323
Vida, carácter sagrado de, 83
    eterna, regalo de la, 137
    nueva, en Cristo, 102, 137
Vigilancia, 115, 116, 386, 387
Vino, en la Biblia, discusión de, 327

W
White, Elena G., 254-260
    escritos de, relación con la Biblia, 258-260
    Véase también Profecía, don de

Y
Yo, muerte al, 151, 152